알리스터 맥그라스
기독교의 역사

CHRISTIAN HISTORY: AN INTRODUCTION
by Alister E. McGrath

알리스터 맥그라스

기독교의 역사

박규태 옮김

Alister E McGrath
Christian History

포이에마
POIEMA

일러두기

• 본문에 인용된 성경은 대한성서공회에서 펴낸 개역개정판을 따랐으며, 다른 번역본을 사용한 경우 따로 표기하였습니다.
• 인명과 지명의 표기는 국립국어연구원의 외래어표기법을 따르는 것을 원칙으로 하되, 성경에 등장하는 고유명사는 새 번역 성경의 표기를 따랐습니다. 교부 시대의 고유명사는 교부학연구회에서 펴낸 《교부학 인명·지명 용례집》(분도출판사, 2008)을 참조했으며, 교황 이름은 한국 가톨릭교회에서 사용하는 명칭을 따랐습니다.

기독교의 역사

알리스터 맥그라스 지음 | 박규태 옮김

1판 1쇄 발행 2016. 6. 27. | **1판 6쇄 발행** 2022. 4. 10. | **발행처** 포이에마 | **발행인** 고세규 | **편집** 강영특 | **등록번호** 제 300-2006-190호 | **등록일자** 2006. 10. 16. | 서울특별시 종로구 북촌로 63-3 우편번호 03052 | 마케팅부 02)3668-3246 편집부 02)730-8648 | 팩스 031)955-3111

본 저작물의 한국어판 저작권은 알맹2 에이전시를 통하여 John Wiley & Sons와 독점 계약한 포이에마에 있습니다. 신 저작권법에 의하여 한국 내에서 보호받는 저작물이므로 무단전재와 무단복제를 금합니다.

값은 뒤표지에 있습니다. ISBN 979-11-5809-049-4 03230 | 이메일 masterpiece@poiema.co.kr | 좋은 독자가 좋은 책을 만듭니다. 포이에마는 독자 여러분의 의견에 항상 귀 기울이고 있습니다.

이 도서의 국립중앙도서관 출판시도서목록(CIP)은 서지정보유통지원시스템 홈페이지(http://seoji.nl.go.kr)와 국가자료공동목록시스템(http://www.nl.go.kr/kolisnet)에서 이용하실 수 있습니다. (CIP제어번호: CIP2016014219)

차례

2 중세와 르네상스, 500년 무렵–1500년 무렵

— 4 근대, 1650년 무렵–1914년

― 5 20세기, 1914년부터 현재까지

이 책의 활용법

이 책은 쉽고 흥미로우면서도 믿을 만한 기독교 2천 년 역사 입문서로 쓰였다. 이 책을 쓸 때 나는 독자 여러분이 기독교 역사를 거의 모른다는 전제 아래, 가능한 한 쉽게 읽을 수 있는 책을 만드는 것을 목표로 삼았다. 전문용어와 중요한 신학 논쟁은 빠짐없이 소개하고 설명했다. 다른 어떤 도움이 없어도 독자 혼자 힘으로 이 책을 너끈히 활용할 수 있겠지만, 이 책을 교육 과정의 일부로 활용하면 가장 큰 효과가 있을 것이다.

기독교 2천 년 역사를 이처럼 짧은 책으로 모두 살펴보기는 쉬운 일이 아니다. 가능한 한 많은 유익한 정보를 압축하여 아주 작은 공간에 담아내면서 그런 정보를 쉬이 활용할 수 있게 항목별로 쪼갤 방법을 궁리하느라 고심에 고심을 거듭해야 했다. 다음 다섯 가지 핵심 사항을 유념하면 이 책에서 가장 많은 열매를 거둘 것이다.

1. 이 책은 단순히 교회사가 아니라, 기독교 역사 전반을 다룬 책이다.
2. 이 책의 내용은 많은 대학과 대학교 과정에서 활용하는 역사 시대 구분법을 따라 여러 역사 시대로 나누었다.
3. 이 책에서 제시하는 역사 내용을 다룰 때, 그 분량은 '선택과 집중'의 원리를 사용하여 결정했다.
4. 본문을 서술할 때는 근래에 나온 학술 문헌 중 가장 훌륭한 책을 참고 문헌으로 활용했다. 이런 문헌은 종종 옛 문헌이 세부사항에서 저지른 오류를 바로잡아주기도 하고, 때로는 우리를 독려하여 사실이나

사물을 완전히 다른 각도에서 보게 해준다.

5. 이 책은 입문서로 쓰고자 집필한 책이지, 모든 것을 망라하거나 자세한 설명을 목표로 삼은 책이 아니다.

각 사항을 좀 더 설명할 필요가 있겠다.

첫째, 이 책은 **기독교** 역사를 다룬 책이다. **교회** 역사를 다룬 책은 여러 교파의 제도권 역사를 다루는 데 치중하곤 하는데, 이 책은 그런 부류의 책이 아니다. 이 책은 기독교의 발전과, 그 발전이 문화에 끼친 영향을 다룬다. 우리는 교회사의 핵심 테마들을 모두 다루었다고 확신하지만, 이런 테마들 외에도 기독교가 예술, 문학, 과학과 주고받은 상호작용 같은 문제도 고찰해보겠다. 아울러 제2차 바티칸 공의회가 20세기 후반 가톨릭교 형성에서 차지하는 중요성은 물론이요, 같은 시기에 등장한 더 사사로운 차원의 기독교 접근법에서 C. S. 루이스가 차지하는 중요성도 살펴보겠다.

둘째, 우리는 역사를 '시대'나 '시기'로 나누는 모든 구분이 조금은 자의성을 갖고 있음을 기억해야 한다. 케임브리지 대학의 위대한 역사가 조지 트레빌리언(1876-1962)은 이미 두 세대 전에 이 점을 잘 강조했다.

날짜와 달리, 시대는 사실(fact)이 아니다. 시대는 우리가 과거 사건들을 다루며 만들어낸 회고 개념으로서 집중 토론에는 쓸모가 있지만, 역사에 관한 생각을 잘못된 길로 인도할 때도 자주 있다.*

트레빌리언의 강조점은 좋은 반응을 얻었다. 더구나, 역사를 여러 시대로 나누려는 시도와 관련된 세부 사항들을 놓고 건강한 토론이 벌어지고

---

* G. M. 트레빌리언,《영국 사회사(English Social History: A Survey of Six Centuries from Chaucer to Queen Victoria)》(London: Longman, 1944), 92.

있다. 예를 들면, 중세는 정확히 언제 시작했는가, 혹은 언제 끝났는가, 중세가 언제 시작하고 언제 끝났는지가 과연 중요한가 같은 문제가 그런 토론거리다.

그래도 우리는 여전히 역사의 내용을 적절히 활용할 수 있는 덩어리나 부분으로 나누어 체계 있게 정리하려고 노력해야 한다. 그리하는 것이 아무런 목적도 없이 시간 순으로 두서없이 장광설을 늘어놓는 것보다 더 낫다. 실제로, 교육 목적이라면 기독교 역사를 큼직하게 나누어 살펴봐야 한다는 견해가 널리 공감을 얻고 있다. 이 책을 교육 과정에서 사용하려면, 이 책에서 가장 많은 것을 아주 쉽게 얻어낼 방법을 강구할 수 있어야 한다. 이 책은 기독교 역사를 크게 다섯 부분으로 나누었는데, 이는 많은 대학과 신학대학원, 대학교에서 가르치는 과정과 일치한다.

1. 초기 교회 시대. 지금도 가끔씩 '교부 시대'로 부르는 이 시대에는 지중해 세계 전역에서 기독교 신앙을 따르는 이들이 상당히 많아지기 시작했다.
2. '중세'. 서유럽 기독교 역사의 한 시대인 이 시대는 문화와 지성의 상당한 발전을 목격했다. 보통 '르네상스'로 알려진 운동이 이 시대 안에 들어 있다.
3. 서유럽의 종교개혁 시대. 이 시대는 개신교의 탄생, 가톨릭교의 공고화를 목격했으며, 이는 결국 종교 전쟁으로 이어졌다.
4. 근대. 이 장에서는 18세기와 19세기의 기독교 발전을 살핀다. 우리 논의가 다루는 범위는 전 세계를 아우르지만, 특별히 서유럽과 북아메리카에서 일어난 여러 발전에 초점을 맞춘다. 이런 발전은 제1차 세계대전(1914-1918)이 발발하면서 정점에 이르렀다.
5. 20세기. 이 장에서는 제1차 세계대전이 끝난 뒤 이 세기 동안에 전 세

계 기독교의 모습에서 일어난 극적 변화를 살펴보고, 아프리카, 남아메리카, 아시아에서 일어난 중요한 발전들을 논한다.

셋째, 여러분은 이 책이 **선택과 집중**의 원리를 그 기초로 삼고 있음을 인식해야 한다. 그것은 곧 2천 년 역사 속에서 일어난 모든 일을 똑같이 공평하게 다루기는 불가능함을 인정하는 것이다. 이 책에서는 역사의 세부 내용을 넘어 그 건너편을 바라보려고 노력하면서, 더 광대한 역사 패턴들을 밝혀내려고 노력했다. 결국 이 책은 여러분이 기독교 역사 속에서 일어난 몇몇 의미심장한 변화들을 추적하는 데 도움을 주려고 노력했으며, 어디서든지 가능하면 흥미로운 사례나 흥미로운 에피소드와 함께 이런 변화들을 설명하려고 애썼다.

따라서 이 책의 목표는 **모든 것을 망라하여** 다루기보다 **대표가 될 만한 경우를** 다룸으로써, 독자로 하여금 이 책이 제공하는 기본 구조 위에 든든히 서게 하는 것이다. 이 책에는 160개 항이 있는데, 각 항의 길이는 대체로 똑같으며(영어 1천 단어 정도), 독자들이 10분 안에 읽고 20분 안에 소화할 수 있는 분량을 기준으로 삼았다.

이 책의 목적은 독자에게 온갖 사실로 융단폭격을 퍼붓는 게 아니라, 독자로 하여금 실제로 일어나고 있는 일을 이해하게끔 도와주는 것이다. 이는 곧 여러분이 여기서 기독교 역사의 모든 이정표―모든 이가 (올바로) 이야기하는 주요 인물과 사건―에 관한 이야기를 듣게 되리라는 뜻이다. 우리는 여행자들이 다니는 큰길을 놔두고 몇몇 흥미로운 샛길도 탐구해보겠지만, 그래도 이 책의 주된 목적은 중요한 지점들을 확실히 부각시켜 모든 이가 여러분이 당연히 봤으리라고 예상하는 것들을 여러분이 정말로 확실히 보게 하는 것이다. 지도에 있는 것들을 잘 파악하면, 여러분 스스로 다른 것들을 더 탐구할 수 있다.

넷째, 이 책은 근래 나온 가장 훌륭한 문헌을 기초로 삼았는데, 그중 대다수는 지난 20년 사이에 출간된 책이다. 이 연구서는 종종 옛 교과서에서 발견되는 잘못된 내용(때로는 세부 사항과 관련된 오류, 때로는 더 큰 이슈와 관련된 오류)을 바로잡을 것을 강력히 요구한다. 근래 연구는 전 세계 사람들이 인정하고 옛 책들에 공통으로 들어 있던 몇몇 주장(이를테면 "중세 후기에는 종교가 쇠락했다"는 주장)을 내버리거나 완전히 바꿔놓았다. 이 책은 여러분에게 사전 지식을 제공하면서, 현재 학자들의 연구 상태를 두루 살펴본 믿음직한 결과물을 제공하는 것을 목표로 삼는다.

마지막으로 다섯째, 이 책은 **입문서**다. 이 책은 황홀한 풍경을 스케치한 그림이다. 이 책은 낯선 나라나 처음 가보는 도시로 인도해주는 여행안내서와 같다. 여행안내서가 그곳에 관하여 모든 것을 일러주지는 못한다. 그렇지만 여러분이 가는 길을 찾게 도와주고, 보거나 들은 것을 이해하게 도와주며, (내 바람이지만) 여러분 스스로 더 많은 것을 탐구하고 싶은 마음이 들게 해준다. 일단 이 책을 다 읽고 나면, 이보다 단계가 더 높은 탁월한 연구서로서 많은 책들이 시야에 들어올 것이다.

이 책에서 가장 많은 것을 얻으려면 이 책을 내가 쓴 순서대로 죽 읽어나가면 된다. 그러나 각 장이 그 나름대로 독립성을 갖게끔 집필했다. 이는 곧 이 책을 꼭 첫 장부터 읽지 않고 어느 곳에서나 읽기 시작해도 된다는 말이다. 각 장은 그 장에 들어 있는 내용의 배경을 살펴보는 것으로 시작한다. 이 부분은 이어질 내용을 이해하는 데 필요한 배경 자료를 제공한다. 가끔은 히포의 아우구스티누스(앞으로 알게 되겠지만, 초기 교회의 저술가로서 중세와 종교개혁 시대 종교사에 중요한 인물이다) 같은 이가 정확히 누구인지 기억을 새롭게 가다듬어보고자 앞장으로 되돌아가야 할 때도 있을 것이다. 아울러 우리는 여러분이 알고 사용해야 할 용어들(이를테면 '교부')을 설명할 것이다.

지금까지 말한 모든 내용이 이 책을 가장 잘 활용하려면 알아야 할 것들이다. 이제 출발 준비를 마쳤다.

알리스터 E. 맥그라스

런던 킹스 칼리지

2012년 7월

더 읽 을 책

기독교 역사의 발전 과정을 빠짐없이 두루 설명한 책으로 다음 책들을 추천한다. 별표 하나가 붙은 책들은 특히 기독교 역사를 흥미롭게 설명한 최신 도서로 추천한다. 별표 둘이 붙은 책은 특히 기독교 사상의 발전에 초점을 맞춘 책이다.

Chidester, David. *Christianity: A Global History*. San Francisco: HarperSanFrancisco, 2000.

Ferguson, Everett. *Church History*. Grand Rapids, MI: Zondervan, 2005.

*Gonzalez, Justo L. *The Story of Christianity*. 2 vols. San Francisco: HarperOne, 2010. 《초대교회사》《중세교회사》《종교개혁사》《현대교회사》(은성, 2012).

Hastings, Adrian. *A World History of Christianity*. Grand Rapids, MI: Eerdmans, 1999.

Hill, Jonathan. *Handbook to the History of Christianity*. Oxford: Lion Hudson, 2009.

*MacCulloch, Diarmaid. *Christianity: The First Three Thousand Years*. New York: Viking, 2010. 《3천년 기독교 역사》(1-3)(CLC, 2013).

**McGrath, Alister E. *Christian Theology: An Introduction*. Oxford: Wiley-Blackwell, 2011. 《신학이란 무엇인가》(복있는사람, 2014).

McManners, John, ed. *The Oxford History of Christianity*. Oxford: Oxford University Press, 2002.

Noll, Mark A. *Turning Points: Decisive Moments in the History of Christianity*. Grand Rapids, MI: Baker Books, 2000. 《터닝 포인트》(CUP, 2007).

Nystrom, Bradley P., and David P. Nystrom. *The History of Christianity: An Introduction*. Boston: McGraw-Hill, 2004.

**Pelikan, Jaroslav. *The Christian Tradition: A History of the Development of Doctrine*. 5 vols. Chicago: University of Chicago Press, 1989.

Shelley, Bruce L. *Church History in Plain Language*. Dallas, TX: Thomas Nelson, 2008.《현대인을 위한 교회사》(크리스챤다이제스트, 2011).

Vidmar, John. *The Catholic Church through the Ages: A History*. New York: Paulist Press, 2005.

초기 교회, 100 – 500년

60년경 어느 때쯤, 로마 당국은 로마 중심부에 모종의 새로운 결사(結社)가 있으며, 이 결사에 가입하는 자가 급속히 늘어나고 있음을 눈치채기 시작했다. 당국에 흘러들어온 보고는 '크레스투스(Chrestus)' 또는 '크리스투스(Christus)'라 하는, 도무지 그 정체를 알 수 없는 어떤 신비한 인물을 그 기초로 삼은 한 종파에 관한 이야기를 담고 있었으며, 이 인물이 태어난 곳은 로마제국에서도 다른 곳보다 더 모호하고 후미진 지역 중 하나였다. 그렇다면 그는 누구였는가? 그리고 이 새로운 종교는 대체 그 정체가 무엇이었는가? 당국이 우려해야 할 것이었는가, 아니면 그냥 마음 놓고 무시해버려도 되는 것이었는가?

얼마 지나지 않아 이 새로운 종교 운동이 실제로 문제를 일으킬 수도 있다는 것이 분명해졌다. 네로 황제 치세기인 64년에 로마를 쓸어버린 대화재의 책임은 편리하게 이 새로운 종교 그룹에 뒤집어씌워졌다. 아무도 그들을 달가워하지 않았다. 그들은 분명 이 대화재와 그 후유증에 제대로 대처하지 못한 로마 당국의 무능을 대신 뒤집어쓴 희생 제물이었다. 로마 역사가 타키투스(56-117)는 딱 50년이 지난 뒤에 이 사건을 상세히 기록했다. 그는 이 새로운 종교 집단을 '그리스도인'이라 밝히면서, 이 집단이 일찍이 티베리우스(재위 14-37) 치세기에 본디오 빌라도에게 처형당한 '그리스도'라는 이에게서 그 이름을 취했다고 밝혔다. 이 '사악한 미신'이 로마로 흘러들어와 엄청난 추종자를 얻고 있었다.

그 결과, 네로는 사람들이 '그리스도인'이라 부르며 혐오스러운 일을 한다 하여 미워하던 부류를 죄인으로 지목했다(그리고 인간을 고통스럽게 할 가장 악독한 기교를 다 부린 고문을 그들에게 가했다). 그리스도인들이 그 이름을 취한 크리스투스는 티베리우스 치세기에 우리 총독 중 하나인 본디오 빌라도의 손에 극형을 당했다. 그러나 이 사악한 미신은 잠시 발목이 잡혔다가, 그 악의 근원인 유대는 물론이요 심지어 세계 각처에서 불쾌하고 부끄러운 것들이 모두 모여들어 대중에게 퍼지는 로마에도 생겨났다. 그리하여 죄를 시인한 이들이 모두 붙잡혔다. 그들에 관한 정보가 알려지자, 엄청나게 많은 이들이 도시(로마)에 불을 지른 죄가 아니라 인간을 미워한 죄목으로 유죄 선고를 받았다.
– 타키투스, 《연대기》, XV. 44.

이 운동에 관한 로마의 공식 설명은 혼란스럽고 당황스러울 수 있으나, 그리스도인들의 중심이 '크리스투스'라는 수수께끼 인물임은 분명히 밝혀 주었다. 로마는 이 운동을 어떤 영원한 의미를 가진 것으로 여기지 않았으며, 기껏해야 지나가는 작은 소동쯤으로 여겼다. 그중 최악은 이 운동이 황제 숭배에 위협이 된다고 여겼던 것이었다. 그러나 그 뒤 300년도 지나지 않아 이 새 종교 운동은 로마제국의 공식 종교가 되었다. 그렇다면 어떻게 이런 일이 일어났을까? 우리는 이번 장에서 이 새 종교가 등장한 이후 첫 500년 동안의 이야기를 해보고, 로마제국의 구석에서 일어난 한 주변부 운동이 로마제국을 지배하는 종교로 자라가는 과정을 추적해보겠다.

1.1. 배경 살펴보기: 기독교의 기원

기독교는 유대교 맥락 속에서 개혁 운동으로 시작했지만(1.1.7), 성장하면서 점차 그 정체를 분명히 드러내고, 1세기 로마제국 세계 안에서 명확한 형상을 갖추기 시작했다. '그리스도인'이라는 말이 나사렛 예수 자신에게서 비롯되었다고 믿을 만한 역사적 근거는 전혀 없다. 신약성경 속의 서신서가 분명히 밝히듯이, 초기 그리스도인들은 서로 '제자'나 '성도'로 부르곤 했다. 그러나 다른 이들은 이 새로운 운동을 가리키는 말로 다른 이름들을 사용했다. 신약성경은 기독교 밖 사람들이 나사렛 예수를 따르는 이들을 가리키는 말로 '그리스도인'(그리스어로 *Christianoi*)이라는 말을 처음 사용했다고 일러준다. "제자들이 안디옥에서 비로소 그리스도인이라 일컬음을 받게 되었더라"(행 11:26). '그리스도인'은 그들이 고른 말이 아니라, 그들의 뜻과 상관없이 그들에게 부여된 말이었다. 그러나 그리스도인들도 이 말을 수긍했던 것 같다.

하지만 우리는 '그리스도인'이라는 단일 용어를 사용한 것을 이 운동이 통일되고 잘 조직된 운동이었음을 암시하는 것이라고 지레 짐작하지 않도록 조심해야 한다. 앞으로 보겠지만, 초기 기독교 역사는 당시 기독교가 아주 다양했고, 딱히 권위 구조라 할 만한 것이나 세심하게 정립한 신앙 공식들을 갖고 있지 않았음을 보여준다(1.1.4). 이런 권위 구조나 신앙 공식은 기독교 역사 처음 몇 세기 동안에 구체적 형태를 갖추기 시작했다. 이 첫 장에서는 이런 과정이 어떻게 일어났는지 설명해보고, 이런 과정이 낳은 몇 가지 결과를 탐구해보겠다. 이번 장은 대단히 중요한 시기, 곧 마지막 사도가 죽은 때(100경)부터 칼케돈 공의회(451)에 이르는 시기에 초점을 맞춘다.

기독교 역사에서 첫 번째 주요 시대라 할 이 시대(100경-451)는 기독교가 지중해 세계와 그 너머로 급속히 퍼지기 시작했던 시기로서, 사람들은 때로 이 시기를 '교부 시대'라 부른다. '교부'라는 특이한 말은 그리스어 *patēr*(파테르, '아버지')에서 나왔으며, 알렉산드리아의 아타나시우스나 히포의 아우구스티누스 같은 '교회의 아버지(敎父)'를 가리킨다.

기독교 형성기, 특히 이 형성기에 벌어진 큰 신학 논쟁들을 제대로 파악하지 못하면 기독교 역사의 발전 과정을 이해하기 힘들다. 그렇지만 기독교의 역사적 기원을 알지 못한 채 기독교 발전 과정을 이해한다는 것도 불가능하다. 따라서 우리는 우선 기독교가 유대교 안에서 등장한 뒤, 민족이나 사회라는 경계를 인정하길 거부하는 신앙으로 급속히 변화해간 내력을 곱씹어봄으로써 초기 기독교에 관한 논의를 시작해보겠다.

1.1.1. 도가니: 이스라엘 역사

기독교는 처음 출발 당시 그 자신을 유대교와 연속성을 지닌 것으로 보았다. 그리스도인들은 그들이 따르고 예배하는 하나님이 이스라엘 족장인 아브라함과 이삭과 야곱이 예배했던 하나님과 같은 하나님임을 분명히 했다. 신약성경은 '메시아'가 이스라엘 백성에게 오리라는 큰 소망이 나사렛 예수 안에서 이뤄졌다고 본다(1.1.3). 실제로 신약성경이 '그리스도'라는 칭호를 사용하는 것은 이런 믿음을 분명히 가리킨다. ('메시아'라는 히브리어는 본디 '기름부음 받은 자'를 뜻하며, 이 개념을 그리스어로 번역한 말이 '크리스토스'다.) 서구의 대다수 독자는 '예수 그리스도'가 '존 스미스'와 비슷한 어떤 이름이라고 짐작하지만, 사실 '예수 그리스도'는 그의 정체를 밝힌 말이다.

즉, '그리스도이신 예수'.

유대교와 기독교의 연속성은 많은 점에서 분명하게 드러난다. 유대교는 특히 율법(히브리어로 *Torah*)을 강조했다. 이 율법을 통해 하나님의 뜻이 계명이라는 형태로 알려졌으며, 선지자들은 이런 하나님의 뜻을 어떤 명확한 역사 상황 속에서 알려주었다. 신약성경 복음서는 나사렛 예수가 '율법이나 선지자들을 폐하러 온 게 아니라 그것들을 완전하게 하려고 왔다'는 것을 강조했다고 알려준다(마 5:17). 바울도 자신이 쓴 신약성경 서신서에서 같은 점을 강조한다. 예수는 "율법의 마침"이다(롬 10:4, 여기서 쓴 그리스어 *telos*는 '끝'이나 '목적지'를 뜻한다). 아울러 바울은 아브라함의 믿음과 그리스도인의 믿음이 연속성을 가짐을 강조한다(롬 4:1-25). 히브리서는 모세와 예수는 물론이요(히 3:1-6), 그리스도인과 옛 이스라엘의 위대한 믿음의 인물들 사이에도(히 11:1-12:2) 연속성을 띤 관계가 존재함을 지적한다.

신약성경 전체를 통틀어 살펴보면, '기독교는 유대교와 연속성을 가지며, 유대교가 지시하던 것들을 완성한다'는 주제가 반복되어 나타남을 확인할 수 있다. 이것은 몇 가지 중요한 결과를 시사하는데, 그 가운데 다음과 같은 것들이 가장 중요하다. 첫째, 그리스도인과 유대교 신자는 많든 적든 똑같은 기록 모음(유대교 신자는 '율법과 선지자들, 그리고 성문서'로 알고 있으며, 그리스도인은 '구약성경'으로 알고 있는 기록 모음)을 그들 종교에서 권위를 지닌 기록으로 여긴다. 물론 기독교 안에는 2세기 저술가인 시노페의 마르키온(1.2.3)처럼 더 과격한 사상가도 늘 있었다(마르키온은 유대교와 이어진 신학의 연결고리 혹은 역사의 연결고리를 모두 제거하자고 주장했다). 하지만 대다수 의견은 늘 기독교회와 이스라엘의 연관성을 강조하고 소중히 여기는 것이 중요하다는 쪽이었다. 그리스도인들은 유대교 신자들이 그 자체로 완결된 것으로 본 기록 모음을 훗날 완성된 어떤 것을 가리키는 것으로 본다. 그리스도인과 유대교 신자가 모두 같은 텍스트 모음을 중요하게 여기지만, 이 둘은 이 기록 모음을 가리키는 말로 각각 다른 이름을 사용하며, 이 기록 모음을 해석하는 방법도 다르다.

둘째, 신약성경 저자들은 종종 구약성경의 예언들이 예수 그리스도의 삶과 죽음 안에서 다 이루어진 것으로 혹은 실현된 것으로 이해되었음을 강조했다. 이 저자들은 이를 통해 두 가지 중요한 믿음을 부각시켰는데, 하나는 기독교가 유대교와 연속성을 갖는다는 것이요, 다른 하나는 기독교가 유대교를 진실로 완성한다는 것이다. 이 점은 기독교 초기의 몇몇 기록들(이를테면 바울 서신과 마태복음)이 특히 중요하게 여겼는데, 이 기록들은 종종 기독교가 유대인에게 갖는 중요성을 탐구하는 데 특별한 관심을 보이는 것 같다. 예를 들면, 마태복음은 예수의 삶 속에서 일어난 사건들을 구약 예언의 완성으로 볼 수 있는 연유를 열두 곳에서 지적한다.

하지만 기독교와 유대교의 연속성은 우리가 초기 기독교 역사 속에서, 특히 팔레스타인 지역에서 일어난 몇몇 다툼을 이해하는 데 도움을 주기도 한다. 신약성경은 적어도 일부 그리스도인들이 처음에는 유대교 회당에서 계속 예배했으며, 논쟁으로 말미암아 이런 예배가 문제시될 때까지 이 예배가 계속 이어졌음을 일러준다. 바울 서신은 우리가 이런 논쟁 중 적어도 몇 가지를 이해할 수 있게 도와준다. 두 가지가 특히 중요했는데, 이 문제들은 1세기에 첨예한 논란거리였다.

첫째, 회심하여 그리스도인이 된 이들도 할례를 받아야 하는가? 기독교와 유대교의 연속성을 강조한 이들은 받아야 한다고 믿었다. 그러나 결국 그리스도인은 더 이상 유대교의 독특한 율법(이를테면 할례를 받아야 한다는 법이나 엄격한 음식 규례를 지켜야 한다는 법)에 복종하지 않아도 된다는 견해가 압도했다.

둘째, 유대인이 아닌 자로서 그리스도인이 된 자들을 유대인으로 다루어야 하는가? (이 논쟁에서는 '유대인이 아닌 자'를 뜻하는 유대인의 용어 '이방인'을 널리 사용했으며, 이 용어는 신약성경이 이 쟁점을 언급하는 대목에서 종종 등장한다.) 다시 말하지만, 유대교와 기독교의 연속성을 강조하는 이들은 이방인 신자들도 유대인으로 다루어야 한다고 주장했다. 이런 이유 때문에, 그들은 회심한 이방인 남자들에게 할례를 요구했다. 그러나 대다수의 견해는 완전히 달랐다. 즉, 그들에게 그리스도인이 된다는 것은 유대인으로서 가지는 민족 정체성 혹은 문화 정체성을 강화한다는 말이 아니라, 모든 이에게 열려 있는 새로운 삶의 방식과 사고방식으로 들어간다는 말이었다. 1세기 말에 이르자, 그리스도인들은 대체로 자신들이 유대교에서 생겨난 새로운 종교 운동에 참여하고 있다고 보게 되었지만, 유대의 종교 전통과 민족 전통에 매이지는 않았다. 이 점은 뒤에 가서 더 자세히 살펴보겠다(1.1.7).

그러나 기독교가 로마 당국자들이 '합법 종교'(라틴어로 *religio licita*)로 보았던 유대교에 그 기원을 두고 있는데도, 초기 그리스도인 공동체들은 제국법의 보호를 받을 자격을 가진 이들로 간주되지 않았다. 이 때문에 이 공동체들은 언제라도 현실이 될 수 있는 박해의 그늘에 묻혀 살았으며, 사람들 속에서 죽은 사람처럼 조용히 살아야 했다. 그들은 권력이나 사회적 영향력을 행사할 위치에 오르지도 못했고, 세상 당국자들이 가하는 박해의 표적이 될 때도 자주 있었다.

교회 안에서 신앙 정체성에 관한 의식이 점점 자라갔는데, 이런 의식을 구체화하게끔 도와준 요인 중 하나는 팔레스타인 밖 기독교가 그리스어를 말하는 동부 지중해 세계에서 추종자를 모으면서 급속도로 성장한 일이었다. 이는 다음 항에서 더 자세히 탐구해보겠다.

1.1.2. 더 넓은 배경: 이방 세계의 지혜 추구

기독교는 그 역사가 팔레스타인에서 시작했지만, 그리스어를 말하는 세계, 그중에서도 특히 로마제국의 도시들 안에서 추종자를 급속히 늘려갔다. 여기서 중요한 것이 바로 신약성경이 서술해놓은, 다소 출신 바울의 선교 여행이다. 바울은 유대교 율법 교사였다가 회심하여 그리스도인이 되었으며, 이름도 '사울'에서 '바울'로 바꿨다. 그는 선교 여행을 하면서 유럽을 포함하여 지중해 동북부 지역의 많은 도시와 지역을 방문했다. 기독교가 유럽 대륙에 발판을 마련하기 시작했을 때, 유대와 상관없는 맥락 속에서 이 기독교를 어떻게 설교할 것인가 하는 문제가 점점 더 중요한 문제로 떠오르기 시작했다.

유대인 회중을 청중으로 하는 초기 그리스도인들의 설교, 특히 팔레스타인에서 하는 설교는 나사렛 예수가 이스라엘이 품었던 소망들을 이루신 분임을 실증하는 데 초점을 맞추곤 했다. 베드로가 예루살렘에서 유대인에게 한 설교(행 2장)도 이 패턴을 따른다. 여기서 베드로는 예수가 이스라엘이 맞이할 운명의 정점을 나타낸다고 주장한다. 하나님은 예수가 '주(主)와 그리스도'라고 선언하셨다. '주와 그리스도'라는 말은 아주 의미심장한 용어였는데, 베드로가 설교한 유대인 청중은 이 말의 의미를 이해하고 바로 인식했을 것이다. 그러나 그리스도인이 구약성경도 모르고 이스라엘 역사와 상관도 없는 그리스인 청중에게 설교할 때는 어떻게 해야 했을까?

초기 기독교 세계에서 특히 의미를 갖게 된 접근법은 바울이 아마도 55년 무렵 어느 날에 그리스 도시인 아테네(아덴)의 아레오파고스(아레오바고)에서 선포했을 설교에서 발견할 수 있다. 바울은 이 설교에서 유대교가 주장하는 사상과 소망을 전혀 언급하지 않는다. 대신 그는 나사렛 예수를 아테네 사람들이 알고 있는 어떤 신을 드러낸 분이지만, 그들이 아직도 명

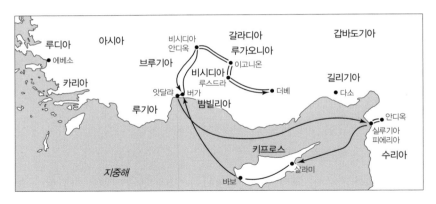

바울의 1차 선교 여행.

확히 만나지 못한 이로 제시한다. "그런즉 너희가 알지 못하고 위하는 그
것을 내가 너희에게 알게 하리라"(행 17:23). 바울은 나사렛 예수를 통해 알
려진 신이 세계와 인류를 지은 신과 같은 신—아테네 시인 아라토스(주전
315-240)가 선언했듯이, '우리가 그 안에서 살고 그 안에서 움직이며 그 안
에서 우리 존재를 가지는' 신—이라고 선언했다(행 17:28).

　　초기 그리스도인들이 유대인에게 한 설교가 예수를 이스라엘이 품었던
소망의 성취로 제시했다면, 바울은 기독교 신앙을 인간의 마음이 지닌 가
장 깊은 갈망과 인간 이성의 가장 심오한 본능을 충족시켜주는 것으로 제
시했다. 기독교 신앙은, '말씀'(그리스어로 logos, 1세기에 널리 퍼졌던 플라톤 철학
은 이를 우주의 근본 원리로 여겼다)이라는 개념처럼, 고전 그리스 철학의 몇몇
핵심 테마를 활용할 정도로 수월하게 적응했다(1.3.3). 이 테마('말씀')를 전
개한 곳이 요한복음 첫 장인데, 여기에서는 나사렛 예수를 '말씀'으로 제시
하면서, 이 말씀으로 말미암아 태초에 우주가 창조되었고, 이 말씀이 세상
에 들어와 세상을 밝히고 구속해주었다고 말한다. "말씀이 육신이 되어 우
리 가운데 거하시매 우리가 그의 영광을 보니"(요 1:14).

이것이 꼭 유대교 안에 있는 기독교의 역사적, 신학적 뿌리를 제거한 것으로 간주되지는 않았다. 오히려 그리스도인들은 이런 것을 모든 민족과 인종과 문화의 장벽을 뛰어넘는다고 여겼던 기독교 신앙이 온 세상에 호소력을 발휘하기 시작하는 한 방법이라고 생각했다. 그들은 기독교 복음이 보편타당성을 갖는다는 것은 곧 기독교 복음을 모든 인류 문화와 공명할 수 있는 방법으로 선포할 수 있다는 뜻이라고 주장했다. 앞으로 보겠지만, 이런 식의 기독교 전파 접근법은 기독교 역사를 통틀어, 특히 선교 맥락에서 아주 큰 의미를 갖게 된다.

하지만 우리는 나사렛 예수의 정체와 의미에 관하여 이미 아주 많은 지식을 얻었다. 이제 우리는 기독교 신앙의 중심인 이 인물을 더 자세히 살펴봐야 한다.

1.1.3. 전환점: 나사렛 예수

기독교는 특별한 사건들, 무엇보다 특히 나사렛 예수의 역사에 대한 반응으로 존재하게 된 역사 속 종교다. 이 짧은 책으로 나사렛 예수를 완전히 다루기는 불가능하지만, 그래도 특히 기독교 역사 속에서 기독교의 근본 테마들이 문제가 되고 발전해왔다는 점을 고려하면, 이런 테마들을 어느 정도는 바로 인식하는 것이 중요하다.

전통에 따르면, 나사렛 예수의 탄생은 서력기원이 시작한 때로 거슬러 올라가며, 그의 죽음은 30년에서 33년 무렵의 어느 시점에 일어났다. 그러나 신약성경 밖의 자료는 나사렛 예수의 삶에 관하여 사실상 아무것도 알려주지 않는다. 신약성경 자체는 예수에 관하여 완전히 구별되는 두 그룹의 정보 자료를 제공한다. 그 하나는 네 복음서이며, 다른 하나는 서신서다. 복음서와 그 시대의 주요 로마 역사가들이 기록한 고전 '전기(傳記)'(이를테면 수에토니우스가 쓴 《황제들의 생애》나 루키아누스가 쓴 《데모락스의 생애》 같은 책들)를 비교해보면, 정확히 일치하는 평행 본문은 존재하지 않아도 둘 사이에는 분명 여러 유사점이 있다.

복음서는 역사 회상과 신학 성찰을 뒤섞어, 나사렛 예수의 정체와 의미를 곱씹어본다. 네 복음서는 각기 그 나름대로 독특한 정체성과 관심사를 가진다. 예를 들어, 마태복음은 유대인 독자들에게 예수가 갖는 의미를 확증하는 데 특히 관심을 기울이는 것으로 보이는 반면, 누가복음은 그리스어를 말하는 공동체에 예수가 지닌 중요성을 설명하는 데 더 관심을 기울이는 것으로 보인다. 예수의 정체를 확증하는 일은 예수가 말하고 행한 일을 기록하는 것만큼이나 중요하다. 복음서 저자들은 나사렛 예수를 지도 위에 표시하여 사람들이 그와 인류, 그와 역사, 그와 하나님의 관계를 이해하며 바로 인식할 수 있게 하려고 애쓴 이들이라 생각할 수 있다. 이런 점 때문에 그들은 특히 다음 세 주제에 초점을 맞춘다.

1. 예수가 가르치신 것, 그중에서도 특히 유명한 '하나님나라 비유들'에 초점을 맞춘다. 그들은 예수의 가르침이 신자가 진정한 그리스도인의 삶을 살아내게 도와준다는 점에서 중요하다고 보았다. 이런 삶을 살아내는 것이 그리스도인의 제자도에서 중심 주제였다. 이런 제자도가 다른 이들에게 겸손하고 하나님께 순종하는 태도를 함양하는 것과 관련이 있음은 아주 주목할 만하다.

2. 예수가 행하신 것, 특히 예수의 치유 사역에 초점을 맞춘다. 복음서 저자들은 이런 치유 사역을 예수의 정체를 확증하고 그리스도인 공동체 자체가 갖는 가치들을 형성하는 데 중요하다고 보았다. 예를 들면, 중세 수도원들은 대부분 병원을 세웠는데, 이는 그리스도의 이런 치유 사역을 계속 이어가는 수단이었다.

3. 예수의 가르침과 행함을 목격한 이들이 예수에 관하여 이야기한 것들에 초점을 맞춘다. 예를 들면, 누가복음은 아기 예수가 "이스라엘을 위로할 이"라는 시므온의 선언뿐 아니라 예수가 무죄요 결백하다는 로마 백부장의 확언을 기록해놓았다. 이런 말들은 예수의 정체를 공중 앞에서 공식 인정하는 말이라고 볼 수 있다.

신약성경의 서신들—때로는 여전히 '서간'(書簡, 그리스어로 *epistolē*라 하며 이는 '편지'를 뜻한다)이라 부른다—은 개인과 교회에 보낸 것인데, 행실과 믿음이라는 문제에 자주 초점을 맞춘다. 이 서신들은 당시 그리스도인 공동체 안에서 나사렛 예수의 의미를 어떻게 이해하고 있었는지 파악하게 도와준다는 점에서 중요한 의미가 있다. 서신서는 나사렛 예수의 태도를 본받음이 중요함을 강조할 목적으로 예수의 사례(예수가 보여주신 모범)를 꾸준히 원용한다(빌립보서 2장의, '네 자신보다 다른 이들을 더 낫게 여기라' 같은 말이 그런 예다). 서신서는 실상 예수의 가르침을 직접 언급하지는 않지만, 어떤 행위 패턴들은 분명 예수의 가르침에 기초한 것으로 여긴다(겸손, 또는 고난을 기꺼이 받아들이려는 자세가 그런 예다).

신약성경의 서신들은 아울러 어떤 행위 패턴의 중요성을 강조한다. 이를테면 그리스도의 죽음과 부활을 기억하고 기념하는 방법으로 빵과 포도주를 사용하여 그리스도와 제자들이 마지막 만찬 때 했던 행위를 되풀이하는 것이 그런 행위 패턴에 속하는 예다. 신약성경은 세례와 성찬이라는 성례를 분명히 예상하는데, 이 성례는 그 기원이 예수 자신의 사역으로 거슬러 올라간다.

하지만 어쩌면 이보다 더 중요할 수도 있는 것이 있는데, 그건 바로 이 서신들이 그리스도인 공동체를 규정하는 특징이 된 나사렛 예수의 정체와 의미에 관한 이해를 일러준다는 점이다. 이 주제들 가운데 가장 중요한 것은 다음과 같다.

1. 신약성경의 서신들은 나사렛 예수를 보이지 않는 하나님을 알 수 있고 볼 수 있게 해주는 분으로 이해한다. 예수는 "보이지 않는 하나님의 형상"('형상'은 그리스어로 *eikōn*, 골 1:15), 혹은 하나님을 "똑같이 표현하신 분"(그리스어로 *charaktēr*)이다(히 1:3).
2. 예수는 구원을 가능하게 하신 분이며, 그의 삶은 구속 받은 인간 실존의 특징적인 주제들을 그대로 되비쳐준다.
3. 신약성경의 서신들은 나사렛 예수의 부활을 믿는 기독교의 핵심 신앙을 예수가 무죄이심을 확인해주는 것이요, 예수의 정체가 하나님이심을 확증해주는 것이며, 신자들이 갖고 있는 소망의 근거라고 본다. 서신들은 믿음을 통해 그리스도와 연합하여 지금 그의 고난에 동참하고 그의 부활의 소망에 동참하는 이들이 바로 신자들이라고 이해한다.

이 주제들은 각각 그리스도인 공동체가 이 주제들의 의미, 그리고 이 주제들이 신자들의 삶 및 생각과 갖는 관련성을 곱씹어보면서 더 깊이 발전하게 된다. 바울 서신은 기독교가 믿는 믿음들을 설명하고 사회와 문화를 대하는 초기 기독교의 태도를 형성하는 데 특히 중요한 역할을 했다. 초기 기독교 사상가들이 이런 사상을 어떻게 발전시켰는가는 이번 장 뒤쪽에 가서 살펴보겠다.

1.1.4. 기독교 초기의 교세 확산

역사의 증거는 기독교가 1세기와 2세기 초에 아주 급속히 퍼져나갔음을 일러준다. 이는 당연히 두 가지 의문을 불러일으킨다. 첫째, 이 운동을 퍼

초기 그리스도인들은 로마를 특히 중요하게 여겼다. 사도 베드로와 바울이 모두 로마에서 순교했다고 믿었기 때문이다. 그림은 〈베드로의 순교〉. 필리피노 리피(1459–1504)가 그린 그림으로 이탈리아 피렌체 산타마리아 델 카르미네 성당 브란카치 예배실에 있는 벽화다.

뜨린 메커니즘은 무엇이었는가? 둘째, 당시 사람들은 이 운동의 어떤 점에 매력을 느꼈는가? 초기 이슬람교와 달리, 기독교의 확산은 힘으로 이루어지지 않았다. 정작 힘은 제국 당국자들이 기독교를 억압하려고 사용했다. 기독교는 4세기에 이르기까지 합법 종교 운동으로 인정받지 못했다. 때문에 회심자들은 분명 이 새 종교에 처벌이나 처형을 당할 위험조차도 감내하게 만들 만한 뭔가가 있다고 믿었다. 그렇다면 그것은 무엇이었을까?

이전 역사가들은 기독교를 퍼뜨린 주요 메커니즘 가운데 하나가 공중 설교(대중 앞에서 한 설교)였다고 주장하면서, 사도행전이 서술해놓은 바울의 선교 여행이 갖는 중요성을 지적했다. 그러나 기독교 신앙을 공중에게 선포한 설교를 전하는 역사 기록이 상당히 희소한데, 이는 십중팔구 제국 당국자들이 이런 설교를 억압했으리라는 사실을 보여주는 증거일 것이다. 바울의 아테네 설교는 이런 공중 설교를 보여주는 희귀한 사례다. 그가 선호한 방법은 회당에서 유대인 청중에게 설교하는 것이었다.

더 근자에 들어와 역사가들은 기독교 신앙을 퍼뜨리는 데 여러 네트워크가 중요한 역할을 했다고 지적했다. 이 느슨한 조직체들은 종종 직업이나 지역을 기초로 삼곤 했으며, 공중에게 드러나는 모임을 피했다. 본디 비밀 모임인 이런 모임에 흥미를 가진 외부인들도 초대를 받곤 했는데, 사회적 연결고리나 직업상 인맥을 통해 이런 외부인들과 접촉이 있는 그리스도인들이 초대하는 경우도 종종 있었다. 초기 그리스도인들의 모임이나 집회(그리스어로 *ekklēsia*)는 보통 개인 가정에서 이루어졌고 강한 귀속감과 동질감을 만들어냈는데, 충성을 다짐하는 '신성한 맹세'(라틴어로 *sacramenta*)가 이런 귀속감과 동질감에 더 큰 무게를 더해주었다.

상업과 교역이 기독교를 퍼뜨리는 데 중요한 역할을 했다는 상당한 증거가 있으며, 순회 설교자와 교사들은 그들이 일터를 갖고 있던 도시에서 가정교회를 섬겼다. 이 초기 단계 때는 신앙의 권위가 중앙에 집중되어 있지도 않았고, 각 지역의 공동체 조직이 따라야 할 표준 모델도 없었으며, 오직 교회당이나 성당으로만 사용하는 건물도 없었다. 콘스탄티누스 황제가 회심한 뒤에야 비로소 기독교 운동이 펼쳐진 전 지역의 주교가 함께 모일 수 있게 되고, 기독교 신앙을 둘러싼 논쟁을 해결하기 시작하며, 신앙에 관한 공식 선언을 내놓을 수 있게 된다.

그렇다면 기독교가 호소력을 갖게 된 이유는 무엇이었는가? 기독교로 개종하면 여러 위험이 따르는데도 그렇게 많은 이들이 기독교로 개종한 이유는 무엇인가? 기독교의 호소력은 분명 다층성(多層性)을 띠고 있기 때문에, 그 특징을 정의하기가 쉽지 않다. 사회 차원에서 보면, 기독교는 새로운 정체감을 제시하고 사회 지위와 관련하여 새로운 의식을 제시했다. 기독교가 로마제국 전역에 퍼져나가는 데 여러 네트워크가 중요한 역할을 했다는 깨달음이 늘어가는 것은 귀속감(곧, 자신이 속한 무언가에서 중요성과 의미를 얻었다는 의식)이 중요함을 분명하게 일러준다. 로마 사회는 수직 위계 구조가 강했다. 이와 반대로 기독교는 로마 사회가 중요시하는 기존 가치들을 중요시하지 않았다. 예를 들면, 바울 서신은 이렇게 선언한다. "너희는 유대인이나 헬라인이나 종이나 자유인이나 남자나 여자나 다 그리스도 예수 안에서 하나이니라"(갈 3:28). 그리스도인 공동체는 사회의 수직 위계 구조에서 밑바닥에 자리한 사람들이 자신이 소중하고 가치 있는 존재라는 의식을 함양할 수 있게 해줄 가치 체계를 발전시켰다. 초기 기독교가 여자(1.3.6)와 노예와 사회에서 소외당한 다른 그룹들에 호소력을 발휘했다는 것은 분명 이런 인식을 되비쳐준다.

그러나 이렇게 신앙 공동체의 모든 지체가 중요함을 강조하는 태도를 밑받침해준 것은 부조(扶助)의 실천이었다. 초기 그리스도인 공동체들은 사회로 나아가 부조 활동을 펼치는 것을 그들의 정체성을 규정하는 본질로 여겼던 것 같다. 그들은 가난한 자들과 병든 자들, 그리고 곤궁한 자들을 보살필 기금을 조성했다. 이를 잘 보여주는 사례가 로마 사회에서 하찮게 취급받곤 했던 그룹인 과부들을 교회가 보살핀 일이다. 당시 기록은 로마 교회가 과부들을 많이 도와주었음을 일러주는데, 이들 가운데에는 이런 도움을 받지 못했으면 사회에서 전혀 귀히 여겨지지 못하고 딱히 입에 풀칠할 수단도 갖지 못할 이들이 많았을 것이다.

당시 기록은 기독교 사상이 자신들의 삶에 끼친 영향 때문에 기독교 사상에 끌려 이 사상을 깊이 생각하게 된 이들이 많았음을 일러준다. 초기 교회가 기독교의 주교(감독)와 의식을 언급할 때 의술(醫術)과 관련된 모델과 이미지를 사용한 것은 결코 우연이 아니다. 예를 들면, 1세기 주교인 안디옥의 이그나티우스는 성찬에서 쓰는 빵과 포도주를 '불멸의 약'이라 묘사한 것으로 유명하다. 치유의 종교이자 치유 공동체라는 기독교의 이런 모습은 특히 불확실성과 불안이 팽배했던 시대에 많은 이들의 마음을 강하게 사로잡았다.

부활이라는 주제는 초기 기독교 선교에서 중요한 역할을 했으며, 특히 죽음을 하찮게 여기는 태도를 북돋아주었다는 점에서 그러했다. 초기 기독교 지도자들의 순교 기록은 이 지도자들이 죽음을 두려워하지 않았다는 점, 그리고 이런 태도가 이들을 지켜본 이방인들에게 충격을 안겨주었음을 강조한다. 죽음 앞에서도 죽음을 두려워하지 않는 이 주목할 만한 모습—이는 그 시대 문화 비평가들이 널리 언급하는 내용이다—은 스토아학파가 말하는 무심(無心) 때문이 아니라, 기독교의 독특한 특징인 불멸을 믿는 굳건한 믿음 때문이었다.

결국 우리는 초기 기독교의 선포 안에 들어 있는 강력한 이데올로기의 무게를 제대로 평가해야만 한다. 초기 기독교 변증가들은 그들의 믿음이 우주의 심오한 도덕 구조를 지각할 수 있는 능력을 가졌음을 강조했다. 그들은 이런 능력 덕분에, 종국에는 정의가 궤계와 억압을 누르고 승리하리라는 근본 확신을 제시함으로써 악과 고난이라는 수수께끼를 풀 수 있었다. 기독교는 우주를 다스리는 지혜롭고 의로운 통치자를 선포하면서, 이 통치자와 힘을 앞세운 세상 제국의 제반 제도가 보여주는 도덕의 타락을 대비하여 제시했다. 기독교는 실재를 바라보는 새로운 대안을 제시했으며, 많은 이들이 이 대안을 자신들 주위에서 경험했던 것들보다 더 선호할 만하다고 여겼다.

기독교가 고대 후기 세계에 발휘한 호소력은 이처럼 복잡하고 다층성을 띠고 있어서, 그 시대 문화의 여러 측면과 접점을 가질 수 있었다.

1.1.5. 사도 시대

기독교 역사의 주요 시대 중 첫 번째 시대는 보통 '사도 시대'로 알려져 있다. '사도'라는 말은 '보내다'라는 뜻을 가진 그리스어 동사 *apostelein*에서 나왔으며, 나사렛 예수가 당신 사역을 계속 이어가고 확장하도록 임명하신 이들을 가리키는 말로 자주 사용한다. 전통에 따르면, 사도 시대는 사도들이 아직 살아 있던 시대를 정의하는 말이기 때문에, 이 말은 나사렛 예수를 중심으로 모였던 첫 신앙 공동체와 교회 사이에 역사의 연속성이 있음을 확실히 보장해준다. 그러나 딱하게도 우리는 이 시대가 역사에서 엄청나게 중요한데도 이 시대에 관하여 아는 것이 거의 없다. 하지만 우리는 이 시대의 몇몇 측면을 간략히 묘사함으로써, 우리가 더 잘 이해하고 있는 초기 교회 역사로 넘어가는 중요한 과정을 제시해볼 수 있겠다.

앞서 언급했듯이, 기독교 운동의 중심에는 나사렛 예수가 하신 말씀과 행위에 관한 일련의 보고와 해석이 자리해 있다. 이런 보고와 해석은 예수가 갖는 의미를 그의 정체와 역할이라는 관점에 비춰 제시하면서 기독론과 관련된 칭호 및 구원을 나타내는 이미지를 아주 폭넓게 사용했는데, 이런 것들은 종종 기독교의 뿌리인 유대교에서 가져오곤 했다. 우선 그리스도인 그룹들은 나사렛 예수를 개인적으로 알았던 사람들, 혹은 예수의 측근들을 익히 알았던 사람들이 예루살렘 같은 큰 도시의 중심부에 세웠던 것으로 보인다.

다른 그리스도인 공동체들은 예루살렘 교회와 더 복잡한 사연이 얽혀 있는 다른 이들이 세웠는데, 그런 이 중 가장 유명한 사람이 다소 사람 바울이다. 신약성경이 직접 말하는 바에 따르면, 바울은 지중해 세계의 많은 지역에서 기독교회 설립을 주도한 인물이다. 처음에 사람들은 십중팔구 기독교를 이미 상당히 다양한 모습으로 그 신앙을 표현하는 데 익숙해 있던 유대교 내부의 또 다른 분파 혹은 그룹쯤으로 여겼을 것이다. 근래에 이 시대를 살펴본 역사 연구 결과가 분명히 일러주었듯이, 이 시기 유대교는 오로지 한 가지 색깔만을 가진 종교가 아니었다.

이 그리스도인 공동체들은 로마제국 전역에 퍼졌으며, 각 공동체는 자리한 지역에서 그 나름의 독특한 도전과 기회에 부닥쳤다. 이는 역사와 관련하여 두 가지 의미심장한 질문을 낳는데, 두 질문 모두 확실한 대답을 제시하기는 불가능하다. 첫째, 이 개개 그리스도인 공동체는 그들이 속한 지역의 문화 정황 속에서 그들의 정체성을 어떻게 지켜냈는가? 예를 들면, 분명 초기 기독교 예배는 그리스도인 공동체의 독특함을 강조하는 데 이바지했으며, 사회 전반에 맞서 공동체 전체가 공유하는 정체감을 만들어내는 데 도움을 주었다.

둘째, 이 개개 그리스도인 공동체는 그들 자신을 보편성을 띤 더 큰 공동체, 곧 신약성경의 여러 책 중 나중에 기록된 책들이 점점 더 '교회'라 부르게 된 공동체와 어떻게 연결되어 있다고 이해했는가? 이 개개 공동체들이 서신 왕래와 여러 교회를 방문한 교사들을 통해 접촉을 유지했으며, 특히 그들 전체의 근간이 된 문서를 공유함으로써 접촉을 유지했다는 증거가 있다. 이런 문서 중 (전부는 아니나) 일부는 나중에 신약 정경 속에 편입되었다.

목회 서신―신약성경 서신 중 후대에 기록한 세 서신(디모데전서, 디모데후서, 디도서)으로, 1세기 마지막 수십 년 사이에 기록되었을 가능성이 있으며, 교회 질서와 관련된 자세한 문제들, 그리고 신앙의 핵심 테마들을 후대에 물려주는 일의 중요성에 특별한 관심을 보인다―이 탐구하는 몇몇 주제의 밑바탕에는 이런 관심사들이 자리해 있다는 생각이 널리 퍼져 있다. 초기 바울 서신은 믿음을 주로 하나님을 신뢰하는 것으로 보는데, 목회 서신은 오히려 많은 경우에 믿음을 한 세대가 또 다른 세대에 신실히 물려준 가르침의 총체로 여기곤 한다(1.5.8). 이런 서신들은 믿음이 점점 더 제도라는 옷을 입게 되었다는 것, 그리고 장차 기독교 신앙이 필요로 하는 것들에 가장 적합한 교회 구조 형태를 탐구했음을 보여주는 분명한 증거다.

분명 초기 그리스도인 공동체들은 자신들이 문명 세계 전체에 퍼져나가고 있던 공통된 믿음을 공유하고 있다고 믿었다. 개개 교회나 회중은 그들 자신을 그들이 있는 지역에서 그들보다 더 큰 것(교회)을 나타내는 대표 혹은 분신으로 여겼다. 초기 기독교 역사에서 두 번째 세기의 기독교는 그리스도를 부활하신 주로 예배함에 기초하여 신학이 근본적 통일성을 갖고 있었다고 주장할 수 있지만, 이와 달리 초기 그리스도인들은 그들의 믿음을 다양한 방식으로 표현하고 행동으로 나타냈다.

일부 역사가는 지금도 초기 기독교를 단일 전통이라고 이야기한다. 그러나 초기 기독교는 서로 다른 사회와 문화와 언어 맥락 속에 존재했던 여러 그룹과 개인이 모여 만든 하나의 복잡한 네트워크였다고 생각하는 것이 십중팔구 더 나을 것이다. 모든 그리스도인이 예수를 예배했을 수 있지만, 이것 때문에 기독교 문화가 오로지 한 가지 색을, 심지어 통일성을 갖게 되지는 않았다. 이런 그룹들은 그들의 믿음을 그들이 속한 맥락(정황)과 연계하고자 했으며, 그들이 속한 맥락에서 이해할 수 있는 말로 그 믿음을 표현하려 했다. 이런 그룹들이 '경쟁했다'고 말하면 자칫 오해를 낳을지도 모르지만, 그래도 이 그룹들이 이 초기 단계에서도 사람들이 종종 인식하는 것보다 더 많은 자율성을 갖고 있었다고 생각하는 것이 분명 타당하다. 나중에 강조하겠지만, 초기 기독교는 통일성이라 할 만한 것을 강요할 수 있는 어떤 권위 구조를 갖고 있지 않았다. 실제로 지성을 갖춘 많은 역사가들은 초기 그리스도인들이 믿음을 탐구하고 표현한 방법에서 분명하게 드러나는, 그 시대의 순전한 지적 흥분(열정)을 소중히 여긴다.

하지만 이런 역사 관찰 결과가 초기 기독교 안에 어떤 통일된 핵심 가닥이 전혀 없었음을 암시하는 것은 아니다. 초기 기독교가 보여준 사회학적 다양성은 멀찌감치 떨어져서 신학의 무정부 상태로 다가가는 어떤 것이 아니었다. 사도들의 증언에서 나왔고 시간이 흘러가도 '믿음의 유산'(라틴어로 *depositum fidei*)으로서 지켜온 패턴, 곧 신약성경이 "성도에게 단번에 주신 믿음의 도"(유 3절)라 일컫는 것을 식별해낼 수 있다. 이 패턴이 일종의 유전자 암호처럼 신약성경 본문 그리고 초기 교회의 기록과 예배 속에 뿌리내렸다. 하지만 이런 핵심 '진리 패턴'이 초기 그리스도인 공동체들을 하나로 묶어주긴 했어도, 이 공동체들은 통일성과 더불어 다양성도 분명하게 보여준다. 물론 일부 학자들은 기독교 안에서 '다양성이 등장한 것'을 후대에 나타난 발전 양상처럼 이야기한다. 그러나 증거는 비록 후대의 여러 발전 양상 때문에 이런 다양성이 여러 상황에서 더 두드러지게 나타나긴 했어도 처음부터 이런 다양성이 존재했음을 일러준다.

1.1.6. 사도 시대 기독교 속의 여자들

여자들은 사도 시대 기독교에서 중요한 역할을 했다. 앞서 언급했듯이, 기독교는 팔레스타인 유대교에서 등장했는데, 이 유대교는 여자를 강하게 부정하는 태도를 취할 때가 잦았다(1.3.6). 바로 이런 이유 때문에 복음서는 나사렛 예수와 여자들의 만남이 유대교를 공식 대표하는 이들의 적대감과 비판을 종종 불러일으켰다고 언급한다. 예수의 사역을 기록한 복음서 기사로 보아, 여자들은 분명 예수 주위에 모여든 사람들로 이루어진 그룹에서 아주 중요한 부분을 이루었다. 예수는 종종 바리새인과 종교 전통을 중시하는 다른 이들이 당황할 정도로 여자들을 인정했다. 누가복음은 여자들이 복음 전파에 중요한 역할을 했음을 강조한다. 성경은 우리에게 "여러 여자"(눅 8:2-3)가 초기의 복음 전도 노력에 동참했다고 이야기한다.

우리가 사도 시대 기독교 역사를 살펴볼 수 있는 가장 중요한 자료가 사도행전인데, 이 사도행전은 누가복음을 편집한 바로 그 누가가 기록했다. 사도행전은 유럽에서 활동한 초기 그리스도인 선교사들을 환대하는 데 여자들이 중요한 역할을 했다고 강조하면서, 루디아 같은 여자 회심자들이 자신의 집을 가정교회와 선교사들의 활동 거점으로 활용할 수 있게 했다고 말한다. 누가는 초기 교회가 여자들에게 유대교보다 훨씬 더 큰 사회적 역할을 부여한 문화 속으로 명망 있는 여자들을 상당히 많이 끌어들여 이들에게 초기 교회의 복음 전도와 목회 사역 전반에 걸쳐 중요한 역할을 맡게 했다는 것이 역사상 중요한 의미가 있음을 분명히 제시하는 데 관심을 갖고 있는 것으로 보인다.

특히 누가는 부부가 한 팀을 이뤄 복음을 전하고 가르치는 사역에 헌신한 이들로 브리스길라와 아굴라를 지목한다(행 18:1-3, 24-26). 바울은 로마교회에 "겐그레아 교회의 일꾼으로 있는 우리 자매 뵈뵈"를 추천하면서(롬 16:1), 이 뵈뵈라는 자매가 자신에게 얼마나 큰 도움을 주었는지 언급한다. 신약성경 서신서에 있는 다른 본문들(이를테면 딤전 3:11과 5:9-10 같은 본문)도 어떤 형태든 교회 안에서 인정을 받고 권위를 부여받은 사역을 행하는 여자들을 분명하게 지목한다. 바울은 로마서에서 안부 인사를 전하는 이들로 많은 지체를 열거하면서, 브리스가를 '동역자'로, 드루배나와 드루보사를 '주 안에서 수고한 일꾼들'이라 말한다(바울은 같은 본문에서 남자들에게도 이런 묘사를 적용한다).

바울이 로마서에서 길게 열거한 안부 인사 목록에는 안드로니고와 더불어 '사도들 가운데 두드러진'(롬 16:7. 개역개정 성경에는 '사도들에게 존중히 여겨지고'로 되어 있다—옮긴이) 자라 일컬은 유니아도 들어 있다. 안드로니고는 남자 이름이며, 유니아는 여자 이름이다(초기 사본 중 하나는 '유니아'가 아니라 '율리아'로 기록해놓았다). 초기 기독교 저술가들은 보통 이 안드로니고와 함께 언급한 이를 여성으로 보았다. 동방교회에서 가장 위대한 설교자 가운데 한 사람으로 널리 인정받는 요한 크리소스토무스(347-407)는 이 본문을 다음과 같이 설명했다.

> "사도들 가운데 돋보이는 안드로니고와 유니아에게 문안하라." 사도라는 것도 비범한 일인데, 하물며 '사도들 가운데 돋보이는' 자라는 것은 놀라운 찬미다. 그들은 그들이 한 일과 유덕한 행위 때문에 돋보이는 이들이었다. 실제로 이 여자에게 사도라는 칭호를 붙이는 것을 합당하다 여겼다는 점에서, 이 여자의 지혜는 틀림없이 아주 위대했을 것이다.
>
> – 크리소스토무스, 〈로마서 설교〉, 31.

나중에 교회 안에서 여자가 지도자 노릇 하는 것을 마뜩잖게 여겼던 13세기와 14세기의 필사자들은 유니아가 사도였을 수 있다는 점을 믿거나 받아들이길 어려워했던 것으로 보인다. 이 때문에 그들은 본문 필사본을 만들 때 이 여자 이름을 '유니오'(유니우스)라는 남자 이름으로 바꾸었다. 13세기에 로마의 아이기디우스(영문 표기는 Giles of Rome, 1243-1316)는 다른 접근법을 대안으로 제시하면서, '유니아'라는 이름 자체는 맞지만 이것이 사실은 한 남자의 이름이라고 선언했다. 그러나 본문 증거는 이런 해석을 지지하지 않는다.

우리는 여자들이 초기 그리스도인 공동체의 삶에서 중요한 역할을 했음을 분명히 보여주는 이런 증거 외에도, 이런 사역이 갖고 있는 신학 측면들을 곱씹어본 초기 그리스도인들을 발견한다. 신약성경은 그리스도인들이 이론상 평등함을 강조한다. 민족이나 성이나 계급에 따른 차이는 나사렛 예수가 세우셨다고 이해한 새 질서에 비추어 새롭게 바라보게 된다. 바울은 성령의 은사도 성이나 민족이나 계급에 근거하여 주어지는 게 아니라고 역설한다.

바울이 초창기에 천명한 말 가운데 이런 태도를 분명히 드러낸 말이 있다. "너희는 유대인이나 헬라인이나 종이나 자유인이나 남자나 여자나 다 그리스도 예수 안에서 하나이니라"(갈 3:28). 이 구절은 바울이 성이나 계급이나 민족의 차이를 바라보는 접근법의 기초를 이룬다. 바울은 "그리스도 안에" 있음이 사회와 민족 그리고 성과 관련된 모든 장벽을 초월한다고 역설한다. 그가 이렇게 굳세고 확실한 선언을 하게 된 것은 어쩌면 갈라디아 지역의 상황 때문이었을지도 모른다. 갈라디아 지역에서는 "유대교로 돌아가려는 자들"(곧, 그리스도인들도 유대교 전통을 지키길 바랐던 자들. 1.1.7을 보라)이 이런 차별을 조장하거나 당연시하는 관습이나 믿음을 유지하려 하고 있었다. 바울이 하는 말은 사람들이 회심하여 그리스도인이 되었으면 유대인이나 헬라인, 남자와 여자이기를 그만두어야 한다는 말이 아니다. 그가 말하려는 요지는 이런 구분이 교회가 뿌리내리고 있는 사회 맥락에서는 중요할 수도 있으나, 하나님이 보시기에는, 그리고 그리스도인 공동체 안에서는, 이런 구분보다 그리스도와 신자의 연합이 더 우선한다는 것이다.

바울이 강조하는 말은 크게 두 가지로 결론지을 수 있을 것 같다. 첫째, 그의 말은 복음에는 성이나 민족이나 사회 지위가 장벽이 되지 않음을 선언한 것이다. 복음은 천하 만민을 모두 아우른다. 둘째, 그의 말은 기독교 신앙이 한 개인의 실존이 지닌 특수성을 없애진 않지만, 그리스도인은 어떤 상황에 처하든 이런 특수성을 하나님을 영화롭게 하고 섬기는 데 사용해야 한다는 것을 분명히 암시한다.

그렇다면 이 새로운 사상은 현실에서 어떤 결과를 만들어냈을까? 초기 기독교 운동이 노예와 여자에게 부여한 새로운 지위는 로마와 유대 전통이 고수하던 태도들과 융화를 이루기가 쉽지 않았다. 따라서 신약성경의 서신들이 당시 교회의 삶(교회 지체들이 교회 안에서 한 몸으로 살아가는 삶, 신앙생활을 의미한다—옮긴이)과 그리스도인 가정에서 실제로 발생한 몇몇 문제를 언급하는 것도 새삼 놀랄 일이 아니다.

바울이 다루는 쟁점 가운데 하나가 여자가 공예배 때 머리를 가려야 하는가 하는 문제다(고전 11:2-16). 이 본문은 해석하기가 어렵다. 바울이 말하려는 취지를 제대로 확실히 이해하려면 고린도 교회나 고린도 지역 문화를 충분히 알아야 하는데, 우리는 그러지 못하기 때문이다. 여기서 머리를 가리지 않은 여자는 창녀로 오해받았을지도 모른다는 의견을 하나 제시해본다. 고린도는 매음(賣淫) 중심지로 유명했다. 고린도가 이런 유명세를 얻은 데는 이곳이 주요 상업항이라는 사실도 한몫했다. 따라서 이렇게 설명하면 바울의 권면이 이유 있는 권면이 될 수 있을 것이다. 하지만 이런 주장을 뒷받침할 만한 증거는 충분하지 않다.

역사가들은 기독교가 여자와 노예를 괄시하던 로마와 유대인의 전통적 태도를 다음 두 차원에서 허물어버리는 데 기초를 제공했다고 주장한다.

1. 기독교는 모든 이가 "그리스도 안에서" 하나임을 강조했다. 유대인이나 이방인이나, 남자나 여자나, 주인이나 노예나, 모든 이가 하나다. 민족이나, 성이나, 사회 지위에 따른 차이는 모든 신자가 동일한 믿음을 공유하는 데 전혀 방해가 되지 않는다는 것이 기독교의 선언이었다.

2. 기독교는 (유대인과 이방인, 남자와 여자, 주인과 노예를 가리지 않고) 모든 사람이 같은 그리스도인으로서 사귐을 나누는 지체들이기에 함께 예배하고 함께 기도해야 한다고 선언했다. 사회는 이 그룹들이 각각 다른 처신을 하기를 강요할 수도 있으나, 그리스도인 공동체 안에서는 모든 이를 그리스도 안에 있는 형제자매로 여겨야 했다.

그러나 앞으로 보겠지만, 이런 이상이 완벽하게 실현되지는 않았다. 바울이 빌레몬에게 쓴 서신은 그리스도인인 주인이 계속하여 노예를 부리는 것을 전제한다. 바울은 빌레몬에게 도망친 노예를 다시 받아들이며 이 노예를 긍휼히 대하라고 쳐댄다. 노예제를 폐지하라는 요구는 하지 않지만, 빌레몬에게 오네시모를 다시 받아들이되 더 이상 노예로 대하지 말라고 호소한다(몬 16절). 즉, 오네시모를 자유인으로 만들어주든지, 아니면 오네시모를 대할 때 오네시모 자신이 더 이상 노예 취급을 받지 않는다고 느끼게끔 대해주라고 호소한다.

여자들을 대하는 태도에서도 같은 패턴을 목격할 수 있다. 특히 기독교가 4세기에 로마의 공인 종교가 되었을 때, 사회의 수직 위계 구조와 성 역할을 대하는 전통 문화의 태도를 무시하기 어렵다는 것이 드러났다. 어쩌면 이런 점이 가장 분명하게 나타난 예가 기독교 예배가 아닐까 싶다. 기독교 예배를 보면, 여자를 대하는 태도에 변동이 일어나던 시대가 지나자, 전통에서 주장하는 성 역할이 또다시 전면에 등장했다. 심지어 이미 1세기 말에 폴리카르푸스와 안디옥의 이그나티우스 같은 저술가들은 오직 남자만이 공예배를 인도해야 한다는 말을 하고 있다. 사도 시대에 여자들이 펼친 활동은, 그것이 무슨 활동이든, 주교와 사제, 그리고 부제로 이루어진 성직 위계 구조가 등장하면서 모조리 가려져버렸고, 여자들은 주교나 장로 자리에서 배제당하곤 했다.

1.1.7. 기독교와 유대교: 복잡한 관계

초기 기독교는 유대교 안에서 자라났으며, 이 기독교 운동을 따른 첫 회심자들은 대부분 유대인이었다. 신약성경은 지역 회당에서 설교하는 그리스도인들을 자주 언급한다. 기독교와 유대교가 닮았기 때문에, 로마 당국자들처럼 바깥에서 이 둘을 바라보는 이들은 기독교를 다른 것과 구별되는 개성을 가진 새로운 운동이라기보다 유대교 안의 한 분파로 다루곤 했다.

기독교는 유대교 안에서 자라났지만, 그 나름의 독특한 개성을 급속히 발전시켜갔다. 두 신앙의 가장 놀라운 차이 중 하나를 들어보면, 유대교는 자신을 바른 실천(행위)으로 정의하는 경향이 있는 반면, 기독교는 바른 교리에 호소하는 경향이 있었으며, 이런 차이는 2세기 초에 이르러 분명하게 드러났다. 이 때문에 이 시대를 연구하는 역사가들은 종종 유대교를 정행(正行, orthopraxy) 종교라 이야기하고, 기독교를 정교(正敎, orthodoxy) 종교라 이야기한다.

그리스도인들은 이방인 공동체 안에서 유대인의 정체성을 나타내주는 데 이바지하는 유대교의 여러 규례들(음식 규례, 안식일 준수, 할례 같은 것)을 채택하길 거부했지만, 그래도 2세기에 시노페의 마르키온이 내놓은, 기독교와 유대교는 완전히 다른 종교임을 선언해야 한다는 과격한 주장은 폭넓은 지지를 얻지 못했다(1.2.3).

처음에 기독교는 자신을 정의할 때 유대교와의 관계를 분명히 밝히는 쪽으로 초점을 맞추면서, 예수의 정체, 그리고 뒤이어 구약 율법의 역할을 관계 규명의 중심으로 삼았다. 따라서 바울의 이신칭의 교리가 이방인 출신 그리스도인 공동체들을 유대교와 떼어놓는 이론적 기초를 제시했다고 보는 것은 아주 타당한 주장이다.

기독교회와 이스라엘의 이런 관계는 두 '언약' 혹은 두 '약속'이라는 말로 자주 표현하곤 했다. 이런 용어는 신약성경, 특히 히브리서가 사용하며, 이후 오랜 세월에 걸쳐 기독교 사상 속에서 규범으로 자리 잡았다. '옛 언약'이라는 말은 그리스도인 저자들이 하나님이 이스라엘을 대하신 일들을 가리키는 말로 사용하는데, 이런 일들은 유대교 안에서 볼 수 있는 내용이다. '새 언약'이라는 말은 그리스도인들이 하나님이 인류 전체를 대하신 일들을 가리키는 말로 사용하는데, 이런 일들은 나사렛 예수의 가르침과 인격 속에서 볼 수 있다. 그리스도의 오심이 뭔가 **새로운** 것의 시작이라는 그리스도인들의 믿음은 구약을 대하는 독특한 태도에서 나타나는데, 이런 태도는 대체로 이렇게 요약할 수 있겠다. 그들은 구약에서 **신앙 원리와 개념**(인류 역사 속에서 역사하시는 주권자 하나님 개념 같은 것)은 기독교에 맞게 받아들였지만, 신앙 **관습**(음식 규례와 매일 드리는 제사 의식 같은 것)은 받아들이지 않았다.

이렇게 기독교와 유대교의 연속성을 인정하면서, 초기 그리스도인들은 특히 1세기에 많은 심각한 난관에 부닥쳤다. 유대교 율법은 그리스도인의 삶에서 무슨 역할을 하는가? 유대교 전통이 고수하는 의식과 관습은 기독교회 안에서도 계속하여 어떤 자리를 차지하는가? 이런 문제가 유대인이 아닌 자로서 기독교로 개종한 이들이 유대인 출신 그리스도인들에게서 이런 의식과 관습을 계속 지키라는 압력을 받게 된 40년대와 50년대에 특히 중요한 이슈로 대두되었음을 일러주는 증거가 있다.

할례 문제는 특히 민감했는데, 이는 이방인 회심자들이 율법을 따라 할례를 받아야 한다고 강압되었기 때문이다. 사도행전은 이 논쟁을 기록하면서, 40년대 말에 교회 내 한 분파가 그리스도인 남자는 반드시 할례를 받아야 한다고 주장했던 일을 언급한다. 할례를 받지 않은 남자는 구원을 받을 수 없다는 것이 주장의 요지였다(행 15:1). 실제로 이 그룹(종종 "유대교로 돌아가려는 자들"이라 불리는 자들)은 기독교를 당시 유대교의 모든 측면을 인정하면서 (아주 중요한) 한 가지 믿음, 즉 나사렛 예수가 오랫동안 기다려 온 메시아시라는 믿음만 더 추가한 신앙으로 여겼던 것 같다.

신약성경은 사도 시대에 이 문제를 어떻게 해결했는지 설명한다. 기독교회의 첫 번째 공의회(49년에 열린 예루살렘 공의회, 행 15:2-29)는 기독교와 유대교의 복잡한 관계를 살펴보려고 모였다. 처음에는 회심한 바리새인들이 이 논쟁을 주도했다. 그들은 할례를 받는 것을 포함하여 모세 율법을 지켜야 한다고 역설했다. 그러나 그리스도의 복음이 이방인들에게 점점 더 큰 영향을 미치고 있다는 바울의 설명이 있자, 사람들은 바리새인들의 접근법이 지혜로운 방법인지 의문을 품게 되었다. 그렇게 많은 이방인이 그리스도인이 되고 있다면, 굳이 불필요한 걸림돌로 그들을 가로막을 이유가 없지 않은가? 바울도 우상에게 제물로 바친 음식은 피해야 한다는 데 동의했다(이 문제는 그의 서신에서도 다룬다. 고전 8:7-13을 보라). 그러나 그는 할례를 받을 필요는 없다고 주장했다. 이런 주장이 널리 지지를 받았고, 안디옥에서 회람한 서신에 이런 주장을 요약하여 기록했다(행 15:30-35).

그러나 이 문제가 이론 차원에서는 해결되었지만, 이후에도 많은 교회가 이 문제를 여전히 살아 있는 문제로 마주하게 된다. 바울이 필시 53년 무렵에 쓴 것으로 보이는 갈라디아서는 이 문제를 분명히 다룬다. 이 문제는 이미 이 지역에서 분명 논란거리가 되어 있었다. 바울은 이 지역에서 유대교로 돌아가려는 파당(派黨)이, 즉 교회 안에서 이방인 신자들이 할례를 받아야 한다는 것을 포함하여 모세 율법의 모든 측면에 순종해야 한다고 주장하는 그룹이 등장했다고 말한다. 바울에 따르면, 이 파당 배후에서 이들을 이끈 실세는 야고보였다—이 야고보는 44년 무렵에 죽은 것으로 보이는 사도 야고보가 아니라, 나사렛 예수의 형제로서 예루살렘 공의회를 소집했을 때 영향력을 행사하고 그의 이름으로 알려진 신약성경 속 서신(곧 야고보서)을 기록한 인물이다.

바울은 이런 흐름이 아주 위험하다고 보았다. 그리스도인이 율법을 엄격히 지키는 것만으로 구원을 얻을 수 있다면, 대체 그리스도의 죽음은 무슨 목적 때문이었다는 말인가? 구원의 기초는 모세 율법을 꼼꼼하고 독실하게 지키는 것이 아니라 그리스도를 믿는 것이다. 율법을 지킴으로 의롭다 하심을 얻을 수 있는(즉, 하나님과 올바른 관계에 설 수 있는) 이는 아무도 없다. 우리 구원이 의지하는 의는 율법으로 얻을 수 있는 게 아니라, 오직 그리스도를 믿음으로 얻을 수 있다. 바울은 이 문제의 중요성과 민감성을 잘 알았기에, 이어 이 문제를 상당히 자세하게 논한다(갈 3:1-23을 보라). 갈라디아 사람들은 구원이 율법을 행함으로, 혹은 인간의 공로로 온다고 믿는 함정에 빠지고 말았다. 그렇다면 믿음은 대체 무엇이란 말인가? 성령이라는 선물도 율법을 지킴으로 왔단 말인가?

바울은 유대인의 위대한 족장 아브라함도 그의 믿음으로 말미암아 '의롭다 하심을 받았다'(즉, 하나님과 올바른 관계에 서게 되었다)고 주장한다(갈 3:6-18). 이 위대한 족장은 할례를 받음으로 하나님과 올바른 관계에 서게 된 것이 아니었다. 할례는 나중에 일어난 일이었다. 아브라함이 하나님과 올바른 관계를 맺게 된 것은 그가 하나님이 그에게 주신 약속을 믿었기 때문이었다(창 15:6). 할례는 다만 믿음을 보여주는 겉표지였다. 할례는 믿음을 세워주는 게 아니라, 이미 존재하는 것을 확인해주는 것이었다. 율법이나 율법의 어떤 측면도 하나님이 이미 세우신 약속들을 폐하지 못한다. 하나님이 아브라함과 (유대인은 물론이요 그리스도인들도 포함하는) 그 자손들에게 주신 약속은 여전히 유효하며, 심지어 율법이 들어온 뒤에도 역시 유효하다. 이방인들은 할례를 받지 않고도, 혹은 모세 율법의 세부 사항에 매이지 않고도 하나님이 주신 약속들을 믿었던 아브라함의 믿음을 (그리고 이 믿음에서 비롯된 모든 혜택을) 공유할 수 있다.

이 논쟁이 중요한 것은 몇 가지 이유 때문이다. 이 논쟁은 초기 교회 안에 존재하는 긴장들을 밝히 보여준다. 아울러 이 논쟁은 유대계 그리스도인들이 이방인 출신 그리스도인들과 비교하여 특별한 권리나 지위를 누렸는가 하는 물음을 낳는다. 이 논쟁의 최종 결론은 유대인과 이방인이 교회 안에서 동등한 지위를 부여받았고 동등한 지체로 받아들여졌다는 것이었다. 연대순으로 따지면 이스라엘이 교회보다 앞서나, 그렇다고 이것 때문에 유대인이 그리스도인 공동체 안에서 이방인보다 특권을 누려야 한다는 결론이 나오지는 않았다. 그리스도인들은 구약성경이 제시하는 신학적, 윤리적 가르침을 존중하고 받아들였다. 그렇지만 그들은 할례나 희생 제사를 포함하여 율법이 규정하는 의식 혹은 제의 요소들에 순종할 의무는 지지 않았다. 이런 것들은 모두 예수 그리스도의 오심으로 말미암아 다 이루어지고 그 효력을 잃었다. 많은 초기 그리스도인들은 나사렛 예수 자신이 할례를 받으셨다는 사실 때문에 그들 자신은 바로 이 고통스러운 과정을 거칠 필요가 없게 되었다고 보았다.

점점 더 늘어나는 이방인 교회(이방인들이 주축이 된 교회) 안에서 유대계 기독교의 주장은 시간이 흐름에 따라 따르기가 더 어렵게 되어버렸다. 이방인 출신 그리스도인들은 그들 자신을 할례나 음식 규례나 안식일 준수 같은 의식 규례에 매이지 않은 이들로 여겼으며, 그들의 입장을 뒷받침하는 근거로 바울을 인용했다. 기독교 발전에 관한 몇몇 설명은 이런 문제들이 1세기 말에 이르면 본질상 이방인들에게 유리한 쪽으로 해결되었다고 주장하지만, 이런 문제들이 2세기에도 여전히 논란거리였음을 일러주는 증거가 있다. 예를 들면 순교자 유스티누스가 150년경에 로마에서 쓴 《유대인 트리폰과 나눈 대화》는 이런 갈등을 분명하게 언급한다. 나중에 보겠지만, 이 시기에 이 문제가 로마에서 논란거리가 된 것은 시노페의 마르키온이 제시한 가르침 때문이었다(1.2.3).

1.2. 초기 기독교와 로마제국

로마제국을 제대로 이해하지 못한 채 초기 기독교의 발전을 이해하기는 불가능하다. 많은 역사가는 로마제국이 98년부터 117년까지 다스린 트라야누스 치세기에 그 정점에 이르렀다고 본다. 기독교는 로마 속주로서 그 정체가 상당히 모호하고 정치에서 큰 비중을 차지하지 못했던 지역인 유대에서 탄생했다. 그 뒤, 기독교는 제국 안에서 급속히 교세를 확장하여, 마침내 제국의 공인 종교가 된다. 로마제국이라는 맥락이 기독교의 등장과 형성에서 차지하는 중요성을 고려하여 이 맥락을 더 자세히 살펴보도록 하겠다.

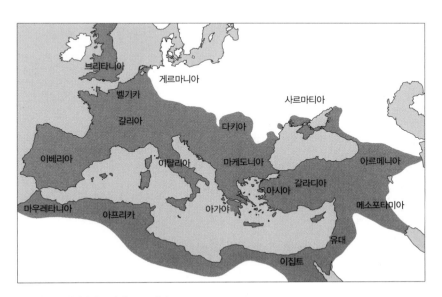

트라야누스 치세기의 로마제국, 117년경.

1.2.1. 로마제국, 100년 무렵

로마의 팽창은 로마가 공화국일 때 시작되었다. 그러나 정치 제도의 여러 약점 때문에 결국은 권력이 권위를 지닌 한 인물—황제(라틴어로 *imperator* 이며, 이는 '명령을 내리는 자'라는 뜻이다)—에 집중되었다. 이 최고 통치자를 '왕'이라 부르지 않았던 것은 여러 정치적 이유 때문이었다. 공화정 이전의 왕정 시대에 여러 권력 남용 사례를 겪었던 탓에 왕이라는 말을 더 이상 받아들일 수 없는 말로 여겼기 때문이다. 로마의 최고 통치자를 가리키는 이름으로 '황제'라는 말을 고안해낸 이유는 무엇보다 그렇게 하면 로마의 최고 통치자와 로마 역사의 수치스러운 시기를 이어주는 언어(즉 '왕')를 쓰지 않게 되기 때문이었다. 누가복음은 나사렛 예수가 바로 로마의 첫 황제인 카이사르 아우구스투스(가이사 아구스도, 재위 기원전 27-기원후 14) 치세기에 태어났다고 말한다.

로마는 아우구스투스 치세기에 특히 이집트와 북유럽에서 상당한 영토 확장을 이루었다. 제국 속주인 이집트는 특히 중요하여, 로마 사람들을 먹여 살릴 주요 식량 공급원이 되었다. 그러나 아우구스투스의 후계자로서 14년부터 37년까지 통치한 티베리우스(디베료)는 무능한 황제임을 보여주었으며, 카프리 섬에 틀어박혀 지내는 삶을 더 좋아했다. 하지만 트라야누스는 우선 제국의 안정을 회복하고, 뒤이어 영토를 더 확장했다. 로마에 공공건물을 짓는 큰 프로그램을 시행하면서 그 도시는 부유해졌고, 이는 로마가 당시 세상이 알던 가장 위대한 제국의 중심으로서 갖고 있던 지위를 부각시켜주었다.

이때 일종의 '시민 종교'가 나타나기 시작했는데, 이 '시민 종교'는 로마라는 국가와 제국에 바치는 충성을 표현하는 수단이 된 로마 황제 숭배와 연결되어 있었다. 죽었으나 높이 받들 만하다고 여기는 황제는 국가의 신

('신'은 라틴어로 *divus*)으로 뽑아 로마 만신전(판테온)에 모실 수 있었다. 이런 황제 숭배에 참여하길 거부하는 것은 반역 행위로 간주되었다. 앞으로 보겠지만, 이런 점 때문에 그리스도인들의 위치가 달라진다. 많은 그리스도인이 예수 그리스도의 하나님 외에 다른 이를 예배하길 거부했기 때문이다.

로마제국이 만들어낸 행정과 상업의 연결 고리들 덕분에 새로운 사상(특히 종교 사상)이 퍼지기가 이전보다 상당히 수월해졌다. 이를 가능케 한 요인 중에는 이런 것들이 있다.

1. 공통 언어. 로마는 라틴어와 다른 지역 언어를 사용할 수 있는 곳에서는 그 지역이 어디든 그 지역 언어(이를테면, 그리스어)를 사용하게 허용했지만 라틴어가 제국의 공식 언어였다. 사실상 라틴어를 널리 사용하게 되면서, 결국 이 언어가 중세에는 교회와 대학의 언어가 되어 여러 민족 언어가 갖는 한계를 뛰어넘을 수 있게 해주었다.

2. 운송이 원활해짐. 로마 해군은 해적을 제압하여, 해상 여행을 이전보다 더 안전하게 만들어주었다. 육로는 군사 목적과 상업 목적에 널리 활용되었다.

3. 사람들의 이동. 군인, 식민지 행정 담당자, 상인들이 자유롭게 제국 전역을 돌아다녔는데, 이들은 종종 그들이 만났던 새 사상을 고향으로 가져오기도 했다. 예를 들면, '미트라(Mithras, 페르시아에서 섬기던 빛과 진리의 신―옮긴이) 숭배'가 특히 로마 육군 안에서 인기를 얻었던 것으로 보인다.

4. 식민지 사람들이 로마로 흘러들어옴. 1세기에 로마 인구가 늘어났는데, 식민지에서 이주해온 사람들이 로마에 많이 정착했기 때문이다. 이들은 자신들이 믿는 종교와 따르던 전통을 함께 가져왔다. 모든 이가 로마의 시민 종교를 따르리라 예상되었지만, 실은 각 사람이 따르

던 다양한 종교의 믿음과 관습이 널리 퍼졌다. 기독교는 이 시기에 널리 나타난 이런 로마의 종교 다양화라는 패턴에 쉬이 적응했다.

이 시기에 종교가 로마제국 안에서 가졌던 중요성을 고려하여 로마의 종교 현상을 더 자세히 살펴보겠다. 1세기 로마 종교는 로마 사회에 안정과 일관성을 부여한 국가 숭배(state cult)와 개인의 사사로운 견해를 구분하는 경향이 있었다. *religio*(렐리기오)라는 라틴어는 '함께 묶다'를 뜻하는 어근에서 나왔다. 함께 묶어준다는 이 말은 많은 면에서 국가 숭배가 한 역할을 유용하게 집약해주는 표현이다. 즉, 도시와 제국에 흔들림이 없고 신성한 기초를 제공하는 것이 그 역할이었다. 종교는 주로 '헌신(devotion)'(라틴어로 *pietas*)—국가의 통일을 촉진하고 국가에 충성하게끔 독려하는 사회적 행위와 태도—이라는 관점에서 이해했다.

로마 시민들은, 이런 '공식' 시민 종교와 충돌하지 않는 한, 다른 종교 관습과 믿음을 저마다 자유롭게 택할 수 있었다. 개인의 이런 사사로운 종교 활동은 가정에서 이루어졌는데, 공중의 대표자가 국가 제의 의식을 거행한 것과 아주 흡사하게 가장(家長, 라틴어로 *paterfamilias*)이 가정 기도와 제의 의식을 주관했다. 1세기에는 이런 개인 종교가 종종 신비주의 밀교(密教) 형태를 띠었는데, 이런 것들은 그리스나 아시아에서 생겨나 군인과 상인들이 로마로 들여왔다. 이것들 가운데 가장 유명한 것이 페르시아에서 발생한 것으로 보이는 미트라 숭배였다.

기독교는 이 시기에 로마가 보여준 이런 다양한 종교 패턴에 쉬이 적응했을 것이다. 그러나 그리스도인들은 종교적 믿음에서 공(公)과 사(私)를 구분하는 이런 입장을 쉬이 받아들이지 못했으며, 한 분 하나님께 충성하므로 로마의 공식 제의에 참여하지 못한다는 입장을 견지했다. 그리스도인들의 이런 태도는 1세기 말에 '황제 숭배'가 등장하면서 점점 더 큰 문제가 되었다. 다음 항에서 이를 살펴보겠다.

1.2.2. 기독교와 황제 숭배

로마가 일찍부터 기독교에 의심의 눈길을 보내게 된 정치 배경은 무엇보다 '황제 숭배' 때문이다. 이 '황제 숭배'는 아마도 로마 황제를 아주 높이 떠받드는 시각으로 이해하는 것이 가장 좋을 것 같다. 이런 시각이 생겨난 것은 아우구스투스의 두드러진 업적 때문이었다. 아우구스투스를 단순히 뛰어난 통치자 정도로 여기기는 더 이상 불가능했다. 그는 널리 신(*divus*)으로 숭앙받았고, 어떤 초자연적 혹은 초월적 의미를 부여받았다. 사람들은 황제 자리에 있는 이들이 죽어야 비로소 그들에게 어떤 신의 지위를 부여할 수 있다고 여기지 않았다. 황가(皇家) 사람 중 적어도 몇몇(이를테면 율리우스 카이사르 같은 이)은 살아 있는 동안에 신으로 대접받았음을 보여주는 충분한 증거가 있다.

이런 숭배는 그리스도가 태어나기 20-30년 전에 특히 중요한 의미를 갖게 되었던 것으로 보인다. 그리고 1세기 후반—이 시기에 기독교가 로마 제국 동부 지역에서 중요한 존재로 자리매김하게 된다—에 이르면, 이런 숭배가 로마 식민지의 삶에서 으레 볼 수 있는 측면으로 확고히 자리 잡게 된다.

황제 숭배는 제국의 여러 지역에서 서로 다른 형태로 이루어졌던 것 같다. 로마 시민만이 행하는 숭배 형태와 로마 시민이 아닌 자들의 숭배 형태에 구분이 있었다. 제국 동부 지역을 보면, 로마 시민은 '로마와 율리우스'를 숭배해야 했지만, 로마 시민이 아닌 이들은 '로마와 아우구스투스' 숭배에 참여해야 했다.

황제 숭배는, 다소 사람 바울의 사역에서 이정표가 된 도시 고린도와 갈라디아 지역처럼, 장차 기독교가 뿌리를 내리게 될 제국 동부 지역에서 특히 강하게 나타났던 것으로 보인다. 1세기 전반에 고린도에서는 황제를 숭배하는 축제가 삶의 중요한 일부분이 되었다. 율리우스 카이사르라는 인물이 이 숭배에서 특히 중요했는데, 이는 특히 그가 죽기 직전 고린도에 로마 식민지라는 지위를 부여했기 때문이었다. 갈라디아에서는 황제 숭배가 1세기 첫 10년이 지나는 사이에 확고히 자리 잡았다.

황제 숭배는 로마제국 동부의 주요 도시들에 깊이 뿌리내렸다. 이 때문에 기독교와 국가 당국 사이에서는 어떤 형태로든 대립이 일어날 수밖에 없었다. 여기서 가장 빈번히 인용하는 증거 가운데 하나가 112년경에 소(小)플리니우스가 트라야누스 황제에게 보낸 유명한 서신이다(1.4.1). 플리니우스는 이 서신에서 로마 황제의 형상을 예배하길 거부하는 그리스도인들이 늘어나는데 이 그리스도인들을 어떻게 처리해야 할지 일러달라고 요청했다. 플리니우스의 서신으로 보아, 기독교는 황제를 예배하길 거부하는 바람에 의심을 받고 있었던 게 틀림없다. 황제에게 예배하길 거부한다는 것은 기독교가 기존 사회 질서를 전복하려 한다는 뜻이었기 때문이다.

그리스도인들이 황제 숭배에 순응하길 거부한 점은 우리가 이 시대에 벌어진 더 당혹스러운 사태 중 하나—즉, 로마의 기독교 비판자들이 기독교를 '무신론'의 한 형태라며 비웃곤 했던 경향이 나타난 점—를 이해하는 데 도움을 준다. 여기서 '무신론'을 근대가 말하는 의미로—즉, 신을 믿는 믿음을 부인하는 의미로—이해하면, 방금 말한 사태를 이해할 수 없다. 하지만 고전 문화에서는 '무신론'이라는 말을 국가의 공식 종교를 거부함을 가리키는 말로 널리 사용했다. 고전 시대 그리스 철학자인 소크라테스는 사도 시대보다 4세기 전에 '무신론'을 따른다는 이유로—즉, 도시국가 아테네의 종교를 거부한다는 이유로—자살을 강요당했다. 물론 소크라테스는 근대가 말하는 의미의 무신론자가 아니었다.

기독교와 제국 당국의 관계는 초기 기독교 역사에서 가장 중요한 테마 중 하나다. 그러나 다른 테마들도 역시 중요한 주제로 등장했다. 신약학계가 자주 토론 주제로 삼는 기독교와 유대교의 복잡한 관계도 2세기 로마에서 열띤 논쟁 주제가 되었으며, 이는 결국 기독교가 유대교에서 물려받은 유산을 포기해서도 안 되고 포기할 수도 없다는 공감대를 자라게 하는 결과로 이어진다. 이 논쟁은 다음 항에서 살펴보겠다.

1.2.3. 기독교와 유대교: 시노페의 마르키온

1세기 말과 2세기 초에도 기독교와 유대교의 관계는 여전히 논란거리였다(1.1.7). '에비온파'로 알려진 한 그룹은 많은 점에서 유대교 사상을 그대로 되풀이했는데, 특히 나사렛 예수의 정체에 관한 그들의 이해가 그러했다. '에비온파'라는 말은 히브리어 *Ebyonim*('가난한 자들')에서 유래한 말이라 생각되는데, 아마도 처음에는 이 말을 초기 그리스도인들에게 적용했던 것 같다. 초기 그리스도인들은 사회 하층 계급 출신들이었고 대체로 사회에서 불우한 이들이곤 했기 때문이다. 에비온주의는 초기 기독교가 등장한 유대교 맥락에서 물려받은 사상을 사용하려는 시도였으며, 이런 사상을 활용하여 나사렛 예수의 의미를 탐구하고 표현하려 했다.

이런 흐름은 신약성경 자체에서 흘러나왔다고 볼 수 있다. 복음서가 예수를 그 시대 유대교에서 끌어낸 개념으로 설명하려는 시도를 그 기록에 담아놓았기 때문이다. 나사렛 예수를 또 다른 엘리야, 유대인의 새 선지자, 또는 이스라엘의 대제사장으로 해석하려는 시도가 그런 예다. 이 접근법에 따르면, 나사렛 예수는 히브리 선지자가 부르심을 받을 때와 비슷하게, 아니 그보다 더 강렬하게, 성령이 사로잡아 하나님이 은총을 베푸실 이로 골라 뽑은 사람이다. 결국 그리스도인들은 이 접근법을 부적절하다 여겨

내쳤다. 하지만 유대교가 교회에 여전히 쓸모가 있고 중요한 의미를 가진다고 본 그리스도인 공동체들이 존재했음을 일러주는 중요한 초기 증언이 여전히 존재한다.

2세기 중엽, 로마에 사는 부유한 그리스도인이었던 시노페의 마르키온(110-160경)은 이와 정반대 접근법을 옹호했다. 이 시기에 이르렀을 때, 기독교는 이미 제국 수도에서 상당한 추종자를 얻었다. 마르키온은 교회가 유대교와 관련하여 갖고 있던 위치를 근본부터 바꿔놓으려 했다. 기독교는 유대교와 갖고 있는 연결고리를 모두 끊어야 하고, 유대교의 하나님이나 믿음이나 제의 의식과 관계를 끊어야 한다. 깔끔한 단절이 필요했다. 구약의 하나님은 전쟁의 신으로서 그리스도인이 믿는 신과 무관한 이였다.

마르키온이 주장한 내용은 교회의 기존 전통 및 신약성경 기록과 철저히 단절함을 의미했다. 로마와 다른 곳에 있는 교회에서는 기독교를 하나님과 아브라함이 맺은 언약의 부인이나 폐기가 아니라 성취로 보는 견해가 다수였다. 그리스도인이 예배하는 하나님은 아브라함과 이삭과 야곱이 예배한 하나님과 같은 하나님이요, 율법과 선지자를 통해 그 뜻을 계시하신 하나님과 같은 하나님이었다. 마르키온은 이와 완전히 딴판이었다. 그는 유대교와 완전히 단절할 것을 주장하면서, 기독교를 새 하나님을 믿는 새 신앙으로 보았다.

마르키온의 핵심 논지는 구약과 신약의 '하나님'은 같지 않다는 것이었다. 구약의 하나님은 그리스도인이 생각하는 하나님에 비해 떨어지고, 심지어 흠결을 가진 이로 봐야 했다. 이 두 신 사이에는 어쨌든 아무런 연관도 없었다. 마르키온은 복음이 밑도 끝도 없이 그냥 하늘에서 뚝 떨어진 것이요, 어떤 역사적 맥락도 갖지 않은 것이라고 보았다. 그에겐 복음이 아브라함을 부르심에서 시작된, 하나님과 인간이 나눈 사귐의 절정이자 성취라는 의식이 전혀 없었다.

마르키온은 나사렛 예수가 유대교에서 말하는 창조주 하나님과 직접적인 관련이 전혀 없다고 주장했으며, 예수를 이런 유대교의 하나님이 보낸 '메시아'로 생각해서도 안 된다고 주장했다. 오히려 예수는 이전에는 몰랐던 낯선 하나님, 마르키온이 구약의 하나님을 상징하는 표지로 여긴 시기(질투)와 공격 대신 사랑이라는 특징을 지닌 하나님이 보낸 이였다. 2세기 신학자인 리옹의 이레네우스는 마르키온이 유대교의 하나님을 '악의 창조자요, 전쟁을 즐기며, 변덕쟁이요, 행동에 일관성이 없는' 이로 보는 견해를 취했다고 주장했다. 3세기 신학자인 테르툴리아누스는 완전히 다른 두 신(하나님)이 존재하며 이 두 신은 '서로 위계가 다른 신으로서, 하나는 엄혹하고 전쟁을 좋아하는 심판자요, 다른 하나는 온유하고 부드러우며, 자비롭고, 지극히 선한 신'이라는 것이 마르키온이 믿는 핵심이라고 지적한다.

그러나 마르키온은 유대교의 하나님과 나사렛 예수가 완전히 다름을 강조하는 것으로 만족하려 하지 않았다. 초기 그리스도인들이 널리 권위를 인정한 많은 문서들—나중에 함께 모여 신약성경이라는 정경을 이루게 되는 문서들—은 유대교 성경(구약성경)을 폭넓게 언급했다. 이 때문에 마르키온은 자기 나름대로 권위를 인정한 기독교 문서 모음을 만들었는데, 그가 유대교 사상에 오염되거나 유대교를 연상케 한다고 여긴 책들은 이 모음에서 빼버렸다(1.5.2).

한마디로 말하면, 마르키온은 자기 정경에서 구약을 통째로 없애버렸다. 아울러 그는 신약성경에서 마태복음처럼 유대교에 공감한다 싶은 책도 빼버렸다. 마르키온의 성경은 단지 바울 서신 열 개와 누가복음만으로 이루어져 있다. 그러나 마르키온이 예수와 유대교 사이에 어떤 연관이 있음을 시사하는 유해한 영향들을 제거하려면, 이 바울 서신과 누가복음조차도 편집해야만 했다. 이 때문에 마르키온은 예수 수태 고지와 탄생, 그리스도가 받은 세례와 시험, 그리스도의 계보, 베들레헴과 나사렛을 언급하는 모든 말을 그가 편집한 누가복음에서 제거해버렸다. 바울 서신도 유대교를 연상시키는 부분들을 제거하려면 일정한 편집 작업을 거쳐야 했다.

결국 교회는 마르키온의 견해를 거부했다. 초기 기독교에서 우위를 차지하기 시작한 모델은 이방인과 유대인이 함께 품었던 소망이 그리스도 안에서 성취되었다는 것이었다. 다음 항에서 보겠지만, 순교자 유스티누스 같은 저술가들은 나사렛 예수 이야기를 유대교의 맥락과 따로 떼어 이야기하기는 불가능하다고 철석같이 믿었다. 예수의 정체와 의미를 이해하려면 다른 이야기들을 말해야 했고, 그 이야기들이 서로 어떻게 얽혀 있으며 연결되어 있는지 탐구해야 했다. 그 다른 이야기 가운데 하나는 하나님의 세계 창조와 관련이 있고, 다른 하나는 하나님이 이스라엘을 부르신 것에 관하여 이야기한다. 또 다른 하나는 사람들이 오랜 세월 추구해온 의미에 관하여 이야기한다. 순교자 유스티누스는 예수 이야기가 이 세 이야기를 모두 가로지르면서 결국 이 세 이야기를 완성한다고 본다. 예수는 다른 세 이야기를 모두 바라볼 수 있는 중심점이요, 모든 이야기가 결국 확실하게 수렴하는 초점이다.

1.2.4. 기독교와 이교 문화: 순교자 유스티누스

초기 교회에서 가장 중요한 논쟁 중 하나는 그리스도인이 고전 세계의 방대한 문화유산(고전 세계의 시와 철학과 문학 같은 것)을 얼마나 가져다 제 것으로 삼을 수 있느냐는 것이었다. 그리스도인이 자신들의 믿음을 전하거나 권하는 데 고전 철학을 얼마나 활용할 수 있을까? 그리스도인 저자들이 복음을 설명하고 전하는 데 고전 시대의 글쓰기 모델(이를테면 시 같은 것)을 어떤 식으로 활용할 수 있을까? 아니면 이런 사상과 문학은 이교를 연상시키는 관념들에 오염되어 있으므로 그리스도인이 이런 것들을 사용하는 것은 불가능할까? 이것은 문화 및 지식과 관련하여 상당한 중요성을 갖는 논쟁이었다. 이런 논쟁이 기독교가 고전 시대 유산에 등을 돌릴 것인가, 아니면 그 유산을 변형하여 제 것으로 삼을 것인가를 묻는 물음을 불러일으켰기 때문이다.

2세기 저술가로서 기독교와 플라톤주의의 유사점들을 복음 전달 수단으로 활용하는 데 특히 관심을 보였던 순교자 유스티누스(103-165)는 일찍이 이 중요한 물음에 영향력 있는 답변을 하나 내놓았다. 유스티누스는 로마가 다스리는 유대 속주의 도시 플라비아 네아폴리스(오늘날의 나불루스)에서 이교도 부모의 자식으로 태어났다. 그는 젊은 시절에 회심하여 그리스도인이 되었는데, 아마도 아시아 지역 대도시인 에베소에서 회심했던 것 같다. 그가 회심한 것은 그리스도인들이 그 믿음 때문에 처형을 당하면서도 용기를 잃지 않는 모습에 감복한 까닭도 있었지만, 그가 그리스도의 오심으로 말미암아 성취된 구약의 예언들에 매료당한 것도 한 원인이었다. 나중에 유스티누스는 이렇게 회상했다. "나는 (그리스도의) 말씀을 깊이 곱씹어보다가 오직 그의 말씀만이 확실하고 유용한 철학임을 발견했다."

유스티누스가 기독교를 '철학'이라 이야기한 것을 유념하는 게 중요하다. 당시 이 말은 단순히 어떤 개념(사상) 모음을 의미하는 데 그치지 않고 그보다 더 많은 것을 의미했다. 철학은 사유 방식이자 삶의 방식이었다. 유스티누스는 회심한 뒤에 그 시대의 많은 순회 교사 중 한 사람이 되었는데, 철학자가 입는 독특한 복장을 입고 다녔다. 그러다 마침내 그는 로마로 갔으며, 로마에서는 '미르티누스 욕장(浴場) 위에 있는' 조그만 방에서 살았다. 이제 사람들은 그를 다음 세 작품의 저자로 기억한다. 《첫 번째 변증서》와 《두 번째 변증서》 그리고 《유대인 트리폰과 나눈 대화》. 결국 유스티누스는 로마 당국에 밀고당하여, 165년에 처형당하고 만다.

유스티누스는 기독교가 고대 세계의 지혜 탐구를 완성했다고 보았다. 유대교 율법과 플라톤이 말한 로고스가 그리스도 안에서 완성되었다. 하나님은 온 세상에 하나님의 지혜가 담긴 씨앗을 뿌리셨는데, 이는 곧 그리스도인이 교회 밖에서도 복음의 여러 측면을 발견하리라는 기대를 가질 수 있고 당연히 그런 기대를 가져야 한다는 것을 의미했다. 유스티누스는 스토아학파에서 말하는 개념인 '씨앗을 맺는 말씀'(그리스어로 *logos spermatikos*)의 기독교식 형태를 발전시켰는데, 이 말씀은 하나님에게서 유래하고 하나님이 인간의 마음에 뿌리신 것이었다. 유스티누스가 말한 '씨앗을 맺는 말씀'은 바울이 로마서와 아테네 연설(행 17장)에서 설파한 자연 계시 개념을 그 시대 철학 언어로 번역해보려는 시도로 이해하는 것이 가장 좋겠다. "철학자와 입법자가 발견하고 표현한 모든 올바른 원리들은 그들이 일부분이나마 발견하고 숙고했던 모든 말씀에서 나온 것이다. 그것들이 서로 모순을 빚는 이유는 그들이 말씀 전체, 곧 그리스도를 몰랐기 때문이다." 따라서 유스티누스는 그리스도인들이 고전 문화의 풍성한 유산을 마음껏 끌어다 써도 된다고 보았다. 아무리 '훌륭한 말이라도' 결국은 하나님의 지혜와 통찰을 끌어다 쓴 것에 불과하기 때문이다.

유스티누스는 두 가지 이유를 들어 그리스 철학을 연구하라고 권면했다. 첫째, 그리스 철학을 연구하면 그리스도인이 세속 문화의 엘리트가 이미 익히 아는 언어와 개념들을 사용하여 세속 문화와 효과적으로 의사소통할 수 있기 때문이다. 그리스도인은 플라톤의 용어를 사용하여 그들이 가진 믿음의 핵심 주제들을 표현할 수 있었고, 이런 용어들을 필요한 용어로 고쳐 사용했다. 그러나 이것 못지않게 중요한 사실은, 기독교가 그리스 철학이라는 세속 철학과 소통한 덕분에 자신이 주장하는 사상을 다른 어떤 방법으로 설명하는 경우보다 더 일관되고 더 지성미가 넘치게 설명하고자 노력할 수밖에 없었다는 것이요 실제로 그런 설명을 제시했다는 점이다.

유스티누스의 논지는 중요했을지 모르나, 정작 기독교회의 많은 분파에게는 다소 냉랭한 대접을 받았다. 그의 논지가 지닌 가장 큰 난점은 기독교와 고전 문화를 사실상 동일시하는 견해처럼 보인다는 점이었다. 이는 분명 기독교 신학과 플라톤주의가 같은 신적(神的) 실체들을 단지 다른 식으로 바라본 것에 불과하다는 인상을 심어주었다. 이런 접근법을 가장 혹독하게 비판한 견해는 3세기 로마의 법률가로서 기독교로 회심한 테르툴리아누스의 글에서 찾아볼 수 있다. 그는 아테네와 예루살렘이 무슨 상관이 있느냐고 예리하게 캐물었다. 플라톤의 아카데메이아가 교회와 무슨 관련이 있을까? 그는 기독교가 이런 세속의 영향을 피함으로써 그 독특한 정체성을 지켜야 한다고 주장했다.

초기 교회에서 순교자 유스티누스와 다른 이들은 기독교가 플라톤 및 아리스토텔레스 같은 고전 철학자와 대화해야 한다고 독려했다. 라파엘로(1483–1520)가 그린 〈아테네 학당〉이 자세히 묘사한 플라톤(왼쪽)과 아리스토텔레스(오른쪽). 프레스코화. 스탄자 델라 세냐투라, 바티칸.

1.2.5. 초기 기독교의 예배와 삶

기독교는 로마제국에서 종교로 공인받지 못했고 보호받지도 못했기 때문에, 공공연히 드러내놓고 믿을 수 있는 종교가 될 수 없었다(1.4.1). 그리스도인이 공예배에 사용할 건물도 전혀 존재하지 않았다. 그리스도인의 모임과 예배를 둘러싼 이런 은밀함이 의심을 불러일으켰다는 것을 쉬이 알 수 있다. 그리스도인이 난교(亂交)와 식인(食人)을 즐긴다는 소문이 급속히 번졌다. 이런 일이 일어난 경위는 쉬이 이해할 수 있다. 초기 그리스도인들의 모임에 성행위를 가리키는 말로 오해받기 쉬운 '애찬'(愛餐, love-feast, 그리스어로 *agapē*)이 포함되어 있었다는 증거가 많이 있다. 마찬가지로, 교회밖 사람들이 그리스도의 몸과 피를 상징하는 빵과 포도주를 먹는 관습을 일종의 식인 행위로 오해할 수도 있었음을 어렵지 않게 알 수 있다.

초기 기독교의 예배 모습을 알려주는 중요한 증언이 몇 개 있다. 하나는 교회 질서와 그리스도인의 생활에 관한 지침서인데, 1세기 말이나 2세기 초에 만들어졌으며, 《디다케》(*Didache*, 그리스어로 '가르침'을 뜻한다)로 알려져 있다. 이 작품은 그리스도인들이 주일에(달리 말하면, 일요일에) 함께 모여 '빵을 떼고 감사를 드린' 모습을 묘사한다. 사람들은 이런 예배가 분명 공공장소가 아니라 개인 가정에서 이루어졌다고 이해한다.

순교자 유스티누스는 155년경에 로마에서 《첫 번째 변증서》를 저술했다. 유스티누스는 이 작품에서 초기 그리스도인이 올린 두 가지 예배를 묘사한다. 첫째, 그는 새로 회심한 이들이 세례 받는 모습을 설명한다. 새 신자들은 세례를 받은 뒤, 인도를 받아 그리스도를 믿는 이들의 모임에 들어갔다. 공동체와 새 신자들을 위한 기도가 끝나면, 예배하는 자들은 서로 입맞춤으로 인사를 나눈다. 이어 빵과 포도주 그리고 물이 예배 인도자에게 전달되면, 인도자는 성자와 성령의 이름으로 성부께 영광을 돌리는 성찬

기도를 드린 뒤, 거기 모인 예배자들이 빵과 포도주를 받을 만한 자격을 가진 자로 인정받은 것에 감사를 드린다. 유스티누스는 이런 성찬(감사성찬례, 그리스어로 *eucharistia*)을 인도하는 이를 가리키는 말로 '사제'라는 단어를 쓰지 않는다. 이는 아마도 이 말이 당시 기독교를 매우 적대시했던 로마의 시민 종교를 연상케 하는 말이었기 때문일지도 모르겠다.

유스티누스가 묘사하는 두 번째 사건은 신앙 공동체의 일요일(주일) 정기 모임이다. 유대교의 안식일이 아니라 일요일이라는 날에 모인 이유는 무엇일까? 유스티누스는 그리스도인 공동체가 주일에, 그러니까 매주 첫날에 모인 이유는 그날이 창조일(day of creation)이요 예수가 죽은 자 가운데서 부활하신 날이기 때문이라고 설명한다. 세례를 받은 사람만이 이 예배에 참여할 수 있었다. 이 예배는 '사도들의 회상록'(복음서를 가리키는 말임이 거의 확실하다)을 읽거나 선지자들의 글을 읽는 것으로 시작하여 이 글들을 바탕 삼은 설교가 뒤따랐다. 이어 기도와 그리스도의 수난을 기념하는 성찬이 이어졌는데, 방금 전에 묘사한 내용을 따라 이루어졌다. 예배가 끝날 때쯤, 형편이 넉넉한 이들은 예배 인도자에게 이후 곤궁한 이들에게 나누어줄 연보를 내라는 권면을 받았다. 유스티누스가 묘사한 내용은 꼼꼼히 읽어볼 가치가 있다.

일요일이면 우리는 우리 모든 지체가 도시 안에 살든 교외에 살든 상관없이 다 함께 참여하는 집회를 가진다. 시간이 있으면, 사도들의 회상록이나 선지자들의 글을 읽는다. 낭독자가 읽기를 마치면, 집회 인도자가 우리에게 이야기한다. 그는 모든 이에게 우리가 그 글에서 들은 훌륭한 예들을 본받으라고 독려한다. 이어 우리는 모두 함께 일어나 기도한다. 기도를 마치면, 빵과 포도주와 물을 앞으로 내온다. 집회 인도자는 기도하고 최선을 다해 감사를 올리며, 사람들은 '아멘'으로 화답한다. 빵과 포도주가 배분되고, 참석한 모든 이가 사귐을 나누며, 집사들은 그것을 참석하지 않은 이들에게 가져다준다.
– 유스티누스, 《첫 번째 변증서》, 66-67.

초기 그리스도인들에겐 장례식도 중요했다. 로마 사람들은 죽은 자를 화장하여, 그 재를 돌을 파서 만든 납골묘에 안치하곤 했다. 그리스도인들은 매장을 고수했으며, 이를 그리스도를 매장한 선례를 따른 것으로 보았다. 그리스도인들은 2세기 초부터 로마 시와 인근 지역 지하의 부드럽고 구멍이 많은 부석 암반을 파서 거대한 매장지를 조성했다. '카타콤(the Catacombs)'으로 알려진 이 그물 모양 구조물은 통로와 터널로 이루어져 있었으며, 벽을 뚫어 만든 감실(niche)에 부활을 기다리는 시신을 안치할 수 있었다. 2세기 중엽에 만든 성 칼릭스투스 카타콤은 로마에 있는 카타콤 중 가장 중요한 것에 속한다. 4세기에 기독교가 합법 종교가 되면서, 그리스도인들은 박해를 두려워함이 없이 망자의 장례식을 공공연히 치를 수 있게 되었고, 결국 카타콤은 점차 사용하지 않게 되었다.

초기 기독교는 심지어 로마에서도 조직이 잘 이루어져 있지 않았다. 기독교 운동이 여전히 불법으로 남아 있는 동안 조정(일치) 작업에 여러 어려움이 있었던 것도 한 원인이었다. 기독교 운동에도 여러 지도자가 있었지만, 그들은 중앙집중식 통제력을 발휘하지 못했다. *episcopos*(에피스코포스, 주교/감독), *diakonos*(디아코노스, 집사/부제), 그리고 *presbyteros*(프레스뷔테로스, 장로)라는 그리스어는 모두 그리스도인 공동체의 지도자들을 가리키는 말로 사용되었다. 당시 세속 문화에서 이 세 단어를 모두 큰 집안에서 집안일을 관리하는 이의 지위를 가리키는 말로 널리 사용했다는 점은 의미심장하다. *episcopos*는 집안일 감독자였고, *diakonos*는 종이었으며, *presbyteros*는 집안 어른이었다. 기독교는 여기서 사람들이 익히 아는 세상 용어를 받아들인 뒤, 이 말에 기독교의 독특한 의미를 부여하여 '믿음의 집안'을 가리

로마의 초기 그리스도인들은 박해를 두려워하여 지하로 숨어들었다. 이 사진은 3세기 칼릭스투스의 카타콤이다. 지하 통로가 있고 양쪽에 감실 혹은 벽을 파 만든 무덤이 있다.

키는 말로 활용한 것으로 보인다.

이 초기 단계에서는 주교가 교회들로 이루어진 어떤 그룹이나 교구를 관장했다고 일러주는 것이 전혀 없다. 이런 일은 나중에 기독교가 로마제국이 공인한 종교가 되었을 때 이루어졌지만, 이런 발전이 있으리라는 것을 보여주는 조짐은 그 이전에도 발견할 수 있다. 이 초기 단계에서는 '주교'가 그저 한 그리스도인 공동체를 이끄는 지도자인 경우가 자주 있었다. 2세기 로마 교회는 로마의 세속 사교 모임이나 동호회(라틴어로 *collegium*), 혹은 유대교 회당—본질상 중앙의 통제를 전혀 받지 않는 독립된 조직체—과 비슷하다고 보는 것이 어쩌면 가장 좋을지도 모르겠다.

1.3. 초기 기독교와 헬레니즘 세계

기원전 4세기에 마케도니아의 통치자 알렉산드로스 대왕이 펼친 군사 행동의 결과, 그리스 문화와 정치의 영향이 지중해 동부 지역은 물론이요 그너머 멀리까지 엄청나게 퍼져나갔다. 어릴 때 철학자 아리스토텔레스에게 가르침을 받은 알렉산드로스는 부왕인 필리포스가 시해당한 뒤, 나이스물에 마케도니아 왕이 되었다. 알렉산드로스는 페르시아 제국을 상대로 대규모 군사 행동을 개시했는데, 이 공격으로 말미암아 이집트에서 인도에 이르는 드넓은 땅이 마케도니아의 지배 아래 들어왔다. 알렉산드로스가 급작스레 죽자(기원전 323년에 서른셋이라는 나이로 죽었다—옮긴이), 많은이들이 그가 암살된 것이 아닌가 하고 의심했다. 그의 시신은 이집트 도시인 알렉산드리아로 옮겨진 뒤, 화려한 무덤에 묻혔다.

사람들은 보통 알렉산드로스의 정복, 특히 이집트와 레반트(Levant, 그리스에서 이집트에 이르는 동부 지중해 지역—옮긴이) 정복에 따라 생겨난 새로운 정치 질서와 문화 질서를 가리키는 말로 '헬레니즘 세계'라는 말을 사용한다. 이제 유대 문화도 그리스 사상과 문학 그리고 문화 규범과 소통할 수밖에 없는 처지가 되었다. 기독교는 이 지역에 뿌리를 내리기 시작하면서, 이 문화의 사상 및 규범과 소통하게 된다. 이런 문화 사상 및 규범은 기독교가 탄생했던 팔레스타인의 맥락과 거의 관련이 없었다. 이번 항에서는 이런 소통의 몇몇 측면을 살펴보도록 하겠다.

1.3.1. 그리스어로 말하는 세계, 200년 무렵

유대교와 헬레니즘 문화의 소통이 낳은 가장 중요한 결과 중 하나는 히브리어 성경을 그리스어로 번역한 것이었다. 기원전 3세기에 시작되었다는 이 번역 과정을 통해 탄생한 성경 역본이 '70인역(Septuaginta)'으로 널리 알려진 그리스어 역본이었다. 전승에 따르면, 이 역본은 학자 70명이 만들었다 한다(라틴어로 *septuaginta*는 '70'을 뜻한다). 초기 그리스도인 저술가들은 기원전 1세기에 완성된 이 역본을 널리 사용했으며, 신약성경도 몇몇 곳에서 이 역본을 사용했음을 볼 수 있다.

이런 헬레니즘화(Hellenization) 과정이 유대 사상에 미친 영향은 1세기 초에 알렉산드리아를 거점 삼아 활동한 유대인 저술가 필론의 저작에서 가장 잘 볼 수 있다. 사람들은 보통 필론을 무엇보다 구약성경을 알레고리로 해석하고 우리가 앞서 언급한 플라톤의 로고스 개념을 원용하여 유대교 사상과 그리스 철학 사상을 종합하려고 시도한 인물로 여긴다. 필론이 제시한 창조론은 플라톤이 그의 대화편인 《티마이오스》에서 제시한 것과 아주 비슷하다. 하지만 필론이 유대교 사상과 양립할 수 없다고 여기는 그리스 사상—이를테면 세계의 영원성과 불멸성을 설파한 아리스토텔레스의 이론—은 받아들이길 거부한 점은 중요하게 눈여겨봐야 할 점이다. 필론의 기본 접근법은 유대교 사상과 그리스 철학의 조화였지, 유대교만이 독특하게 갖고 있는 사상을 배척하는 것은 아니었다.

필론의 성경 해석 방법은 본질상 알레고리적으로서, 본문의 문자적 의미와 역사 속 의미 아래 숨어 있는 더 심오한 의미에 호소하는 것이었다. 필론은 창세기를 알레고리로 해석하는 방법을 (주로 사건이라는 형태로 나타나는) 하나님의 계시와 (주로 추상 개념과 관련이 있는) 플라톤 철학의 틈새를 이어줄 수 있는 정당하고 적절한 방법으로 여겼다. 필론은 한 본문의 역사상

의미나 문자적 의미에 집중하길 거부하고, 능숙한 주해가라면 밝혀내고 탐구할 수 있는 더 심오한 의미가 본문이 제시하는 이미지 안에 숨어 있다고 주장한다. 필론이 원한 것은 성경의 문자적 의미와 역사 속 의미를 무시하거나 제거하는 게 아니라, 세속의 지혜가 논하는 주제들에 더 가까이 다가가는 더 심오한 의미를 밝혀내는 것이었다. 이와 같은 성경 해석법은 나중에 알렉산드리아의 클레멘스(150경-215경)와 오리게네스(184-253) 같은 알렉산드리아의 초기 기독교 저술가들도 펼쳐 보이게 된다.

기독교는 원래 중심지인 팔레스타인에서 그리스어를 말하는 대도시 알렉산드리아와 안디옥으로 뻗어가면서, 헬레니즘 철학의 개념과 방법에서 영향을 받을 수밖에 없었다. 기독교는 여전히 불법 종교였지만, 그리스도인 저술가들은 그들의 사상으로 그 시대 세속 저술가 및 종교 저술가들과 논쟁하길 주저하지 않았다. 그러나 그리스도인 저술가들과 사상가들이 그들을 에워싼 문화와 소통하려면 그런 문화가 활용하는 언어 및 개념 가운데 적어도 몇몇 측면은 활용해야 했다. 이런 관찰 결과에서 초기 기독교 신학의 발전이 낳은 가장 중요한 질문 가운데 하나가 등장한다. 그리스도인 저술가들은 주위의 문화와 소통하면서 그들이 알게 된 헬레니즘 사상을 더 많이 흡수했는가?

이 주제를 다룬 가장 영향력 있는 논의 가운데 하나가 독일의 위대한 프로테스탄트 교회사가(敎會史家) 아돌프 폰 하르낙(1851-1930)이 불을 붙인 논의였다. 하르낙은 기독교가 탄생지인 유대라는 맥락에서 그리스어로 말하는 이집트와 아시아의 대도시들로 뻗어나가면서 점차 헬레니즘에 물든 기독교로 변해갔다고 주장했다. 하르낙은 이런 변화가 하나님과 그리스도를 형이상학의 관점에서 바라보는 신학 견해의 발전—이를테면 삼위일체 교리 또는 그리스도의 '두 본성' 교리의 발전—에서 가장 분명하게 나타났다고 주장한다. 그는 이런 발전이 '복음이라는 땅에 그리스 영혼을 심은 결과물'이라고 선언했다. 기독교 신앙은 그리스 형이상학의 개념 범주들에 의존하게 되었고, 교회와 역사 속 인물인 나사렛 예수의 연관성은 희미해지게 되었다.

요 근래 학자들은 하르낙의 판단에 의문을 제기하면서, 하르낙이 기독교 신앙이 "헬레니즘에 물들어갔다"는 그의 주장을 부풀려 이야기했다고 결론지었다. 그러나 기독교의 헬레니즘화가 어느 정도나 이루어졌고 그 중요성은 무엇인가에 관하여 여전히 논란의 여지가 있긴 하지만, 그래도 이런 과정이 일어났다는 것에는 요 근래 학자들도 동의한다. 어쨌든 헬레니즘이 끼친 어떤 영향이 기독교 본질의 '타락' 내지 '왜곡'을 가져왔음을 시사하는 하르낙의 주장에는 문제가 있다. 기독교 신학이 다양한 문화 자료와 철학 자료의 영향을 피할 수 있고 그런 자료가 없이도 형성될 수 있다고 보기는 힘들다.

그렇지만 하르낙의 관심사는 진지하게 받아들여야 한다. 예를 들어, 이런 신학 문제를 생각해보라. 하나님은 고통을 겪으실 수 있는가? 헬레니즘 전통에 서 있는 많은 저술가는 본질상 철학 개념이라 할 하나님 개념을 갖고 작품을 썼다. 이런 개념은 신이 갖는 핵심 특징으로서 완전함을 강조한다. 완전한 존재가 어찌 고통을 겪을 수 있겠는가? 고통은 불완전함을 나타내는 표지였다. 즉, 고통은 물질계가 지닌 특징으로서 부패 혹은 변화를 보여주는 표지이지, 변함이 없는 신성(神性)의 표지는 아니었다. 그리스어권 세계에서 활동한 많은 기독교 신학자들은 이런 판단을 따르면 여러 난점이 생기는데도 이를 받아들였던 것 같다. 예수 그리스도가 십자가에서 고통을 겪었다면, 그리고 예수 그리스도가 하나님이라면, 분명 하나님도 어떤 의미에서는 고통을 겪으신다고 할 수 있지 않을까? 초기 그리스도인 저술가들은 후자가 아니라 전자를 강조하는 정교한 방법들을 발전시키면서, 이런 그들의 방법이 교육받은 이교도들에게 지적 거부감을 거의 일으키지 않을 길을 확보하고 싶어 했다.

그러나 고전 그리스 철학 이외의 다른 지식 운동과 문화 운동도 헬레니즘 세계를 만든 요인이었다. 이집트와 아시아의 여러 지역에서 상당한 영향력을 발휘하게 된 운동 중 하나가 영지주의로 알려지게 된 운동이었다. 앞으로 보겠지만, 이 운동은 기독교회가 그 핵심 개념들의 정체에 관한 이해를 발전시켜가고 이런 개념들을 가장 잘 보존할 수 있는 길을 발전시켜가는 데 상당한 영향을 미쳤다.

1.3.2. 영지주의의 도전: 리옹의 이레네우스

예전에 나온 역사 교과서들은 종종 '영지주의'가 상당히 명확하고 일관된 운동인 것처럼 이야기한다. 그러나 이제는 '영지주의'라는 단일 용어만 사용하면 자칫 오해를 낳을 수 있다는 데 공감하는 이들이 늘고 있다. '영지주의'라는 용어는 서로 판이하고 무관한 많은 그룹을 아우르는 말이요, 이 그룹들이 마치 단일 신앙 체계를 표현한 것처럼 제시하는 말이기 때문이다. 어쩌면 영지주의는 고전 시대 말기에 융성한 종교 교리들과 신화들을 총칭하는 말로서 다음 세 가지 믿음을 공유한 것들을 가리키는 말로 이해하는 것이 가장 좋겠다.

1. 우주는 종종 '데미우르고스'(그리스어 *dēmiourgos*는 '장인'이나 '솜씨 좋은 기술자'를 가리킨다)라 일컫는, 악한 혹은 무지한 창조자의 행위가 빚은 결과물이다.
2. 인간은 이런 물질계 안에 갇혀 있다.
3. 구원은 신자들이 그들의 신에게서 유래한 지식(그리스어로 *gnōsis*)을 받아들여, 그들을 이 땅에 매인 처지에서 해방시켜주는 과정이다.

위계가 낮은 창조자인 신('데미우르고스')이라는 개념은 고전 그리스 철학에서 발견할 수 있으며, 플라톤의 대화편인 《티마이오스》에서 중요한 역할을 한다. 영지주의는 이 데미우르고스가 '참 하나님'을 아는 지식도 없이 물질계를 창조했다고 주장하면서, 그 '참 하나님'이 유일한 하나님이라고 잘못 믿었다. 데미우르고스는 참 하나님을 모른 채 행동했기 때문에, 그의 창조(그가 지은 것들)도 불완전하다고, 혹은 심지어 악하다고 여길 수밖에 없었다. 대다수 영지주의 형태들은 눈으로 볼 수 있고 경험할 수 있는 세계와 참 하나님이 있는 영의 세계 사이에는 현격한 틈새가 있다고 믿었다.

그렇다면 이 피조계 안에서 인류가 가지는 자리는 어떠한가? 많은 영지주의 사상가가 가졌던 중요한 믿음은 인간의 몸이 영혼의 감옥이며 영혼은 해방을 적극 추구한다는 것이었다. 이런 저술가들은 영혼이 몸이라는 감옥에 갇혀 있다는 이런 사상을 표현하려고 *sōma sēma*("몸은 무덤이다")라는 그리스어 표어를 종종 사용했다. 대다수 영지주의 교사들은 데미우르고스가 인간의 몸을 창조했지만 이 몸 안에는 지극히 높은 하나님과 관계를 맺을 수 있는 신의 영이 들어 있다고 주장했다. 그러나 이런 신성이 번뜩 깨어나는 일은 신이 보낸 사자가 사람들을 망각이라는 꿈에서 깨워 인간이 다시 그 기원인 신과 관계를 맺게 해주어야 비로소 가능하다. 많은 영지주의 형태들—특히 발렌티누스(100경-160경) 및 그가 2세기에 로마에서 이끈 무리와 관련이 있는 영지주의 형태인 발렌티누스주의—은 그리스도를 이런 구속주(救贖主)인 인물로 보면서, 이 그리스도가 인간 안에 있는 신성(신의 불꽃)을 깨워, 인간이 그의 참된 고향으로 돌아갈 길을 발견할 수 있게 해준다고 보았다.

이런 발렌티누스의 주장에 맞서, 2세기 신학자인 리옹의 이레네우스는 '구원의 경륜'이라는 개념을 발전시켰다. 창조에서 창조의 최종 완성에 이르는 구원의 모든 역사는 동일하신 한 하나님이 행하셨다. 창조주 하나님은 데미우르고스가 아니며, 구속주 역시 단순히 하늘에서 보낸 어떤 사자가 아니었다. 이레네우스는 당시 등장하고 있던 삼위일체 교리가 세계사 전체를 관통하는 하나님의 연속성을 설명하는 방편이자 성경의 본질적 통일성을 보호해주는 방편으로서 중요하다고 강조한다. 물질은 본디 악하지 않다. 그것은 하나님의 선한 피조물이나 타락했을 뿐이요, 장차 회복하여 다시 새로워질 것이다. 이레네우스는 성육신 교리와 그리스도인이 성찬 떡 및 포도주를 활용하는 것이 물질은 본디 악하다는 영지주의의 관념을 분명하게 부인하는 것이라고 본다. 하나님이 육신이 되기를 택하시지 않았는가? 교회가 사용하는 물과 포도주와 빵은 하나님의 은혜와 임재를 나타내는 상징 아닌가? 물질은 하나님이 거부하시지 않고 사용하기로 하신 것이다.

이레네우스가 여기서 표현하는 주관심사는 교회와 영지주의가 내놓은 대안 사이에 큰 차이가 있음을 분명히 밝히는 것이었다. 그러나 이런 내용상의 차이점들을 부각시킨 밑바탕에는 방법 문제에 관한(무엇보다 성경 해석을 둘러싼) 더 깊은 우려가 깔려 있었다. 이레네우스는 발렌티누스의 성경 해석을 깊이 고찰하면서, 영지주의자들이 기독교의 근본 문서를 강탈하여 그 핵심 용어를 제 입맛대로 해석했다는 결론에 이르게 되었던 것으로 보인다. 이레네우스는 그로 말미암아 발렌티누스가 기독교를 영지주의로 바꿔놓는 결과가 벌어졌다고 본다.

사람들은 이레네우스가 이런 사태의 진전에 보인 반응이 초기 기독교 사상에 한 이정표를 세웠다고 본다. 그는 이단이 성경을 그들 자신의 편견을 따라 해석했다고 주장했다. 이 이단과 달리, 정통 신자들은 성경을 성경 저자인 사도들도 인정했을 방법을 따라 해석했다(1.5.7). 이레네우스는 사도들이 교회에 비단 성경 본문 자체뿐 아니라, 이런 본문들을 읽고 이해하는 방법도 전해주었다고 선언했다. 그리스도인의 가르침과 삶 그리고 해석에서 계속 이어져온 흐름은 사도 시대부터 이레네우스 자신의 시대까지 이어진다 할 수 있었다. 교회는 교회의 가르침을 계속 유지해온 이들을 지목할 수 있었고, 기독교 신앙의 주된 흐름을 제시하는 공적 표준인 신경들을 지목할 수 있었다.

이처럼 이레네우스는 전통을 원래 사도들이 제시했던 가르침을 신실히 따르게 해주는 방법이자 영지주의가 멋대로 지어낸 것들과 그릇된 성경 본문 해석에 맞선 보호막으로 보았다. 신약성경은 사도들의 가르침을 제시하는데, 이 가르침은 사도들 자신이 원하는 대로 해석해야 한다. 이레네우스는 교회가 성경 본문과 성경 본문의 바른 해석을 지키고, 이것들을 미래 세대에 물려주어야 한다고 주장했다.

이런 발전은 대단히 중요하다. 이런 발전이 '신경'(기독교 신앙의 기본 요점을 공중 앞에 밝힌 권위 있는 선언)이 등장하는 계기가 되었기 때문이다. 이런 교리들을 판단할 수 있는 공적 기준이 필요했다. 전통과 신경의 중요성은 이 장 뒤에서 살펴보겠다(1.5.7; 1.5.8).

1.3.3. 플라톤주의의 도전: 알렉산드리아의 클레멘스와 오리게네스

기독교는 헬레니즘 세계에서 급속히 뻗어나갔다. 이런 교세 확산은 기독교 지도자들이 심사숙고하여 짜낸 전략의 결과로 보이진 않는다. 대체로 보면, 기독교 지도자들과 그리스도인 공동체들은 눈에 띄지 않는 이들이었으며, 법률상 지위가 없었기 때문에 자신들의 위치가 취약하다는 것도 잘 알았다. 기독교가 이렇게 동부 지중해 지역에서 교세를 확산한 한 가지 요인은 일부 그리스도인 지도자들이 기독교 신앙을 담은 용어와 개념을 고전 그리스 철학의 개념 및 쟁점—특히 당시 이 지역을 지배했던 플라톤주의의 몇몇 형태로서 종종 '중기 플라톤주의'로 알려져 있는 것—과 기꺼이 조화시키려 했기 때문이다.

기독교가 플라톤주의와 소통했던 가장 중요한 중심지 중 하나가 알렉산드로스 대왕이 세운 이집트의 대도시 알렉산드리아였다. 우리가 앞서 언급했듯이(1.3.1), 유대인 저술가인 알렉산드리아의 필론은 유대교와 플라톤주의가 서로 조화를 이룰 수 있음을 강조하는 유대교 접근법을 펼쳐보였다. 알렉산드리아의 일부 그리스도인 저술가들은 필론이 사용한 건축 블록들(접근법들)을 가져다가, 기독교 신앙과 관련하여 특히 플라톤주의자들이 호감을 가질 만한 사고방식을 발전시켰다.

그들은 왜 이런 일을 하고 싶어 했을까? 한 가지 분명한 이유는 이런 일을 하면 그들이 기독교를 헬레니즘 문화에 더 들어맞는 설명방식과 사고방식으로 바꿔놓을 수 있었기 때문이다. 알렉산드리아의 클레멘스로 더 잘 알려져 있고 190년대에 알렉산드리아의 '교리문답학교(catechetical school)' 교장이었던 티투스 플라비우스 클레멘스(150경-215경) 같은 저술가들은 사도 시대 기독교의 독특한 특징인 히브리식 사고방식이 그리스 사람들에겐 잘 통하지 않음을 인식했다. 클레멘스는 플라톤주의와 (스토아주의 같은) 다른 고전 그리스 철학 학파에서 빌려온 개념들을 사용하여 기독교의 틀을 다시 정립함으로써 히브리식 사고방식이 이 중요한 청중에게 더 큰 호소력을 발휘하게 해야 한다고 제안했다.

그러나 이런 신학 번역 과정은 위험했다. 기독교가 말하는 개념들을 전달하는 데 플라톤 사상의 개념들을 사용했다간 자칫 기독교 개념들을 왜곡하거나 오해하게 만드는 결과를 낳을 수도 있었다. 클레멘스를 비판한 이들은 그가 말하는 것이 기독교 옷을 입은 플라톤주의인지 아니면 플라톤주의 옷을 입은 기독교인지 완전한 확신을 갖지 못했다. 클레멘스 자신은 이런 위험한 일에는 분명 여러 혜택이 있기 때문에 이런 위험을 기꺼이 감내할 준비가 되어 있다고 천명했다. 3세기 첫 10년 사이에 알렉산드리아의 또 다른 '교리문답학교' 교장으로 등장했던 오리게네스(184-253)도 마찬가지였다. 클레멘스와 오리게네스는 헬레니즘 철학 체계가 하나님의 계시에 그 기원을 두고 있다고 믿었다. 이 때문에 그는 이 철학 체계를 바로잡아 신학을 섬기게 하면 이런 철학 체계가 정당성을 갖게 된다고 믿었다. 그러나 이 시대의 다른 몇몇 저술가들, 이를테면 테르툴리아누스 같은 이는 이런 움직임이 타락을 가져와 기독교 신앙이 이단과 오염에 문을 열어주게 되리라고 주장했다.

그렇다면 어쩌다가 초기 교회 신학에서 이렇게 플라톤주의를 점점 더 많이 사용하는 현상이 나타나게 되었을까? 이 접근법이 낳은 한 가지 분명한 결과는 알레고리적 성경 해석을 점점 더 많이 사용하게 된 것이었다. 히브리인들은 진리가 역사 속에서 나타났다고 보았지만, 대다수 그리스 지성들은 진리가 시간을 초월한 개념(이데아) 속에서 나타났다고 보았다. 일찍이 알렉산드리아의 필론이 보여주었듯이(1.3.1), 알레고리적 성경 해석은 성경 주해자로 하여금 성경에서 역사라는 껍질을 벗겨낸 뒤 그 속에 든 철학적 알맹이를 드러내게 해주었다.

오리게네스는 이런 성경 해석 방법을 택하여, 이를 한 단계 더 진전시켰다. 그는 다소 논란의 소지가 있는 구분을 하여 교육받지 않은 그리스도인, 곧 성경을 문자 그대로 읽고 역사에 초점을 맞춰 읽곤 하는 그리스도인과 더 정교한 그리스도인, 곧 본문의 표면 아래로 들어가 알레고리적 해석 방법을 사용하여 그 표면 아래 숨어 있는 더 심오한 '영적' 의미를 찾아낼 수 있는 그리스도인을 구분했다.

그러나 클레멘스와 오리게네스가 주장한 플라톤주의는 이들이 자신들의 독특한 신학 사상에 도달할 때 사용한 수단보다 오히려 이들이 내세운 독특한 신학 이론들에서 더 분명하게 발견할 수 있다. 이 두 사람은 플라톤주의나 스토아주의에서 말하는 로고스 개념을 올바른 기독론에(즉, 나사렛 예수의 정체를 이해하는 데) 대단히 중요한 개념으로 여겼다. 클레멘스와 오리게네스는 '말씀(그리스어로 *logos*)이' 나사렛 예수 안에서 '육신이 되었다'(요 1:14)는 요한복음의 선언을 기초로 삼아, 나사렛 예수를 '성육한 말씀'으로 이해해야 한다고 주장했다. 이 때문에 그들은 나사렛 예수가 하나님과 피조 세계를 이어주는 중개자였다고 강조했다. 클레멘스는 로고스가 '하늘에서 우리에게 왔다'고 보았다. 하나님이 인간의 육 '안으로 들어오셔서', 혹은 인간의 육과 '결합하셔서', 하나님이 인간이 볼 수 있고 만질 수 있는 분이 되셨기 때문이다.

오리게네스도 사변에 더 의존하는 다른 신학 문제들(이를테면 부활한 몸의 형체 같은 문제)을 해결하고자 플라톤주의의 개념들을 활용했다. 죽은 자 가운데서 부활한 인간은 어떤 형체를 지닐까? 오리게네스의 대답은 그가 때로는 놀라운 방식으로 플라톤주의의 규범을 인용했음을 보여준다. 그는 부활한 몸이 완전한 형체를 가질 수밖에 없다고 주장했다. 그런데 플라톤의 대화편인 《티마이오스》에 따르면, 완전한 몸은 구(球) 모양이다. 따라서 오리게네스는 부활한 몸이 구와 같은 형체일 것이라고 결론지었다.

클레멘스와 오리게네스가 택한 접근법의 장점을 둘러싼 논쟁은 오늘날도 이어지고 있다. 하지만 우리가 말할 수 있는 것은 그들의 접근법이 헬레니즘 문화에서도 더 정교한 지성을 자랑하는 이들 속에서 기독교가 확실한 설득력을 갖게 해주고, 기독교 신학이 확실한 지적 기반을 갖출 출발점을 제공해주었던 것으로 보인다는 점이다. 그러나 더 많은 작업이 이루어져야 했을 것이다(아울러 몇몇 경우에는 기존 개념들을 미결인 채로 놔두어야 했을 것이다). 그러나 3세기 헬레니즘 세계가 기독교를 진지하게 받아들이도록 하는 일에서는 한 단계 중요한 진전이 이루어졌다.

1.3.4. 기독교와 도시: 알렉산드리아와 안디옥

초기 기독교는 농촌 지역보다 주로 도시에—에베소(에페소스)와 버가모(페르가몬)를 포함하여 그리스어를 사용하는 아시아 해안의 항구 도시들에—자리를 잡았다. 도시, 특히 항구 도시는 고대 세계에서 새로운 종교 사상과 철학 사상을 널리 퍼뜨리는 오랜 수단 중 하나였던 상업과 교역의 중심지였다. 아울러 이런 도시들은 시골이 제공할 수 있는 것보다 훨씬 더 큰 익명성을 제공하여, 그리스도인들의 믿음과 관습이 대체로 적대시당하던 그 시대에 그리스도인들이 자신을 감출 수 있게 해주었다. 그리스도인 공동체들은 비밀리에 만나, 그들이 믿는 것들을 기념하고, 그들의 소망을 외부인과 나누기 시작할 수 있었다.

기독교와 로마제국 도시들의 연관성이 아주 중요한 의미를 갖게 되면서, 나중에 서방 기독교에 속한 무리들은 '시골에 사는 이'를 뜻하는 라틴어 *paganus*를 로마제국이 기독교를 로마의 공인 종교로 받아들인 뒤에도 옛적부터 내려온 로마의 오랜 종교적 믿음들을 그대로 고수하는 사람을 가리키는 말로 사용하기 시작했다. 이 때문에 본디 종교를 연상케 하는 의미를 전혀 갖고 있지 않았던 한 라틴어 단어가 전통 종교 형태를 따라 행하는 이를 가리키는 말이 되어버렸다.

기독교가 제국 도시들에 더 깊이 뿌리를 내리면서, 의미심장한 제도적 발전이 많이 이루어지기 시작했다. 그중 하나가 '대도시 주교(metropolitan bishop)', 즉 한 특정 그리스도인 공동체가 아니라, 명목상 한 도시의 모든 교회를 관장하는 주교의 등장이었다. 이 주교들 가운데 가장 중요한 이는 알렉산드리아, 안디옥(안티오키아), 콘스탄티노폴리스, 예루살렘, 그리고 로마 주교였다. 기독교가 합법 종교가 된 뒤 이 대도시 주교들은 상당한 정치권력을 휘두르기 시작했는데, 특히 제국에서 로마 시 자체가 지닌 권위와 결부된 상징적 권위를 가진 이라 여겨졌던 로마 주교가 그러했다.

헬레니즘 기독교에서 지성의 중심을 이룬 두 도시가 알렉산드리아와 안디옥이었다. 안디옥도 알렉산드리아처럼 알렉산드로스 대왕이 세웠다. 오늘날 터키의 오론테스 강 유역에 자리한 안디옥은 헬레니즘 세계에서 큰 인구가 모여 사는 중심지 중 하나가 되었다. (안디옥보다 더 작은 도시로서 같은 이름을 가진 곳이 있는데, 이는 '비시디아 안디옥'이라 불렀다.) 4세기 중엽에 이르자, 이 두 도시는 헬레니즘 기독교의 지성과 행정을 이끄는 중심지로서 굳건히 자리 잡게 된다.

이 두 도시의 차이점을 부풀리지 않는 게 중요하지만, 4세기 초에 서로 완전히 다른 각도에서 기독교 신앙을 바라보는 두 접근법이 이 두 도시와 각각 결합하게 되었다. 이 두 접근법이 보인 여러 차이점 중 하나는 두 접근법이 선호한 성경 해석 방법과 관련이 있었다. 알렉산드리아는 여전히 알레고리를 활용한 주해를 특히 중요하다고 여기던 중심지였다. 반면 안디옥은 문자나 역사를 더 중시하는 접근법을 선호했다.

하지만 이보다 더 중요한 차이는 기독론, 곧 나사렛 예수의 정체를 이해하는 방법에서 드러났다. 두 대도시의 '교리문답학교'는 예수를 완전한 하나님이자 완전한 인간으로 이해해야 한다는 데 의견을 같이했다(이 견해는 325년 니케아 공의회 때 제시된 견해였다). 그러나 두 대도시는 이런 기본 믿음을 완전히 다른 방식으로 이해했다. 4세기에 서로 다른 두 전통이 결정(結晶)화하기 시작했다.

알렉산드리아학파는 인성(人性)이 신이 되려면 그 인성은 반드시 신성과 결합해야 한다고 주장했다. 이 때문에 하나님은 인성이 하나님의 생명을 공유할 수 있는 방식으로 인성과 결합하셔야 했다. 이것이 바로 하나님의 아들이 예수 그리스도 안에서 성육신할 때 그리고 성육신함으로 말미암아 일어난 일이었다. 삼위일체 하나님의 두 번째 위격이 인성을 취하셨으며, 이를 통해 그 인성이 확실히 신이 되게 하셨다. 하나님은 인간이 신이 될 수 있게 하시려고 인간이 되셨다. 이 때문에 알렉산드리아의 저술가들은 신약성경 본문인 요한복음 1장 14절("말씀이 육신이 되셨다")을 상당히 강조했다. 이 구절이 알렉산드리아학파의 근본 통찰은 물론이요 성탄 기념 전례를 대표하게 되었다. 그리스도의 나심을 기념한다는 것은 로고스가 세상에 오시고, 이 로고스가 세상을 구속하고자 인성을 취하셨음을 기념한다는 것이었다.

안디옥 신학자들은 알렉산드리아학파와 다른 점을 강조하곤 했다. 구속이 이루어지려면, 이 구속은 인간의 새로운 순종에 기초해야만 한다. 인간은 죄의 사슬에서 벗어나지 못하기 때문에, 하나님이 개입하실 수밖에 없다. 이리하여 결국 인성과 신성의 연합을 이루심으로써 하나님께 순종하는 백성을 다시 세우실 구속주가 오시게 된다. 예수 그리스도는 하나님이신 동시에 참 사람이시다. 그리스도 안에서 인성과 신성의 '완전한 결합'이 이루어졌다.

이것이 다소 전문성을 띤 논쟁이요, 교회의 폭넓은 삶과 거의 무관한 논쟁처럼 보일지도 모르겠다. 하지만 이 논쟁은 이 두 도시가 신학적 고찰과 교회 리더십의 중심지로서 점점 더 큰 중요성을 갖게 되었음을 보여주는 중요한 표지다. 기독교가 제국의 공인을 얻고 특권을 누리게 된 4세기 말에 이르자, 이 두 도시의 주교는 교회를 관장하는 영적 권위의 소재지를 놓고 벌어진 논쟁에서 중요한 역할을 하게 된다. 제국 수도인 로마를 관장하는 주교가 영적 권위(힘)를 갖는가? 아니면 제국의 대도시들을 관장하는 주교들이 골고루 그런 권위를 가지며, 각 주교는 자율권을 갖는가? 서로마 제국이 위협을 받게 되고 정치권력이 동쪽에 있는 콘스탄티노폴리스로 옮겨가기 시작하면서(1.4.7), 이런 논쟁들이 점점 더 중요한 문제로 떠오르기 시작했다.

1.3.5. 수도원 제도: 도시에 맞선 반동

많은 그리스도인은 기독교가 로마제국 도시들 안에서 점점 더 큰 존재로 자리 잡게 된 것을 바람직한 발전으로 보았다. 이는 기독교 신앙의 영향력이 커졌음을 알려주는 중요한 증거이자, 기독교가 도시 문화와 사회를 바꾸는 일을 시작할 수 있는 방편이 되었다. 일부 사람들은 기독교가 빵 반죽 안에 들어 있는 이스트(미약한 존재이나 점차 자라나 결국은 다른 것들을 더 낫게 바꿔놓는 것)와 같다고 주장했다.

하지만 이런 발전이 과연 그렇게 바람직한 일인지 확신하지 못하는 그리스도인들도 있었다. 그들은 기독교 신앙이 도시에서 확산되면 제국 도시들의 타락상을 도덕적, 영적 차원에서 바꿔놓을 수도 있음을 부인하지 않았지만, 오히려 그와 반대되는 일이 일어날 수도 있었다. 도시의 부도덕함과 방탕함—초기 그리스도인들의 설교에서 자주 관심을 보인 주제였다—이 도리어 교회를 더럽히고 썩게 하는 결과를 낳을 수도 있지 않을까?

초기 기독교 안에서 일어난 가장 중요한 발전 가운데 하나가 수도원 제도의 등장이었다. 〔'수도사(monk)'와 '수도원 제도(monasticism)'라는 말은 모두 '고독한'이나 '홀로'를 뜻하는 그리스어 *monachos*에서 나왔다.〕 사람들은 대개 수도원 운동이 멀리 이집트의 구릉 지역과 시리아 동부 지역에서 시작되었다고 생각한다. 상당히 많은 그리스도인들이 인구가 많아 온갖 산만한 소동이 일어나는 도심지를 떠나 이런 지역에 그들의 집을 짓기 시작했다. 273년에 부모 집을 떠나 사막에서 연단과 고독을 즐기는 삶을 추구하기 시작했던 이집트의 안토니우스가 점점 커져가던 이 흐름을 가장 잘 대변해주는 이다.

죄악이 넘쳐나고 산만한 세상에서 물러난다는 것이 이런 공동체들에게 아주 중요한 주제가 되었다. 그러나 세상에서 물러나는 방법에는 완전히 다른 두 방법이 있음이 이내 분명히 드러났다. 한편에는 수도원 제도를 고독하고 금욕하는 삶이라는 관점에서 바라본 이들이 있었다(이 경우는 수도원 제도를 종종 '은둔'이라는 말로 부르곤 했다). 다른 한편에는 수도원 제도를 공동체라는 관점에서 바라본 이들이 있었다('수도사들이 공동생활하는' 수도원 제도). 5세기에 이르자, 공동체를 더 중시하는 접근법이 우위에 서기 시작했다. 홀로 생활하는 고독한 수도사들(종종 '은둔 수사'로 부르곤 했다)은 상당한 난제에 부닥쳤다. 양식을 어떻게 찾을 것인가? 혹은 모든 그리스도인이 마땅히 해야 한다 여겼던 공동 기도에 참여할 것인가?

홀로 수도하던 몇몇 인물들은 계속하여 각 사람이 고독한 수도 생활을 할 필요가 있다고 주장했지만, 세상과 담을 쌓고 공동체 생활을 한다는 개념이 득세하게 되었다. 초기의 중요한 수도원 중 하나를 세운 이가, 사람들이 보통 이런 공동체 형태의 수도원 제도를 320년에서 325년 사이에 창시한 인물로 여기는 파코미우스(292경-348)다. 이 수도원은 나중에 수도원 제도의 규범이 될 정신(에토스)을 발전시켰다. 공동체 지체들은 윗사람의 지도를 따라 규칙이 규율하는 공동생활에 복종하기로 동의했다. 수도원 건물의 구조도 수도원이 추구하는 영적 가치에 힘을 실어주는 데 중요한 역할을 했다. 수도원 건물은 담이 에워싸고 있었는데, 이런 담은 세상에서 물러나 세상과 단절된 삶을 살아간다는 이상을 부각시켜주었다.

신약성경이 빈번히 사용하는 그리스어 *koinōnia*(코이노니아, '사귐'으로 자주 번역한다)는 이제 한 몸으로 살아가는 공동생활 개념을 가리키는 말이 되었으며, 이런 공동생활을 보여주는 특징이 똑같은 옷, 똑같은 식사, (수도사의 방으로 알려진) 방의 똑같은 가구들, 그리고 지체들이 다 함께 손으로 노동을 하여 공동체에 도움을 주는 것이었다. 그리스도인이 홀로 고독한 삶을 영위하는 형태보다 수도원 공동체가 영혼에 더 큰 유익을 준다고 보는 이들이 점점 늘어갔다. 이런 공동체에서는 공동체 지체들 사이의 사랑을

이탈리아 몬테카시노에 있는 베네딕트수도회 수도원.

행하고 경험하기가 더 쉬웠기 때문이다.

많은 이들이 이런 수도원의 이상에 깊은 매력을 느끼게 된다. 4세기에 이르자, 동방 기독교 지역, 특히 시리아와 소아시아 지방의 많은 지역에 여러 수도원이 세워진다. 머지않아 서방 교회도 수도원 운동을 받아들였다. 5세기에 이르자, 이탈리아(특히 서부 해안), 에스파냐, 골(지금의 프랑스—옮긴이)에 수도원 공동체들이 존재하게 되었다. 이때 서방 교회를 이끌던 인물 중 하나인 히포의 아우구스티누스는 400년부터 425년에 이르는 기간 중 어느 시점에 북아프리카에 두 수도원을 세웠다. 아우구스티누스는 공동생활(지금은 이를 라틴어 문구인 *vita communis*로 표현한다)이 기독교가 제시하는 사랑이라는 이상을 실현하는 데 필수불가결하다고 보았다. 더군다나, 다른 이들과 떨어져 홀로 고독하게 있을 때보다 다른 신자들과 함께 있을 때에 지식 탐구와 영적 성찰이 가장 잘 이루어졌다. 이 때문에 아우구스티누스는 수도원이 개인의 섬김과 교회의 삶을 풍성하게 해줄 연구와 성찰의 기초라고 보았다.

파코미우스는 수도사들이 교회에서 높은 성직에 오르려는 싸움에 휘말려들지 않으려면 사제 서품을 받지 말아야 한다고 주장했다. 파코미우스는 수도사들이 높아지려는 야망에 휘둘려 유혹에 쉬이 넘어갈 만한 이가 되어서는 안 된다고 믿었다. 그러나 이런 견해가 널리 주장되지는 않았다. 갑바도기아의 저술가인 대(大)바실리우스(바실레이오스, 329-379)는 수도사가 사제가 되어야 한다고 주장하면서, 이것을 교회 전체가 수도사의 지혜로 말미암아 풍요로워질 수 있는 방편이라고 보았다.

이런 발전은 로마제국이 멸망한 뒤에 공고해졌다. 6세기에는 지역의 수도원 숫자가 상당히 늘어났다. 바로 이 시기에 가장 광범위한 수도원 '규칙' 중 하나(즉, '베네딕트수도회 규칙')가 등장했다. 누르시아의 베네딕트(480경-550경)는 525년 무렵에 몬테카시노에 그의 수도원을 세웠다. 베네딕트 공동체는 그리스도께 무조건 순종한다는 관념이 지배하는 규칙을 따랐는데, 이를 밑받침한 것이 정기 공동기도와 개인기도 그리고 성경 읽기였다. 많은 이들은 이런 수도원들이 로마제국이 무너진 뒤 기독교 신학과 영성을 전달해주는 심부름꾼 역할을 함으로써, 중세 신학과 영혼의 르네상스가 펼쳐질 길을 준비했다고 주장한다.

1.3.6. 테클라 숭배: 여자와 교회

앞서 언급했듯이, 사도 시대 교회에서는 여자들이 중요한 역할을 했다(1.1.6). 그러나 교회는 충분히 납득할 수 없는 여러 이유를 내세워 전통에 더 부합하고 문화에 순응하는 접근법을 택하여 교회 지도자 제도와 수직 위계 구조를 세우기 시작했다. 그리스·로마 세계에서는 조신하고 근면하며 가정에 충실한 여자를 바람직한 여인으로 묘사했다. 망자를 기리는 기념비들은 이런 문화 규범을 가장 분명하게 표현한 몇 가지 예를 제시하면서, 죽은 여자가 사람들의 기대에 부응했다고 칭송한다. 1세기 로마 묘비에 새겨져 있는 이 글은 이런 미덕들을 어떻게 구현하고 장려했는지 잘 보여준다.

> 여기 지극히 훌륭하고 아름다운 여자요 마르쿠스의 아내인 아미모네가 누워 있도다. 그는 털실을 만들었고, 신들과 가정을 섬겼다. 그는 조신하고, 돈을 허투루 쓰지 않으며, 정숙했다. 그는 집을 지켰다.[*]

이런 문화 규범에 동화되다 보니, 여자들은 무대 뒤편에서는 상당한 사회적 영향력과 정치적 영향력을 행사할 수 있었을지 몰라도, 교회 공동체와 교회 전례를 인도하는 지도자의 자리에서는 밀려날 수밖에 없었다. 초기 교회 안에는 사역 직분이 셋 있었으니, 주교(감독), 장로, 집사(부제)가 그것이다. 여자들은 앞 두 역할에서는 빠르게 밀려났지만, 집사직은 여전히 맡아 활동했다. 2세기 이후에는 이런 사역 형태가 기록에 등장하며, 교회의 목회 생활에서도 중요한 역할을 했다.

3세기 전반에 나온 것으로 생각되는 〈사도 교훈(*Didascalia Apostolorum*)〉은 남자 집사들을 그리스도에 비유하고 여자 집사들을 성령에 비유할 것을 제안한다. 실제 모습을 보면, 남자 집사들은 남자들을 섬기는 목회 사역을 맡았고, 여자 집사들은 여자들을 섬기는 목회 사역을 맡았다. 칼케돈 공의회(451)는 여자가 40세가 되기 전에는 집사로 안수하여 세워서는 안 된다고 규정했다. 사람들은 보통 이렇게 성직 제도를 규율한 것을 이 제도가 당시 교회의 삶에서 갖는 중요성을 일러주는 것이라고 주장한다.

순교는 여전히 여자들이 주된 역할을 하는 가장 중요한 영역 중 하나로

---

[*] Laura K. McClure, ed. *Sexuality and Gender in the Classical World: Reading and Sources*. Oxford: Wiley-Blackwell, 2008, 158.

폐허가 된 유서 깊은 북아프리카 도시 카르타고.

남아 있었다. 초기 서방 교회에서 가장 유명한 여자 순교자 두 사람이 페르
페투아와 펠리키타스다. 이들은 3세기 첫 10년 동안에 카르타고에서 함께
순교했다. 이들의 순교를 알려주는 전승 기사는 이 시기 교회의 사회 역학
(social dynamics)을 꿰뚫어볼 수 있는 통찰을 일부 제공해준다. 로마의 귀부
인이었던 페르페투아는 노예가 낳은 남편의 아이를 키운 어머니였고, 펠
리키타스는 바로 그 아이를 낳은 노예였다. 페르페투아는 그 아버지가 분
명히 반대 의사를 밝혔는데도 이를 따르지 않은 채 세례를 받았는데, 이는
페르페투아가 자신의 믿음을 지키고자 가족의 전통과 가족을 향한 충실함
도 기꺼이 끊으려 했다는 것을 일러준다. 귀부인과 이 귀부인의 노예가 함
께 순교했다는 사실은, 기독교를 향한 제국의 적대감이 종종 산발적 괴롭
힘으로 이어지고 때로는 조직적 박해로 이어지던 이 시기에, 순교가 여자
들에게 자신의 힘을 강화하는 수단이 되는 경향이 점점 강해졌음을 보여

준다.

초기 교회에서 여자들이 품었던 열망을 가장 두드러지게 일러주는 증거 중 하나를 이고니온(이코니움)의 테클라 숭배에서 발견할 수 있다. 이 테클라 숭배는 2세기 후반에 생긴 것으로 생각되는데, 〈바울과 테클라 행전(*The Acts of Paul and Thecla*)〉으로 알려진 이 시기 문서가 이 숭배를 묘사하고 있다. 이 문서는 테클라라는 한 귀부인을 묘사한다. 테클라는 전통을 따라 '집을 지키는' 귀족이었다. 어느 날, 테클라는 어쩌다가 열린 창으로 사도 바울이 하는 설교를 듣게 된다. 테클라는 자신이 들은 설교에 매혹당하여 약혼자와 집도 버려두고 바울을 따라나서, 결국 이곳저곳을 다니며 스스로 복음을 선포하게 된다.

이 흥미로운 작품이 전하는 핵심 테마 중 하나는 당시 로마제국 문화 속에서 귀한 신분으로 태어난 여자들에게 사회가 부과한 역할—특히 가족에게 충실해야 한다는 전통의 속박, 여자라면 당연히 혼인해야 한다는 기대, 그리고 여자들은 가정에 헌신해야 한다는 것—을 거부한다는 것이다. 이런 거부는 기독교 신앙이 당시 문화에 맞서 제시한 가치와 믿음이 낳은 결과였다. 어느 시점에 이르러, 테클라는 전통 문화 규범을 거부한 데 격분한 그의 모친이 당국을 부추기는 바람에 결국 로마 당국에게 사형 선고를 받는다. 그러나 결국은 테클라가 이겼다.

테클라 이야기의 중요성은 이 이야기가 점점 더 남자 대표자들에게 많이 주어지던 교회 내 책임, 이를테면 공중을 이끄는 지도자 역할과 복음 전도 같은 일을 여자도 맡아 행해야 함을 강조한 데 있다. 테클라는 이런 역할을 감당할 수 있도록 남자 복장을 할 채비까지 했다. 일찍이 190년에 서방 교회 신학자인 테르툴리아누스는 일부 사람들이 테클라 이야기를 사용하여 여자들이 교회에서 행하는 공적 사역에, 특히 세례를 베풀고 설교하는 일에 정당성을 부여하는 것에 우려를 표명했다. 테르툴리아누스는 여자들이 이런 사역을 하는 데 반대했다.

그러나 그리스도인 여자들은 이때도 교회 생활의 주류 바깥에서 중요한 역할을 하고 있었다. 예를 들어, 2세기 중엽에 일어난 몬타누스주의 운동은 브루기아(프리기아) 속주에 사는 사람으로서 영의 은사를 받은 세 사람이 중심이 되었다. 그 셋은 몬타누스 자신, 그리고 두 여자 동료인 프리스카(브리스가, 때로 프리스킬라(브리스길라)로 부르기도 한다)와 막시밀리아였다. 몬타누스주의는 몇 가지 점에서 현대의 오순절주의와 비슷한, 신앙 갱신 운동으로 이해하는 것이 아마 가장 좋을 것 같다. 당시 자료는 프리스카와 막시밀리아가 이 운동 추종자들 가운데서 몬타누스 자신보다 더 큰 지위를 얻었음을 일러준다. 몬타누스주의는 교회 안에서, 특히 아프리카에서 상당한 영향력을 발휘했다. 하지만 이 운동은 교회의 행정 구조 및 권력 구조 밖에서 벌어진 운동으로 보는 것이 가장 좋다. 이 운동은 여자들에게 은사에 따른 지도자 역할을 맡게 했는데, 이는 당시 점점 더 로마의 사회 규범을 닮아가던 교회 구조 안에서 문제가 되었다.

이런 점은 종종 주류 그리스도인 공동체들, 특히 도시에 자리한 공동체들의 도덕성과 영성을 우려하며 일어났던 수도원 운동의 경우도 마찬가지다(1.3.5). 암마(*Amma*, 아람어로 '엄마'를 뜻한다)는 특히 4세기와 5세기에 이집트, 팔레스타인, 시리아의 사막 지대에서 나타난 수도원 영성에서 영의 지혜와 분별력을 갖춘 이로 인정받는 여자가 되었다. 알렉산드리아의 신클레티카(350경 사망)는 많은 여자 영성 저술가 중 한 사람인데, 그가 한 말은 전통 대대로 〈사막 교부들의 금언〉이라 알려진 말 모음 속에 들어 있다.

공간이 허락된다면 초기 기독교의 다른 중요한 여자들, 이를테면 히포의 아우구스티누스의 모친인 모니카 같은 이도 언급할 수 있을 텐데, 그러지 못한다. 교회가 여자들에게 부과하는 제약은 점점 늘어갔다. 그러나 많은 이들이 이런 제약을 뒤엎을 방법을 찾아냈고, 중요한 공적 사역을 감당했다. '이고니온의 테클라 숭배'는 테클라 자신과 관련된 복음전도의 열망이 담긴 내러티브라는 점에서도 중요하지만, 이 이야기가 초기 교회의 많은 여자들에게 영향을 미쳤다는 점에서도 중요하다.

1.4. 제국의 종교: 콘스탄티누스의 회심

기독교는 그 사상이나 가치에 거의 공감하지 않았던 문화 속에서 태어났다. 하지만 이 새 신앙은 로마제국의 서부 지역과 동부 지역에서 급속히 퍼져갔다. 이런 영향력 신장은 '상향식' 발전이라고 생각할 수 있다. 기독교의 영향력이 커져가는 데 제국의 간섭이나 도움이 전혀 없었고, 초기 그리스도인들이 폭력이나 강제력을 사용하지도 않았기 때문이다. '모든 것이 급변한 시점(tipping point)', 다시 말해 기독교의 교세 신장 때문에 로마 당국이 기독교를 대하는 태도를 바꿀 수밖에 없었던 시점을 밝혀내기는 어렵다. 앞으로 보겠지만, 교회사에서 가장 중요한 전환점 중 하나는 4세기 초에 일어났다. 콘스탄티누스 황제의 회심이 바로 그것이다(1.4.2). 이번 절에서는 기독교의 지위 변화를 살펴보고, 이런 지위 변화가 제국 문화 안에서 기독교가 간직해온 정체에 암시하는 의미들이 무엇인지 살펴보겠다.

1.4.1. 로마의 기독교 박해

신약성경 안에도 로마 당국이 기독교를 적대시했음을 분명히 인식한 표지들이 있다. 로마 역사가 타키투스(56-117)는 로마 대화재(64)의 여파로 기독교가 대중의 분노 대상이 되었음을 보여주는 증거를 제시하면서, 그리스도인들을 '혐오스러운 행위로 말미암아 미움을 받게 된 부류'라고 이야기했다. 사람들은 신약 정경의 마지막 책인 요한계시록을 1세기 말에 그리스도인 그룹들을 향하여 적극 표출되었던 적대감을 반영한 책으로 널리 여기고 있다. 요한계시록은 로마 황제 도미티아누스 치세기 중 마지막 몇 년, 특히 95년 무렵의 상황을 반영한 것으로 생각된다. 그러나 도미티아누스가 로마의 전통 종교를 강력히 옹호하긴 했어도, 이 시기에 기독교를 공식 박해했다는 역사 기록은 전혀 존재하지 않는다. 지역에 따라 이런저런 깊은 원한이 기독교를 향한 당대 문화의 적대감을 더 부추겼을 수도 있다. 그러나 이런 적대 정책이 중앙 정부 차원에서 체계적으로 시행되거나 어떤 권위를 등에 업고 이루어지지는 않았다.

당대 문화가 기독교에 의심을 품게 된 이유는 여러 가지가 있다. 그리스도인들은 운동 경기나 다른 공적 의식이 본질상 종교 행사에 가깝다는 이유로 이런 것들에 참여하길 거부했다. 이 때문에 사람들은 그리스도인들이 같은 시민들을 적으로 대한다고 보게 되었다. 아울러 그리스도인들은 '무신론자' 취급을 받게 된다. 그리스도인들이 국가의 공식 종교를 인정하길 거부하고, 하나님께 충성하는 이상 다른 신이나 인물(이를테면 황제 같은 이)에게 충성을 맹세하는 일은 있을 수 없는 일이라고 여겼기 때문이다. 많은 로마인들은 전통대로 섬겨온 신들을 바로 섬겨야 도시와 사람들이 안녕을 누릴 수 있다고 믿었으며, 기독교가 이런 의식들을 거부하는 것은 위험한 일이라고 믿었다. 4세기에 이르면 "비가 오지 않는 건 그리스도인 탓이다"라는 속언(俗言)이 확고히 자리 잡는다.

그러나 대중들이 초기 그리스도인들에게 퍼부었던 많은 비판은 그리스도인들의 관습을 모르고 오해하여 생긴 것이었다. 예를 들면, 항간에서는 그리스도인들의 성찬을 식인, 근친상간, 유아살해, 난교를 동반한 행위로 널리 이해했다. 사람들이 이런 헛소문을 믿었던 것은 초기 그리스도인들의 모임이 비밀리에 이루어진 것도 한 이유였다(1.2.5). 무슨 일이 일어나고 있는지 실제로 아는 이는 아무도 없었다. 확실한 정보는 없이, 그리스도인들의 명예만 깎아내리는 헛소문이 넘쳐났다.

로마 속주인 비두니아(비티니아) 총독 소(小)플리니우스가 112년경에 트라야누스 황제에게 써 보낸 서신은 로마제국이 기독교를 대하는 어떤 공식 정책도 갖고 있지 않았음을 보여준다. 플리니우스는 그리스도인들을 다룰 지침을 일러달라고 요청했다. 이 지역에서 기독교가 자라가면서 기독교에 원한을 갖는 이들이 생겨나고 있었던 것이다. 예를 들어, 신전에 바치는 제물만 전문으로 취급하던 상인들이 그런 이였다. 플리니우스는 기독교 자체가 불법인지, 혹은 기독교와 관련된, 또는 기독교에서 생겨난 어떤 행위들이 박해를 받아도 싼 일인지 판단할 필요가 있었다.

플리니우스가 이 문제를 분명히 하고자 했다는 사실은 로마 원로원이나 로마 황제 어느 쪽도 기독교의 지위를 법으로 정해놓지 않았음을 일러준다. 그리스도인들이 박해에 직면하도록 할 법한 일반적 근거들은 많이 있었다. 그런 근거 중 가장 중요한 것을 하나 들면, 이들이 불법 결사(*collegium illicitum*), 곧 공공질서나 제국의 안전에 위협이 된다고 여길 만한 결사의 구성원이라는 것이었다. 이런 결사들은 로마와 폼페이 그리고 오스티아에 존재했는데, 정무관들에게 골칫거리가 되었다. 박해를 가할 수 있는 두 번째 근거는 징벌권(*coercitio*, 정무관이 그들이 내린 판결을 강제로 집행할 수 있는 권리)이었다. 여기에 따르지 않는 건 공적 권위에 불복하는 것으로 간주되었다. 세 번째 근거는 반역자처벌법(*lex maiestatis*)이었다. 이 법에 따르면, 나라의 적을 돕는 일은 반역으로 처벌할 수 있었다. 기독교는 이 가운데 어느 것에도 특별히 해당하지 않았다. 하지만 이들 하나하나는 그리스도인의 행위 중 적어도 몇몇 측면(이를테면 황제 숭배에 참여하길 거부하는 행위)을 처리하는 데 써먹을 수 있었다.

플리니우스 자신은 기독교를 박해할 법적 근거를 찾지 못해 당황했다. 그가 밝히듯이, 그 자신의 조사에서는 기독교 운동이 치안을 어지럽히는 선동이라거나 위험함을 일러주는 징후가 전혀 드러나지 않았기 때문이다.

그가 확증할 수 있는 범위에서 보면, 기독교는 다음과 같은 일을 하는 것처럼 보였다.

> 정해진 날이 오면 동트기 전에 모임에 가서, 하나님에게 하듯이 그리스도에게 찬송하고, 절도나 강도짓, 간음, 맹세한 약정을 더럽히는 일, 혹은 남이 믿고 맡겨놓은 돈을 되돌려주길 거부하는 일 같은 죄를 일절 저지르지 않겠다는 신성한 맹세를 합니다. 이 모든 일을 마치면, 으레 하던 대로 각자 제 길로 갔다가, 나중에 다시 모여 보통 먹는 소박한 음식을 먹습니다.
> – 플리니우스, 《서신》, X. 96-7.

그리스도인 개개인과 그리스도인 무리들이 기독교 역사 첫 3세기 동안 여러 시점에 박해를 받았다는 것은 의심할 여지가 없다. 하지만 이런 박해는 조직적이라기보다 산발적이었고, 제국 전체에서 이루어졌다기보다 특정 지역에서 이루어졌다. 뿐만 아니라, 제국 당국자들이 기독교를 금압(禁壓)하라는 사람들의 요구를 거부한 적도 여러 번 있었음을 보여주는 증거가 있다. 하지만 이런 박해 가운데 하나는 더 자세히 살펴볼 만한 가치가 있다. 3세기 중엽에 일어난 데키우스(재위 249-251)의 박해가 그것이다.

데키우스 황제는 짧은 재위 기간 동안 모든 이에게 로마 고전기 종교로 돌아가라는 명령을 내리면서, 이런 조치가 제국의 미래를 보장해주리라고 믿었다. 데키우스가 이런 시각을 갖게 된 것은 그의 치세기에 기원전 752년에 세워졌다는 전승이 전해오는 로마 시가 도시 창건 천 년을 맞이한다는 사실 때문이었다. 제국의 모든 주민은 신들에게 제물을 바쳐야 했고, 그 지역을 다스리는 정무관에게 명령을 이행했다는 인증(라틴어로 *libellus*)을 받아야 했다.

데키우스는, 언제라도 로마를 침공할 수 있는 세력들이 로마 국경에 점점 더 큰 위협을 가하고 동방의 다양한 밀교와 미신이 로마에 가하는 위협이 점점 더 커지던 때에, 로마가 전통 신앙으로 되돌아감으로써 제국의 국운을 회복하기를 분명히 바랐다. 데키우스는 이런 밀교들의 등장이 제국에서 통일된 신앙을 강탈해간다고 보았다. 제국의 생존은 '신들의 평화'(라틴어로 *pax deorum*)에 달려 있었으며, 이 평화는 오직 전통 종교를 지키는 것만이 보장해주었다.

데키우스의 박해는 251년 6월, 데키우스가 군사 원정 도중에 시해당하면서 끝났다. 많은 그리스도인이 박해를 당하자 넘어지거나 믿음을 버렸다. 교회 안에서는 이런 사람들을 어떻게 처리해야 하는가를 놓고 이내 다툼이 일어났다. 이런 넘어짐은 이들의 믿음이 끝났음을 뜻하는가? 이들도 참회하면 교회로 다시 돌아올 수 있는가? 의견은 첨예하게 갈리고 심각한 불화와 갈등이 일어났다. 카르타고의 키프리아누스와 노바티아누스가 서로 아주 다른 견해를 주장했다. 이 두 저술가는 257-258년에 발레리아누스 황제가 선동한 박해 때 순교했다. 그리스도인들은 이들의 묘지를 참배하는 것도 금지당했다. 이 새 박해의 초기 희생자 중 하나가 258년에 목 베임을 당한 교황 식스토 2세(재위 257-258)다. 그는 안전한 지하 카타콤에 묻혀야 했다.

가장 잔혹한 박해 중 하나가 303년 2월, 디오클레티아누스 황제 치세기(284-313)에 일어났다. 그리스도인이 예배하는 장소를 모두 파괴하고, 그리스도인의 책을 모두 넘겨받아 파괴하며, 그리스도인의 모든 예배 행위를 중지시키라는 칙령이 반포되었다. 그리스도를 믿는 공직자는 그 직급이나 지위에 따른 특권을 모두 빼앗기고 노예 신분으로 떨어졌다. 명망 있는 그리스도인들은 로마의 전통 관습에 따라 제물을 바쳐야 했다. 디오클레티아누스가 그리스도인으로 알려져 있던 자신의 아내와 딸도 이 명령에 따르도록 강요했다는 것은 당시 기독교가 얼마나 영향력 있는 종교가 되었는가를 보여준다. 이 박해는 제국의 동부 지역을 통치한 갈레리우스(재위 305-311)를 포함하여 후대 황제들이 다스리던 시절에도 계속되었다.

311년, 갈레리우스는 박해를 멈추라고 명령했다. 하지만 이는 제대로 실행되지 않았으며, 단지 고전기 로마의 이방 종교를 다시 강요하려는 시도에 저항하려는 그리스도인들의 결의만 굳게 만들어주었다. 갈레리우스는 그리스도인들에게 다시 정상 생활을 하도록 허용하고 '그리스도인들이 공공질서를 어지럽히는 일을 하지 않는 한 종교 집회를 가질' 수 있게 하는 칙령을 공포했다. 이 칙령은 기독교를 한 종교로 분명히 인정한 것이요, 기독교에 법의 완전한 보호를 제공하는 것이었다. 이 시점까지만 해도 기독교는 그 법적 지위가 모호했지만, 이제는 해결되었다. 교회는 더 이상 공격받는다는 의식에 시달리지 않았다.

311년에 박해가 막을 내리자, 기독교는 이제 합법 종교로 인정받았다. 하지만 기독교는 단지 많은 종교 중 하나였을 뿐이다. 콘스탄티누스 황제의 회심이 이런 상황을 되돌릴 수 없게 확실히 바꿔놓았으며, 로마제국 전역에 걸쳐 기독교가 처한 상황을 완전히 바꿔놓았다. 모든 것이 급변한 이 시점을 다음 항에서 살펴보겠다.

1.4.2. 첫 그리스도인 황제: 콘스탄티누스

그냥 '콘스탄티누스'로 더 잘 알려진 플라비우스 발레리우스 아우렐리우스 콘스탄티누스 아우구스투스(272-337)는 로마제국의 역사가 복잡하게 꼬이고 어려움에 빠진 시대에 황제가 되었다. 많은 역사가는 이 시대를 고대 고전기에서 고대 후기로 넘어가는 과도기로 본다. 로마제국은 3세기 후반(235-284)에 잇달아 위기를 겪으면서, 외적의 침공, 나라에 상처를 입힌 내전, 역병의 창궐, 심각한 경제 불황으로 말미암아 무너져가는 신세가 되었다. 결국 네 통치자가 절대 권력을 나눠 갖는 타협책이 해결 방안으로 등장했다. '4두(四頭) 통치제도(Tetrarchy)'로 알려진 이 제도는 어느 한 개인이 제국 전체를 충분히 통치할 만한 지원 세력을 확보하지 못했던 상황에서 현실에 부합한 대응 방안이었다. 각 통치자는 특정 지역을 나눠 받아 다스릴 책임을 졌다. 로마가 여전히 제국의 상징인 수도였지만, 네 명의 '4두 통치자'는 북쪽과 동쪽에서 다가오는 침공 위협에 대처할 수 있게 그들의 본거지를 제국 변경에 세웠다.

하지만 4세기의 첫 10년이 지나갈 무렵, 외적의 침공 위협이 줄어들었다. 그러자 4두 통치제도가 무너지기 시작했으며, 후계 문제를 둘러싼 어려움이 불거졌다. 309년부터 313년까지 제국에서 공직을 맡을 권리를 갖고 있다고 주장하는 이들이 대부분 제거되었다. 콘스탄티누스는 310년에 막시미아누스에게 자살을 강요했다. 기독교를 합법이라 선언했던 갈레리우스는 311년에 제 명을 살고 자연사했다. 콘스탄티누스는 막센티우스(재위 306-312)가 이탈리아와 북아프리카에서 권력을 잡자, 이 지역에서 그의 권위를 세우고자 서유럽에서 군대를 이끌고 왔다. 312년, 콘스탄티누스는 밀비우스 다리 전투에서 막센티우스를 격파하고 그를 죽였다. 막시미누스(재위 310-313)는 다소(타르수스)에서 리키니우스(재위 308-324년, 콘스탄티누스와 공동 통치했던 인물—옮긴이)에게 패한 뒤, 313년에 자결했다. 이로써 황제라는 칭호를 주장할 수 있는 이는 서쪽의 콘스탄티누스와 동쪽의 리키니우스, 둘만이 남았다. 그러다 결국 324년에 이르러 콘스탄티누스가 리키니우스를 격파하고, 자신이 다시 통일된 로마제국의 유일한 황제임을 선언했다.

콘스탄티누스는 재위 초기만 해도 기독교에 특별히 끌리는 모습을 보이지 않았다. 그러다가 312년 10월 28일, 로마 북쪽에 있는 밀비우스 다리에서 확실한 승리를 거둔 직후, 자신이 그리스도인이라고 선언했으며, 이 뒤에 황제임을 선언했다. 이 점은 그리스도인 저술가와 이교도 저술가가 모두 확인해준다. 그러나 정확히 왜 그리고 언제 이런 회심이 일어났는가는 분명하지 않다.

일부 그리스도인 저술가들(락탄티우스와 에우세비우스 같은 이)은 콘스탄티누스가 그 중대한 전투(밀비우스 다리 전투) 전에 자신이 이끄는 병사들의 방패에 십자가 표지를 넣으라고 명령하는 하늘의 환상을 보고 회심했을 수 있다고 주장한다. "네가 이 표지로 승리하리라"(라틴어로 *in hoc signo vinces*). 그가 회심한 이유가 무엇이든, 그의 회심이 밀비우스 다리 전투 이전에 일어났든 아니면 이후에 일어났든, 이 회심이 사실이라는 것과 이 회심에 따른 결과들은 의심할 여지가 없다.

첫 그리스도인 로마 황제인 콘스탄티누스 대제(280경–337)의 대리석 흉상, 카피톨 박물관, 로마.

313년, 기독교를 대하는 제국의 태도에 처음 변화가 일어난다. 이해에 콘스탄티누스와 리키니우스는 밀라노 칙령을 공포하여, 로마제국 서부와 동부 지역에 종교의 자유를 선포했다. 이 칙령이 기독교에 어떤 특권을 주지는 않았다. 그러나 이 칙령은 기독교가 로마 사회에서 중요한 역할을 할 길을 열어놓음으로써, 그리스도인이 그늘지고 구석진 곳에서 나와 사회에서 주요 역할을 맡게 해주었다. 이후 시간이 흘러가면서, 로마는 점점 기독교 국가로 변해갔다.

그러나 콘스탄티누스는 조심스럽게 앞으로 나아갔다. 우선 그는 로마의 전통 이교(異敎) 상징들을 보존함으로써, 대중이 그의 종교개혁 프로그램에 불만을 품지 않게 하려고 애썼다. 콘스탄티누스가 밀비우스 다리 전투에서 거둔 승리를 기념하여 315년에 세운 전승 기념 아치도 기독교를 연상케 할 상징을 전혀 쓰지 않고, 아폴로와 디아나, 헤르쿨레스 같은 신들에게 바치는 제물을 보여준다. 310년대 말, 콘스탄티누스는 기독교는 물론이요 전통 이교도 거듭 인정하는 행위로 해석할 수 있는 조치들을 취한다.

321년에 이르러 중대한 전환점이 찾아온다. 이해에 콘스탄티누스는 그리스도인과 비(非)그리스도인이 '해의 날(day of the Sun)'에 예배해야 한다고 명령했다. 이는 분명 그리스도인들이 일요일에 모여 예배하는 관습을 반영한 것이었지만, 아우렐리아누스(재위 270-275) 황제 같은 그 이전의 황제들이 애호한 태양 숭배에 힘을 실어준 행위로도 볼 수 있었다. 로마 조폐국은 당분간 계속하여 로마 전통 신들의 형상이 들어 있는 주화를 제조함으로써, 대중에게 로마 당국이 여전히 로마의 전통 이교를 진지하게 인정하고 있음을 재확인시켜주었다. 콘스탄티누스는 로마를 기독교 국가로 바꿔가면서도 공중 앞에서는 여전히 전통 종교 상징들을 유지함으로써 권모술수에 능한 사람임을 증명해보였다.

그러나 이런 로마의 전통 이교 형상들과 함께 기독교를 나타내는 상징들도 로마 주화에 등장하기 시작했다. 더군다나 콘스탄티누스는 포룸 (Forum, 공회를 열던 광장—옮긴이)에 세워진 그의 동상을 십자가를 짊어진 모습으로 묘사하도록 명령했다. 콘스탄티누스 황제 자신이 제시한 명문(새김글)에 따르면, 십자가는 '구원을 가져다준 고난의 표지'였다. 이제 기독교는 단순히 합법 차원을 넘어선 종교가 되었다. 기독교는 제국이 인정하는 기득권 종교가 되는 길로 나아가고 있었다.

이 과정에서 중요한 단계라 할 일이 324-325년에 일어난다. 이때 콘스탄티누스는 군대를 이끌고 동쪽의 황제 리키니우스를 치러 나선다. 이 군사 작전의 직접적인 이유는 종교적인 것이었다. 리키니우스가 밀라노 칙령을 취소하고 그리스도인을 차별하는 정책들을 도입한 것이 그 이유였다. 결국 리키니우스는 324년 9월 18일, 칼케돈 근처 크리소폴리스에서 벌어진 전투에서 패배하고 이듬해 처형당했다. 콘스탄티누스는 이 승리로 로마제국 전체를 홀로 통치하는 황제가 되었다. 이제 기독교는 제국 전체가 용납하는 종교가 되었다. 콘스탄티노폴리스(그리스어 *Kōnstantinoupolis*에서 나온 말로 '콘스탄티누스의 도시'라는 뜻이다)가 '새 로마'로 건설되었으며, 제국의 행정 중심지가 된다.

배교자 율리아누스(재위 361-363) 치세기 동안 불안한 시기가 잠깐 있었지만, 이를 제외하면 교회는 이제 국가의 도움에 의지할 수 있었다. 이리하여 신학이 교회 비밀 모임이라는 감춰진 세계에서 나와, 로마제국 전역에 걸쳐 공중이 흥미와 관심을 갖는 문제가 되었다. 교리 논쟁은 점차 정치와 신학 양면에서 중요성을 갖게 되었다. 콘스탄티누스는 그가 다스리는 제국 전역에 걸쳐 통일된 교회를 갖고 싶어 했기 때문에, 교리의 차이를 우선 풀어야 할 문제로 삼아 토론하고 해결하는 데 관심을 가졌다. 이리하여 황제는 325년에 니케아 공의회를 소집하여, 교회 안의 교리 논쟁을 해결하고 기독교가 콘스탄티누스 자신이 제국의 종교로 적합하다 여기는 쪽으로 기능하게 만들었다.

1.4.3. 로마제국이 기독교 국가가 되다

콘스탄티누스의 회심 그리고 그가 324년에 리키니우스에 거둔 승리는 그리스도인이 로마제국 전역에서 그들의 믿음을 드러내놓고 행동으로 옮기는 것을 가로막았던 나머지 장벽을 다 없애버렸다. 기독교에는 다른 종교에 제공된 것과 똑같은 법의 보호가 주어졌고, 그리스도인은 원하는 때에 원하는 곳에서 예배할 자유를 부여받았다. 이것이 낳은 가장 직접적인 결과는 그리스도인이 사람들 앞에서 내놓고 예배해도 된다는 확신을 갖게 되어, 이제는 더 이상 개인 집에서 비밀 모임을 가질 필요가 없다고 느끼게 된 것이었다. 이제는 그리스도인들이 본디 교회로 쓰려고 지은 건물을 짓고 소유할 수 있는 길이 훤히 열렸다.

이런 발전의 중요성을 과장하지 않는 게 중요하다. 따지고 보면, 기독교 초기에도 제국의 도시들에 있는 가정교회는 쉽게 들키곤 했다. 이웃들은 대개 이런 집들이 그리스도인의 모임 장소임을 알았지만, 아무 말 하지 않고 입 다물어줄 때가 자주 있었다. 많은 그리스도인이 그리스도인이라는 게 확연히 드러나는 이름을 택하여, 이교도인 이웃과 자신들을 구분하기 시작했다. 그런데 이젠 사정이 달라졌다. 이제는 이런 일들을 당국의 공식 제재나 차별이나 박해를 두려워하거나 처벌받는 일 없이 할 수 있었다.

제국 당국이 기독교에 보인 이런 전례 없는 상냥한 태도는 기독교가 제국 전역에서 공고히 자리 잡는 데 도움을 주었다. 그러나 다른 요인들도 역시 인정해야 한다. 많은 이들은 3세기 말에 닥친 위기를 시대의 종말과 변화의 필요성을 가리키는 표지로 보았다. 고전기 로마의 이교가 끝장날 수도 있지 않을까? 뭔가 새로운 것이 필요한 때가 아닐까? 이집트에서 들어온 밀교들이 신자들을 얻으면서, 이전 종교 체계의 영향력이 느슨해졌다. 기독교의 성장은 고전 시대부터 내려온 이교가 쇠락하고 있음을 더욱더 깊이 느끼게 해주었다. 일부 학자들은 3세기 로마에서 기독교의 가장 큰 라이벌은 로마의 전통 이교가 아니라 이집트에서 들어온 이시스 숭배였을지 모른다고 주장한다.

그러나 국가가 기독교를 제재하지 않고 이교를 더 이상 지원하지 않으면서 이교가 위험에 노출되고 취약해졌다는 것이 어쩌면 가장 중요한 사실일지도 모르겠다. 이제 로마가 예부터 믿어온 이교의 미래는 국가의 전통적 후원보다 신자들을 끌어모을 수 있는 능력에 달려 있었다. 증거는 로마의 전통 이교가 이런 도전에 제대로 대처하지 못했음을 일러준다. 과거에는 황제와 부유한 시민들이 로마의 전통 신들에게 바쳐진 신전에 기부했다. 그러나 그들은 이제 신전 대신 기독교회에 봉헌하기 시작했다. 콘스탄티누스는 유럽의 많은 도시에 책임지고 큰 교회당 건물을 지어, 기독교가 도시에서 공적 존재로 자리 잡게 해주었다. 제국은 이교 신전들에 재정 지원을 중단했다. 개인들 역시 그들 황제를 따라, 이교에 하던 재정 지원을 교회로 돌리게 된다. 이교 신전들은 돈을 거둘 방법이 없어지자 금세 쓰지 않는 곳이 되었고, 기독교회로 바뀌는 경우도 자주 있었다.

한 세대도 지나지 않아, 기독교는 제국 문화의 변두리에 자리한 박해받는 종교 운동에서 제국이 인정한 종교가 되었다. 기독교회는 말 그대로 이런 급격한 변화를 맞을 채비가 되어 있지 않았다. 교회 주교는 한때 회중을 이끄는 지도자에 불과했다. 그러나 이제 그들은 로마 사회의 기둥이 되어, 힘과 영향력을 쥐게 되었다. 한때는 개인의 가정이 교회였다. 이제 교회는 거대하게 지어 바친 건물이 되어, 기독교가 제국 문화에서 차지하는 중요한 위치를 공중에게 확인시켜주었다. 초기에는 예배 형태가 단순했으나, 이제는 제국의 도시들에 우뚝 솟아 있는 거대한 교회당의 위엄에 어울리게 더 복잡해진 의식과 절차가 초기의 예배 형태를 대신하게 되었다.

이런 추세를 거스르는 흐름도 있었다. 가장 유명한 것이 361년부터 363년까지 황제 자리에 있었던 배교자 율리아누스의 희한한 통치인데, 그의 통치는 무엇보다 시들어가고 녹슬어가는 이교를 제국의 공식 종교로 다시 세우려는 시도로 유명하다. 이 시도는 결국 실패로 끝났다. 후대의 자료는 율리아누스가 남긴 마지막 말이 "갈릴리 사람아, 그대가 이겼다"(라틴어로 *Vicisti, Galilaee*)라고 보고한다. 이교의 운명을 회복하려는 율리아누스의 헛된 시도는 거침이 없던 기독교의 정치적, 사회적, 지적 영향력 신장을 잠시 쉬게 하는 막간(幕間)이었음이 드러났다. 율리아누스 뒤를 이은 요비아누스(재위 363-364)는 율리아누스가 기독교에 맞서 취한 법적 조치들을 취소했다. 379년부터 395년까지 황제로서 통치했던 테오도시우스 대제는 마침내 기독교를 로마제국의 공식 종교로 만드는 일련의 조치들을 단행하여, 콘스탄티누스 이후 느리게 진행되던 로마의 기독교화에 마침표를 찍었다.

그러나 많은 학자들은 이런 기독교 공인 과정이 기독교의 성격을 변하게 만들었다고 주장한다. 이런 우려가 나오게 된 이유들을 다음 항에서 살펴보겠다.

1.4.4. 기독교가 곧 제국이 되다

앞항에서 언급했듯이, 콘스탄티누스는 기독교가 결국 로마제국의 공식 종교가 되는 것으로 막을 내리는 기나긴 과정을 시작했다. 그러나 이 과정은 기독교가 로마 사회에서 우위와 특권을 부여받는 것을 넘어 더 큰 의미를 담고 있었다. 로마의 전통 종교가 떠맡았던 사회 역할과 규범은 이제 기독교로 옮겨갔다. 여러 사건이 분명히 보여주듯이, 이것은 기독교의 윤리와 사고방식에 중대한 변화를 가져왔으며, 이는 다시 공중이 생각하는 기독교의 대외 이미지를 바꿔놓았다.

그렇다면 기독교가 제국의 공식 종교가 되었을 때 사람들은 기독교에 어떤 기대를 품었을까? 로마의 전통 종교가 행하던 핵심 역할 중 하나는 사회 통합의 유지였다. 종교의 주된 기능은 사람들을 신성한 연대감으로 하나가 되게 하는 것이었다. 도시마다 그 도시만의 수호신을 갖고 있었으며, 이는 그 도시를 단결시키고 그 도시에 독특한 정체성을 부여해주었다. 집안의 종교 의식, 특히 장례식은 마음을 다 쏟아 거행했다. 로마군은 종교를 특히 중시했으며, 종교 계율을 바로 지켜야 전투에서 승리한다고 생각했다. '신들의 평화'를 보장하는 것이 로마가 계속하여 번영을 누리고 팽창해가는 데 필수불가결하다고 보았다.

라틴어 *religio*(렐리기오)는 '함께 묶다'를 뜻하며, 이는 결국 로마 사회와 문화를 사회와 정치 면에서 하나 되게 하는 종교의 역할을 강조하는 말이었다. 로마 당국은, 개인의 사사로운 종교적 믿음이 국가종교와 공공연히 충돌하지 않는 한, 사람들이 자신의 그런 믿음을 따라도 제지하지 않았다. 국가종교를 드러내놓고 조롱하는 이들에겐 '무신론자'라는 이름표가 붙었다(1.4.1). '미신'과 '밀교'(cult)라는 말은 로마의 전통 가치를 뒤집어엎는다고 여겼던 종교를 모욕하는 말로 자주 사용했다.

그러나 로마 종교는 어떤 공식 '신학' 혹은 신조 모음이라기보다 주로 관습이자 사람들을 구속하는 의무였다. 전문 용어를 사용하여 표현하면, 로마 종교는 정교(正敎, 바른 교리·가르침)라기보다 정행(正行, 바른 행실)에 더 가까웠다. 로마 지식인들은 국가종교의 여러 측면에 종종 의혹을 품었지만, 그래도 그들은 이런 국가종교를 문화의 정체성과 안정성을 유지하는 데 중요하고 귀중한 전통 자원으로 여겼다.

따라서 로마의 공식 종교는 시민들을 통일시키고, 사회를 통합하며, 정치적 연대감을 만들어내는 것이었다. 로마 종교가 짊어졌던 이런 의무와 기대가 이제는 점점 기독교에 지워졌다. 합법 종교로 인정받음으로써 비로소 겨우 로마 사회 변두리에서 벗어난 기독교는 이제 로마 시민 생활의 최전선으로 떠밀려 나오게 되었다. 기독교는 말 그대로 합법 신앙 구실을 하는 데 적응할 시간도 갖지 못한 채 제국이 공인한 종교가 되어버렸다.

그 결과, 콘스탄티누스는 상당히 수월하게 교회를 제국 경영의 도구로 활용하면서, 그의 제국 이데올로기를 교회에 강요하고, 교회가 이전에 구가했던 독립성을 많이 박탈해버릴 수 있었다. 기독교는 콘스탄티누스 이전의 '종교'와 사뭇 다른 모습이었으나, 콘스탄티누스가 교회에 제국을 통일시키는 종교 역할을 떠맡으라고 요구하면서, 과거에 고전기 로마의 이교 신앙이 물려주었던 종교적 기능과 화려한 예복을 일부 떠맡게 되었다. 기독교는 변하기 시작했다. 일부 사람들은 교회가 새로운 힘과 영향력을 행사하는 걸 반겼다. 그러나 교회가 누리게 된 이 새로운 지위가 교회가 믿는 믿음들, 그리고 무엇보다 교회가 중시하는 가치들을 변질시키리라고 우려하는 이들도 있었다.

앞서 강조했듯이, 로마 종교는 사회 통일과 통합을 책임지는 구실을 했다. 그러나 콘스탄티누스는 얼마 안 가 교회 안에 통일성이 존재하지 않음을 깨닫고 당황했다. 이는 자칫 제국을 하나로 묶어주는 데 영향력을 발휘해야 할 기독교의 중대한 역할에 손상을 입힐 수도 있었다. 콘스탄티누스는 4세기 초에 아프리카 속주에서 일어난 사건들 때문에 곧바로 골머리를 앓게 된다. 여러 해를 부글부글 끓어오른 '도나투스' 논쟁은 아프리카에서 디오클레티아누스 박해 때 신앙을 저버린 이들을 어떻게 대할 것인가를 놓고 사뭇 다른 태도를 취하며 서로 다투던 두 라이벌 그리스도인 그룹이 빚은 갈등이 그 원인이었다. 결국 콘스탄티누스는 이 문제를 직접 해결하기를 거절하고, 이 문제를 처리할 주교회의를 열라고 지시한다. 도나투스 사태에서 생겨난 악감(惡感)은 4세기 내내 끓어오르다, 결국 4세기 말에 다시 폭발하고 말았다. 이 논쟁에서 비롯된 신학 쟁점들은 뒤에 가서 살펴보겠다.

그러나 여기서 주목해야 할 요점은 콘스탄티누스가 어찌하다 교회의 다툼에 휘말려들게 되었는가 하는 문제다. 기독교가 제국에서 새로 갖게 된 지위는 기독교의 통일성과 정체(政體)가 이제는 국가의 중대사가 되었음을 의미했다. 이때까지만 해도, 이단과 정통은 오직 그리스도인 공동체 안에서만 중요한 개념이었다. 그러나 이제 이런 개념들은 제국 차원의 정치적 관심사가 되었고, 법의 차원에서도 중요한 의미를 갖게 되었다. 기독교가 로마의 종교가 되려면, 로마인들이 기독교에 기대하는 역할을 해주어야 했다.

이와 비슷한 문제가 나중에 아리우스 논쟁 때도 생겼다. 이 논쟁의 쟁점은 그리스도의 신성(神性)이었다(1.5.3). 콘스탄티누스는 이 논쟁이 위험하다고 보았다. 이런 논쟁은 교회의 통일에 위협을 가하며 결국은 국가 통일을 위협하는 것이었기 때문이다. 때문에 이런 신학 논쟁은 정치 문제로 번질 수밖에 없었다. 콘스탄티누스는 제국의 통일을 지키고자 이 문제를 해결하라고 요구했다. 당시 교회는 권위의 중심이 여러 개여서 이 중심들이 서로 경쟁하고 있었기 때문에, 콘스탄티누스는 문제를 해결하기가 불가능하다고 보았다. 결국 콘스탄티누스는 이 문제를 정치적 편의와 효율을 도모하면서도 신학의 고결함을 존중하는 방법을 써서 해결하기로 결심한다. 증거는 콘스탄티누스가 이 사안에서 자신이 해야 할 역할을 아주 분명히 깨닫고 있었다고 일러준다. 그는 어느 쪽 눈치도 보지 않고 문제를 풀어갈 이었다. 그는 교회가 스스로 어느 것이 옳은지 결정케 함으로써 이 논쟁을 끝내려 했다. 콘스탄티누스는 종교 분쟁과 다툼을 피할 수 있도록 이 문제를 확실히 정리하길 원했다.

성경이 기록된 이후의 기독교에서 콘스탄티누스가 사용한 분쟁 해결 방법은 선례가 없다. 이전에는 기독교회 주교들이 함께 모인 적이 없었다. 콘스탄티누스는 325년 5월에 교회의 모든 주교를 비두니아(비티니아, 현대 터키의 이즈니크)에서 열린 니케아 공의회에 소집했다. 이것이 제국 전역의 기독교 지도자들이 처음으로 모인 자리였는데, 사람들이 이 사건에 종종 부여하는 다음 명칭은 이 모임의 의미를 그대로 보여준다. '1차 교회일치 공의회'. 황제가 교회 공의회를 소집했다는 사실은 제국 기독교에서 최고 권위를 가진 이가 황제임을 극명하게 보여주었다. 이는 로마 원로원의 진행 절차를 모델 삼아 공의회 절차를 진행하게 한 콘스탄티누스의 결정이 재차 확인해주었다. 교회 구조가 국가 구조와 미묘하게 일치를 이뤄가고 있었다. 이 공의회가 신학에 초래한 결과는 나중에 살펴보겠다. 다만 여기서 우리 관심사는 교회가 문제를 해결하라고 강요받은 이유가 제국의 안녕 때문이었다는 사실을 유념하는 것이다. 공인받은 종교는 그에 따른 특권을 누릴 수도 있지만, 의무도 지게 되었다.

문화 면에서 보면, 기독교는 제국과 하나가 되면서 로마의 많은 관습을 기독교 관습으로 흡수했으며, 이렇게 흡수한 관습에 새로운 해석을 부여했다. 이런 사례 가운데 어쩌면 가장 흥미로운 예가 '성인 숭배'의 발전이 아닐까 싶다. 로마의 전통 종교는 죽은 자들의 무덤에 가서 제사 음식을 차려놓고 죽은 자들에게 예를 올렸다. 이런 관습이 이내 기독교 안에 흡수되었다. 그리스도인들은 이름 있는 성인이나 순교자의 무덤에 모여, 성찬을 함께하며 그들을 공경하곤 했다. 신학 차원에서는 이런 관습을 그리 큰 어려움 없이 받아들였지만, 이런 관습이 신약성경에서 유래하지 않았음은 중요하게 기억해두어야 한다. 이런 진전 양상은 결국 로마의 전통 관습에 상응하는 기독교 관습이 필요함을 반영한 결과였다.

1.4.5. 히포의 아우구스티누스: 두 도성

4세기 말에 이르자, 기독교는 다른 라이벌 종교들을 대신하여 로마제국의 공식 종교가 되었다. 그러나 이때 로마는 분명 어려움에 빠져 있었다. 로마의 북쪽 국경은 침입자들의 공격에 취약했다. 심지어 '영원한 도시'(로마) 자체도 위험에 빠진 것 같았다. 제국은 예방조치로서 서로마제국의 정부 소재지를 로마에서 다른 곳으로 옮긴다. 처음에는 북쪽에 있는 도시 밀라노로 옮겼다가, 다시 402년에 방어하기가 더 수월해 보인다는 이유로 동북부 도시 라벤나로 옮긴다.

로마가 공격에 취약함을 의심하는 이는 더 이상 아무도 없었다. 387년, 골(Gaul) 부족 군대가 로마 방위군을 제압하고 잠시나마 로마를 점령했다. 그러나 로마의 쇠락을 극명하게 보여주는 일은 408년에 일어났다. 이해에 알라리크(370-410)가 이끈 서(西)고트(Visigoth) 군이 로마를 포위, 공격했다. 410년 8월, 알라리크는 그의 군대를 이끌고 로마 시내로 들어가 약탈했다. 이 침공은 잠시 동안 벌어진 사태로서 며칠 동안만 이어졌다. 그러나 알라리크의 군대는 로마를 떠나기 전에 로마의 많은 부분을 불태움으로써, 한 문명 전체가 품어온 확신을 뒤흔들어놓았다. 이 '영원한 도시'는 완전 파괴는 면했어도 전복될 위험에 빠지고 말았다.

그러나 로마가 노략질당한 것이 로마제국의 종말을 의미하진 않았다. 제국 집행부는 점점 더 동쪽, 곧 제국의 신도시인 콘스탄티노폴리스로 옮겨갔다. 그 이전에 이런 가능성을 염두에 두고 내렸던 결정 때문에, 로마는 이제 더 이상 서로마제국의 수도도 아니었다. 서로마제국 정부는 그다음 세대에도 중단 없이 이어졌다. 대다수 역사가는 서로마제국이 476년경에 종말을 맞았다고 본다. 그러나 위대한 도시 콘스탄티노폴리스를 거점으로 삼은 동로마제국은 그 뒤로도 천 년 동안 존속하게 된다. 하지만 로마가 노략질당했다는 사실이 지닌 상징적 중요성은 어마어마했다. '영원한 도시'의 시대가 끝나고 있는 것처럼 보였다.

이 사건의 충격파는 특히 로마령 북아프리카에서도 감지되었다. 여기서 히포 레기우스 시 주교인 아우구스티누스(358-430)는 가장 위대한 기독교 사상가 중 한 사람으로서 명성을 쌓았다. 알라리크는 로마를 약탈한 뒤, 그 군대를 이끌고 남하하여, 시칠리아와 북아프리카를 점령하려 했다. 하지만 알라리크가 이끈 함대는 폭풍에 파괴당하고 만다. 이 일이 있은 직후, 알라리크는 죽었다. 서고트 군대는 대신 북으로 방향을 돌려 마침내 프랑스 서남부 지역인 아키텐에 정착했다. 당장 위협은 사라졌지만, 그래도 이탈리아는 혼돈 상태에 빠졌다.

로마와 이탈리아 남부에서 온 피난민들이 북아프리카로 밀물처럼 밀려들었는데, 이들은 당시의 뜨거운 문제도 함께 가져왔다. '로마는 왜 약탈당했는가'라는 문제가 바로 그것이었다. 이 사건은 기독교의 등장이 '신들의 평화'를 깨는 것이라고 선언했던 이교도 철학자들의 두려움을 확증해주는 일이 아니었을까? 이교도들은 로마가 온 천하 앞에서 망신을 당한 이 일에 책임을 져야 할 이가 누구인지 전혀 의심하지 않았다. 기독교는 로마 문화의 신성한 뿌리를 훼손했다. 이에 신들은 로마를 그 원수들에게 넘겨줌으로써 앙갚음했다.

아우구스티누스는 이런 비판의 중요성을 인식했다. 그는 로마가 약탈당한 직후인 412년에 그의 대작인 《신국론》을 쓰기 시작했고 결국 15년이 걸려 이 대작을 완성했다. 그의 관심사는 우선 이교도들의 기독교 비판을 논박하는 것이었고, 이어 자신들 주위에서 일어나는 일에 어쩔 줄 몰라 하던 그리스도인들에게 다시금 확신을 심어주는 것이었다. 아우구스티누스는 이교도들을 반박하면서, 기독교가 들어오기 오래전부터 이미 로마 역사는 재앙과 재난으로 가득했다고 지적했다. 과거를 보면 이교의 신들은 로마를 보호할 능력이 없어 보였다. 과거에 그렇게 무능했던 신들이, 이 위기 때에 다시 받아들이면 이제는 로마를 보호해주리라고 생각하는 이들은 대체 무엇 때문에 그런 생각을 할까?

그러나 아우구스티누스가 더 깊은 관심을 가진 것은 이런 불안한 역사 정황을, 특히 로마 시가 점령당한 뒤에 로마 식민지에 뿌리 내린 깊은 불안감과 동요를 어느 정도 설명하는 것이었다. 어떤 의미에서 보면, 아우구스티누스는 로마의 함락 원인을 설명하지 않는다. 그의 관심사는 그리스도인의 시각으로 역사를 읽어낸 결과를 제시함으로써, 신자들이 그들 주위에서 일어나고 있는 불안하고 혼란스러운 사건들에 적응할 길을 이해할 수 있도록 도와주는 것이었다. 아우구스티누스는 '두 도성'(이 땅의 도성과 하늘의 도성)이라는 이미지를 참조하여 자신이 말하려는 근본 요지를 제시한다. 이 두 도성을 혼동해서는 안 된다. 여기서 아우구스티누스는 그보다 이전 저술가인 가이사랴의 에우세비우스가 전개한 신학을 염두에 둔다. 에우세비우스는 기독교 국가가 된 로마제국을 하나님이 문명 세계를 다스리는 데 사용하려고 세우신 도구로 생각하곤 했다.

아우구스티누스는 그와 사뭇 다른 주장을 제시하면서, 인간이 세운 어떤 정치 체계나 정치 구조를 하나님의 재가를 받은 것이거나 궁극의 권위를 가진 것으로 봐야 한다는 주장을 일절 피하려 했다. 그는 그리스도인이 이 세상에서 살고 있지만, 이 세상에 속한 이들이 아니라고 선언했다. 그리스도인은 자신들을 낯선 이방 나라를 지나가는 나그네로 생각해야 한다. 그리스도인은 이 세상이 제공하는 여러 가지 복을 누릴 수 있지만, 이곳을 떠나갈 준비를 늘 하고 있어야 한다. 그리스도인은 이 땅의 나그네이지, 이 땅의 시민이 아니다. '영원한 도시'는 로마가 아니라 새 예루살렘이다. 하늘이 그리스도인의 진짜 고향이요 궁극의 목적지이며, 그들이 결국 사랑하고 충성해야 할 곳도 바로 그곳이다.

아우구스티누스에 따르면, 신자들은 '중간기', 곧 그리스도의 성육신과 그리스도가 영광 중에 다시 오실 마지막 재림 사이의 시기를 살아간다. 교회는 '이 세상의 도시'에 포로로 잡혀 있는 것으로 봐야 한다. 교회는 세상 **안에** 있지만, 세상에 **속해 있지** 않다. 따라서 신자들의 현재 상황, 곧 교회가 이 세상에 포로로 잡혀 있지만 이렇게 불신(不信)에 에워싸여 있는 동안에도 교회만이 가진 독특한 정신을 어떤 방법으로든 지켜야 하는 상황과, 신자들이 미래를 향하여 품고 있는 소망, 곧 교회가 이 세상에서 구원받아 결국에는 하나님의 영광을 함께 누리게 되리라는 소망 사이에는 긴장이 존재한다.

결국 아우구스티누스는 로마제국이 천천히 쇠락해가는 것을 인간이 세운 다른 제국들의 흥망에 비춰 봐야 한다고 생각한다. 기독교회를 인간이 세운 제국이나 도시와 동일시해서는 안 된다. 도리어 기독교회 자체는 저 하늘에 진짜 고향(라틴어로 *patria*)을 둔 그리스도인이 이 땅에 세운 임시 거류지(colony)로 봐야 한다. 로마제국의 멸망을 하나님이 미워하시거나 하나님이 포기하셨음을 보여주는 표지로 이해해서는 안 된다. 도리어 그것은 (로마를 포함하여) 인간이 세운 모든 제도가 연약하고 유한함을 되새겨주었을 뿐이다.

1.4.6. 서로마제국의 몰락

그래도 결국 로마제국은 동쪽에서 천 년 동안 계속하여 번영했고, 심지어 영토를 넓혔다. 여기에는 여러 이유가 있었는데, 그 이유는 곧 살펴보겠다 (1.4.7). 하지만 서쪽에서는 로마제국의 힘이 막바지에 이르렀다는 인식이 널리 퍼져 있었다. 역사가들은 서로마제국이 무너진 정확한 날짜는 물론이요, 이런 사건이 일어난 궁극 원인이 무엇인가를 놓고도 의견 일치를 이루지 못하고 있다. 우리는 우리 논지에 비춰 서로마제국의 멸망이라는 사건이 476년 9월 4일에 일어난 것으로 볼 수 있겠다고 주장하려 한다. 이날, 독일을 무력으로 통치하고 나중에 이탈리아 왕으로 선포된 오도아케르(433-493)가 서로마제국의 마지막 황제인 로물루스 아우구스투스를 무너뜨렸다. 오도아케르가 이탈리아 안에서 시행한 행정 제도 변화는 '로마제국'이라는 개념에 제대로 마침표를 찍었다. 명목상 라벤나 시가 제국의 중심으로 얼마간 남아 있었지만, 라벤나 시는 로마가 가졌던 상징적 힘이나 실제 힘을 전혀 갖고 있지 않았다.

그렇다면 로마는 왜 무너졌을까? 영국 역사가인 에드워드 기번(1737-1794)은 자신이 쓴 《로마제국쇠망사(*Decline and Fall of the Roman Empire*)》(1776-1788)에서 로마가 무너진 원인을 로마 지배 계급이 시민으로서 가져야 할 미덕에 관한 의식을 잃어버렸기 때문이라고 단호하게 (그리고 상당히 단순하게) 주장했다. 그러나 대다수 현대 역사가는 이 견해가 다소 수박 겉핥기에 그친 판단이라며 반대했다.

일부 역사가는 다른 단일 원인들을 제시한다. 이를테면 내전으로 군사력이 점차 약해졌기 때문이라고 보거나, 용병 활용이 늘어나면서 군의 규율과 충성심이 약해졌기 때문이라고 본다. 하지만 다른 학자들은 '로마제국의 몰락'을 도중에 많은 이정표가 있고 단일 원인보다는 복수 원인을 가진 길고 복잡한 과정으로 보는 것이 더 좋다고 주장한다.

사실 일부 사람들은 서로마제국의 '몰락'이라고 말하는 것이 오해를 낳을 수 있다고 주장했다. 서로마제국은 점차 다른 무언가로 변해갔기 때문이다. 이 때문에 고전 시대 후기를 연구하는 저명한 역사가 피터 브라운은 서로마제국이 우리가 지금 중세 시대로 알고 있는 것으로 점차 변해갔다고 주장한다.

그렇다면 이런 변화가 기독교에 암시하는 의미는 무엇이었는가? 제국이 부서지고 조각나기 시작했을 때 제국의 신앙에는 무슨 일이 일어났는가? 당장 위협이 되었던 한 가지는 아리우스파였던 오도아케르의 신앙이었다. 말하자면, 그는 나사렛 예수의 정체를 325년에 열렸던 니케아 공의회의 결정과 다른 쪽으로 이해했다(1.5.3). 그러나 이런 신학적 불편함이 사람들이 예상했을 법한 난관들로 이어지지는 않았던 것으로 보인다. 이는 아마도 오도아케르가 그의 새 이탈리아 왕국에서 당면한 군사 위기와 정치 위기라는, 좀 더 시급하게 해결해야 할 일들 때문에 더 정교한 신학 논점들에는 마음을 쓰지 못했던 탓인 것 같다.

제국의 힘이 무너진 것이 기독교회에 의미하는 진정한 중요성은 중세의 관점에서 바라보는 것이 가장 좋다. 로마제국이 붕괴하던 시대를 되돌아보면, 중세 교회의 많은 특징이 이 제국의 몰락에 따른 결과로 등장하기 시작했음을 분명하게 알 수 있다(2.1.1). 세 가지 진전이 특히 흥미롭다.

첫째, 로마의 정치력과 군사력의 쇠퇴는 실제로 황제들의 뒤를 이은 통치자들이 만족스럽게 채워 넣지 못한 진공 상태를 만들어냈다. 이 통치자들은 자신들을 전 세계를 아우르는 권위를 행사한다기보다 특정 지역에서 권위를 행사하는 이로 보았다. 더구나 이런 통치자들은 사회와 정치를 확실히 안정시킬 전통과 제도를 세우기에 충분한 기간만큼 생존하지 못한 경우가 자주 있었다. 교회 제도가 점차 불변성과 계속성의 중심으로 등장하기 시작했다. 590년부터 세상을 떠나던 604년까지 교황으로 있었던 그레고리오 대제는 교회를 개혁하고 갱신했으며, 북유럽에서 선교 사업을 시작했다. 이 선교 사업 덕분에 기독교는 이전 로마제국의 영역에서 영향력을 더 확대할 수 있었다.

둘째, 수도원의 등장은 국가나 세계의 힘(역학)에 영향을 받지 않는, 학문과 지역 행정 그리고 리더십의 중심지들을 만들어냈다(2.1.5). 수도원도 분명 정치와 경제 상황의 진전에 어느 정도 영향을 받지만, 그래도 불확실성과 혼란의 시대에 지적, 영적 연속성을 제공할 수 있었다.

셋째, 교회는 전례와 설교, 행정, 그리고 신학 작업에 라틴어를 계속 사용했다. 이 로마제국의 언어는 정치, 철학, 신학 분야에서 오랜 역사에 걸쳐 사용되어왔으며, 서구 교회의 필요에 아주 잘 들어맞는 언어임을 증명했다. 라틴어가 국제 언어로 등장한 일은 서구 교회를 하나로 묶어주는 데 이바지함으로써, 교회가 통일성을 지닌 공동체라는 의식을 높여주었다. 종교의 맥락을 배경으로 한 학문 공동체들(이를테면 큰 수도원 성당에 딸린 학교들)이 점차로 생겨나면서, 중세에는 라틴어가 학문 언어로 등장할 수밖에 없었다.

이런 진전은 우리가 다음 장에서 살펴볼 중세 서구 기독교 역사를 이해하는 데 아주 중요하다. 그러나 기독교가 천 년 동안 '새 로마'와 새 제국의 심장부에 여전히 존속했음을 이해하는 게 중요하다. 이제 우리는 콘스탄티노폴리스가 동쪽에서 제국의 축으로 등장한 일과 이 사건이 이 지역 기독교 역사에서 가지는 의미를 살펴봐야 한다.

1.4.7. '새 로마': 비잔티움과 동로마제국

콘스탄티누스 황제는 325년에 리키니우스를 격파하여 로마제국 서부와 동부의 통제권을 확보한 뒤(1.4.2), 동쪽에 제국의 새 도시를 세우기로 결심했다. 이제는 제국의 무게중심이 점점 동쪽으로 옮겨가고 있었기 때문에, 콘스탄티누스는 제국의 새로운 행정 및 군사 중심지를 동쪽 국경에 더 가까운 쪽에 두는 것이 필요하다고 보았다. 마침내 콘스탄티누스는 지중해와 흑해에 걸쳐 있는 보스포루스 해협에서 적당한 장소를 찾아냈다. 그리스인들은 이미 이곳에 정착지를 세웠는데, 그들은 이곳을 '비잔티움'이라 불렀다.

콘스탄티누스는 이 오랜 정착지를 수용하여 재개발했다. 그리스어를 사용하는 이 새 도시는 장차 '콘스탄티노폴리스'(*Kōnstantinoupolis*, '콘스탄티누스의 도시'라는 뜻)로 알려지게 된다. 콘스탄티누스는 처음부터 그가 세운 이 도시를 제국의 수도가 될 *Nova Roma*('새 로마')라 불렀다. 이 도시는 330년 5월 11일에 봉헌되었다. 4세기 말에 로마가 그 힘을 잃어가면서, 콘스탄티노폴리스의 명성과 중요성이 커졌다.

콘스탄티누스는 서로마제국의 수명이 얼마 안 남았음을 알아차렸을까? 그는 410년에 로마가 약탈당하는 결과로 이어질 북방 민족의 대규모 침공을 예견했을까? 증거는 콘스탄티누스의 주 관심사가 제국 동쪽을 효과적으로 다스리고 안전하게 방어할 길을 확보하는 것이었음을 보여준다. 어쨌든 결국, 콘스탄티노폴리스를 근거지로 삼은 동로마제국은 서로마제국보다 천 년을 더 생존하게 된다. 동로마제국은 1453년까지 살아남는다 (2.4.7).

기독교는 그 발원지인 팔레스타인에서 그리스어로 말하는 지중해 동부 지역으로 급속히 뻗어나갔다. 1세기 말에 이르기까지 소아시아(오늘날 터키)와 마케도니아 그리고 이집트의 많은 도시에 기독교회가 세워졌다. 이런 기독교 형태가 근간으로 삼았던 신학은 특히 4세기 동안에 대(大)바실리우스, 니사의 그레고리우스(335경-390경), 나지안주스의 그레고리우스(329경-390) 같은 저술가들이 그 틀을 만들었다.

이 지역에서 기독교가 확산되면서, 사람들은 두 주요 도시(안디옥과 알렉산드리아)의 주교들을 그들의 동료보다 우위에 있는 이로 여기기 시작했다(1.3.4). 초기 교회에는 여전히 예루살렘이 커다란 상징적 중요성을 갖고 있었지만, 예루살렘의 정치적 중요성은 급속히 줄어들고 있었다. 그렇다면 알렉산드리아, 안디옥, 예루살렘, 로마라는 이 네 대'교구'('주교구')는 서로 어떤 관계에 있었을까? 어느 주교구(主敎區)가 다른 주교구보다 우위에 있다면, 과연 어느 주교구가 더 우위에 있었을까?

콘스탄티누스가 325년에 소집한 니케아 공의회는 이런 의전 문제들을 다루었다. 이 공의회의 주관심사는 모든 이가 받아들일 수 있는 말로 나사렛 예수의 정체를 규정하는 것이었다. 하지만 이와 동시에 니케아 공의회는 (큰 도시들의 주교가 가지는 지위를 포함하여) 교회 안에서 우려의 원인이 되고 있던 다른 문제들도 해결하려고 애썼다. 이 단계에 이르자 사람들은 콘스탄티노폴리스를 대도시들을 이끄는 중심 도시로 여기지 않게 되었다. 하지만 이런 상황은 4세기 후반에 이르러 '새 로마'가 힘과 영향력을 갖춘 도시로 떠오르면서 변하게 된다.

결국 니케아 공의회는 알렉산드리아, 안디옥, 예루살렘, 그리고 로마라는 네 개의 큰 주교구를 전 세계를 아우르는 교회 안에서 특별한 지위를 갖는 곳으로 인정했다. 사실, 공의회는 예루살렘이 힘을 쥔 곳이 아니라 영예를 지닌 곳임을 인정했다. '베드로 뒤를 이은 주교구(Petrine sees)'인 알렉산드리아, 안디옥, 로마 주교구는 역사상 중요한 의미를 가질 뿐 아니라 정치면에서도 영향력을 지닌 곳으로 인정받았다. 전통에 따르면, 로마와 안디옥의 교회들은 사도 베드로가 세웠다고 여겨졌으며, 알렉산드리아 교회는 베드로의 제자요 신약성경의 두 번째 복음서 저자인 복음 전도자 마가가 세웠다고 여겨졌다.

4세기에 콘스탄티노폴리스라는 제국 도시가 세워지면서, 교회 내 권력의 균형이 바뀌기 시작했다. 콘스탄티누스는 그가 세운 도시가 '새 로마'가 되리라고 선언했다. 이런 선언은 로마가 서쪽에서 누렸던 교회 내 특권과 같은 특권을 이 '새 로마'도 누려야 한다는 암시가 아니었을까? 제국의 권위가 로마에서 콘스탄티노폴리스로 공식 이전한 일은 330년에 일어났다. 로마는 5세기 초 북방 민족의 침공 위협 때문에 행정 중심지를 라벤나로 옮길 때까지 서로마제국의 행정 중심지 지위를 그대로 유지하게 된다. 이

동로마제국의 위대한 도시 콘스탄티노폴리스, Notitia Dignitatum, 스위스, 1436년작.

제는 콘스탄티노폴리스가 제국 수도가 되었다.

콘스탄티노폴리스를 주교구, 즉 대도시 주교가 있는 곳으로 세우려는 결정은 이런 힘과 지위의 역학을 아주 확실하게 바꿔놓았다. 2차 콘스탄티노폴리스 공의회(381)는 콘스탄티노폴리스 주교가 '로마 주교에 이어 영예로운 대권'을 가진다고 규율하면서, 그 이유로 '콘스탄티노폴리스는 새 로마이기 때문'이라는 점을 들었다. 이 규칙은 다른 동부 지역 주교들의 거센 저항에 부닥쳤다. 그럼에도 새 도시가 제국 수도로서 갖는 특권 때문에 이런 흐름을 거스르기는 어려웠으며, 특히 제국 안에서 세속 권력과 종교 권력이 점점 긴밀한 연대를 맺게 된 것도 이런 흐름을 거부할 수 없게 만들었다. 451년에 열린 칼케돈 공의회는 이런 견해를 확인했다(1.5.9). 그 결과, 이 시대에 벌어진 많은 종교 논쟁(특히 네스토리우스 논쟁)이 분명한 정치적 성격을 갖게 되었다. 이는 이전에 제국을 이끌었던 도시들에 있던 주교들이 느닷없이 떠오른 콘스탄티노폴리스 주교구에 맞서 그들의 권위를 강조하려 했기 때문이다.

4세기 말에 이르자, 동방 교회는 '5대 주교구'를 인정하게 되었다. 로마, 콘스탄티노폴리스, 알렉산드리아, 안디옥, 그리고 예루살렘이 5대 주교구였다. 이 사건이 실제로 갖는 의미의 세부 내용은 종종 모호할 때가 있지만, 이제 분명한 것은 사람들이 이 다섯 대도시가 영적 권위를 골고루 나눠 갖게 되었으며, 이 중 어느 한 도시도 다른 도시보다 우월한 힘이나 권리를 갖는 것은 아니라고 이해하게 되었다는 점이다. 이 다섯 중심지 중 오직 하나(즉, 로마)만이 제국 서부에 자리 잡고 있었다. 이 때문에 5세기 말 서로마제국이 해체되기 시작할 때도, 로마는 라틴어를 사용하는 기독교의 중심으로 떠오를 수밖에 없었다. 하지만 동방 교회에는 교황에 상응하는 이가 전혀 없었다. 이 지역에서는 영적 권위가 (여전히) 여러 주교에게 나눠져 있었고, 중앙에 집중되어 있지 않았다.

1.5. 정통과 이단: 초기 기독교 사상의 여러 패턴

초기 교회가 부닥친 과제 중 하나는 교회가 믿는 것들을 공고히 다지는 것
이었다. 역사의 증거는 교회가 처음에는 이것을 최우선 과제로 여기지 않
았음을 보여준다. 2세기 중엽까지만 해도, 대다수 그리스도인은 신학에 어
느 정도 모호한 부분이 있어도 그냥 만족하여 살았던 것으로 보인다. 그리
스도인들은 정확하지 않은 신학이 기독교회의 통합이나 존속을 위태롭게
한다고 여기지 않았다. 이런 판단은 그 시대의 역사적 정황을 반영한다. 교
회를 적대시하는 문화 환경과 정치 환경 속에서 살아남으려고 몸부림치다
보니, 다른 이슈들은 그리 중요하지 않은 것으로 치부할 때가 자주 있었다.
　이곳에서는 교회가 그 기본 믿음을 둘러싸고 전개했던 몇몇 논쟁들을
살펴보겠다.

1.5.1. 믿음의 경계: 커져가는 쟁점

일련의 문제들, 특히 나사렛 예수의 정체와 의미를 둘러싸고 기독교회 안
에서 논쟁이 일어나면서, '진정한' 기독교로 인정할 수 있는 것의 경계가
엄격해졌다. 신앙 공동체의 외연이 이전보다 더 느슨해지거나 구멍이 생
기면, 그리스도인들은 더 엄격하게 이런 외연을 규정하고 단속하게 되었
다. 그리 깊이 생각하지 않았던 이전 시대에는 받아들일 수 있다고 여겼던
견해들도 이 시대에 벌어진 논쟁을 따라 펼쳐진 엄격한 검증 과정을 거쳐
그 취약성과 결점이 드러나면서 교회의 지지를 잃기 시작했다. 이전 세대

가 건전하다고 여겼던 교리적 표현 방법들도 혹독한 검증을 거치면서 적절치 않은 교리임이 드러나기 시작했다. 그렇다고 그런 교리들이 꼭 그릇된 것은 아니었다. 오히려 그런 교리들의 타당성이 충분히 발견되지 않았다는 말이 옳을 것이다.

이런 사태 진전의 좋은 사례를 창조 교리에 관한 초기 기독교의 성찰에서 볼 수 있다. 애초부터 그리스도인 저술가들은 하나님이 세상을 창조하셨다고 강조했다. 하지만 '창조'라는 개념에 들어가는 것이 무엇인가를 이해하는 방식에는 몇 가지가 있었다. 많은 초기 그리스도인 저술가들은 유대교가 말하는 기존 창조 개념을 받아들였다. 이 개념은 하나님의 창조 행위를 무엇보다 선재(先在)하는 물질에 질서를 부여하는 행위, 혹은 혼돈을 일으키는 세력들을 격파하는 행위로 보곤 했다. 유대교 내부에서는 16세기까지도 이런 견해들이 대세를 이루었다.

하지만 다른 그리스도인 신학자들은 신약성경이 창조 개념을 무(無)에서 만물을 존재하게 하는 행위—이 개념은 나중에 '무에서의 창조'(creation ex nihilo. ex nihilo는 라틴어로 '무에서')로 알려지게 된다—로 분명하게 제시한다고 주장했다. 이 개념이 득세하자, 사람들은 '기존 물질에 질서를 부여하는 것'을 창조로 보았던 이전 견해를 우선 흠이 있는 견해로 보게 되었다가, 나중에는 잘못된 견해로 보게 되었다. 그 결과, 한때는 주류라 여겼던 개념이 이제는 점차 변두리로 밀려나고, 결국에는 철저히 거부당하게 되었다. 이와 비슷한 과정이 기독교 사상의 다른 영역에서도, 특히 나사렛 예수의 정체와 의미에 관한 교회의 이해와 관련된 영역에서도 일어난 것을 볼 수 있다.

초기 기독교의 교리 발전은 지식 탐구 여정에 비유해볼 수 있다. 이런 여정에서는 핵심 개념들을 정립할 때 쓸 수 있는 방법들을 폭넓게 검토한 뒤, 어떤 것은 받아들이고 어떤 것은 거부하기 때문이다. 그렇다고 이런 과정을 정말로 승자와 패자라는 관점에서 생각해서는 안 된다. 오히려 이런 과정은 선택 가능한 모든 방안을 검증하고 평가하면서 진정한 것을 찾아내는 작업으로 이해하는 것이 더 좋겠다.

이런 탐구 과정은 자연스러운 것이자 필요한 과정이었다. 기독교는 2세기로 들어서면서 1세기에 가졌던 형태 그대로 고정되어 있을 수 없었다. 기독교는 새로운 지적 도전에 부닥쳤으며, 이런 도전들 때문에 기독교 자신이 기독교와 다른 종교적, 지적 주장들, 특히 플라톤주의 및 영지주의와 소통할 수 있는 능력을 가졌음을 증명해 보여야 했다. 기독교 신앙의 내용을 개념 면에서 확장해가는 이런 과정은 느리면서도 신중하게 앞으로 나아갔다. 우리는 이런 탐구 과정의 최종 완성을 신경(信經) 형성에서 볼 수 있다. 신경은 공동체의 승인을 받은 공적 신앙 선언으로서, 개인의 사사로운 믿음이 아니라, *consensus fidelium*〔라틴어로 '신자들의 공감대'(신자들이 공통으로 고백하는 믿음—옮긴이)〕을 표현했다.

이렇게 지식을 탐구하는 여정을 걷다 보면, 결국 아무 소득이 없거나 위험한 것으로 드러난 길을 탐구할 때도 있었다. 때로는 초기 단계에서 그릇된 방향 전환을 했다가 나중에 바로잡기도 했다. 초기의 신앙 패턴들이 진짜에 가장 가깝다고 믿는 이들이 많은 이유를 쉬이 이해할 수 있다. 그러나 교회가 나중에 이단이라고 선언했던 견해임을 알 수 있는 형태들—이를테면 에비온주의(에비온파, Ebionitism)와 가현설(Docetism)—도 이미 1세기 말에 그리스도인 공동체 안에서 찾아낼 수 있다. 테르툴리아누스 같은 많은 초기 그리스도인 저술가들은 오래된 신학 견해일수록 정통 가르침으로 인도해주는 신뢰할 만한 인도자라고 주장했지만, 이는 전혀 옳지 않다. 잘못은 처음에 만들어졌고, 오히려 후대가 이런 잘못을 바로잡아야 했다.

콘스탄티누스가 기독교를 로마제국을 '통일시켜주는 종교'로 채택하자(1.4.4), 신앙의 경계라는 문제가 점점 더 절박한 문제가 되었다. 기독교가 제국을 통일해주는 힘이 되려면, 기독교 자체가 분열되거나 분열을 일으키는 빌미가 되지 않는 것이 분명 중요했다. 콘스탄티누스는 교회 내부의 통일을 이루라고 압박했다. 이를 극명하게 보여주는 예가 기독론 논쟁을 해결하고자 니케아 공의회를 소집한 것이다(325). 역사의 증거는 콘스탄티누스가 이 공의회가 내놓은 어떤 특정한 결과를 좋아하기보다, 단지 문제가 해결되어 교회가 통일되기만 원했다는 것을 보여준다.

그러나 기독교는 주로 행위 문제—이를테면 의식, 제의, 맹세 같은 것들인데, 로마인은 이 모든 것을 가정과 도시 그리고 국가의 통일과 통합을 만들어내는 수단으로 보았다(1.4.1)—에 초점을 맞췄던 로마의 고전 종교들과 달랐다. 아울러 기독교는 사상(세계를 사유하는 방식)을 다루었다. 초기 단계에서는, 기독교 신앙을 인식하는 방법에 흠이 있다 보니 결국 그 신앙을 실행하는 방법도 적절하지 않게 되었다는 인식이 있었다. 신실함과 고결함은 단지 행위를 규율한다고 유지할 수 있는 것이 아니었다. 가장 훌륭한 사상을 만들어낼 수 있는 유일한 방법은 논쟁이었다.

이 때문에 콘스탄티누스와 그의 후계자들은 기독교 신학자들이 예수 그리스도의 정체와 하나님의 본질에 관하여 논쟁을 벌이는, 그리고 이 논쟁으로 말미암아 교회 안에 분열과 의견불일치가 생기는 모습을 지켜봐야 하는, 다소 불편한 위치에 있게 되었다. 아래에서는 이런 논쟁 몇 가지를 살펴보고, 더 넓은 시각에서 이런 논쟁들이 갖는 중요성을 살펴보겠다. 첫 논쟁은 이후의 논쟁들이 근거로 삼게 될 텍스트(신약 정경)와 관련이 있었다.

1.5.2. 신약 정경

첫 그리스도인들은 구약을 담은 책을 가리키는 말로 '경(經, scripture)'이나 '기록'(그리스어로 *graphē*)이라는 말을 사용했다. 그리스도인들이 이런 책을 기독교회의 근간이요 중요한 책으로 여기게 되었기 때문이다. 구약이 미치는 영향의 본질에 관한 논쟁이 계속되면서, 기독교가 구약의 사상(개념)을 받아들여 기독교에 맞게 활용해야 한다는 공감이 커져가고 있었다. 하지만 이스라엘 사람들의 관습은 받아들이지 않았다. 예를 들어, 그리스도인들은 유대교의 음식 규례나 희생 제사 규칙은 지키지 않으려 했다.

그렇다면 그리스도인 자신이 쓴 기록들은 어떻게 다루어야 하나? 이런 기록들의 지위는? 어떤 기록이 교회의 규범이 될 기록인가는 누가 결정해야 할까? 기독교가 불법 종교로 남아 있는 동안에는 이런 문제들을 해결할 공의회를 소집할 수 없었다. 4세기가 되어서야 비로소 제국 전역의 기독교 지도자들이 이런 문제들을 공식적으로 의논하는 자리를 가질 수 있게 되었다.

증거에 따르면, 사도 시대에는 이런 문제를 절박하게 여기지 않았다. 사도 전통이 갖는 역사의 연속성이 사도들의 가르침과 관습(행위)이 첫 그리스도인들과 연속성을 갖고 있음을 충분히 확인해줄 만큼 강했던 것도 한 이유였다. 예를 들면, 리옹의 이레네우스는 2세기 중엽의 교회들이 그들 자신의 지도자들과 사도 공동체를 이끌었던 지도자들을 직접 이어주는 연결고리를 찾아낼 수 있다고 말했다. 이레네우스는 사도 시대의 사상 및 가치와 연속성을 유지함으로써, 이레네우스 자신의 시대가 기독교 형성기의 가르침들을 확실히 받아들이길 원했다. 이 때문에 그는 그 시대 교회 지도자들과 사도들이 제도상 연속성을 가졌다는 게 중요하다고 강조했다. 그러나 교회와 사도 사이에 존재하는 역사적 간격이 점점 커지면서, 교회가 그들이 전하는 가르침의 근거를 어떤 텍스트에서 찾아야 할 필요성도 점차 커지게 되었다. 이 때문에 교회가 그들의 삶과 사상을 알리는 데 사용할 텍스트를 무엇으로 할 것인가를 놓고 의견일치를 이루는 것이 더욱 중요한 일이 되었다. 이리하여 교회는 '정경'(그리스어로 *kanōn*이며, 이는 '규칙'

이나 '규범'을 뜻한다)이라는 말을 교회가 받아들인 기록 모음을 가리키는 말로 사용하게 된다.

2세기 초에 이르러 대다수 그리스도인이 널리 권위 있다고 여기는 텍스트의 내핵(內核)과 (전부는 아니나) 일부 교회가 쓸모 있다고 여긴, 더 산만한 외핵(外核)을 분명하게 구분하는 입장이 등장했다. 네 복음서와 바울 서신은 기독교 세계 전역에서 아주 빠르게 규범의 지위를 획득했다. 디다케(70경), 클레멘스 1서(96경), 바나바 서신(100경), 안디옥의 이그나티우스 서신(110경) 그리고 베드로묵시록(150경) 같은 다른 기록들은 네 복음서와 바울 서신처럼 널리 받아들여지지 못하고, 기독교 세계 전체가 아니라 특정 지역에서만 중시하는 책이 되었다. 2세기 말 로마 교회들의 관습을 반영한 문서인 무라토리 정경(Muratorian Canon, 이탈리아 역사가인 루도비코 무라토리가 발견해 1740년에 출판한 신약성경 목록으로, 신약성경에 들어 있는 책을 기록해놓은 목록 중 가장 이른 것이다─옮긴이)은 복음서, 사도행전, 바울 서신, 그리고 다른 세 서신(요한일서, 요한이서, 유다서)이 교회 전체가 귀중히 여기고 받아들인 기록이라고 분명히 밝힌다. 다른 책들(이를테면 요한계시록과 베드로묵시록 같은 책들)은 '받아들이되', 주의가 필요하다는 이런 말을 덧붙여놓았다. "교회에서 이 책들이 읽히는 것을 원하지 않는 이들도 일부 있다."

이런 선택을 할 때 사용한 기준이 무엇인지 분명하지 않다. 하지만 분명한 것은 3세기에 들어서자, 어떤 형태의 국제 협의도 없었지만, 대다수 교회가 오늘날의 신약 정경과 아주 비슷한 것을 받아들이게 되었다는 것이다. 의견 불일치는 주로 신약 정경의 외연 때문에 생겼지, 핵심 때문이 아니었다. 모든 그리스도인이 받아들이지 않고 일부 그리스도인만 받아들이는 몇몇 텍스트들을 가리키는 말로 *antilegomena*(안틸레고메나, 그리스어로 '논란거리인 기록'이나 '논쟁 대상인 기록'을 뜻한다)라는 용어를 쓰게 되었다. 이 기록 중 일부, 특히 히브리서, 야고보서, 요한이서, 요한삼서, 베드로후서, 유다서, 요한계시록은 결국 그리스도인이 널리 받아들이게 된다. 다른 기록들, 이를테면 디다케와 베드로묵시록 같은 책은 그렇지 않았다.

4세기 중엽에 이르자, 따로 신약 정경의 범위 문제를 해결할 국제회의를 열지 않고도, 그 범위에 관한 의견이 일치에 이른 것처럼 보였다. 알렉산드리아의 아타나시우스는 367년에 회람시킨 부활절 축하 서신에서 오늘날 교회가 받아들이는 것과 같은 형태의 신약 정경을 제시했다. 그렇다고 아타나시우스가 자신을 정경에 포함될 책이 무엇인지 결정할 자로 보았던 것 같지는 않다. 그의 의도는 이런 기록들이 이미 다양한 초기 기독교회들이 사용함으로써 다른 기록보다 우월한 위치를 얻었음을 인식하거나 인정해야 한다는 것으로 보인다. 신약 정경을 형성한 것은 그리스도인 공동체들의 관습이었지, 기독교 주교들의 결정이 아니었다.

여기서 한 번 더, 기독교가 그 자신의 정의대로 제국의 종교로서 법으로 인정받은 일이 가지는 중요성을 알 수 있다. 기독교 지도자들이 자유로이 회합하여 자신들의 생각을 토론할 수 있게 되면서, 풀지 못한 채 남아 있던 문제들을 토론하고 결정할 수 있었다. 신약 정경의 범위 확정 그리고 삼위일체 사상 및 그리스도의 인격에 관한 합의가 모두 이 기독교 형성기에 이루어졌다.

때로는 교회가 진정한 기록으로 인정했어야 할 저작을 배척하거나 억누르려 했다는 주장이 있었다(도마복음이나 유다복음 같은 책이 그 예다. 이 책들은 이집트 나그함마디와 다른 곳에서 나온 문서 모음 안에서 발견되었다). 때로는 이런 책들이 나사렛 예수의 정체에 관하여 정통과 다른 견해, 곧 교회가 곤란해하는 견해를 주장하다 배척당했다고 주장하는 이도 있다. 그러나 이런 주장을 뒷받침할 만한 역사의 증거는 거의 없다. 예를 들면, '유다복음'은 상당히 후대에 나온 문서로서 기독교 안에서도 변방에 속하는 이집트의 한 종파에서 나온 게 거의 확실하다. 이 종파는 자신들이 다른 외부인에게는 허용되지 않은 비밀 지식을 갖고 있다고 믿었다. 2세기에 로마나 안디옥에 있던 그리스도인 회중들은 이런 문서를 알지 못했다. 이런 문서들은 3세기나 4세기에 이집트의 일부 그리스도인들 사이에서만 한정된 영향력을 갖고 있었고, 다른 곳에서는 이런 문서를 진지하게 받아들이지 않았던 것으로 보인다. 이런 문서들을 신약 정경에 포함시켜야 한다는 진지한 주장은 전혀 성립할 수가 없다.

1.5.3. 아리우스주의: 나사렛 예수의 정체를 둘러싼 논쟁

초기 교회에 주어진 아주 큰 과제 중 하나는 신약성경이 다채로운 실들을 사용하여 나사렛 예수의 정체를 증언해놓은 것들을 한데 엮어 통일된 신학 태피스트리로 만들어내는 것이었다. 그리스도인들은 그들이 나사렛 예수의 의미를 표현할 때 그들의 필요를 충분히 채워줄 유사 사례나 모델이 전혀 존재하지 않음을 점차 깨닫게 되었다. 성육신 개념이 교회의 예수 그리스도 이해에서 아주 중요한 의미를 갖는 개념으로 등장하기 시작했다.

다양한 저술가가 조금씩 다른 방식으로 성육신 개념을 전개했다. 그렇지만 그들의 핵심 테마는 하나님이 역사 속으로 들어와 나사렛 예수 안에서 인성을 취하였다는 것이었다. 이 개념은 헬레니즘 철학을 주도하던 많은 학파에게 상당한 철학적 어려움을 안겨주었다. 변할 수 없는 하나님이 어떻게 역사 속으로 들어올 수 있냐고 묻는 이들이 많았다. 성육신 개념은 분명 하나님이 변화를 겪었다는 뜻인가? 그 시대 헬레니즘 철학자들은 변하지 않는 하늘 영역과 변할 수 있는 피조 세계를 예리하게 구별했다. 하나님이 무상(無常)하고 변하는 이 피조 세계 안으로 들어와 사신다는 관념은 생각조차 할 수 없는 것으로 보였으며, 기독교를 포용하는 일부 교양 있는 이교도들에게 중대한 장벽이 된다는 것이 드러났다.

4세기가 되자 나사렛 예수의 의미를 표현하는 데 적합한 종교 범주(개념)와 철학 범주를 탐구하는 이런 과정이 분수령에 이른다. 이 쟁점을 치열히 다룰 수밖에 없게 한 논쟁에 이집트 대도시인 알렉산드리아의 한 큰 교회에서 일하는 사제였던 아리우스(270경-336)가 참여한다.

아리우스가 가장 중요시한 믿음은, 신이라는 말을 어떤 의미로 정의하든, 예수 그리스도는 결코 신이 아니라는 것이었다. 예수 그리스도는 '피조물 가운데 처음 난 이'였다. 즉, 피조물 가운데서는 서열이 가장 높았지만, 그래도 신이 아니라 피조물이었다. 따라서 성부는 성자보다 앞서 존재하신 분으로 여겨야 한다. 아리우스가 내건 아주 유명한 신학 슬로건 중 하나는 이 점을 강조한다. "예수 그리스도가 계시지 않았던 때가 있었다." 오직 성부만을 '태어나시지 않은 분'이라고 말할 수 있다. 다른 모든 피조물처럼 성자도 이 한 존재 근원에서 유래했다.

아리우스가 나사렛 예수를 신학 지도 위에 놓아둔 방법은, 적어도 부분적으로는, 2세기와 3세기에 존재했던 '성자종속설(subordinationism)'의 흐름을 이어받은 것으로 볼 수 있다. 이 접근법은 하나님이 삼위 내지 세 위격이심을 인정했으나, 이 삼위의 관계는 본질상 수직 위계 구조라고 보았다. 성부 하나님은 권위의 최종 근원으로서, 나사렛 예수와 성령을 통해 행동하는 쪽을 택하셨다. 아리우스는 나사렛 예수 및 성령보다 위에 계신 한 분 하나님을 믿는 이 믿음을 견지하면서, 예수의 신성을 부인함으로 이 믿음을 옹호했다. 그는 성자가 피조물이심을 강조함으로써 성부가 성자보다 우월하시다고(따라서 당연히 성자가 성부보다 아래에 있다고) 주장했다.

이처럼 아리우스는 하나님과 피조 세계를 철저히 구별했다. 둘의 중간 종(種)이나 혼합 종은 전혀 존재하지 않았다. 아리우스는 하나님을 철저히 초월자요 불변하신 분으로 보았다. 그렇다면 이런 하나님이 어떻게 역사 속으로 들어와 육신이 되실 수 있었을까? 성자는 피조물이기에 변할 수 있고, 고통과 두려움과 슬픔과 피로를 느낄 수밖에 없다. 이것은 하나님이 불변하신 분이라는 개념과 철저히 일치하지 않는다. 아리우스는 하나님이 변할 수 있다는 개념을 이단으로 보았다. 때문에 그는 나사렛 예수를 신으로 여길 수 없다고 단호하게 결론지었다.

아리우스를 가장 끈질기게 비판한 이가 알렉산드리아의 아타나시우스 (293경-373)였다. 아타나시우스는 아리우스가 기독교 신앙의 내적 통일성을 파괴하고, 그리스도인의 믿음과 예배의 긴밀한 관계를 깨버렸다고 본다. 아타나시우스의 아리우스 비판에서 근간을 이루는 것으로 특히 중요한 두 가지 점이 있다.

첫째, 아타나시우스는 오직 하나님만이 구원을 베푸실 수 있다고 주장한다. 하나님이 죄의 힘을 격파하시고 인간에게 영생을 가져다주실 수 있으며, 오직 하나님만이 그런 일을 하실 수 있다. 인간 본질의 근본 특징은 구속(救贖)이 필요하다는 것이다. 피조물이 다른 피조물을 구원하지 못한다. 오직 창조주만이 피조물을 구속할 수 있다. 그리스도가 하나님이 아니라면, 그는 문제의 일부일 뿐이지, 문제를 푸는 해답은 아니다.

아타나시우스는 오직 하나님만이 구원을 베푸실 수 있음을 강조한 뒤, 아리우스주의자들이 반박하기 힘든 논리를 전개했다. 신약성경과 기독교 전례 전통은 모두 예수 그리스도를 구주로 여긴다. 그러나 아타나시우스가 강조했듯이, 오직 하나님만이 구원을 베푸실 수 있다. 그렇다면 이를 어떻게 이해해야 할까? 아타나시우스는 그리스도가 성육하신 하나님이심을 인정하는 것만이 유일하고 가능한 해답이라고 주장했다. 그는 다음과 같이 논리를 전개했다.

1. 피조물이 다른 피조물을 구속하지 못한다.
2. 아리우스는 예수 그리스도가 피조물이라고 주장한다.

3. 따라서 아리우스는 예수 그리스도가 인류를 구속하지 못한다고 주장한다.

아리우스도 그리스도가 인류의 구원자라는 생각을 전혀 문제 삼지 않았다. 아타나시우스의 논지는 아리우스가 이런 점을 부인한다는 것이 아니라, 그가 이런 주장을 통일성이 없는 것으로 만들어버렸다는 것이었다. 아타나시우스는 구원에 하나님의 개입이 필요하다고 보았다. 아타나시우스는 대단히 중요한 한 성경 본문, 즉 "말씀이 육신이 되었다"는 본문(요 1:14)이 이를 확인해준다고 보았다. 하나님은 인간의 상황을 바꾸시고자 인간의 상황 속으로 들어오셨다.

아타나시우스가 강조한 두 번째 요지는 그리스도인이 예수 그리스도에게 예배하고 기도한다는 것이다. 이런 패턴은 신약성경 자체로 거슬러 올라갈 수 있으며, 초기 그리스도인들이 나사렛 예수의 의미에 관하여 가졌던 이해를 밝히는 데 상당히 중요한 의미를 가진다. 4세기에 이르자, 그리스도에게 기도하고 그리스도를 높이는 찬미가 기독교 공예배의 표준 특징이 되었다. 아타나시우스는, 예수 그리스도가 피조물이라면, 그리스도인은 하나님 대신 피조물을 예배하는 죄를 지은 셈이라고(다시 말해 우상 숭배로 빠진 셈이라고) 주장한다. 구약 율법은 하나님이 아닌 어떤 이나 어떤 것을 예배함을 분명히 금하지 않았는가? 아리우스는 예수를 예배하는 관습에 반대하지는 않았다. 하지만 그는 아타나시우스와 같은 결론을 끌어내길 거부했다.

이 무렵, 성부와 성자의 관계를 정의하는 데 사용할 가장 적절한 신학 용어를 놓고 중요한 논쟁이 벌어졌다. 많은 이들은 '비슷한 실체' 또는 '비슷한 존재'를 뜻하는 그리스어 *homoiousios*(호모이우시오스)를 성부와 성자의 관계가 갖는 정확한 본질을 더 깊이 생각할 필요 없이 둘 사이의 근사성(近

似性)을 인정하게 해주는 말로 보았다. 하지만 이와 경쟁하던 그리스어로서 '같은 실체' 또는 '같은 존재'를 뜻하는 *homoousios*(호모우시오스)가 결국 이겼다. 사람들은 이 말이 성부와 성자의 관계를 더 강하게 이해하는 입장을 옹호한다고 보았다. 381년에 나온 니케아 신경(더 정확히 말하면, 니케아·콘스탄티노폴리스 신경)은 그리스도가 성부와 '같은 실체'라고 선언하면서, 성자가 단지 성부를 대표하는 이나 성부의 친족이 아니며, 오히려 성자를 성육하신 하나님으로 봐야 한다고 강조한다. 이후, 개신교나 가톨릭이나 정교회를 불문하고 주류에 속하는 모든 기독교회는 이 강조 내용을 정통 기독론의 기준으로 널리 여기게 되었다.

아리우스 논쟁이 정치 문제로 비화하면서 그 해결이 많은 이들이 원하던 것보다 더 어려워지고 말았다. 하지만 결국 교회는 아리우스의 주장을 거부하고, 그의 주장이 나사렛 예수의 정체에 관한 기독교의 일부 핵심 주장들을 훼손한다고 주장했다. 콘스탄티누스는 교회더러 어느 한 입장을 택하라고 요구하지 않았다. 다만 그는 이 문제가 해결되어 자신의 제국이 종교적 화합을 이루기만 바랐다. 그러나 많은 학자들은, 만일 콘스탄티누스가 이 문제에서 어느 한쪽을 선택했다면, 아마 아리우스를 지지했으리라고 생각한다. 왜 그런가? 이는 그가 오직 성부 하나님만이 권위를 가지신다는 점을 강조했기 때문이다. '하나님이 세우신 군주'라는 개념은 황제의 권위와 권력에 관한 콘스탄티누스 자신의 생각과 일치했다.

1.5.4. 삼위일체론: 하나님의 본성을 둘러싼 논쟁

하나님에 관한 기독교 교리는 첫 3세기 동안에 서서히 발전했다. 초기 기독교 신경은 그리스도인이 가진 믿음을 3중 구조로 제시했다. 이 신경들은 대부분 세 부분으로 이루어져 있었으며, 이 세 부분은 성부 하나님, 예수 그리스도, 그리고 성령을 다루었다(1.5.8). 우선, 그리스도인들이 하나님에 관하여 믿는 믿음의 골격을 형성할 때는 하나님이 창조주요 심판주이시며, 이 땅의 모든 통치자가 복종해야 하고 합당한 예배를 올려야 할 대상인 전능하신 세계의 통치자시라는 관점에서 그 골격을 만들었다.

그러나 나사렛 예수도 신(하나님)으로 여겨야 한다는 인식이 커지면서 (1.5.3), 어떤 의미에서는 하나님을 이렇게 바라보는 시각을 확장해야 할 필요가 생겼다. 예수 그리스도를 결코 그의 인성을 손상하지 않으면서도 동시에 완전한 신(하나님)으로 여겨야 한다는 니케아 공의회의 단호한 선언은 몇 가지 중대한 신학 문제를 일으켰다. 그리스도가 하나님이라면, 이것이 어떻게 하나님에 관한 그리스도인의 생각을 형성했을까? 일부 학자들은 2세기 기독교가 사실은 이위일체(二位一體) 기독교였으며, 성부 하나님과 성자 하나님을 믿는 믿음을 신실히 견지했다고 주장했다. 하지만 역사적 증거에 관한 더 신뢰할 만한 해독 결과에 따르면, 초기 교회도 은연중에 삼위일체 신앙을 가졌었지만, 몇 가지 중요한 점이 분명하게 밝혀질 때까지 이 신앙을 공식 천명하길 주저했다.

아리우스 논쟁의 해결(1.5.3)은 모호했던 문제가 그렇게 분명히 밝혀진 순간 중 하나였다. 그러나 그리스도의 신성을 힘써 강조한 것은 다만 하나님을 이위일체 관점으로, 다시 말해 성부 하나님과 성자 하나님으로 보는 시각을 확인해준 것으로 이해할 수 있다. 4세기 저술가인 이고니온의 암필로키우스가 지적했듯이, 성령의 지위에 관한 어떤 심각한 논쟁이 벌어지기 전에 우선 아리우스 논쟁부터 해결해야 했다. 엄격한 삼위일체 신학의 발전은 성령도 신(하나님)으로 인정할 것을 요구했다.

처음에 삼위일체 논쟁은 *pneumatomachoi*(프뉴마토마코이, 그리스어로 '영을 반대하는 자들')로 알려진 한 무리 저술가들을 중심으로 이루어졌는데, 이 무리를 이끈 이는 세바스테의 유스타티우스(300경-380경, 아르메니아 세바스테의 주교였다—옮긴이)였다. 이 저술가들은 성령의 인격이나 성령의 사역을 신의 지위나 본질을 갖는 것으로 여겨서는 안 된다고 주장했다. 이에 응답하여, 아타나시우스와 가이사랴의 바실리우스 같은 저술가들은 당시에 세례를 베풀 때 말하는 어구로 널리 받아들이게 되었던 문구를 원용했다. 그리스도인들은 신약 시대 이후(마태복음 28장 18-20절의 관습을 따라) '성부와 성자와 성령'의 이름으로 세례를 받았다.

아타나시우스는 이것이 성령이라는 위격의 지위를 이해하는 데 중대한 의미를 지닌다고 주장했다. 아타나시우스는 그가 쓴 〈세라피온에게 보내는 서신〉에서 세례를 베풀 때 말하는 문구가 성령도 성부 및 성자와 같은 신성을 공유함을 분명히 일러준다고 선언했다. 이 논증이 결국 우위를 차지했다.

하지만 초기 그리스도인 저술가들은 성령을 '하나님'이라 대놓고 이야기하길 주저했다. 성경이 이렇게 말하는 관습을 확실히 뒷받침해주지 않기 때문이다. 이 점은 가이사랴의 바실리우스가 성령을 다룬 그의 논문(374-375)에서 상당히 길게 논하고 있다. 심지어 380년에도, 나지안주스의 그레고리우스는 많은 정통 기독교 신학자들이 성령을 '행위, 혹은 창조주, 혹은 하나님으로' 다루어야 할지를 놓고 갈팡질팡하고 있음을 인정했다.

381년에 콘스탄티노폴리스에서 열린 공의회 모임이 성령에 관하여 정립한 교리의 최종 선언을 보면, 이런 신중한 태도를 발견할 수 있다. 이 선언은 성령을 '하나님'이 아니라 '주요 생명을 주시는 분이며, 성부에게서 나오신 분으로서, 성부 및 성자와 함께 예배를 받으시고 영광을 받으시는 분'으로 묘사했다. 여기서 구사한 언어는 명쾌하다. 여기에서는 '하나님'이라는 말을 대놓고 사용하지는 않았지만, 그래도 성령을 성부 및 성자와 같은 신성 및 지위를 가진 분으로 다루어야 한다고 선언한다. 성령이 성부 및 성자와 정확히 어떤 관계인가는, 나중에 벌어진 필리오케 논쟁(*filioque*

는 '그리고 아들에게서도'를 뜻하는 라틴어이며, 필리오케 논쟁은 성령이 성부에게서만 나오시는가 아니면 성부뿐 아니라 성자에게서도 나오시는가를 둘러싼 논쟁으로 나중에 서방교회와 동방교회가 갈라지는 원인이 된다—옮긴이)이 보여주듯이, 그 자체가 하나의 논쟁거리가 된다(2.1.10).

다음과 같은 고찰 내용은 4세기 후반에 성령의 신성을 확립할 때 대단히 중요한 역할을 했던 것으로 보인다. 첫째, 나지안주스의 그레고리우스가 강조했듯이, 성경은 하나님에게 사용하는 모든 칭호를 성령에게 사용하며, '태어나지 않은(unbegotten)'이라는 칭호만 사용하지 않는다. 그레고리우스는 성령(거룩한 영)을 언급할 때 '거룩한'이라는 말을 사용하는 데 특히 주목하면서, 이런 거룩함이 어떤 외부 근원에서 유래하는 게 아니라, 성령의 본질에서 직접 유래한 결과라고 주장했다. 성령은 거룩해져야 할 이가 아니라 거룩하게 하시는 분으로 여겨야 했다.

둘째, 성령이 독특하게 갖고 있는 기능들은 성령의 신성을 확증해준다. 맹인 디디무스(398 사망)는 성령이 하나님의 피조물을 창조하고, 갱신하며, 거룩하게 하는 일을 하신다는 것을 지적한 많은 저술가 중 한 사람이다. 그렇다면 어떻게 일개 피조물이 다른 피조물을 갱신하거나 거룩하게 하는 일을 할 수 있을까? 성령이 하나님일 경우에만 이런 기능들을 설명할 수 있을 것이다. 성령이 하나님만이 행하시는 기능들을 행하신다면, 성령도 신성을 공유한 분이라고 결론지을 수밖에 없다.

이제 삼위일체 교리를 분명하게 정립하여, 이레네우스와 테르툴리아누스 같은 이전 시대 저술가들이 제시했던 통찰들을 공고히 다질 길이 훤히 열렸다. 그러나 아직도 많은 문제들이 불분명한 상태로 남아 있었다. 예를 들면, 삼위일체 공식은 하나님의 실제 존재를 강조한 진술인가, 아니면 하나님이 역사 속에서 행동하신 방식을 강조한 진술인가 같은 문제가 그것이었다.

니케아 공의회가 열린 때(325)를 전후하여 발생한 논의를 이해하려면, 삼위일체 문제를 다루었던 3세기 초로 되돌아가야 한다. '양태론(樣態論, modalism)'으로 알려진 견해는 그리스도와 성령의 신성을 하나님이 당신 자신을 서로 다른 세 '방식' 혹은 '양태'로 나타내신다는 말로 설명할 수 있다고 주장했다(이 때문에 '양태론'이라는 말이 생겼다).

양태론에서도 가장 큰 영향을 미친 형태 중 하나인 사벨리우스주의(Sabellianism)는 삼위일체를 다음과 같은 방식으로 이해하자고 주장했다.

1. 한 하나님이 창조주이자 입법자로 나타나셨다. 하나님의 이런 측면을 '성부'라 부른다.
2. 이어서, 같은 하나님이 예수 그리스도의 인격 안에서 구주로 나타나셨다. 하나님의 이 측면을 '성자'라 부른다.
3. 이어서, 같은 하나님이 거룩하게 하고 영생을 주시는 분으로 나타나셨다. 하나님의 이 측면을 '성령'이라 부른다.

따라서 삼위일체의 세 위격 사이에는 아무런 차이가 없으며, 다만 그들의 겉모습과 시간상 위치만 다를 뿐이다. 양태론은 한 하나님이 구원사 안에서 각각 다른 시점에 각기 다른 세 방식으로 나타나셨다고 주장한다.

4세기 초에 등장한 삼위일체 교리는 양태론을 벗어나, 하나님이 '삼위이시나 한 분(triunity)'이심을 재차 강조했다. 동방교회의 갑바도기아 교부들과 서방교회에 속한 히포의 아우구스티누스가 펼친 신학 작업은 삼위일체 교리를 공고히 다지는 데 많은 기여를 했다. 삼위일체는 표현하는 전통 단어—'인격'(위격), '본성', '본질' 그리고 '실체' 같은 핵심 개념을 표현한 단어— 덕분에, 초기 교회 신학자들은 하나님이 본디 한 분이심을 강조하면서도, 하나님과 피조물의 관계가 지닌 풍성함을 마음껏 주장할 수 있었다.

삼위일체를 바라보는 동방교회의 접근법과 서방교회의 접근법은 특히 성령에 관한 문제를 놓고 의견 차이를 드러내게 되었다. 성령은 오직 성부에게서만 나오는가(대 바실리우스), 아니면 성부와 성자에게서 나오는가(아우구스티누스)? 부글부글 끓어오르던 이런 의견대립은 결국 동방교회와 서방교회의 논쟁으로 이어지고, 이는 두 교회가 훨씬 더 큰 갈등을 빚게 하며, 1054년의 '대분열'에 적지 않은 기여를 한다(2.1.10).

1.5.5. 도나투스주의: 교회의 본질을 둘러싼 논쟁

우리가 앞서 언급했듯이, 기독교회는 로마 황제 디오클레티아누스(284-313) 치세기에 그 정도도 제각각인 다양한 괴롭힘과 박해를 겪어야 했다(1.4.1). 303년 2월에 황제의 칙령이 공포되면서, 기독교 지도자들은 그들이 가진 책을 불태우게 내놓으라는 명령을 받았다. 이런 식으로 그들이 가진 책을 불태우게 내놓았던 기독교 지도자들은 '트라디토레스'(*traditores*, 라틴어로 '그들이 가진 책을 넘겨준 자들'이라는 뜻)로 알려지게 된다.

콘스탄티누스가 즉위하면서(1.4.2), 박해도 막을 내렸다. 그러나 그 여파로 말미암아 민감한 문제가 발생했다. 박해 기간 동안에 넘어지거나 타협한 이들을 어떻게 처리해야 하는가? 이 문제는 특히 로마령 북아프리카에서 카이킬리아누스를 압통기의 주교인 펠릭스(*traditor*였다)를 포함한 세 동료 주교가 주교로 서임하면서 분열을 가져오게 된다. 그 지역의 많은 그리스도인은 이런 사람이 이런 서임에 관여하도록 허용되었다는 사실에 분개했다. 그들은 결국 카이킬리아누스의 권위를 인정할 수 없다고 선언하면서, 새 주교를 서임한 주교가 박해 기간에 강압을 못 이겨 넘어진 자였다는 사실 때문에 새로 서임 받은 주교의 권위가 손상을 입었다고 주장했다.

도나투스파는 가톨릭교회의 모든 성례(성사) 체계가 이 교회 지도자들의 넘어짐으로 말미암아 타락해버렸다고 믿었던 무리였다. 이런 식으로 더러워진 사람들이 어떻게 유효한 성례를 집전할 수 있단 말인가? 이 때문에 이런 이들을 더 용납할 수 있는 지도자들, 곧 박해 때도 그들의 믿음을 굳게 지킨 자들로 바꿔야 할 필요가 있었다. 아울러 이렇게 넘어진 자들에게 세례를 받았거나 서임을 받은 자들은 다시 세례를 받고 다시 서임을 받아야 했다.

이 문제는 이때부터 거의 한 세기가 지나 아우구스티누스가 396년에 로마령 북아프리카 해안 도시인 히포 레기우스의 주교로 서임받은 때에도 여전히 문제로 남아 있었다. 아우구스티누스는 자신이 오히려 도나투스파의 견해보다 더 튼실하게 신약성경에 기초하고 있다고 믿었던 교회론을 제시함으로써 도나투스파의 도전에 대응했다. 특히 아우구스티누스는 그리스도인의 죄성(그리스도인이 죄인이라는 점)을 강조했다. 교회는 성도들만의 모임인 '순전한 몸'이 아니라 성도와 죄인이 '뒤섞인 몸'(라틴어로 *corpus permixtum*)일 수밖에 없다. 아우구스티누스는 이 이미지를 성경의 두 비유에서 발견한다. 많은 물고기를 잡은 그물 비유, 그리고 알곡과 가라지 비유. 특히 중요한 것이 알곡과 가라지 비유다(마 13:24-31). 따라서 이 비유는 더 자세히 논해봐야 한다.

이 비유는 씨를 뿌린 뒤 알곡 속에 가라지도 함께 들어 있음을 발견한 한 농부를 이야기한다. 가라지가 섞인 알곡으로 무엇을 할 수 있을까? 그렇다고 알곡과 가라지가 함께 자라는 동안에 둘을 가르려고 한다면, 오히려 화를 부를 것이며, 가라지를 제거하려다 십중팔구는 알곡에게도 손상을 입힐 것이다. 그러나 수확 때 모든 식물(알곡과 가라지)을 베어 분류하면, 알곡에는 해를 입히지 않을 것이다. 이처럼 선과 악을 나누는 일은 종말에 일어나지, 역사 속에서 일어나지 않는다.

아우구스티누스는 이 비유가 이 세상 속 교회를 가리킨다고 본다. 교회는 그 안에 성도와 죄인이 함께 있을 것을 예상해야 한다. 이 세상에서 이 둘을 갈라놓으려 하는 것은 섣부른 일이요 적절치 않은 일이다. 하나님이 정하신 때, 곧 역사의 종말이 되어야 이런 분리가 일어날 것이다. 하나님을 대신하여 이런 심판이나 분리를 할 수 있는 인간은 아무도 없다.

그렇다면 대체 어떤 의미에서 교회를 '거룩하다'고 부를 수 있을까? 아우구스티누스는 문제가 된 거룩함이 교회 지체들의 거룩함이 아니라 그리스도의 거룩함을 가리킨다고 본다. 이 세상 속 교회는 성도만으로 이루어진 회중일 수가 없다. 교회 지체들은 원죄에 오염되어 있기 때문이다. 하지만 그리스도가 교회를 따로 구별하여 거룩하게 하신다. 그리고 이 거룩함도 마지막 심판 때에 완전히 이루어지고 최종 실현될 것이다.

도나투스파는 누가 봐도 의심할 여지없이 도덕과 교리 면에서 순전한 사람이 집전한 성례(세례와 성찬, 곧 주의 만찬 같은 것)만이 유효하다고 주장한다. 아우구스티누스는 도나투스파가 인간인 대리자의 자질을 지나치게 강조하느라 예수 그리스도의 은혜에 충분한 비중을 부여하지 않았다고 주장함으로써 도나투스파의 주장에 맞섰다. 그는 타락한 인간이 순전한 자와 순전하지 않은 자, 가치 있는 자와 가치 없는 자를 구분하기는 불가능하다고 주장했다. 이 견해는 교회를 '뒤섞인 몸'으로 보는 그의 이해와 완전히 일치하며, 성례의 효력도 성례를 집전하는 개인의 공로(미덕)에 의존하지 않고 처음에 성례라는 제도를 제정하신 분(곧, 예수 그리스도)의 공로에 의존한다고 주장한다. 결국 성례의 효력은 성례를 집전하는 자의 공로에 의존하지 않는다.

우리는 여기서 히포의 아우구스티누스가 이해했던 기독교 신앙의 주요 테마 하나를 본다. 즉, 인간의 본질은 타락했고 상처를 입었으며 연약하여, 이를 고쳐주시고 회복시켜주시는 하나님의 은혜를 필요로 한다. 아우구스티누스에 따르면, 교회는 건강한 사람들이 모인 클럽이라기보다 병원에 비유해야 한다. 교회는 자신에게 용서와 갱신이 필요함을 아는 사람들을 치료하는 곳이다. 그리스도인의 삶은 죄가 없는 삶이 아니라, 마치 치료가 다 끝나면 환자가 완전한 건강을 회복하는 것처럼 죄를 치료받는 과정이다. 교회는 아직도 아픈 환자와 차도를 보이는 환자를 치료하는 병원이다. 우리는 하늘에 가서야 마침내 의로워지고 건강해질 것이다.

도나투스파의 접근법은 원리를 내세웠지만 결국은 교조주의에 사로잡혀 (사제와 주교를 포함한) 모든 인간이 똑같이 복음이 제공하는 치료를 받아야 한다는 점을 인정하지 않으려 하는 입장을 대표한다. 기독교회 성직자들은 그들 자신도 이런 치료를 똑같이 받아야 한다고 선언한다. 도나투스파 이단은 교회와 성례에 관한 우리의 이해를 우려하는 것으로 보이지만, 오히려 이 이단의 인간 본질에 관한 이해는 은혜를 결국 하나님의 은혜보다 인간의 공로에 따라 실행 여부가 좌우되는 것으로 만들어버리는 생각에 더 깊이 뿌리박고 있다. 비슷한 문제가 우리가 이제 살펴볼 펠라기우스 논쟁 때도 일어났다.

1.5.6. 펠라기우스주의: 은혜와 인간의 공로를 둘러싼 논쟁

5세기 초에 터진 펠라기우스 논쟁은 인간의 본질과 죄 그리고 은혜와 관련된 여러 문제들을 예리하게 부각시켜주었다. 이때까지만 해도 교회 안에는 이 문제들을 둘러싼 논쟁이 그다지 없었다. 펠라기우스 논쟁은 이런 상황을 바꿔놓았으며, 이 문제들이 서방교회의 강령에 확고히 자리하게 만드는 계기가 되었다.

이 논쟁의 배경을 이해하려면, 기독교가 로마제국의 국가종교라는 선언이 가져온 몇몇 결과들을 살펴봐야 한다(1.4.4). 이것은 곧 많은 이들이 기독교를 믿는다고 고백하는 것을 이력을 쌓는 기회쯤으로 여겨, 기독교를 그들에게 편리를 안겨주는 종교로 받아들였음을 의미할 수밖에 없었다. 일부 사람들은 로마의 기존 체제 안에서 형통하려면, 로마의 사회 규범과 종교 규범에 순응할 수밖에 없음을 깨달았다.

4세기 끝 무렵, 로마에 도착한 브리타니아(그때는 영국이 아니었다—옮긴이) 수도사 펠라기우스는 일부 그리스도인들의 종교적, 도덕적 율법주의에 괴로움을 느꼈다. 그는 인간의 도덕 개혁을 옹호했다. 즉, 그리스도인은 도덕상 곧은 사람이 되어야 한다는 것이었다. 이런 주장들은 그리 논란이 되지 않았다. 그러나 펠라기우스는 도덕 면에서 새로워지고 완전해져야 한다는 요구를 신학의 틀 속에서 제시했는데, 그를 반대하는 자들, 누구보다도 히포의 아우구스티누스는 이런 그의 주장이 기독교를 도덕의 성취(공로)를 내세우는 종교로 바꿔놓는 것이라고 보았다. 몇 가지 이슈가 특히 논란거리로 떠올랐다.

첫째, 펠라기우스는 인간이 자유의지로 도덕에 부합하는 행동을 택할 수 있으므로, 그렇게 행동해야 할 절대적 도덕 의무를 진다고 선언했다. 이는 자기훈련의 문제였으며, 저열한 인간 본성을 의지로 누르는 연습을 요구한다. 이 때문에 펠라기우스는 "인간이 완전해질 수 있기 때문에, 완전해짐이 인간의 의무다"라고 역설했다.

아우구스티누스는 이런 의견에 반대하면서, 인간의 본성이 죄로 말미암아 손상되고 타락했다고 주장했다. 그 결과, 인간의 자유도 제한되었다. 우리가 해야 할 일을 안다 하여 그것이 우리가 그 일을 이룰 수 있음을 의미하지는 않는다. 인간의 자유의지는 죄로 말미암아 약해졌고 무능해졌다. 그러나 그 자유의지가 아예 제거당하거나 파괴되지는 않았다. 인간의 자유의지가 회복되고 고침을 받으려면, 하나님의 은혜가 필요하다. 자유의지는 실제로 존재하지만, 죄로 말미암아 왜곡되고 손상을 입었으며 약해졌다.

하지만 펠라기우스와 그의 추종자들(특히 에클라눔의 율리아누스 같은 이)은 인간이 완전한 자유의지를 갖고 있으며, 자신이 지은 죄에 완전한 책임을 진다고 주장했다. 인간의 본성은 본디 자유롭고 좋게 창조되었으며, 어떤 알 수 없는 약점 때문에 손상을 입거나 무능해지지는 않았다. 펠라기우스는 인간 안에 어떤 불완전성이 있다면 그것은 하나님의 선하심을 좋지 않은 쪽으로 되비쳐주는 것이리라고 본다.

둘째, 아우구스티누스는 인간 본성이 죄로 가득하다는 개념을 의학 용어를 사용하여 전개했다. 아우구스티누스는 인간이 이런 죄성을 통제하지 못한다고 주장했다. 그것은 날 때부터 생명을 감염시킨 것이요, 이후에는 생명을 지배하는 것이다. 이 상태는 인간이 확실하게 통제하지 못하는 상태다. 아우구스티누스는 인간을 날 때부터 죄의 성향을 갖고 태어나는 존재로 이해하며, 본디 죄를 행하려는 성향을 갖고 있다고 본다. 결국 죄가 죄를 낳는다. 죄의 밑바닥에 자리한 죄성이라는 상태가 죄에 해당하는 개개 행위의 원인이 된다. 아우구스티누스는 이 점을 탐구할 때 원죄의 본질을 설명하면서 병, 힘, 죄책이라는 세 가지 유비를 사용했다. 인간의 본성은 병들었으며, 치료가 필요하다. 인간 본성이 새로워지고 변화되지 않으면, 선을 행한다는 것은 도저히 불가능하다.

이와 달리, 펠라기우스는 죄가 본디 인간이 선을 행하는 것을 거부하는 것이라고 주장했다. 우리는 바로 행동하라는 명령을 받았다. 이런 명령이 주어졌다는 것은 우리에게 선을 행할 능력이 있음을 암시한다. 펠라기우스는 스스로 자신을 개선해갈 수 있는 인간의 능력이 손상되지 않았다고 주장한다. 인간이 하나님과 그들의 이웃을 향한 의무를 이행하는 것은 늘 가능했다. 따라서 인간이 이런 의무를 이행하지 못한 것은 어떤 이유로도 변명하지 못한다. 죄는 자기 의지로 하나님을 거역한 행위로 이해해야 했다.

아우구스티누스는 하나님의 도움 없이 하나님의 뜻을 이해할 수 없음을 깨달아야 비로소 인간이 은혜를 발견한다고 대답했다. 아우구스티누스는 이런 하나님의 은혜를 인간을 고쳐주시고 새롭게 해주시는 하나님의 행위로 해석했다. 펠라기우스는 인간에게 은혜가 필요하다는 점에는 동의하면서도, 이 '은혜'를 하나님이 구체적 사안에서 인간에게 너그러이 도덕적 이끄심을 베푸시는 것으로 이해해야 한다고 주장했다. 하나님은 아주 광범위하게 일반론 차원에서 인간에게 '완전해지라'고 요구하시기보다 오히려 당신이 의도하신 것이 정확히 무엇인지 분명하게 일러주셨다. 십계명 그리고 나사렛 예수가 보여주신 도덕적 모범은 하나님이 그리스도인들에게 기대하시는 의로움의 기준을 은혜롭게 실증해주신 경우다.

처음에는 로마도 펠라기우스의 견해를 흔쾌히 받아들였다. 그러나 시간이 흐르면서 그의 접근법에 회의를 품는 이들이 늘어났다. 많은 이들이 펠라기우스가 대체로 상당히 엄격한 도덕적 권위주의를 옹호하고 있다는, 다시 말해 인간의 약함이나 실패를 인정하지 않거나 사람을 변화시키는 하나님의 은혜로운 역사를 인정하지 않는다는 결론을 내리기 시작했다. 예를 들면, 사람들은 대체로 아를 공의회(470?)가 아우구스티누스의 신학을 조금 바꾼 형태를 인정하면서 펠라기우스가 주장한 몇몇 개념을 비판했다는 데 동의하고 있다.

그러나 이 문제에 관한 아우구스티누스 자신의 사상도 그가 사는 동안 더 바뀌었으며, 이 때문에 은혜 및 자유의지 문제를 놓고 다른 이들과 다소 갈등을 빚기도 했다. 특히 많은 이들은 그가 나중에 주장한 '이중예정' 교리를 교회의 주류 견해를 벗어난 신학 혁신(새로운 신학 창작품)으로 보았다 (1.5.7). 그 시대 대다수 신학자들은 인간의 자유의지가 타락으로 말미암아 상처를 입거나 손상되었지만, 그럼에도 이 자유의지는 소멸되지 않고 약한 형태로나마 계속하여 그 기능을 하고 있다고 믿었다. 사실 아우구스티누스의 신학 혁신은 일부 사람들에겐 그야말로 논쟁거리여서 결국은 새로운 논쟁이 벌어졌다. 교회는 이런 종류의 새로운 신학에 맞서 자신을 어떻게 보호할 수 있었을까? 이를 다음 항에서 살펴보겠다.

1.5.7. 혁신: 전통의 역할을 둘러싼 논쟁

초기 교회에서 벌어진 일련의 논쟁들은 신학에서 '전통'이라는 개념이 갖는 중요성을 절실히 느끼게 해주었다. '전통(tradition)'이라는 말은 '넘겨줌', '전해줌', 혹은 '건네줌'을 뜻하는 라틴어 *traditio*에서 나왔다. '전해줌'이라는 개념과 그 실제는 신약성경에서 발견할 수 있다. 예를 들면, 바울은 그의 독자들에게, 자신이 다른 중요한 사람들에게 직접 받았던 기독교 신앙의 핵심 가르침들을 그 독자들에게 건네주고 있다고 되새겨주었다(고전 15:1-4).

'전통'이라는 말은 다른 이들에게 가르침을 전해주는 행위—바울은 이런 행위가 교회 안에서 이루어져야 한다고 역설한다—뿐 아니라, 이런 식으로 사람들에게 전해준 사도들의 가르침 전체를 가리키는 말일 수 있다(1.1.5). 따라서 전통은 어떤 **과정**이자 **가르침 전체**로 이해할 수 있다. 특히 목회 서신(신약성경 뒷부분에 들어 있는 세 서신으로서, 특히 교회 구조 문제와 기독교의 가르침을 전해주는 문제에 관심을 보인다. 디모데전서, 디모데후서, 디도서를 말한다)은 "네게 부탁한 아름다운 것을 지킴"이 중요함을 역설한다(딤후 1:14). 아울러 신약성경은 '전통'이라는 개념을 좋지 않은 의미로 사용한다. 이때는 이 말이 '하나님이 인정하시지 않는 인간의 사상과 관습' 같은 것을 의미한다. 이 때문에 나사렛 예수는 당신이 인간이 만들어낸 것이라 여기셨던 유대교 내부의 어떤 전통들을 공공연히 비판하셨다(이를테면 마 15:1-6; 막 7:13을 보라).

전통 개념의 중요성은 2세기에 터진 한 논쟁 때 처음으로 분명하게 드러났다. 영지주의 논쟁은, 구원을 어떻게 얻을 수 있는가 하는 문제를 포함하여 많은 문제를 중심으로 이루어졌다. 그리스도인 저술가들은 성경을 아주 특이하고 독창성 있게 해석한 몇몇 입장을 다루어야 할 처지에 있었다. 그들은 이런 입장들을 어떻게 다루어야 했을까? 성경의 권위를 인정한다면, 모든 성경 해석을 똑같은 가치를 지닌 것으로 여겨야 할까?

초기 교회의 가장 위대한 신학자 중 한 사람인 리옹의 이레네우스는 그렇게 생각하지 않았다. 우리가 앞서 언급했듯이(1.3.2), 이레네우스는 신약성경을 어떻게 해석해야 하는가 하는 문제가 지극히 중요한 문제임을 인식했다. 그는 이단들이 그들 구미에 맞는 방식으로 성경을 해석했다고 주장했다. 이와 달리 정통 신자들은 성경을 사도 전통과 일치하는 쪽으로, 다시 말해 사도인 성경 저자들이 인정하고 승인할 방법으로 해석했다. 교회를 통해 사도에게서 전해 내려온 것에는 단지 성경 본문 자체만이 아니라, 그런 본문을 읽고 이해하는 방법도 함께 들어 있었다. 이런 사도 전통 덕분에 교회는 사도들이 처음에 일러주었던 가르침을 신실히 유지하고, 이단들의 혁신(희한한 창작)과 그릇된 가르침에 맞서는 보호자 역할을 할 수 있었다. 다음 항(1.5.8)에서 보겠지만, '신경'의 등장은 기독교 신앙의 기본 요점을 공중 앞에 권위 있게 천명한 선언이 필요했음을 반영한 결과로서, 이런 사도 전통의 근간을 이루는 테마들을 표현한 것이다.

이런 논지는 5세기 초에 레랭의 빈켄티우스(450년 이전 사망)가 더 자세히 발전시켰다. 그는 새로 창작된 교리들이 타당한 이유도 없이 도입되고 있다는 데 우려를 표명했다. 이런 교리들을 판단할 수 있는 공적 기준이 필요했다.

그렇다면 교회를 이런 잘못에서 보호할 수 있는 기준으로 활용할 수 있는 것은 무엇이 있었을까? 빈켄티우스는 그 답이 자명하다고 보았다. 그건 바로 전통이었다. 그리스도인은 모든 이의 동의를 확보한 사상만을 믿어야 한다. "우리는 모든 곳에서, 언제나, 모든 사람이 믿어온 것을 견지해야 한다." 빈켄티우스는 전통을 '선지자들과 사도들의 글을 보편교회의 규칙이 인도하는 방법대로 해석하기 위한 규칙'으로 보았다. 신경은 빈켄티우스의 전통 전달 이해에서 중요한 역할을 했다. 신경의 본질과 역할은 다음 항에서 더 자세히 살펴보겠다.

1.5.8. 신경의 기원과 발전

초기 교회의 신학 논쟁들은 신경(기독교 신앙의 본질을 모든 이의 공감을 얻어 공중 앞에 천명한 권위 있는 선언)의 중요성을 강조했다. 신약성경은 물론이요 사도 시대 문헌에서도 짧은 신경이라 할 선언들을 발견할 수 있는데, 다음과 같은 것이 그 예다.

> 내가 받은 것을 먼저 너희에게 전하였노니 이는 성경대로 그리스도께서 우리 죄를 위하여 죽으시고, 장사 지낸 바 되셨다가 성경대로 사흘 만에 다시 살아나사(고전 15:3-4).

그러나 이런 간결한 선언을 확장하여 부연할 필요가 있다는 게 분명해졌다. 기독교 교육이 점점 더 중요성을 더해감에 따라, 더 짜임새 있는 선언들이 나타나기 시작했다. 이런 선언들은 종종 새 그리스도인들에게 베푸는 세례와 결합되어 있었다. 세례를 받기 전에 긴 기간 동안 믿음의 기초를 가르쳤기 때문이다. 4세기에 이르면, 사람들은 널리 사순절 기간을 세례받길 원하는 회심자들이 주요 교회당에서 열리는 교리문답 교육에 출석할 기간으로 보았으며, 이 기간이 끝나면 교리문답 교육을 마친 자들이 부활절에 세례를 받았다.

세례를 받을 때, 세례를 받을 예비 신자들은 그들의 믿음을 선언하라는 요구를 받곤 했다. 다음 기록은 로마에서 행했던 이런 관습을 일러주는데, 이 관습은 마태복음 28장 19절의 세례 문언을 모델로 삼은 게 분명하다. 이 기록은 215년경의 기록이다.

세례를 받을 이들이 각각 물로 내려가 물속에 몸을 담그면, 세례를 베푸는 이는 그들 각자에게 손을 얹고 "그대는 전능하신 성부 하나님을 믿는가?"라고 묻는다. 그러면 세례를 받는 이가 "믿습니다"라고 대답한다. 그러면 세례를 베푸는 이는 그들 각자에게 한 번 세례를 베풀면서 그들 각자의 머리에 안수한다. 이어 세례를 베푸는 이가 또 이렇게 묻는다. "그대는 하나님의 아들이신 예수 그리스도, 곧 성령과 동정녀 마리아에게서 나시고, 본디오 빌라도 때 십자가에 못 박혀 돌아가셨다가, 셋째 날에 죽은 자 가운데서 부활하시고, 하늘로 올라가, 아버지 오른편에 앉아 계시다, 장차 산 자와 죽은 자를 심판하러 오실 분을 믿는가?" 세례를 받는 각 사람이 "믿습니다"라고 대답했다. 그러면 세례를 베푸는 이는 그들에게 또 한 번 세례를 베푼다. 그런 뒤 세례를 베푸는 이가 이렇게 묻는다. "그대는 성령과 거룩한 교회와 육의 부활을 믿는가?" 그러면 세례를 받는 이들이 각기 "믿습니다"라고 대답한다. 그리하여 세례를 베푸는 이는 세 번째로 세례를 베푼다.

이것은 질문 형태를 띤 신경(신앙고백)에 해당하는 사례로, 공중 앞에서 기독교 신앙을 시인하는 방법이다. 여기에서는 세례를 받을 예비 신자가 그에게 제시된 각 신앙고백 문언에 동의해야 한다. 세례를 받는 자는 성부와 성자와 성령의 이름으로 세례를 받는다. 신앙고백 문언의 각 절은 세례를 받을 자들에 맞게 요약되어 있으며, 세례를 받을 자들은 이 문언에 동의해야 한다. 그러나 믿음을 고백하는 이 간결한 문언은 사실 '신조'(믿음의 내용을 담은 조문)가 아니다. 이것들은 실상 기독교 이야기가 강조하는 요점들을 스냅사진처럼 제시한 것일 뿐이다. 이것들의 주된 테마는 '어떤 것을 믿는 믿음'이 아니라 '누군가를 믿는(신뢰하는) 믿음'이다.

결국 두 신경이 기독교 안에서 널리 지지를 확보한 신경으로서 등장했다. 이 신경들의 기원과 등장 맥락은 사뭇 다르다. 첫 번째로 살펴봐야 할 신경은 니케아 신경이다. 이는 325년 니케아 공의회에 모인 주교들이 처음으로 정립한 신경이다. 이 공의회는 콘스탄티누스가 소집했다. 콘스탄티누스는 제국 통일이 교회 내부의 분열 때문에 방해받지 않는 길을 확실히 강구하려 했다. 이 신경은 분명 아리우스 논쟁 때문에 만들어졌으며, 아리우스와 그 지지자들에 맞서 예수 그리스도의 정체에 관한 정통 진영의 이해를 강조하는 데 관심을 기울인다. 그 결과, 이 신경은 조금 균형을 잃은 것처럼 보인다. 올바른 기독론에 유독 강조점을 두다 보니, 신경에서 기독론을 다루는 부분이 필요 이상으로 좀 길다. 게다가 이 신경은 마뜩잖은 신학 주장들을 저주하는 문언으로 끝을 맺는다.

우리는 한 분 하나님, 곧 전능하신 분이요(그리스어로 *pantokratōr*), 보이거나 보이지 않는 만물을 지으신 아버지(성부)를 믿습니다.

또 한 분 주 예수 그리스도를 믿사오니, 그는 하나님의 아들이요, 아버지에게서 나신 분이요, 독생자 곧 아버지의 실체에서 나신 분이되, 하나님에게서 나신 하나님이요, 빛에서 나신 빛이요, 참 하나님에게서 나신 참 하나님이요, 나셨으나 만들어지지 않은 분이요, 아버지와 한 실체이신 분입니다. 그를 통해 하늘과 땅에 있는 만물이 존재하게 되었고, 우리 인간과 우리 구원 때문에 땅으로 내려와 육을 취하시고 인간이 되셨습니다. 그는 고난을 받으시고, 셋째 날에 다시 부활하사, 하늘로 올라가셨으며, 산 자와 죽은 자를 심판하러 다시 오실 것입니다. 그리고 우리는 성령을 믿습니다.

"그가 계시지 않은 때가 있었다", "그는 나시기 전에는 계시지 않았다", "그는 무에서 존재하게 되었다"고 말하는 이들, 또는 이 하나님의 아들은 하나님과 그 실체나 본질이 다르다고 선언하거나, 이 하나님의 아들도 변천이나 변화를 겪으실 수밖에 없다고 선언하는 이들이 있는데, 사도들의 뒤를 이은 공교회는 이들을 저주합니다.

이 신경은 이후 수십 년 동안 대체로 논쟁에 대응하여 계속 발전했으며, 그 결과 오늘날 우리에게 더 잘 알려져 있는 형태를 갖게 되었다.

이와 판이하게, 사도신경은 황제의 권위에 의존하지도 않았고 어떤 공의회에서 만들어내지도 않았다. 사도신경은 신약 정경과 아주 흡사하게, 오랜 기간에 걸쳐 형성된 공감대를 통해 등장하게 된 것으로 보인다. 사도신경과 니케아 신경의 가장 두드러진 차이를 들면, 전자에서는 어떤 논박을 담은 강령의 자취가 전혀 나타나지 않는다는 점이다. 사도신경은 다른 어떤 주장에 맞서 기독교를 정의하지 않는다. 반면, 니케아 신경은 아리우스파의 위협에 맞서 정통을 아주 분명하게 정의한다. 사도신경이라는 이름은 열두 사도 각자가 이 신경 본문에 한 문언씩 기여했다는 5세기의 믿음에서 생겨났다.

따라서 신경은 주로 다음 두 기능을 하는 것으로 볼 수 있다. 신앙의 근본 주제들을 강조하는 기능과 이단이나 흠이 있는 기독교 형태를 가려낼 수 있는 틀을 제공하는 기능. 결국 신경의 두 목적은 신앙의 중핵(中核)을 규정하고, 그 외연(바깥 울타리)을 단속하는 것이다. 정통을 정의한 이 두 개의 수단(니케아 신경과 사도신경—옮긴이)은 4세기 말에 점점 더 큰 중요성을 갖게 되었다. 기독교가 제국 안에서 여러 특권을 누리려면 교회 내부의 의견 일치가 필요했기 때문이다.

그러나 교회 안에서 정통을 강제하기에 충분한 지적 설득이 이루어지지 않은 경우가 많았다. 몇 가지 점에서는 정통을 억지로 강요해야 했다. 이런 사태를 보여주는 가장 중요한 사례를 도나투스파 논쟁에서 찾을 수 있다. 이 논쟁 때 콘스탄티누스와 그의 아들은 317년부터 수십 년 동안 도나투스파에게 강압 조치를 사용했으며, 그 지역(북아프리카 지역─옮긴이)에서 타협을 통해 교회 통일을 이룩하는 데 실패하고 말았다.

1.5.9. 칼케돈 공의회, 451년

콘스탄티누스 황제는 나사렛 예수의 정체를 둘러싼 기독교회 내부의 다툼을 해결하고자 325년에 니케아 공의회를 소집했다. 이 공의회는 그리스도의 완전한 신성과 완전한 인성을 인정하는 신학 공식을 지지한다고 선언했다. 그러나 이를 어떻게 표명할지 결정하는 문제에서는 어느 정도 자유를 허용했다. 하지만 이는 결국 이 문제를 제대로 해결하지 못했다는 것이 드러났다. 공의회가 끝난 뒤에 새로운 논쟁이 터졌다. 아리우스와 아타나시우스가 그리스도의 신성이 갖는 신학적 의미를 놓고 논쟁을 벌인 것이다(1.5.3). 당시 제국에서 가장 중요한 대도시이자 중심지로 부상하고 있던 콘스탄티노폴리스의 주교들은 아리우스를 전폭 지지한다는 것을 분명히 밝혔다.

　신학 논증으로 이 논쟁이 해결되지 않으리라는 점이 다시 한 번 분명해졌다. 어떤 공식 규율 조치가 필요했다. 379년부터 395년까지 통치한 황제 테오도시우스 1세는 자신이 다스리는 제국 전역에 니케아 정통을 강제하는 것이 황제 자신의 요망임을 분명히 밝히고, 이에 저항하는 콘스탄티노폴리스 주교들을 주교 자리에서 쫓아냈다. 테오도시우스도 콘스탄티누스처럼 제국 교회가 신앙의 근본 요체에서는 통일을 이루길 원했으며, 자신의 권위를 사용해서라도 교회 내부의 의견을 일치시킬 준비가 되어 있었다.

하지만 콘스탄티노폴리스 주교들과 알렉산드리아 주교들 사이의 갈등이 끓어오르면서 문제가 복잡해졌다. 이 두 도시 주교들은 각자 자기들이 기독교 세계에서 우월한 위치에 있다고 생각했다. 5세기 초, 알렉산드리아 대주교인 키릴로스와 콘스탄티노폴리스 대주교인 네스토리우스 사이에 큰 논쟁이 벌어졌다(사람들은 이를 종종 '네스토리우스 논쟁'이라 부른다). 쟁점은 그리스도의 인성과 신성의 관계에 관한 네스토리우스의 이해가 적절한가였다. 네스토리우스는 나사렛 예수의 어머니인 마리아를 가리킬 때 사용하는 전통 용어에 몇 가지 유보 의견을 표명했다. 그때만 해도 마리아를 가리키는 칭호로서 테오토코스(*Theotokos*, '하나님을 낳은 자')라는 말을 널리 사용했는데, 이는 마리아 자신이 하나님의 목적 속에서 차지하는 특별한 위치를 표현하는 말이자, 예수가 하나님이라는 정체를 가진 분임을 재강조하는 말이었다. 사실, 네스토리우스의 관심사는 타당한 이유가 있었다. 그는 이렇게 물었다. 마리아가 메시아를 낳은 이임을 나타내려면, 마리아를 크리스토토코스(*Christotokos*, '그리스도를 낳은 자')로도 불러야 하지 않는가?

알렉산드리아의 키릴로스는 이런 네스토리우스의 주장에서 이단의 냄새를 맡았다. 그는 네스토리우스가 사실은 예수 그리스도가 하나님이요 사람이심을 믿지 않는다고 주장했다. 네스토리우스는 자신이 결백하며 자신도 정통이라고 항변했다. 결국, 408년부터 450년까지 통치한 황제 테오도시우스 2세가 이 문제를 토론하고자 431년 여름에 에베소(에페소스) 공의회를 소집했다. 네스토리우스는 자신의 논지를 제대로 제시하지 못하여, 결국 논쟁에서 지고 주교직을 잃었다. 공의회에 참석한 주교 250인은 325년 니케아 공의회가 내린 결정을 재확인하고 '테오토코스'라는 용어를 사용하는 것이 정당하다고 주장했다.

이번에도 다시, 이 논쟁은 사실상 해결되지 않았다. 에베소 공의회는 잠정 조치였지, 해결이 아니었다. 논쟁이 더 커졌다. 특히 서방교회의 많은 이들이, 449년 8월 에베소에서 소수 주교만이 참석한 채 열린 공의회를 정통을 제대로 변호하는 데 실패한 공의회로 보면서, 논쟁이 더 확산되었다. 테오도시우스가 죽은 직후, 그의 후계자는 451년 10월에 소아시아 비두니아(비티니아) 속주에 있는 고을인 칼케돈에서 새 공의회를 열겠다고 선언했다. 이 공의회는 많은 이들이 참석했으며, 의견 일치에 기초한 교리를 정립했다. 이후 (전부는 아니지만) 대다수 기독교회는 이 교리를 널리 받아들이게 된다.

'칼케돈 정의'는 일치된 의견을 토대로 나사렛 예수의 정체를 이해하기 위한 공식을 제시한다. 이 공식은 예수의 인성을 옹호하면서도 예수의 신성을 강조했다.

> 우리는 거룩한 교부들을 따라 한목소리로 우리 주 예수 그리스도가 한 아들이요, 완전한 신성과 완전한 인성을 갖추신 분이요, 참 하나님이시자 참 사람이요, 이성을 갖춘 영혼과 몸으로 이루어진 분이요, 그의 신성 면에서는 아버지와 한 실체를 가진 분이요, 그의 인성 면에서는 우리와 한 실체를 가진 분이요, 죄를 제외하면 우리와 모든 점에서 같은 분이심을 고백합니다.
> – 히폴리투스, 《사도전승》, XXI, 12-18.

동방교회와 서방교회는 이 공식을 널리 받아들였으며, 이후 이 공식은 예수 그리스도의 정체와 의미를 둘러싼 그리스도인들의 토론에서 규범 역할을 하게 되었다.

그러나 모든 이가 만족하지는 않았다. 보통 '단성론'(monophysitism, 예수의 인성은 부인하고 신성만 인정하는 견해—옮긴이)으로 알려져 있는 입장(그러나 단성론이라는 말은 다소 오해를 낳을 소지가 있다)은 칼케돈 공의회가 그리스도의 신성을 제대로 다루지 못한 입장을 전개했다고 주장했다(2.1.6). 알렉산드리아에 있던 많은 이들은 칼케돈 공의회가 그리스도의 신성을 적절히 변호하지 않았다고 느꼈다. 이로 말미암아 일어난 단성론 논쟁들은 신학 면에서 다소 전문성을 띤 논쟁이라 간단히 설명하기가 쉽지 않다. 그러나 어쩌면 가장 중요한 결과는 정치적 결과였을지도 모르겠다. 즉, 이집트에 있는 많은 교회는 이제 자신들을 유럽 및 아시아에 있는 교회들과 다툼을 벌이는 교회로 여기게 되었다.

이렇게 초기 기독교를 살펴보면서, 우리는 이 매력 넘치는 기독교 형성기에 일어난 몇몇 주요 발전들을 두루 조망해보았다. 이 시대 동안, 기독교 신앙은 외진 변두리에서 제국 문화의 중심으로 옮겨갔다. 그러나 로마의 힘과 영향력이 퇴조하고 서쪽에서는 통일성이 무너지면서, 서쪽 지역 교회는 새로운 문제들에 부닥치게 되었다. 서쪽 지역 교회가 제국의 보호를 받지 않고도 이런 문제들에 대처해나갈 수 있을까? 황제라는 보호자가 없어지면 교회는 사라질까?

사실, 서방교회는 새로운 정체감과 목적의식을 계속하여 발전시키게 된다. 다음 장에서는 중세 시대에 등장한 서방교회의 새로운 사회적 역할과 신학적 자기이해를 살펴보겠다.

더 읽을 책

Ayres, Lewis. *Nicaea and its Legacy: An Approach to Fourth-Century Trinitarian Theology.* Oxford: Oxford University Press, 2004.

Barnes, Timothy D. *Constantine and Eusebius.* Cambridge, MA: Harvard University Press, 2006.

Blasi, Anthony J., Paul-André Turcotte, and Jean Duhaime. *Handbook of Early Christianity: Social Science Approaches.* Walnut Creek, CA: AltaMira Press, 2002.

Botha, Pieter J. J. "Greco-Roman Literacy as Setting for New Testament Writings." *Neotestamentica* 26 (1992): 192-215.

Bradshaw, Paul F. *The Search for the Origins of Christian Worship: Sources and Methods for the Study of Early Liturgy.* New York: Oxford University Press, 2002.

Brent, Allen. *A Political History of Early Christianity.* London: T&T Clark, 2009.

Brent, Allen. *Cyprian and Roman Carthage.* Cambridge: Cambridge University Press, 2010.

Brown, Peter. *The Rise of Western Christendom: Triumph and Diversity, ad 200-1000.* Oxford: Blackwell, 2003. 《기독교 세계의 등장》(새물결, 2005).

Burridge, Richard A. *What Are the Gospels? A Comparison with Graeco-Roman Biography.* Grand Rapids, MI: Eerdmans, 2004.

Burtchaell, James Tunstead. *From Synagogue to Church: Public Services and Offices in the Earliest Christian Communities.* Cambridge: Cambridge University Press, 1992.

Butler, Rex. *The New Prophecy and "New Visions": Evidence of Montanism in the Passion of Saints Perpetua and Felicitas.* Washington, DC: Catholic University of America Press, 2006.

Chadwick, Henry. *The Church in Ancient Society from Galilee to Gregory the Great.* Oxford: Oxford University Press, 2001.

Clark, Elizabeth A. *Reading Renunciation: Asceticism and Scripture in Early*

Christianity. Princeton, NJ: Princeton University Press, 1999.

Clark, Gillian. *Women in Late Antiquity: Pagan and Christian Lifestyles*. New York: Oxford University Press, 1994.

Cohick, Lynn H. *Women in the World of the Earliest Christians*. Grand Rapids, MI: Baker Academic, 2009.

Curran, John R. *Pagan City and Christian Capital: Rome in the Fourth Century*. Oxford: Clarendon Press, 2000.

Davis, Stephen J. *Cult of St. Thecla*. New York: Oxford University Press, 2001.

de Ste. Croix, G. E. M., Michael Whitby, and Joseph Streeter. *Christian Persecution, Martyrdom, and Orthodoxy*. Oxford: Oxford University Press, 2006.

Elm, Susanna. *Virgins of God: The Making of Asceticism in Late Antiquity*. New York: Oxford University Press, 1994.

Esler, Philip F., ed. *The Early Christian World*. 2 vols. London: Routledge, 2000.

Evans, G. R. *The First Christian Theologians: An Introduction to Theology in the Early Church*. Oxford: Blackwell, 2004. 《초대교회의 신학자들》(그리심, 2008).

Freeman, Charles. *A New History of Early Christianity*. New Haven, CT: Yale University Press, 2009.

Frend, W. H. C. *The Donatist Church: A Movement of Protest in Roman North Africa*. Oxford: Clarendon Press, 2000.

Green, Bernard. *Christianity in Ancient Rome: The First Three Centuries*. New York: T&T Clark, 2010.

Harland, Philip A. *Dynamics of Identity in the World of the Early Christians: Associations, Judeans, and Cultural Minorities*. New York: T&T Clark, 2009.

Harmless, William. *Desert Christians: An Introduction to the Literature of Early Monasticism*. New York: Oxford University Press, 2004.

Harris, William V., ed. *The Spread of Christianity in the First Four Centuries: Essays in Explanation*. Leiden: Brill, 2005.

Hultgren, Arland J. *The Rise of Normative Christianity*. Minneapolis: Fortress Press, 1994.

Humphries, Mark. *Early Christianity*. London: Routledge, 2006.

Hunter, David G. *Marriage, Celibacy, and Heresy in Ancient Christianity: The Jovianist Controversy*. New York: Oxford University Press, 2007.

Kelly, J. N. D. *Early Christian Doctrines*. London: Continuum, 2000. 《고대 기독교 교리사》(크리스챤다이제스트, 2004).

Lampe, Peter. *From Paul to Valentinus: Christians at Rome in the First Two Centuries*. Minneapolis: Fortress Press, 2003.

Levine, Amy-Jill, and Maria Mayo Robbins, eds. *Feminist Companion to Patristic Literature*. New York: T&T Clark, 2008.

Lieu, Judith. *Christian Identity in the Jewish and Graeco-Roman World*. Oxford: Oxford University Press, 2006.

Lössl, Josef. *Early Church: Christianity in Late Antiquity*. London: T&T Clark, 2010.

McGrath, Alister E. *Heresy*. San Francisco: HarperOne, 2008. 《그들은 어떻게 이단이 되었는가?》(포이에마, 2011).

Metzger, Bruce M. *The Canon of the New Testament: Its Origin, Development, and Significance*. Oxford: Clarendon Press, 1997.

Nathan, Geoffrey. *The Family in Late Antiquity: The Rise of Christianity and the Endurance of Tradition*. New York: Routledge, 2000.

Odahl, Charles M. *Constantine and the Christian Empire*. London: Routledge, 2004.

Stark, Rodney. *The Rise of Christianity: A Sociologist Reconsiders History*. Princeton, NJ: Princeton University Press, 1996. 《기독교의 발흥》(좋은씨앗, 2016).

Still, Todd D., and David G. Horrell. *After the First Urban Christians: The Social-Scientific Study of Pauline Christianity Twenty-Five Years Later*. New York: Continuum, 2009.

Vessey, Mark. "The Forging of Orthodoxy in Latin Christian Literature: A Case Study." *Journal of Early Christian Studies* 4 (1996): 495-513.

Wilken, Robert L. *The Spirit of Early Christian Thought: Seeking the Face of God*. New Haven, CT: Yale University Press, 2003. 《초기 기독교 사상의 정신》(복있는 사람, 2014).

Williams, Rowan. *Arius: Heresy and Tradition*. Grand Rapids, MI: Eerdmans, 2002.

Young, Frances M. *Biblical Exegesis and the Formation of Christian Culture*. Cambridge: Cambridge University Press, 1997.

Young, Frances, Lewis Ayres, and Andrew Louth, eds. *The Cambridge History of Early Christian Literature*. Cambridge: Cambridge University Press, 2004.

중세와 르네상스,
500년 무렵-1500년 무렵

5세기에 서로마제국이 무너지고 점차 해체되면서(1.4.6), 유럽의 얼굴이 바뀌기 시작했다. 자잘한 지방과 도시국가들이 나타나기 시작했으며, 이들은 각기 영토와 영향력을 얻으려고 다투었다. 그러나 이 분열의 시대에 기독교회는 정치와 세상사에서 점차 그 역할을 키우기 시작하여 이윽고 서구 문화의 중심에 자리하게 된다. 1100년 무렵 정치와 경제가 어느 정도 안정되자, 교회는 중세 문화 형성에서 주된 역할을 수행할 채비를 갖춘다. 이번 장에서는 이 황홀한 시대에 서유럽에서 교회가 이룩한 발전의 몇몇 측면들을 탐구해보고, 우리 이야기를 유럽 종교개혁 전야로 옮겨보겠다.

600년에 이르자, 기독교는 북아프리카 서쪽 해안 지역을 포함하여 우리가 지금 중동으로 알고 있는 곳의 많은 지역에서 확고히 자리를 잡았다. 북쪽으로는 다뉴브 강과 라인 강에 이르는 지역까지 그 터를 구축했다. 기독교는 로마제국 동쪽으로도 뻗어가 페르시아에 자리를 잡았는데, 이곳에서는 '네스토리우스파'로 알려지게 된 기독교 형태가 영향력을 얻었다. 아울러 3세기 말에는 기독교가 인도에서도 터를 잡게 된 것으로 여겨진다.

지중해 지역의 기독교 상황은 이슬람교—무함마드(570-632)의 가르침에 기초한 종교적 믿음 체계—가 등장하면서 크게 바뀌었다(2.1.3). 무함마드가 죽은 뒤, 이슬람교는 북아프리카의 로마 식민지를 포함하여 중동의 많은 지역에서 군사 정복을 통해 교세를 넓혀갔다. 이슬람교는 에스파냐에 터를 잡았고, 8세기에는 프랑스로 세력을 넓히기 시작했지만, 전투에서 패하면서 이런 세력 확장도 멈추었다.

이슬람교는 그리스도인들을 '그 책의 사람들(People of the Book)'로 여겼으며, 그리스도인들에게 어느 정도 종교의 자유를 허용했다. 그리스도인들은 개종을 강요당하지는 않았지만, 특별세를 내야 했으며, 무슬림과 구별된 옷을 입어야 했다. 무슬림은 그리스도인 여자와 혼인할 수 있었으나, 그리스도인인 남자가 무슬림 여자와 혼인하는 것은 허용되지 않았다.

이슬람교가 서남쪽의 에스파냐부터 동남쪽의 터키에 이르기까지 유럽 전역에 걸쳐 세력을 더 확장하지 않을까 하는 두려움이 중세 시대 내내 늘 걱정거리였으며, 이런 걱정은 심지어 근대 초까지 이어졌다. 비잔티움제국의 위대한 도시 콘스탄티노폴리스가 1453년 이슬람 군대에 함락당한 일은 유럽 전역에 걱정을 불러일으켰다(2.4.7). 일부 사람들은 이것이 모든 것을 바꿔놓을 전환점이요, 기독교 유럽(Christian Europe)을 끝장낼지도 모를 일이라고 믿었다.

중세의 등장은 복잡하면서도 매력이 넘치는 이야기이며, 서유럽의 정치와 사회의 갱신, 동쪽에 있던 대(大)비잔티움제국이 서서히 쇠퇴하다 몰락한 일, 아랍 학자들이 보존해둔 고대 세계의 철학 문헌과 과학 문헌 복원, 그리고 우리가 '르네상스'로 알고 있는 학문의 위대한 갱신과 관련이 있다. 이어서 보겠지만, 이 모든 것이 기독교 역사 내러티브를 형성했다.

2.1. 배경 살펴보기: 중세 전성기의 배경

'중세(Middle Ages)'와 '중세의(medieval)'라는 말은 16세기에 만들어졌다. 유럽의 르네상스(2.5.2)가 그 정점에 이르렀을 때였다. 르네상스는 고대 로마와 아테네로 돌아가자는 프로그램을 내걸어 서유럽에 사는 많은 이들의 마음과 생각을 사로잡았다. '중세'라는 말은 인문주의자들이 서유럽 역사에서 상당히 재미없고 따분한 시대라 여겼던, 고대와 이 고대를 회복한 르네상스 사이의 중간기를 비아냥거리려고 지어낸 말이었다. 역사를 살펴보면 이 말은 정확하지 않다. 이 말이 욕설이라는 것도 이 말이 정확하지 않다 말하는 한 이유다. 그러나 '중세'라는 표현은 이제 널리 쓰는 말이 되어, 이 말을 쓰지 않기는 불가능하다.

그렇다면 중세를 어떻게 정의해야 할까? 이 시대는 언제 시작했는가? 그리고 언제 끝났는가? 역사는 계속성을 가진다. 역사의 시대들은 역사가들이 만들어낸 것이다. 중세의 '바른' 정의는 없다. 중세를 가장 넓게 정의하면, 로물루스 아우구스투스 황제가 강제 퇴위당하고 서로마제국이 막을 내린 476년에 중세가 시작했다고 말할 수 있다. 중세의 종언을 알리는 표지로 다양한 사실을 들 수 있겠다. 1453년에 터키인들이 콘스탄티노폴리스를 정복한 사건(2.4.7)이나, 1450년대에 인쇄업자 요하네스 구텐베르크가 활자를 발명한 사건(2.5.1)이나, 대항해 탐험 시대가 막을 연 것, 특히 1492년에 크리스토퍼 콜럼버스(1451-1506)가 배를 타고 아메리카에 도착한 사건이 그 예다(2.5.7).

이처럼 '중세'를 넓게 정의하는 견해를 받아들이면, 중세는 천 년 넘게 이어진 시대인 셈이다. 교회사를 다루는 몇몇 과정은 1000년에서 1500년에 이르는 시대에 초점을 맞추는 경향이 있다. 그러나 서유럽의 기독교 역사를 살펴보면 '중세 전성기'의 배경이 된 500년에서 1000년에 이르는 시대에도 중요한 발전이 많이 있었다. 이 논의의 첫 부분(2.1)에서는 이런 중요한 발전들, 특히 샤를마뉴 치세기 동안에 이루어진 발전들을 다뤄본다. 이를 살펴보면 그 뒤에 유럽 기독교 역사에서 이루어진 발전을 이해하는데 도움이 될 것이다. 따라서 우선 서구 기독교가 서로마제국의 퇴조와 몰락에서 비롯된 상황에 어떻게 대처했는지 고찰해보겠다.

2.1.1. 로마 몰락 후의 서구 기독교

476년에 있는 서로마제국 황제 로물루스 아우구스투스의 강제 퇴위는 로마 행정 체계를 산산조각 내버렸다(1.4.6). 권력이 지방 통치자들에게 넘어감에 따라, 그때까지 규율에 따라 움직이고 중앙에 집중되어 있던 정부 시스템이 무너지기 시작했다. 하지만 교회는 로마제국의 관습에서 큰 영향을 받았던 주교(감독) 체계를 그대로 유지했다.

처음에는 주교가 어느 한 지역 회중의 지도자인 것처럼 보였지만, 교회는 점차 단일 주교가 특정 지역의 기독교 사제들과 회중들에게 권위를 행사하는 '단일 주교' 모델을 채택했다. 이제 주교는 특정 지역[이 지역을 '교구(dioceses)'라 부른다. 이는 어느 한 '행정 구역'이나 '지구'를 가리키는 그리스어 *dioikēsis*에서 나왔다]에 영적 권위를 행사했는데, 이는 로마 총독이 속주를 통치하는 것과 아주 흡사했다. 기독교가 제국의 국가종교로 공인받으면서, 결국 주교가 정치적 권위(종종 '세속 권위'라 부르기도 한다)와 영적 권위를 함께 가질 수밖에 없었고, 교회도 국가의 그것에 상응하는 조직 체계를 발전시킬 수밖에 없었다. 그러나 5세기 말에 서로마제국의 구조는 몰락했어도 그에 상응하는 교회 구조는 무너지지 않았다.

4세기 중엽에 이르렀을 때, 대교구 주교인 로마, 콘스탄티노폴리스, 알렉산드리아, 안디옥 주교는 그들에게 다른 주교들보다 우위를 부여해준 위엄과 권위를 가진 이로 인정받게 되었다. 많은 공의회, 그중에서도 특히 칼케돈 공의회는 이런 권위를 공식적으로 정립했다. 대교구인 로마의 주교는 서구 기독교 지도자 중 이런 식으로 우위를 부여받은 유일한 인물이었다.

서방교회에서는 로마 주교가 주교와 교회의 분쟁을 중재할 이로 인정받기 시작했으며, 이는 그가 다른 주교들보다 위에 있다는(꼭 위계상 우위는 아니어도 관습상 우위에 있다는) 인식에 힘을 실어주었다. 3세기에 있었던 이런 발전에는 많은 요인이 있었다. 일부 요인은 실제 현실과 관련이 있었다. 결국 따져보면 로마는 '영원한 도시'요 로마제국의 수도였다. 영적 요인도 있었다. 사도 베드로와 사도 바울이 모두 로마에서 순교하고 로마에 묻혔다는 주장이 있었다. '교황'(라틴어로 *papa*)이라는 말은 본디 존경받는 기독교 주교를 가리키는 말로 사용되었다. 하지만 사람들은 점차 이 칭호를 특히 로마 주교만이 사용할 수 있는 칭호로 보게 되었다. 384년부터 399년까지 로마 주교로 있었던 시리치오가 이 관습을 공식 인정하고, '교황'이라는 칭호는 이제 자신과 자신의 후계자만을 가리키는 칭호로 사용해야 한다고 규정했다. 우리가 아는 첫 교황 '교서'(decretal, 교회 내부 분쟁에 관하여 구속력 있는 규범을 제시하는 서신)가 그가 재위하던 때에 나왔다. 황제들은 5세기 첫 10년 동안 서고트의 위협을 받고 로마를 버렸지만, 교황들은 로마에 그대로 남아, 침략자들과 벌인 협상에서 중요한 역할을 하게 된다.

이렇게 종교적 권위가 로마에 집중되는 현상은 402년부터 417년까지 재위했던 교황 인노첸시오 1세 아래에서도 계속된다. 417년 1월, 인노첸시오는 아프리카 지역에서 일어난 종교 논쟁과 관련하여 아프리카 주교들에게 써 보낸 서신에서 이렇게 주장했다.

> 심지어 가장 멀고 먼 속주에서 결정된 것이라도 이 교구(로마 교구—옮긴이)가
> 보고 알 때까지는 최종 확정된 것으로 간주해서는 안 된다. 이는 어떤 올바른
> 선언도 이 교구의 권위에 근거하여 그 옳음을 확인받게 하고, 다른 교회들이
> 그들이 배워야 할 것을 이 교구에서 배우게 하려 함이다.
> – 인노첸시오 1세, 서신 29.

이처럼 로마에 영적 힘과 정치권력이 점점 더 집중될 수 있었던 것은
5세기 말 제국의 중앙 행정 체계가 무너진 뒤 이를 대신할 권력 구조가 없
었기 때문이다. 강력한 교황은 그들의 권위를 강요했다. 440년부터 461년
까지 교황으로 있었던 레오 1세(레오 대종)는 이론 차원과 실제 차원에서 교
황의 권위를 공고히 다지는 데 특히 중요한 역할을 했다.

레오는 교황을 가리키는 말로 '폰티펙스 막시무스'(*pontifex maximus*, 로마
가 이교를 믿던 시절에 도시의 대사제를 가리키는 말로 쓰다가 나중에 황제를 일컫는
데 전용한 말)를 도입하여 사용했다. 아울러 그는 이후 교황들의 권위 주장을
뒷받침하는 규범이 된 몇 가지 전통 논증의 틀을 마련했다. 예를 들면, 레오
는 나사렛 예수가 베드로와 베드로의 후계자들을 당신 교회가 서 있을 초석
(礎石)으로 삼으셨다고 주장했다. 로마 주교는 로마에서 순교한 베드로를
이은 자였기 때문에, 결국 교황이 교회를 지탱하는 궁극의 기초였다.

서로마제국은 무너졌지만, 동로마제국은 서쪽이 당한 외적의 침공에 아
무런 영향을 받지 않았다(1.4.7). 6세기에 콘스탄티노폴리스를 근거지로 삼
은 황제들은 이탈리아를 수복하여 이를 동로마제국과 통합하고자 군사 원
정을 시작했다. 이런 원정이 모두 성공하지는 않았다. 그렇긴 해도 7세기
에는 비잔티움이 넓은 영토에 걸쳐 그 권위를 확립했으며, 그 영토는 대략

이탈리아 동북쪽 라벤나에서 서남쪽의 로마와 나폴리에 이르는 대각선 모양의 띠 형태를 띠고 있었다. 그러나 황제는 서쪽의 이탈리아 지역에서는 그 권위를 주장하기가 힘들다는 것을 깨닫고 이 지역에서는 교황이 상당한 정치적, 사회적 영향력을 행사하게 허용했다.

6세기 말에 이르자, 서유럽에서는 교회가 로마제국의 몰락에도 살아남은 유일한 국제 조직이 되었다. 590년부터 604년까지 교황을 지낸 그레고리오 1세(그레고리오 대종) 때와 다른 교황들이 재위할 때 선교 활동이 늘어났으며, 이는 기독교 세력권과 영향력을 늘려주고, 사회 통합의 매개자로서 교회가 갖는 중요성을 한층 더 부각시켜주었다. 그레고리오 1세는 이교도인 앵글로·색슨족을 개종시키고자 베네딕트회 수도사들을 선교사로 파송함으로써 이탈리아 바깥의 교회에 대한 교황의 통제권을 확립할 기초를 놓았다.

그레고리오 1세는 잉글랜드에 교회 행정 체계를 세웠으며, 이 체계는 점차 서구 교회의 표준이 되었다. 나라는 (고전기 로마의 속주와 비슷한) 여러 교구로 나뉘었으며, 각 교구는 주교가 다스렸다. 이 주교들은 대주교에게 책임을 졌고, 대주교는 다시 교황에게 책임을 졌다. 본디 그레고리오의 의도는 그가 세운 대주교를 런던 시에 두는 것이었다. 그러나 결국 지역 통치자들과 정치 다툼이 벌어지자, 런던 대신 켄트 지역 고을인 캔터베리를 고르게 되었다.

기독교는 로마가 잉글랜드를 다스릴 때부터 잉글랜드에 있었으며, 북쪽에서는 아일랜드 선교사들 덕분에 작은 르네상스를 겪었다. 하지만 그레고리오 1세가 도입한 기독교 형태는 지역의 통제에 복종하지 않고, 로마에 있는 교황의 권위에 복종하는 것이었다. 캔터베리의 아우구스티누스가 펼친 선교 활동도 애초에는 복음 전파 의도를 띠고 있었지만, 결국에는 중앙집중 형태를 띤 새로운 교회 정치 모델을 세우는 것으로 끝나게 되며, 이 모델은 이후 여러 세기 동안 유럽의 다른 곳에서 받아들여 활용할 수 있게 되었다.

그레고리오 1세의 뒤를 이은 이들도 교황의 교회 통제권을 확립하고 교황의 세속 권위를 확대하는 일을 계속 이어갔다. 8세기에 잉글랜드인 선교사들은 잉글랜드의 새로운 교회 행정 패턴을 독일과 프랑스에 전하여, 서유럽 교회를 그 아래 두는 교황의 권위를 공고히 확립했다. 더 중요한 진전은 '페팽의 기진(寄進)'(754-756)인데, 이를 통해 '교황령'(교황이 소유하고 통제하는 땅)이 만들어졌다. 프랑크 통치자인 땅딸이 페팽(Pépin le Bref, 714-768, 재위 751-768)은 북이탈리아의 일부 지역을 정복하고 이를 교황에게 기진함으로써, 교황이 세속 권력과 영적인 힘을 모두 행사할 지역을 세워주었다.

2.1.2. 켈트 기독교의 발흥

기독교가 유럽의 켈트족 거주 지역, 더 소상히 말하면 아일랜드, 스코틀랜드, 콘월, 브르타뉴, 그리고 웨일스에서 등장한 것은 상당히 흥미롭다. 특히 이 켈트 기독교가 형태상 로마의 기독교에 더 가까우면서 잉글랜드에서 급속히 우위를 차지한 기독교 형태와 대립했다는 점이 더더욱 흥미를 자아낸다. 켈트 기독교는 웨일스에서 시작한 것으로 보인다. 그러나 5세기와 6세기에 주요 선교 중심지로서 확고하게 자리를 잡은 곳은 아일랜드였다. 이 시기부터 켈트 영향권 안에서 다른 선교 활동 중심지들이 알려지게되는데, 그중 가장 두드러진 곳이 5세기에 니니안(또는 니니아누스) 주교가 세운 칸디다 카사(*Candida Casa*, 오늘날 스코틀랜드 갤러웨이의 위트혼)다. 이 선교 거점이 갖는 의미는 이곳이 로마령 브리타니아 경계 바깥에 자리해 있어서, 로마의 여러 기독교 형태가 따르는 규범들에 순응할 필요 없이 활동할 수 있었다는 점이었다.

전통에 따르면 아일랜드에 복음을 전하는 데 기여했다고 전해지는 인물이 바로 로마령 브리튼 사람으로서 '패트릭'이라는 이름으로 더 잘 알려져 있는 마고누스 수카투스 파트리키우스(390경-460경)다. 패트릭의 이력을 밝히는 데는 몇 가지 어려움이 있다. 일부 학자들은 이런 혼란이 교황 첼레스티노 1세(재위 422-432)가 431년에 아일랜드 그리스도인들에게 첫 주교로 보낸 팔라디우스의 저작에 실린 몇몇 이야기가 언급하는 대상이 패트릭이라고 잘못 이해하는 바람에 생긴 것이라고 주장한다. 전통으로 내려온 패트릭의 삶 이야기에 따르면, 그는 16세 때 웨일스를 기습한 부대에 포로로 잡혀 아일랜드에 노예로 팔렸는데, 필시 코노트 지방에 팔렸던 것 같다. 여기서 그는 기독교 신앙의 기초를 발견했던 것으로 보인다. 그는 6년을 잡혀 있다가 탈출하여 그의 집으로 돌아갈 수 있었다.

패트릭이 포로로 잡혀 있다 탈출한 때부터 나중에 그가 선교사로 아일랜드에 되돌아올 때까지 정확히 무슨 일이 일어났는가는 분명하게 알려져 있지 않다. 7세기나 8세기로 거슬러 올라가는 한 전통은 패트릭이 아일랜드로 돌아가기 전에 골(Gaul)에서 시간을 보냈다고 말한다. 교회 조직과 구조에 관한 패트릭의 몇몇 견해는 그가 프랑스 남부 지역의 수도원 제도를 직접 겪어본 결과를 반영한 것일지도 모른다. 이 무렵에 아일랜드와 루아르 계곡을 잇는 교역로가 존재했다는 훌륭한 역사 증거가 있다.

패트릭은 아일랜드로 돌아가, (전통적으로 전해지는 이야기에 따르면) 그 지역에 기독교를 세웠다. 그러나 분명 그 지역에는 이미 어떤 기독교 형태가 존재하고 있었다. 패트릭의 회심 기사는 다만 거기 있던 다른 이들이 복음에 관하여 알고 있었음을 전제하지 않을 뿐이다. 429년까지 거슬러 올라가는 그 시대 기록은 조금 전 우리가 아일랜드 주교로 언급했던 '팔라디우스'에 관하여 언급하면서, 적어도 미숙한 교회 구조이지만 어떤 교회 구조 형태가 그 지역에 존재했음을 일러준다. 아일랜드를 대표하는 이들 역시 아를 공의회(314)에 참석했다고 알려져 있다. 패트릭의 업적은 아일랜드 지역에 기독교를 처음 세운 것이라기보다 기독교를 공고히 다지고 발전시켰다는 말로 이해하는 것이 어쩌면 가장 좋을지도 모르겠다.

아일랜드에서는 수도사(수도원) 개념이 아주 빨리 자리를 잡았다. 역사 자료는 아일랜드가 이때 주로 유목 부족 사회였으며, 딱히 중요한 영구 정착지가 존재하지 않았다고 일러준다. 고독과 고립을 추구했던 수도사의 생활 방식은 아일랜드인의 생활 방식과 아주 잘 들어맞았으며, 이 때문에 지역의 고귀한 집안들이 수도원 구조 속에 통합되는 결과를 가져왔다. 서유럽 전체를 놓고 보면, 수도원 제도가 교회의 권위 구조 변두리에 자리하는 경향이 있었지만, 아일랜드에서는 수도원 제도가 교회의 주된 형태로 급속히 자리 잡았다. 아일랜드 교회는 겉보기에 수도원 중심이었으며, 주교보다 수도원장(abbot)을 영적 권위를 가진 인물로 보았다.

이처럼 켈트 기독교 안에서 나타난 권위 구조는 이 무렵 로마·브리타니아 교회를 지배하게 된 형태들과 크게 달랐다. 주교가 교회 행정을 꽉 장악하고 있던 로마의 주교 중심 모델로서는 아일랜드의 수도원 중심 모델이 위협으로 보였다. 이오나(스코틀랜드 서해안에 있는 섬—옮긴이)의 수도원장들은 주교들이 자신들을 서임하는 것을 절대 허용하지 않았으며, 자신들이 어떤 공식 인정을 받아야 할 필요성도 부인했다. 아일랜드에서는 〔아마(Armagh)를 포함하여〕 오래된 몇몇 주교 교구들을 수도원 제도에 기초하여 재조직했으며, 다른 주교 교구들은 수도원이 흡수했다. 수도원은 그 근처에서 성장하던 교회들을 목회(사목) 차원에서 돌볼 책임을 맡았다. 이리하여 로마의 주교 제도는 변두리로 밀려났다. 켈트 기독교 지도자들은 운송 수단으로 말을 사용하는 것을 포함하여 세상의 부와 지위, 그리고 모든 형태의 사치를 공공연히 비판했다.

신학을 살펴보면, 켈트 기독교도 자연계가 하나님을 아는 수단으로서 중요하다고 강조했다. 이는 예부터 패트릭이 지었다고 전해지며 〈성 패트릭의 흉배(St. Patrick's Breastplate)〉로 알려져 있는 고대 아일랜드 송가가 특히 분명하게 일러준다. '흉배'라는 주제는 켈트 기독교 영성에서 흔하게 등장하는 주제다. 이는 '하나님의 전신갑주'를 가리키는 바울의 말(엡 6:10-18)을 바탕 삼아, 하나님의 임재와 모든 범위에 걸친 관련 능력들이 신자를 보호해준다는 주제를 전개한다. 이 송가의 구조는 삼위일체 형태를 강하게 보여주지만, 송가 자체는 하나님을 아는 수단인 자연계에 푹 빠져 있음을 보여준다. 세계를 지으신 하나님은 그리스도인을 모든 위험에서 보호하시는 하나님과 같은 하나님이시다.

아일랜드의 수도원들은 선교 활동의 중심지로서 작동하면서, 바닷길을 기독교를 전하는 통로로 자주 사용했다. 브렌단(484-577)과 콜룸바(521-597)가 이런 선교사 유형을 가장 잘 보여주는 사례다. 〈성 브렌단의 항해〉라는 제목을 가진 시(1050경에 나온 시)는 브렌단이 '북쪽과 서쪽의 섬들'(사람들은 보통 이 섬들이 스코틀랜드 해안에서 떨어진 오크니 제도와 헤브리디스 제도일 거라고 추측한다)로 선교 여행을 한 것을 칭송한다.

콜룸바는 아일랜드 북부에서 스코틀랜드 서쪽 섬들로 기독교를 전했으며, 선교 전초기지로 이오나 수도원을 세웠다. 여기서 기독교는 남쪽과 동쪽으로 뻗어나갔다. 아이단(651 사망)은 이런 식으로 선교사로서 활동했던 이오나 출신 수도사 중 가장 훌륭한 본보기다. 그는 노섬브리아(중세 영국 북부의 왕국) 지역을 다스리는 왕의 초청을 받아 잉글랜드 북동부 해안에 있는 린디스판 섬에 선교 수도원을 세웠다. 켈트 기독교는 프랑스로 침투하기 시작하여 이 지역에서도 점차 영향력을 키워갔다.

켈트 기독교와 그 라이벌인 로마 기독교의 갈등을 무시해서는 안 된다. 켈트 기독교는 주교 제도를 그 뿌리부터 위협했고, 로마의 힘을 감퇴시켰으며, 기독교를 세상 문화가 더 받아들이기 힘든 종교로 만들었고, 수도원 제도가 그리스도인의 삶을 규율하는 규범이 되게 했다. 콜룸바가 세상을 떠난 597년에는 켈트 기독교의 포부가 우위에 서는 것은 불가피한 일로 보였다. 하지만 그다음 세기에 일어난 일련의 발전으로 인해 이런 포부는 켈트 기독교의 중심지인 아일랜드 밖에서는 점차 퇴조하게 되었다. 역사의 우연이겠지만, 이런 퇴조를 가져온 사건이 콜룸바가 죽은 바로 그해에 일어났다. 597년, 교황 그레고리오 1세는 잉글랜드 사람들에게 복음을 전하고자 캔터베리의 아우구스티누스를 잉글랜드로 보낸다(2.1.1). 로마의 기독교 형태들이 잉글랜드에 확고히 자리를 잡자, 여전히 켈트 기독교 전통을 신실히 지키던 잉글랜드 북부의 그리스도인들과 로마 기독교 전통을 신실히 따르는 남부의 그리스도인들이 갈등을 빚게 되었다.

잉글랜드 동북부에 있는 고을 스트리에이니샬치(Streanaeshalch)—나중에 '휫비'로 이름을 고친다—가 앵글로·색슨족 귀부인인 힐드(또는 힐다, 614-680)가 한 일로 말미암아 명성을 얻었다. 힐드는 이곳에 수도원과 수녀원을 세웠다. 많은 사람이 휫비 공의회(664)를 잉글랜드에서 로마 기독교의 제도적 우위를 확립한 사건으로 보고 있다. 이 공의회는 언제를 부활절로 기념해야 하는가 하는 문제에 초점을 맞췄지만(켈트 기독교와 로마 기독교는 이 문제를 놓고 견해를 달리했다), 진짜 이슈는 로마에 책임을 지는 캔터베리 대주교의 영향력이 점점 커져간 점과 관련이 있었다. 6세기에 일어난 색슨족의 잉글랜드 침공은 이 지역 문화에 더 심대한 변화를 가져왔다. 켈트 문화 그리고 이 켈트 문화의 독특한 기독교 접근법이 브리타니아 변방으로 쫓겨날 수밖에 없었던 것은 십중팔구 색슨족의 세력 팽창이 계속되었기 때문일 것이다.

2.1.3. 7세기: 이슬람교와 아랍의 팽창

600년에 이르자, 기독교는 북아프리카 서쪽 해안 지역을 포함하여 우리가 지금 중동으로 알고 있는 지역의 많은 부분에서 확고히 자리 잡았다. 북쪽으로는 다뉴브 강과 라인 강에 이르기까지 자리를 잡았다. 기독교는 로마 제국 동쪽으로도 뻗어가 페르시아에 자리를 잡았는데, 이곳에서는 '네스토리우스파'로 알려지게 된 기독교 형태가 영향력을 얻었다.

그러나 이슬람교가 등장하면서 이런 상황이 크게 변한다. 이슬람교는 무함마드(570-632)의 가르침에 기초한 종교적 믿음 체계로서, 아랍 사람들에게 새로운 종교(신앙) 정체성을 제공했다. 처음에는 이슬람교의 팽창이 아라비아반도에 국한되었다. 이슬람교는 무함마드가 죽은 직후에 펼쳐진 정통 칼리프조 시대(632-661, Rashidun Caliphate, 무함마드 뒤를 이어 네 칼리프가 잇달아 통치한 시대—옮긴이)에 무력 정복으로 교세를 급속히 확장했다. 이렇게 교세 확장이 쉽게 이루어진 것은 주변 지역의 취약성을 일부 보여주는 것이기도 하다. 당시 주변 지역들은 그 이웃들과 서로 죽고 죽이는 싸움이나 갈등을 벌이는 바람에 탈진해 있는 경우가 잦았다. 640년에는 칼리프의 힘이 메소포타미아, 시리아, 팔레스타인까지 미치게 되었고, 642년에는 이집트, 그리고 643년에는 페르시아제국까지 미치게 되었다. 이제는 '5대 교구'를 이루는 다섯 대도시 교구 중 셋(예루살렘, 알렉산드리아, 안디옥)이 이슬람교의 손안에 떨어져, 기독교 신학과 정치 행정의 중심지 기능을 하지 못하게 되었다.

이슬람교가 그 세력을 크게 확장한 두 번째 시대는 다마스쿠스를 근거지로 한 우마이야조(Umayyad Caliphate, 661경-750) 시대였다. 이슬람 군대는 북아프리카 해안을 따라 서쪽으로 진군한 뒤, 지브롤터해협을 건너 에스파냐에 그 터를 구축했다〔이렇게 하여 이슬람교가 자리 잡은 지역을 아랍어로

'알안달루스(Al-Andalus, 오늘날의 에스파냐와 포르투갈을 아울러 부르는 이름이다—옮긴이)'라 부른다]. 이렇게 유럽까지 뻗어나간 이슬람교의 세력 확장은 아랍 군대가 732년에 투르 전투에서 프랑크 군대에 패하면서 끝나게 된다. 그러다 결국 우마이야조도 아바스조(Abbasids)에 패하면서 막을 내린다. 아바스조는 칼리프조의 중심지를 다마스쿠스에서 바그다드로 다시 옮겼다. 그러나 알 안달루스만은 여전히 우마이야조의 손안에 남아 있었다.

과학 연구와 다른 학문들이 융성했던 아바스 칼리프조를 이슬람 역사의 '황금시대'로 여기는 이들이 많다. 이 시대에 고전 철학과 과학 텍스트들(예를 들어, 아리스토텔레스의 책)이 보존되고 번역되었다. 에스파냐는 이슬람교와 기독교가 만나는 중요한 지점이 되었고, 중세 기독교가 고전 철학과 과학을 재발견할 때 중요한 역할을 하게 된다. 아바스 칼리프조는 튀르크 군대에게 많은 영토를 점령당한 1519년에 결국 막을 내리고, 콘스탄티노폴리스에 근거지를 둔 오스만튀르크 제국에 합병당하고 만다.

이슬람교의 등장은 중세 기독교 역사에서 대단히 중요한 사건이었다. 이를 극명하게 보여주는 점을 든다면, 유럽의 기독교 지역들이 에스파냐와 터키에서 이슬람교가 보여준 냉혹한 팽창을 보며 그들의 안전을 두려워하기 시작했다는 점이 아닐까 싶다. 십자군이 탄생한 원인은 여럿이었지만, 이처럼 기독교권의 안전에 관한 우려가 점점 커지고 있었던 것도 한 이유였다.

하지만 이슬람교는 동쪽은 물론이요 서쪽에서도 기독교 신학자들에게 지적 자극을 제공하기도 했다. 많은 이들이 아리스토텔레스 재발견을 아랍 학자들 덕분으로 여긴다. 이런 발전은 이번 장 뒤에 가서 살펴보겠다. 아울러 이슬람교는 기독교 신학자들에게 그들의 사상, 특히 하나님의 본질에 관한 사상을 발전시키고자 하는 지적 동기를 제공했다. 중세 신학은 종종 그 시대 이슬람 학자들, 특히 알가잘리(1058-1111)와 이븐시나(라틴어식 이름은 아비센나, 980경-1058)가 제기한 문제들을 다루었다. 하나님의 자유에 관한 중세의 논쟁들은 종종 이런 저술가들이 제기한 문제들을 인식한 데 따른 결과물이며, 아랍어로 번역되어 보존된 고전 자료들이 이런 논쟁들을 인도할 때가 자주 있었다. 이 점은 우리 논의 뒷부분에서 더 자세히 살펴보겠다(2.2.2).

2.1.4. 샤를마뉴 시대

6세기에 들어와, 라인 강과 루아르 강 사이에 튼튼하고 중요한 왕국을 건설한 게르만족을 일컫는 말로 '프랑크족'(프랑크 사람들, 라틴어로 *Franci*)이라는 말을 사용하게 되었다. 기독교 유럽 형성에서 이 프랑크족이 점점 더 큰 중요성을 갖게 되었음은 샤를마뉴(742경-814)의 등장과 장차 '신성로마제국'으로 알려지게 된 국가의 수립에서 가장 잘 알 수 있다. 샤를마뉴 황제는 서유럽의 문화 정체성을 형성하고 기독교를 서유럽을 지배하는 신앙으로 확고히 세우는 데 아주 중요한 역할을 했다. '샤를마뉴'라는 이름은 사실 칭호(샤를 대제, 프랑스어로 Charles le Magne)이며, 프랑크 왕이었던 땅딸이 페팽의 아들 샤를을 가리킨다. 샤를마뉴는 작은 나라들을 훨씬 더 큰 한 왕국으로 굳건히 결합하려던 그 아버지의 시도를 계속 이어갔다.

샤를마뉴는 서로마제국이 몰락한 뒤 지방으로 흩어져버린 권력을 다시 중앙에 집중시켰다. 이는 오늘날의 이탈리아와 프랑스 그리고 독일에 걸쳐 자리한 새로운 정치적 실체를 만들어냈는데, 이 실체는 장차 '신성로마제국'으로 알려지게 된다. 이런 권력 공고화는 교회와 긴밀하게 연결되어 있었다. 땅딸이 페팽과 샤를마뉴를 향한 교황의 지지는 이들의 권위가 더 널리 받아들여지도록 하는 데 중요한 기여를 했다. 799년 12월 25일, 교황 레오 3세(재위 795-816)는 로마에 있는 성 베드로 대성당에서 샤를마뉴를

교황 레오 3세(750경-816)가 799년에 로마 성 베드로 대성당에서 샤를마뉴 황제에게 제관을 씌워주는 모습. Grandes Chroniques de France, 1375-1379, f.106r vellum, French School, 14세기.

임페라토르 로마눔(*Imperator Romanorum*, '로마인들의 황제')으로 세우고 제관(帝冠)을 씌워주었다. 이 사건은 엄청나게 중요한 상징성을 띤 진전이었다. 서유럽에 기독교 국가인 로마제국이 다시 들어섰다. 이 진전은 유럽의 영적 지도자요 세력 중재자로서 교황이 가지는 중요성을 더 공고히 다져주었으며, 교회가 새로운 사회 질서 속에 굳건히 뿌리내리게 해주었다.

샤를마뉴의 가장 중요한 업적 중 하나는 전진해오는 이슬람 세력을 되돌려 유럽 서남부에 묶어둔 것이었다. 이슬람 침입자들은 8세기에 에스파냐 대부분을 점령하고 피레네 산맥을 넘어 프랑스 남부로 들어갔었다 (2.1.3). 샤를마뉴 치세기가 끝날 즈음에는 이런 위협이 해소되었다.

샤를마뉴 시대는 8세기와 9세기에 주로 성직자들 가운데서 문화가 되살아나는 것을 목격했다. 사람들은 이런 문화 부흥을 종종 '카롤링거 르네상스'라 부른다. 이런 발전의 원인은 여럿이지만, 수도원이 교육과 문화의 중심지로서 점점 더 큰 중요성을 갖게 된 것도 한 원인이었다. 샤를마뉴는 잉글랜드의 대학자인 요크의 앨퀸(804 사망)을 초청하여, 782년부터 아헨에 있는 그의 궁정학교를 도와 교육 프로그램을 개발하게 했다. 이는 그 시대가 학문과 교육이 중요하다는 인식이 더 넓어졌음을 보여주는 것이자, 서유럽 전역에 걸쳐 학문의 중심인 수도원에서 필사본 생산이 이루어졌음을 보여준다. 이 시대에 이루어진 가장 흥미로운 발전 중 하나가 코르비 수도원에서 '카롤링거 소문자체(Caroline miniscule script)'—특히 필사본을 베끼는 데 적합한 필기 형태—를 발명한 일이었다. 교회가 이런 지식 르네상스를 탄생시키는 데 중요한 역할을 했음을 고려하여, 이 성당학교의 발전을 더 자세히 살펴보도록 하겠다.

2.1.5. 수도원학교와 성당학교의 등장

현대 독자들이 보기에는 대학이 세계의 지적 성찰과 학문 연구의 중심지다. 그러나 9세기만 해도 대학이라는 개념은 아직 발전하지 않았다. 앞으로 보겠지만, 이 새 제도는 11세기 말에 가서야 등장하게 된다. 800년부터 1100년에 이르는 기간 동안, 대학은 학문의 중심으로서 독특한 지위를 얻기 시작한 수도원과 성당에 딸려 있는 학교였다.

성당학교의 발전은 교구 주교의 교육 비전 때문인 경우가 자주 있었다. 5세기 말에 들어와 로마제국의 전통 교육 구조가 무너지면서, 주교들은 그들이 통솔하는 성직자들이 계속하여 좋은 교육을 확실히 받을 수 있게 준비했다. 어떤 면에서 보면, 이것은 현실을 고려한 결정으로서, 글을 쓸 수 있고 기본 행정 능력을 갖춘, 학식이 있는 성직자를 가져야 할 필요를 반영한 것이었다. 그러나 이런 결정은 종종 배움을 사랑함에서, 그리고 배우고 연구할 기회가 제한된 시대에 늘 살아 있는 학문연구를 유지하고픈 욕구에서 나온 결정일 때도 있었다.

아주 일찍이 6세기와 7세기에 에스파냐에서 이런 성당학교들이 발전하긴 했지만, 이런 종류에 속하는 가장 중요한 학교 중 몇몇은 잉글랜드에서 발전했다. 잉글랜드가 교황 그레고리오 1세의 선교사 파송 결정으로 말미암아 결국 기독교로 개종하면서, 신학 교육이 화급히 필요하게 되었다 (2.1.1). 그 무렵까지만 해도 기독교 학문을 연구한 역사가 거의 없었던 지역이 성직자를 교육할 채비를 갖춰야 했다. 처음에는 성당학교가 잉글랜드 남부 켄트의 캔터베리(597)와 로체스터(604)에 세워졌고, 곧이어 잉글랜드 북부 요크 민스터에 큰 학교가 세워졌다(627).

그다음으로 성당학교 건립의 물결이 밀어닥친 곳은 프랑스였으며, 특히 샤르트르, 라옹, 리에주, 오를레앙, 파리, 랭스, 그리고 루앙의 성당에 성당학교가 세워졌다. 파리 성당학교는 12세기에 이르러 마침내 파리 대학교가 된다. 이 성당학교들은 지역 주교의 통제를 받았으며, 대체로 지역 성직자들을 교육하는 데 초점을 맞췄다.

그러나 이런 성당학교만이 배움의 유일한 중심지는 아니었다. 유럽의 몇몇 큰 수도원들이 학문의 탁월한 중심지로 등장했으며, 큰 도서관도 세웠다. 이 수도원들은 대부분 베네딕트회 소속이었다. 사실은 많은 수도원이 학문을 그들이 받은 소명에 필수불가결한 것으로 여겼다. 베네딕트회 영성에서는 다음 세 요소가 특히 중요했다. 전례기도, 손으로 하는 노동, 그리고 렉티오 디비나(*lectio divina*, 라틴어로 '거룩한 독서'를 뜻하는데, 조용히 묵상하며 성경을 깊이 읽는 것을 말한다). 성경 본문을 암송할 수 있는 수도사들이 많았지만, 렉티오 디비나에 중요한 위치를 부여하다 보니, 성경 본문을 손으로 필사할 필요성이 생겨날 수밖에 없었다.

많은 수도원이 필사실(*scriptorium*, 사본을 필사하는 데 사용하는 특별한 방이나 공간)을 만들고 도서관을 세웠는데, 이런 도서관에는 성경과 기독교 신학 작품뿐 아니라 고전기 역사 작품과 문학 작품을 함께 소장할 때도 자주 있었다. 카롤링거 시대 수도원 도서관은 기독교 작품과 이교 작품으로 가득했는데, 이 작품들은 후세에 전해줄 목적으로 정성들여 베껴 쓴 것이었다. 오늘날 사람들이 널리 참고하는 고전 작품이 많이 살아남은 이유는 카롤링거 시대의 이런 필사 과정 덕택이다. 예를 들어, 율리우스 카이사르가 쓴 《갈리아 전기》 필사본 중 가장 시기가 빠른 둘은 모두 9세기 프랑스에서 만들어졌다.

2.1.6. 비잔티움 기독교: 단성론과 성상숭배주의

기독교 세계를 갈라놓은 기독론 논쟁을 끝내고자 칼케돈 공의회를 열었지만(451), 나사렛 예수의 정체에 관한 공의회의 공식 정의는 동로마제국 전역에서 만장일치 지지를 얻진 못했다. 칼케돈은 그리스도의 '두 본성'을 강조하면서, 그가 참 사람이요 참 하나님이시라고 선언했다(1.5.9). 그러나 특히 이집트와 시리아에서 영향력을 발휘한 '단성론자들'은 그리스도를 오직 한 본성만을 가진 이로 이해해야 한다고 역설했다. '단성론자'(Monophysite, 이는 그리스어로 '단일 본성'을 가리키는 말에서 나왔다)라는 용어는 칼케돈 공의회가 나사렛 예수의 정체를 이해하고자 정립한 공식에 우려를 품었던 이들이 널리 쓴 말은 아니었다. 그들은 대체로 관련 용어인 '한 본성론자'(Miaphysite, 그리스어로 '한 본성'을 가리키는 말에서 나왔다)를 선호했다.

이는 6세기에 신학자들로 하여금 신학 수완을 발휘하여 두 진영의 의견 차이를 최소로 만들어보려는 시도들을 하도록 자극했지만, 결국 이 다툼은 치유 불가임이 드러났다. 이 다툼은 결국 유럽의 정통 기독교회와 이집트, 에티오피아, 시리아, 아르메니아에 있는 교회 그룹(이제는 '동방정교회'로 알려져 있다)의 대분열로 이어졌다. 이런 분열은 오늘날까지도 계속되고 있다. 동방정교회는 처음에 열렸던 세 교회일치 공의회의 권위만 인정한다. 즉, 니케아 공의회(325), 콘스탄티노폴리스 공의회(381), 그리고 에베소 공의회(431)의 권위만 인정하면서, 칼케돈 공의회(451) 때 만사가 어그러졌다고 주장한다.

그러나 이 시대에 벌어진 가장 중대한 다툼은 기독교 예배와 섬김에서 성상(icons)이 차지하는 위치와 관련되어 있었다. (*eikon*이라는 그리스어는 '형상'을 뜻한다.) 동방정교회의 가장 독특한 특징 중 하나는 공예배와 개인의 사사로운 신앙생활에서 성상을 '인식의 창'으로 사용한다는 점이다. 그러나 이런 관습은 8세기와 9세기에 벌어진 '성상파괴'(iconoclastic, '형상을 파괴하는'이라는 뜻을 가진 그리스어에서 나왔다) 논쟁 때 혹독한 비판을 받았다. 물론 다른 이슈들도 관련되어 있었지만, 논쟁의 중요 문제 중 하나는 섬김 목적으로 그리스도의 형상을 만들어내는 것이 합당한가 하는 문제였다. 동방교회에서는 이 관습이 이미 오랫동안 존속해왔고, 이 지역의 대다수 그리스도인은 이 관습을 문제시하지 않았다. 그러나 8세기 초에 이르러, 이 관습은 그 타당성을 의심받기 시작했다.

첫 번째 성상파괴 논쟁을 불러일으킨 사건은 730년 무렵에 일어났다. 이때 황제 레오 3세가 콘스탄티노폴리스 대궁전으로 들어가는 공식 입구 위에 당당히 자리하고 있던 그리스도 형상을 제거하라고 명령했다. 레오는 이 형상을 제거할 때 교회 지도자들과 상의하지 않았으며, 설령 상의했다 해도 십중팔구는 그들의 지지를 얻지 못했을 것이다. 이런 변화를 일으켰을 만한 동기를 하나 들자면, 이 지역에서 이슬람교의 영향력이 점점 커지고 있었다는 점을 지적할 수 있겠다(2.1.3). 이슬람교는 신을 묘사한 어떤 형상도 적대시했다. 레오는 이를 고려하여 이슬람교를 믿는 그의 이웃들을 자극할 만한 화근을 아예 제거해버림으로써, 일어날 수도 있는 정치적 갈등과 이슬람 세력의 침입 위협을 줄이는 것이 현명하겠다는 결론을 내렸을 수도 있다.

그러나 레오의 성상파괴 작전은 상당한 반대에 부닥쳤다. 성상은 사람들의 신앙생활, 특히 수도원 영성에서 중요한 역할을 했다. 다마스쿠스의 요한은 성상파괴를 앞장서 비판하면서, 성육신 교리가 예배와 신앙생활에 성상을 사용하는 것을 강력히 밑받침해주는 신학 근거라고 지적했다. 요한은 다마스쿠스에 터를 잡고 활동했는데, 다마스쿠스는 그때 이미 이슬람 세력의 주요 행정 및 정치 중심지가 되어 있었다. 요한이 쓴《정통 신앙 강설》은 신학 고전으로서 널리 인정을 받았고, 정교회의 독특한 신학적, 영적 견해를 형성하는 데 많은 기여를 했다. 레오가 성상에 보인 적대감은 그의 뒤를 이은 황제들도 계속 이어가다가 결국 787년 이르러 여제(女帝) 이레네(752-803)가 마침표를 찍었다.

처음에는 성상파괴 논쟁의 발생 원인이 신학과 무관했던 것으로 보이나, 이 논쟁은 분명 여러 신학 문제들을 일으켰다. 그런 문제 중 하나가 성상 예배도 우상 숭배인가 하는 문제였다. 이 문제는 2차 니케아 공의회 (787)에서 규명했는데, 이 공의회는 예배를 두 종류로 구분했다. 우선 엄격한 의미의 예배(그리스어로 *latria*)는 오직 하나님께만 올려야 하므로, 성상에게 이런 예배를 올리는 것은 어떤 경우에도 타당하지 않았다. 그러나 성상에게 적합한 약한 의미의 예배(그리스어로 *doulia*)도 있었다. 이를 영어로 번역하면 'veneration'(흠숭)이나 'reverence'(공경) 정도가 가장 좋을 것 같다. 2차 니케아 공의회는 이 두 개념이 대중의 신앙생활에서 자주 혼용되고 있음을 인식하고, 이 둘을 구분해야 할 필요가 있음을 인정했다.

하지만 이것으로 논쟁이 끝나지는 않았다. 상당히 고요한 시간이 지난 뒤, 815년에 한 황제가 성상파괴를 되살렸다. 이번에도 역시 이웃한 이슬람 세력들과 원만한 관계를 유지하는 것을 바람직한 목표로 삼는 정치적 고려가 작동했던 것으로 보인다. 하지만 역시 대중의 지지를 거의 얻지 못한 이런 일을 벌이게 한 동기가 무엇인가는 여전히 분명치 않다. 역시 이번에도 성상파괴에 마침표를 찍은 이는 한 여제였다. 여제 테오도라가 843년에 성상복구를 선언한 것이다. 이 일이 있은 뒤에는 성상 사용이 더 이상 논란이 되지 않았다. 성상파괴 논쟁은 843년에 성상을 다시 허용한 뒤에 이루어진 비잔티움의 성상 생산에 깊은 영향을 미쳤다. 개개 성인을 묘사한 독특한 초상 형태의 성상이 만들어진 것을 포함하여 새로운 스타일의 성상이 발전했다.

이 무렵 서방 교회에서도 여러 논쟁이 벌어졌다. 다음 항에서는 9세기에 프랑스 북부의 한 주요 신학교에서 일어난 몇몇 신학 논쟁들을 살펴보겠다.

2.1.7. 9세기의 논쟁: 그리스도의 실제 임재와 예정

가장 중요한 프랑스 수도원학교 중 하나가 7세기에 프랑스 북부 피카르디 지방의 코르비에 세워졌다. 9세기에 이르자, 코르비 수도원은 이 지역에서 가장 중요한 학문 중심지 중 하나가 되었다. 이곳엔 수많은 고전기 라틴 문학 작품을 소장한 큰 도서관이 있었다. 이 수도원은 그 시대를 이끈 여러 학자와 사상가들을 끌어당겼는데, 그런 이 중에는 파스카시우스 라드베르투스(785-865)와 라트람누스(868 사망)가 들어 있었다.

이 두 학자는 그리스도의 실제 임재가 지닌 본질을 놓고 벌인 논쟁의 중심에 서 있었다. 두 학자는 똑같이 〈그리스도(주)의 몸과 피에 관하여(De Corpore et Sanguine Domini)〉라는 제목의 책을 썼지만, 그리스도의 실제 임재에 관하여 서로 정반대되는 이해를 제시했다. 844년 무렵에 집필을 마친 라드베르투스는 성찬 때 빵과 포도주가 실제로 그리스도의 몸과 피가 된다는 생각을 펼쳐 보였다. 반면 그보다 조금 뒤에 저서를 내놓은 라트람누스는 빵과 포도주가 그리스도의 몸과 피를 나타내는 상징일 뿐이라는 견해를 옹호했다. 라드베르투스는 평범한 빵이 정확히 어떻게 그리스도의 몸으로 바뀌는가에 관하여 설득력 있는 설명을 제시하는 데 다소 어려움을 겪었다. 그런데도 그는 이 변화가 물리적 사실이며 영적 중요성을 갖는다는 것을 추호도 의심하지 않았다.

라트람누스는 그렇게 확신하지 않았으며, 사뭇 다른 입장을 갖고 있었다. 평범한 빵과 성별(聖別, 거룩히 구별)한 빵의 차이는 신자가 그 빵을 인식하는 방식에 있었다. 성별한 빵도 여전히 빵이었다. 하지만 신자는 이 성별로 말미암아 더 깊은 영적 의미를 인식할 수 있었다. 따라서 평범한 빵과 성별한 빵의 차이는 객관적이라기보다 주관적이었으며, 빵 자체가 가진 차이라기보다 신자가 느끼는 차이였다.

코르비 신학교는 9세기에 벌어진 또 다른 논쟁과도 관련이 있었다. 이번에는 예정이라는 문제가 초점이었다. 이 쟁점은 많은 이들이 히포의 아우구스티누스가 펠라기우스 논쟁(1.5.6) 때 전개한 은총의 신학에서 미해결로 남은 문제라 여긴 것에서 나온 것이었다. 하나님은 일부 사람들이 파멸에 이르도록 적극 예정하셨는가? 아니면 그들이 다만 구원 대상에서 제외된 것은 그들이 구원에 이르도록 하나님이 예정하시지 않았다는 의미일 뿐인가? 아우구스티누스는 (비록 이 문제에서 철저히 일관된 태도를 보여주진 않지만) 예정을 **적극적**이고 **능동적**인 것으로—하나님이 심사숙고하여 내리신 구속(救贖) 결정으로—다루곤 한다. 하지만 그를 비판하는 이들이 지적하듯이, 이렇게 일부 사람들을 구속하겠다는 결정은 그 사람들을 제외한 다른 이들을 구속하지 **않겠다는** 결정과 같았다.

9세기에 큰 예정 논쟁이 벌어지면서, 방금 말한 문제가 새로이 힘을 얻어 수면으로 떠올랐다. 이 논쟁에서 베네딕트회 수도사인 오르베의 고데스칼츠(804경-869경, '고트샬크'로도 알려져 있다)는 후대에 칼뱅 및 칼뱅 추종자들이 전개한 이론과 비슷한 이중 예정론을 전개했다. 고데스칼츠는 주로 수아송 교구에 속한 오르베의 수도원학교와 관련이 있었지만, 코르비의 수도원에서 연구하며 얼마간 시간을 보내기도 했는데, 아마 이때 자신의 입장을 전개하는 데 도움을 얻고자 이 수도원 도서관을 사용했을 가능성도 있다.

고데스칼츠는 하나님이 일부 사람을 영원한 벌에 처하기로 예정하셨다는 그의 주장에 담긴 의미들을 혹독한 논리로 파고들면서, 그리스도가 그런 사람들을 위해 돌아가셨다고 말하는 것은 아주 적절치 않다는 점을 지적했다. 그리스도가 그렇게 돌아가셨는데도 그런 이들의 운명이 아무런 영향을 받지 않는다면, 그리스도가 헛되이 돌아가셨다는 결과가 되기 때문이고, 이런 결론은 생각할 수 없는 것이었다. 이 때문에 고데스칼츠는 그리스도가 **다만 택함을 받은 자들만을 위해** 돌아가셨다고 주장했다. 그리스도의 구속 사역이 효력을 미치는 범위는 제한되어 있으며, 그의 죽음으로 은덕을 입게 예정된 자들에게 국한된다. 9세기의 대다수 저술가는 이런 주장을 비판하는 반응을 보였다.

2.1.8. 정교회의 동유럽 선교: 불가리아와 러시아

앞서 언급했듯이, 새 프랑크제국을 건설하려는 샤를마뉴의 포부는 서유럽의 얼굴을 바꿔놓았다(2.1.4). 많은 이들은 샤를마뉴를 당시에 이미 사라진 로마제국의 정치적, 문화적 권위를 재건한 인물이요, 그 지역에 새로운 안정을 가져다준 인물로 보았다. 그렇다면 동유럽은 사정이 어땠을까?

동로마제국은 서로마제국이 지방과 지역 권력들로 쪼개진 뒤에도 오랫동안 존속했고, 심지어 이탈리아 지역에도 잠시나마 그 권위를 재차 행사하기도 했다(1.4.7). 그렇다면 콘스탄티노폴리스 북쪽의 영역들은 사정이 어땠을까? 기독교는 이 지역에서도 이미 여러 세기 전에 그 발판을 구축했다. 하지만 로마제국이 무너지면서 대다수 사람들은 다시 다양한 형태의 이교 신자로 돌아가버렸다.

9세기에 이르자 유럽 동남부의, 이를테면 불가르족과 마자르족 같은 민족들은 점점 더 어려운 정치 상황에 처하게 됐다. 그들의 서쪽에는 점점 더 강력해지고 영토를 넓히려는 야심을 분명히 드러내던 프랑크제국이 있었다. 그들의 동쪽에는 마찬가지로 강력한 비잔티움제국이 있었다. 정치 현실은 분명했다. 이 민족들이 독립을 지키려면, 언젠가는 이 세력권 중 하나와 어떤 형태로든 동맹을 맺어야만 했다. 그러나 이 두 강대한 제국은 기독교 국가인데도, 각기 그 종류가 사뭇 다른 기독교를 대표하고 있었다. 프랑크제국은 가톨릭이었으나, 콘스탄티노폴리스는 정교회였다. 유럽 동남부 민족들은 둘 중 하나를 택해야 했다.

863년, 이 유럽 동남부 지역을 점차 기독교권으로 바꿔놓게 될 일련의 사건들이 시작되었다. 샤를마뉴 황제의 손자인 루트비히 2세(806-876)가 불가르족과 동맹을 맺었다. 이는 이 지역의 세력 균형에 중대한 변화를 일으켰다. 이웃한 슬라브족 지역에 있던 대(大)모라비아(Great Moravia)의 대공 라스티슬라프는 이 지역을 프랑크족이 지배할까 두려워하여 동쪽의 제국과 동맹을 맺기로 결심한다. 그는 콘스탄티노폴리스에 사절을 보내어 동로마 황제 미카일 3세(재위 842-867)에게 선교사를 모라비아에 보내달라고 요청했다.

황제는 슬라브 방언에 익숙한 두 형제 키릴루스와 메토디우스를 파송했다. 두 형제는 864년에 모라비아의 수도인 벨레흐라트에 도착하여, 기독교 문헌을 슬라브어로 번역하기 시작했다. 두 형제는 이렇게 번역한 것들을 기록하고자, 그리스어를 토대로, 오늘날 글라골문자로 알려져 있는 문자를 만들어냈다. 러시아 사람들이 사용하는 키릴문자도 역시 이 문자 창안과 관련이 있는데, 지금은 키릴문자를 키릴루스 자신이 만들었다기보다 그의 한 제자가 만들어낸 것으로 보고 있다.

그러나 모라비아 지역의 정치 지형이 바뀌기 시작했다. 그 결과 모라비아는 콘스탄티노폴리스에서 나온 정교회보다 로마에서 나온 가톨릭의 영향 아래 들어갔다. 처음에는 가톨릭교를 받아들이기로 결정했던 불가르족은 이제 정교회를 선호하는 모습을 보이기 시작했다. 이 사안을 결정했던 문제는 불가르족이 그들 자신이 세운 대주교를 가질 수 있느냐, 아니면 제국의 권력이 그들에게 강요한 외부인을 받아들여야 하느냐라는 것이었다.

867년부터 886년까지 황제 자리에 있었던 바실리우스 1세가 양쪽을 모두 만족시키는 방안을 찾아냈다. 그는 불가르가 콘스탄티노폴리스와 동맹이 되면 불가르 '자치'(autocephalous, 이는 그리스어로 '자치'를 뜻하는 말에서 나왔다) 교회를 갖게 되리라고 선언했다. 관념상으로는 콘스탄티노폴리스의 통제를 받지만, 사실상 독립 교회가 되리라는 말이었다. 시간이 흐르면서 이 모델이 이 지역, 특히 러시아에 비잔티움 기독교의 사상과 관습을 확산시키는 데 영향을 주었음이 드러나게 된다(2.4.3). 불가르족은 정교회를 택함으로써 그들의 자주성을 그대로 지키면서, 그들이 뽑은 정교회 주교와 대주교를 갖게 되었다.

9세기에 비잔티움이 파송한 그리스인 선교사들의 선교 활동으로 말미암아 키예프대공국(Kievan Rus')—지금의 러시아, 우크라이나, 벨라루스의 많은 지역을 아우르는 영역—이 개종하기 시작했다. '루스(Rus')'라는 말의 역사상 기원은 분명치 않다. 일부 학자들은 이 '루스'라는 말이 스웨덴 사람들을 가리키는 핀어(Finnish)에서 나온 말로, 이 지역에 사는 몇몇 민족들의 기원이 바이킹임을 일러준다고 주장한다. 이 지역에 관한 초기 비잔티움의 기록들은 이 지역 거주민들이 스칸디나비아식이나 슬라브식이 아닌 다른 인명(人名)을 갖곤 했다고 일러준다.

　전하는 말에 따르면, 러시아의 첫 개종은 988년에 일어났다고 한다. 이 해에 키예프대공국이 정교회 기독교를 받아들였다. 그러나 이런 진전은 이미 한 세대 전에 키예프 귀족들 사이에서 기독교가 성장하면서 그 기초가 놓였다. 키예프의 올가가 950년 무렵에 기독교로 개종했는데, 기독교로 개종한 키예프대공국의 첫 통치자였다. 그의 손자로 980년부터 1015년까지 재위했던 블라디미르 대공(블라디미르 1세, 958-1015) 때 키예프대공국은 슬라브족이 세운 국가 중 첫 기독교 국가가 되었다. 이 무렵 키예프는 콘스탄티노폴리스의 중요한 교역 파트너였으며, 분명 이런 상거래상의 연결고리가 이 지역이 정교회 기독교에 강한 관심을 갖게 북돋아주었다. 키예프는 러시아 기독교의 본산이 되어, 콘스탄티노폴리스 총대주교가 임명하는 대도시 주교가 자리하게 되었다.

2.1.9. 10세기: 제도의 쇠락과 부패

이제 대다수 역사가는 9세기를 문화와 지식 면에서 서유럽 기독교에 중요한 의미를 지닌 시기로 본다. 카롤링거 르네상스가 일어나면서, 예술과 문학 그리고 학문을 향한 관심이 되살아났다(2.1.4). 이는 주로 수도원학교 및 성당학교와 관련이 있었지만(2.1.5), 그래도 어떤 '파급 효과'가 있었다. 이 파급 효과로 말미암아, 새롭게 솟아오른 이런 에너지가 특히 황궁을 통해 더 넓은 영향을 미칠 수 있었다. 샤를마뉴를 이야기할 때 새 로마 황제라는 이미지에 아주 큰 중요성을 부여하기 쉽다. 하지만 서유럽의 많은 지역에서 질서를 회복시킨 것은 분명 그의 군사 수완과 행정 수완이었다. 위협은 여전히 남아 있었다. 그중에서도 특히 남쪽의 이슬람 군대와 스칸디나비아에 사는 스칸디나비아인(Norsemen)의 침공 내지 공격 위협이 아주 두드러졌다. 그러나 9세기에 이르러 이런 위협에 제동이 걸렸다.

교회는 카롤링거 르네상스 때 예술과 학문의 보호자요 사회 전체를 안정시키는 영향력으로서 중요한 역할을 했다. 그레고리오 1세가 발전시킨 교회 조직 모델(교황에게 책임을 지는 대주교의 권위에 복종하면서 자기가 맡은 교구 행정을 관장하는 주교들을 기초로 삼은 조직 모델)이 서유럽의 많은 지역에서 뿌리를 내리고 있었으며, 덕분에 이전 세기들보다 더 강하게 권력이 중앙에 집중될 수 있었다. 교황의 영향력이 중대한 분기점에 이른 것은 858년부터 867년까지 교황으로 재위했던 니콜라오 1세 때였다. 이때부터 교황이 세속 권력과 영적 권력을 함께 거머쥔 인물로 등장하기 시작했다. 이런 현상은 악용될 위험을 안고 있었지만, 분명 이것 때문에 교회는 사회 문제와 정치 문제에서 중요한 역할을 할 수 있었다.

그러나 카롤링거 르네상스도 결국은 잠시뿐이었음이 드러났다. 샤를마뉴가 죽자, 그의 제국은 산산조각이 났다. 지역 군벌(지역 주둔군 사령관)들과 지역 귀족(토호)들이 자신들이 사는 지역의 통제권을 장악했고, 이런 지역들을 그들 자신의 지배지(세력 기반)로 만들어버렸다. 이런 지역 귀족들이 영적 혜택이나 정치적 영향력을 반대급부로 얻길 기대하면서 지역 주교를 임명하는 경우도 종종 있었으니, 오늘날 사람들이 종종 '성직매매'라 부르는 관습이다. 마찬가지로, 니콜라오 1세가 숨지면서 약하고 분명 타락한 교황들이 잇따라 등장했다. 이 교황들은 로마의 유력 귀족 가문들이 뽑고 주무른 이들이었는데, 이 가문들은 서유럽 교회의 고결함과 효율성에 상처를 입혔다. 성직자가 혼인하거나 첩을 둠으로써 성직자는 독신이어야 한다는 요구를 조롱하는 경우도 허다했다.

교황의 역사 속에 존재한 이 타락한 시기에 마침표를 찍은 이가 황제 오토 1세(962년부터 973년까지 신성로마제국 황제였다—옮긴이)였다. 이런 발전은 오토 1세가 955년부터 964년까지 교황으로 있었던 요한 12세의 무능을 알고 깜짝 놀란 일이 계기가 되어 이루어졌다. 요한 12세의 아버지는 자기 아들이 교황으로 뽑힐 당시 약관 열여덟 살에 지나지 않는데도, 이 아들이 교황으로 뽑히게 하려고 로마 귀족들의 표를 매수했다. 이 시대 기록들은 요한이 수많은 정치 음모와 성적 밀통(간음)에 관여했다가 결국 오토 1세의 손에 쫓겨났음을 일러준다. 오토 1세는 레오 8세(재위 963-965)를 요한의 후계자로 세웠다. 이 교황 폐위는 논란거리가 되었지만, 이후 10세기에는 더 잦은 교황 옹립과 폐위로 이어졌다. 예를 들면 베네딕토 6세는 973년에 교황으로 옹립되었으나, 로마의 한 유력 가문이 꾸민 정치 책략으로 말미암아 그 이듬해인 974년에 목이 졸려 죽임을 당하고 말았다.

이런 사태에 대한 반응으로 개혁 운동이 교회 여러 부분에서 일어났다. 이 중에는 특히 1050-1080년 동안에 교황청 자체에서 일어난 개혁 운동도 있었다. 그러나 교황청 바깥에 있는 이들은 교회를 개혁하여 교회의 영성을 회복하고 교회의 세속 관여를 제한하려고 했다. 이런 운동 가운데 가장 중요한 것 중 하나가 베네딕트회 소속 클뤼니 수도원을 근거지로 삼아 일어난 운동이었다. 이 수도원은 아키텐 공 윌리엄 1세(875-918)가 909년에 부르고뉴에 세웠다. 수도원에 재정을 댄 대다수 후원자들은 오랜 기간 그 수도원과 인연을 유지하길 기대했으며, 특히 이를 통해 그들의 가족이 유력한 지위에 임명될 길을 확보하고자 했다. 하지만 윌리엄은 클뤼니 수도원을 미래에 자신이나 자신의 가족에게 부담할 모든 의무에서 확실하게 면제해주었다.

클뤼니 수도원은 교황의 권위 바로 아래에 있는 자치 공동체가 되는데, 로마와 부르고뉴는 거리가 멀었기 때문에 교황이 이 수도원 일에 간섭할 가능성은 없었다. 클뤼니 수도원장은 수도사들이 직접 뽑았으며, 세속 귀족들에게 아무런 의무도 지지 않게 된다. 클뤼니 수도원장은 클뤼니 수도원이 세운 부속 수도원(수녀원)에도 그 권위를 행사하게 된다. 12세기 말에

909년에 세워진 베네딕트회 소속 클뤼니 수도원. 동쪽에서 수도원 건물(18세기에 건축)과 클뤼니 3세 탑 (1088년부터 1130년까지 건축)을 바라본 모습이다. 2011년 촬영.

이르면 1,000개가 넘는 수도원이 클뤼니와 연결되어 있었던 것으로 추산된다. 클뤼니 수도원은 다른 많은 수도원 제도보다 더 엄격하게 베네딕트회 규칙을 해석했다.

그레고리오 개혁은 곧 더 자세히 살펴보겠다(2.2.1). 이제 우리는 점점 더 커지고 있던 동방교회와 서방교회의 간극을 극명하게 폭로해주는 한 가지 사태를 살펴봐야 한다. 바로 1054년에 일어난 '대분열'이다.

2.1.10. 동방교회와 서방교회의 '대분열', 1054년

서방 기독교와 동방 기독교의 관계는 초기 기독교 역사 내내 대체로 문제가 있었으며, 로마에 있는 교황과 콘스탄티노폴리스에 있는 황제의 뿌리 깊은 정치적 경쟁 관계를 자주 반영하곤 했다. 두 기독교회 사이에서는 대략 700년경부터 누가 봐도 신학적인 것이 분명한 의견 차이가 계속하여 발생했다. 그러나 이런 신학적 의견 차이는, 결국 1054년에 동방교회와 서방교회의 공식 결별에서 그 정점에 이른 긴장 국면의 주된 원인은 아닌 경우가 많았다.

두 교회가 처음으로 심각한 갈등을 보인 사건은 보통 아카키우스 분열(Acacian Schism)로 알려져 있다. 이렇게 틀어진 관계는 484년부터 519년까지 계속되었으며, 교황 펠릭스 3세(재위 483-492)가 단성론 논쟁(2.1.6)을 해결하려는 제노 황제(425-491, 재위 474-475/476-491)의 시도를 거부한 것이 분열의 원인이었다. 이 분열의 이름은 471년부터 489년에 세상을 떠날 때까지 콘스탄티노폴리스 총대주교를 지낸 아카키우스의 이름에서 따왔다. 교황 펠릭스 3세는 황제와 총대주교의 기독교 견해는 물론이요 이들의 정치적 독립에 분노하여 둘을 파문해버렸다. 결국 이 문제는 유야무야 해결되었고, 519년에 이르러 불안한 재결합에 양측이 모두 동의하게 된다.

이후 다시 동방교회와 서방교회가 갈등을 벌인 것은 8세기의 성상파괴 논쟁(2.1.6)이 낳은 여파 때문이었다. 이 논쟁에 관하여 서방교회에 도착한 보고들은 동방교회가 신자들에게 하나님이 아니라 형상을 예배할 것을 강요하고 있다고 일러주었다. 서방교회가 이런 인식을 갖게 된 것은 번역의 어려움도 한 원인이 되었다. 라틴어로 '예배'와 '흠숭'의 차이를 표현하기는 쉽지 않았다. 그 결과, 서방의 많은 신학자들은 2차 니케아 공의회(787)가 우상 숭배를 조장한다고 믿었다.

샤를마뉴 황제는 성상파괴 논쟁을 이렇게 해석한 것에 놀랐다. 번역하기가 어렵다는 사실을 몰랐던 황제는 2차 니케아 공의회의 결정을 자신이 독일에서 극복하려 하고 있던 바로 그 이교 형태로 빠졌음을 보여주는 것이라고 여겼다. 그는 794년 프랑크푸르트에 공의회를 소집했으며, 이 공의회는 어떤 형태의 성상 공경이나 성상 흠숭도 거부했다. 형상을 장식 목적이나 성인을 기릴 목적으로 교회 안에 존치하는 것은 허용했지만, 신자들이 형상 앞에 무릎을 꿇거나, 형상에 입을 맞추거나, 그 앞에 불을 켜는 것은 허용하지 않았다. 동방교회는 이를 자신들이 가장 소중히 여기는 관습 가운데 하나를 비판하는 것으로 여길 수밖에 없었다.

두 교회의 갈등은 포티우스 분열(Photian Schism, 863-867. 동로마 황제가 평신도 신학자 포티우스를 콘스탄티노폴리스 총대주교로 임명하면서 생긴 분열―옮긴이) 때 재차 격화되었다. 서방교회가 동방교회의 동의도 얻지 않은 채 *filioque*(필리오케, 라틴어로 '그리고 아들에게서도')라는 말을 서방교회의 사도신경에 집어넣은 것도 이 논쟁의 한 원인이었다. 이제 서방교회는 성령이 "아버지와 아들에게서 나오신다"고 말했으나, 동방교회는 성령이 그냥 "아버지에게서 나오신다"고 말하던 옛 문언을 그대로 고수했다. (아이러니한 것은, 근래의 연구 결과, 이 새롭고 문제 많은 문언을 사도신경에 들여온 것이 사실은 410년경에 동방교회의 어느 한 지역에서 열린 공의회 때문일 수 있다는 점이 밝혀졌다는 것이다.) 오늘날도 *filioque*라는 문구를 도입한 것이 순전히 말뜻 차원의 의미만을 갖는지, 아니면 예부터 내려온 기독교 전통 신앙과 깊은 차이를 보이는 신학적 견해를 대변하는 것인지를 놓고 학자들 사이에 논쟁이 계속되고 있다. 그러나 당시에 이 문제의 중요성을 의심하는 이는 아무도 없었다.

하지만 1054년의 분열은 이전의 논쟁들보다 더 심각한 사안이었다. 이 논쟁들은 분명 의심과 불신의 분위기를 만들어내는 데 한몫했지만, 보통은 큰 어려움 없이 타협을 통해 해결되곤 했다. 분명 동방교회와 서방교회가 문화와 언어와 신학 면에서 서로 다른 길로 발전하고 있었지만, 그래도 여전히 오직 한 기독교회만이 존재했다. 이런 불만들이 갈등은 만들어냈을지 모르나, 분열로 이어지지는 않았다.

우리는 서방교회가 *filioque*라는 문구를 서방교회의 신경에 사용한 것 때문에 빚어진 알력(1.5.4)을 이미 언급했다. 그러나 다른 의견 차이들이 더 심각한 갈등을 만들어냈다. 성찬에 누룩 없는 빵을 사용해야 하는가, 누룩 있는 빵을 사용해야 하는가? 동방교회 그리스도인들은 누룩 있는 빵(즉 이스트를 넣어 부풀린 반죽으로 만든 빵)을 사용하는 전통 관습을 그대로 유지했다. 그러나 서방교회는 어떤 이스트도 넣지 않고 만든 빵을 점점 더 많이 사용했다. 동방교회는 점점 더 자신들을 자극하는 교황의 보편 권위 주장〔교황의 이런 주장을 때로는 '황제교황주의(Caesaropapalism, 교황의 권위가 모든 교회에 미친다는 주장—옮긴이)'라 부른다〕에 분개했으며, 서방교회가 그 나름의 영적, 정치적 권위를 내세우는 콘스탄티노폴리스의 주장에 합당한 무게를 부여하지 않는다고 느꼈다.

그러나 많은 학자들은 11세기에 기독교 세계를 이끌던 두 그리스도인의 완고한 고집이 결국 파국을 몰고 온 계기였다고 주장한다. 그 둘은 1049년부터 1054년까지 교황을 지낸 레오 9세와 1043년부터 1059년까지 콘스탄티노폴리스 총대주교를 지낸 미카일 케룰라리우스였다. 레오 9세는 서방교회 규범을 이탈리아 남부 교회들에 강요했다(그때까지만 해도 이 교회들은 대체로 비잔티움의 전례와 신앙생활 관습을 따랐다). 이는 교회 전체에 교황이 주권을 행사한다는 주장을 펼친 것과 같은 것으로 보였다. 케룰라리우스는 동방교회의 정체성을 지킬 유일한 길은 로마와 남은 관계마저 완전히 단절하고 콘스탄티노폴리스에서 교황의 영향력을 모두 제거하는 것이라고 결론짓게 되었던 것 같다.

중세 동안에 이 한 몸의 분열을 누그러뜨리려는 다양한 시도가 있었다. 그러나 그 가운데 어느 것도 사실상 그리 큰 성과를 얻지 못했다. 이는 4차 십자군 원정(1202-1204)의 쓸쓸한 결과에도 일부 반영되었다. 서방 군대는 지중해 동부 지역에서 이슬람의 무력 팽창을 저지하려고 했지만, 결국은 콘스탄티노폴리스를 포위한 뒤 이 도시를 점령하고 말았다(2.2.5). 애초부터 이 십자군이 의도한 목표가 콘스탄티노폴리스 점령이었는지는 지금도 역사가들의 논쟁거리다. 사고였는지 아니면 고의였는지 모르겠으나, 서방 군대의 콘스탄티노폴리스 약탈은 동쪽과 서쪽이 확실히 멀어지게 만들었다. 동방교회와 서방교회의 화해는 이제 사실상 불가능해졌다. 결국 서방 교회는 중세 동안 다소 독자 노선을 따라 발전하게 되며, 콘스탄티노폴리스의 의견을 고려해야 한다는 의무감도 느끼지 않게 된다.

2.2. 중세 전성기의 여명

사람들은 11세기가 서유럽 기독교 역사에서 아주 중요한 변화를 겪은 시기라는 데 대체로 동의한다. 많은 사태 진전이 이런 상황 변화를 만들어내는 데 이바지했다. 서유럽이 스칸디나비아 또는 무어인이 차지한 에스파냐에 침공당하리라는 위협은 줄어들었다. 콘스탄티노폴리스를 근거지로 삼은 동로마제국의 힘은 쇠퇴일로를 걷고 있었다. 서유럽은 1320년대 말에 흑사병이 발생하기 전까지만 해도 이전 시대에 파멸을 몰고 왔던 살인 역병(6세기와 7세기의 '유스티니아누스 역병' 같은 병)에서 상당히 자유로웠다.

11세기 말에 이르자, 이탈리아 북부 도시들에서 지속된 인구 성장은 초기 형태 자본주의와 더 정교한 도시 문화가 등장하는 기초가 되었다. 교황은 그 독립성과 권위를 거듭 강조했고, 서유럽 전역에 커다란 종교적, 정치적 영향력을 행사하게 되었다. 이 시기에 교황들이 시작한 개혁은 더 자세히 살펴볼 만한 가치가 있으므로, 아래에서 더 고찰해보도록 하겠다.

2.2.1. 11세기: 그레고리오의 개혁

10세기와 11세기 초, 교황은 도덕 파탄자요 정치 파산자로 널리 조롱을 받았다(2.1.9). 중세 후기 교회사가들은 교회사에서 이 시기를 '암흑시대'(라틴어로 *saeculum obscurum*)라 불렀다. 그러나 이 시기는 일시 정지였음이 드러났다. 불안정하고 취약한 시대가 지난 뒤, 개혁을 단행한 교황들이 다시 잇달아 주도권을 쥐었으며, 그 전 세기에 교회를 병들게 했던 추문과 문제들을 제거할 개혁을 시작했다.

사람들은 보통 이런 조치 가운데 가장 중요한 것을 '그레고리오 개혁'이라 부르는데, 이는 1073년부터 1085년까지 교황으로 있었던 그레고리오 7세가 시작한 개혁이었다. 그러나 그레고리오만 따로 떼어 봐서는 안 된다. 그의 개혁은 11세기에 그보다 앞서 교회를 개혁한 교황들의 개혁 시도를 더 공고히 하고 확대한 것으로 봐야 한다.

독일의 주교인 에기스하임·닥스부르크의 브루노가 교황으로 선출된 것이 전환점이 되었다. 그는 레오 9세라는 이름을 얻었다. 1049년부터 1054년까지 교황으로 재위한 레오는 개혁을 지지한 인물로 유명하다. 그는 그의 성직자들에게 조언을 구했으며, 성직매매(어떤 이를 교회 성직에 임명하고 그 대가로 영적 혜택이나 재정 이득을 뜯어내는 관습)와 성직자 혼인을 용납할 수 없다고 재확인했다. 이런 개혁들은 클뤼니 수도원이 시작한 수도원 개혁 프로그램(2.1.9)과 조화를 이루며, 교회 안에서 널리 환영을 받았다. 레오 9세가 교황으로 있던 시대는 동방교회와 서방교회의 신학 갈등과 정치 갈등이 커지면서 일이 복잡하게 얽힌 시대였으며, 이는 결국 1054년의 '대분열'로 이어졌다. 앞서 언급했듯이, 이 공식 분열은 1054년에 일어났지만, 이 분열 뒤편에 자리한 갈등은 오랜 세월 동안 켜켜이 쌓인 것이었다.

1058년부터 1061년까지 교황을 지낸 니콜라오 2세(정확히 말하면, 니콜라오 2세는 1059년 1월 24일에 교황이 되었다—옮긴이)는 교황 선출 시스템을 개혁했다. 교황들은 보통 로마의 중요한 가문 식구이거나, 아니면 로마 근교에 군대를 갖고 있던 독일 황제들의 정치 동맹자이곤 했다. 이러다 보니, 교황의 생존은 그들을 후원하는 이들의 선의가 유지되느냐에 달려 있을 수밖에 없었으며, 이는 결국 교회 정책과 성직 임명이 정치에 농락당하는 길을 열어놓았다. 니콜라오 2세는 유력한 가문과 정치 후견인들의 입김이 교황의 평판에 입힌 상처를 뼈저리게 절감하고 있었다. 레오 9세가 교황이 될 때도, 예부터 계속 교황 후보를 내면서 로마의 유력 가문 출신이 교황으로 뽑혀야 한다는(또는 이런 가문들이 교황을 뽑아야 한다는) 생각을 부추기던 집안 중 하나인 '투스쿨라니' 가문의 도움으로 먼저 교황이 되었던 베네딕토 10세(재위 1047-1048)를 물리치고 폐위시킨 뒤에 교황 자리에 올라야 했다(사실, 베네딕토 10세와 레오 9세 사이에 교황이 하나 더 있다. 다마소 2세인데, 1048년 7월 17일부터 1048년 8월 9일까지 교황으로 있었다—옮긴이).

1059년, 니콜라오 2세는 교황 선출 시스템을 개혁하면서, 정치 후견인들의 입김을 제거하려고 했다. 그는 교황 선출 절차를 바꾸고자 로마에 주교 회의를 소집했다. 이때부터 교황은 로마 시에서 가장 높은 성직자들이 선출하게 된다. 나중에는 이 교황 선거인단에 다른 지역 성직자들까지 포함시키게 된다. 그러나 교황 선출은 교회가 하는 일이지, 기득권을 쥔 정치 후견인들이 좌지우지할 일이 아니라는 원칙만은 분명했다. 교황을 결정할 때 황제에게 자문을 구할 수도 있었다. 하지만 교황을 결정해야 할 이는 어디까지나 교황 선거인단이었다.

가장 중요한 개혁을 단행한 이는 1073년부터 1085년까지 교황으로 있었던 그레고리오 7세였다. 그레고리오는 교황으로 뽑히기 전부터 이미 개혁의 대의에 헌신했으며, 니콜라오 2세를 교황으로 선출하고 베네딕토 10세를 폐위시킬 때도 중요한 역할을 했다. 그레고리오는 베네딕토 10세를 '투스쿨라니'의 볼모로 취급했으며, 개혁을 방해하는 원수로 여겼다.

그레고리오 7세는 1059년에 니콜라오 2세가 제정한 절차를 따라 1073년 4월에 로마 라테란 대성당에서 교황으로 선출되었다. 당시 기록은 이것이 보통선거였으며, 그 절차에 통례를 벗어난 점이 몇 가지 있었음을 일러준다. 이를테면, 그레고리오는 교황으로 선출되기 전에 로마의 대부제(大副祭, archdeacon)로 있었다. 말하자면 그는 주교를 한 번도 역임하지 않았다. 아울러 황제에게 자문을 구하지도 않았다. 그레고리오 7세는 그가 뽑힌 선출 절차의 적법성을 문제 삼는 이들을 물리친 뒤에, 비로소 개혁 조치를 단행하는 데 집중했다.

그레고리오 7세가 교황으로 재임하던 기간은 몇 가지 점에선 성공이었지만, 다른 면에서 보면 실패라 보는 이들도 있었다. 그와 신성로마제국 황제 하인리히 4세(1050-1106, 재위 1084-1105)의 관계는 껄끄러웠다. 하인리히 4세는 그레고리오 7세가 자신에게 고압적으로 군다고 생각하고 이에 분개한 나머지, 그레고리오에게 반감을 품고 있던 교회 내부 파당들을 부추겨 그레고리오를 교황 자리에서 쫓아내려 했다. 그러자 그레고리오 7세는 이에 응수하여 하인리히 4세를 파문했다. 결국은 그레고리오가 로마를 떠나야 했고, 살레르노에 갇혀 지내다 1085년에 세상을 떠났다.

그레고리오 7세는 개혁 조치들을 단행할 때, 이런 개혁을 논란의 소지가 있는 혁신이 아니라 과거의 지혜를 되찾는 것으로 제시하려 애썼다. 그의 개혁은 이전에 개혁을 단행한 교황들이 중요하다 여겼던 문제들을 이슈로 삼았다. 그레고리오 7세는 레오 9세의 개혁을 따라 교회가 성직매매를 비판한다는 점을 재차 확인하고, 성직자는 독신이어야 함을 다시 강조했다. 논란이 있는 중요한 문제는 모두 로마에 의견을 물어야 했다. 이처럼 로마를 중심으로 한 중앙집중식 교회 행정 및 관리 체계가 점점 더 강고해지자, 개개 주교의 힘이 약해질 수밖에 없었다. 그러나 가장 중요한—그러면서도 논쟁 소지가 있는—개혁은 세속 제후들이 교회 성직자들을 임명할 때 근거로 삼았던 기존 관습을 교황이 거부한 것과 관련이 있었다. 이 문제가 '성직서임 논쟁(Investiture Controversy)'의 중심이었기 때문에, 이를 더 자세히 살펴봐야 한다.

'성직서임 논쟁'에서는 무엇보다 누가 성직자를 임명할 권리를 갖느냐라는 문제가 중심 이슈였다. '성직서임'이라는 말은 '어떤 직에 있음을 나타내는 옷을 입혀주다'라는 뜻인데, 결국 이 말이 누가 이런 임명을 할 권한을 갖느냐 하는 문제를 일으켰다. 특히 10세기에는 이런 성직서임권을 지방 통치자나 보호자(patron)의 권한으로 보았다. 이런 보호자는 지역의 주교나 수도원장을 임명함으로써 이 주교나 수도원장이 내리는 결정에 영향력을 행사하길 기대했고, 이들에게서 재정 이득을 얻을 수 있지 않을까 하는 기대를 품을 수도 있었다. 그레고리오 7세는 11세기의 다른 교황들이 이미 선언했던 것, 즉 성직자를 임명할 권리는 세속 권위가 아니라 교황에게 있다는 원칙이 유효함을 확인했다. 1074년, 그레고리오 7세는 이렇게 선언했다. "성직매매, 곧 돈을 지불하고 성직자가 된 이는 그 지위와 직무를 불문하고 이후부터 교회 안에서 직무를 수행할 권리를 갖지 못한다."

황제 하인리히 4세는 이런 주장에 강력히 반발하면서, 성직자를 임명할 권리가 교황에게 있다는 주장을 거부했다. 황제는 자신과 교황의 의견이 다르다는 것을 강조하기라도 하듯이, 그레고리오 7세가 이미 이탈리아 밀라노의 다른 사제를 밀라노 주교로 결정했음을 알면서도, 그 자신의 궁정 사제를 밀라노 시 주교로 임명했다. 교황과 황제의 관계가 심히 어그러지자, 하인리히는 자신이 지명한 이를 교황으로 선언하고 그레고리오를 내쫓으려 했다.

결국 이 논쟁은 수십 년을 시끄럽게 이어졌다. 이 문제는 마침내 다음 세기에 가서 해결되었다. 1122년 9월, 보름스 협약(Concordat of Worms)은 성직서임을 없애고, 세속 지도자들에게 비공식이지만 성직자 임명 절차에 비중 있는 영향력을 행사할 수 있게 해주는 메커니즘을 허용하는 합의에 도달했다.

이 시기에 서유럽에서는 큰 르네상스가 진행되고 있었다. 이 문제는 따로 떼어 더 깊이 논해볼 필요가 있다.

2.2.2. 12세기의 문화 르네상스

'르네상스'라는 말은 위안을 줄 목적으로 빈번히 사용하곤 한다. 그러나 이 말의 그런 용법이 정당하고 적절해 보이는 때가 있다. 사람들은 널리 서유럽의 12세기를 문화에서 큰 변화가 일어난 시기로 본다. 이제는 서유럽 역사에서 로마의 멸망부터 중세 전성기의 여명에 이르는 시기를 묘사할 때 '암흑시대'라는 말을 사용하는 것을 적절하다고 여기는 이는 더 이상 존재하지 않는다. 드문 예외—샤를마뉴 치세기 같은 때—가 있긴 하지만, 이 시기는 문화의 풍요로움보다 오히려 생물학적, 사회적, 경제적, 정치적 생존과 더 관련이 있는 때였다. 문화가 다시 살아났을 때도 그 존속 기간은 짧았다. 짧은 기간 동안 갱신이 있고 나면, 다시 쇠락이 시작되었다. 그 종류를 불문하고 르네상스라 할 것을 이루는 데 아주 중요한 요소인 장기간의 안정은 얻기가 불가능해 보였다.

그러나 12세기에 이르자, 지식과 문화의 갱신을 이룰 초석이 될 변화들이 많이 일어났다. 이제는 갱신이 장기간에 걸쳐 가능한 일이 되었으며, 여러 세대에 걸쳐 지속될 수 있다는 기대를 가질 수 있게 되었다. 서유럽 기독교의 사상과 관습의 갱신을 포함하여 새로운 문화적 가능성들이 등장했다. 이런 현상을 가져온 주요 요인으로서 중요한 것을 꼽아보면 다음과 같다.

1. 외세의 침공이 끝남. 이전에는 여러 세기에 걸쳐, 서유럽이 에스파냐에 있는 이슬람 군대 혹은 북쪽의 바이킹족에게 계속하여 침공 위협을 받았다. 그러나 이런 위협은 1000년경부터 줄어들었다. 이런 위협의 심각성을 과소평가해서는 안 된다. 793년 6월 8일, 바이킹족은 기독교 학문의 유명한 중심지였던 노섬브리아 린디스판 섬의 수도원을 파괴했다. 여러 수도원과 교회가 바이킹족에게 공격을 받았는데, 이

는 꼭 이 수도원 및 교회와 연관된 신앙 때문이었다기보다 이 수도원 및 교회들이 부자라는 헛소문 때문에 바이킹족이 이들을 노략질할 만한 가치가 있는 목표물로 여겼기 때문이었다. 하지만 1100년에 이르자, 이런 위협도 대부분 과거의 것이 되었다.

2. 경제의 갱신. 어떤 문화 갱신이든, 예술 후원을 가능케 하는 경제적 기초에 의존하는 법이다. 사사로운 후원이나 제도의 뒷받침이 없으면, 예술가는 창작 활동에 집중하기가 힘들었다. 이 시기에는 특히 12세기 말에 '한자동맹(Hanseatic League)'이 만들어지면서 국제 교역이 점점 더 중요해졌다. 주로 발트 해 연안의 뤼베크 시를 근거지로 삼았던 이 무역 동맹은 발트 해 연안 지역 전체에 걸쳐 무역과 경제 발전을 촉진시켰고, 멀리 서쪽으로 잉글랜드까지 그 범위를 확장했다.

3. 대학 설립. 이 시대 학문이 이룬 가장 중요한 발전 중 하나가 대학 설립이다. 대학은 주로 잉글랜드, 이탈리아, 프랑스에 세워졌다(2.2.4). 볼로냐 대학교, 옥스퍼드 대학교, 파리 대학교가 가장 먼저 세워진 대학들이었으며, 이 대학들은 탁월한 학문과 신학의 중심지로서 급속히 명성을 쌓아갔다. 이 대학들은 이 시대 신학적 르네상스를 촉진하여, 스콜라신학이 등장하는 데 중요한 자극제를 제공하게 된다.

4. 풍요로운 문화. 이 무렵, 서유럽 문화는 고전 시대 자료들을 발견하기 시작했다. 이 자료들은 아랍이라는 통로를 통해 전달된 경우가 자주 있었다. 크레모나의 제라르드(1114경-1187, 라틴어식 표기는 Gerardus Cremonensis. 이탈리아 출신의 과학책 번역가다—옮긴이)는 프톨레마이오스가 쓴 《알마게스트》(Almagest, 원래 2세기에 천문학을 집대성해 그리스어로 쓴 책인데, 9세기 초 아랍어로 번역되었다—옮긴이)의 아랍어판을 살펴보고 이 책을 라틴어로 번역할 준비를 하고자 에스파냐 톨레도 시를 방문했다. 제라르드 번역본은 중세에 엄청난 영향을 주었지만, 16세기 말

에 이르러 코페르니쿠스의 이론이 받아들여지면서 결국 사용되지 않게 된다. 다른 학자들도 다른 주요 저작들을 라틴어로 번역했는데, 특히 아리스토텔레스의 저작들을 번역했다. 이런 번역서들은 중세를 아주 풍요롭게 해주었으며, 철학과 신학이 발전할 수 있는 새로운 가능성을 열어주었다.

이 시대에 일어난 다른 발전들도 언급해볼 수 있겠다. 이를테면 자원과 노동을 더 효율적으로 사용하게 해준 여러 기술의 발전(풍차와 종이 같은 것이 그 예다)을 들 수 있다.

중요한 점은 (정치와 경제가) 상당히 안정되었던 서유럽의 문화 속에서 새로운 자극들(이를테면 아리스토텔레스)에 열려 있을 뿐 아니라, 기존 사상(이를테면 사람들이 널리 서방신학의 아버지로 여기는 히포의 아우구스티누스가 설파한 사상)을 공고히 다지고 탐구하는 한 시대가 활짝 열렸다는 점이다. 이런 공고화 과정은 특히 이제 막 열리고 있던 새 시대에 기독교 신학과 교회법을 발전시킬 자원으로 활용하고자 신학 자료와 법률 자료 수집을 진전시킨 모습에서 분명하게 드러난다.

2.2.3. 신학과 교회법 법전 편찬

사람들은 종종 중세 서구 신학을 히포의 아우구스티누스 신학에 붙인 각주 모음이라고 주장한다. 이것은 과장이지만, 중세 초기 신학자들이 자신들을 서방교회의 신학적 유산, 특히 아우구스티누스의 저작이라는 유산을 공고히 다지고 발전시킨 이들로 여겼다는 것만은 확실하다. 10세기와 11세기에 발전하기 시작한 중요한 자원 중 하나가 '명제' 모음, 즉 교회의 위대한 교사들이 남긴 말을 모아 주제별로 배열한 것이었다. 이것들은 이 주제들을 곱씹은 신학 성찰의 기초가 되었다.

이런 작품 가운데 가장 유명한 것이 파리 신학자 페트루스 롬바르두스(1100경-1160)가 집대성한 네 편의 《명제집(Liber Sententiarum)》이다. 이 책은 일찍이 12세기에 라옹의 앙셀름(1117 사망)이 발전시킨 접근법, 곧 성경 본문과 신학 주석을 함께 짜서 엮는 방법을 확장하여 펼쳐보였다. 페트루스는 일련의 성경 본문과 교부 문헌 속의 본문을 주제별로 배열, 정리한 뒤, 자신의 작품을 네 '책'으로 나누었다. 이 네 책 중 첫째 책은 삼위일체를 다루었으며, 둘째 책은 창조와 죄, 셋째 책은 성육신 교리와 그리스도인의 삶, 넷째 책이자 마지막 책은 성례(성사)와 마지막 때 일어날 일들을 다루었다. 이 명제들에 주석을 붙이는 것이 토마스 아퀴나스, 보나벤투라, 둔스 스코투스 같은 중세 신학자들의 표준 관행이 되었다.

그러나 페트루스 롬바르두스는 자기 독자들에게 그저 본문(텍스트) 모음을 제시하는 데 그치지 않았다. 그는 신학 주석을 덧붙였으며, 그가 고찰한 본문들이 분명하게 드러내는 차이점들을 조화시키거나 해결하려 했고, 그 본문들이 제시한 사상을 더욱더 깊이 발전시켰다. 그의 책을 가장 먼저 나온 조직신학 저작 가운데 하나로 여겨도 좋다. 체계 있게 연구할 신앙의 기본 주제들을 제시하면서, 분명 사도신경을 모델로 삼은 틀을 사용하기 때문이다.

이 작품의 정신, 즉 과거의 신학 유산을 존중하고, 이 유산을 새로운 지식 시대에 신학을 공고히 다지며 발전시키는 기초로 보는 자세는 중세 초기의 독특한 특징이 되었다. 중세에 등장한 이 새로운 '스콜라 신학'(2.3.1)—사람들은 이 신학을 '지성의 대성당'으로 칭송하며, 중세의 지성이 이룩한 가장 독특한 업적 중 하나로 본다—은 이런 '명제들'을 그 신학을 건설하는 블록으로 보았고, 신학 주석을 이런 블록을 결합해주는 모르타르로 보았다.

그러나 기독교 신학은 그리스도인의 삶과 사유의 한 영역일 뿐이었다. 그렇게 자료를 수집하고 종합하는 과정도 그런 삶과 사유 속에서 일어났다. 이 시대가 이룩한 가장 중요한 업적 중 하나는 교회법(카논법) 법전을 편찬한 일이다. 4세기 말, 기독교가 로마제국 안에서 합법 종교가 되면서, 교회는 로마법을 활용하여 분쟁을 해결하고 계약을 맺곤 했다. 하지만 몇 가지 점에서는 교회가 그 나름의 고유한 규범과 관습을 제정했다. 예를 들어 공의회가 제정한 교회법은 교회 안에서만 구속력을 갖는 일반 원리들을 종종 정립했다.

이런 종류의 규칙을 제정한 초창기 공의회 중 하나는 갈레리우스 황제가 관용령을 반포하고(1.4.1) 몇 년 뒤인 314년에 있었다. 이 모임은 갈라디아 지방 도시인 앙키라(앙카라)에서 열린 안디옥 지역 주교들의 회합이었다. 이 공의회는 당시 교회 안에 존재하던 다양한 문제들(이를테면 성직자 처리, 교회 재산 양도, 순결, 간음 같은 문제들)을 다룬 25개 교회법을 공표했다. 이런 법들은 때로 특정 지역에서만 구속력을 갖는 해당 지역의 결정으로 간주하기도 했지만, 교회 권력의 중앙 집중이 이루어지면서 교회 전체에 구속력을 갖는 규범들을 정립할 수밖에 없었고, 주교를 이런 규범들을 강제할 집행자로 보게 되었다.

로마제국의 영향력이 쇠퇴한 뒤에는 교회가 점점 더 큰 영향력을 갖게 되었다. 이에 따라 교회는 많은 점에서 로마법을 넘어서야 하는 처지가 되었다. 교황 교령(*epistolae decretalis*, 구속력을 가진 결정들을 제시한 교황의 서신)이 교회 입법의 몇몇 기본 원리를 정립한 것으로 여겨지게 되었다. '교회법'이라는 말은 교회가 자신을 규율하고 교회와 외부 인격체의 관계를 인도해 주는 법전을 가리키는 말로 사용하게 되었다. 교회법의 전제는 교회가 로마법에 따라 행동하되 교회가 로마법과 다르게 행하기로 결정한 때에는 그 결정에 따른다는 것이었다. 6세기가 되자, 당장 이런 결정들을 모아야 할 필요가 분명해졌다. 8세기에는 크레스코니우스가 초기에 공의회가 공포한 교회법과 교황 교령을 모아 중요한 교회법령집을 만들었다.

교회 안에서 법을 제정할 권위는 점점 더 로마 교황에게 집중되었다. 이에 따라, 교황이 법률문제에 관하여 내린 결정들을 목록으로 만들고, 법전으로 만들며, (필요하다면) 서로 조정해야 할 필요가 분명해졌다. 이런 일은 이전 세기에 이미 시작되었지만, 이 일이 새롭고 엄정한 지적 기풍을 갖게 된 것은 11세기 말에 샤르트르의 이보(라틴어 이름은 Ivonis Carnutensis, 1040경-1115)가 펼친 작업과 12세기 중엽에 볼로냐의 그라티아누스가 펼친 작업 덕택이었다. 샤르트르의 이보가 만든 법령집 〈교회법전(*Panormia*)〉(1091경-1096)은 서유럽 교회들이 법률문제를 결정하는 자료로 널리 사용했다.

볼로냐 대학교는 12세기 르네상스 동안에 로마법 연구의 주요 중심지가 되었으며(2.2.4), 신성로마제국의 법 규범을 만들어내는 데 중요한 역할을 했다. 볼로냐는 '유스티니아누스법전'(로마 황제 유스티니아누스 1세의 명령으로 529년부터 534년까지 펴낸 시민법전)을 옹호했다. 서유럽에서는 이미 이 법전을 사용하지 않았다. 볼로냐의 학자들은 이 법전을 그 시대에 맞는 법률체계의 기초로 발전시켰으며, 이는 특히 신성로마제국 황제 프리드리히 1세(Friedrich I Barbarossa, 1122-1190, 재위 1155-1190. Barbarossa는 '붉은 수염'이라는 뜻을 가진 이탈리아어로 프리드리히 1세의 별명―옮긴이)가 옹호하면서 상당한 영향력을 얻었다. 유스티니아누스법전이 볼로냐에서 이렇게 우월한 위치를 갖게 된 경위나 이유는 여전히 불분명하지만, 이탈리아 북부의 중요한 상인 계층이 이 법전을 신성로마제국의 더 오래된 게르만법보다 점점 복잡해지는 상거래 상황에 더 잘 들어맞는 법으로 여겼다는 점은 알려져 있다.

그라티아누스는 로마법의 르네상스 때문에 교회법도 똑같은 지적 기초 위에서—즉, 엄정한 학문으로 텍스트를 연구함으로써—정립할 수밖에 없음을 깨달았다. 그라티아누스가 만든 〈교령집(*Decretum*)〉은 교회법 전통 전체를 망라하여 고찰한 자료로, 당시 이탈리아에서 회람되던 11세기와 12세기 초의 주요 교회 법령집 넷에서 발견된 자료를 종합 정리한 것이다. 그라티아누스가 만든 이 명확한 자료 모음에는 진정한 교황 교령과 위조된 교황 교령으로 알려진 것들이 모두 들어 있을 뿐 아니라, 지역 공의회와 교회 전체가 모인(교회일치) 공의회가 만든 교회법이 모두 들어 있다. 이런 법전 편찬 과정은 단순히 텍스트를 모으는 차원에 그치지 않았다. 그라티아누스는 교황 교령들 사이의 분명한 불일치점들을 찾아내려고 시도했으며, 교회법 연구에 더 엄격한 기초를 제공하려고 했다.

많은 점에서, 이 두 가지 발전은 당시 서유럽에서 등장한 새로운 제도(즉, 대학교)의 의미를 일러주는 중요한 증언이다. 이 제도가 기독교의 발전에서 갖는 중요성을 고려하여, 이 제도를 더 자세히 살펴보도록 하겠다.

2.2.4. 대학의 등장: 파리 대학교와 옥스퍼드 대학교

이전 시대에는 기독교 교육의 주요 중심지가 성당학교와 수도원학교였으며(2.1.5), 교육받은 공직자들의 등장을 촉진하려고 세운 몇몇 왕립 교육기관(샤를마뉴가 세운 왕립 교육기관이 그 예다)이 보조 역할을 했다. 이 학교들은 수사학, 논리학, 문법 연구를 장려했지만, 이 학문들은 신학을 연구하고 기독교 신앙을 실천하는 것을 뒷받침하는 보조 학문으로 여겼다. 중세 서유럽은 새로운 종류의 교육 기관이 등장하는 것을 목격했다. 대학교가 바로 그것이다.

사람들은 '대학'이라는 말의 기원이 '총체' 혹은 '전체'를 뜻하는 라틴어 *universitas*(우니베르시타스)라는 데 널리 동의한다. 하지만 이 말은 모든 범위의 대학 교육을 가리키지도 않으며, 모든 학문 분야와 주제를 망라하는 말도 아니다. 실제로 초기 대학들은 특정 분야에만 아주 집중하여, 의학과 신학 그리고 법학 분야에만 초점을 맞추곤 했다. *universitas*라는 말은 사실 *universitas scholarum*이나 *universitas magistrorum* 같은 말의 축약형인데, 이는 학자와 교사의 자치 공동체로서, 그 공동체의 존재를 인정하거나 재가할 권위를 가진 시나 교회에게서 그 공동체의 존재를 인정받고 재가받은 곳을 가리킨다. 따라서 '대학'은 교회와 국가에 매이지 않는 교사와 학자의 독립 공동체였다. 애초에 대학은 학문 길드였으며, 금세공 장인 같은 이들이 모여 만든 중세의 큰 전문 직업 길드와 비슷했다.

가장 먼저 생긴 대학은 볼로냐 대학교로 보인다. 볼로냐 대학교는 1158년에 공식 인가를 받았지만, 이 대학의 기원은 이보다 두 세대를 더 거슬러 올라가서 아마 1080년쯤이리라는 것이 대체로 일치하는 견해다. 처음에 볼로냐 대학교는 법학과 의학에 초점을 맞추면서도 핵심 분야인 논리학과 문법, 수사학의 일반 교육도 제공했다. 이 세 학문 분야는 종종 *trivium*('세 길')이라 불렸으며, 더 고등 학문인 산술, 천문학, 기하학, 음악〔이들은 *quadrivium*(네 길)이라 불렸다〕으로 나아가는 데 필요한 기초 교육으로 여겨졌다. 현대 영어 단어인 'trivial'은 바로 이런 중세의 대학 교육 시스템에서 나온 말로서, '아주 초보인 것'을 의미한다. 학생들은 이런 교양 학문 공부를 마치면, 더 상위 학부인 의학부, 신학부, 법학부로 올라갈 수 있었다.

파리 대학교와 옥스퍼드 대학교는 중세 기독교에서 특히 중요한 역할을 했다. 파리 대학교는 12세기에 등장하기 시작했으며, 처음에는 유명한 성(聖)빅토르 학교처럼 노트르담 대성당 주변에 흩어져 있던 수도원 신학교들을 그 기초로 삼았다. 파리 대학교는 얼마 안 가 유럽의 신학 교육을 이끄는 중심지 가운데 하나라는 위치를 차지했다. 많은 이들이 가장 유명한 중세 신학자로 꼽는 토마스 아퀴나스도 1245년부터 1259년까지 파리 대학교에서 가르쳤으며, 다시 1269년부터 1272년까지 이곳에서 가르쳤다.

파리 대학교는 이 대학을 구성하는 많은 단과대학(칼리지)으로 이루어진 종합대학이었으며, '대학교(university)'가 이 단과대학들을 한 몸으로 묶어 주는 역할을 했다. 이 대학교 단과대학 중 하나는 아주 큰 명성을 얻어, 오랫동안 이 단과대학이 곧 파리 대학교일 정도였다. 1257년경, 소르봉의 로베르(1201-1274, 프랑스의 신학자였다―옮긴이)는 콜레주 드 소르본을 세웠다. 중세 말에 이르면, 파리 대학교를 으레 그냥 'La Sorbonne'(소르본)으로 부르게 되었다. 파리 대학교는 여러 단과대학이 모인 종합대학 구조를 가진 덕분에, 그 신학이 천편일률적이지 않았다. 중세 동안 아주 독특한 개성을 지닌 신학 학파가 많이 등장했는데, 그 가운데 가장 중요한 것이 도미니크 학파와 프란체스코 학파였다. 그 결과, 13세기와 14세기의 대다수 그리스도인 지성인들은 파리 대학교를 중세 신학의 중심으로 여겼다.

옥스퍼드 대학교의 기원은 분명하지 않다. 하지만 12세기 말에 이곳에서 학문을 가르치기 시작했다는 것은 알려져 있다. 옥스퍼드 대학교도 파리 대학교처럼 종합대학이었으며, 더 많은 단과대학들이 세워짐에 따라 학교도 커져갔다. 몇몇 수도회가 대학교에서 그들 나름의 신학 접근법을 확실히 표현할 길을 확보하고자 단과대학을 설립했다. 그런가 하면 부유한 후원자들이 종교 단체와 아무런 관련 없이 설립한 단과대학들도 있었다. 옥스퍼드 대학교는 파리 대학교만 한 국제적 명성을 얻지는 못했지만, 그래도 중세 신학 발전에서 상당한 힘을 발휘했다.

파리 대학교와 옥스퍼드 대학교는 모두 신학을 '전문학부'(라틴어로 *scholae*)에서 가르쳤다. *schola*(스콜라)라는 라틴어는 중세에 나타났던 가장 독특한 신학 형태 중 하나, 즉 스콜라주의(스콜라신학)를 가리키는 말로 사용되었다. 우리는 이를 이 시대 지성인들이 이룩한 업적을 다룬 절(2.3)에

중세 파리 대학교의 철학 교육. 14세기 프랑스 필사본인 《프랑스 대연대기(Great Chronicles of France)》, Northern School에 들어 있는 그림.

서 살펴보겠다. 그 전에 우선 중세에 나타난 가장 중요한 운동 중 하나를 살펴봐야 한다. 십자군 운동이 바로 그것이다.

2.2.5. 십자군: 에스파냐와 중동

1100년경에 이르자, 서유럽 교회는 그 나름의 정체성과 관심사를 확립했지만, 서유럽의 다른 곳에서 벌어지는 사태들을 무시할 수는 없었다. 분명 이슬람의 무력 팽창은 유럽 남쪽 전역의 교회에 큰 위협이 되었으며, 특히 에스파냐 남부, 사르데냐, 발레아레스제도(지중해 서부의 섬—옮긴이), 시칠리아, 발칸반도에 아주 큰 위협이 되었다(2.1.3). 십자군이 시작된 것은 11세기에 이슬람의 영토 획득을 저지해달라는—또는 심지어 이슬람 세력이 빼앗은 땅을 되찾아달라는— 군사지원 요청이 있었기 때문이다.

204 기독교의 역사

대대수 역사가는 이 중동 군사 원정이 무엇보다 이전 세기들에 이슬람 세력의 침공으로 빼앗긴 남부 유럽의 여러 지역들을 수복하는 것과 관련이 있었음을 인정한다. 하지만 '십자군'이라는 말은 특히 장기간에 걸쳐 발칸반도 지역과 중동에서 잇달아 전개한 군사 원정 작전을 가리키는 말로 자주 사용한다. 예루살렘이 기독교회에서 갖는 상징적 중요성을 고려할 때, 그리스도인들이 성지에 자유로이 드나들 수 있어야 한다는 것은 당연한 공리라 여겨졌다. 1009년, 칼리프인 알 하킴 비 아므르 알라가 예루살렘에 있는 성묘(聖墓)교회를 파괴했다. 이는 꽤 큰 분노를 불러일으켰다(성묘교회는 나중에 다시 지어졌다). 이 지역으로 순례를 간 그리스도인들이 폭행을 당했다는 보고는 서유럽인들을 우려케 했고, 군사개입에 동조하는 분위기를 만들어냈다.

제1차 십자군 원정의 직접 원인은 비잔티움 군대가 1071년에 만지케르트 전투에서 셀주크튀르크 사람들에게 패한 일이었다. 이 패배로 말미암아 비잔티움제국은 결국 소아시아 내부 지역을 잃고 말았다. 이제 당장 콘스탄티노폴리스는 바람 앞의 등불이 되었으며, 튀르크 군대에 맞서 자신을 지킬 완충지대를 전혀 갖지 못한 처지가 되고 말았다. 비잔티움 황제인 알렉시우스 1세는 이런 화급한 위협에 직면하자, 교황 그레고리오 7세에게 군사지원을 요청했다. 당시는 이런 호소를 하기에 최적 시기는 아니었다. 1054년의 '대분열'(2.1.10)로 말미암아 동방교회와 서방교회의 관계가 새로운 수렁에 빠져버렸기 때문이다. '성직서임 논쟁'(2.2.1)에 사로잡혀 정신이 없었던 그레고리오 7세는 이 요청에 응하지 않았다.

그렇지만 그레고리오 7세의 후계자인 우르바노 2세(재위 1088-1099. 그러나 그레고리오 7세와 우르바노 2세 사이에 빅토리오 3세가 있다—옮긴이)는 긍정적인 반응을 보였다. 알렉시우스 1세는 1095년 3월에 피아첸차 공의회에 사절을 보내, 셀주크튀르크에 맞서 비잔티움제국에 남아 있는 것을 지킬 수 있게 도와달라고 거듭 요청했다. 우르바노 2세는 클레르몽 공의회(1095) 마지막 날, 유럽 각지의 기독교권 제후들에게 중동에서 성전(聖戰)을 시작하자며 뜨겁게 호소했다. 이런 신앙 열정이 1차 십자군 원정(1096-1099)의 연료가 되었으며, 이것이 기사들과 농민들로 이루어진 군대를 중동 원정 길로 이끌었다. 예루살렘은 1099년에 함락되었다.

1차 십자군 원정의 역사상 뿌리(원인)는 여전히 논쟁거리다. 역사가들은, 자신의 종교적, 정치적 영향력을 동쪽으로 확장하려는 우르바노 2세의 욕심 때문이었다거나 이슬람 세력의 유럽 잠식에 대한 우려가 점점 커지고 있었기 때문이라는 등 다양한 설명을 제시한다. 일부 역사가는 십자군 원정이 비잔티움 통치자들의 위치를 더 불안하게 만드는 결과를 가져왔다고 주장했다. 이 원정 때문에 결국은 이 통치자들이 군사와 외교 면에서 무능하다는 것이 드러났기 때문이다.

그러나 대다수 역사가는 십자군이 거둔 승리가 상당히 소규모요 단기간에 그쳤다는 데 의견을 같이한다. 이 침략의 결과물인 네 '십자군 국가'—안티오키아공국, 에데사백국, 예루살렘왕국, 트리폴리백국(1101년에 벌인 원정 때 확보한다)—가 이슬람의 손안에 떨어지는 것은 단지 시간문제일 뿐이었다. 1차 십자군 원정 때 아주 많은 민간인이 군에 자원하게 만든 계기가 되었던 신앙 열기도 이후의 원정에서는 크게 식어버렸으며, 이 때문에 이후의 원정은 대체로 직업군인과 용병이 수행하게 되었다는 점에도 사람들은 널리 동의하고 있다.

1144년에 있은 에데사 함락은 2차 십자군 원정(1145-1149)을 불러왔다. 이 2차 원정 뒤에도 잇달아 원정이 있었다. 일부 역사가들은 십자군 원정이 아홉 차례 있었다고 주장하지만, 여기서 우리는 십자군 원정이 여덟 차례 있었다고 주장하는 이들을 따른다.

3차 십자군 원정(1188-1192)

4차 십자군 원정(1202-1204)

5차 십자군 원정(1217)

6차 십자군 원정(1228-1229)

7차 십자군 원정(1249-1252)

8차 십자군 원정(1270)

사람들은 십자군을 주로 기독교 성지를 확보하고 이슬람 세력이 유럽으로 더 팽창하는 것을 저지하려는 시도로 제시한다. 그러나 십자군은 분명 다른 목표도 추구했다. 이런 부차 목표 가운데 가장 중요한 것 중 하나는 로마와 콘스탄티노폴리스의 갈등과 관련이 있다. 부글부글 끓어오르던 양측의 갈등은 4차 십자군 원정 때 폭발했다. 이때 예루살렘을 점령하려고 일어났던 군대가 결국은 1203년 7월에 콘스탄티노폴리스를 포위 공격하고 말았다. (역사가들은 이 십자군이 애초부터 의도했던 것이 이것이었는지, 아니면 이것이 우연한 결과인지를 놓고 계속 논쟁 중이다.) 콘스탄티노폴리스는 1204년 4월에 함락되었으며, 십자군은 도시를 약탈하고 수많은 생명을 죽였다. 교황 인노첸시오 3세(재위 1198-1216)는 이 행위를 저주했다. 콘스탄티노폴리스 공격으로 방향을 돌린 십자군은 애초에 의도했던 예루살렘 원정을 계속 진행하지 않았다.

십자군 원정은 역사 속에서 교황의 힘과 영향력이 그 정점에 이르렀던 시기와 일치한다고 볼 수 있다. 14세기에 이르자, 유럽 전역에서 (교황에게 힘이 집중되는—옮긴이) 중앙 집중이 어느 정도 해체되는 현상이 일어났으며, 이에 따라 권력이 점점 그들 자신의 정체성과 관심사를 열심히 지키려 하는 민족국가들에 집중되게 되었다.

2.2.6. 세속 권력과 교회 권력: 인노첸시오 3세

교회는 국제 정치, 지역 내부에서 벌어지는 일들, 지역 공동체 차원에서 정체감을 북돋우는 일, 그리고 더 큰 세상 구조 속에서 개인에게 소속감과 목적의식을 부여하는 일에서 큰 영향력을 발휘했다. 교회는 유럽 사회에서 늘 중요한 국제적 역할을 했다. 근대 유럽은 개개의 뚜렷한 민족국가들로 이루어져 있지만, 중세 유럽은 이런 근대 유럽과 거의 관련이 없었다. 중세에는 유럽이 대체로 자그마한 공국, 도시국가, 그리고 지역들의 집합체로 이루어져 있었으며, 종종 구성원 전체가 공통된 정치적 정체성을 갖고 있다는 의식보다 오히려 언어와 역사 요인들이 그 구성원이 공유하는 정체감을 규정하고 부여할 때가 더 많았다.

예를 들면, 14세기 초 이탈리아는 독립 도시국가들과 작은 공국들이 옹기종기 모여 있는 것에 불과했다. 이 도시국가들과 공국들은 15세기에 여섯 개의 큰 정치 단위들로 통합되었다. 나폴리왕국, 시칠리아왕국, 교황령, 그리고 세 개의 큰 도시국가인 피렌체, 베네치아, 밀라노가 그것이다. 근대에 등장한 민족국가 이탈리아는 19세기에 일어난 국가통일운동(Risorgimento, 리소르지멘토)의 결과물이었다(4.2.6). 이와 아주 비슷하게, 그 시대에 일어난 사건들에서 특히 중요한 역할을 할 수밖에 없었던 독일도 수많은 작은 영방(領邦)들로 이루어져 있었다. 심지어 19세기가 시작될 때까지도 여전히 독일에는 32개의 국가와 영방이 있었으며, 19세기 후반에 가서야 비로소 통일을 이루어 독일제국이 되었다(4.2.8).

중세에는 교회만이 국가의 경계를 초월하여 신뢰를 얻고 영향력을 행사하던 국제적 활동 주체였다. 교회는 국제 분쟁 해결에서 아주 중대한 역할을 했다. 교황 인노첸시오 3세 때, 중세 교황이 행사하는 정치적 권위는 그때까지 서유럽에서 선례를 찾아볼 수 없는 정도에 이르렀다. 그전 수십 년 동안을 보면, 교회는 특히 우리가 앞서 언급했던 그레고리오 개혁의 결과로 자신이 왕과 황제에게 매임이 없이 독립성을 지녔음을 힘써 강조했지만(2.2.1), 세속 통치자들은 늘 교회가 주장하는 정치적 영향력을 빼앗으려고 했다. 인노첸시오는 '리베르타스 에클레시아이'(libertas ecclesiae, '교회의 자유'를 뜻하는 라틴어)를 지키는 것을 그의 교회 개혁 프로그램의 중심으로 여겼다.

인노첸시오 3세는 1198년 10월에 반포한 교서 〈우주의 창조주처럼(sicut universitatis conditor)〉에서 이런 교회의 자유에 신학적 정당성을 부여했다. 그는 이 교서에서 국가가 교회에 복종해야 한다는 원리를 제시했다. 하나님은 하늘에 '더 큰' 빛과 '더 작은' 빛(해와 달을 말한다)을 두어 낮과 밤을 주관하게 하신 것처럼, 교황의 힘이 어떤 군주의 힘보다도 우월하게 정하셨다. "달이 그 빛을 태양에게서 가져오고, 그 크기와 질이 태양보다 못하듯이, 왕의 힘도 교황의 권위에서 나온다." 세속 통치자들은 종종 교회의 권위를 아주 마지못해하며 인정했다. 하지만 서유럽에는 교회의 영향력에 버금가는 영향력을 가진 제도가 달리 또 없었다.

교황의 정치적 권위를 역설한 인노첸시오의 주장은 1197년에 신성로마제국 황제 하인리히 6세(1165-1197, 재위 1191-1197)가 죽고 4년 뒤인 1201년에 시험대에 오르게 되었다. 1190년부터 독일 왕으로 있었던 하인리히는 교황 첼레스티노 3세(재위 1191-1198)가 신성로마제국 황제 관을 씌워준 이였다. 하인리히는 자신의 아들인 프리드리히가 독일 왕위를 잇게 할 생각이었다. 그러나 하인리히는 아들이 아직 유아일 때 죽었다. 그리하여 하인리히 6세의 아들인 프리드리히, 하인리히 6세의 아우인 호엔슈타우펜의 필리프, 그리고 하인리히 6세와 아무 상관없는 브라운슈바이크의 오토, 이렇게 세 경쟁 후보가 독일 왕관을 요구하면서 혼돈이 일어났다.

여기에 인노첸시오가 개입했다. 그는 프리드리히는 이 자리에 따른 책임을 감당하기에는 너무 어리고 필리프는 썩었지만, 오토는 고매하고 경건하므로 오토가 하인리히 6세의 뒤를 이어야 한다고 선언했다. "따라서 우리는 로마 교회의 권리가 확보된 뒤에, 그를 왕으로 받아들이고 지지해야 하며, 제국 왕관을 수여해야 한다고 공포한다." 이 개입이 후계를 결정지었다. 하지만 1206년에 이르러, 인노첸시오는 자신이 잘못된 인간을 지지했음을 깨닫고 필리프를 지지하게 된다. 인노첸시오는 그를 지지한 대가로 왕이 독일 주교 선거에 개입하지 않겠다는 약속을 받아냈다.

1215년에 열린 4차 라테란 공의회는 인노첸시오의 개혁 목표에 내용을 덧붙였다. 인노첸시오 3세는 유럽 전역에서 주교들이 출석하게 만드는 것이 어려움을 깨닫고, 1213년 4월, 주교들과 교회 원로들에게 1215년 11월에 로마에서 열릴 공의회에 참석하라는 통지서를 보냈다. 그 결과, 라테란 공의회는 유례없이 많은 이들이 참석했고, 사람들은 여기서 내린 결정들을 교회 내부 조직과 대외 영향력을 공고히 다진 이정표로 여기게 되었다.

4차 라테란 공의회가 발표한 교회법령 가운데 특히 다음과 같은 것들이 중요하다.

1조: '화체설' 개념(성찬 때 쓰는 빵과 포도주가 그리스도의 몸과 피로 바뀐다는 교리)을 간단히 변호하는 것을 포함하여 가톨릭 신앙의 기초를 강설함.

5조: 초기 교회가 인정한 그대로, 기독교 세계 안에서 교황이 우위에 있음을 재확인함. 교황에 뒤이어 우위를 부여할 대주교들을 순서대로 열거하면 다음과 같다. 콘스탄티노폴리스, 알렉산드리아, 안디옥, 예루살렘.

18조: 성직자는 사형 선고를 내려서도 안 되고 집행해서도 안 된다. 극악무도한 형사 사건에서 재판관으로 활동하거나, 사법 심사와 관련된 문제들에 참여해서도 안 된다.

13세기에는 교황 선거, 특히 교황 선거 규칙과 관련한 개혁 조치들을 더 도입했다. 1271년부터 1276년까지 교황을 지낸 그레고리오 10세는 추기경들이 새 교황을 뽑는 데 아주 긴 시간이 걸리는 것에 놀란 나머지, 선출 지연을 막을 규칙들을 도입했다. 추기경들을 교황 선출 결정을 내릴 때까지 폐쇄 구역('콘클라베') 안에 머물게 한 것이다. 안에 있는 추기경들이 바깥 세계와 접촉하지 못하게 음식도 창문으로 공급해주도록 했다. 사흘이 지나면, 콘클라베에 있는 추기경들은 하루에 한 끼밖에 받을 수 없었으며, 다시 닷새가 더 지나면, 빵과 물밖에 받을 수 없었다.

그러나 당시 교회 안에는 커지는 교황의 힘과 영향력을 불편해하면서, 이 힘과 영향력이 무소불위가 되는 것을 방지하려 한 이들이 많았다. 공의회주의 운동(Conciliarist movement)은 교회의 힘이 중앙에 집중되어서는 안 된다고 주장했다. 교회의 힘은 어느 한 개인의 손에 집중되기보다 교회 전체에 분산되어야 하며, 더 대표성이 있고 책임성이 있는 그룹, 즉 '보편 공의회'에 주어져야 한다. 이 운동은 14세기와 15세기에 그 영향력이 정점에 이르렀다. 14세기에 교황청 안에서 위기가 발생했을 때가 그 영향력이 정점에 이른 순간이었던 것 같다. 이 점은 뒤에 가서 다시 살펴보겠다(2.4.2).

2.2.7. 프란체스코회와 도미니크회: 탁발수도회의 등장

수도회는 중세 여명기에 기독교의 존재를 유지하는 데 큰 역할을 했으며, 중세 내내 기독교 신학과 영성의 탁월함을 지키는 중심지로 계속 남아 있었다. 베네딕트수도회—그냥 '베네딕트회'로 널리 알려져 있다—는 특히 서유럽 전역에 수도원을 세우는 데 중요한 기여를 했다. 앞서 언급했듯이,

베네딕트수도회 소속 클뤼니 수도원은 12세기에 개혁과 갱신을 촉진하는 데 특히 중요한 역할을 했다(2.1.9). 베네딕트회의 영성은 공동(모든 지체가 한 몸으로 드리는) 예배, 영적 독서, 그리고 공동체라는 맥락 속에서 행하는 노동의 중요성을 강조했다.

'수도사(monk)'라는 말은 '고독한' 또는 '홀로'를 뜻하는 그리스어 *monachos*(모나코스)에서 나왔다. 일부 수도사들은 고독한 삶을 살아갔다. 하지만 중세 초기에 확립된 규범은 수도사들이 자급자족하는 특정 공동체 안에서 살아가는 방식을 취했다. 고립 혹은 고독이라는 이상을 그대로 유지해준 것이 수도원 독방으로, 이것은 수도사가 공동 예배나 공동 노동을 하지 않을 때 물러가 홀로 기거하는 방이었다. 수도원은 여행자들을 환대했으며, 수도원 공동체 내부는 물론 공동체 밖까지 보살피는 병원들을 세울 때도 종종 있었다.

그러나 수도원제도는 신앙생활의 한 형태였을 뿐이다. 중세에 모든 신앙생활 형태가 수도원 모델을 따르지는 않았다. 중세가 이어지는 동안, 또 다른 모델이 영향력을 얻게 되었다. 탁발수도회가 그것이다. '탁발(mendicant)'이라는 말은 '구걸'을 뜻하는 라틴어에서 나왔다(라틴어로 '구걸하다'를 뜻하는 동사 중에 *mendicare*가 있다—옮긴이). 수도원은 그들이 소유한 토지가 수입원이었지만, 13세기에 등장한 이 새로운 수도회 그룹은 부유한 후원자와 시민의 도움에 의지했다. 이런 삶의 방식을 택한 사람은 '탁발수사'(friar, 이는 '형제'를 뜻하는 프랑스어 frère에서 나왔다)로 알려지게 된다.

수도사는 특정 지역의 특정 수도원(이를테면 베네딕트회 소속 클뤼니 수도원 같은 곳)에 몸담곤 했다. 그러나 탁발수사는 '수도관구(修道管區, province)'로 알려진, 더 넓은 지역에 퍼져 있는 공동체에 몸담곤 했다. 탁발수사들은 편력 사역을 펼쳤으며, 보통은 그가 속한 공동체가 그 지방에 소유한 다른 수도원에서 섬기고 설교했다.

가장 중요한 두 탁발수도회(도미니크회와 프란체스코회)는 모두 13세기에 설립되었다. 두 수도회 모두 사회 규범이 바뀌는 것에 발맞춰 교회 목회(사목)와 설교 사역을 닫힌 수도원 공동체 너머까지 넓혀야 한다는 필요성을 절감한 데 따른 반응이었다.

프란체스코회, 더 정확히 말해 '작은형제회'(라틴어로 *Ordo Fratrum Minorum*)는 아시시의 프란체스코(1181/2-1226)가 펼친 사역에서 탄생했다. 프란체스코는 이탈리아 움브리아의 작은 고을인 아시시에 살았던 부유한 상인의 아들이었는데, 그가 나사렛 예수의 가르침에서 발견한 개인의 가난이라는 사상에 사로잡혔다. 그는 움브리아 주위 고을에서 회개와 갱신이 필요함을 설교하면서 따르는 이들을 모았고, 1209년에는 교황 인노첸시오 3세에게 그 자신의 수도회를 설립해도 좋다는 허가를 받았다. 처음에 프란체스코회는 이탈리아에 집중해 활동했으나, 이내 유럽의 다른 지역으로 활동 영역을 넓혔다. 프란체스코회는 프란체스코가 만든 1223년 수도회 규칙을 기초로 삼았는데, 이 규칙이 이 수도회의 핵심 가치와 신조를 밝혀주었다(그러나 그 규정 방식을 보면 다른 해석도 가능하다는 것이 드러난다).

그 결과, 이 수도회 운동은 그 핵심 가치 중 하나인 가난을 놓고 내부 다툼에 휘말리고 말았다. 처음에 프란체스코회는 개인 재산이나 공동 재산을 전혀 소유하지 않고, 재산권을 포기하는 것이 완벽한 복음전도에 필수불가결하다고 주장했다. 수도회가 재산을 소유할 수 없다면, 교회는 어떻게 지을 수 있을까? 혹은 시골이나 도시에 수도원은 어떻게 지으며, 어떤 방법으로 그곳이 계속 일하게 할 수 있을까? 수도원 내부에서는 절대 가난이라는 이상에 헌신한 이들과, 현실을 더 중시하면서 수도원 사역을 펼치려면 재산이 필요하다고 인정하는 목소리들 사이에 갈등이 벌어지기 시작했다.

결국 이 문제를 에둘러 해결할 길을 찾아냈다. 1279년, 교황 니콜라

새들에게 설교하는 아시시의 프란체스코. 조토 디 본도네(1266-1337)가 1295년경부터 1300년까지 그린 〈프란체스코의 성흔〉에 들어 있는 제단 장식대 그림. 파리, 루브르박물관 소장.

오 3세(재위 1277-1280)는 프란체스코회에 내놓은 모든 재산은 성좌(聖座, Sancta Sedes, Holy See, 사도 베드로가 앉았다는 자리로서 교황을 상징한다─옮긴이) 소유로 여겨야 하며, 이 재산은 성좌가 다시 프란체스코회가 원하는 대로 사용할 수 있게 허용한 것이라고 규정했다. 한 세대 뒤에 또 다른 논쟁이 불거졌는데, 이번에도 초점은 가난이었다. 1323년, 교황 요한 22세(재위 1316-1334)는 그리스도와 사도들이 개인 차원이든 공동체 차원에서든 아무것도 소유하지 않았다는 주장을 이단으로 저주했다.

그러나 어쩌면 이 수도회 내부에서 벌어진 논쟁 중 가장 중요하다 할 논쟁은 이 수도회 활동의 초점과 관련이 있었다. 프란체스코회는 프란체스코 자신이 보여준 본을 따라 이탈리아 시골 지역의 사역에 치중해야 하는가? 아니면 도시 사역, 특히 도시 빈민 가운데서 펼치는 사역에 관심을 가져야 하는가? '콘벤투알 프란체스코회(Conventual Franciscans)'─이 수도회 회원들은 이 이름으로 알려지게 된다─는 도시 안에 수도원을 세우는 쪽을 택했으며, 이런 수도원을 그들이 설교하고 목회(사목)할 그 공동체의 근거지로 여겼다. (이 이름은 '함께 모이다'를 뜻하는 라틴어 convenire에서 나온 말이며, 함께 모이는 장소를 가리키는 말인 'convent'에도 이런 어원이 반영되어 있다.) 다른 이들은 시골에서 꼭 어떤 건물이나 공동체에 속하지 않고 혼자 사역하는 쪽을 좋아하곤 했다.

도미니크 데 구스만(1170-1221, 본디 이름은 도밍고 펠릭스 데 구스만으로, 에스파냐 수도사─옮긴이)은 '설교단'(說敎團, 라틴어로 Ordo Praedicatorum)을 세웠다. 도미니크는 프랑스 남부에 카타리파 이단이 퍼져가는 것을 우려했다. 이 종파는 11세기에 프랑스 랑그도크 지방에서 나타났으며, 12세기와 13세기에 프랑스 남부에서 융성했다. 카타리파는, 물질은 본디 악하다는 관념이나 두 하나님(만물을 지은 열등한 하나님과 구속을 행하는 우월한 하나님)을 믿는 믿음처럼, 누가 봐도 영지주의임을 알 수 있는 견해들을 채택했는데,

이런 견해는 아마도 동유럽에서 유래한 것 같다. 교회는 힘으로 이 이단을 억누르려 했지만 성공하지 못했다. 도미니크는 카타리파를 바꿔놓을 것은 강압이나 권력이 아니라 개인의 거룩함과 겸손 그리고 훌륭한 설교라는 견해를 택했다. 1215년, 도미니크는 그와 생각을 같이하는 자그마한 그룹을 주위에 모았고, 마침내 1216-1217년 겨울에는 교황 인노첸시오 3세에게서 새 수도회를 설립해도 좋다는 허가를 받았다.

도미니크의 포부 뒤에 자리한 사회 변화 중 하나는 도시(소도시)가 인구 중심지로서 점점 더 큰 중요성을 갖게 되었다는 것이다. 시골 노동자들이 도시로 흘러들어온 것은 점점 더 번영하는 이 시대의 특징이었으며, 목회 차원에서 새로운 문제들을 만들어냈다. 도시 교회들은 인구 급증을 감당할 수 없었다. 도미니크회는 이런 도시에 수도원을 세워, 이 수도원들을 목회와 설교 사역 기지로 활용했다. 이 수도원들은 종종 탁월한 신학과 영성의 중심지가 되기도 했다. 중세를 이끈 도미니크회 소속 신학자들과 영성 저술가 중에는 알베르투스 마그누스(1200-1280), 토마스 아퀴나스(1225-1274, 이탈리아의 스콜라신학자로 이탈리아어 이름은 Tommaso d'Aquino—옮긴이), 마이스터 에크하르트, 시에나의 카타리나(1347-1380), 마그데부르크의 메히트힐트(1207-1282/1294)가 있다.

2.2.8. 여자 신비주의자와 수녀회

사람들은 오랫동안 중세 서유럽에서 여자들이 가졌던 지위를 복잡하다고 인식해왔다. 중세의 역사 속에서 펼쳐진 삶의 실제들에 관하여 알려져 있는 것들을 성(gender)이라는 단일 이슈만으로 분류하는 것은 분명 적절치 않다. 영국의 중세 역사 연구자인 아일린 파워(1889-1940)는 1926년에 발표한 한 독창적인 논문에서 중세 여성의 지위와 관련하여 이후 이 문제 연구에 커다란 영향을 미치게 되는 견해를 제시했다. 아일린이 제시한 세 요점은, 이후의 역사 연구에 따라 몇 가지 점에서는 수정을 거치긴 했지만, 이 시대 논의에서도 여전히 이정표 역할을 하고 있다.

1. 중세가 여성에 관하여 가졌던 개념과 여자들이 일상에서 겪는 경험 사이에는 괴리가 있을 수밖에 없었다. 더구나 이런 개념들은 아주 혼란스럽고 자체 모순일 때가 자주 있어서, 일상생활에는 직접적인 영향을 그리 크게 주지 못했다.
2. 중세 여자들은 몇몇 심각한 도전에 직면했다. 여자를 남자보다 낮은 위치에 두는 법률 체계, 남자에게 여자의 삶을 지배할 상당한 힘을 부여하는 사회 구조 같은 것이 그런 예다. 그러나 중세의 대다수 여자들의 지위가 '남자보다 더 낮지도 않고 높지도 않았으며', 여성들이 '어떤 임시변통식의 조잡한 평등을 누렸다'는 것이 파워의 지적이다.
3. 진짜 문제는 성이 아니라 사회 계급이었다. 파워는 봉건 영주의 부인, 도시 여자, 농부들에게 초점을 맞추면서, 중요할 수도 있는 다른 여자들—이를테면 수녀회에 속한 여자들—은 무시한다.

이후의 연구 결과들은 중세 시대 여자들의 운명을 형성하는 데는 민족과 지역 정체성을 포함한 다른 요소들도 중요했다고 지적하면서 이 틀에 얼마간 수정을 가했다. 하지만 중세에 기독교에서 특히 중요한 역할을 했던 또 다른 부류의 여자들이 있다. 여자 신비주의자, 그리고 수녀회 지체들이 바로 그들이다.

수녀회는 여자들이 중세에 공동체 안에서 지도자 역할을 하고 영적 인도자 역할을 할 수 있는 중요한 맥락을 제공했다. 이 시대의 몇몇 여자 영성 저술가들은 명성을 얻었으며, 신앙 지도를 갈망하는 이들에게 권위를 널리 인정받았다. 이런 이들 가운데, 빙엔의 힐데가르트(1098-1179), 브라반트의 하더베이크(13세기 초), 마그데부르크의 메히트힐트, 폴리뇨의 안젤라(1248경-1309), 그리고 노리치의 줄리안(1343경-1416)이 있다. 이 저술가들은 유럽 전역에서 추종자를 끌어모은 영성 접근법을 발전시켰다.

이런 저술가들을 가리키는 말로 종종 '신비주의자'라는 말을 사용하는데, 이 말이 실제로 무슨 의미인가를 이해하는 것이 중요하다. 일상 용법에서는 이 말이 얼추 '영적 지혜를 소유한 것으로 보이는 이'를 뜻한다. 하지만 '신비주의'는 기독교 영성 역사에서 더 전문적인 의미를 갖고 있어서, 인간이 하나님을 더 깊이 직접 체험하게 하는 것을 목표로 삼는 영성 접근법을 의미한다. 이 말은 그리스어 *mystikos*(뮈스티코스)에서 나왔는데, 이는 뭔가 감춰져 있거나 접근할 수 없는 것을 발견하거나, 혹은 그런 관습을 전해 받아 배운다는 의미를 갖고 있다. 따라서 '신비주의자'는 신자가 이처럼 하나님과 직접 나누는 사귐을 더 깊이 가질 수 있게 도와주는 방법이나 사상을 발전시키는 사람을 의미한다.

요새 12세기 신비주의자인 빙엔의 힐데가르트가 쓴 작품에 큰 관심이 일고 있음을 고려할 때, 이 힐데가르트만을 따로 뽑아 특별히 언급해봐도 될 것 같다. 힐데가르트는 서신, 자연철학 작품, 신학 논문, 신비한 계시에 관한 설명, 그리고 드라마 작품을 포함하여 거의 모든 장르에 걸쳐 폭넓은 집필을 했다. 힐데가르트가 예술가, 극작가, 신비주의자, 신학자, 음악가, 그리고 그 시대상을 일러주는 기록자로서 남긴 업적들은 여자들이 수도라는 소명을 통해 얼마나 많은 것을 이룰 수 있었는지 잘 보여준다. 사회 전체가 재능 있는 여자 저술가와 예술가의 발전을 가로막을 때, 도리어 수도회는 이런 저술가와 예술가를 격려하고 이들이 그 능력을 발휘할 수 있는, 안전하고 든든한 장소를 제공해주었다.

빙엔의 힐데가르트는 한 신앙 공동체 안에서 일했지만, 다른 여자 신비주의자들은 더 고독한 실존 양식을 택했다. 노리치의 줄리안은 '은둔자'로서, 세속 사회를 떠나 고독한 신앙인으로 살아가는 삶을 택했다. 줄리안의 상황은 알려진 것이 거의 없다. 일부 사람들은 줄리안이 남편을 여읜 뒤에 이런 삶을 택했다고 주장하지만, 이런 주장을 뒷받침하는 증거는 전혀 없다. 줄리안이 쓴 명저 《하나님 사랑의 계시(Revelations of Divine Love)》는 1413년경에 쓴 작품으로 생각되는데, 영성 고전으로 널리 인정받고 있다. 사람들은 이 책에서 가장 유명한 다음 문장으로 이 책을 기억할 때가 자주 있다. "모두 잘될 거야, 모두 잘될 거야, 그래, 만사가 다 잘될 거야."

중세 교회는 여자가 교황과 주교와 사제가 되는 것을 금했지만, 신앙 공동체 안에서는 여자의 역할에 그런 제한을 두지 않았다. 수도회에 들어온 많은 여자들이 부유하고 고귀한 가문 출신이었으며, 수녀로 살아가는 삶을 혼인을 대신할 매력 있는 대안으로 여겼다. (당시 혼인이 사회에서 차지하는 위치와 혼인을 둘러싼 관습을 보면, 혼인이란 것이 로맨틱한 사랑에서 우러나온 행위라기보다 오히려 신부 아버지와 신랑의 상거래요 사회적 거래의 성격을 훨씬 더 많이 갖고 있었다.)

신앙생활은 상당한 독립성 그리고 제도적, 영적 지도자가 될 수 있는 가능성을 여자에게 제공했는데, 당시 세속 세계에서는 여자가 이런 것들을 누릴 수 없었다. 수녀원은 그 신앙 공동체의 지위에 따라 그들 자신의 수녀원장이나 부원장을 선출할 수 있었다. 이런 신앙 공동체들의 일부 지도자는 상당한 정치적 영향력을 행사했다. 예를 들면, 간더스하임 수녀원장이었던 귀족 소피아 1세(975-1039)는 하인리히 2세(973-1024, 재위 1014-1024)를 로마인들의 왕(King of the Romans, 독일 왕을 가리키는 별칭—옮긴이)으로 선출하는 데, 그리고 이어 콘라트 2세를 신성로마제국 황제로 선출하는 데 큰 영향력을 행사했다.

중세 여자들이 영향력을 행사했던 방식을 잘 보여주는 예를 1100년의 퐁트브로 수도원 설립에서 볼 수 있다. 툴루즈의 필리파는 남편인 아키텐 공 윌리엄 9세를 설득하여 아르브리셀의 로베르(1047-1117, 프랑스의 편력 설교자—옮긴이)에게 신앙 공동체를 설립할 땅을 기증하게 했다. 이 대수도원은 '이중 수도원', 즉 수도사와 수녀가 같은 장소에서 살아가는 곳으로 설립되었다. 아르브리셀의 로베르는 새 수도원의 지도자가 늘 여자여야 한다고 선언하고, 세미예의 페트로닐라(1149 사망)를 초대 수도원장으로 임명했다. 페트로닐라를 이어 잉글랜드 왕 헨리 2세의 고모인 앙주의 마틸다가 수도원장이 되었다. 이 수도원은 여러 해 동안 부유하고 힘 있는 여자들을 끌어당기는 자석이 되었으며, 프랑스 서부에서 중요한 사회적 역할을 수행했다. 수도원은 두들겨 맞는 아내와 창녀들의 피난처가 되었고, 나병 환자를 돌보는 병원이 되었다.

이 시대 여자들은 영적 차원의 일을 하고자 할 때 다른 방법들을 택할 수 있었으며, 영적 지도자에게 공식 순종 서약을 하거나 재산을 포기한다는 서약을 하지 않은 채 그냥 느슨한 협력 공동체를 형성하는 것도 그중 한 방법이었다. 이에 해당하는 가장 좋은 예가 12세기 초의 사례다. 이때 십자군 원정으로 말미암아 남편을 여읜 여자들이 네덜란드 지역의 도시 교외에 공동체들을 설립했다. 이 여자들은 알 수 없는 이유로 '베긴회(Beguines)'라는 이름을 갖게 되었으며, 이들이 공유하는 건물은 '베긴회당(Beguinages)'이라는 이름을 갖게 되었다.

2.3. 중세의 종교 사상: 스콜라학파가 이룬 업적

더 안정된 중세의 사회·경제 상황은, 수도원신학교의 더 큰 발전 및 대학의 등장(2.2.4)과 맞물려 신학의 르네상스를 가져왔으며, 이는 지금도 기독교 사상의 이정표로 남아 있다. 이 시대의 가장 독특한 특징 중 하나는 '스콜라신학'이라는 장르의 등장이다. 이 신학만 따로 떼어 자세히 살펴볼 필요가 있다.

2.3.1. 지성의 대성당: 스콜라주의의 등장

스콜라신학은 중세의 이정표로 널리 인정받고 있다. 기독교 초기 몇 세대 신학자들은 특정 문제—예를 들면, 교회의 본질(도나투스 논쟁을 지배했던 문제, 1.5.5)이나 하나님 은혜의 본질 및 작용(펠라기우스 논쟁의 주요 주제, 1.5.6) 같은 문제—가 불거지면 그에 대한 대답으로 신학 논문을 쓰곤 했다. 기독교 초기의 일부 그리스도인 저술가들은 기독교 신학의 기본 주제를 비롯하여 더 폭넓은 작품들을 써냈으며, 이 작품들은 신경에 붙인 주석 형태를 띨 때가 종종 있었다.

스콜라신학은 그전의 이런 신학 접근법에서 크게 벗어남을 의미했다. 교부들이 쓴 신학 작품들은 대부분 특정한 상황을 염두에 두거나(특정한 논쟁에 제시한 답변이거나) 교육을 염두에 둔 것(기독교 신앙의 핵심 사상과 관습을 설명하는 것을 목표로 삼은 것)이었다. 스콜라신학은 엄정한 합리적 기초에 근거하여 더 체계 잡힌 신학 접근법을 제시하면서, 이제 대다수 학문 세계에서 가르치게 된 수사학, 변증학, 논리학을 최대한 활용했다. 스콜라신학을 선도하는 작품들은 복잡하고 광범위하다. 이 때문에 위대한 중세 연구자인 에티엔 질송(1884-1978)은 이 작품들을 '지성의 대성당'이라 묘사한다.

중세에 이런 발전이 일어나리라는 것은 거의 예상하지 못했다. 12세기가 열리면서 사람들은 변증 중심의 신학 접근법을 의심을 품고 바라보게 되었다. 예를 들면, 사람들은 투르의 베랑제(999경-1088)를 미심쩍게 바라보면서, 성찬의 신비를 일종의 변증 문제로 전락시킨 이로 여겼다. 사람들은 12세기 초에 콩피에뉴의 로슬랭이 삼위일체에 관하여 피력한 견해에도 비슷한 우려를 표명했다. 비판자들은 그의 견해가 이 신학의 신비를 합리주의자의 삼신론쯤으로 전락시켜버렸다고 주장했다.

그러나 다른 이들은 합리주의에 입각한 신학 접근법을 발전시키면서도, 학문의 엄정함과 신학의 정통성을 모두 지킬 수 있었다. 11세기 말, 캔터베리의 안셀무스(1033-1109)는 성육신을 이성에 입각하여 변증하면서, 기독교의 이 독특한 교리가 하나님의 본질과 인간의 곤경에 관한 기본 믿음에서 나올 수밖에 없는 적절하고 필요한 결론임을 증명했다. 정통에 입각하여 신앙과 이성의 관계를 긍정하는 안셀무스의 접근법—이 접근법을 집약해주는 라틴어 표현이 *fides quarens intellectum*('이해를 추구하는 신앙')이다—은 합리적 신학 방법의 가능성을 새로이 인식하게 해주었다.

이런 신학 방법은 신학의 모순을 해결하는 데(예를 들어, 성경 본문을 해석하는 데) 변증법식 추론을 활용함으로써 한 단계 더 발전했다. 라옹의 앙셀름(1117 사망)은 성경 해석에서 논란이 되었던 몇 가지 문제를 탐구하면서, 초기 그리스도인 주석가들이 성경 본문을 해석하면서 사뭇 다른 이해를 제시한 경우가 종종 있었다는 데 주목했다. 앙셀름은 이런 차이들을 언급한 뒤, 이 차이들을 해결할 방법을 제시했다. 간단히 말하자면, 그 방법은 변증법을 통해 종합 명제를 끌어내는 것이었다.

이 접근법은 피에르 아벨라르(1079-1142)가 그의 저서 《예와 아니오(*Sic et Non*)》에서 한 단계 더 발전시켰다. 그는 여기서 논란이 된 신학 문제 150개를 고찰한 뒤, 그의 독자들이 해결할 쟁점들을 제시했다. 이와 비슷한 접근법이 12세기에 페트루스 롬바르두스가 내놓은 교과서 《명제집》의 뒤편에 자리해 있는데, 이 책은 다양한 이슈에 관하여 교부들이 했던 다양한 말을 제시하면서, 이 이슈의 해결을 독자들에게 맡긴다(2.2.3). 그 결과, 《명제집》에 관한 주석은 중세 신학 문헌들이 가장 폭넓게 활용한 장르 중 하나가 되었다.

Wikimedia Commons.

이탈리아 철학자요 신학자인 토마스 아퀴나스(1225경-1274). 카를로 크리벨리(1435경-1495경)가 목판에 그린 템페라화, 61×40cm, 런던 내셔널 갤러리 소장.

13세기 초에 이르자, 합리적, 성경적 근거 및 초기 그리스도인 저술가들의 견해에 비추어 정당함이 증명된 여러 신학 주장들을 체계를 세워 설명하고 싶어 하는 새로운 신학 욕구(기호)가 등장했다. 토마스 아퀴나스의 《대이교도대전(對異敎徒大全, Summa contra Gentiles)》은 기독교 신앙이 합리성이 없다는 주장에 맞서 이 신앙이 이성에 부합하는 이유를 제시했다.

그러나 스콜라신학에서 가장 유명한 작품은 토마스 아퀴나스가 쓴 《신학대전(Summa Theologiae)》(1265-1274)이다. 아퀴나스는 이 작품에서 이성을 근거로 기독교 신앙을 비판하는 자들—유대교 신자와 이슬람교 신자들이 그 예인데, 13세기 파리에는 이들이 모두 존재했다(2.3.3)—에 맞서 기독교 신앙을 확실히 변호할 수 있게 채용한 이성의 틀을 활용하여, 서로 충돌하는 성경의 말과 교부의 말을 조화롭게 엮어 제시했다.

스콜라신학에 관한 그릇된 설명 가운데 가장 영향력 있는 것 중 하나는 이 신학이 얼마나 많은 천사가 핀 꼭대기 위에서 춤출 수 있는가를 토론했다고 주장한 것이다. 이 주장은 17세기에 나왔는데, 중세의 어떤 문헌에서도 이런 내용을 찾아볼 수 없다. 그렇다고 중세 저술가들이 천사와 관련한 많은 문제를 토론했음을 부인하는 것은 아니다. 예를 들면, 아퀴나스는 천사에 관하여 자세한 신학을 제시하면서, 천사들을 확실히 구별되는 아홉 유형으로 구분하고, 이 천사들을 수직 위계 구조로 배열했다.

그러나 13세기 스콜라신학의 가장 독특한 특징 중 하나는 이슬람 세계와 접촉이 늘어남에 따라 기독교 신학이 더 많이 활용할 수 있게 된 문화적, 지적 자원들을 이 신학이 점점 더 많이 알게 되었다는 것이다. 이런 특징 중 하나가 아리스토텔레스의 재발견이었다. 이제 사람들은 이것이 중세가 이룩한 가장 의미심장한 지적 발전 중 하나임을 바로 인식하고 있다. 따라서 이것만 따로 더 자세히 살펴볼 가치가 있다.

2.3.2. 신학의 시녀: 아리스토텔레스를 재발견하다

529년, 비잔티움제국의 황제 유스티니아누스는 콘스탄티노폴리스에 있는 철학학교를 폐쇄하라고 명령했다. 이 바람에 많은 학자가 시리아의 에데사 같은 동방의 도시들에서 지적 피난처를 찾을 수밖에 없는 처지가 되었다. 그들은 거기서 플라톤과 아리스토텔레스를 계속 연구할 수 있었다. 동방 기독교는 아리스토텔레스를 플라톤보다 더 낮게 여기는 경향이 있었다. 동방교회를 이끌던 이들[니사의 그레고리우스, 후대의 위(僞)디오니시우스 같은 이들]은 플라톤을 그들 신학에서 건설적 방향으로 활용할 수 있었다. 하지만 아리스토텔레스에겐 거의 흥미를 보이지 않았다. 서방에서는 아리스토텔레스가 그야말로 잊힌 사람이 되었으며, 그의 논리학 작품만이 명맥을 유지했다.

이슬람 세력의 중동 정복은 사람들이 아리스토텔레스 작품에 새로운 관심을 갖게 만들었다. 이 작품들은 우선 시리아어로 번역되었고, 뒤이어 아랍어로 번역되었다. 서방에서는 아랍어 번역을 통해 보존된 아리스토텔레스의 많은 작품을 아직 모르고 있었다. 11세기에 이븐시나('아비센나'라는 라틴어식 이름으로 더 잘 알려져 있다) 같은 이슬람 저술가들은 철학을 통해 이슬람 신학에 엄격하게 다가가는 접근법을 발전시켰으며, 이 접근법은 12세기 말의 에스파냐 철학자인 이븐루시드(중세인에겐 '아베로에스'로 알려져 있다)가 더 깊이 발전시켰다.

서방이 아리스토텔레스를 다시 발견함으로 말미암아 일어난 중요한 발전은 12세기 중엽에 에스파냐 톨레도 주교들이 큰 번역학교를 설립한 일이었다. 에스파냐에서는 이슬람 학문과 접촉이 늘어나면서, 많은 아랍어 작품을 라틴어로 번역하게 되었다. 이 과정에서 크레모나의 제라르드(1114경-1187)는 아리스토텔레스의 저작을 더 널리 활용할 수 있게 하는 데 선구 역할을 했다. 〈분석론 전서(前書)〉, 〈분석론 후서〉, 〈형이상학〉, 〈자연학〉 같은 작품들을 신학자들이 활용할 수 있게 되었으며, 신학자들은 이 작품들이 '신학의 시녀'로서 가진 잠재력을 금세 알아차렸다.

'신학의 시녀'라는 이 흥미로운 문구는 더 설명이 필요하다. 기독교 신학은 세속 철학을 변증과 신학 성찰에 대화 파트너로 활용할 수 있음을 이미 발견했다. 특히 알렉산드리아 신학자들은 플라톤주의를 지적 발판으로 활용하여 그들만의 독특한 기독교 신학을 건설할 수 있었다. 중세에는 이런 점을 표현할 때 철학을 '신학의 시녀'(라틴어로 *ancilla theologiae*)에 빗댄 이미지를 종종 사용했다. 이 이미지는 철학이 신학 아래에 있다는 개념을 전달하면서도, 철학의 유용함을 부각시켜주었다.

이제 주요 신학자들, 특히 도미니크수도회 내부의 신학자들은 아리스토텔레스를 응용하게 되었다. 알베르투스 마그누스와 토마스 아퀴나스는 아리스토텔레스의 접근법이 갖는 중요성을 재빨리 인식했다. 실제로 동작에 근거하여 하나님의 존재를 증명한 아퀴나스의 유명한 논증은 결국 아리스토텔레스의 〈자연학〉을 근거로 삼은 것이다. 아리스토텔레스가 주장했듯이, 움직이는 모든 것은 다른 무언가가 움직이는 것이다. 아퀴나스는 이런 생각의 흐름을 변증 목적에 쉬이 응용할 수 있음을 간파했다. 아리스토텔레스가 말하는 '습관' 개념이 은혜의 본질 그리고 그리스도인의 삶에서 미덕이 갖는 위치 같은 문제들을 논할 때 활용할 수 있는 중요하고도 쓸모 있는 틀을 중세 신학에 제공한 것도 역시 중요한 점이다.

그러나 아리스토텔레스를 신학에 활용한 것은 결국 논란거리가 되었다. 아리스토텔레스가 쓴 논문들은 기독교 정통과 늘 딱 들어맞지만은 않는 사상을 표현했고, 때로는 기독교 사상과 완전히 모순을 빚기도 했다. 세계의 영원성에 관한 그의 견해가 그런 예다. 세계는 시작을 갖고 있지 않기 때문에, 창조되었을 리도 없다. 이 때문에 일부 사람들은 아리스토텔레스의 저작이 정확히 번역된 것인지 의심하기도 했다. 모르베크의 기욤 (1215경-1286)은 13세기에 콘스탄티노폴리스에서 아리스토텔레스의 몇몇 작품을 그리스어에서 라틴어로 직접 번역했는데, 이렇게 한 것은 아랍어 역본을 바탕으로 번역하면 아리스토텔레스의 말이 잘못되거나 왜곡될 수도 있다는 우려 때문이었다. 더군다나 아리스토텔레스의 작품이라던 많은 작품—이를테면 〈원인론〉과 〈우주론〉 같은 책—이 위작이라는 게 밝혀졌다.

13세기가 흘러가면서, 교회 원로 집단이 아리스토텔레스에 관한 우려를 품고 있다는 게 점점 더 분명해졌다. 그의 논리학 저작은 칭송할 만한 저작으로 여겼으며, 파리 대학교를 비롯한 중세의 많은 대학이 기본 교과서로 사용하게 되었다. 그러나 그의 과학 저작은 오해를 낳는 오류투성이로 여기는 이가 많았다. 1210년, 한 지역 교회 공의회는 이렇게 결정했다. "파리에서는 공사(公私) 불문하고 자연철학을 다룬 아리스토텔레스의 작품은 물론이요 이 작품에 관한 주석도 읽어서는 안 되며, 이를 어길 때는 파문에 처한다."

1277년에는 파리 주교가 그보다 더 광범위한 비판을 제시하고, 아리스토텔레스의 저작에서 200개가 넘는 오류를 찾아내 그 목록을 제시했다. 이런 아리스토텔레스 비판은 오랜 시간 영향을 주었던 것 같지는 않고, 나중에는 결국 이런 비판이 사라지는데, 토마스 아퀴나스가 아리스토텔레스의 개념들을 사용하게 된 것도 그 한 이유였다. 그러나 어떤 면에서 보면, 이런 비판은 유익한 목적에 이바지했다. 즉, 이런 비판은 신학자들이 아리스토텔레스를 더 비판적 자세로 대하면서, 아리스토텔레스가 사용한 개념들을 받아들이기 전에 그 개념들을 먼저 꼼꼼히 검증해보도록 독려하는 역할을 했기 때문이다. 많은 학자들은 프란체스코수도회의 주요 스콜라신학자인 둔스 스코투스와 오컴의 윌리엄이 아리스토텔레스에 더 엄격하고 비판적 자세로 다가가는 접근법을 채택했으며, 아리스토텔레스가 말하는 몇몇 개념의 과학적 신빙성에 관한 후대의 우려를 이미 예상하고 있었다고 주장한다.

2.3.3. 이성에 근거한 믿음: 토마스 아퀴나스

중세의 위대한 스콜라신학자인 토마스 아퀴나스는 《신학대전》으로 가장 유명하다. 하지만 일부 학자들은 그의 가장 중요한 저작 중 하나로 더 작은 작품인 《대이교도대전》을 꼽는다. 이전 학자들은 《대이교도대전》이 1264년경에 기록되었다고 주장했으나, 최근의 연구는 이 책이 그보다 나중에 기록되었음을 지적하면서, 아마 1270년에서 1273년 사이에 기록된 것 같다고 본다.

이 시대에 나온 신학 작품들은 사도신경의 구조를 중심으로 삼아 구성한 작품이 많았지만, 《대이교도대전》은 이 책이 사실은 신학의 내용을 탐구하는 **신학** 작품이라기보다 기독교 신앙을 변호하는 **변증** 작품임을 강하게 시사하는 구조를 채택했다. 이런 구조는 이 작품의 창작 배경에 관한 전통의 설명과 일치한다. 유대인과 무슬림에게 복음을 전하는 데 특히 관심을 갖고 있었던 도미니크회 원로 수도사 페냐포르트의 라몬(1175경-1275)은 도미니크회에 속한 몇몇 대학에서 아랍어와 히브리어를 연구하고 가르칠 것을 독려했다. 전통에 따르면, 라몬이 이 두 청중(유대인과 무슬림)에게 기독교 사상을 제시하고 변호할 수단으로 이성을 사용하는 작품을 하나 지어줄 것을 아퀴나스에게 요청했다고 한다. 이 이야기가 사실인지는 확인할 수 없지만, 이 작품의 독특한 구조를 설명하는 데 도움을 줄 수는 있겠다. 그러나 이 작품에는 이 작품의 기원에 관한 이런 전통의 설명과 잘 들어맞지 않는 측면들이 더 있다. 예를 들어 이 작품은 특히 이슬람교가 이야기하는 개념들을 일절 다루지 않는다.

《대이교도대전》은 크게 두 부분으로 나뉜다. 1부는 아퀴나스가 인간 이성이 미치는 범위 안에 존재한다고 믿는 하나님에 관한 진리들, 이를테면 하나님의 존재, 하나님을 자연계 안에서 볼 수 있는 방법을 다룬다. 2부는 이성이 미치는 범위 밖에 존재하는 기독교의 핵심 진리들을 다루는데, 성육신 개념과 삼위일체 개념이 그 예다. "하나님에 관하여 참인 몇 가지 것은 인간 이성의 능력 너머에 존재한다. 하나님은 삼위이시나 한 분이시라는 진리가 그 예다. 그러나 인간 이성으로 다다를 수 있는 것들도 있는데, 하나님의 존재와 단일성 같은 것이 그 예다. 철학자들은 자연 이성이라는 빛의 인도를 받아 이런 것들이 참임을 증명했다." 아퀴나스의 목표는 덜 까다롭고 이성으로 접근할 수 있는 진리들에서 시작하여 이성 너머에 존재하는 더 복잡한 기독교 진리 세계로 그의 독자들을 인도하는 것이었던 듯하다.

그러나 결국 따지고 보면 이 작품의 가장 중요한 특징은 이 책이 피력하는 기본 확신이지, 이 확신을 탐구하는 특별한 방법이 아니다. 즉, 이 책은 기독교 신앙이 현저히 이성에 합치한다는 확신을 피력한다. 아퀴나스는 기독교 신앙이 이성을 넘어서는 경우에도 이 신앙을 이성과 충돌하는 것으로 보지 말고 이성의 한계를 초월하는 것으로 봐야 한다고 주장한다. 계시는 이성을 완성한다. 이성과 계시는 똑같은 기본 진리를 추구하기 때문에 이들을 상호모순 관계라기보다 상호보완 관계로 봐야 한다는 것이 아퀴나스의 주장이다. 이런 견해는 아퀴나스의 저작 전체에서 찾아볼 수 있지만, 《대이교도대전》에서 가장 분명하게 나타난다.

기독교 신앙의 합리성을 증명하려는 아퀴나스의 프로그램에서 가장 유명한 측면을 든다면, 아마도 그가 하나님의 존재 논증을 다섯 개 '논증'으로 묶어 제시한 일이 아닐까 싶다. 이 다섯 가지 논증은 전통적으로 '다섯 길'로 알려져 왔다. 이 논증이 갖는 중요성과 흥미로움을 고려하여, 이것들을 더 자세히 살펴보도록 하겠다.

2.3.4. 중세에 나온 하나님의 존재 증명

토마스 아퀴나스는 그가 쓴《신학대전》첫머리 몇 페이지에서 하나님의 존재를 증명하는 다섯 논증을 제시한다. 이 논증들은 이 세계가 지닌 어떤 측면을 이 세계를 창조한 이가 존재함을 '일러주는' 것으로 인용한다. 분명 토마스 아퀴나스는 이것들이 하나님의 존재를 증명해주는 '증거'라고 믿지는 않는다. 오히려 아퀴나스는 인간이 보통 이 세계를 경험한 내용에서 하나님의 존재를 일러주는 것들을 찾아내는 것이 아주 적절하다고 믿었다. 그가 제시한 다섯 길은 하나님에 대한 기독교의 관점이 우리가 이 세상에서 관찰할 수 있고 이 세상에 관하여 알 수 있는 것과 일치함을 증명해주는 다섯 가지 생각의 흐름을 제시한다.

그렇다면 아퀴나스가 하나님의 존재를 일러주는 것으로서 밝힌 것들은 무엇인가? 여기서 아퀴나스를 인도하는 기본적 생각은 이 세계가 하나님의 피조물이므로 이 세계는 곧 하나님을 되비춰주는 거울이라는 것이다. 예술가가 어떤 그림이 자기 작품임을 나타내려고 그 작품에 서명하듯이, 하나님도 피조물에 하나님의 '서명'을 남기셨다.

우리가 세계 안에서 관찰하는 것들—이를테면, 세계가 질서를 갖추었음을 보여주는 표지들—은 하나님이 그 창조주이심을 근거로 설명할 수 있다. 하나님은 세계를 존재하게 하셨을 뿐 아니라, 하나님의 형상과 모양을 세계 위에 남겨놓으셨다.

그럼 우리는 피조물에서 어디를 보면 하나님이 존재하신다는 증거를 발견할 수 있을까? 아퀴나스는 세계에 질서가 존재하는 것이 하나님의 존재와 지혜를 가장 설득력 있게 증명해주는 증거라고 주장한다. 이런 기본 가정이 다섯 길 각각의 아래에 깔려 있다. 하지만 이 기본 가정은 사람들이 종종 '설계에 근거한 논증(argument from design)' 혹은 '목적론적 논증'이라 부르는 논증의 경우에 특히 중요하다. 이 다섯 가지 '길'을 하나씩 살펴보겠다.

첫 번째 길은 세계 안에 있는 사물들이 움직이거나 변하고 있다는 관찰 결과에서 시작한다. 이를 보통 '움직임(동작)에 근거한 논증'이라 부른다. 그렇다면 자연은 어떻게 움직이게 되었을까? 자연은 왜 정지해 있지 않을까? 아퀴나스는 움직이는 모든 것은 다른 무언가가 움직이고 있다고 주장한다. 모든 동작에는 원인이 있다. 사물은 그냥 변하지 않는다. 다른 무언가가 그 사물을 변하게 한다. 그렇다면 각 동작의 원인도 원인이 있을 수밖에 없다. 또 그 원인도 역시 원인이 있을 수밖에 없다. 때문에 아퀴나스는 우리가 아는 세계의 뒤편에는 연쇄를 이루고 있는 동작 원인이 존재한다고 주장한다.

아퀴나스는 이 원인들이 무한할 수 없기 때문에, 이 연쇄들의 기원에는 틀림없이 단일 원인이 존재할 것이라고 주장한다. 결국은 이 첫 동작 원인에서 다른 모든 동작이 나오는 셈이다. 이것이 거대한 인과(因果) 연쇄의 기원이며, 우리는 이 기원이 세계가 움직이는 방식 속에서 나타남을 본다. 이처럼 아퀴나스는 사물이 움직인다는 사실에서 이 모든 움직임의 근원인 단일 원인이 존재한다는 것을 논증한다. 그리고 그는 이 단일 원인이 바로 하나님이라고 결론짓는다.

다섯 길 중 두 번째 길은 인과 개념에서 시작한다. 한 사건(결과)은 다른 것(원인)의 영향이라고 설명할 수 있다. 우리가 위에서 간단히 살펴본 동작 개념이 이런 인과 연쇄를 잘 보여주는 예다. 그리하여 아퀴나스는 위에서 사용한 것과 비슷한 추론 과정을 사용하여 모든 결과는 그 근원이 되는 단일 원인으로 거슬러 올라갈 수 있다고 주장한다. 그 단일 원인이 하나님이다.

세 번째 길은 우연한 존재들의 존재와 관련이 있다. 세계에는 필연의 소산이 아닌(반드시 있어야 할 것이 아닌) 존재들(동물과 인간 같은 존재)이 있다. 아퀴나스는 이 존재 유형과 필연인 존재(필연의 소산인 존재)를 대조한다. 하나님은 필연인 존재이시나 인간은 우연인 존재라는 것이 아퀴나스의 주장이다. 우리가 여기에 있다는 사실은 설명이 필요하다. 우리는 왜 여기에 있는가? 무엇이 우리를 존재하게 했는가?

아퀴나스는 어떤 존재가 있게 된 것은 이미 존재하는 무언가가 그것을 있게 했기 때문이라고 주장한다. 바꿔 말하면, 우리가 존재함은 다른 존재 때문이다. 우리는 일련의 인과관계가 만들어낸 결과다. 이 연쇄를 그 근원까지 거슬러 올라가면 최초의 존재 원인은 그 존재가 필연인 존재(바꿔 말하면, 하나님)일 수밖에 없다고 아퀴나스는 선언한다.

네 번째 길은 진, 선, 고귀함 같은 인간의 가치에서 시작한다. 이 가치들은 어디에서 나오는가? 무엇이 이 가치들을 있게 하는가? 아퀴나스는 본디 그 자체가 참되고 선하며 고귀한 것이 분명 있으며, 이것이 진, 선, 고귀함이라는 우리의 개념들을 있게 한다고 주장한다. 아퀴나스는 이 개념들의 기원이 바로 하나님이며, 하나님은 이 개념들의 근본 원인이라고 주장한다.

다섯 번째 길이요 마지막 길은 종종 '목적론적 논증'이나 '설계에 근거한 논증'이라 부른다. 아퀴나스는 세계가 지적 설계의 흔적을 분명하게 보여 준다고 말한다. 자연에서 일어나는 과정들과 자연 속의 사물들은 누군가 염두에 둔 어떤 분명한 목적에 맞춰져 있는 것 같다. 이런 과정들과 사물들은 어떤 목적을 갖고 있는 것 같다. 이것들은 설계된 것으로 보인다. 그러나 사물은 자신을 설계하지 않는다. 다른 누군가 혹은 다른 무언가가 이런 사물을 있게 했고 설계했다. 이런 관찰 결과로 보아 이 자연계 질서의 근원은 하나님임을 인정할 수밖에 없다는 것이 아퀴나스의 결론이다.

아퀴나스의 논증은 대부분 그 구조가 상당히 비슷하다. 각 논증은 연쇄처럼 이어지는 원인의 출발점을 단일 근원에서 찾으며, 이 단일 근원을 하나님과 동일시한다. 둔스 스코투스와 오컴의 윌리엄처럼 중세에 아퀴나스를 비판한 이들은 다섯 길에 많은 비판을 제시했다. 다음과 같은 비판이 특히 중요하다.

1. 원인의 무한한 소급이라는 개념이 불가능한 이유는 뭔가? 예를 들면, 동작에 근거한 논증도 사슬처럼 이어지는 인과관계가 어딘가에서 멈춘다는 것을 제시할 수 있을 때만 타당성을 가진다. 아퀴나스에 따르면, 자신은 움직이지 않으면서 다른 것들을 움직이게 하는 최초 존재가 있어야 한다. 그러나 그는 이 점을 실증하지 못한다.

2. 이 논증들이 오직 **한** 하나님만을 믿는 믿음으로 이어지는 이유는 뭔가? 예를 들면, 동작에 근거한 논증은 자신은 움직이지 않으면서 다른 것들을 움직이게 하는 수많은 최초 존재들을 믿는 믿음으로 이어질 수 있다. 사물을 움직이는 원인은 여럿일 수 있다. 사실 그런 원인이 되시는 분으로서 오직 한 하나님이 계신다는 기독교의 근본 주장을 제외하면, 그런 원인은 단 하나만 있을 수 있다고 주장해야 할 특별한 이유가 딱히 존재하지는 않는 것 같다.

3. 아퀴나스의 논증들은 하나님이 **계속 존재하심**을 실증하지 않는다. 사물들이 존재하게 되면, 하나님은 이제 존재하지 않으실 수도 있다. 사건들이 계속 일어난다는 것이 이 사건들이 일어나게 한 원인이 되는 존재가 계속 존재함을 꼭 암시해주지는 않는다. 오컴은, 아퀴나스의 논증을 따르다 보면, 하나님이 옛날 옛적에는 존재하셨지만 그렇다고 지금도 꼭 존재하신다는 법은 없다는 믿음으로 이어질 수도 있다고

주장한다. 오컴은 이런 곤경을 피하고자, 하나님이 우주를 계속 유지하신다는 개념에 근거하여 다소 복잡한 논증을 전개했다.

하나님이 존재하심을 주장한 중세의 다른 '논증'을 이 목록에 쉬이 추가할 수 있겠다. 이를테면 캔터베리의 안셀무스가 제시한 '존재론적' 논증은 하나님이라는 실재가 하나님이라는 단순 개념보다 크기 때문에 '그보다 더 큰 이를 생각할 수 없는 존재'이신 하나님이라는 **개념**은 하나님이 **존재하심**을 암시할 수밖에 없다고 주장한다. 그러나 여기서 주목해야 할 요점은 이런 논증들이 기독교 신앙은 자명하며(그 스스로 자신을 설명하며) 이 신앙이 우리가 세계에 관하여 알고 있는 것도 설명해줄 수 있다는 가정에 기초한 중세 전반의 기독교 신앙 접근법 안에서만 들어맞는다는 점이다.

2.3.5. 교회 성례(성사) 제도 강화

중세의 가장 중요한 신학 업적 중 하나는 교회의 신학과 교회 관습의 통합이었다. 그전 시대에는 신학과 관습을 서로 그다지 관련이 없는 것으로 다루곤 했다. 예를 들면 도나투스 논쟁(1.5.5) 때가 그러했다. 이와 달리, 위대한 스콜라신학 체계는 하나님과 교회, 그리고 세계에 관하여 질서 있고 일관된 설명을 제시했다. 그리고 신학과 교회의 삶의 통합을 이런 스콜라신학의 시각에 필수불가결한 것으로 보았다.

이에 따른 한 결과가 기독교 사역의 본질을 분명히 밝힌 것이다. 중세 신학자들은 4세기에 가이사랴의 에우세비우스가 사역 질서(교회 내 사역자의 위계)에 관하여 천명한 견해를 발전시키면서, 아래부터 순서대로 다음과 같이 서로 구분되는 일곱 단계 사역자가 있음을 인정했다. 교회지기(sexton), 낭독자(reader), 퇴마사(exorcist), 복사(acolyte), 차부제(次副祭,

subdeacon), 부제(deacon), 사제(신부, priest). 그러나 체계 면에서 가장 중요한 발전을 든다면, 아마도 일곱 성례(성사)를 인정하는 성례 신학의 건설이 아닐까 싶다. 일곱 성례는 세례, 견진, 성체(성찬), 혼인, 고해, 성품(聖品, ordination), 병자(extreme unction)다(가톨릭교회는 이를 7성사라 부른다—옮긴이).

이런 발전은 이전에 성례를 다루던 접근법을 통합하고 확장한 것으로 봐야 한다. 대개 히포의 아우구스티누스가 5세기에 성례의 정의와 관련된 일반 원리들을 제시했다고 본다. 첫째, 아우구스티누스는 성례가 표지라고 선언했다. "신성한 일들에 적용한 표지를 성례라 부른다." 둘째, 아우구스티누스는 이 표지들이 이 표지들로 상징하고자 하는 것과 분명 어떤 관계를 갖고 있다고 주장했다. "성례가 성례로 나타내는 것과 어떤 유사성을 갖지 않으면, 성례는 성례가 아닐 것이다."

그러나 아우구스티누스가 내린 정의는 정확하지도 않고 적절하지도 않다. 예를 들어, '신성한 것을 나타내는 표지'는 모두 성례로 여겨야 하는가? 사실 아우구스티누스가 '성례'라 이해한 것 중에는, 이를테면 신경들과 주기도처럼, 그 성격상 더 이상 성례로 여기지 않는 것들도 많이 들어 있었다. 시간이 흘러가면서, 성례를 단순히 '신성한 것을 나타내는 표지'로 정의하는 것은 적절치 않다는 것이 점점 더 분명해졌다. 이에 대해 중세 초기에 더 분명한 설명이 이루어지게 된다.

12세기 전반, 파리 신학자인 생빅토르의 위그(1096-1141)는 다소 부정확한 아우구스티누스의 정의를 수정했다. 그는 먼저 "신성한 것을 나타내는 모든 표지를 성례라 부르는 것은 적절치 않을 수 있다[신성한 기록이나 상(像)이나 그림에 들어 있는 글은 '신성한 것을 나타내는 표지'이지만, 그런 이유로 이것들을 성례라 부를 수는 없다]"고 말한다. 위그는 이런 모호한 정의 대신, 좀 더 정확한 것을 제안했다. 성례는 "외부 감각 기관 앞에 제시된 물리적 혹은 물적 요소로서, 우리 눈에 보이지 않는 어떤 영적 은혜를 그 비슷함을 통해 표현하고, 그 제도를 통해 상징하며, 성별(거룩히 구별함)을 통해 담고 있는 것이다."

위그가 내린 성례의 정의에는 다음과 같은 네 본질적 요소가 들어 있다.

1. '물리적 또는 물적' 요소. 세례수, 성찬 때 쓰는 빵과 포도주, 병자 성
   례(성사)에 쓰는 기름이 그 예다.
2. 이 요소들은 그것이 상징하는 것과 '비슷'하기 때문에, 그것이 상징하
   는 것을 표현할 수 있다. 따라서 성찬에 쓰는 포도주는 그리스도의 피
   와 '비슷하다'고 주장할 수 있으며, 이런 점 때문에 성찬이라는 맥락에
   서는 포도주가 그리스도의 피를 표현한다 할 수 있다.
3. 문제가 된 것을 상징함을 인정함. 다시 말해, 문제가 된 표지가 그것이
   가리키는 영적 실체를 표현한다는 것을 예수 그리스도가 인정하셨다
   고 믿을 만한 타당한 이유가 틀림없이 존재한다.
4. 효험. 곧 성례가 그것이 상징하는 은덕들을 이 성례에 참여하는 이들
   에게 전해줄 수 있음.

이렇게 성례의 본질과 기능을 새로 체계적으로 정의한 말은, 비록 환영을
받긴 했지만, 그래도 여전히 완전하지가 않았다. 위그의 정의에 따르면, 고
해는 성례가 되지 못한다. 고해에는 물적 요소가 들어 있지 않기 때문이다.
따라서 이론과 실제가 심각하게 어그러졌다. 페트루스 롬바르두스(1100경-
1160)는 위그의 정의에서 중요한 요소 하나를 제거함으로써, 즉 '물리적 혹
은 물적 요소'를 언급하는 말을 제거함으로써 이 문제를 해결했다.

페트루스 롬바르두스가 정의한 고전적 성례 개념은 중세에 널리 받아
들여졌는데, 첫머리에서 "성례는 그것이 상징하는 것과 유사성을 갖고 있
다"는 것을 강조했다. 그럼 성례는 무엇인가? "어떤 것이 하나님의 은혜를
나타내는 표지요 눈에 보이지 않는 은혜를 보여주는 형태로서, 그것이 그

은혜의 이미지를 갖고 있고 그 은혜의 원인으로 존재한다면, 그 어떤 것을 성례라 부르는 것이 적절할 수 있다." 이 변형된 정의는 위에서 언급한 각 성례와 모두 들어맞으며, 16세기 초에 일어난 프로테스탄트 종교개혁 때까지 사실상 변하지 않고 그대로 유지되었다.

여기서 중요한 점은 신학적 세부 내용이 아니라, 일반 원리다. 기독교 사상과 관습(실제)의 모든 측면을 아우르는 일관된 신학 체계는 아직 등장하는 과정에 있었다. 스콜라주의는 삶과 사상의 모든 측면을 조화롭고 질서 있는 총체로 엮어낼 신학 틀을 발전시켰다. 아퀴나스의 《신학대전》이 제시한 합리적 스콜라주의의 시각은 그것이 상상하던 짝꿍을 단테의 《신곡》에서 발견했다. 《신곡》은 이번 장 뒷부분에 가서 다시 다뤄보겠다.

2.3.6. 중세의 성경 해석

중세에 성경은 개인의 신앙생활과 신학 성찰에서 큰 역할을 담당했다. 대다수 수도회—특히 베네딕트회—는 그 소속 지체들이 성경을 읽고 성경이 말하는 주제들을 곱씹어야 한다고 규정했다. 베네딕트회의 야간 성무(聖務)에는 성경의 긴 본문을 셋에서 열둘까지 읽는 것이 들어 있었는데, 날이나 계절에 따라 읽는 분량이 달랐다. 성경은 식사 때 큰소리로 낭독했으며, 수도사들은 나중에 일할 때도 떠올려 곱씹어보고 경건생활 목적에도 사용할 수 있게 본문을 암송하라는 권면을 받았다. 게다가, 많은 시간을 렉티오 디비나(*lectio divina*, 라틴어로 '거룩한 독서'), 곧 성경 본문을 초기의 주요 그리스도인 저술가들이 쓴 주석들과 함께 읽으면서 깊이 묵상하는 경건한 성경 읽기 형태에 할애했다.

이처럼 중세에 성경의 중요성을 강조하면서, 수많은 성경 필사본이 만들어졌으며, 아름답게 장정한 필사본도 자주 나타났다. 중세 초기의 필사본 중 8세기에 나온 린디스판(Lindisfarne) 복음서가 그 좋은 예다. 그러나 이렇게 성경 본문 읽기에 깊은 관심을 보이고 성경 본문과 그리스도인의 삶 및 사상이 가지는 연관성을 탐구하면서, 아주 중요한 문제가 생겼다. 이 본문들을 어떻게 **해석해야** 하는가 하는 문제가 바로 그것이었다.

초기 기독교는 이 문제를 상당히 길게 논의했다. 중세는 이런 논의들이 정리되어 통합되고 성경 해석 체계가 법으로 집약되어 등장하는 모습을 다시 한 번 목격했다. 특히 이렇게 법으로 집약된 성경 해석 체계는 특별히 신학 논쟁을 해결하는 중요한 역할을 교회라는 제도에 부여했다. 중세에 사용한 성경 해석의 표준 방법은 보통 콰드리가(Quadriga, 四馬戰車), 곧 '성경의 사중(四重) 의미'로 알려져 있다. '콰드리가'라는 라틴어는 본디 네 마리 말이 끄는 전차를 뜻하는데, 기독교 시대에 들어오면서, 본문 안에 존재하는, 서로 확연히 구별되는 네 의미가 성경을 읽는 이를 인도해준다는 뜻을 갖게 되었다.

사람들은 오랫동안 성경 본문의 문자적 의미와 영적 의미를 구분해왔다. 콰드리가는 성경을 읽는 이들이 주어진 본문에서 네 가지 기본 의미(본문 표층의 의미와 본문 심층의 세 의미)를 탐구하게 해주었는데, 이는 다음과 같다. 그리스도인이 무엇을 믿어야 하는가를 정의해주는 **알레고리적** 의미, 그리스도인이 무엇을 해야 하는가를 정의해주는 **비유적** 혹은 **도덕적** 의미, 그리고 그리스도인이 무엇을 소망해야 하는가를 정의해주는 **신비적** 의미. 따라서 성경의 네 의미는 다음과 같다.

1. 성경의 문자적 의미. 독자는 이 의미를 통해 본문의 액면 가치(표층의 의미)를 취한다.
2. 알레고리적 의미. 이 의미는 교리를 천명한 명제를 만들어내는 성경 본문으로서 다른 방법으로 해석하면 의미가 모호한 성경 본문들을 해

중세의 채식(彩飾) 성경 필사본. 예루살렘 성전 건축 모습을 보여준다. 요한 22세의 성경 축소판으로 15세기 프랑스 아비뇽 교황청에서 만든 라틴어 필사본이다.

석해주었다.

3. 비유적 혹은 도덕적 의미. 이 의미는 그리스도인이 행동할 때 따를 윤리 지침을 만들어내는 본문을 해석해주었다.

4. 신비적 의미. 이 의미는 그리스도인이 가진 소망의 근거들을 일러주면서, 장차 하나님의 약속이 새 예루살렘 안에서 이루어질 것을 가리키는 본문들을 해석해주었다. 이 성경 읽기 방법은 중세 기독교의 시각이 보여주었던 가장 깊은 믿음 가운데 하나—성경과 세계를 바라보는 질서 바른 방법이 있으며, 이는 삶과 사유에 안정성을 가져다준다—를 표현한 것으로 볼 수 있다

알레고리 해석의 탁월한 예를 12세기에 클레르보의 베르나르(1090-1153)가 성경에서 '아가' 혹은 '솔로몬의 노래'로 알려져 있는 책을 강설한 글에서 발견할 수 있다. 베르나르는 "우리 집은 백향목 들보, 잣나무 서까래로구나"(아가 1:17)라는 문장을 알레고리로 해석하여 제시했다. 그의 접근법은 달리 해석할 가망이 없는 본문에서 교리적 혹은 영적 의미를 '읽어내는' 방법을 잘 보여준다. 베르나르는 위 본문의 '집'을 '그리스도를 믿는 사람들'을 가리키는 알레고리로 보았으며, '들보'는 '교회와 국가를 다스리는 자들'을 가리키는 알레고리로 보았다. 이 해석을 독자가 성경 본문에 자신의 견해를 강요하는 성경 본문의 자의적 해석으로 나아가는 길을 연 것으로 볼 수도 있겠다. 그러나 이 해석이 가질 법한 난점은, 성경 본문의 의미를 먼저 그 문자적 의미에 근거하여 확증할 수 없다면, 문자적 해석이 아닌 다른 해석 방법으로 성경을 읽어낸 결과는 그 어떤 것도 믿어서는 안 된다는 것을 강조함으로써 피했다.

이제까지 우리는 스콜라주의에 관한 우리 논의의 초점을 서유럽에 맞춰왔다. 그러나 비록 뒤늦게 14세기에 가서야 이루어진 일이긴 하지만 콘스

탄티노폴리스에서도 스콜라주의 사상을 논했다는 점은 종종 간과되었다. 다음 항에서는 스콜라학파의 신학 방법에 대한 비판으로 볼 수 있는 비잔티움의 논의를 살펴보겠다. 하지만 먼저 그전에 비잔티움 신학의 발전에서 나타난 몇 가지 측면을 탐구해보고, 스콜라주의를 다룬 비잔티움의 논의를 다뤄보겠다.

2.3.7. 동방교회의 스콜라주의 비판: 헤시카즘

콘스탄티노폴리스는 11세기 말에 이르자 정교회의 지적, 영적 중심지가 되었다(2.1.6). 콘스탄티노폴리스는 이 도시와 아무 관련이 없는 신학자들과 영성 저술가들, 이를테면 나지안주스의 그레고리우스와 다마스쿠스의 요한 같은 이들을 폭넓게 활용하여 그 나름의 독특한 신학 접근법과 영성 접근법을 발전시키기 시작했다. 특히 스투디오스 수도원은, 9세기 초, 그 수도원장인 스투디오스의 테오도루스(759-826)의 지도 아래, 영적 성찰의 중요한 중심지가 되었다. 이 수도원은 8세기 말과 9세기 초 성상파괴 문제를 둘러싸고 씁쓸한 논쟁이 벌어지는 동안 성상파괴에 반대하는 세력들의 중심이었다.

콘스탄티노폴리스 자체에서 등장한 신학자 중 가장 중요한 이는 새 신학자 시메온(Symeon the New Theologian, 949-1022)이었다. 그는 비잔티움의 귀족으로서 스투디오스 수도원의 영향 아래 들어온 사람이었다. 시메온은 스투디오스에서 짧은 시간을 보낸 뒤, 황폐해진 성(聖) 마마스 수도원의 재건을 책임지게 되었고, 결국 이 수도원 원장이 되었다. 그가 전개한 신학은 신비주의 스타일이어서, 각 개인이 삶 속에서 하나님을 직접 체험하는 것을 강조했다. 이런 접근법은 대주교였던 니코메디아의 스테파노스처럼 비잔티움이 공인한 신학자들이 전개했던, 스콜라주의에 좀 더 가까운 접근법에는 도전으로 보였다. 그러나 비록 시메온이 교회와 사회의 변두리에 머문 신학자이긴 했어도, 그가 장기간에 걸쳐 정교회 신학과 영성에 미친 영향은 엄청났음이 드러나게 된다.

콘스탄티노폴리스 황궁이 '공인한' 신학자였던 스테파노스는 신학을 본질상 추상적, 철학적 개념 탐구로 보았다. 반면 시메온은 신학을 그리스도인이 회개함으로 말미암아 성령이 이 그리스도인에게 불어넣어주신 지혜로 여겼다. 시메온 반대자들은 이를 위험한 새 사상으로 여겨 배척하고, 그를 1009년에 팔루키톤이라는 촌락으로 유배를 보내게 된다.

그러나 결국 시메온의 사상이 깊은 호소력을 갖고 있음이 드러나게 된다. 비잔티움의 많은 신학자들은 서방의 스콜라주의가 취하던 접근법과 비슷한 신학 접근법을 전개했지만, 시메온은 형상과 개념 그리고 언어 너머의 차원에서 하나님과 연합을 이루는 방법으로 기도 습관을 강조했다. 이런 '부정의(否定, apophatic)' 신학 방법(인간의 언어는 하나님을 제대로 설명하지 못함을 강조하는 신학 방법)은 14세기에 벌어진 '헤시카즘 논쟁' 동안 논쟁을 불러일으켰다. 이 논쟁의 이름은 그리스어인 *hesychia*(헤쉬키아)에서 나왔는데, 이는 '침묵', '고요', '쉼', 혹은 '조용함'으로 번역할 수 있다.

헤시카즘파는 체험을 통해 하나님을 아는 지식이 그리스도를 믿는 자의 최고 목표라는 생각을 널리 알렸다. 그들은 마음을 세상과 떼어놓고 어지러운 생각과 떨어뜨려놓으면 이런 지식을 얻게 된다고 주장했다. 다른 저술가들도 이 사상의 발전에 중요한 기여를 했지만, 이 사상의 중요한 요소들은 시메온의 가르침 속에 들어 있다.

헤시카즘은 해서는 안 될 일을 말하면서, 세상 생각에 마음을 뺏겨서는 안 되는 것이 중요함을 강조했다. 반면, 해야 할 일을 말할 때는, '예수 기도'("하나님의 아들이신 주 예수 그리스도여, 죄인인 내게 자비를 베푸소서")가 생각을 집중하고 마음을 털어놓는 방편으로서 중요함을 강조했다. 이런 훈련의 목적은 하나님을 개념 차원에서 더 깊이 아는 것이 아니라, 하나님을 직접—종종 빛이라는 형태로—체험하는 것이다.

헤시카즘 논쟁은 칼라브리아의 바를람(1290-1348)이 몇몇 헤시카즘 저술가들의 가르침에 이의를 제기했을 때 시작되었다는 것이 통설이다. 바를람은 서방의 스콜라주의 접근법을 익히 알고 있었으며, 신학을 하나님에 관하여 바른 명제 진술을 확립하는 학문으로 여기곤 했다. 그는 헤시카즘의 접근법이 신학을 경험에서 비롯된 주관적 생각들로 전락시켜버린다고 보았다.

아토스 산의 수도사인 팔라마스의 그레고리오스(1296-1359)는 바를람이 제기한 비판에 맞서 헤시카즘의 접근법이 내건 중심 주제들을 힘차게 변호했다. (이 무렵 아토스 산의 수도원들은 정교회 영성을 이끄는 중심지였던 스투디오스 수도원을 대신했다.) 팔라마스와 바를람의 차이점은 해결되지 못했고, 결국 황제 안드로니쿠스 3세가 주관하여 1341년 5월에 콘스탄티노폴리스에서 열린 한 공의회에서 이런 차이점을 다루게 되었다. 이 공의회는 바를람에 반대하는 결정을 내렸고, 바를람은 칼라브리아로 돌아갔다. 그는 가톨릭교로 개종했으며, 이후 이탈리아 제라체의 주교로 임명되었다.

헤시카즘 논쟁은 동방교회에서 일어났으나, 이는 서방의 스콜라주의가 지성에 초점을 맞춘 것에 품었던 우려를 반영한 것이었다. 14세기가 끝날 무렵, 비잔티움의 많은 신학자들은 신학과 영성의 긴밀한 관계를 재차 강조하면서, 서방교회를 지배하는 신학 접근법이 신학 내부의 논리 및 구조 문제들에만 지나치게 관심을 기울이고 신앙의 감정 측면에는 충분히 주목하지 않는다는 점에 우려를 표명했다. 서방교회의 이런 신학 접근법에 대한 가장 유명한 비판이 동방교회에서 나오긴 했지만, 서방교회 안에서도 이런 우려를 표명하는 이들이 있었다.

2.3.8. 중세의 세계관: 단테의 《신곡》

역사 저술가들에게 어떤 식으로든 '중세의 세계관'을 생생히 구현한 작품을 하나만 고르라 한다면, 많은 이들이 단테가 1308년부터 1321년까지 집필하여 완성한《신곡(*Divina Commedia*)》을 꼽을 것이다. 1만 4천 행이 넘는 이 방대한 시는 세계, 삶과 죽음, 그리고 특히 천국과 지옥을 바라보는 중세의 사고방식을 풍부한 상상력으로 풀어낸 시적 환상으로 널리 인정받고 있다. 'Comedy'라는 말이 뭔가 웃기고 즐거운 것을 가리킨다고 추측하는 영어권 독자들은 이 작품 제목 때문에 자주 헷갈린다. 하지만 단테는 본디 자기 작품 제목으로 *Commedia*라는 이탈리아어 낱말 하나만을 붙였으며, 이는 '드라마(Drama)'로 번역하는 것이 더 좋다. 'divine'이라는 말은 나중에 베네치아의 한 출판사가 덧붙인 것으로 보인다.

《신곡》 저자인 단테 알리기에리(1265-1321)는 당시 이탈리아의 독립 도시국가였던 피렌체 시의 한 든든한 가문에서 태어났다. 단테는 정치 음모에 말려들게 되었으며, 이 때문에 피렌체 유력 가문들의 분노를 사, 추방당하는 신세가 되었다. 그는 이렇게 억지로 피렌체를 떠나 있어야 했던 동안에 우리가 지금《신곡》으로 알고 있는 대작을 쓰기 시작했다.

단테의 《신곡》은 단테 자신이 지옥과 연옥, 천국을 여행한 것을 이야기한다. 테르차리마(*terza rima*)로 알려진 복잡한 5보격(pentameter) 형태로 쓴 이 시는 중세의 시각을 웅장한 필치로 종합하여, 하나님이 질서 있게 정돈해놓으신 변함없는 우주를 묘사한다. 이 작품은 서로 연결된 세 시로 구성되어 있는데, 이 세 시는 각각 *Inferno*('지옥'), *Purgatorio*('연옥'), 그리고 *Paradiso*('천국')라는 제목을 갖고 있다. 이 시는 1300년 고난주간에 상상 속에서 일어난 영적 여행을 묘사한다. 독자들은 본문 안에 있는 실마리들 덕분에 이 여행이 수난 금요일(Good Friday, 기독교회가 나사렛 예수가 십자가에서 돌아가신 날로 정해놓고 기리는 날) 해질녘에 시작함을 알 수 있다. 단테는 지옥에 들어간 뒤, 종일 아래로 내려가는 여행을 한다. 그런 뒤에 연옥을 향해 올라가는 여행을 시작한다. 단테는 연옥 산에 오른 뒤, 더 올라가 마침내 하나님이 계신 곳으로 들어가며, 부활절이 지난 뒤 수요일에 자신의 여행을 마친다.

여행 내내, 안내자가 단테와 동행한다. 첫 안내자는 《아이네이스》를 쓴 로마의 위대한 시인 베르길리우스다. 사람들은 널리 단테가 베르길리우스를 고전 학문과 인간 이성의 상징으로 활용한다고 생각한다. 이들이 연옥 산 정상에 가까워지자 베르길리우스는 뒤에 남고 단테는 베아트리체와 동행한다(베아트리체는 단테가 이상으로 여기며 사랑했던 피렌체의 젊은 귀족여성 베아트리체 포르티나리를 모델로 삼은 것으로 생각된다. 포르티나리는 1290년에 세상을 떠났다). 베아트리체는 단테를 이끌고 천국의 바깥 원들을 돈다. 그리고 마침내, 중세의 위대한 저술가요 현자인 클레르보의 베르나르(1090-1153)가 단테와 합류하여 단테를 하나님이 계신 곳으로 인도한다.

이 시의 구조는 난해하고 복잡하며, 여러 차원에서 읽어낼 수 있다. 예를 들면, 이 시는 중세 이탈리아 정치, 특히 1300년부터 1304년에 이르는 동안에 난마처럼 얽혀 있던 피렌체의 정치 현실을 다룬 주석으로 읽어낼 수 있다. 그런가 하면, 이 시는 기독교가 내세에 관하여 믿고 있는 것들로 인도해주는 시로 읽어낼 수도 있다. 그러나 그보다 더 근본으로 들어가면, 이 시는 자아발견과 영적 각성(계몽) 여행으로 읽어낼 수도 있다. 이 시에서 시인은 결국 자기 마음에 자리한 욕망을 발견하고 이 욕망을 만난다. 우리 논지를 고려할 때, 이 시는 내세에 관한 중세의 믿음을 장엄하게 표현한 작품이다.

단테가 묘사하는 지옥의 지형이 특히 흥미롭다. 그가 지옥을 한 무리 동심원으로 이루어진 곳으로 인식하기 때문이다(고대 기하학에서는 동심원을 완벽한 형체로 이해했다). 단테는 자신을 잇달아 이어지는 지옥 층을 따라 내려가는 인물로 그리는데, 그러는 중에 지옥의 다양한 지역에 있도록 벌을 받은 여러 사람들을 만난다. 단테 연구에서 가장 흥미로운 측면 가운데 하나는 왜 단테가 다양한 사람들을 이렇게 서로 다른 운명에 내어주는지 그 이유를 이해하는 것이다(단테가 묘사하는 이런 다양한 운명은 종종 당시 교황과 피렌체의 정치가 보여주던 여러 측면을 반영한다). 예를 들면, '림보(limbo)'는 일종의 '지옥 앞 장소(ante-hell)'로 보이는데, 이곳에서는 아무런 고통을 겪지 않으며, 인간 이성이라는 빛에 상응하는 '빛의 반구'가 이곳을 비춰준다.

단테는 이 '림보'를 유덕하나 그리스도인은 아닌 이들, 특히 아리스토텔레스, 세네카, 유클리드, 베르길리우스 같은 이교도 철학자들로 채운다. 이 너머에 지옥의 두 번째 원이 자리해 있는데, 단테는 여기에 '이성을 욕망의 노예로 만들어버린' 모든 이들을 놓아둔다. 단테는 이 지역 거주자 중에 아킬레우스, 클레오파트라, 트로이의 헬레네, 그리고 트리스탄(중세 많은 소설의 주인공)을 포함시킨다.

중세와 관련된 역사 신화 중 하나로서 지금도 몇몇 오래된 교과서에서 만나는 것이 있다. 중세에는 지구가 평평하다고 믿었다는 것이 바로 그것이다. 하지만 이 시대의 의식 있는 기독교 사상가 가운데 누구도 그런 의견을 주장하지 않았다. 단테의 《신곡》 중 두 번째 책인 〈연옥〉 편은 중세에도 지구가 둥글다는 것을 알았음을 일러주는 증거라서 특히 흥미롭다. 단테는 이 시를 써가는 동안, 남반구에서 볼 수 있는 서로 다른 별들, 태양의 위치가 바뀌는 것, 지구에 여러 시간대가 존재하는 것을 논한다. 단테는 태양이 예루살렘에 자리할 때면 갠지스 강은 한밤이 되고 연옥에서는 태양이 떠오른다고 지적한다.

단테는 세 번째 책 〈천국〉 편에서 우주의 구조에 관한 중세의 이해를 제시한다. 여기서 그는 우주를 일련의 동심원으로서 위계질서를 따라 배열

된 것으로 묘사한다. 가장 안쪽 지역은 형체가 없는 물질로 이루어져 있다. 단테는 이 원들을 여행하면서, 물질에서 시작하여 식물, 동물, 인간 순으로 옮겨간다. 인간 위의 영역에는 천사들, 그리고 종국에는 하나님과 같은 천상의 존재들이 있다. 단테가 마지막으로 묘사하는 하나님의 모습은 아리스토텔레스가 말했던 '부동(不動)의 동자(動者)(unmoved mover)' 개념에 근거한 틀을 갖고 있는데, 여기에 그리스도인의 이런 독특한 해석을 덧붙여 놓았다. "태양과 다른 별들을 움직이는 사랑."

단테의 《신곡》은 꼼꼼히 읽어볼 가치가 있다. 우리 논지를 고려할 때, 이 작품은 물리적, 영적 세계를 바라보는 중세의 이해를 장엄한 시로 묘사한 작품으로 이해하는 것이 가장 좋겠다. 《신곡》이 염두에 둔 천문학은 프톨레마이오스의 천문학이지, 코페르니쿠스의 천문학이 아니다. 지구가 만물의 중심에 자리해 있다. 그러나 이 물리적 우주를 보완해주는 것이 더 심오한 실재의 구조에 관한, 복잡한 영적 이해다. 이 이해는 만물의 존재가 하나님에게서 유래한다고 본다. 단테가 1300년에 한 여행은 실재를 바라보는 중세의 시각을 물리적 차원뿐 아니라 영적 차원에서도 탐구한 것이다.

2.4. 중세 후기

중세 역사를 설명하는 기록을 보면, '중세 전성기'(1100년부터 1300년에 이르는 시기로서, 문화적, 사회적 성취를 이룩한 시대로 자주 묘사한다)와 '중세 후기'(1300년부터 1500년에 이르는 시기로서, 부패 혹은 침체의 시대로 자주 묘사한다)를 구분하는 경우가 많다. 중세 시대를 이렇게 제시하는 전통적 설명에는 일부분 맞는 구석도 있지만, 이런 변화가 일어난 정확한 시기를 설명하는 데서는 적어도 어느 정도 자의성이 존재한다. 서유럽은 1300년 직후부터 잇달아 재앙을 겪었다. 1315년부터 1317년까지 있었던 대기근, 1320년대 말에 중국에서 유럽으로 들어와 1348년부터 1350년까지 최고로 기승을 부렸던 흑사병이 그 예다. 일부 자료는 이런 대재앙들로 말미암아 서유럽 인구가 약 2천만 명(원서에는 '2억 명'으로 되어 있는데, 당시 유럽 인구를 고려할 때, 2천만이 맞는 것 같다—옮긴이), 그러니까 전체 인구의 약 30퍼센트가 줄었을 것이라고 추산한다. 이런 상황은 광범위한 사회 불안, 1337년부터 1453년까지 유럽을 파멸로 몰아넣은 백년전쟁(사실은 여러 전쟁이 연이어 일어난 것이다)의 발발로 더 악화되었다.

　서유럽 기독교는 이런 사태 진전에 깊은 영향을 받았다. 가톨릭교회 같은 경우, '대분열'로 알려진 사건이 터지는 바람에 상황이 더 복잡해졌다. 앞으로 보겠지만, 정치 싸움은 교황의 정체를 둘러싼 다툼과 교회가 국제 정치에 행사하는 영향력을 둘러싼 다툼으로 이어졌다. 여기에서는 서구 교회의 운명, 그리고 이 서구 교회가 지금도 많은 이들이 교회가 쇠퇴하고 부패해간 시대로 여기는 이 시대를 어떻게 헤쳐갔는지 살펴보겠다.

2.4.1. 아비뇽 교황청과 대분열

앞서 보았듯이, 중세 시대에는 교황 선출이 다툼거리였으며, 정치권력이나 특정 가문의 권력을 앞세운 무리가 마음대로 주무를 여지를 안고 있었다(2.1.9). 그레고리오 개혁이 이런 위험을 줄여보려고 했지만(2.2.1), 사실이런 위험은 사라지지 않았다. 14세기 초에는 많은 이들이 보기에 세속 권력이 소위 영적 지도자 선출에서 휘두르는 권력을 그대로 보여주는 것 같은 상황들이 목격되었다.

일부 학자들은 교황의 정치권력이 정점에 이른 때를 1302년 11월, 교황 보니파시오 8세(1234경-1303, 재위 1294, 1295-1303)가 *Unam Sanctam*('거룩한 한 교회를'을 의미하는 라틴어—옮긴이)이라는 칙서를 반포한 때라고 믿는다. 그는 이 칙서에서 "모든 인간은 로마 교황에게 복종해야 한다"고 선언했다. 이런 관점, 그리고 이런 관점을 교황 칙서를 통해 강조한 것은 합스부르크 왕가의 알브레히트 1세, 강력한 힘을 갖고 있던 로마의 콜로나 가문, 그리고 프랑스의 필리프 4세를 포함하여 그 시대에 힘깨나 휘두르던 많은 정치 지도자들과 공개 논쟁을 불러오는 계기가 되었다. 피렌체의 시인이며 《신곡》 저자인 단테 알리기에리(2.3.8)는 교황 칙서에 대한 응답으로 그의 논문 〈제정론(*De Monarchia*)〉을 써서, 교황 우위를 내세우는 보니파시오의 주장을 반박했다.

필리프 4세는 보니파시오 8세가 신뢰를 잃게 하고 그의 영향력을 최대한 줄일 작전을 개시했다. 필리프의 재상인 노가레의 기욤(1260-1313)은 보니파시오를 이단이라고 선언했다. 이에 보니파시오는 필리프와 기욤을 파문함으로 응수했다. 필리프는 콜로나 가문과 합세하여, 보니파시오가 로마 동남쪽에 있는 고을 아나니에 머물 때, 보니파시오를 매복, 습격할 용병 2천 명을 배치했다. 작전은 성공해 보니파시오를 사로잡았다. 보니파시오는 결국 풀려나긴 했지만, 풀려난 직후 죽었다.

보니파시오의 뒤를 이은 베네딕토 11세(재위 1303-1304)는 널리 사람들에게 프랑스 왕 필리프 4세의 꼭두각시 취급을 받았다. 그는 즉시 보니파시오가 필리프에게 내렸던 파문령을 취소하고, 교황이 세속 통치자보다 우위에 있다는 보니파시오의 선언을 이행할 조치를 전혀 취하지 않았다. 하지만 1304년, 베네딕토는 기욤 그리고 보니파시오 8세를 아나니에서 붙잡을 때 한몫 거들었던 유력한 이탈리아인들을 파문했다. 그는 그 직후 죽었다. 금세 그가 독살당했다는 소문이 퍼졌다.

이제 누가 베네딕토의 뒤를 이을 것인가를 놓고 프랑스 출신 추기경들과 이탈리아 출신 추기경들 사이에 권력투쟁이 벌어졌다. 자물쇠로 잠가 놓은 콘클라베 안에서 1년 가까이 말다툼을 벌인 끝에, 프랑스 보르도 대주교가 교황으로 선출되었고, 그에겐 클레멘스 5세(재위 1305-1314)라는 교황 이름이 주어졌다. 그가 취한 첫 행동 중 하나는 교황청을 로마에서 프랑스로 옮기는 것이었다. 처음에는 교황청을 푸아티에에 두었다. 그러다가 1309년에 프랑스 남부 도시인 아비뇽으로 옮겨갔다. 이 '아비뇽 교황청'은 1377년까지 존속했는데, 이때쯤에는 사람들이 교황을 프랑스 군주의 도구로 여겨 신뢰하지 않게 되었다. 아비뇽 교황 7명은 모두 프랑스 사람이었으며, 다음과 같다. 클레멘스 5세, 요한 22세(재위 1316-1334), 베네딕토 12세(재위 1334, 1335-1342), 클레멘스 6세(재위 1342-1352), 인노첸시오 6세(재위 1352-1362), 우르바노 5세(재위 1362-1370), 그레고리오 11세(재위 1370-1378).

그러다 결국 그레고리오 11세는 아비뇽 교황청 시대의 막을 내리고, 1377년 1월에 로마로 되돌아갔다. 교황청이 아비뇽에 머문 긴 세월 동안, 교황이 곧 서유럽을 통합시키는 기독교 지도자라는 관념은 처참하게 무너졌다. 이렇게 된 데는 교황과 프랑스의 정치적 이해관계가 분명 충돌을 빚

아비뇽 시와 론 강을 내려다보는 중세의 아비뇽 교황청.

은 것도 한 이유였다. 많은 이가 교황청의 로마 귀환으로 서구 교회사에 상처를 안겨준 이 에피소드가 끝맺기를 바랐다.

1378년 초에 그레고리오 11세가 숨진 뒤, 교황을 선출할 콘클라베가 후임 교황을 뽑고자 로마에 모였다. 새 교황은 프랑스인이 아니라 이탈리아인이어야 한다고 요구하는 군중이 콘클라베가 자리한 건물을 에워쌌다. 추기경들은 이런 대중의 압력에 굴복하여 바르톨로메오 프리냐노를 교황으로 뽑았으며, 그는 우르바노 6세(재위 1378-1389)라는 이름을 얻었다. 우르바노 6세는 처음엔 대중들에게 고임을 받았지만, 이내 오만하다는 평을 듣게 된다. 이 때문에 많은 추기경이 그에게서 등을 돌리게 된다. 1378년 8월, 추기경들은 우르바노 6세를 교황으로 선출한 선거가 군중의 압력에 눌려 이루어졌기 때문에 무효라고 선언했다.

프랑스 추기경들은 곧이어 프랑스인을 교황으로 선출하고, 클레멘스 7세를 교황으로 한 아비뇽 교황청을 다시 세웠다. 반면, 우르바노 6세는 계속 로마에 머물면서, 그를 뽑은 선거가 정당했다고 주장했다. 서구 기독교권은 두 교황 중 어느 쪽이 정당한지 결정할 능력이 없음을 드러냈고, 이는 영적인 일과 세속의 일에서 교황이 하는 역할에 점점 더 큰 회의를 품게 만들었다.

결국 '대분열' 시대가 도래하면서, 서구 교회는 서로 대립하는 두 교황으로 나뉘게 되었고(사람들은 종종 이 두 교황을 '교황'과 '대립 교황(anti-pope)'으로 불렀다), 각 교황은 오직 자신만이 베드로의 정당한 후계자라고 주장하면서, 자기 라이벌의 권위를 인정하지 않았다. 잉글랜드, 독일, 헝가리, 이탈리아의 대부분, 폴란드, 스칸디나비아 나라들은 로마의 우르바노 6세를 지지했다. 반면, 프랑스, 스코틀랜드, 에스파냐, 이탈리아 남부는 '대립 교황'인 아비뇽의 클레멘스 7세를 지지했다. 이런 상황이 거의 40년이나 이어졌으며, 이는 결국 교황 제도를 점점 더 무시하게 만드는 결과를 낳았다. 분명 타락할 여지를 안고 있고 그릇된 영향력이나 행사하는 이런 제도를 어찌 믿고 여기에 절대 권력을 맡길 수 있단 말인가?

그렇다면 대안은 무엇이었을까? 앞으로 보겠지만, '대분열'은 많은 이들이 다른 교회 정치 모델을 탐구하게 만드는 촉매제가 되었다. 그런 모델 가운데 가장 중요한 것이 '공의회우위설'이었다.

2.4.2. 공의회우위설의 등장

아비뇽 교황과 '대분열'(2.4.1)을 겪으면서, 서구 교회의 많은 이들은 영적 권력과 세속 권력이 한 사람의 손안에 집중되면 남용과 타락이 생길 수 있음을 깊이 곱씹게 되었다. 자신이 교황이라고 주장하는 이가 둘이 있고, 그 둘 다 교황보다 우월한 인간의 권위를 전혀 인정하려 하지 않는다면, 대체 만사를 어떻게 해결할 수 있을까? 이 다툼을 해결할 수 있는 메커니즘은 전혀 존재하지 않는 것처럼 보였다.

그러나 많은 사람이 힘이란 것을 교회를 위하여 더 책임 있게 행사할 수 있는 길이 있을 수도 있지 않을까 하는 의문을 품었다. 권력을 교황에게 집중시키는 전통 시스템이 정말 교회 정치에서 가장 훌륭한 모델일까? 14세기에 기존 교황제 모델의 진지한 대안으로 한 가지 방안이 등장하기 시작했다. 교회 안의 권위를 어느 한 개인에게 부여하지 않고 책임감이 있는 한 무리의 사람들에게 부여한다면, 다시 말해 **공의회**에 부여한다면 어떨까? '공의회우위설'(공의회우위주의)로 널리 알려진 이 운동은 교회 내부 권위의 정점은 보편공의회라고 주장했다.

공의회우위설의 기원은 초기 교회로 거슬러 올라갈 수 있다. 니케아 공의회(325)는 콘스탄티누스 황제가 소집했다(1.4.2). 이 공의회는 기독교 세계 전역에서 온 주교들로 이루어져 있었는데, 이 주교들은 많은 문제에 관하여, 특히 나사렛 예수의 정체를 교리로 정립하는 문제에 관하여 일치된 의견을 도출할 책임을 졌다. 14세기에 교황의 권위주의를 목도한 교회의 많은 원로들은 교황의 절대 권위라는 개념을 남용하지 않게 하려면 이 개념에 견제와 균형이 필요하다는 결론을 내리게 되었다. 교회 전체를 대표하여 소집된 보편공의회라면, 그 권위가 더 책임 있게 행사되도록 보장해줄 것이다. 일부 사람들은 이런 보편공의회가 결국은 서구 교회에서 교황 자리를 대신하게 되리라고 주장했다. 하지만 14세기의 대다수 저술가는 다만 교황의 특권과 책임을 공의회라는 맥락 안에서 재규정하길 선호했다. 그들의 관심사는 교황이 교회에 지는 책임을 늘리는 것이었지, 교황제를 다른 제도로 바꾸는 것이 아니었다.

그러다 결국, 대분열을 해결할 계기가 먼저 프랑스에서 등장했다. 아비뇽 교황청을 지지한 프랑스도 이런 혼돈 상황에 일부 책임이 있다고 생각하는 수많은 프랑스 성직자들이 주도권을 쥐고 일을 바로잡으려 했다. 프랑스인인 대립 교황 클레멘스 7세가 재위하는 동안, 프랑스 학자인 장 제르송(1363-1429)과 피에르 다이(1351-1420)—당시 서유럽에서 학문을 이끄는 권위자로 널리 인정받던 이들이었다—는 파리 대학교에 이 상황을 어떻게 해결할지 논의할 것을 권유했다.

파리 대학교는 다음 세 방법으로 분열을 끝낼 수 있다고 선언했다. 첫째, 서로 대립하는 두 교황이 무조건 교황 자리에서 물러남으로써[이 방안은 '양위(讓位)'라 불렸다], 책임 있고 누구나 받아들일 수 있는 방법으로 새 교황을 선출할 길을 열어놓는 것이다. 둘째, 두 교황이 어느 쪽에도 치우치지 않고 공정하게 이 문제를 해결할 중재자의 중재 의견을 받아들이면, 이 문제를 해결할 수 있다. 셋째, 보편공의회를 소집하여 이 문제를 논의하고 구속력 있는 권고안을 내놓게 할 수도 있다.

1394년에 클레멘스가 죽으면서, 공의회주의자들이 기다려왔던 기회를 얻게 되었다. 하지만 결국은 아무 일도 이루어지지 않았다. 클레멘스가 죽고 두 주 뒤, 24명의 추기경은 아비뇽에서 페드로 데 루나를 만장일치로 교황으로 선출했으며, 이 교황은 베네딕토 13세라는 이름을 갖게 된다. 프랑스 왕이 추기경들에게 서신을 보내 교황 선출 절차를 진행하지 말라고 요구했지만, 추기경들은 일부러 교황 선출 결정을 내린 뒤에야 그 서신을 열었다. 하지만 1395년, 프랑스 의회와 프랑스 성직자들은 대분열을 끝낼 파리 대학교의 전략을 추인했다. 교황직 양위든, 보편공의회 소집이든, 방법은 개의치 않았다. 그러나 베네딕토 13세는 물론이요 그레고리오 13세도 자신이 교황이라는 주장을 굽히려 하지 않았다. 둘 가운데 누구도 이 문제를 해결할 보편공의회를 소집하는 데 동의하려 하지 않았다.

결국, 이런 교황들의 태도에 불만을 품은 한 무리 추기경들이 선제 조치를 취하기로 결정했다. 그들은 교황 자리를 둘러싼 다툼 문제를 해결하겠다는 분명한 목적을 품고 1409년에 피사에서 공의회를 열기로 한다. 베네딕토 13세와 그레고리오 13세는 이에 맞서 각각 공의회 소집을 요구하면서, 피사 공의회의 신뢰성을 무너뜨리고 싶어 했다. 그러나 피사 공의회를 향한 국가들의 지지가 점점 커져갔다. 파리 대학교와 옥스퍼드 대학교에서도 여기에 힘을 보탠 데다, 많은 세속 군주도 뒤를 받쳐주었다. 결국 수많은 주교들로 이루어진 대표자들이 각각 자기가 교황이라고 주장하는 이들의 주장 이유를 듣고자 피사에 모였다. 공의회는 적절한 숙의(熟議)를 거쳐 두 교황이 모두 이 높은 자리를 감당하기엔 적합하지 않은 인물임을 보여주었다고 선언했다. 그리하여 둘 모두 폐위되었다. 공의회는 이들을 대신하여 피에트로 필라르기(1339-1410) 추기경을 교황으로 선출했으며, 이 교황은 알렉산데르 5세라는 이름을 갖게 되었다.

이렇게 문제가 해결되고 새 원리(즉, 보편공의회가 교황보다 높은 권위를 가진다는 원리)가 수립된 것같이 보였다. 그러나 알렉산데르 5세는 이 문제에 관하여 좀 다른 견해를 갖고 있었다. 그는 곧 공의회우위설이 태어나게 만들었던 바로 그런 통치, 곧 권위주의를 앞세운 통치를 실시하기 시작했다. 한 해 뒤인 1410년에 알렉산데르가 죽자, 새 교황인 요한 23세가 선출되었다. 그러나 이때도 문제는 해결되지 않았다. 알렉산데르가 죽은 뒤에, 이제는 자신이 교황이라 주장하는 자가 셋이나 나타났기 때문이었다. 베네딕토 13세, 그레고리오 13세(이 둘은 모두 피사 공의회의 효력을 인정하지 않았다), 그리고 요한 23세가 그들이다.

이제는 이 상황을 더 이상 참을 수 없다는 생각이 널리 퍼졌다. 요한 23세는 또 다른 개혁 공의회를 1414년 11월부터 1418년 4월까지 콘스탄츠에 소집한다. 한 번 더, 이 공의회의 정당성에 의문이 제기되었다. 독일 왕(이면서 훗날 신성로마제국 황제)인 룩셈부르크의 지기스문트(1368-1437, 재위 1433-1437)는 공의회에 참석하여, 그 공의회의 최종 결정(즉, 세 교황이 모두 물러남으로써, 새 교황을 뽑을 길을 열어주어야 한다는 결정)을 지지한다는 입장을 분명히 밝혔다. 결국 새 교황이 선출되고, 이로써 서방교회의 대분열은 막을 내렸다.

그러나 새 교황 마르티노 5세(재위 1417-1431)는 공의회우위설에 그리 공감하지 않았으며, 교황의 절대 권위를 내세우는 전통 개념으로 되돌아가기가 상당히 쉽다는 것을 간파했다. 사람들이 공의회우위설을 지지했던 이유는 주로 대분열이 서유럽에 불안한 영향을 미치리라는 우려 때문이었다. 대분열이 끝나면서, 공의회우위설을 지지하는 열의도 수그러들었고, 전통적 교황제 모델이 다시 확립되었다.

2.4.3. 동유럽: 러시아가 기독교 국가로 등장하다

앞서 언급했듯이, 정교회 기독교는 10세기에 키예프대공국으로 알려진 지역의 주된 종교로 자리 잡았다. 러시아교회는 예부터 이 지역 기독교의 본산이었던 키예프 대교구가 이끌었다. 하지만 13세기 초에 칭기즈칸(1162?-1227)과 그 후계자들이 이끄는 몽골 군대가 서진(西進)하면서 이 지역 전체의 안정이 밑바닥부터 흔들리게 되었다.

1220년대에 벌어진 몽골의 침공은 키예프의 정치적, 경제적 몰락을 부채질했으며, 키예프대공국을 세 조각으로 나눠놓았다. 몽골 군대는 칼카 강 전투(1223)에서 대공국 군대를 확실하게 격파했다. 하지만 몽골인들은 그들의 우월한 위치를 강요하지 않았다. 그러다 1238년에 다시 몽골이 침입해온다. 대공국 군대는 시트 강 전투에서 재차 패하고 말았다. 이번에는 이 지역이 몽골의 통치에 복종해야 했다. 키예프대공국은 막을 내렸다. 대공국을 구성했던 영역들은 각기 다른 방향으로 발전해갔으며, 결국 지금 러시아, 우크라이나, 벨라루스로 알려진 세 지역을 형성하기에 이른다.

'타타르(몽골)의 멍에(Tatar yoke)'가 지워진 이 시대는 이 지역 기독교의 조직에 여러 중대한 변화가 일어나는 것을 목격했다. 사람들은 대개 이런 변화 가운데 가장 중요한 것으로 러시아정교회의 대본산이 모스크바로 옮겨간 것을 꼽는다. 당시 사람들은 모스크바가 종(從)이요 콘스탄티노폴리스가 주(主)라고 보았지만, 러시아인들은 콘스탄티노폴리스의 미래가 튀르크의 팽창으로 위협받고 있음을 점점 더 분명히 간파하게 된다. 1448년, 러시아 주교들은 자기들끼리 공의회를 열어, 러시아교회가 콘스탄티노폴리스에게서 독립하겠다는 뜻을 선언하고, '모스크바와 러시아 전체를 관장하는 대교구'라는 명칭을 사용하는 그들 나름의 대주교를 임명했다.

이 시기에 러시아정교회의 영적 정체성을 유지해준 것은 그물처럼 얽혀 있던 수도원 조직이었다. 몽골제국은 종교 면에서 관용 정책을 폈고, 러시아 사정에 간섭하는 일에는 별 관심을 보이지 않았다. 몽골 사람들의 종교는 주로 샤머니즘이었지만, 네스토리우스파가 몽골 지역에서 선교하면서, 몽골제국의 상류 사회에는 기독교가 중대한 영향을 미쳤다. 몽골의 이런 관용 정책 덕분에, 수도원들은 선교와 학문, 영성의 중심지로서 자유롭게 발전해갔다. 수도사이면서도 공상가요 개혁가였던 세르기 라도네시즈스키('라도네즈의 세르기우스'로도 알려져 있는 이로서 1392년에 세상을 떠났다) 같은 이들은 러시아 중부와 북부에 여러 수도원을 세웠다.

1453년에 콘스탄티노폴리스가 함락되자(2.4.7), 러시아정교회는 그 자신을 '세 번째 로마'로 여기기 시작했다. 일부 사람들은 모스크바 시 자체가 로마와 콘스탄티노폴리스의 뒤를 이었다고 주장했지만, (러시아를 이끄는 도시보다 오히려) 러시아라는 나라 자체를 이런 식으로 바라보았다고 말하는 것이 더 정확하다. 러시아의 그리스도인들은, 콘스탄티누스가 자신이 세운 도시를 이미 1천 년도 더 전에 '두 번째 로마'라 불렀던 것을 염두에 두고서, 그들 자신을 콘스탄티누스의 진정한 후계자로 여기게 되었다.

이런 흐름은 러시아 이반 3세(1440-1505) 치세기에 더 큰 중요성을 갖게 된다. 러시아는 1480년에 우크라 강 전투에서 마침내 몽골을 격파하고, 이

안드레이 루블료프(1360~1430경)가 그린 삼위일체 성상. 중세 러시아 수도원 영성을 표현한 가장 유명한 작품 중 하나다. 트레티야코프 국립미술관, 모스크바.

지역을 지배하는 강국으로 등장했다. 이반은 비잔티움제국의 마지막 황제인 콘스탄티누스 11세(1405-1453, 재위 1449-1453)의 조카인 소피아 팔라이오로기나(1440/1449-1503)와 혼인했다. 이렇게 두 집안이 인연을 맺자, 이반은 자신을 콘스탄티누스 황제의 후계자로 내세우고, 모스크바 교구를 콘스탄티노폴리스의 계승자로 내세우게 된다. 러시아 통치자들이 자신을 '황제'라 부르기 시작하는 것은 이제 시간문제에 불과했다. [황제를 가리키는 러시아어 'czar(차르)'도 역시 황제를 가리키는 독일어 'Kaiser'처럼 라틴어 *Caesar*에서 나왔다.] 1547년 1월, 대공 이반 4세['폭군', 혹은 '뇌제(雷帝)'라 부른다]가 러시아의 첫 차르로 선포되었다.

16세기에 러시아의 힘이 더욱더 팽창하자, 이 지역에서 러시아가 주장하던 종교상의 우월권을 시비하는 이들이 거의 없어졌다. 1519년, 러시아 정교회는 다른 정교회 총대주교들의 동의를 얻어 자치권을 갖는 독립 정교회로 인정받았다.

2.4.4. 이단: 왈도파, 후스파, 위클리프파

콘스탄츠 공의회가 집중 논의한 의제는 교황 계승과 관련한 문제들이었지만, 다른 문제들도 중요 안건으로 떠올랐다. 무엇보다 이단의 위협이 큰 안건이었다. 보헤미아의 개혁자 얀 후스(1369경-1415)는 그가 주장한 개혁 프로그램 때문에 교회 안에서 상당한 추종자를 얻고 있었다. 의미심장한 것은 이 지역에서 민족주의 흐름이 점점 더 커지면서 후스의 요구도 더 큰 중요성을 갖게 되었다는 점이다.

이단은 11세기에 들어와 서유럽 교회에서 중대 문제로 등장하기 시작했지만, 그전 3세기 동안만 해도 그리 큰 문제가 되지 않았다. 일부 사람들은 당시 사람들이 1000년이라는 해를 신비한 의미를 지닌 해로 보면서, 이 1000년이라는 해가 '새천년의 첫 세대'(1000-1033) 동안에 이단 사상의 물결을 일으킬 것으로 보았다고 주장했다. 중세 서유럽의 이단에 관한 연구는 정의(定義)와 관련하여 몇 가지 중요한 질문을 제기한다. 당시 이단으로 선언되었던 몇몇 운동은 그 이전에 등장했던 이단들의 갱신이거나 변형으로 보인다.

이런 경우를 가장 잘 보여주는 예가 11세기에 프랑스 랑그도크 지방에서 나타나 12세기와 13세기에 프랑스 남부에서 융성했던 종파인 카타리파다. 카타리파는, 물질은 본디 악하다는 관념이나 두 하나님(만물을 지은 열등한 하나님과 구속을 행하는 우월한 하나님) 사이의 변증법처럼, 누가 봐도 영지주의임을 알 수 있는 견해들을 채택했는데, 이런 견해는 아마도 동유럽에서 유래한 것 같다.

하지만 다른 이단들은 정치적 성격이 더 강한 범주에 속해 있는 것 같다. 즉, 교회가 세속 세계를 상대로 행사하는 권위를 위협하는 운동들이었다. 이런 도전은 교회와 다른 시각으로 사회를 바라보는 대안의 형태를 띠거나, 교회가 성경 해석에서 누리는 특권적 지위를 부인하는 대안 형태를 띨 수도 있었다. 이런 운동에 해당하는 한 예가 왈도파 운동이다. 이 운동은 왈도(Pierre Waldo, Pierre de Vaux, 1140경-1205경)라는 이름을 가진 리옹의 한 부유한 상인의 행동으로 말미암아 1170년경에 프랑스 남부에서 일어난 개혁 운동이었다.

왈도는 성경의 문자적 의미(특히 가난하라는 명령)에 기초한 개혁 사역, 그리고 성경에 근거한 설교를 모국어로 하는 일을 시작했다. 이런 기풍은 당시 제법 느슨해진 성직자들의 도덕성과 뚜렷이 대비되는 모습이었기 때문에, 프랑스 남부와 롬바르디아에서 상당한 지지를 얻었다. 이는 개혁을 추구하는 민초들의 운동에 지나지 않았지만, 교회는 자신의 권력과 지위에 중대한 위협이 된다고 보았다.

이단 개념을 정치 문제로 바꿔버린 경우를 가장 잘 보여주는 사례를 든다면, 아마도 교회가 존 위클리프(1320경-1381)에게 보인 반응이 아닐까 싶다. 위클리프는 잉글랜드 신학자이며, 성경을 영어로 처음 번역하려는 동기를 불러일으킨 인물로 흔히 알려져 있다. 위클리프는 성경을 그의 모국어인 영어로 번역해야 한다는 것을 (영어와 라틴어로) 폭넓게 주장했다. (위클리프는 히브리어 원문과 그리스어 원문에 접근할 수 없어서, 라틴어 성경인 불가타를 사용했다.)

위클리프는 잉글랜드 사람들이 그들의 모국어로 성경을 읽을 권리를 갖고 있으며, 이들에게 성직자들이 들려주고 싶은 이야기만 들을 것을 강요해서는 안 된다고 보았다. 위클리프가 지적하듯이, 교회 권력자들은 평신도들이 성경에 접근하지 못하게 함으로써 커다란 기득권을 누리고 있었다. 평신도들이 성경을 읽는다면, 주교들과 성직자들이 실제 살아가는 삶의 방식과 그리스도 및 사도들이 권면하고 실천했던 삶의 방식 사이에는 엄청난 괴리가 있음을 발견할지도 모를 일이었다.

이 때문에 위클리프는 잉글랜드에서 성직자들이 신학과 교회의 삶을 지배하는 것에 의문을 제기하게 된다. 위클리프가 성경을 번역하려는 동기는 무엇보다 신학적 이유가 가장 컸지만, 그의 프로그램에는 정치 및 사회와 관련된 차원도 강하게 들어 있었다. 성경을 영어로 번역한다면, 그때까지 경험해보지 못한 규모로 사회 평등을 실현하는 일이 되는 셈이었다. 모든 사람이 온 기독교 세계가 신성시하는 책을 읽을 수 있고, 이를 기초 삼아 중세 교회의 삶의 방식과 가르침을 판단할 수 있게 될 일이었다.

위클리프가 중시한 문제는 누가 성경 본문을 읽고 해석할 권리를 갖는가, 즉 모든 신자가 그런 권리를 갖는가 아니면 단지 영적 엘리트만이 그런 권리를 갖는가였다. 여기에는 힘이라는 근본 이슈가 자리하고 있었다. 위클리프는 성경을 영어로 번역해야 한다고 주장함으로써, 성경 본문에 다가갈 수 있는 사람들과 자신들에게 성경을 해석할 권리가 있다고 믿는 사람들의 범위를 넓히려 했다. 성경 해석의 민주화라는 위클리프의 요구에 저항한 이들은 엘리트인 그들만이 성경을 해석할 권리를 갖고 있다는 생각을 전통주의자의 신학을 내세워 변호했다. 하지만 권력 문제라는 동기, 그리고 현상(*status quo*)을 정리하고 통합하는 일을 간과할 수는 없었다. 위클리프파라는 '이단'의 영향으로 성경을 어떻게 해석해야 하는가 하는 문제에 관한 교회의 통제권이 약화된다. 위클리프 지지자들—나중에 '롤러드파(Lollards)'로 알려지게 된다—은 중세 후기 잉글랜드 교회에서 개혁을 요구하는 목소리를 만들어내는 데 중요한 역할을 했으며, 어쩌면 이들이 1520년대에 잉글랜드가 마르틴 루터의 개혁 사상을 받아들이는 기반을 마련했는지도 모른다.

중세에는 실제로, 지역에 따른 여러 변형이 있긴 했지만, 옛 이단들이 되살아나는 것을 목격했다. 하지만 이런 이단 중에는 정치적 이유 때문에 이단이라는 이름표를 갖게 된 경우가 많았다. 종교재판소 설치는 교황의 권위에 위협이 된다고 보았던 이단들이 정치적, 제도적 차원에서 점점 큰 의미를 갖게 되었음을 확인해주는 일이라고 볼 수 있다. 이는 초기 기독교가 이단의 본질을 요약, 정의할 때 이 이단이 그리스도인 개인이나 기독교 제도가 아니라 기독교 신앙 전체에 안겨주는 위협에 초점을 맞추려 했던 것과 사뭇 동떨어진 움직임을 드러낸 것이었다. 교회에 대한 위협을 가리킬 때 '이단'이라는 말을 사용한 것은 이단을 신학 차원에서 정의한 것이라기보다 종교재판 차원에서 정의한 것으로 봐야 했다. 헤르베르트 그룬트만 (1902-1970, 독일의 사학자. 중세사를 깊이 연구했다―옮긴이)이 1935년에 지적했듯이, '이단'이라는 이름표를 가진 중세의 종교 운동 중에는 사실 이단이 아닌 것들이 많았다. 이런 운동 중 많은 것들을 가리키는 말로 '이단'이라는 말을 그만 써야 하는 중대한 사유가 존재하는 셈이다.

2.4.5. 새로운 경건: 공동생활형제단

앞서 언급했듯이, 수도원과 수녀원은 중세에 기독교 사상을 보존하고 확산시키는 데 중대한 역할을 담당했다(2.1.5). 그러나 이렇게 탁월한 신학과 영성이 수도원 전통 안에만 집중되면서, 뜻하지 않았던 결과들이 벌어졌다. 예를 들면, 평신도들의 일상생활은 수도원 담장 안쪽에서 자라나고 있던 풍부한 영성을 사실상 전혀 맛보지도 못한 채 방치되는 경우가 자주 있었다. 수도원 영성은 평신도인 사람들과 완전히 동떨어진 삶의 방식과 생각을 전제한 경우가 자주 있었다.

그러나 중세 후기의 많은 개혁 운동은 이런 수도회들과 평신도 사이의 틈새를 메우려고 노력했다. 도미니크회와 프란체스코회는 기독교 신앙과 더 넓은 문화를 다시 연결하려고 진지한 노력을 펼쳤다. 기독교가 사회 속에 들어가도록 북돋운 것도 그런 노력의 일부였다. 이런 발전 가운데 가장 중요한 것 중 하나가 14세기에 저지(低地) 국가들(서유럽의 해안 지역 국가들, 특히 네덜란드와 벨기에를 말한다—옮긴이)에서 일어났다. *Devotio Moderna*(데보티오 모데르나. 보통 '근대의 헌신'으로 번역하나, 가톨릭에서는 '새로운 신심'이라는 표현을 쓰기도 하여, 이 책에서는 '새로운 경건'으로 번역했다—옮긴이)라는 라틴어 문구로 자주 알려져 있는 운동, 그리고 공동생활형제단이 그것이다.

'새로운 경건' 운동은 저지 국가들의 번성한 상업 도시들에서 출발했다. 헤이르트 흐로터(1340-1384)는 한자동맹의 일원이자 에이설(혹은 위셀) 강가에 자리한 교역 중심지였던 데벤터르에서 유력한 상인의 아들이었다. 흐로터 집안은 가세가 커져 데벤터르의 주요 직물 상인 중 하나가 되었고, 결국 부를 얻었다. 1374년, 흐로터는 중병을 앓다가 회심 체험을 한다. 이를 계기로 그는 안락한 삶을 포기하고 금욕을 추구하는 삶의 방식을 택했다.

흐로터는 회심 직후 모니컨하위젠에 있는 카르투지오회 수도원으로 들어갔다. 그는 거기에 손님으로 찾아갔고, 분명 카르투지오회의 일원이 되려는 의도는 갖고 있지 않았다. 그러나 기도와 금식, 손으로 하는 노동이라는 수도사 훈련은 그의 신앙 이상을 형성하는 데 도움을 주었고, 이는 '새로운 경건' 운동이 추구한 영성의 중심이 되었다. 그는 강한 실용주의 관점을 가졌으며, 신학과 철학을 더 중요한 문제들보다 좀 더 부수적인 문제로 여겼다. 흐로터는 기독교의 관점이 주로 실천적이라고 보고, 사회에서 하나님을 섬기는 데 역점을 두었다.

흐로터의 유산은 서로 그 유형이 사뭇 다른 두 공동체로 나타났다. 첫째는 '공동생활형제단'으로 알려진 운동이었다. 형제단(주로 평신도들이었다)

은 그리스도의 인격, 손으로 하는 노동, 다른 사람들을 섬기는 것을 곱씹어 봄으로써 신앙을 실천하고 개인의 갱신을 추구하는 데 헌신했다. 많은 학자들은 공동생활형제단을 '실천하는 신비주의자(practical mystics)'로 묘사했다. 그들이 그들 자신과 하나님의 연합에 보인 관심이 젊은이들을 교육하고 평신도들에게 기독교 신앙의 기초를 가르침으로써 교회를 개혁해보려는 그들의 노력과 연결되어 있었기 때문이었다. 이런 점 때문에, 형제단은 교육을 강조했다. 이를 실천하고자 그들은 저지 국가들, 독일, 프랑스에 그들 자신의 학교와 대학을 세우거나, 혹은 형제단 지체들이 다른 신앙 공동체가 운영하는 기존 교육기관의 교사가 되는 방법을 택했다.

흐로터의 사역에서 유래한 또 다른 유형의 공동체는 전통에 더 가까운 수도원 모델을 따랐다. 흐로터 추종자들이 세운 수도원들은 나중에 수도원 개혁의 핵심이 되는 빈데스헤임 회중 안에서 결성되었다. 1500년이 되자, 100개에 조금 못 미치는 수도원들이 이 운동과 관계를 맺게 되었고, 이 운동과 마찬가지로 성경과 신학을 공부하는 것과 함께 심오한 인격적 신앙 체험과 믿음이 필요함을 강조하게 되었다.

이런 신앙 단체의 영향력은 심지어 가장 위대한 학문 연구의 중심으로 널리 인정받았던 파리 대학교(2.2.4)에도 미쳤다. 브라반트 출신인 얀 스탄동크(1453-1504)는 '새로운 경건'이 표명한 이상에 깊은 영향을 받았다. 1483년, 스탄동크는 파리 대학교 소속 단과대학 중 하나인 콜레주 드 몽테귀 학장이 되었다. 여기서 그는 대학 건물들을 다시 보수하고, 가난한 학생들의 학문 도야를 장려했다. 1485년이 되자, 스탄동크는 파리 대학교 총장으로 선출되었다.

중세 말에 가장 큰 영향을 미친 영성 작품 가운데 하나가 '새로운 경건' 운동 안에서 탄생했다. 토마스 아 켐피스(토마스 반 켐펜, 1380경-1471)는 데벤터르에서 공부하는 동안 이 운동을 만나게 되었는데, 1418년부터

1427년에 이르는 기간 중에 영성 고전인 《그리스도를 본받아》를 쓴 것으로 생각된다. 이 작품의 진짜 저자와 관련하여 몇 가지 불분명한 점이 남아 있긴 하지만, 이 작품은 토마스 아 켐피스가 썼다는 것이 통설이다. 이 작품은 엄청난 영향을 미쳤으며, 15세기에 널리 필사되었다. 인쇄술이 발명되면서 이 작품은 더욱더 큰 영향을 미치게 되었고, 이제는 모든 시대를 통틀어 가장 영향력 있는 기독교 영성 작품 중 하나로 널리 인용되고 있다.

토마스 아 켐피스의 《그리스도를 본받아》는 세상에서 물러나 내면을 중시하는 삶을 살 것을 강조하는 특징이 있다. 이런 특징은 이 작품을 그리스도의 예를 적극 본받으라고 쾌쳐대는 다른 수도원 영성 작품과 구별해준다. 이 책에서는 흐로터의 영향을 많이 찾아볼 수 있는데, 특히 신학적 사변을 비판하고 하나님을 향한 사랑의 중요성을 강조한 점이 그렇다. 이 점은 삼위일체 교리에 관한 유명한 말에서 가장 잘 엿볼 수 있다.

> 당신이 아무리 고상한 태도로 삼위일체를 논한다 할지라도, 정작 겸손하지 않아서 삼위일체 하나님을 기쁘게 해드리지 못한다면, 그것이 당신에게 무슨 유익이 있겠는가? 당신을 하나님 앞에서 의로운 자나 거룩한 자나 고임을 받는 자로 만들어주는 것은 고매한 말이 아니라 유덕한 삶이다. 나 같으면 삼위일체를 정의할 능력을 갖기보다 차라리 회개를 경험하겠다.
>
> – 토마스 아 켐피스, 《그리스도를 본받아》, I, 1–2.

2.4.6. 대중 종교: 성인 숭배

기독교가 중세에 어떻게 발전해갔는지 이해하려면, 기독교가 서로 다른 그룹의 사람들에게 어떤 영향을 주었는지 바로 인식하는 것이 중요하다. 우리는 이미 기독교가 유럽 지성인의 삶과 유럽 정치에 끼친 영향을 살펴보았다. 그렇다면 대중에게는 어떤 호소력을 발휘했을까? 기독교는 대학, 수도원, 왕궁 밖의 일상세계와 어떻게 이어져 있었을까? 근래 학자들은 '대중 종교' 혹은 '민중 종교'라는 현상에 점점 더 큰 관심을 기울여왔다. 이런 종교를 통해 기독교 사상과 관습이 농촌 생활 속에 적용되고 실행되었다.

이전 시대 역사가들은 14세기 말과 15세기를 종교가 타락한 시대로 여기는 경향이 있었다. 하지만 요 근래 연구 결과는 이런 판단을 확실히 뒤엎어버렸다. 이 시대가 끝을 향해 다가갈 무렵, 그러니까 프로테스탄트 종교개혁이 동터오던 이 시기야말로 어쩌면 종교가 과거 그 어떤 시대보다 더 확고하게 보통 사람들의 경험과 삶 속에 뿌리를 내렸던 때가 아닌가 싶다. 중세 초기의 기독교는 주로 수도원 중심으로서, 유럽 수도원과 수녀원의 삶과 예배, 그리고 기록에 초점을 맞췄다. 15세기 후반에는 교회 건축 프로그램이 융성했으며, 순례 여행과 유물 수집 바람이 활발히 일었다. 15세기는 '신비주의 문학의 팽창 시대'라 불렸는데, 이런 현상은 이 시대에 종교를 향한 대중의 관심이 커졌음을 보여주는 것이었다. 대중들 사이에서 기독교의 믿음과 관습을 제 것으로 삼아 적용하는 모습이 널리 퍼졌지만, 그것이 늘 정통 기독교의 형태를 띠지는 않았다.

'민중 종교'라는 현상은, 더 정확하긴 하지만 추상성을 띠며 교회도 선호했던 기독교의 교리 진술—그러나 많은 평신도들에게 이런 교리 진술들은 알아들을 수 없거나 매력이 없는 것이었다—과 희미한 관계를 맺고 있을 때가 잦았다. 유럽의 여러 곳에서 '풍요의 신 숭배(fertility cults)'와 비슷한 것이 나타났으며, 이는 일상생활의 패턴 및 관심사와 관련이 있었고 서로 얽혀 있었다. 건초 만들기와 수확 같은, 농촌 공동체에 필요한 농사일은 대중 종교와 굳게 결합해 있었다.

예를 들면, 16세기 초 프랑스 모(Meaux) 교구에서는, 가축과 유아의 질병, 역병과 안질(眼疾)을 막고자, 혹은 젊은 여자들이 맘에 드는 신랑감을 발견하고자, 늘 성인들에게 기원하곤 했다. 사람들은 종교와 일상생활을 이렇게 직접 연계하는 것을 당연시했다. 영혼과 물질은 모든 차원에서 서로 연결되어 있었다.

보통 사람들은 중세 가톨릭교회를 이 교회가 말하는 추상적 신학 사상보다 오히려 이 교회가 제시하는 관습과 이미지를 통해 만났다. 교회 전례, 특히 미사는 인간의 역사와 경험을 눈으로 볼 수 있게 드러낸 '위대한 내러티브'를 드라마처럼 재현했다. 전례를 통해 준행하는 의식 그리고 상징을 담은 전례 속 제스처들은 회중으로 하여금 세계를 인식케 하고 그들 자신이 세계 안에서 갖는 위치를 인식하게 해주었다. 전례는 볼 만한 광경과 가르침, 연극과 도그마를 중세의 세계관을 재차 강조하는 형태로 제시했고, 교회라는 제도가 구원의 도구요 방편으로서 필요한 곳임을 보여주었다. 교회 밖에는 구원이 없었다.

전례라는 드라마를 보완해준 것이 형상이었다. 이 형상들은 복음서 장면들을 담은 형상이거나 성인들의 형상, 특히 마리아의 형상인 경우가 많았다. 전자는 글을 읽지 못하는 사람들에게 도움을 주고자 복음서 장면들을 교회 벽에 그려 묘사한 것이었고, 후자는 중보(仲保)하는 힘을 가졌다고 교회가 인정하며 선언했던 성인들을 묘사한 것이었다. 성인들은 하나님의 은혜를 중개해주는 이요, 보통 사람들의 기도를 듣고 이를 중개하는 이였다. 서유럽 전역의 교회들은 이런 성인 숭배를 성상으로 (그림과 제단 뒤편의 장식과 상들을 통해) 표현했다.

그렇다면 이 시대에 이처럼 큰 영향을 미친 이 '성인 숭배'는 무엇이었는가? 성인들(라틴어로 *sancti*인데 이는 '거룩한 자들'을 뜻한다)의 중요성을 인정한 것은 초기 기독교 시대로 거슬러 올라간다. 이때 유명한 기독교 지도자, 특히 믿음을 지키다 순교한 이들의 무덤에서 밤새워 기도하는 이들이 자주 있었다(1.4.4). 점차 성인을 흠숭하는 성인 공경이 발전했고, 이 공경에는 독특한 세 요소가 들어 있었다.

1. 기념. 교회력에서 어느 특정한 날을 따로 떼어 어떤 성인의 삶과 가르침을 되새기곤 했다. 전 세계 차원의 중요성을 가진 이로 인정받은 성인들도 있었지만, 어느 지역에서만 중요시하는 성인들도 있었다.

2. 유물 숭배. 유물(라틴어로 *reliquae*이며, 이는 '뒤에 남겨놓은 것들'을 뜻한다)은 성인들과 관련된 물체로서 성인들이 중보자로서 가진 힘을 보여주는 '보증' 혹은 '증거'라 여겼던 것들이다. 이런 유물에는 옷이나 책처럼 성인이 소유하거나 사용했던 물건뿐 아니라 신체의 일부도 포함되었다.

3. 성인들과 관련된 신성한 장소를 순례함. 중세에는 이런 신성한 장소들이 많았다. 야고보 사도와 관련된 에스파냐 북부의 산티아고 데 콤포스텔라, 또는 순교한 캔터베리 대주교 토마스 아 베케트의 무덤이 그런 예다.

성인 숭배는 중세 기독교에서, 특히 대중 차원에서 큰 역할을 했다. 이 현상을 이해하는 한 방법은 천상의 궁정이라는 개념을 살펴보는 것이다. 중세에는 많은 이들이 하나님을 빛나는 정신(廷臣, 곧 성인)들이 에워싸고 모시는 군주에 비유할 수 있다고 생각했기 때문이다. '성인 숭배'의 핵심 주제 중 하나는 성인들이 중보 능력을 가졌다는(즉, 성인들은 하늘 법정에서 변론할 능력을 갖고 있다는) 생각이다. 성인들을 변호자로 여기는 생각은 중세에 큰 호응을 얻었다.

이런 개념을 가장 잘 엿볼 수 있는 것이 아마도 '수호성인(patron saint, 하늘에서 한 나라 장소나 직업을 위해 변론하는 중보자 혹은 변호자) 개념이 아닐까 싶다. 이런 발전을 보여주는 몇 가지 사례를 다음과 같이 언급해볼 수 있다.

1. 장소. 중세에는 성장하여 두드러진 위치를 차지하게 된 도시가 다른 곳에서 살다가 그곳에 묻힌 유명한 성인의 유해를 그 도시에 있는 대성당으로 옮겨오는 일이 흔히 있었다. 당시 사람들은 이를 그 도시에 상당한 특권을 안겨주는 일로 보았다. 이에 해당하는 가장 유명한 사례가 베네치아다. 전통에 따르면, 베네치아는 9세기에 이집트에서 성(聖) 마가의 유해를 확보하여 이 도시에 안치했다고 한다. 상징성을 지닌 성마가교회는 이 유물들을 보관하려고 지은 것이었다. 베네치아의 수호성인은 본디 순교자인 아마세아의 테오도루스(?-306)였다. 하지만 마가의 유물이 도착하자, 이 도시는 자기 수호성인의 격을 더 높이기로 결정했다.

2. 직업. 누가(누가복음과 사도행전 저자)는 의사였으며, 이 때문에 종종 기독교 영성 문헌과 경건서에서는 그를 '영혼의 의사'로 부르게 되었다. 이런 그가 의업(醫業)의 수호성인이 된 것은 당연했다. 이런 이유 때문에 병원에 있는 채플을 누가에게 봉헌하는 경우가 종종 있었다.

'면죄부' 개념도 성인 숭배와 관련을 맺게 된다. 엄밀히 말하면, '면죄부'는 죄인들이 치러야 할 보속(補贖)을 줄여주거나 면제해주는 것으로 이해했다. 면죄부를 죄를 용서받는 원인으로 이해하지는 않았으며, 죄 용서는 어디까지나 하나님이 가지신 대권으로 보았다. 초기 교회가 세운 관습 위에 세워진 중세 교회는 자기 죄를 고백한 이들에게 진정한 회개 혹은 참회를 보여주는 표지의 일부로서 보속을 강요했다. 13세기 초에 이런 관념이 더 발전했다. 도미니크회 소속 신학자인 생셰르의 위그(1200경-1263)는 그리스도와 성인들의 공로로 말미암아 교회가 처분 권한을 갖게 된 은혜의

'보고(寶庫)'가 있다고 주장했다.

사람들은 '면죄부'라는 개념을 죄 용서를 파는 것으로 쉬이 오해했다. 그러나 교회는 죄 용서를 판매한다는 의도를 갖고 있지 않았고 그런 것을 허가하지도 않았다. 이런 오해가 생긴 이유는 필시 면죄부 판매를 교회가 추진하는 프로젝트(이를테면 16세기 초, 로마의 성 베드로 대성당 건축 사업 같은 것)에 필요한 기금 조성 수단으로 사용했기 때문인 것으로 보인다. 대중은 이런 일을 죄와 연관된 벌을 면제받는 수단으로 보게 된다. 프랑스와 독일에서는 면죄부 매매가 크게 유행했고, 논란이 되었다. 마르틴 루터가 1517년에 독일에서 면죄부 판매에 저항한 것은 이 면죄부 판매와 관련하여 사람들 사이에 퍼져 있던 더 광범위한 우려와 일치하는 것이었다.

프랑스에서는 교황 레오 10세(재위 1513-1521)와 프랑스 왕 프랑수아 1세(1494-1547, 재위 1515-1547)가 십자군 원정 기금을 조성할 목적으로 1515년에 면죄부 판매 작전을 폈다. 하지만 1518년, 파리 대학교 신학부가 이 작전이 부추기는 일부 미신 사상에 반기를 든다. 파리 대학교 신학부는 "누구든지 십자군을 위한 모금함에 1테스통(teston, 16세기에 프랑스에서 사용한 은화—옮긴이) 내지 연옥에 있는 한 영혼의 가치에 해당하는 돈을 넣으면, 그 영혼은 즉시 연옥에서 풀려나 틀림없이 천국으로 간다"는 가르침을 "거짓이요 터무니없는 말"이라고 비판했다. 하지만 이렇게 대학에 몸 담은 신학자들이 의심스럽게 여기는데도, 정작 보통 사람들은 이런 믿음에 깊이 빠져들었다. 이리하여 공인된 신학 교과서와 거의 상관이 없고 그저 사회 전체에 퍼져 있는 소망과 두려움에 깊이 뿌리내린 '야매'(비공인) 신학이 발전하기 시작했다.

2.4.7. 오스만제국의 등장: 콘스탄티노폴리스 함락, 1453년

15세기가 막이 올랐을 때, 많은 이들은 콘스탄티노폴리스가 독립 도시로서 생존할 능력을 잃었다고 결론지었다. 이 도시는 이미 1204년에 십자군에게 함락된 적이 있었으며, (무시무시한 방어 체계를 갖추고 있었는데도) 이 도시를 무적이라 여기는 이도 더 이상 존재하지 않았다. 15세기 말에 이르자, 이슬람 진영의 지도권이 아바스 칼리프조에서 오스만튀르크로 넘어가고 있었다. 오스만 사람들은 기독교 세계에서 가장 위대한 도시(콘스탄티노폴리스—옮긴이)를 정복하는 것을 지하드, 곧 성전(聖戰)으로 여겼다. 오스만튀르크가 팽창 정책을 펼치면서, 콘스탄티노폴리스가 포위당하게 되었고, 경제 후배지(後背地, hinterland)나 정치 후배지를 잃어버렸다. '두 번째 로마'는 고립되었다. 이 도시는 그 전에 이미 자연 재앙으로 말미암아 치명타를 입어 약해져 있었다. '흑사병'이 1348년부터 1350년까지 이 도시에 퍼져, 도시 인구의 절반이 죽었다. 콘스탄티노폴리스가 무너지는 것은 시간문제였다.

오스만튀르크의 술탄 메흐메트 2세(1432-1481)는 1452년, 콘스탄티노폴리스 바로 북쪽에 있는 오스만튀르크 영내에 요새를 하나 건설한다. 이 요새 건설은 콘스탄티노폴리스와 흑해 연안 항구들을 이어주는 연결고리를 끊어버리고, 이듬해에 있을 콘스탄티노폴리스 포위공격의 출발점을 마련하려는 이중 목적을 갖고 있었다. 메흐메트 2세는 1453년 4월과 5월에 콘스탄티노폴리스를 포위 공격했다. 57일 뒤, 도시가 함락되었다. 서방 기독교와 동방 기독교가 갈등 관계를 이어온 탓에, 이 도시는 서유럽에서, 정치 지원이든 군사 지원이든, 아무런 지원도 받지 못했다. 콘스탄티노폴리스를 확보한 메흐메트는 오늘날 발칸반도라 알려져 있는 지역으로 오스만의 영향력을 계속 펼쳐나갔다. 보스니아가 1463년에 정복당하고, 알바니아가

1478년에, 헤르체고비나가 1482년에, 그리고 몬테네그로가 1498년에 정복당했다.

서유럽 통치자들은 많은 이들이 종교 면에서는 이단이요 정치 면에서는 타락했다고 여겼던 병든 비잔티움제국에 별로 연민을 갖지 않았다. 그러나 오스만튀르크의 무력이 서유럽의 영향권 안으로 진공해오자 경고음이 울렸다. 1521년에는 베오그라드가 함락되었다. 1529년에는 빈이 포위 공격을 받았다. 오스만튀르크는 1538년에 프레베자의 해전에서 놀라운 승리를 거두면서, 지중해의 많은 지역을 통제하게 되었다. 오스만제국의 전진을 막을 수 없다고 보는 이도 일부 있었다. 정말로 유럽이 이슬람 차지가 될 수도 있을 것 같았다.

그러나 오스만제국도 만사형통은 아니었다. 빈 포위 공격은 아무 소득도 없이 용두사미로 끝나고 말았다. 1565년에 몰타 섬을 점령하려 할 때는 오스만튀르크의 5만 대군이 이보다 숫자가 훨씬 적은 6천 명가량의 몰타군과 싸웠으나, 실패하고 말았다. 몰타군의 숫자에는 성(聖) 요한 십자군 기사단도 포함되어 있었다. 전환점은 레판토 해전(1571)이었다. 이때 유럽 남부 국가들의 해군이 합세하여 그리스 남부 해안에서 오스만튀르크 해군에게 결정적 패배를 안겨주었다. 이 패배 때문에 이 지역에서 오스만튀르크의 팽창에 제동이 걸렸다는 것이 통설이다.

그러나 육지에서는 팽창이 계속되었다. 오스만 군대는 우크라이나 남부를 침공했고, 1683년 늦여름에는 두 번째로 빈을 포위 공격했다. 두 달 뒤, 빈을 포위 공격하던 대군은 신성로마제국 황제 레오폴트 1세(1640-1705, 재위 1658-1705)가 모은 강군에게 공격을 당한다. 오스만튀르크가 1697년 센타(Senta) 전투에서 패배한 뒤, 1699년에 이르러 오스만튀르크와 합스부르크 왕조 사이에 평화조약이 체결되었다. 이로 말미암아 오스만은 자신이 통제하던 중부 유럽의 대부분 지역을 잃었다.

오스만제국은 동유럽에 복잡한 유산을 남겼다. 발칸반도의 많은 소국들이 복잡한 종교 인구 분포를 갖게 되었고, 이슬람교 신자, 정교회 신자, 때로는 유대교를 믿는 사람들이 서로 이웃이 되어 존재하게 되었다. 오스만제국은 '밀레트 체계'(millet system, 오스만제국의 공인된 비이슬람 자치체—옮긴이)를 통해 다른 종교를 믿는 소수자들에게도 널리 관용 정책을 폈으며, 이를 통해 종교 공동체들에게 종교의 자유와 정치적 자치권을 상당한 정도까지 허용했다. 하지만 오스만튀르크의 점령은 불안을 만들어냈고, 유럽 동남부 지역, 특히 세르비아와 그리스에서는 국가주권을 되찾으려는 요구가 점점 커져갔다. 나중에 보겠지만, 두 경우에 모두 정교회가 민족주의 정서를 북돋우고 지탱해주는 주된 힘이 된다(4.2.2).

2.5. 르네상스: 문화 갱신과 기독교 팽창

앞부분에서 봤듯이, 중세 후기 서유럽은 여러 문제로 고통을 겪고 있었다. 경기 후퇴, 전쟁, 역병은 많은 지역에서 불안을 일으켰다. 그러나 15세기 말에는 어떤 전환점에 이르렀다고 느끼기 시작하는 이가 많아졌다. 경제가 되살아나는 조짐이 나타나기 시작했고, 문화 재생과 갱신을 이루려는 운동이 함께 나타났다. 학자들은 이 무렵 교회의 삶과 문화에 에너지와 창조성을 새롭게 불어넣은 이런 움직임을 가리키는 말로 '르네상스'라는 문구를 자주 사용하곤 한다.

이제 '르네상스'라는 말은 먼저 14세기와 15세기에 이탈리아에서 일어나 15세기 말과 16세기 초에 유럽 대부분 지역으로 퍼져나간 문학과 예술의 부흥을 가리키는 말로 널리 사용하게 되었다. 르네상스는 문화가 두드러지게 되살아난 시대였으며, 1500년대에 그 영향이 정점에 이르렀다. 르네상스의 중심 주제는 과거가 물려준 문화유산, 그중에서도 특히 고대 그리스 및 로마의 모든 유산과 창조적 교감을 나눔으로써 당대의 문화를 다시 새롭게 만들어낼 수 있다는 것이었다.

이와 관련된 용어인 '인문주의(humanism)'는 르네상스 철학을 가리키는 말로 널리 사용된다. 현대 독자들은 이 '인문주의'라는 말을 오해하기 쉽다. 21세기에는 이 말을 신을 믿는 믿음—혹은 적어도 신을 의지하는 것—을 배제하는 세계관을 가리키는 '무신론'이나 '세속주의' 같은 것을 뜻하는 말로 자주 사용한다(이 경우 우리말로는 특히 '인본주의'로 번역되곤 한다—옮긴이). 그러나 르네상스 시대에는 '인문주의'라는 말이 완전히 다른 의미를 갖고 있었다. 당시에는 이 말이 르네상스의 기초가 된 사상을 의미했다. 이 사상은 서유럽 문화의 기원인 고전기 로마와 아테네에 의지하면 서유럽 문화를 다시 새롭게 할 수도 있다고 주장했다. 인문주의는 고전의 지혜를 현재에 적용한 것을 바탕 삼아, 뛰어난 수사(웅변)와 탁월함을 추구했다.

이처럼 서유럽의 많은 지역에서 되살아나고 있던 자신감은 다른 분야의 발전에서도 분명하게 드러났다. 1490년대에 포르투갈과 에스파냐의 항해가들이 펼친 위대한 '대발견 항해(voyages of discovery)'는 남아프리카와 아시아에 이르는 새 무역로를 열어놓았고, 아메리카와 서인도제도를 발견하는 결과를 낳았다. 포르투갈과 에스파냐는 모두 강력한 가톨릭 국가였기에, 수도회들이 이 지역에 복음을 전하는 것을 독려했다. 중세가 끝날 무렵, 기독교는 더 이상 유럽이라는 지역에 국한되지 않고, 전 세계가 믿는 신앙으로 바뀌어가는 과정에 들어섰다.

그러나 우선 우리는 이 팽창의 시대를 분석할 때, 정보를 공유하고 확산시키는 방법을 바꿔놓은 새로운 발명부터 살펴보겠다. 금속활자의 발명이 그것이다. 일부 대중용 역사서는 이 시기에 "인쇄술이 발명되었다"고 말하지만, 사실 발명된 것은 인쇄술 자체가 아니라, 새로운 유형의 인쇄기를 구성하는 한 부분이었다. 그것이 바로 재활용이 가능한 금속활자인데, 이는 거듭거듭 사용하고 또 사용할 수 있었다. 아래에서는 이 새로운 기술이 종교에서 갖는 중요성을 살펴보겠다.

2.5.1. 새로운 기술: 인쇄술이 종교에서 갖는 중요성

근래 데이터 처리와 전송 분야에서 일어난 여러 기술 발전(이를테면 인터넷 같은 것)은 현대 생활의 많은 측면에 혁명을 가져왔다. 15세기 말 서유럽에서도 활자를 사용하는 인쇄술이 발명되면서, 현대와 비슷한 상황이 벌어졌다. 이는 16세기에 프로테스탄트주의(아래에서는 달리 번역할 필요가 없으면, '개신교'로 번역한다—옮긴이)가 가톨릭교에 맞선 중대한 도전으로 등장하면서 큰 논쟁들이 벌어졌을 때 종교 사상을 발전시키고 확산시키는 데 지대한 영향을 주게 된다. 인쇄기는 개신교와 가톨릭교 양 진영의 사상을 더 넓게 활용할 수 있도록 해주는 데 크게 기여했다.

중세 후기에는 서유럽의 많은 지역에서 글을 읽을 수 있는 이들이 크게 늘어나면서, 책을 읽고 싶어 하는 욕구가 급상승했다. 그러나 독서 자료를 요구하는 이 새로운 시장을 만족시키는 일은 간단치가 않았다. 기존 책 생산 기술은 부아가 날 정도로 느렸고, 그에 따라 책값도 비쌌다. 책 본문과 삽화는 특별히 훈련받은 필사자가 손으로 아주 공들여 베껴야 했다. 수요가 공급을 훨씬 앞질렀다.

책에 대한 관심이 급상승하면서, 많은 이들이 아주 비용이 많이 드는 책 필사 과정을 단축하여 책을 만들어낼 수 있는 새로운 방법을 개발할 수 없을지 고민하게 되었다. 15세기 초에 잠시 잠깐 유효한 해결책을 찾아냈다. 본문과 장정을 칼과 끌로 목판에 새겨 넣는 방법이었다. 이렇게 새긴 뒤, 나무껍질로 만든 수용성 갈색 잉크를 잉크 쿠션을 사용하여 목판에 바른다. 그런 다음, 그 목판을 사용하여 한 장 한 장의 종이 위에 베긴(칼과 끌로 새겼던) 이미지를 찍어낸 뒤, 이를 함께 모아 책으로 만들어낸다. 그러나 이것은 미봉책일 뿐이었다. 목판은 만들어내기가 비쌌고, 일단 주문받은 대로 새기면, 다른 목적에는 사용할 수가 없었다. 짧은 책에는 쓸 만한 방법이었지만, 성경처럼 긴 책에는 번거롭고 현실성이 없었다. 더 나은 해결책을 찾아야했다.

요하네스 구텐베르크(1398경-1468)는 여러 가지 기존 기술을 모은 인쇄 시스템을 만들어냈을 뿐 아니라, 한 가지 중요한 발명을 했다. 금속활자가 그것이다. 한 페이지를 인쇄한 뒤, 활자 틀을 그 구성요소들로 해체하면, 그 활자 틀은 다른 페이지를 인쇄하는 데 얼마든지 재차 사용할 수 있었다. 금속활자 발명만 있었다면 이런 돌파구를 찾는 데 충분치 않았을 것이다. 구텐베르크는 새 아이디어와 옛 아이디어를 통합하여 이전에는 경험하지 못했던 효율로 인쇄 작업을 수행해낼 수 있는 체계를 만들어내는 천재성을 발휘했다.

구텐베르크는 1454년경에 마인츠 시에서 금속활자로 인쇄한 첫 책을 만들어냈다. 1456년에는 똑같은 인쇄기로 인쇄본 라틴어 성경을 만들어 냈다. 이어 1457년에는 이른바 〈마인츠 시편〉을 만들어냈는데, 이때 인쇄 자(출판자), 인쇄소가 있는 곳, 출판 일자를 작품의 제목이 기록된 페이지에서 밝히는 관습을 확립했다. 이제 성경 필사는 더 이상 필사자에게 의존하지 않게 된다. 이제는 더 신뢰할 수 있고, 값 싸며, 효율이 좋은 생산 방법을 활용할 수 있게 되었다.

이 기술은 독일에서 급속도로 퍼져갔다. 1476년에는 윌리엄 캑스턴이 런던 웨스트민스터에 인쇄소를 세웠다. 1495년에는 알도 마누치오(1449-1515)가 베네치아에 유명한 알디네(Aldine) 출판사를 세웠다. 이 출판사는 중요한 두 가지 발전을 이룩했다. '소문자'(lower case letters, 소문자를 두 활자 보관상자 중 아래에 있는 상자에 보관하면서 이런 이름이 생겼다)와 기울여 쓰는 '이탤릭'체[영어로 쓴 작품들이 이렇게 불리는 이유는 이 출판사가 이탈리아 베네치아에 있었기 때문이다. 마누치오 자신은 이런 글자체를 '챈서리(Chancery)'체라고 불렀다]가 그것이다.

그럼 왜 인쇄술이 서구 기독교에 그토록 큰 영향을 미쳤을까? 크게 두 가지 점을 주목해야 한다. 첫째, 필사할 때 생길 수 있는 오류를 제거함으로써 종교 문헌(이를테면 신약성경이나 히포의 아우구스티누스처럼 과거의 중요한 종교 저술가들의 작품)의 더 정확한 판본을 만들어낼 수 있게 되었다. 어떤 작품을 인쇄한 것과 필사한 것을 비교해보면, 신학 성찰의 기초로 활용할 수 있는 가장 훌륭한 텍스트가 어떤 것인가를 확증할 수 있다. 15세기 말과 16세기 초에 인문주의 학자들은 자신들이 편집하여 펴낼 수 있는 기독교 초기 필사본들을 찾아 유럽의 도서관들을 샅샅이 뒤지며 돌아다녔다. 손으로 필사본을 베껴 쓰는 지루한 과정은 더 이상 필요하지 않았다. 더군다나, 필사 과정에서 생기는 오류도 제거되었다. 어떤 작품을 인쇄할 활자 틀을 짜면, 오류 없는 책들을 원하는 부수대로 인쇄할 수 있었다.

그 결과, 이런 자료들을 과거 그 어느 때보다 훨씬 더 넓게 활용할 수 있게 되었다. 1520년대에 이르자, 원하기만 하면 거의 모든 이가 신뢰할 만한 그리스어 신약성경 본문이나 히포의 아우구스티누스가 쓴 글에 접근할 수 있었다. 바젤에서는 아메르바흐 형제가 1490년부터 1506년까지 11권으로 이루어진 아우구스티누스 작품집을 출간했다. 각 권당 200부만 펴낸 것으로 보이지만, 이 작품집은 이 중요한 저자의 텍스트 가운데 가장 신뢰할 만한 것으로서 널리 활용되었다.

둘째, 인쇄기는 사상을 국경 너머까지 전달할 수 있는 잠재력을 갖고 있었다. 많은 학자들은 16세기에 큰 종교 논쟁들이 국제적 논쟁으로 번졌던 것은 책 밀반입 때문이었다고 주장한다. 예를 들면, 개신교 저술가인 장 칼뱅(1509-1564)은 1541년에 스트라스부르에서 보낸 피난 생활에서 돌아온 뒤 제네바 시를 떠나지 않았다(3.3.5). 그러나 그의 사상은 유럽 전역에서 논쟁거리가 되었는데, 이는 그가 쓴 책이 여러 사설 도서관으로 흘러들어 갔기 때문이다.

인쇄술 발명이 서구 기독교 발전에 대단히 중요했음은 의심할 여지가 없다. 그러나 같은 시기에 일어난 또 다른 발전도 이런 변화를 일으키는 중대한 촉매가 되었다. 우리가 이제 '르네상스'로 부르는 운동의 발흥은 서구 기독교에 새로운 지적 에너지를 불어넣었으며, 교회의 삶과 사상을 개혁하라는 요구를 새롭게 불러일으켰다.

2.5.2. 이탈리아 르네상스의 기원

14세기 말에 이르자, 커다란 새 문화 운동이 이탈리아에서 일어나고 있다는 것이 분명해졌다. 역사가들은 이제 이것을 '이탈리아 르네상스'라 부른다. 이 문화 운동의 큰 주제는 세속 문화와 종교 문화를 고전기 '황금시대'의 자료들을 활용하여 새롭게 만들어야 한다는 것이었다. 이탈리아 르네상스는 사회와 교회 양쪽에서 갱신과 재생 프로그램을 발전시켰으며, 그 영향은 서유럽 대부분 지역에서 느낄 수 있게 된다. '르네상스'라는 말은 이탈리아에서 생겨난 이런 사상의 영향을 받아 유럽 전역에서 벌어진 운동을 가리키는 말로 널리 사용하고 있다. 르네상스 사상은 인쇄된 책들을 통해, 그리고 특히 르네상스를 이끈 사상가들이 대학과 사회에 영향력을 미치는 다른 자리들에 임명됨으로써, 문화 속으로 스며들었다.

이탈리아 르네상스의 문예와 문화 프로그램은 라틴어 슬로건인 *ad fontes*(아드 폰테스, '원천으로'라는 뜻)로 요약할 수 있다. 이 슬로건은 이 시대의 독특한 특징, 과거를 돌아보며 고전 시대를 찬미하던 풍조를 집약하여 보여준다. 르네상스 시대 저술가들은 영광스러운 고전 시대와 현재(르네상스 시대) 사이에 긴 시대가 문화와 지성 면에서 칭송할 점이 없음을 표현하는 방법으로 '중세'라는 말을 만들어냈다. 이 슬로건을 기독교회에 적용하자, 이 슬로건은 기독교의 권리증서(title-deeds)—초기 교회 저술가들, 그리고 궁극에는 신약성경—로 곧장 돌아가자는 의미가 되었다.

많은 이들은 중세와 얽히면서 메말라버린 기독교 형태를 성경 연구를 통해 새롭고 생명력이 넘치며 역동성을 지닌 형태로 바꿀 수 있다고 보았다. *ad fontes*는 단지 슬로건에 그치지 않았다. 이 구호는 중세 말 교회 상태에 절망한 이들에게 생명줄이었다. 당시에 사람들이 널리 '교회의 황금시대'로 여겼던 사도 시대가 다시금 현실로 이루어질 수도 있었다.

르네상스는 대중에겐 제한된 영향만을 미쳤지만, 서유럽의 상류 문화에는 극적인 변화를 가져왔다. 이 광범위한 문화 갱신 프로그램이 낳은 결과는 놀라울 정도로 다양한 차원에서 목격할 수 있다. 당시 주류이던 고딕 양식보다 고전 건축 양식을 더 선호하게 되었다. 학자이자 저술가인 이들은 상당히 메마르고 거친 라틴어 형태를 버리고 키케로의 우아한 라틴어 문체를 따르게 되었다. 대학에서는 로마법과 그리스 철학을 열심히 연구했다. 이런 기본 원리, 곧 서구 문화가 지치고, 쇠하며, 방향을 잃고 헤맬 때, 이 문화의 원천인 고전기 서구 문화가 서구 문화를 다시 새롭게 하고 새로운 방향을 제시해줄 수 있다는 생각이 모든 경우에 작동하고 있었음을 볼 수 있다.

몇몇 역사가들, 그중에서도 특히 야코프 부르크하르트(1818-1897)는 르네상스가 근대를 낳았다고 주장했다. 부르크하르트는 바로 이 르네상스 시대에 인간이 처음으로 자신을 개인으로 생각하기 시작했다고 주장했다. 공동체가 중심에 있던 중세의 의식은 물러가고, 개인이 중심에 자리한 르네상스 의식이 그 자리를 대신했다. 르네상스를 순전히 개인 중심의 관점에서 정의한 부르크하르트의 견해는, 이탈리아 르네상스 인문주의의 여러 요소가 추구한 가치들이 강한 집단성을 띠고 있었음을 보여주는 강력한 증거를 고려할 때, 많은 점에서 큰 문제를 안고 있다. 그러나 어떤 의미에서 보면, 부르크하르트의 견해는 분명 옳다. 르네상스 시대 이탈리아에서 새롭고 사람들을 흥분케 한 무언가가 발전했으며, 이 무언가는 여러 세대에 걸쳐 사상가들을 사로잡는 능력을 드러내보였다.

널리 이탈리아, 그중에서도 특히 피렌체가 사상사를 찬란하게 꽃피운 이 새 운동의 요람이 된 이유가 무엇인지 아주 확실하게 밝혀져 있지는 않다. 그러나 사람들은 이 질문과 얼추 관련이 있는 요인으로 다음과 같이 몇 가지 요인을 들었다.

1. 이탈리아에는 사람이 눈으로 보고 손으로 만져볼 수 있는 고대의 위대한 유산이 가득했다. 이탈리아 땅에는 고대 로마의 건축물과 기념비 유적이 도처에 흩어져 있었다. 역사가들이 언급했듯이, 이 유적들은 위대한 과거와 당시의 이탈리아가 생생히 이어져 있음을 상징했다. 이 유적들은 르네상스 시대에 고대 로마 문명에 대한 관심을 불러일으키고, 자신들이 사는 시대의 문화를 무기력하고 메마르다고 여겼던 그 시대 사상가들에겐 고전기 로마 문화의 생명력을 회복하게 독려하는 생생한 자극제 역할을 했다.

2. 중세 시대의 주된 지적 요소였던 스콜라 신학이 이탈리아에서는 그다지 영향력을 발휘하질 못했다. 많은 이탈리아인이 신학자로서 명성을 얻었지만(토마스 아퀴나스와 리미니의 그레고리우스 같은 이가 그 예다), 이들은 대개 북유럽 대학에서 활동했다. 때문에 14세기 이탈리아에는 지성의 진공 상태가 존재했다. 하지만 진공 상태는 채워지기 마련이다. 르네상스 인문주의가 이 특별한 틈새를 메웠다.

3. 피렌체의 정치 안정은 피렌체가 공화정을 유지하느냐에 달려 있었다. 따라서 피렌체의 모델인 로마 공화정 자체를 포함하여 그 문학과 문화를 연구하는 것은 당연한 일이었다.

4. 피렌체의 경제 번영은 문학과 예술을 누리고픈 욕구를 만들어냈다. 문화 후원과 예술 후원이야말로 넘치는 부를 바로 사용하는 것이라 여겨졌다.

5. 튀르크의 소아시아 침공이 있은 뒤에, 특히 1453년에 콘스탄티노폴리스가 함락된 뒤에, 그리스어를 사용하는 지식인들이 서쪽으로 대거

탈출했다. 이런 이민자 중에는 이탈리아 도시에 정착한 이들이 많았다. 이리하여 그리스어 연구가 되살아날 수 있게 되었고, 이는 다시 그리스 고전에 대한 관심을 새롭게 불러일으켰다.

이렇게 '근원'으로 되돌아감으로써 문화를 갱신하고 되살리려는 이 광범위한 프로그램은 기독교에도 적용할 수 있었다. 앞으로 보겠지만, 이는 신약성경에 대한 관심을 되살린 것을 포함하여 교회 안에서 중대한 갱신 운동으로 이어졌고, 스콜라주의를 향한 비판을 점점 더 커지게 만들었다. 그렇다면 르네상스가 서구 기독교에서 갖는 의미를 살펴보기 전에 인문주의의 본질을 좀 더 곱씹어볼 필요가 있겠다.

2.5.3. 인문주의의 본질

14세기에 '우마니스타'(umanista, 수사학과 시 같은 '인문학을 가르치는 대학 교수')라는 이탈리아어가 폭넓게 사용되기 시작했다. 르네상스의 밑바닥에 깔린 세계관을 가리키는 말로 '인문주의'라는 말을 사용한 것은 나중에 일어난 일이다. 그러나 이 세계관은 어떤 사상(개념) 모음이라기보다 어떤 일반 방법이었다. 이 시기의 인문주의는 로마와 아테네의 고전 문명이 가장 훌륭한 문화 모델이라는 믿음에 근거하여 웅장하고 탁월한 문화를 추구했던 움직임을 가리키는 말로 이해하는 것이 가장 적절하다. 인문주의의 기본 방법은 라틴어 슬로건인 *ad fontes*('원천으로')로 요약할 수 있다. 흐르는 물은 그 원천의 물이 가장 순수한 법이다. 인문주의자들은 고대(고전기)의 원천을 깊이 들이마심으로써 현재를 새롭게 하고 되살릴 수 있게 '중세'— 그런데 사람 시선을 잡아끄는 이 '중세'라는 말은 영광스러운 고전 시대와 이 고전 시대를 되살리고 있는 르네상스 사이에 긴 거추장스러운 역사의 중간기를 폄훼하려고 인문주의자들이 지어낸 말이다—를 무시해버리자고 주장했다.

르네상스 시대에 고전 학문이 부흥한 것은 의심할 여지가 없다. 그리스 고전과 라틴 고전이 그 원어로 널리 연구되었다. 초기의 몇몇 연구 결과는 인문주의가 대학이라는 맥락 밖에서 발생했다고 주장했지만, 이제 활용할 수 있는 증거들은 인문주의와 이탈리아 북부의 대학들 사이에 긴밀한 연관성이 있음을 확실하게 일러준다. 따라서 인문주의를 본질상 고전기 연구에 몰두했던 학문 운동으로 볼 수도 있겠다. 하지만 이것은 인문주의자들이 처음에 고전을 연구하고 싶어 했던 **이유가 무엇인가**라는 질문을 간과하는 일이 될 것이다.

우리가 활용할 수 있는 증거들은 당시 사람들이 이런 연구를 **그 자체 목적**으로 삼기보다 **어떤 목적에 이르는 방법**으로 여겼음을 분명하게 일러준다. 이런 연구로 이루려 했던 목적은 그 시대의 글과 말에 유려하고 웅장한 수사를 담아 쓰도록 장려하는 것이었다. 다시 말해, 인문주의자들은 고전을 웅장하고 유려한 수사를 담아낸 글의 모델로 연구했으며, 이를 통해 영감과 가르침을 얻으려 했다. 고전 연구와 옛 언어를 해독할 수 있는 능력은 단지 고전기 자료들을 활용하는 데 사용한 도구일 뿐이었다. 사람들이 자주 지적했듯이, 인문주의자들이 글에서나 말에서나 웅장하고 유려한 수사를 진흥시킬 목적으로 쓴 글들은 고전 학문이나 고언어학을 연구한 글에 머물지 않고 그보다 훨씬 더 나아간 글들이다.

파울 오스카 크리스텔러(1905-1999, 독일에서 태어나 미국에서 주로 활동한 인문주의 연구자—옮긴이)가 전개한, 인문주의를 바라보는 견해가 북미와 유럽 학계에서 널리 지지를 얻었지만, 이 견해는 아직 의문이 다 풀리지 않았다. 크리스텔러는 인문주의를 문화 운동이자 교육 운동으로 묘사하면서, 이 운동이 주로 여러 형태의 유려하고 웅장한 수사를 장려한 것과 관련이 있다고 본다. 인문주의가 도덕, 철학, 정치학에 보인 관심은 그다음으로 중요한 것일 뿐이다. 인문주의자가 된다는 것은 무엇보다 유려하고 웅장한 수사와 관련을 맺는다는 말이지, 다른 문제들과 관련을 맺는 것은 우연일 뿐이다. 인문주의는 본디 고대 고전 문화를 유려하고 웅장한 수사의 모델로 원용한 문화 프로그램이었다.

인문주의자들은 글로 쓴 말이나 말로 하는 말뿐 아니라 예술과 건축에서도 고전 시대를 문화의 원천으로 보면서, 르네상스가 이 원천을 응용할 수 있다고 보았다. 페트라르카(1304-1374)는 키케로를 자기 아버지라 부르고 베르길리우스를 자기 형제라 불렀다. 1400년대 콰트로첸토(*Quattrocènto*, '400'을 뜻하는 이탈리아어로, 1400년대 이탈리아의 문예부흥기를 지칭—옮긴이)의 건축가들은 북유럽의 고딕 양식을 몹시 무시하면서, 고대의 고전 양식으로 되돌아가고자 했다. 인문주의자들은 키케로를 정치학이나 도덕을 논한 저술가가 아니라 웅변가로 연구했다.

이처럼 인문주의는 **사상의 실제 내용**보다 오히려 **사상을 어떻게 얻고 표현하느냐**에 더 관심이 많았다. 인문주의자는 플라톤주의자일 수도 있고 아리스토텔레스주의자일 수도 있었다—어느 경우든, 그 인문주의자가 다루는 사상은 고대에서 온 것이었다. 인문주의자는 회의론자일 수도 있고 종교를 믿는 신자일 수도 있었다—그러나 이 두 태도를 변호할 때는 언제나 고대(고대 자료)를 근거로 삼아 변호했다. 인문주의에 관한 크리스텔러의 견해가 엄청나게 매력적인 이유는 그의 견해가 르네상스의 두드러진 다양성을 탁월하게 설명해주기 때문이다. 르네상스 인문주의의 독특한 특징인 **사상**의 다양성은 사람들이 이런 사상을 **어떻게** (그 원천인 고전기 문화에서—옮긴이 첨가) **끌어오고 표현할 것인가** 하는 문제에 관하여 널리 형성된 공감대가 그 밑바탕이 되었다.

앞서 보았듯이, 르네상스는 원천인 문화 자료를 새로운 차원에서 궁구할 것을 장려하면서, (신약성경을 포함한) 고전기 모델에 근거하여 사회와 지식을 갱신할 것을 쟤쳐댔다. 그러나 이와 더불어 르네상스 시대에는 인간이 우주 안에서 차지하는 위치에 관하여 이전과 완전히 달라진 이해를 갖게 되면서, 새로운 인간 개념이 등장하게 되었다. 이를 탐구하려면, 유럽의 많은 지역을 흔들어놓았던 저 유명한 '르네상스 선언'을 살펴봐야 한다.

이탈리아 르네상스를 이끈 목소리 중 하나였던 조반니 피코 델라 미란돌라(1463-1494)는, 1486년 스물넷이라는 나이에 그 나이에 어울리지 않는 원숙한 글을 담은 《인간 존엄에 관한 연설(Oratio de hominis dignitate)》을 발표한다. 아주 세련되고 우아한 라틴어로 쓴 이 '선언'은 인간을 묘사하면서, 자신의 정체성을 주어진 형태 그대로 받아들이는 피조물이 아니라, 도리어 그 정체성을 스스로 결정할 능력을 가진 피조물로 묘사했다. 인간이라는 피조물은 확정된 이미지(형상)를 갖고 있지 않으며, 창조주는 그가 지으신 인간에게 그 이미지를 스스로 완성해가라고 독려하신다. 그는 인간을 지으신 하나님을 인간에게 그 자신의 운명을 형성할 권한을 위임하신 분으로 묘사한다. "너는 어떤 제약도 받지 않으며, 네 본질의 한계는 우리가 네 손에 놓아둔 네 자신의 자유의지를 따라 네 스스로 결정해야 한다."

이 연설이 표명한 사상은 르네상스 말에 엄청난 영향을 미쳤으며, 더 멀리 보면, 18세기에 인간의 자율을 강조했던 계몽주의가 등장할 무대를 마련해주었다고도 볼 수 있다. 하지만 짧게 보면, 이 사상은 인간의 본질과 능력을 새롭게 이해하게끔 북돋아주었다. 만물의 질서는 결코 '고정되어' 있지 않았다. 모든 것이 변할 수 있다. 하나님은 인간에게 사회와 물리 세계를 바꿀 권한을 위임하셨다. 인간을 하나님을 대리하여 세계를 바꾸는 존재로 이해하는 이 새로운 인간관은 사회를 바꿔야 한다는 소명을 느끼던 많은 이들에게 힘을 실어주었다.

그러나 중세 교회는 보수성이 강한 집단이요 신학으로 기존 사회 질서를 옹호하는 곳으로 보였다. 물리 질서와 사회 질서는 하나님의 명령에 따라 고정되어 있고 영원하다고 주장되었다. 영향력 있는 가문과 군주와 대공들이 전통 대대로 누려온 권위에 도전하는 것은 있을 수 없는 일이었다. 이런 모습은 전통이라는 답답한 힘에 억눌려 있던 기업가 중심의 중간 계층에겐 좌절을 안겨주는 원인이 되었다. 변화에 정당성을 부여하는, 아니 어쩌면 변화를 독려하는 한 종교 이데올로기가 이런 정체된 세계관을 밑바닥부터 뒤흔들어놓고, 역동적 대안으로 나아가는 길을 열게 된다.

2.5.4. 로테르담의 에라스뮈스

북유럽에서 가장 뛰어난 인문주의자를 꼽으라면, 바로 로테르담의 에라스뮈스일 것이다. 에라스뮈스를 기껏해야 북유럽의 인문주의를 대변하는 인물 정도로 제시할 때가 종종 있지만, 실제 상황은 사람들이 보통 인식하는 것보다 어쩌면 더 복잡할 수도 있다. 북유럽 인문주의 내부에는 상당한 갈등이 있었다. 그중 두 가지가 특히 흥미롭다. 하나는 국어에 관한 문제였고, 다른 하나는 국경에 관한 문제와 관련이 있었다. 이 두 가지 점에서, 에라스뮈스는 다른 생각을 가진 다른 인문주의자들과 대립하는 입장을 취했다.

에라스뮈스는 자신을 세계 시민으로 여겼으며, 키케로가 썼던 라틴어를 세계 언어로 여겼다. 그는 라틴어로 하나가 된 통일 유럽을 꿈꾸었는데, 이러한 자신의 포부를 가로막는 장애물이 바로 각 국가의 자국어라고 보았다. 그러나 이런 생각에 모든 인문주의자가 동의하지는 않았다. 다른 인문주의자들, 특히 독일과 스위스의 인문주의자들은 자국어가 민족의 정체감을 함양해준다고 보았다. 세계 시민을 표방한 에라스뮈스의 인문주의 관점은 민족주의 관점을 취한 더 많은 인문주의자들의 접근법과 첨예한 대립을 보였다.

에라스뮈스는 통일 유럽이라는 자신의 포부를 위협하는 것이 정치적, 문화적 민족주의라고 보았다. 이런 민족주의는 민족 정체감 같은 낡아빠진 개념과 국경 같은 관련 개념들을 강화하는 데 이바지할 뿐이었다. 이와 달리, 북유럽의 다른 인문주의자들은 그들 자신을 민족 정체성을 **앙양하는** 투쟁에 열심히 참여하는 이들로 보았다. 에라스뮈스라면 민족주의자들이 내건 사상과 가치를 **제거하는 데** 집중하는 쪽을 선호했겠지만, 스위스 인문주의자들은 자신들을 문예라는 수단을 통해 스위스의 민족 정체성을 보호할 신성한 의무를 진 이들로 보았다.

인문주의를 '세계 시민'의 관점에서 보는 시각과 '민족주의' 시각에서 보는 견해 사이에, 또 민족 정체성을 **제거하고** 싶어 하는 이들과 민족 정체성을 **공고히 다지고** 싶어 하는 이들 사이에 벌어진 이런 갈등은 이 시기 북유럽 인문주의 안에 서로 대립하는 견해들이 함께 존재했음을 보여준다. 아울러 이는 에라스뮈스를, 일부 학자들이 주장하듯이, 인문주의 전체를 대표하는 대변인으로 여길 수 없음을 실증해준다.

16세기 첫 수십 년 동안에 유럽에서 회람하던 인문주의 작품 중 가장 영향력이 컸던 것은 에라스뮈스가 쓴 《그리스도인 군사의 지침서(*Enchiridon militis Christiani*)》이다. 이 작품은 1503년에 처음 출간되고, 이어 1509년에 다시 인쇄되었지만, 3쇄를 찍은 1515년부터 진정한 영향을 미치기 시작했다. 그 순간부터 이 작품은 숭배를 받는 작품이 되었고, 이후 60년 동안 23판을 찍었다.

이 작품은 주로 교육받은 남녀 평신도에게 호소력을 발휘했다. 이 평신도들은 에라스뮈스가 교회가 가진 가장 중요한 자원으로 여긴 이들이었다. 이 책이 1515년 이후에 놀라울 정도로 인기를 끌었다는 것은 결국 평신도들의 자기인식에 급격한 변화가 일어난 것이 이 책 때문일 수 있음을 시사한다. 에라스뮈스의 성공은 인쇄술이 새로운 급진 사상을 퍼뜨리는

인문주의자요 고언어학자이며 교회 비판자인 로테르담의 에라스뮈스. 알브레히트 뒤러(1471-1528)가 1526년에 만든 동판화. 24.9×19.3cm.

수단으로서 점점 더 큰 중요성을 갖게 되었다는 점도 부각시켜주었다.

《그리스도인 군사의 지침서》는 당시 교회가 다 함께 교부 문헌과 성경으로 돌아가면 교회를 개혁할 수 있다는 솔깃한 논지를 펼쳐보였다. 이 책은 성경을 꾸준히 읽는 것을 평신도들의 새로운 경건생활의 핵심으로 제시하면서, 이를 바탕 삼아 교회를 갱신하고 개혁할 수 있다고 주장했다. 에라스뮈스는 자신의 작품을 평신도를 성경으로 인도해주는 안내서로 여겼다. 이 책은 '그리스도의 철학'을 간단하면서도 박식하게 강설했다. 이 '철학'은 사실 학문인 철학이라기보다 오히려 실천할 수 있는 도덕의 형태를 띠고 있었다. 신약성경은 선악을 아는 지식을 일러줌으로써, 그 독자들이 악을 삼가고 선을 사랑하게 하는 데 관심이 있다.

에라스뮈스는 신약성경을 *lex Christi*, 곧 '그리스도의 법'으로 보며, 그리스도인은 이 법에 순종해야 한다고 본다. 그리스도는 그리스도인이 본받아야 할 모범이시다. 그러나 에라스뮈스는 기독교 신앙을 단순히 어떤 도덕률을 겉으로 준수하는 것 정도로 이해하지 않는다. 그는 인문주의자답게 독특하게도 내면의 종교를 강조한다. 이 때문에 그는 성경 읽기가 성경을 읽는 이들을 **변화시켜**, 이들에게 하나님과 그 이웃을 사랑하려는 새로운 동기를 부여한다고 주장한다.

이 책의 많은 특징이 특히 흥미롭다. 첫째, 에라스뮈스는 기독교가 미래에도 살아남을 것인가가 성직자가 아니라 평신도에게 달려 있다고 이해한다. 그는 성직자들을 교육자로 보면서, 평신도가 성직자와 같은 수준의 이해를 갖게 하는 것이 성직자의 기능이라고 본다. 성직자에게 그들이 맡고 있는 평신도보다 우월한 지위를 영원히 부여하는 미신이 들어설 자리는 전혀 없다. 둘째, 에라스뮈스는 내면의 종교를 아주 강조하는데, 이는 결국 기독교를 교회와 무관한 것으로, 곧 교회의 의식이나 사제나 제도와 무관한 것으로 이해하게 하는 결과를 낳았다. 에라스뮈스는 죄를 하나님께 직접 고백할 수 있는데, 굳이 다른 사람에게 고해해야 할 이유가 뭐냐고 묻는다. 종교는 개인의 마음과 생각에 관한 문제다. 그것은 내면 상태다. 분명 에라스뮈스는 그리스도인의 삶을 다룬 그의 강설에서 성례(성사)에 관하여 어떤 의미 있는 언급도 하지 않는다. 마찬가지로 그는 '종교인의 삶'(다시 말해 수도사나 수녀가 되라는 부름)이 그리스도인의 삶에서 가장 고매한 형태라는 견해도 무시해버린다. 에라스뮈스는 성경을 읽는 평신도도 여느 수도사만큼 자기 소명에 신실한 사람이라고 본다.

에라스뮈스가 쓴 《그리스도인 군사의 지침서》가 혁명적 성격을 갖는 이유는 이 책이 평신도가 그리스도인의 소명을 인식하는 것이야말로 교회 부흥의 관건이라는 대담하고도 새로운 주장을 펼치기 때문이다. 이 책은 성직자와 교회의 권위를 무시한다. 성경이 모든 것의 척도이며 성경이 모든 것의 척도가 되어야 한다. 그래야 모든 이가 **원천으로** 돌아가, 고인 채 움직이지 않는 연못 같은 중세 후기 종교가 아니라, 신선하고 살아 있는 물 같은 기독교 신앙을 마실 수 있다.

하지만 에라스뮈스는 그가 제안한 과정에는 심각한 장애물들이 있음을 깨닫게 되었다. 그는 수많은 큰 진전을 이뤄 그 장애물들을 제거해야 할 책임을 안게 되었다. 첫째, 신약성경을 정확하지도 않은 역본인 불가타가 아니라 원어로 연구할 필요성이 있었다. 이렇게 하려면 두 가지 도구가 필요했으나, 당시에는 이 둘이 모두 없었다. 하나는 그리스어 신약성경 본문을 다루는 데 필요한 고어(古語) 능력이요, 또 하나는 그리스어 신약성경 본문 자체에 직접 다가갈 수 있어야 한다는 점이었다.

2.5.5. 르네상스와 종교 갱신

이 시대의 대다수 인문주의자들은(이를테면 로테르담의 에라스뮈스 같은 이는) 그리스도인이었으며, 교회 갱신과 개혁에 관심이 있었다. 그렇다면 똑같은 재생 프로그램을 기독교에 적용할 수도 있지 않을까? **원천으로**, 신앙의 근원으로 돌아가, 그 원천이 다 타버리고 무너져버린 교회를 되살릴 수도 있지 않을까? 사도 시대의 생명력과 질박함을 다시 회복할 수도 있지 않을까? 그것은 강렬하고도 황홀한 꿈이었고, 15세기와 16세기 초를 살아가던 많은 평신도의 심상을 사로잡았다.

그렇다면 이 꿈을 어떻게 이룰 수 있을까? 고전 세계의 문화와 비슷한 종교의 모습은 무엇이었을까? 기독교의 원천은 무엇이었는가? 기독교 인문주의자들은 확고한 생각을 갖고 있었다. 그 원천은 바로 성경, 특히 신약성경이었다. 이것이 믿음의 궁극적 근원이었다. 중세 신학자들이 쓴 글을 주저 없이 한쪽으로 밀쳐버리면 신약성경이 말하는 사상과 직접 소통할 수 있었다. 성경 본문을 직접 읽는 쪽을 따라가면, 교회가 안전하고 친숙하게 여기는 스콜라신학의 성경 해석은 변두리로 밀려날 것이다.

보수 성향의 성직자들이 보기에 이런 모습은 위험하고 위협적인 움직임이었다. 이런 움직임은 오랜 세월이 걸려 얻어낸 절묘한 신학적 균형 상태를 무너뜨릴 잠재력을 갖고 있었다. 성경으로 돌아가자는 인문주의자의 요구는 교회의 많은 원로 성직자들이 견뎌낼 수 있는 수준을 넘어 훨씬 더 과격한 요구임이 드러났다.

르네상스의 두 테마는 특히 15세기 말과 16세기 초에 기독교의 틀을 다시 새롭게 만들어내기 시작한 새로운 발전들 속에서 특별히 중요한 역할을 했음이 밝혀졌다.

1. 스콜라주의를 향한 커져가는 비판. 인문주의 저술가들은 이 스콜라신학 운동에 시간을 할애하지 않았다. 그들이 스콜라주의에 퍼부은 비판 가운데 하나는 특히 중요하다. 인문주의자들은 스콜라주의가 후대의 해석을 (히포의 아우구스티누스 같은) 초기 기독교 저술가의 저작에 관한 확실한 해석이라고 제시함으로써 사람들이 이런 저술가들을 직접 만나지 못하게 막았다고 보았다. 르네상스는 아우구스티누스 및 다른 저술가들의 글을 직접 읽고 궁구하라고 독려했으며, 이런 일이 가능하게끔 이런 저술가들의 텍스트를 편집, 출간했다.

2. 신약성경으로 돌아감. 르네상스 시대 그리스도인 저술가들은 신약성경을 기독교의 권리증서로 여겼으며, 신학과 영성이 이 신약성경 본문을, 그것도 기왕이면 그리스어 원문을 직접 궁구한 결과에 기초해야 한다고 주장했다. 이 두 번째 점은 특히 중요하기 때문에, 아래에서 더 자세히 살펴보겠다.

인문주의자들은 주로 학자요 저술가들이었다. 이들은 체계적으로 성경으로 돌아가는 이런 일이 가능한 한 가장 훌륭한 학문에 기초해 이루어져야 한다고 주장했다. 말하자면, 성경의 진짜 내용은 가장 믿을 만한 본문 연구 방법으로 확증해야 하며, 성경 본문도 원어로 읽어야 한다는 것이었다. 당장 라틴어 역본인 불가타의 권위가 위협을 받게 되었다. 인문주의 학자들이 불가타의 역사를 자세히 검토하기 시작하자, 문제점들이 나타나기 시작했다. 불가타 본문의 완전성과 이 불가타 본문이 고언어학상 신뢰할 만한 것인가를 따지는 질문이 점점 더 왕성하게 제기되었다. 불가타 본문을 가장 훌륭한 그리스어 필사본과 꼼꼼히 대조해보자, 오류들이 눈에 띄기 시작했다. 학자들은 원문과 다르게 바꿔놓은 본문들을 찾아냈다.

1516년, 에라스뮈스는 직접 그리스어 신약성경을 편집하여 출간했으며, 이는 뭔가 폭풍 같은 것을 몰고 왔다. 에라스뮈스가 내놓은 그리스어 신약성경에도 많은 흠이 있었다. 하지만 이것은 몇몇 곳에서 성경 라틴어 역본인 불가타에 이의를 제기함으로써 성경을 대하는 태도에 엄청난 변화를 불러일으켰다. 이 문제를 가능한 한 있는 그대로 표현해보면 이렇다. 만일 에라스뮈스가 옳다면, 이전 세대들이 "성경에 부합한다"고 받아들였던 어떤 말들은 신약성경 원문에 전혀 들어 있지 않은 말일 수도 있었다. 그렇다면 이것이 그런 말들을 근거로 삼은 교회 교리들에 의미하는 것은 무엇인가? 많은 이들이 그런 의문을 품게 되었다.

중세 신학자들이 삼위일체 교리를 변호하려고 자주 사용한 성경의 한 본문은 특히 중요했다. "이는 하늘에서 증언하는 이가 셋이 계시니, 아버지, 말씀, 그리고 성령이시며, 이 셋은 하나이시기 때문이라. 또 땅에서 증언하는 이가 셋이 계시니, 영과 물과 피요, 이 셋이 하나와 같도다"(요일 5:7-8, 저자가 제시한 본문을 역자가 직접 번역했다—옮긴이). 에라스뮈스는 "아버지, 말씀, 그리고 성령이시며, 이 셋은 하나이시다. 또 땅에서 증언하는 이가 셋이 계시니"라는 말은 어떤 그리스어 필사본에서도 찾아볼 수 없다고 지적했다. 이 본문은 후대에, 십중팔구는 800년 이후에 라틴어 역본인 불가타에 덧붙인 것으로서, 어떤 고대 그리스어 사본도 알지 못한 것이었다.

가장 그럴듯한 설명은 이렇다. 즉 이 말들을 처음에는 '방주'(傍註, gloss, 본문 옆이나 본문 위에 적어놓은 간단한 주석)로 덧붙여놓았지만, 나중에 필사자들이 이 방주가 원문인 그리스어 신약성경에 들어 있지 않음을 알지 못한 채 이것도 본문의 일부라 짐작하여 나중에 라틴어 본문에 포함시켰다는 것이다. 일부 사람들은, 이 본문을 '성경에 없는'(성경에 부합하지 않는) 본문으로 선언한다면, 기독교 교리 중 가장 어려운 이 삼위일체 교리가 위태로울 정도로 취약한 교리가 될 수 있음을 두려워했다. 에라스뮈스는 그가 고친 내용을 다시 고치라는 강한 압력에 직면한다. 결국 그는 백기를 들었고, 그의 그리스어 신약성경 후속 판(版)에는 이 부분을 다시 집어넣었다.

성경을 원어로 읽어야 한다는 요구는 유럽 전역에서 폭넓은 지지를 얻었다. 르네상스가 천명한 이런 이상을 이루고 싶어 했던 이들은 *trium linguarum gnarus*('세 언어를 아는 것')를—즉 그리스어, 히브리어, 라틴어를 잘 아는 것을— 목표로 삼았다. 이리하여 세 언어를 가르치는 대학들이 세워지거나, 몇몇 경우에는 이를테면 에스파냐의 알칼라 대학교(1499), 독일의 비텐베르크 대학교(1502), 잉글랜드의 옥스퍼드 대학교(코르푸스 크리스티 칼리지, 1517), 오늘날의 벨기에에 있는 루뱅 대학교(1517), 그리고 파리의 왕립 콜레주 드 프랑스(1530)에 세 언어를 가르치는 교수직이 만들어졌다.

오래지 않아 불가타에서 교회가 기존 가르침을 바꿔야 할 수도 있는 심각한 번역 오류들이 발견되었다. 에라스뮈스는 이 오류 중 일부를 1516년에 지적했다. 가장 좋은 예를 예수가 갈릴리 사역을 시작하실 때 하신 말씀을 번역해놓은 불가타 본문에서 발견할 수 있다(마 4:17). "고해하라, 하늘

나라가 가까우니라." 이 번역은 하나님나라의 도래와 고해성사를 직접 이어주는 고리를 만들어주었다. 에라스뮈스는 그리스어 원문을 이렇게 번역해야 한다고 지적했다. "회개하라, 하늘나라가 가까우니라." 불가타는 겉으로 나타나는 교회 관습(고해성사)을 가리키는 것처럼 보인다. 그러나 에라스뮈스는 이 본문이 내면 심리의('회개하는') 태도를 언급한다고 주장했다.

또 다른 문제는 에라스뮈스가 그리스어 성경 본문을 새롭게 번역한 내용이 성례(성사) 신학에 암시하는 의미들과 관련되어 있었다. 중세 신학은 대부분 혼인을 *sacramentum*(신성한 일, 성사)이라 말하는 신약성경(불가타 역본) 본문에 근거하여 혼인을 성례(성사) 목록에 포함시키는 것을 옳다고 보았다. 그러나 에라스뮈스는 여기서 불가타가 *sacramentum*으로 번역해놓은 그리스어(*mysterion*, 뮈스테리온)가 그냥 '신비'를 뜻한다고 주장했다. 그리스어 본문에는 혼인을 '성례'라 말하려는 의도가 존재하지 않았다. 이리하여 중세 신학자들이 혼인을 성례 목록에 포함시키는 것을 정당화하려고 사용한 고전적 증거 본문 중 하나가 그들이 의도한 목적에 사실상 도움이 되지 않음이 드러났다.

그러나 인문주의자들이 성경을 연구하려는 포부를 품은 데는 더 나은 역본이 필요하다는 이유를 넘어 더 큰 이유가 있었다. 1510년대의 '새로운 학문'의 등장은 해석의 권위를 이전과 달리 바라보는 견해, 즉 교회가 아니라 학문 공동체가 해석의 권위를 갖는다는 견해를 촉진시켰다. 대학은 이미 성경 본문을 재구성하고 이를 자국어로 번역할 열쇠를 쥐고 있었다. 당시에 이미 등장하고 있던 르네상스의 새로운 해석 기술을 활용하여 본문을 해석할 권리를 주장하는 것은 그저 작은 발걸음일 뿐이었다.

인문주의의 등장은 이전에 사람들이 예상했던 것보다 더 철저한 개혁 프로그램을 교회에 강요했다. 많은 이들은 교회 내부의 악폐를 제거하고 구조를 단순하게 만들며 교육 수준을 높이는 것이 교회의 시급한 과제라고 믿었지만, 이제 또 다른 이들은 또 다른 차원에서 교회 문제를 살펴볼 필요가 있다고 주장하기 시작했다. 교회가 설파하는 가르침 중 적어도 일부는 성경에 적절한 근거가 없는 것일 수도 있었다. 사람들은 아주 익숙하게 교회의 많은 도덕 문제와 영적 실패 사례들을 비판해댔다. 이는 새로운 것이었으며, 이전에 서구 기독교 세계에서 본 적이 없었던, 세상을 심히 뒤흔들어놓을 논쟁과 발전을 불러일으킬 소지를 안고 있었다. 앞으로 보겠지만, 16세기 프로테스탄트 종교개혁은 인문주의 학문을 원용하여 기독교의 믿음과 관습을 크게 바꿔놓을 사항들을 제안하게 된다.

2.5.6. 중세 기독교 예술과 르네상스

이번 장에서는 중세를 관통하며 기독교 역사를 살펴보았다. 그럼 이 시기에 기독교 예술은 어떻게 발전했을까? 신앙은 문화에 어떤 영향을 주었는가? 기독교 신앙이 시각 문화와 음악에 시사한 의미는 무엇이었는가?

이제는 중세를 예술가들이 엄청난 창조성을 발휘한 시대로 보는 것이 널리 인정받는 통설이다. 이런 점은 특히 시각 예술에서 분명하게 나타난다. 교회는 예술을 경건한 신앙을 북돋는 목적과 교육 목적에 사용했다. 많은 교회의 벽에는 복음서 장면들이 그려져 있었는데, 이는 이 장면들이 말하는 주제를 다룬 설교를 보충할 목적으로 그려놓은 것들이었다. 예수와 관련된 내러티브, 또는 예수와 그 어머니의 정적인 초상을 묘사하는 데 패널화를 널리 사용했다. 중세 초기에는, 종교화가 주로 묘사하는 두 이미지가 어린 그리스도를 안은 마리아와 십자가에 달리신 그리스도(라틴어로 *crucifixus*)였다. 이런 이미지를 담은 그림들은 경건한 믿음을 북돋을 목적으로 교회 제단 뒤편이나 위쪽에 놓아두곤 했다.

르네상스 예술가들은 예수의 삶에서 일어난 많은 사건이 중요할 수 있다고 여겼다. 특히 수태고지(가브리엘이 마리아에게 잉태 사실을 알려주는 누가복음의 장면), 예수가 세례를 받으신 사건, 그리고 부활에 주목했다. 이 주제는 산드로 보티첼리가 그린 〈수태고지〉, 그리고 마티아스 그뤼네발트가 그린 〈십자가에 달리신 예수〉(1515-1516) 같은 작품이 다룬다. 부활하신 예수가 막달라 마리아 앞에 나타나신 사건(요 20:17)도 프라 안젤리코가 1440년부터 1441년에 걸쳐 피렌체 산마르코 수녀원에 그린 프레스코화 〈내게 손대지 말라(noli me tangere)〉를 포함하여 고전이라 할 많은 작품들의 주제가 되었다. 동방교회에서는 시각 예술이 특히 성상 그림으로 표현되었다. 이 시대에 러시아와 비잔티움의 성상화가 독특한 예술 형태로 등장했다.

이 시기에 교회 건축은 중대한 변화를 겪었다. 이 시기 교회 건축이 특히 중시한 한 가지 기능은 하나님의 초월성을 강조하는 것이었다. 중세 성당의 높이 솟은 큰 아치와 뾰족탑은 하나님의 위대함을 강조하고 예배자들의 생각이 하늘을 향하게 하려고 만든 것이었다. 이는 영원한 것이 유한한 것 안으로 뚫고 들어옴을 상징하며, 이런 교회 건물은 복음이 하늘과 땅을 이어주는 중개자임을 상징했다. 이렇게 여기 이 땅 위에서 초월자를 표현하는 데 강조점을 둔 것은 특히 고딕 양식의 교회 건축이 그러했는데, 이 고딕 양식은 머리 부분이 뾰족한 아치, 길게 뻗은 문과 창문 공간, 복잡한 구조, 거대한 크기, 그리고 (특히 북유럽에서는) 스테인드글라스가 들어 있는 큰 창문과 조각이 새겨진 문이 그 특징이었다.

한 세기 동안(1130-1230) 프랑스에는 약 25개의 고딕 양식 성당이 세워졌다. 이 건축 양식의 가장 독특한 특징 중 하나는 하나님과 하늘이 이 땅 위에 존재한다는 느낌을 만들어내고 그런 느낌을 계속 갖게 할 목적으로 높이와 빛이라는 요소를 일부러 신중한 계획을 세워 사용한 점이다. 버팀벽을 폭넓게 사용한 덕분에 외부의 버팀기둥이 건물의 무게를 견딜 수 있게 되었고, 덕분에 큰 창문을 외벽에 만들 수 있어서 건물 안으로 햇빛이

가득 들어올 수 있게 되었다. 스테인드글라스를 사용한 것은 성당 안에 이 세상을 초월한 저세상의 광휘를 만들어줌과 동시에, 복음서 장면들을 예배자들에게 묘사해주었다. 가늘고 긴 내부 기둥을 사용하면서 공간이 아주 넓어진 느낌을 만들어냈는데, 이것 역시 하늘을 향한 소망을 자아내려고 일부러 그렇게 한 것이었다. 이리하여 성당은 신성한 공간이 되었고, 하늘의 엄청난 광대함과 찬란함을 신자들이 직접 느끼게 해주었다.

고딕 건축 양식의 융성은 스테인드글라스 기술의 발전을 촉진시켰다. 교회가 더 높아지고 밝아짐에 따라, 벽은 더 얇아지고 창문은 더 커졌다. 1100년에 이르자, 스테인드글라스 창을 만들어낸 기술이 확고히 자리를 잡았다. 유리를 만드는 동안에 유리에 금속염이나 산화물을 더하여 색을 입혔다. 금을 더하면 덩굴월귤(cranberry) 색깔이 만들어졌고, 은을 더하면 노란색과 금색이 만들어졌으며, 코발트는 하늘을 표현하는 데 딱 맞는 짙은 파란색을 만들어냈다. 유리를 점점 더 많이 사용하게 되면서, 이 유리란 것을 경건한 장면들을 묘사하는 데 활용할 수 있는 방법을 탐구하게 되었다. 프랑스의 샤르트르 대성당에는 152개에 이르는 창문이 원형 그대로 아직도 보존되어 있으며, 이 중에는 1200년경까지 거슬러 올라가는 세 개의 큰 장미 창문도 포함되어 있다.

'신비극'(Mystery Play, 성경 내용을 소재로 삼아 만든 중세 연극—옮긴이)은 중세 후기 잉글랜드의 삶 속에 확고히 자리 잡은 특징이었다. 대성당이 있는 도시인 요크 시에서 공연한 신비극은 가장 규모가 큰 신비극 가운데 하나였다. 요크 신비극은 중세 후기에 요크가 점점 더 큰 경제 번영을 누리는 상황 속에서 탄생했다. 15세기에 이르자, 요크는 런던 다음으로 큰 도시가 되었다. 신비극의 텍스트는 1415년에 이르러 그 최종 형태가 완성된 것으로 생각된다. 이 신비극은 16세기 말에 쇠락하다가 마침내 사라질 때까지 해마다 공연되었다.

신비극은 여러 부분으로 구성되어 있었는데, 요크 시의 전문 직업 길드들이 각각 한 부분씩을 책임졌다. 대다수 사람들이 전체 사이클 중 가장 뛰어난 부분 가운데 하나로 여기는 그리스도의 십자가형 장면은 못 만드는 장인 길드가 맡았다. 이 부분을 보는 이들은 이 극의 씁쓸한 유머를 분명히 알아차렸을 것이다. 이 부분을 지배하는 주제가 그리스도를 십자가에 못 박는 것이기 때문이다. 그리스도의 죽음을 묘사하는 장면은 푸줏간 주인들이 맡았는데, 이 부분은 십중팔구 요크 시에 있는 구역 중 'The Shambles'(도살장)로 알려져 있는 구역에서 공연되었을 것이다. 이곳은 중세에 수많은 도살업소가 있던 곳이었다.

중세에는 세속 사회는 물론이요 교회 안에서도 음악이 크게 발전했다. 음악의 중요성은 이미 오래전부터 인식해오던 것이었다. 고전기 말에 이르러 '단선율 송가(plainsong)'으로 알려진 음악 형태가 등장했다. 기독교 텍스트(특히 시편)를 '단선율로' 부르곤 했다. 다시 말해, 당시 음악은 반주 없이 한 멜로디로 이루어져 있었다. 화음도 존재하지 않았다. 노래 부르는 각 사람은 똑같은 음을 불렀고, 똑같은 리듬을 따랐다. 이런 단선율 교회 음악 형태 중 가장 유명한 것이 사람들이 보통 '그레고리오 송가(Gregorian Chant)'라 부르는 것이다.

그러나 이 시대에는 새로운 발전이 나타나기 시작했다. 송가의 한 줄 한 줄을 여러 가지 방식으로 보완하고 변화를 주었더니, 더 흥미로운 결과가 나왔다. 몇몇 경우에는, 이전과 똑같이 단일 멜로디에 반주가 없는 형태를 유지하면서도, 노래하는 이들을 서로 다른 몇 그룹으로 나누어 사용했다. 두 접근법이 특히 중요한 의미를 갖게 되었다.

1. 응창(應唱, 화답송, responsorial). 여기에서는 독창자와 합창대가 서로 번갈아가며 멜로디를 부른다. 한 절의 첫 부분은 독창자가 부르고, 합창

대가 두 번째 부분을 불러 응답한다.

2. 교창(交唱, 대창, antiphonal). 이 경우도 멜로디를 번갈아 부르는데, 두 합창대가 번갈아 부른다. 수도원에서 이를 부를 때는, 예배당 한쪽에 있는 합창대가 그 절의 첫 부분을 부르고, 이어 예배당 맞은편에 있는 합창대가 두 번째 부분을 부른다.

다성(多聲)음악은 9세기부터 발전한 것으로 생각되며, 예배에 새로운 복잡성과 풍성함을 가져다주었다. 여기에서는 송가가 서로 독립된 둘 혹은 그보다 많은 멜로디로 이루어져 있었다. 이는 화음과 리듬에 다양한 변화를 준 송가를 점점 더 많이 사용하게 만드는 길을 열었다.

2.5.7. 기독교의 팽창: 포르투갈과 에스파냐의 항해와 발견

앞서 보았듯이, 중세 말의 르네상스는 기독교 예술을 다시 북돋울 뿐 아니라, 이를 갱신하고 개혁하라는 중대한 요구로 이어졌다. 그러나 이 무렵에 일어난 다른 발전들도 서유럽 기독교에 새로운 가능성을 열어놓았다. 무엇보다, 아시아와 새로운 교역로를 열고 새 대륙을 발견하면서, 물리적 팽창을 이룰 수 있는 가능성이 열렸다.

'대발견 시대'를 이끈 유럽 강대국은 에스파냐와 포르투갈이었다. 철두철미하게 가톨릭을 신봉했던 이 두 나라는 가톨릭 신앙의 확산을 자국의 영향력을 자연스럽게 넓힐 수 있는 계기로 보았다. 나중에는 이 두 나라에 또 다른 가톨릭 해양 강국인 프랑스가 합세했다.

포르투갈의 위대한 항해가인 바스쿠 다 가마(1460경-1524)는 아프리카 동해안과 교역로를 열고, 이어 인도양을 건너 인도로 나아갔다. 다 가마의 탐험은 큰 수익을 얻을 수 있는 향신료 교역로를 열었을 뿐 아니라, 포르투같이 동아프리카에 모잠비크 식민지를 세워 이를 인도까지 이어지는 교역로의 거점으로 활용하게 만들었다.

크리스토퍼 콜럼버스(1451-1506, 종종 에스파냐어식 이름인 크리스토발 콜론으로 부르기도 한다. 본디 이탈리아 사람이며, 이탈리아어식 이름은 크리스토포로 콜롬보다—옮긴이)는 본디 인도까지 이어지는 서부 교역로를 만들려 했다. 콜럼버스는 지구 크기를 잘못 계산하는 바람에, 인도로 갈 때 서쪽으로 항해하는 것이 동쪽으로 항해할 때보다 빠르리라고 계산했다. 콜럼버스의 항해를 설명한 몇몇 대중서는 당시 사람들이 지구가 평평한 것으로 믿었다고 주장하지만, 이는 분명 옳지 않다. 중세에도 지구가 둥근 공 모양이라는 것을 널리 인정했다. 콜럼버스는 세계를 돌아 인도까지 항해하려 했으며, 그가 더 빠르리라고 믿었던 항로를 사용했다. 결국 그는 아메리카 대륙을 발견했고, 이 거대한 새 영토를 에스파냐의 식민지로 삼아 경제적으로 착취할 초석을 놓았다. 이 새 영토는 이내 '신대륙'으로 알려지게 되었다. 페드루 알바르스 카브랄(1467경-1524경) 같은 포르투갈의 항해가들은 더 남쪽에 상륙하여, 브라질 식민지를 세웠다.

가톨릭교는 일찍부터 기독교 신앙을 유럽 밖으로 퍼뜨리는 데 관심을 보이고 이를 실행에 옮겼다. 에스파냐와 포르투갈의 경쟁이 아주 치열해져, 1490년대 초에는 두 교황이 이 두 나라가 새로 발견한 영토에 미칠 수 있는 정치적, 경제적 영향력의 범위를 정해줄 정도였다. 토르데시야스(에스파냐 중부의 한 고장—옮긴이) 조약(1494)이 마침내 이 문제를 해결하여, 유럽 저편의 세계를 케이프베르데제도 서쪽으로 370리그(1,560킬로미터) 떨어진 남북자오선을 따라 포르투갈 땅과 에스파냐 땅으로 나누었다. 이것은 에스파냐와 포르투갈이 맺은 조약이었으며, 교황은 이에 개입하지 않았다.

그러나 이런 대발견 항해는 비단 정치적, 경제적 중요성만 가진 게 아니었다. 이 항해의 동기 중에는 신앙적 관심도 있었는데, 가톨릭교회 안에서

포르투갈 리스본에 있는 대발견 기념비. 15세기말과 16세기 초에 포르투갈 항해자들이 이룬 업적을 기념하는 비다.

선교 책임을 다해야 한다는 인식이 점점 커간 것도 또 다른 자극제가 되었다. 교황들도 제각기 세계 복음화의 중요성을 굳게 새기고 있었다. 다음 장에서 보겠지만, 트리엔트 공의회는 수도회, 특히 예수회를 통한 가톨릭 선교사업의 초석을 놓았다(3.4.4). 그 결과, 가톨릭교는 16세기에 교세를 크게 확장하면서, 아메리카와 아프리카, 아시아에 그 기지를 구축했다.

예수회는 아시아에서 가톨릭을 확산시킨 선구자였다. 1542년, 프란시스코 사비에르(1506-1552)는 포르투갈이 아시아 교역 중심지로 건설해놓은 인도 서해안의 고아(Goa)에 도착했다. 사비에르는 그때부터 10년이 넘는 세월 동안, 인도와 아시아의 다른 지역에서 많은 선교 사업을 편 것을 포함하여, 이 지역에서 잇달아 선교 프로젝트를 주도하여 진행했다. 사비에르는 1546년부터 1547년까지 오늘날 인도네시아의 일부인 큰 섬 암본에 선교 기지를 건설했다. 1549년에는 일본 선교를 시작했다. 그는 중국에서 선교 활동을 펼칠 준비를 하다가 1552년에 숨을 거두었다. 또 다른 예수회 선교사인 마테오 리치(1552-1610)가 사비에르의 일을 이어갔다. 리치는 마카오에 도착한 뒤, 중국어와 중국 문화에 몰입하는 프로그램을 시작했으며, 기독교 사상을 중국 문화 속에서 가장 잘 표현할 방법을 만들어내는 것을 목표로 삼았다. 리치는 중국의 몇몇 주요 도시에 선교 기지를 세웠다.

1521년, 포르투갈의 위대한 탐험가 페르디난드 마젤란(포르투갈어 이름은 '페르낭 드 마갈량이스'. 원서에는 에스파냐 사람이라고 나와 있으나, 포르투갈 사람이며, 그의 항해를 에스파냐가 도와주었을 뿐이다―옮긴이)은 동남아시아에서 3,141개 섬으로 이루어진 섬 그룹을 발견했다. 오늘날 '필리핀'으로 알려지게 된 이 섬들은 에스파냐 식민지가 되었다. 에스파냐가 통치하는 가운데, 여러 수도회, 특히 프란체스코회와 도미니크회가 복음 전도 프로그램을 실시했다.

근대 초기에 가장 중요한 기독교 팽창은 아메리카에서 일어났다. 에스파냐와 포르투갈 그리고 프랑스는 광대한 영역에 걸쳐 자기네 주권을 주장했고, 이 영역 안에서 가톨릭교가 뿌리를 내리기 시작했다. 1511년에는 도미니카, 산후안, 아이티 섬에 교구가 세워졌다. 아메리카에 있는 에스파냐 제국에는 '새 에스파냐'로 알려진 광대한 영역이 포함되었는데, 이 중에는 중앙아메리카, 멕시코, 플로리다, 그리고 오늘날의 미국 서남부 지역 중 많은 부분이 들어 있었다. 가톨릭 사제들은 이 모든 지역에 선교 기지를 세워 아메리카 원주민을 개종시켰다. 이런 기지 가운데 가장 유명한 곳 중 하나가 텍사스 알라모인데, 이는 본디 1722년에 프란체스코회가 선교 기지로 세운 곳이었다. 뿐만 아니라, 에스파냐의 영향력은 서인도제도까지 미쳤다. 포르투갈은 남아메리카 동남 해안 대부분을 식민지로 만들었으며, 에스파냐는 북부 지역과 서부 해안을 차지했다.

이러한 새 발견들이 암시하는 의미를 간과할 수 없다. 이렇게 발견한 땅은 누구 소유였는가? 유럽 강대국들은 이 새 영토에 무슨 권리를 가졌는 가? 1481년, 교황 식스토 4세(재위 1471-1484)는 에스파냐가 카나리아제도에 행사하는 권리를 인정했으며, 포르투갈이 아프리카, 그리고 동쪽으로 인도에서 더 얻은 영토에 행사하는 권리를 인정했다. 그러나 크리스토퍼 콜럼버스의 항해는 그때까지 알려지지 않았던 서쪽 섬들에 행사할 권리와 관련하여 새로운 문제들을 일으켰다. 에스파냐 쪽에 마음이 가 있던 교황 알렉산데르 6세(재위 1492-1503)는 1492년 이후에 발견된 섬은 에스파냐 소유라고 규정했다. 포르투갈은 이 규정을 받아들이길 거부했다. 에스파냐와 포르투갈 양쪽이 논의를 벌인 끝에 결국 토르데시야스조약이 체결되었다(1494). 이 조약은 두 나라에 이 새로운 영토(그러나 더 정확히 조사하고 탐험해야 할 땅이었다)를 일정 부분씩 나누어주었다.

이 조약을 정확히 어떻게 해석해야 하는가와 관련하여 불명확한 구석이 있었지만, 실제로 이 조약 덕분에 포르투갈은 아마존 강을 따라 오늘날 브라질로 알려져 있는 방대한 영역을 소유하게 되었고, 에스파냐는 오늘날의 '라틴아메리카'에 해당하는 지역을 포함하여 이 지역의 북쪽과 서쪽 영역을 차지했다. 1529년 4월 22일에 조인된 사라고사조약은 동쪽의 영역을 나누었다. 교황은 이 논의에 참여하지 않았는데도, 이 영토 분할을 부정확하게 '교황의 경계선'으로 부를 때가 종종 있다.

이처럼 유럽을 벗어나 그 바깥 지역에 기독교를 크게 확산시킨 것은 역사를 바꿔놓는 영향을 미치게 된다. 기독교는 이제 유럽의 현상에 그치지 않고, 전 세계가 공유한 신앙이 되어가는 과정에 들어섰다.

더 읽을 책

Barron, Caroline M., and Jenny Stratford, eds. *The Church and Learning in Later Medieval Society*. Donington: Shaun Tyas, 2002.

Bartlett, Robert. *The Making of Europe: Conquest, Colonization, and Cultural Change, 950-1350*. Princeton, NJ: Princeton University Press, 1993.

Bitel, Lisa. *Women in Early Medieval Europe, 400-1000*. Cambridge: Cambridge University Press, 2002.

Cant, Geneviève de. *A World of Independent Women from the 12th Century to the Present Day: The Flemish Beguinages*. Riverside, CT: Herve van Caloen Foundation, 2003.

Colish, Marcia L. *Medieval Foundations of the Western Intellectual Tradition, 400-1400*. New Haven, CT: Yale University Press, 1997.

Cook, William R., and Ronald B. Herzman. *The Medieval World View: An Introduction*. New York: Oxford University Press, 2012.

Cowdrey, H. E. J. *Pope Gregory VII, 1073-1085*. Oxford: Clarendon Press, 1998.

Duffy, Eamon. *The Stripping of the Altars: Traditional Religion in England c.1400-c.1580*. New Haven, CT: Yale University Press, 1992.

Eastwood, B. S. *Ordering the Heavens: Roman Astronomy and Cosmology in the Carolingian Renaissance*. Leiden: Brill, 2007.

Evans, G. R. *The Medieval Theologians*. Oxford: Blackwell, 2001.《중세신학과 신학자들》(CLC, 2009).

Foltz, Richard. *Religions of the Silk Road: Overland Trade and Cultural Exchange from Antiquity to the Fifteenth Century*. New York: St. Martin's Press, 1999.

Gill, Meredith J. *Augustine in the Italian Renaissance: Art and Philosophy from Petrarch to Michelangelo*. Cambridge: Cambridge University Press, 2005.

Grant, Edward. *Planets, Stars and Orbs: The Medieval Cosmos, 1200-1687*. Cambridge: Cambridge University Press, 1996.

Gregory, Timothy E. *A History of Byzantium*. Oxford: Wiley-Blackwell, 2010.

Hankins, James, ed. *The Cambridge Companion to Renaissance Philosophy*. Cambridge: Cambridge University Press, 2007.

Herrin, Judith. *Byzantium: The Surprising Life of a Medieval Empire*. Princeton, NJ:

Princeton University Press, 2008. 《비잔티움》(글항아리, 2010).

Inglis, John, ed. *Medieval Philosophy and the Classical Tradition in Islam, Judaism, and Christianity*. London: Routledge, 2002.

Kamerick, Kathleen. *Popular Piety and Art in the Late Middle Ages: Image Worship and Idolatry in England, 1350-1500*. New York: Palgrave Macmillan, 2002.

Kraye, Jill, ed. *The Cambridge Companion to Renaissance Humanism*. Cambridge: Cambridge University Press, 1996.

Lambert, Malcolm. *Medieval Heresy: Popular Movements from the Gregorian Reform to the Reformation*. Oxford: Blackwell, 2002.

Lewis, C. S. *The Discarded Image: An Introduction to Medieval and Renaissance Literature*. Cambridge: Cambridge University Press, 1997.

Leyser, Henrietta. *Medieval Women: A Social History of Women in England 450-1500*. New York: St. Martin's Press, 1995.

Logan, F. Donald. *A History of the Church in the Middle Ages*. London: Routledge, 2012.

Lubbock, Jules. *Storytelling in Christian Art from Giotto to Donatello*. New Haven, CT: Yale University Press, 2006.

Mayr-Harting, Henry. *Church and Cosmos in Early Ottonian Germany: The View from Cologne*. Oxford: Oxford University Press, 2007.

Nauert, Charles G. *Humanism and the Culture of Renaissance Europe*. Cambridge: Cambridge University Press, 2006.

O'Callaghan, Joseph F. *Reconquest and Crusade in Medieval Spain*. Philadelphia: University of Pennsylvania Press, 2003.

Pieper, Josef. *Scholasticism: Personalities and Problems of Medieval Philosophy*. South Bend, IN: St. Augustine's Press, 2001.

Power, Eileen. "The Position of Women." In *The Legacy of the Middle Ages*, edited by C. G. Crump and E. F. Jacob, 401-433. Oxford: Clarendon Press, 1926.

Ranft, Patricia. *Women and the Religious Life in Premodern Europe*. New York: St. Martin's Press, 1996.

Riddle, John M. *A History of the Middle Ages, 300-1500*. Lanham, MD: Rowman & Littlefield, 2008.

Riley-Smith, Jonathan. *The First Crusaders, 1095-1131*. Cambridge: Cambridge

University Press, 1998.

Riley-Smith, Jonathan. *The Oxford History of the Crusades*. Oxford: Oxford University Press, 1999.

Rolker, Christof. *Canon Law and the Letters of Ivo of Chartres*. Cambridge: Cambridge University Press, 2010.

Rosemann, Philipp W. *The Story of a Great Medieval Book: Peter Lombard's "Sentences."* Toronto: University of Toronto Press, 2007.

Rosenthal, Joel T., ed. *Medieval Women and the Sources of Medieval History*. Athens, GA: University of Georgia Press, 1990.

Shubin, Daniel H. *A History of Russian Christianity*. 4 vols. New York: Algora Publishing, 2004.

Tanner, Norman P. *The Church in the Later Middle Ages*. London: I. B. Tauris, 2008.

van Nieuwenhove, Rik. *An Introduction to Medieval Theology*. Cambridge: Cambridge University Press, 2012.

Venarde, Bruce L. *Women's Monasticism and Medieval Society: Nunneries in France and England, 890-1215*. Ithaca, NY: Cornell University Press, 1997.

Volz, Carl A. *The Medieval Church: From the Dawn of the Middle Ages to the Eve of the Reformation*. Nashville: Abingdon Press, 1997.

Weiss, Roberto. *The Renaissance Discovery of Classical Antiquity*. Oxford: Blackwell, 1988.

Welsh, Evelyn. *Art in Renaissance Italy 1350-1500*. Oxford: Oxford University Press, 2001.

경쟁하는 개혁 비전,
1500년 무렵–1650년 무렵

16세기와 그 직후 시기는 서구 기독교 역사에서 가장 매력이 넘치는 시대 중 하나다. 고전 시대 자료로 되돌아가 영감을 얻고 갱신을 이룩하자는 르네상스의 강조점은 더 구체적으로 종교에 초점을 맞추기 시작했다(2.4.2). 교회를 '머리부터 발끝까지' 개혁해야 한다는 압력이 커져가면서, 점점 더 많은 이가 신약성경이 표현하는 더 질박한 기독교 형태로 되돌아가자는 인문주의자들의 프로그램에 매력을 느끼게 되었다.

그러나 이 시기에 교회의 삶에서 중요한 의미를 갖는 또 다른 요인들이 등장하고 있었다. 독일, 프랑스, 잉글랜드를 포함한 북유럽의 많은 지역에서 민족주의가 떠오르고 있었다. 당시 등장하던 중산층은 전통적 귀족집단의 권력과 특권에 분개했으며, 이 귀족집단과 기꺼이 싸우고 싶어 했다. 글을 읽을 수 있는 평신도들이 늘어나고 있었으며, 교회와 사회를 모두 바꿔야 한다는 분위기가 점점 더 무르익고 있었다. 개인이 사회에서 차지하는 위치, 그리고 특히 세상을 바꿔갈 수 있는 개인의 능력을 달리 생각하는 새로운 사고방식을 제시한 기독교 형태들이 발전하기 시작했다.

바로 이런 배경에서 우리가 이제 '종교개혁'이라 부르는 운동이 나타났다. 이런 개혁 요구를 불러일으킨 동력원 중에는 정치적 강령과 사회적 강령도 있었지만, 신학적 관심사(이를테면, 사도 시대 기독교의 질박함으로 되돌아가고 싶어 하는 욕구)도 이런 개혁 요구에 에너지를 공급해주었다. 대다수 사람은 이런 개혁 과정을 교회의 삶의 주류(主流) 속에서 일어나는 일로 보았지만, 그 시대의 정치 상황과 교회 상황 때문에 일부 사람들은 이런 개혁 프로그램을 그 주류 밖에서 시작하게 된다. 이리하여 이 '종교개혁 시대'는 한편에서는 '프로테스탄트교'(프로테스탄트주의)로 널리 알려져 있는 복잡한 운동을 등장케 했고, 다른 한편에서는 새로워지고 다시 활력을 찾은 가톨릭교를 등장케 했다. 이 3장에서는 전 세계를 아우르는 기독교를 형성하는 데 큰 중요성을 지닌 이런 발전들을 살펴보겠다.

16세기에 교회 안에서 일어난 개혁 운동을 가리키는 말로 다양한 용어를 사용한다. 그러나 요새 역사가들은 이런 운동들을 가리킬 때 '종교개혁'이나 '유럽 종교개혁'이라는 말을 사용하곤 한다. 역사를 살펴보면, 문제가 된 이 운동들은 종종 그 운동이 일어난 지역을 따라 그 이름이 붙곤 한다. '독일 종교개혁', '잉글랜드 종교개혁', 혹은 '프랑스 종교개혁'이 그런 예다.

대체로 사람들은 '종교개혁'으로 알려진 이 광범위한 운동이 서로 구별되는 네 요소를 담고 있다는 데 의견을 같이한다. 그 네 요소는 루터주의(루터교), 개혁교회(종종 '칼뱅주의'로 부르기도 한다), '급진(과격한) 종교개혁'(완전히 정확한 말은 아니지만, 종종 '재세례파'로 부르기도 한다), 그리고 '반(反)종교개혁' 또는 '가톨릭 종교개혁'이다. 가장 넓은 의미의 '종교개혁'은 이 네 운동을 모두 가리키는 말이다. 이 네 운동을 모두 이번 장에서 다뤄보겠다. '프로테스탄트 종교개혁'은 보통 처음의 세 운동을 아울러 지칭할 때 쓰는 말이다.

근래 이 종교개혁 시대를 다룬 몇몇 연구 결과는 종교개혁이 다면성(多面性)을 띤 운동이었음을 제시할 목적으로 복수형인 '종교개혁들(Reformations)'이라는 말을 사용했다. 이는 아마도 이 종교개혁이 지역에 따라 각기 다른 적용 형태를 띠었어도 일관된 단일 운동이었다고 생각하기보다, 서로 구분되는 여러 개혁 운동이 서로 느슨하게 연결되어 한 묶음을 이룬 것이라고 생각하기 때문인 것 같다. 잉글랜드 종교개혁은 그 나름의 독특한 방식으로 전개되었다는 점에서 그런 점을 잘 보여주는 사례다. 잉글랜드에서는 종교와 정치가 서로 영향을 주고받다 보니, 스위스나 독일에서 일어난 종교개혁과 아주 다른, 잉글랜드 지역에 맞게 변형된 종교개혁이 일어났다.

이 책은 '종교개혁'이라는 말을 16세기에 서구 기독교의 모습을 바꿔놓고 17세기까지 넘쳐 들어온 큰 격변을 가리키는 말로 사용하는 일반 관습을 따른다. 우리는 먼저 중세 후기 속에 자리한 종교개혁의 배경을 곱씹어봄으로써 서구 기독교 역사 속의 이 국면을 고찰해보도록 하겠다.

3.1. 배경 살펴보기: 종교개혁의 배경

근래 학계의 연구를 보면, 16세기에 일어난 종교개혁 운동들을 중세 후기의 맥락에서 살펴봐야 할 필요성을 점점 더 크게 강조해왔다. 프로테스탄트교(아래에서는 '프로테스탄트교'라는 말을 특별히 사용해야 할 필요가 없을 경우, '개신교'라는 말로 옮겼다—옮긴이)의 기원에 관하여 대중들이 알고 있는 많은 설명은 마르틴 루터가 면죄부 판매에 반대하여 95개조 반박문을 붙인 사건(1517년 10월 31일)을 유럽 종교개혁의 시발점과 자주 동일시하지만, 진실은 좀 더 복잡하다. 종교개혁은 주로 그 시대의 지성과 사회가 겪은 큰 격변 속에서 시작되었다. 그 시대의 지적, 사회적 격변이 기존 기독교 형태에 위기를 만들어냈고, 이 위기를 타개할 방법들을 제공했다.

3.1.1. 교회를 개혁하라는 압력

15세기에는 중세 말의 교회를 개혁하라는 수많은 요구가 일었다. 사실에 기초한 '불평 문학(grievance literature)'이 발전하기 시작하면서, 교황에서 최하위 성직자에 이르는 교회 사람들의 삶이 보여주는 많은 측면에 우려를 표명하기 시작했다. 르네상스 교황들은 재정을 과다하게 남용하고 사회 지위와 정치권력에 집착하다 많은 이들에게 비판을 받았다. 보르자 가문의 일원이요 무엇보다 살인 저녁 파티로 사람들의 기억에 남아 있을 가능성이 큰 교황 알렉산데르 6세는, 여러 정부(情婦)를 두었고 알려진 사생아만 적어도 일곱이라는 흠을 갖고 있었는데도, 1492년에 있은 교황 선거

르네상스 후기 교황 중 하나인 레오 10세와 그의 사촌들. 왼쪽이 훗날 교황 클레멘스 7세가 된 추기경 줄리오 데 메디치이며 오른쪽에 추기경 루이지 데 로시가 서 있다. 르네상스 시기의 거장 라파엘로(1483–1520)의 유화(1518–1519), 154×119cm, 우피치 미술관 소장.

에서 뇌물을 뿌려 교황으로 선출되었다. 벌거벗은 권력을 낱낱이 해부한 당대의 가장 위대한 이론가인 니콜로 마키아벨리는 그 시대의 부도덕성을 기록하면서 교황이 그들에게 보여준 지독한 사례까지 기록했다.

그 시대 고위 성직자에게서 비판할 거리를 많이 찾아내는 것은 식은 죽 먹기다. 그들이 성직자로 임명된 것은 임명된 개인의 어떤 미덕 때문이라기보다, 가문의 영향력과 부 그리고 권력 때문인 경우가 많았다. 1451년, 사보이 공(Duke of Savoy) 아마데우스 8세는 자기 아들이 나중에 장 칼뱅과 관련을 맺게 되면서 유명해진 제네바 시의 고위 주교로 임명되게 만들었다. 이 임명이 특히 성공적이었던 이유는(아니 어쩌면 새삼스럽지도 않은 이유는) 이 새 주교가 겨우 여덟 살이었기 때문이다.

프랑스의 많은 지역에서는 고위 성직자가 보통 외지인이었으며, 교구 후원자인 왕족이 교구에 귀족을 성직자로 세우라고 강요하는 경우도 자주 있었다. 이 성직자들은 그들이 담당한 교구 안에 사는 경우가 드물었기 때문에, 자신들이 잠시나마 맡은 영적 책임을 불로소득의 원천쯤으로 여기고, 다른 곳에서 자신들의 더 큰 정치적 야심을 이루는 데 쓸모 있는 발판쯤으로 삼으려 했다. 프랑스에서는, 상스 대주교인 앙투안 뒤 프라(1463-1535)가 나랏일에만 정신이 팔려, 정작 자기 성당에서 열린 미사에 단 한 번만 참석했을 정도였다. 그에게 딱 어울리는 일이겠지만, 그 미사는 바로 그의 장례식이었다.

하위 성직자들은 가차 없는 비판의 표적이 될 때가 자주 있었다. 수도원은 늘 이가 들끓는 동성애 소굴로 묘사되곤 했다. 교구 성직자들의 자질이 형편없었던 것은 보통 그들의 사회 지위가 낮았기 때문이었다. 16세기 초, 밀라노에서는 본당 주임 신부의 수입이 비숙련 노동자의 수입보다도 적었다. 많은 이가 말과 소를 사고팔아 적자를 메웠다. 성직자가 까막눈인 경우는 흔하디흔했다. 많은 이들이 미사에 쓰는 라틴어를 이전 성직자에게서 전해 듣고 외워 익혔기 때문에, 시간이 흘러가면 실수를 하곤 했으며, 외운 것을 기억하지 못했다.

15세기 말에 이르러 글을 읽을 줄 아는 평신도들이 늘어나자, 이 평신도들은 그들 교구의 성직자들을 점점 더 많이 비판하게 되었다. 보통 이런 비판이 겨냥한 초점은 특히 이런 성직자들이 누리는 특권에 비해 이런 성직을 감당할 만한 능력은 갖추지 못했다는 점이었다. 성직자들이 누리는 세금 우대 조치들은 특히 분노를 샀으며, 특별히 경제가 어려운 시절에는 더 그러했다. 프랑스 모(Meaux) 교구는 1521년부터 1546년에 이르는 시기에 개혁 활동가들의 중심지가 되었는데, 이 교구에서는 성직자들이 모든 형태의 세금을 면제받아 지역 주민의 상당한 분노를 샀다. 노르망디 루앙 교구에서는, 교회가 혹독한 춘궁기에 곡식을 팔아 엄청난 이득을 챙기자 대중들이 크게 반발했다.

그러나 이런 반(反)성직자주의가 퍼져 있던 범위를 과장하지 않는 것이 중요하다. 분명 성직자를 상대로 이런 적대감을 유달리 드러낸 지역들이 있었지만(특히 도시 지역이 그랬다), 성직자들은 대개 귀히 여김을 받고 존경받았다. 평신도 가운데 글을 읽을 수 있는 이들이 적었던 농촌 지역에서는 성직자들이 여전히 그 지역 공동체에서 최고 교육을 받은 이들이었다. 더 중요한 사실은, 유럽의 많은 큰 수도원들이 사회 활동을 펼치고 지역 경제에 상당히 이바지함으로써 존경을 받았다는 점이다. 그럼에도 불구하고 불만을 토로하는 소리는 여전히 남아 있었으며, 사람들은 이런 소리를 '불평 문학'으로 자주 표현하곤 했다.

대중들이 종교에 더 큰 관심을 갖게 되면서, 평신도들은 그 의무를 제대로 이행하지 못한다 싶은 제도권 교회를 비판하게 된다. 그러나 이런 현상은 과거엔 비판과 다소 거리가 멀었을 법한 성찰적 종교에 사람들이 새로운 관심을 갖게 되었음을 보여준다. 그리스도인들은 순전히 겉으로 드러난 측면(이를테면 교회에 출석하는 것)만 강조하는 신앙 접근법에 불만을 갖게 되었다. 그리스도인들은 그들 자신의 경험 및 사사로운 세계와 관련이 있고, 그들 자신의 요구를 채워주는 데 응용할 수 있는 혹은 마음껏 활용할 수 있는 기독교 형태를 요구했다. 이렇게 자기 생각을 명확히 표현할 줄 아는 평신도들의 주 관심사는 개혁이라기보다 응용인 것처럼 보였다. 사람들은 비단 그들의 믿음에만 더 관심을 기울인 게 아니었다. 글을 읽을 줄 아는 평신도들이 크게 늘어나면서, 평신도들은 자신들이 믿는 것과 자신들이 성직자들에게 기대하는 것에 관하여 더 비판적일 수 있었고, 더 많은 것을 알 수 있게 되었다.

이 시대 개인 도서관의 소장 도서 목록을 연구한 결과들은 영적 독서를 추구하는 평신도들의 욕구가 커져가고 있었음을 보여준다. 인쇄술이 발명되어 확산되면서(2.5.1), 책을 얻을 수 있는 기회가 더 확대되었고, 이제는 경제력을 갖게 된 중산층도 책을 얼마든지 구할 수 있게 되었다. 이런 목록들 속에는 주로 경건서적, 설교집, 전통 대대로 내려온 시도서(時禱書, book of hours), 그리고 신약성경이 들어 있다. 평신도들은 스스로 생각하기 시작했으며, 기독교 교육 문제에서도 그들 자신을 더 이상 성직자에 복종하는 사람들로 여기지 않았다. 1510년대에 에라스뮈스가 쓴 《그리스도인 군사의 지침서》는 넓은 범위에 걸쳐 열렬한 독자들을 얻었으며, 특히 학식 면에서 그들 자신과 성직자가 같은 수준에 있다고 본 이들이 이 책의 열혈 독자가 되었다.

이런 발전들이 중요하긴 하지만, 이런 발전들만으로 개신교의 등장을 설명하는 것은 적절치 않을 뿐 아니라, 이런 발전들이 꼭 개신교를 낳았다고 말하기도 힘들다. 당시에 아주 많은 이들이 요구했던 뿌리와 가지의 '개혁'은, 11세기의 그레고리오 개혁과 마찬가지로, 교회의 가르침과 관습의 내부에서 검토하는 형태를 얼마든지 띨 수도 있었다. 핵심 문제는 교회 안에서 갱신과 개혁을 이루려고 분투했던 이 운동들이 어떤 이유로, 어떻게 하여, 당시의 교회 구조 **밖에서** 발전하게 되고 살아남게 되었는가 하는 것이다.

위에서 언급한 난점들은, 프란시스코 히메네스 데 시스네로스(1436-1517)가 1480년대에 에스파냐 카스티야에 도입했던 것과 비슷한, 교회 내부의 점진적 재평가 및 개혁 과정 같은 것으로 대응할 수 있었을 것이며, 어쩌면 그런 과정으로 해결할 수 있었을지도 모른다. 실제로 시스네로스가 도입한 과정은 이 변화의 시대에 에스파냐 교회를 철저히 바꿔놓았다.

시스네로스는 에스파냐가 황금시대를 구가한 16세기와 17세기에 교회가 주된 역할을 할 수 있게 초석을 놓은 이로 널리 인정받고 있다.

시스네로스가 단행한 주요 개혁 조치들은 대부분 그가 1495년에 톨레도 대주교가 된 뒤에 실행한 것이었다. 당시 나이가 거의 환갑이 되었던 시스네로스는 교회를 개혁하고, 학문과 신앙적 소명을 되살리는 일을 장려하며, 격변과 잠재적 불안의 시대에 에스파냐의 정치적 통일을 유지하는 데 여생을 바쳤다. 시스네로스의 교육 개혁으로 말미암아 알칼라 대학교가 설립되고, 여러 언어 대조 성경(Complutensian Polyglot, 여러 언어로 번역한 본문을 대조해놓은 성경 역본)이 만들어졌다. 이런 개혁이 모두 성공하지는 않았으며, 뿌리를 내리는 데도 긴 시간이 걸렸다. 하지만 이런 개혁은 교회가 당시 (특히 에스파냐가 북아프리카에서 건너온 이슬람 침공자들을 격파하고 에스파냐 전체를 다시 기독교 영역으로 만든 뒤에) 에스파냐가 부닥친 거대한 도전들에 맞서 자신을 스스로 바꿔갈 수 있었음을 일러준다 하겠다.

16세기에 이런 급격한 발전이 이루어진 것은 서유럽의 변화하는 사회 상황 때문이었다는 말로 일부나마 설명할 수 있겠다. 이런 사회 상황이 문화와 종교를 바꿔놓을 새로운 압력과 가능성을 만들어내고 있었다. 이 중 일부를 이어서 살펴보겠다.

3.1.2. 16세기 초의 변화하는 사회 질서

16세기에 벌어진 종교 논쟁들은 사회 질서와 지적 질서는 고정되어 있다는 중세의 관념과 이에 맞서는 시각, 곧 변화를 선을 추구하는 수단으로 바라보면서 이를 바탕으로 사회 질서를 새롭게 이해하는 시각 사이에 존재한 해묵은 갈등을 드러내는 경우가 잦다. 중세의 세계관은 정적(靜的)이었다. 사람들은 그들이 날 때부터 속한 출신과 사회 전통에 근거하여 일정한 지위를 부여받았다. 이것은 바꿀 수 있는 문제가 아니었다. 하지만 15세기 말에 이르자, 변화를 내건 이데올로기가 발전하기 시작했다. 이 이데올로기는 각 사람이 자신의 노력으로 자신의 사회적 위치와 지위를 결정할 수 있다고 주장했다. 사람들은 출신이나 사회 상황에 매이지 않고 자신을 더 나은 존재로 만들어갈 수 있었다.

1500년경에는 특히 도시에서 사회 변화를 바라는 요구들이 급속히 일어나기 시작했다. 취리히 같은 도시들에서 상인 계급이 등장하면서, 대대로 내려온 귀족 가문들의 권력과 영향력이 도전을 받게 되었다. 15세기의 마지막 10년에 스위스 취리히 시에서는 해묵은 귀족 정치가 물러가고, 상인 길드가 선출한 200명가량의 종신직 시 원로들로 이루어진 대의회(大議會)와 이 대의회 및 길드가 함께 선출한 50명의 의원으로 이루어진 소의회가 그 자리를 대신했다. 이 무렵 다른 도시들에서도 이와 비슷한 패턴이 등장하면서, 변화와 개선이 이루어지리라는 기대를 만들어냈다.

루터가 주장한 핵심 교리인 '전(全) 신자 제사장론(priesthood of all believers)'은 소명을 수도사의 삶으로 부르심을 받은 것으로 보았던 중세의 개념과 확실히 단절한 것이었다. 루터는 그리스도인들이 세상에서 이 세상 일로 하나님을 적극 섬기라는 소명을 받았다고 보았다. 1530년대 들어 분명히 등장한 프로테스탄트의 직업윤리(3.2.6)는 평신도가 정치와 상업, 재정, 다른 직업 영역과 예술 영역에 적극 참여할 수 있게끔 새로운 신앙적 동기를 부여해주었다. 평신도에게 힘을 실어주는 이런 신학은 점점 더 자신을 얻어가던 신흥 중산 계급의 열망과 강한 공명(共鳴)을 만들어냈다. 루터, 츠빙글리, 그리고 그들이 이끈 무리와 결합해 있었던 이 새로운 종교 사상은 특히 서유럽 도시들에 널리 퍼져 있던, 사회 진보와 개혁을 바라는 열망과 연결되었다.

3.1.3. 종교개혁과 유럽 도시들

북유럽 종교개혁은 주로 도시들이 그 근거지였다. 프랑스 개신교는 주로 도시 운동으로 시작했으며, 리옹, 오를레앙, 파리, 푸아티에, 루앙 같은 대도시가 그 뿌리였다. 독일에서는 65개 '제국 도시' 중 50개가 넘는 도시들이 종교개혁에 적극 동조했으며, 오직 다섯 도시만이 이 개혁을 완전히 무시했다. 스위스에서는 종교개혁이 도시라는 맥락(취리히 시)에서 태어났으며, 베른과 바젤 같은 다른 스위스 도시들, 그리고 조약에 따른 의무를 통해 이 도시들과 연결되어 있었던 스위스의 다른 도시나 지역들(이를테면 제네바와 장크트갈렌 같은 곳)에서는 공중 토론이라는 과정을 거쳐 퍼져나갔다.

요새 점점 더 분명하게 드러나고 있는 사실은 정치적, 사회적 요인이 이런 도시들에서 일어난 종교개혁의 성패를 일부 좌우하기도 했다는 점이다. 15세기 말과 16세기 초에 이르렀을 때, 제국 도시들의 시의회는 상당한 정도의 독립성을 얻었다. 실제로 각 도시는 자신을 도시국가의 축소판으로 여기면서, 시의회는 정부 역할을 하고 나머지 주민은 이 의회에 복종하는 백성 역할을 하는 것으로 여기는 것 같았다.

14세기 말과 15세기 역사에서 더 중요시해야 할 요소 중 하나는 독일 도시들의 규모가 커지고 그 중요성이 커진 것이다. 흑사병이라는 참화로 말미암아 식량 위기가 확산되자, 농민들에게 위기가 찾아왔다. 1450년부터 1520년에 이르는 기간에 밀 가격이 놀라울 정도로 폭락하여, 농촌 인구가 감소하고, 농촌 노동자들은 먹을 것과 일터를 찾아 도시로 몰려들었다. 상공업 길드와 시의회에 들어갈 수 있는 길도 막히자, 이 새로운 도시 프롤레타리아들의 불만이 커져갔다.

이처럼 16세기 초는 많은 도시에서 더 폭넓은 민의에 근거하고 더 많은 이들을 대표하는 정부를 요구하는 목소리가 힘을 얻음에 따라, 사회 불안이 점점 더 커져갔다. 종교개혁이 사회 변화를 외치는 이런 요구들과 결합하게 되는 경우가 많았으며, 그 결과 종교의 변화와 사회 변화는 함께 나란히 가게 되었다. 우리는 신앙적 관심사가 다른 모든 정신 활동을 묻어버렸다고 생각해서는 안 된다. 신앙적 관심사는 다만 다른 정신 활동에 어떤 초점을 제공했을 뿐이다. 경제, 사회, 정치 분야 요인들은 종교개혁이 이를테면 뉘른베르크와 스트라스부르 같은 곳에서는 성공하고 에르푸르트에서는 실패한 이유를 설명하는 데 도움을 준다.

지역에 따라 중요한 차이들이 있긴 하지만, 아우크스부르크, 바젤, 베른, 에르푸르트, 프랑크푸르트, 제네바, 함부르크, 취리히 같은 북유럽 주요 도시들에서 일어난 종교개혁의 기원과 발전을 연구해보면, 몇 가지 중요한 공통 특징이 나타난다. 이 특징들을 탐구해보는 것이 도움이 되겠다.

첫째, 이런 도시들에서 일어난 종교개혁은 변화를 갈망하는 대중의 압력에 대한 반응이었던 것으로 보인다. 16세기 초 도시 사람들 가운데 팽배해 있던 불만은 그 성격상 순전히 종교적 불만만은 아니었다. 그 시대의 불안 속에는 분명 사회, 경제, 정치와 관련된 불만 요소들이 들어 있었다. 시의회는 대개 이런 대중의 압력에 역행하는 반응을 보였으며, 이런 압력을 시의회 자신의 필요와 목적에 부합하는 방향으로 흘려보내는 경우가 자주 있었다. 대중의 압력을 이처럼 교묘히 조작한 것은 분명 위험 요소일 수 있는 대중의 저항 운동을 흡수하고 통제하는 방법이었다. 새로운 종교 사상과 관습을 들여왔어도 도시의 기존 체제는 그다지 바뀌지 않는 경우가 잦았다. 이는 시의회가 기존 사회 질서를 급격히 바꾸지 않고도 이런 대중의 압력에 대처할 수 있었음을 보여준다.

둘째, 한 도시의 종교개혁 성공 여부는 역사 속의 수많은 우연한 요인에 달려 있었다. 종교개혁을 받아들이는 것은 자칫 재앙이 될 수도 있는 정치 노선 변경을 감행하는 것이었다. 그런 개혁을 받아들이는 것은 결국 가톨릭 진영에 남기로 결정한 영방이나 도시들과 맺은 기존 조약이나 관계(군사, 정치, 상거래와 관련된 조약이나 관계)를 깨는 것으로 늘 보였기 때문이다. 종교개혁을 받아들이면 자칫 (그 도시의 경제 존립 자체를 좌우할 수도 있는) 그 도시의 교역 관계에 치명타를 입힐 수도 있었다.

셋째, 개혁 과정을 실행에 옮기는 첫 결정에서 여러 개혁 제안의 본질과 속도에 관한 후속 결정에 이르기까지 16세기에 벌어진 여러 종교 논쟁의 전 과정에서 시의회가 아주 중대한 역할을 했음을 인식하는 것이 중요하다. 츠빙글리가 취리히에서 주도한 종교개혁(3.3.4)은, 시의회가 중대한 순간에 신중한 접근 자세를 취하면서, 애초에 그가 바랐을 속도보다 상당히 느리게 진행되었다. 마찬가지로 스트라스부르에서도 마르틴 부처가 누리는 행동의 자유에 제약이 가해졌다. 칼뱅도 발견하게 되지만, 시의회는 개혁자들이 시의회가 공중에게 천명한 정책이나 결정의 테두리를 넘어가면 언제나 이 개혁자들을 시 영역 밖으로 쫓아내려 했다.

사실 시의회와 개혁자의 관계는 대개 공생 관계였다. 개혁자는 기독교 복음의 일관된 관점과 이런 관점이 그 도시의 종교, 사회, 정치 구조에 시사하는 의미들을 제시함으로써, 혁명으로 번질 가능성이 있는 상황이 혼돈으로 빠져드는 것을 예방할 수 있었다. 끊임없이 가톨릭교로 되돌아가려는 위협, 혹은 급진 재세례파 운동의 체제 전복 위협 때문에 개혁자라는 존재가 필요할 수밖에 없었다. 어떤 개혁자는, 견제받지 않고 방향을 잃으면 자칫 혼돈에 빠져 그 도시의 기존 권력 구조와 이 구조를 통제하는 이들의 운명에 중대한 영향을 미치고 이들이 받아들일 수 없는 결과를 초래할 운동에 신앙 중심의 방향을 부여해야만 했다. 이처럼 개혁자와 시의회의 관계는 미묘하여 깨어지기 쉬웠으며, 실제 권력은 늘 시의회의 손아귀에 들어 있었다.

3.1.4. 교회 내부 권위의 위기

우리는 앞서 중세 말 교회 안에서 권위의 위기가 어떻게 하여 번지기 시작했는지 언급하면서, 아비뇽 교황청과 '대분열'도 이런 위기를 가져오는 데 한몫했다고 말했다(2.4.1). 대분열(1378-1417)과 그에 따른 여파로 말미암은 서구 기독교 세계의 분열은 교황의 권위를 의심케 하는 원인이 되었다. 대분열 당시, 이탈리아 쪽은 우르바노 6세가 이끌었고, 프랑스 쪽은 클레멘스 7세가 이끌었다. 이런 상황은 콘스탄츠 공의회(1414-1418)가 마르티노 5세(재위 1417-1431)를 교황으로 선출한 1417년까지 계속되었다. 1409년 무렵에는 짧은 기간이나마 교황임을 주장하는 자가 셋이나 있었다. 콘스탄츠 공의회는 교황 자리를 놓고 다투는 후보 가운데서 교황을 뽑으려고 소집되었는데, 자기가 교황임을 주장하던 세 사람을 모두 배제하고 공의회 자체가 내세운 후보(마르티노 5세)를 뽑음으로써 이 문제를 수월히 해결했다.

이리하여 교회 내 권위에 관하여 서로 다툼을 벌이는 두 이론이 펼쳐질 무대가 마련되었다(2.4.2). 그 두 이론은 보편공의회가 교리 문제에 관한 최고 권위를 갖는다고 주장한 이론('공의회주의자'의 입장)과 교황이라는 사람이 그런 권위를 갖는다고 주장한 이론('교황의 절대권 옹호자'의 입장)이었다. 15세기에 들어와 교회 개혁이 필요함을 인정하는 이들이 늘어갔다. 이에 따라 공의회주의자들은 이런 개혁을 단행할 유일한 소망은 개혁을 실행할 보편공의회를 소집하는 것이라고 주장했다. 마르틴 루터는 그가 1520년에 발표한 〈독일의 그리스도인 귀족에게(An den christlichen Adel deutscher Nation)〉에서 공의회주의자의 입장을 받아들였다. 그는 이 책에서 독일 제후들이 이런 공의회를 소집할 권리를 갖고 있다고 주장했다. 콘스탄티누스 황제는 325년에 니케아 공의회를 소집했다(1.4.2). 그렇다면 신성로마제국 황제나 독일 귀족이 이런 공의회를 소집하지 못할 이유가 없지 않은가?

대체로 사람들은 15세기 말에 이르러 공의회주의 운동이 결국 실패로 끝난 것이 종교개혁을 불러온 중요 이유 중 하나라고 본다. 유럽 군주들의 지지가 없었으면, 공의회주의는 아예 목소리를 내지 못했을 것이다. 공의회주의가 유야무야된 것은 공의회주의자들 안에 존재하던 다른 관심사들 때문이었다. 공의회주의가 일찍이 내건 약속은 교회를 교회 내부로부터 개혁할 수 있으리라는 소망을 불러일으켰다. 이런 소망이 깨졌을 때, 많은 사람이 설령 세속의 권위를 변화의 매개자로 삼아 교회를 개혁하는 방법을 쓰는 한이 있더라도 어떻게든 교회에 개혁을 **강요할** 수 있는 길을 찾기 시작했다. 공의회주의는 또 교리와 관련하여 교황이 가지는 권위에 도전함으로써, 중세 후기의 신학적 혼란을 부채질했다. 중세 말에는 교회 안에서 돌아다니는 견해 가운데 어떤 것이 신학자들의 사견이고 어떤 것이 교회의 공식 가르침인가가 점점 더 불명확해졌다.

여기서 한 가지 더 중요한 요인은 유럽의 세속 통치자들이 점점 더 큰 권력을 갖게 되었다는 점인데, 이 통치자들은 교황의 관심사를 점점 더 관련자가 상당히 한정된 문제로 다루게 된다. 신앙과 관련하여 세속 통치자에게 자신의 뜻을 따르라고 요구할 수 있었던 교황의 힘은 이제 사라지고 있었다. 16세기 초에 들어서자 알프스 북쪽에서는, 프랑스의 상황이 잘 보여주듯이, 민족주의가 교황의 권위를 떨어뜨리는 요인으로서 점점 더 큰 중요성을 갖게 되었다. 프랑스 왕 프랑수아 1세는 1515년 9월에 마리냐노 전투에서 교황군과 스위스군 연합군에 극적인 승리를 거둔다. 이 덕분에 프랑수아 1세는 이탈리아 내정 문제에서 반드시 고려해야 할 힘이 되었고, 그가 프랑스 교회에 행사하는 권위도 더 높아졌다. 이어 체결된 볼로냐 협약(1516)은 프랑수아 1세에게 프랑스 교회의 모든 고위 성직자를 임명할 수 있는 권리를 부여함으로써, 교황이 프랑스 교회에서 벌어지는 일들에 직접 행사할 수 있는 통제권을 상당히 약화시켰다.

프랑수아 1세는 자신이 다스리는 영토에 정통 신앙을 강제할 필요가 있음을 잘 알았기 때문에, 이 문제를 처리할 책임을 파리 대학교 신학부에 부여했다. 그 결과, 사람들은 프랑스 내부의 개혁 운동을 교황보다 오히려 프랑수아 1세와 관련된 문제로 여기게 되었다. 설령 교황이 프랑스 교회에서 일어나는 일들에 개입하고 싶어도, 그 앞에는 무시무시한 외교적, 법적 장애물들이 잇달아 기다리고 있었다. 교황을 전투에서 격파한 프랑수아 1세는 자신의 이해관계와 교황의 이해관계가 일치하지 않는 이상, 프랑스 안에서 교황의 이익을 지키는 데는 그다지 관심을 보이지 않았다.

세속 통치자가 교황의 권위를 심히 제약한 또 다른 사례를 아라곤의 캐서린(1485-1536, 헨리 8세의 첫 번째 왕비—옮긴이)과 이혼하려 한 헨리 8세(1491-1547, 재위 1509-1547)의 경우에서 볼 수 있다(3.4.2). 이 사건은 1527년부터 1530년 사이에 일어났다. 헨리 8세가 교황에게 이혼을 허락해달라고 청원했을 때(보통 때 같으면 큰 어려움 없이 헨리 8세의 원대로 이루어졌을 것이다), 교황은 카를 5세(1516년부터 독일 왕, 1519년 에스파냐 왕이었고, 1530년부터 신성로마제국 황제 카를 5세가 되었다. 에스파냐 왕으로서 가진 왕호는 카를로스 1세였으며, 아라곤의 캐서린은 그의 이모였다—옮긴이)의 엄청난 압력을 받고 있었다(카를 5세는 아라곤의 캐서린과 친족 관계였다). 그 무렵 카를 5세는 로마를 점령, 약탈하고 대규모 부대를 그 지역에 주둔시키고 있었다. 이 때문에 교황은 잉글랜드 왕을 옹호하든지(그러나 이 잉글랜드 왕은 로마 근교 어디에도 군대를 가지고 있지 않았고, 군대를 보낼 가능성도 없었다), 아니면 황제(로마 지역에 군대를 갖고 있고, 마음만 먹으면 언제라도 그 군대를 활용할 수 있는 자)를 옹호하든지, 양자택일을 해야 했다. 결론은 이미 나 있었다. 헨리 8세는 이혼 허락을 얻지 못했다. 뒤에 가서 보겠지만(3.4.2), 이혼 허락을 얻지 못한

이 일은 헨리 8세가 잉글랜드의 종교 구조에 몇 가지 근본적 변화를 일으키킬 결심을 하게 되는 빌미가 되었다.

이처럼 중세 후기의 교회는 이중으로 권위의 위기에 봉착했다. 교회는 종교개혁이 설파하는 새 사상을 억압하는 데 필요한 **정치적** 권위를 행사하길 주저하거나 아예 그런 능력을 갖고 있지 않았을 뿐 아니라, **신학적** 권위의 본질과 위치(보유자), 그리고 이 권위의 행사 방식을 놓고도 분명 혼란을 겪고 있었다. 이처럼 교회가 혼란과 무능을 드러낸 가운데, 종교개혁은 점차 그 진행 속도를 높여갔으며, 어느 지역 차원에서 이런 개혁을 억누르기가 현실상 더는 불가능해질 때까지 진전되어갔다.

3.1.5. 용어의 기원: 프로테스탄트교

16세기 초에 등장한 새로운 기독교 형태를 가리키는 말로 '프로테스탄트'(개신교)라는 말을 널리 사용한다. 이 말의 기원은 1529년에 열린 2차 슈파이어 의회(Diet of Speyer)로 거슬러 올라간다('Diet'는 입법기관인 의회를 가리킨다). 이 용어가 나오게 된 역사 맥락을 잘 알아둘 필요가 있다. 보름스 의회(Diet of Worms, 1521)는 마르틴 루터를 위험한 이단이요 신성로마제국의 안전을 위협하는 인물로 선언하는 칙령을 공포했다. 그를 돕는 자는 누구나 혹독한 형벌을 받으리라고 위협했다. 많은 독일 제후들은 이 칙령을 달가워하지 않았으며, 루터가 천명한 개혁 요구 중 적어도 몇몇 요구에 동조하는 제후들이 점점 늘어나고 있었다.

그런 제후 중 한 사람으로 작센 선제후(選帝侯)였던 현자(賢者) 프리드리히는 루터를 납치하여 바르트부르크 성에 안전히 피신시켰다. 루터는 이 성에서 성경을 독일어로 번역하는 위대한 작업을 시작했다. 이처럼 독일의 많은 통치자들이 황제의 정책에 반기를 들자, 황제 카를 5세는 보름스 칙령을 완화한다. 1526년, 슈파이어 의회는 루터에 반대하는 엄혹한 조치들을 강제로 시행할지 여부를 제후 한 사람 한 사람의 결정에 맡긴다고 결정했다. 이 조치로 말미암아 독일의 많은 지역에서 루터의 개혁 비전과 프로그램이 힘을 얻게 된다. 그러나 이런 결과는 분명 슈파이어 의회가 의도한 것이 아니었다.

이 시기에 황제 카를 5세는 다른 문제에 정신이 팔린 나머지, 독일 안에서 아무도 예견하지 못한 이 새로운 신앙 형태가 등장했는데도 이를 처리할 겨를이 없었다. 그의 제국은 눈앞에 닥친 심각한 위협을 마주하고 있었다. 성가신 도전을 던진 상대는 어쩌면 뜻밖일 수도 있는 곳에서 나타났다. 바로 로마가 황제의 권위에 도전장을 내밀었던 것이다. 격노한 카를 5세는 1527년에 용병 2만으로 구성된 기동부대를 보내 로마를 공격, 약탈케 하고, 교황(클레멘스 7세)을 가택 연금했다. 이 일 전에는 카를 5세도 독일에서 교황을 대적하는 자들을 보면 그들을 처리하려는 열의를 조금이나마 가졌을지 모르지만, 이 일로 말미암아 그런 작은 열의조차도 분명 수그러들고 말았다.

그러나 훨씬 더 큰 위험이 동쪽에 자리하고 있었다. 거기서 분명 불길한 폭풍을 몰고 오는 구름들이 몰려들고 있었다. 이슬람 군대는 1453년에 비잔티움제국의 위대한 도시 콘스탄티노폴리스를 함락시킨 뒤, 서쪽을 압박했다. 그들은 자신들의 성전(지하드)을 수행하면서 그때까지만 해도 기독교 영역이었던 동유럽으로 깊이 침공해 들어갔다. 발칸반도의 많은 지역이 점령당하고, 이슬람 영향권이 되었다. 이 사태의 여파는 이후 이 지역 역사, 특히 보스니아 내전(1992-1995)을 통해 다시금 울려 퍼진다. 튀르크 군대는 1526년에 헝가리 사람들을 격파한 뒤, 북쪽으로 나아갔다. 그들은 1529년에 빈을 포위 공격했다. 이슬람의 서유럽 정복이 느닷없이 현실로 이루어질 수 있는 가능성이 되어버렸다. 시급히 행동에 나서 서구 기독교 세계에 명백하고 현존하는 위험이 된 이 사태를 처리해야 했다.

1529년 3월, 2차 슈파이어 의회가 부리나케 소집되었다. 이 의회의 주목적은, 가능한 한 빨리, 동쪽에서 밀려오는 새 위협에 맞서 연합 전선을 구축하는 것이었다. 하지만 일부 사람들은 이것을 그들 자신의 뒷마당에 자리한 또 다른, 그렇지만 동쪽의 위협보다는 작은 위협을 해결할 수 있는 호기로 보았다. 제국 지역 전체에 걸쳐 영향력을 키워가고 있던 개혁 운동들이 불안과 종교 무정부 상태를 만들어내게 생겼다고 주장하기는 식은 죽 먹기였다. 그들은 보름스 칙령을 제국 전체에 엄히 강제할 것을 요구했다. 다른 신앙을 주장하는 이들을 억누르면 동쪽에서 다가오는 새 위협에 맞서는 데 필수불가결한 국가 통일이 이루어지리라고 본 것이다.

독일의 제후 여섯과 제국 도시의 대표자 열네 사람은 종교의 자유를 급격히 줄여버린 이 뜻밖의 조치에 공식 항의했다. 이들과 이들이 대변하는 운동에는 즉시 라틴어인 *protestantes*(프로테스탄테스, '항의하는 자들')라는 말이 붙었다. '프로테스탄트'라는 말은 독일의 특수한 종교 상황을 반영한 말이지만, 금세 이 말은 관련된 개혁 운동에도 적용되어, 스위스의 울리히 츠빙글리와 관련된 운동들, '재세례파'로 알려진 더 과격한 개혁 운동들, 그리고 나중에 제네바 시의 장 칼뱅과 관련을 맺게 되는 운동에도 적용되었다.

3.2. 개신교: 개관

우리가 크게 묶어 살펴볼 '개혁들'은 '개신교'(프로테스탄트교)라는 말로 통틀어 부를 때가 잦다. 이 용어는 16세기에 벌어진 논쟁들과 이 논쟁들의 결과로 생겨난 기독교 형태들을 가리킬 때 모두 사용한다. 다음 절들에서 우리는 개신교의 구체적 형태를 하나씩 살펴볼 것이다. 일단 이 단계에서는 이 운동 전반의 관심사, 목표, 그리고 사상을 이해하도록 노력해보자.

초기 개신교는 동질성을 지닌 하나의 운동이 아니었음을 바로 아는 것이 중요하다. 유럽 전역에서 일어난 개혁 운동들은 종종 지역별로 독특한 목표를 갖고 있었으며, 각 운동은 자신을 꼭 더 큰 운동의 일부분으로 여기지도 않았다. 마르틴 루터가 근본이라 여기며 중요시한 사상(이를테면 이신칭의 교리)을 다른 이들도 언제나 똑같이 중요하다고 여기지는 않았으며, 특별히 프로테스탄트 운동에서도 급진 진영에 속한 이들은 더 그러했다. 그럼에도 프로테스탄트 운동이 공유한 특징들이 많이 있으며, 바로 그런 점 때문에 우리가 이런 식으로 개신교의 사상과 관심사를 두루 살펴볼 수 있는 것이다.

3.2.1. 성경으로 돌아감

앞서 언급했듯이, 르네상스는 문화가 새로 거듭나려면 문화의 원천으로 돌아가는 것이 중요하다고 강조했으며, 이 갱신 프로그램을 *ad fontes*(원천으로, 2.5.2-3)라는 슬로건으로 자주 집약하여 표현하곤 했다. 문화 갱신은 고전기의 사상과 가치로 되돌아감으로써 이룰 수 있었다. 그러나 이런 갱신과 재건 프로그램은 기독교 자체에도 적용할 수 있었다. 많은 르네상스 저술가들이 주장했던 교회 갱신은 신약성경 속에 들어 있는 권리증서로 되돌아가는 것이었다. 흐르는 물은 그 근원이 가장 맑다. 중세의 스콜라주의를 거치지 않고, 더 단순한 사상과 구조를 제시하는 신약성경 자체로 돌아가지 못할 까닭이 없지 않은가? 결국 이 접근법은 16세기에 모든 방면에 걸쳐 일어난 개혁 운동의 중심이 된다.

16세기에 벌어진 대다수 개혁 운동의 공통 테마 중 하나는 뜬구름 잡는 신학 사변에서 벗어나 성경, 특히 신약성경에 더 깊이 뿌리내린 사고방식과 삶의 방식으로 되돌아가는 것이었다. 마르틴 루터와 장 칼뱅 같은 저술가들은 성경이 인간에게 주어진 '하나님 말씀'으로서, 교회 전통이나 교황의 교령이라는 '인간의 말'을 능가한다고 강조했다. 이들은 모든 그리스도인이 결국 '하나님 말씀'이라는 권위에 복종하며 그 말씀을 따라 심판을 받게 되리라고 역설함으로써 교황의 권위에 저항하고 이 권위를 뿌리부터 흔들어놓을 수 있었다.

라틴어로 표현한 두 슬로건이 이 접근법을 집약하여 표현해주었다. 하나는 대다수 프로테스탄트들이 널리 사용하던 것이었는데, 다른 모든 권위의 원천보다 성경을 우위에 두어야 한다고 강조했다. *sola scriptura*('오직 성경')는 초기 개신교가 성경을 가르침과 도덕 지침의 근원으로 여겨 높은 가치를 부여했음을 집약하여 보여주었다. 두 번째 슬로건은 루터주의에서만 사용했다. 라틴어 슬로건 *Verbum Domini manet in aeternum*('하나님 말씀은 영원히 있도다')은 1520년대에 루터주의가 널리 채택한 슬로건이었다. 루터파는 그들이 입는 코트는 물론이요 심지어 그들이 쓰는 가재도구에도 VDMA—방금 말한 라틴어 슬로건의 머리글자를 딴 것—를 집어넣어 그들 자신의 속생각을 털어놓았다.

'주(主)의 말씀'이라는 개념이 이 신생 운동에서 갖는 중요성을 고려할 때, 개신교가 그 첫 단계에서 보통 신자들이 성경을 익히 알 수 있게 하고 또 익히 알게 장려할 목적으로 고안한 폭넓은 자원들을 선보인 것은 당연한 일이었다. 프로테스탄트 신학자들과 설교자들은 많은 이가 성경을 읽고 이해할 때 겪는 어려움을 잘 알았기에, 가능한 한 단순하면서도 생산적인 방법으로 성경을 탐구할 수 있게 해줄 자료를 풍부하고 폭넓게 만들어냈다. 이런 자원들을 제때 만들어내고 퍼뜨릴 수 있게 해준 인쇄기가 이때 프로테스탄트가 펼친 사업의 성공에 대단히 중요한 기여를 했다. 크게 세 범주의 자원이 특히 중요한 자원으로 등장했다.

1. 성경 번역본. 중세 시대에 성경을 자국어로 번역한 역본이 많이 나왔지만, 이 역본들은 신뢰할 수 없는 경우가 많았고 심지어 불법인 경우도 가끔 있었다. 개신교가 표방한 민주주의라는 목표는 모든 신자가 성경 본문에 다가갈 수 있어야 한다고 요구했다. 이런 목표를 이루자면, 당연히 성경을 자국어로 번역해야 했다.

2. 성경 주석. 애초부터 개신교는 성경 해석을 도와줄 연구 자료를 폭넓게 만들어냈다. 그런 자료 가운데 '성경 주석'은 지금까지도 가장 중요한 자료 가운데 하나로 남아 있다. 이 작품들은 성경 본문에서 만나는 어려운 개념이나 낯선 개념을 설명해주고, 번역과 관련된 여러 문제를 언급하고, 신학 쟁점들을 다루고, 실제에 적용할 수 있는 것들을 제시해주었다. 일부 주석은 학문성이 강한 색채를 띠었지만, 경건에 치중한 주석들도 있었다.

3. 성경 신학 작품. 장 칼뱅이 쓴 《기독교 강요》는 1536년에 초판이 나왔는데(3.3.6), 이는 성경이 제시하는 사상을 알려주고, 이를 읽는 이들이 성경 본문을 궁구하여 기독교 교리를 체계 있게 조망할 수 있는 시

근대 초기 인쇄업자의 인쇄소. 1619년에 프랑크푸르트에서 나온 고트프리트의 〈역사 기록〉에 들어 있는 판화.

각을 갖게 하려고 쓴 작품이었다. 다른 많은 이들도 이 작품을 따라, 성경이 제시하는 주제들을 함께 엮어 기독교 신앙의 주제들을 체계 있고 일관되게 설명하려 했다.

프로테스탄트가 표방한 '오직 성경' 원리는 두 개의 하위 개념과 연결되어 있었다. 이미 언급한 '성경의 충족성(자족성)'은 성경이 분명히 제시한 교리(가르침) 이외의 교리는 구원에 필요하지 않다고 강조한다. 성공회의 〈39개조 신조〉(1571)는 이런 입장을 고전처럼 정확하게 제시한다.

성경은 구원에 필요한 모든 것을 담고 있기 때문에, 성경 안에서 읽을 수 없고 성경으로 증명할 수 없는 것은 어떤 사람에게도 신앙을 표명한 신조로서

믿어야 한다거나 구원에 필수인 것으로 혹은 필요한 것으로 생각해야 한다고
요구하지 못한다.

– 〈39개조 신조〉, 6조

두 번째 개념은 '성경의 명확성'이라는 개념이다. 이는 종종 '성경의 명
료성'이라고도 말한다. 이 개념은 평범한 그리스도인도 달리 도움을 받을
필요 없이 성경의 기본 의미를 확인할 수 있다고 주장한다. 성경의 핵심 가
르침은 분명하며, 성경에서 이해하기 어려운 부분도 더 쉽게 이해할 수 있
는 다른 본문들에 비추어서 해석해낼 수 있다.

가톨릭 저술가들은 이 두 개념을 열심히 반박했다. 가톨릭 신학자인 멜
초르(또는 멜치오르) 카노(1509-1560, 에스파냐의 스콜라신학자요 도미니크회 수도
사—옮긴이)는 성경은 명확하지 않기 때문에 보통 사람들이 성경을 해석하
려면 도움이 필요하다고 주장했다. 그는 개신교가 신자 개개인을 성경의
의미를 판단할 재판관으로 만들어버리는 바람에, 한 몸인 교회가 통일된
판단을 내놓을 여지가 사실상 없어져버렸다고 주장했다. 나중에 예수회
출신 저술가요 추기경인 로베르토 벨라르미노(1542-1621)도 비슷한 비판
을 했다. 그는 성경이 분명 해석하기 어려운데도, 개신교는 어떤 집단 본능
(herd instinct)을 따라가면서 이것이 마치 하나님의 인도를 따르는 것인 양
위장함으로써 성경이 해석하기 어렵다는 사실을 감추려 한다고 주장했다.

3.2.2. 이신칭의 교리

서구 기독교의 가장 독특한 특징 중 하나는 구원의 기초가 인간의 특권이
나 미덕이나 공로(업적)가 아니라 하나님의 은혜임을 강조한 점이다. 이런
생각은 신약성경 전체, 특히 바울 서신에서 발견할 수 있다. "너희는 그 은

혜에 의하여 믿음으로 말미암아 구원을 받았으니 이것은 너희에게서 난 것이 아니요 하나님의 선물이라. 행위에서 난 것이 아니니 이는 누구든지 자랑하지 못하게 함이라"(엡 2:8-9).

앞서 말했듯이, 이런 사상이 암시하는 의미들은 펠라기우스 논쟁 때 탐구하고 규명했었다(1.5.6). 이 논쟁에서 히포의 아우구스티누스는 이런 행동과 행위가 하나님이 죄인을 받아주심에 따라 나타난 결과이지, 원인이 아니라고 주장했다. 하나님의 받아주심은 은혜를 베푸신 행위이며, 이는 결국 죄인의 도덕적, 영적 변화를 불러일으킨다. 하나님의 은혜는 그리스도인의 삶의 모든 단계에 반드시 있어야 할 것이다. 인간은 타락했고, 죄로 말미암아 다치고 상처를 입었기 때문에, 치유와 회복이 필요하다. 그러나 인간은 이런 일을 자기 힘으로 이루지 못한다.

종교개혁은 많은 점에서 펠라기우스 논쟁의 몇몇 주요 주제를 되풀이한 것으로 볼 수 있다. 개신교는 이 논쟁에서 아우구스티누스 편을 들면서, 아우구스티누스를 널리 신뢰할 만한 성경 해석자요, 하나님의 은혜를 옹호하는 자로 여겼다. 이런 문제들이 마르틴 루터가 비텐베르크에서 제시한 개혁 프로그램의 중심에 있었다(3.3.2). 1510년대 말, 루터와 그의 동료들은 아우구스티누스가 천명했던 개혁 목표를 새롭게 만들어, 그들이 그 시대 교회 안에서 펠라기우스주의가 새롭게 되살아나고 있음을 보여주는 현상이라고 믿었던 것에 맞서려 했다. 역사가들은 이런 모습이 용납할 수 없는 일반화로서 특정 지역의 상황을 교회 전체에 부당히 갖다 붙인 것이라고 말했지만, 루터와 그의 동료들은 누가 봐도 분명 이런 우려를 표명할 만한 근거를 꽤 갖고 있었다.

루터의 개혁에 독특한 성격을 부여해준 것은 인간 구원이라는 문제를 논할 때 사용하는 말들을 바꾸기로 결정한 점이었다. 이때까지만 해도 기독교 전통은 바울이 말했던 '은혜로 말미암은 구원'(엡 2:8)이라는 개념에 초점을 맞추면서, 인간이 어떻게 하나님과 화해하게 되었는가를 논할 때 이 용어를 사용했다. 그러나 이제 루터와 그의 동료들은 바울이 썼던 다른 개념을 사용하여 그 실체가 같은 개념을 표현한다. 그 개념이 '이신칭의(以信稱義, 믿음으로 말미암아 의롭다 하심을 얻음)'(롬 5:1)다. 이렇게 용어를 바꾼 이유들이 속속들이 알려져 있지는 않다.

루터는 종교개혁 시대에 이신칭의가 기독교의 정체성과 고결성을 되찾는 데 필수불가결하다고 철석같이 믿었다. 인간이 그 자신의 선한 행위로 말미암아 하나님이 보시기에 의롭게 된다면, 은혜의 복음 전체가 위태로워진다. 구원은 선물이지, 공로나 미덕을 통해 얻는 것이 아니다. 루터는 당시 가톨릭교가 '이행칭의(以行稱義, 행위로 의롭다 하심을 얻음)'를 가르친다고 주장하면서, 바울이 말한 '이신칭의' 교리가 기독교의 명확한 입장이라고 주장했다. 루터는 혹시라도 있을 수 있는 오해를 피하고자 '오직'이라는 말을 추가하여, 믿음은 (행위를 비롯하여) 칭의를 가져오는 많은 원인 중 하나일 뿐이라는 인상을 결코 주지 않으려 했다. 이 가르침은 종종 라틴어 슬로건인 *sola fide*, 곧 '오직 믿음으로'로 집약하여 표현하곤 했다.

루터의 로마서 3장 28절 번역은 그를 비판하는 자들을 화나게 했다. 그리스어 본문을 문자 그대로 번역하면 다음과 같다. "사람은 율법의 행위가 아니라 믿음으로 의롭다 하심을 얻는다." 루터는 이를 "사람은 율법의 행위가 아니라 오직 믿음으로 의롭다 하심을 얻는다"로 번역했다. 이처럼 성경 원문에 없는 말을 성경 본문에 추가하자, 루터 비판자들은 격노했다. 가톨릭 신자들은 신약성경이 어디에서도 "**오직** 믿음으로 의롭다 하심을 얻는다"고 가르치지 않는다는 점을 지적했다. 실제로 야고보서는 이런 생각을 명백히 비판했다.

루터는 자신의 슬로건이 신약성경 원문을 액면 그대로 활용하지는 않았지만, 그래도 신약성경이 말하는 내용을 깔끔하게 요약한 것이라고 응수했다. 루터의 번역은 바울이 실제로 써놓은 것과 다르긴 했지만, 바울이 본디 말하려 했던 의미를 전달해주었다. 그는 야고보서를 '지푸라기 서신'으로 보면서 신약성경에 결코 들어 있어서는 안 될 서신으로 보았다. 이 두 번째 논지는 프로테스탄트 진영 안에서 상당한 반발을 샀으며, 루터의 후계자들은 이 논지를 유지하지 않았다.

루터의 이신칭의 교리는 초기 개신교 안에서 폭넓은 지지를 얻었다. 그렇다고 모든 이에게 지지를 받지는 않았다. 장 칼뱅은 이신칭의 교리를 열렬히 지지했다. 그러나 스위스의 개혁자인 울리히 츠빙글리는 이런 생각을 비판하면서, 이렇게 주장하면 그리스도인들이 선행을 할 의무를 전혀 지지 않는다고 주장한다는 오해를 살 수도 있다고 믿었다. 일부 재세례파 저술가들도 이런 교리와 거리를 두면서, 이 교리의 성경적 근거와 도덕적 시사점들에 우려를 표명했다(3.4.1).

루터는 이런 두려움을 잠재우면서, 특히 그의 〈선행에 관한 설교〉에서, 자신이 말하려는 요지는 선행이 의롭다 하심을 받음에서 자연스럽게 우러나오는 결과이지 의롭다 하심을 받게 하는 원인이 아니라는 것이라고 대답했다. 루터는 자신이 도덕을 무너뜨리지 않고 다만 도덕을 적절한 맥락 속에 놓아두었을 뿐이라고 생각했다. 신자들이 행하는 선행은 자신들을 용서해주신 하나님께 감사함으로 하는 행위이지, 애초부터 자신들을 용서해달라고 하나님을 설득하거나 꾀는 행위가 아니다.

3.2.3. 민주화: '전 신자 제사장주의'와 자국어 사용

초기 개신교의 가장 독특한 특징 중 하나는 민주주의를 강력히 지향하는 모습을 보여주었다는 것이다. 기독교 신앙의 풍성함은 당시 대학과 교회의 언어이던 라틴어를 구사하는 사람에게만 주어져야 할 것이 아니었다.

원리만 놓고 보면, 기독교 자원들은 보통 사람들이 이해할 수 있는 언어로, 바꿔 말하면 그들의 자국어로 제공되어야 했다. 대다수 프로테스탄트는 다음 세 자원, 즉 성경, 전례(예전), 설교를 특히 중요시했다. 루터와 다른 초기 프로테스탄트 개혁가들은 모든 신자가 성경에 다가갈 수 있고, 예배에 참여하며, 기독교 교육을 받을 권리를 갖고 있다고 보았다. 아울러 이것은 이런 자원들을 모든 신자가 이해할 수 있는 언어로 제공함으로써 그들도 이 자원들에 접근할 수 있게 해야 한다는 뜻이었다.

영적 민주화를 표방하는 이런 주제는 루터가 주창한 교리인 '전 신자 제사장주의(모든 신자가 제사장이다)'에서도 분명하게 나타난다. 루터는 성직자들이 설령 어떤 영적 엘리트라 할지라도, 혹은 그들이 사제 서품을 받음으로 말미암아 그들이 '지워지지 않을' 어떤 특별한 '특질'을 부여받게 되었다 할지라도, 이 성직자들이 평신도보다 위에 있다고 내세울 근거는 전혀 존재하지 않는다고 주장했다. 성직자는 다만 교회 공동체 안의 다른 평신도들이 특별한 은사를 가졌다고 인정한 평신도요, 다른 평신도들을 섬기거나 가르치는 봉사를 할 사람으로 동료들이 인정해준 평신도일 뿐이다. 따라서 이런 결정을 할(누가 그런 은사를 가졌고 누구를 그런 봉사를 할 자로 세울지 결정할—옮긴이) 권위는 모든 그리스도인에게 있지, 독재자 같은 엘리트나 상상 속에 존재하는 영적 귀족에게 있는 것은 아니다.

루터는 이 논지를 전개할 때 다음과 같이 시민 사회 비유를 사용한다. 성직자는 평신도가 그들의 대표자요 교사이며 지도자로 선출한 '공직자'다. 그 지위를 놓고 볼 때, 성직자와 평신도 사이에는 근본적 차이가 없다. 차이가 있다면, 전자는 사제라는 '직무'를 맡을 자로 선출되었다는 것뿐이다. 모든 신자는 세례를 받음으로써 이미 이런 지위를 가지고 있다. 이렇게 직무를 맡을 자로 선출되었더라도, 이는 다시 뒤집을 수 있다. 상황이 요구한다면, 그렇게 뽑힌 자라도 그 선출을 취소할 수 있다.

루터는 신자들이 모두 제사장이라는 이런 교리를 바탕 삼아, 모든 그리스도인이 성경을 해석할 권리를 가지며, 교회의 가르침이나 관습 중 성경과 일치하지 않는 것으로 보이는 측면에 우려를 제기할 수 있다고 주장한다. 보통 그리스도인들과 구별되는, 혹은 이런 그리스도인들보다 위에 있는 어떤 '영적' 권위, 성경을 어떻게 읽어야 한다는 것을 교회에 강요할 수 있는 어떤 '영적' 권위는 존재할 수 없다. 성경을 읽고 해석할 수 있는 권리는 모든 그리스도인이 날 때부터 가지는 권리이다.

이 단계에서, 루터는 분명 성경이 평범한 그리스도인도 충분히 읽고 이해할 수 있을 정도로 명확하다고 믿었다. 루터는 그가 내건 민주주의 강령을 따라, 모든 신자가 그들이 이해할 수 있는 언어로 성경을 읽고 그 의미를 스스로 해석할 권리를 갖는다고 주장한다. 따라서 루터는 교회도 자신이 제시한 성경 해석에 관하여 그 지체들에게 책임을 지며, 지체들이 이의를 제기하는 것에 늘 열려 있어야 한다고 주장한다.

그러나 루터가 자국어를 강조한 것은 논증과 관련된 차원도 있었다. 그는 자신의 논지를 사람들에게 직접 주장할 수 있기를 원했다. 루터는 사회 안에서 지식인의 영향력을 만들어내는 데 인쇄기가 중요한 기여를 한다는 점을 에라스뮈스에게 배웠다. 1520년, 루터는 인쇄와 독일어라는 매개체를 통해 교회와 학계의 우두머리들을 건너뛰고 독일 민중에게 직접 호소함으로써 자신이 천명한 개혁의 대의를 제시하기 시작했다.

이런 진전이 왜 그토록 중요했을까? 중세 시기 서유럽의 학계와 교회 그리고 국가의 언어는 라틴어였다. 이 거대하고 다양한 세상의 일부를 가로질러 의사를 전달해줄 공통 언어가 분명 필요했다. 라틴어는 로마의 위대한 시인, 수사학자, 정치인, 철학자들이 쓰던 언어요, 히포의 아우구스티누스, 밀라노의 암브로시우스, 테르툴리아누스처럼 아주 영향력 있는 기독교 철학자들이 쓰던 언어였다. 루터는 자신이 라틴어로 쓴 것은 어떤 글이나 유럽 전역의 교육 받은 엘리트들이 이해하리라는 것을 알았다.

그러나 루터가 원한 것은 자신의 글이 학식 있는 독자들을 넘어, 보통 사람들의 마음과 생각에 가닿는 것이었다. 독일어로 책을 써 출간하겠다는 결정은 그런 바람을 표현한 상징이요, 루터가 추구하려 한 개혁이 민중을 아우르는 민주주의의 성격을 가졌음을 선언한 것이었다. 라틴어로 출간하는 것은 보통 사람들을 배제하는 것이었다. 그의 모국어인 독일어로 출간하는 것은 고대 학자들의 언어를 사용하여 예부터 줄곧 변두리로 따돌려왔던 민중을 교회의 미래에 관한 토론의 주체로 끌어들이는 민주화였다. 그 순간부터 자국어를 모든 영역에서 사용하는 것이 개신교를 상징하는 인증마크 중 하나가 된다. 무엇보다 중요한 것은 성경도 이런 민중의 언어로 번역하게 된다는 점이었다.

이 점의 중요성을 가벼이 간과해서는 안 된다. 예를 들면, 잉글랜드에서는 성경을 영어로 번역하는 것이 불법이었다. 1407년, 캔터베리 대주교인 토머스 아룬델(1353-1414)은 "오늘부터 누구라도, 책이든 소책자든 소논문이든 그 형태를 불문하고, 성경의 어떤 본문을 영어나 다른 언어로 번역하는 일을 하지 못한다"고 규정한 뒤, "그런 책은, 일부든 전체든, 공중 앞에서나 사사로운 자리에서도, 읽어서는 안 된다"라고 규정했다. 이리하여 중세 말에는 영어가 지하 종교의 언어가 되었다. 영어로 글을 쓰는 것은 이단의 견해를 주장하는 것과 마찬가지였다. 심지어 1513년에도, 당시 런던 세인트폴 대성당의 주임 사제였던 존 콜레트(1467-1519)는 주기도문을 영어로 번역했다가 그 직무를 일시 정지당했다.

진짜 중요한 점은 자국어 사용이 평신도에게 힘을 실어주는 일이었다는 것이다. 이 점의 중요성을 잘 보여주는 예가 칼뱅이 1541년에 그가 쓴《기독교 강요》프랑스어 판을 출간하기로 결정한 일이다. 이때까지만 해도 이 작품은 라틴어로 읽을 수밖에 없었다. 이 책이 프랑스어로 출간되었을 때,

프랑스에서 이 책을 구입할 수 있는 사람이나 혹은 자기 동료를 설득하여 빌려볼 수 있었던 사람은 누구나 이 책이 말하는 사상에 다가갈 수 있었다. 칼뱅이 그의 모국어인 프랑스어를 사용한 일은 프랑스 안에서 종교 논쟁이 홍수처럼 일어날 길을 열어놓았고, 칼뱅이 자국어로 쓴 글들은 종교와 사회의 변화를 주장하는 이들에게 큰 자원이 되었다.

이처럼 자국어 사용을 강조한 주장의 궁극 취지 중 하나는 성경 번역이 필요하다는 것이었다. 프로테스탄트 종교개혁의 가장 독특한 특징 중 하나는 성경을 유럽의 일상 언어로 읽을 수 있어야 한다고 역설한 점이었다. 루터 자신부터 이 일에 앞장서 성경을 독일어로 번역했다. 다른 이들도 루터의 본을 따랐다. 윌리엄 틴데일(1492-1536)은 가장 중요한 신약성경 초기 영역판(英譯版) 중 하나를 만들어냈다. 이 영역판은 1526년에 유럽 대륙에서 익명으로 출간되었다가 잉글랜드로 밀반입되었다.

더 보수적이었던 잉글랜드의 가톨릭 신자들이 이런 사태에 깜짝 놀란 이유는 쉬이 알 수 있다. 틴데일의 신약성경 영역판은 교회의 전통 구조에 도전을 제기했다. 이를테면, 틴데일은 바울 서신이 기독교회 안의 한 직무를 가리키는 말로 사용하고 전통 대대로 '사제(priest)'라 번역해왔던 그리스어 *presbyteros*(프레스비테로스)를 '장로(senior)'로 바꿔 번역해야 한다고 주장했다. 틴데일은 신약성경이 오로지 유대교 제사장이나 이교 사제를 가리킬 때 사용했던 그리스어 *hiereus*(히에류스)를 번역할 때만 'priest'라는 영어 단어를 사용해야 한다고 주장했다. *ekklēsia*(에클레시아)라는 그리스어 단어도 예부터 '교회(church)'로 번역해왔지만 이제는 '회중(congregation)'으로 번역해야 한다고 주장했다. 그 결과, 교회라는 제도를 밑받침한다고 여길 수 있었던 신약성경의 많은 부분들을 이제는 특정 지역 신자들이 모인 회중을 가리키는 말로 이해해야 했다. 이러자 다른 쪽에서는 자국어 사용을 종교적 반역이요, 교회의 구조와 권위에 관한 중세의 전통 사상을 침해하

1530년대에 인쇄된 윌리엄 틴데일의 신약성경 중 제목 페이지. 1890년경에 런던에서 윌리엄 오브리 (1858–1916)가 19세기 잉글랜드 화파의 석판화들을 담아 펴낸 *The National and Domestic History of England*에 들어 있다. 개인 소장품.

는 일로 여기게 되었다.

3.2.4. 교황의 권위를 거부함

중세 서유럽 교회의 가장 독특한 특징 중 하나는 교황의 영적 권위와 세속 권위를 높이 떠받든 것이었다. 일부 사람들은 독재자가 될 수도 있는 자의 손에 이처럼 권력을 모두 집중시키는 것을 보고 깜짝 놀랐지만, 이런 권력 집중을 교회의 정체성과 치리를 유지하는 데 필요하면서도 적절한 조치로 여기는 이들도 있었다. 동방교회는 교황의 절대권이라는 개념을 아예 인정하지 않고, 영적 권위가 본질상 자율성을 가진 여러 교회에 나뉘어 퍼져 있다고 보곤 했다.

개신교는 신앙의 민주화를 강조한 자신의 노선에 걸맞게 교황의 절대 권위라는 개념을 철저히 거부했다. 이 주제는 마르틴 루터가 1520년에 발표한 〈독일의 그리스도인 귀족에게〉에서 특히 중요한 역할을 했다. 루터는 교황도 다른 그리스도인과 똑같은 성경 해석권을 가질 뿐이라고 주장한다. 초기 개신교의 근간을 이루었던 민주주의라는 성격은 신학이 모든 이가 활용할 수 있는 자원(즉, 성경)에 근거하여 누구라도 할 수 있는 작업이 되어야 한다고 지시했다.

어느 한 해석만이 '특권을 누리거나', 하나님을 아는 지식을 담고 있고 오직 허락받은 자만이 들여다볼 수 있으며 결국에는 구원까지 좌지우지하는 비밀 자료가 따로 더 있다는 것은 말이 되지 않는다. 영적 엘리트라는 개념도 있을 수 없다. 그건 마치 (학식이나 교회 제도상 높은 지위에 있다는 이유로) 자신들의 견해를 다른 이들에게 강요할 권리를 가지는 신자 그룹을 인정한다는 말과 같기 때문이다. 개신교는 처음부터, 교회 직무를 맡은 자는 자신이 설교와 가르침으로 제시한 성경 해석에 관하여 교회 지체들에게 책임을 진다는 것, 그리고 교회 지체들은 성경을 근거로 그런 해석에 이의를 제기하고 그 해석을 바로잡을 수 있다는 것을 담대히 주장했다.

'성경의 명확성'이라는 기본 개념은 지혜롭고 배움이 있는 독자라면 성경 본문의 의미를 큰 어려움 없이 확실하게 알 수 있다는 뜻으로 제시한 것이었다. 루터는 평범하고 경건한 기독교 신자라면 성경을 완벽하게 읽을 수 있고 자신이 성경 안에서 발견한 것들을 완전히 이해할 수 있다고 주장한 것으로 보인다. 츠빙글리도 1522년에 내놓은 중요한 논문 〈하나님 말씀의 명확성과 확실성에 관하여(Von Klarheit und Gewißheit des Wortes Gottes)〉에서 루터와 비슷한 주장을 펼친다. 츠빙글리는 성경이 완벽하게 명확하다고 주장한다. "하나님 말씀은, 각 사람의 이해 위에 비춰자마자, 그 말씀을 훤히 밝혀 이를 이해하게 해준다."

그러나 이런 주장은, 특히 개신교 내부에서 성경 해석을 둘러싸고 여러 논쟁이 벌어졌을 때, 많은 이들에게 여러 어려움을 안겨주었다. 성경을 능가하는 권위가 전혀 존재하지 않는다면, 성경을 바로 해석했는지 여부를 누가 결정할 수 있단 말인가? 초기 개신교 안에서 벌어진 논쟁 중에는 성경 해석 문제가 중심 쟁점이 된 것이 많았으며, 이런 논쟁들은 (적어도 이론상으로는) 해결할 길이 없어 보였다.

이런 논쟁에 해당하는 한 예가 마지막 만찬 때 나사렛 예수가 하신 말씀의 해석을 둘러싼 논쟁이었다. 예수는 "이것은 내 몸이니라"(마 26:26) 하고 선언하셨는데, 여기서 예수가 말씀하시고자 했던 것은 무엇일까? 루터는 이 말씀의 의미가 아주 명확하다고 주장했다. 여기서 말하는 몸은 마지막 만찬 때 쪼개서 나눠준 빵이며, 예수가 말씀하시고자 한 뜻은 성찬에 쓴 빵이 그리스도의 몸이 되었다는 것이었다. 츠빙글리는 이에 동의하지 않았다. 그도 이 말씀의 의미 역시 분명하다고 주장했다. 성찬에 쓴 빵은 그리스도의 죽음을 가리키는 상징 내지 그 죽음을 떠올려주는 것이었다. 루터는 본문을 대체로 문자 그대로 해석한 반면, 츠빙글리는 본문을 대개 형이상학적 의미로 해석했다. 그렇다면 어느 쪽이 옳을까?

이 난제를 푸는 한 가지 방법은 성경을 읽는 이들에게 성경을 바로 해석할 수 있는 필터 내지 렌즈를 제공하는 것이었다. 이런 필터에 해당하는 한 예가 루터의 《소요리문답》(1529)이다. 이 책은 독자들에게 성경을 이해할 수 있는 틀을 제공했다. 루터가 교육 목적으로 내놓은 책 덕분에, 이를 읽은 독자들은 성경 본문들을 한데 엮을 수 있었고, 이 본문들을 루터의 신학 틀 중 일부로 인식할 수 있었다. 물론 이런 성경 본문들을 이해하는 데 활용할 수 있는 다른 틀들이 더 있었지만, 루터 자신은 그런 틀을 제시하지 않았다.

하지만 프로테스탄트 진영에서 나온 성경 안내서 중 가장 유명한 것은 장 칼뱅이 쓴 《기독교 강요》였으며, 그중에서도 특히 1559년에 나온 결정판이 가장 유명하다. 칼뱅은 애초에 루터의 요리문답을 모델 삼아 교육 목적으로 이 작품을 쓴 것으로 알려져 있다. 칼뱅은 1541년에 출간한 프랑스어 판 서문에서 이렇게 말한다. "《기독교 강요》는 하나님의 모든 자녀가 정말로 성경을 이해할 수 있게끔 그들에게 출입권을 부여한 열쇠 혹은 출입문과 같을지도 모르겠다." 그러나 칼뱅이 이 영향력 있는 책에서 내린 판단이 옳다는 데 모든 이가 동의하지는 않았다.

결국 개신교는 위에서 결정을 강요할 수 있는 누군가를 갖기보다 이런 문제들을 안고 살아가는 쪽이 더 낫다는 견해를 따랐다. 개신교 초기의 대다수 저술가들은, 성경이 궁극의 중요성을 갖는 문제들에 관하여 분명하게 이야기하는 만큼, 변두리 문제들을 둘러싼 이견은 용납할 수 있다는 견해를 취했다. 필리프 멜란히톤(1497-1560) 같은 몇몇 프로테스탄트 저술가들은 개신교 신자들이 의견 불일치를 받아들여야 하는 신학 영역들을 가리키는 말로 *adiaphora*(아디아포라, 그리스어로 '대수롭지 않은 문제들'을 뜻함)라는 말을 사용했다.

3.2.5. 두 성례, 그리고 두 종류의 수용

앞서 우리는 중세 초기 신학자들이 일곱 성례(성사)―세례, 견진, 성체(성찬), 혼인, 고해, 성품(聖品, ordination), 병자(extreme unction)―를 구분하는 성례 개념에 관하여 의견 일치를 이루게 된 내력을 언급했다(2.3.5). 초기 개신교 저술가들은 성례의 본질에 관한 이런 이해를 비판적 시각으로 샅샅이 검토했다. 이렇게 검토와 개정 과정을 거친 결과, 오직 두 성례만이 프로테스탄트들에게 인정을 받았다. 세례와 성찬(또는 주의 만찬)이 그것이다.

그러나 16세기에 벌어진 논쟁에서 성례와 관련한 또 다른 문제가 중대한 쟁점으로 떠올랐다. 성찬 때 평신도에게 빵과 포도주를 함께 주어도 되는가, 아니면 빵만 주어야 하는가? 초기 개신교 저술가들은 '한 종류만으로 사귐을 나누는'(즉, 평신도에게는 오직 빵만 주고 포도주는 주지 않는) 중세의 관습을 엄중히 비판했다. 12세기까지만 해도, 미사에 참여한 모든 이가 성별(聖別)한 빵과 성별한 포도주를 모두 먹는 것이 보통 관습이었다. 하지만 11세기에, 일부 평신도가 포도주를 받다가 부주의하여, 당시 등장하고 있던 화체설에 따르면 이제 그리스도의 피로 변한 그 포도주를 교회 바닥에 쏟는 잘못을 저지르는 경우가 늘어났던 것으로 보인다. 13세기에 이르자, 결국 성직자만이 포도주를 받을 수 있게 되었다.

루터는 이런 관습을 결코 옹호할 수 없다고 보았다. 이런 관습은 성경이나 역사의 어디에도 그 선례가 없다는 것이 이유 중 하나였다. 아울러 루터는 성직자가 성작(聖爵, 포도주를 담은 잔)을 평신도에게 주길 거부하는 것 역시 여러 신학적 근거를 내세워 받아들일 수 없는 일이라고 선언했다. 평신도가 포도주를 받지 못하게 막는 것은, 이들이 **포도주가 상징하는 것**에 다가가지 못하게 막는 일이기도 하기 때문이다.

　그리스도가 베푸신 모든 은덕은 그리스도의 모든 백성이 누리게끔 주어진 것이다. 때문에 평신도도 빵과 포도주를 함께 받아야 한다는 것은 당연지사였다. 성찬이 보여주는 상징은 신학의 실제와 일치해야 했다. 루터의 태도가 영향력을 얻으면서, 평신도에게도 성작을 주는 관습은 어떤 회중이 종교개혁을 따르는지 여부를 확실히 보여주는 인증마크가 되었다.

3.2.6. 새로운 노동 윤리와 자본주의 발전

초기 개신교의 더 두드러진 특징 중 하나는 '성(聖)'과 '속(俗)' 두 영역을 구분하는 중세의 이분법을 거부한 점이다. 이는 신성한 것의 비(非)신성화로 쉬이 해석할 수도 있으나, 세속 영역의 신성화로도 충분히 이해할 수 있음을 유념하는 게 중요하다. 루터는 일찍이 1520년에 세속 영역 안에서 신성한 공간을 만들어내는 데 필요한 기초가 될 기본 개념을 마련했다. 앞서 언급했듯이, 그가 설파한 교리인 '전 신자 제사장주의'는 '영적' 질서와 '세속' 질서 사이에 어떤 지위 차이도 존재하지 않음을 강조했다. 모든 그리스도인이 제사장으로 부르심을 받았다. 그리고 일상세계에서 그 부르심을 삶으로 실천할 수 있었다.

　이것은 '부르심'(소명)이라는 개념에 중대한 시사점들을 제공해주었다. 중세에는 *vocatio*('부름' 혹은 '소명')라는 라틴어를 이 세상을 등지고 수도사의 삶을 살아가라는 부르심을 뜻하는 말로 이해했다. 세상 속에 남아 있는 쪽을 택한 사람들은 신앙인의 삶을 시작하려는 헌신이 없는 이류 그리스도인으로 취급받곤 했다. 루터가 '영적' 영역과 '세속' 영역의 구분을 없애면서, 소명 개념도 바뀔 수밖에 없었다.

　개신교도 이처럼 '소명'이라는 개념을 인정했지만, 근본부터 다시 정의했다. 소명은 이제 더 이상 세상을 떠나 하나님을 섬기라는 부르심이 아니었다. 소명은 일상세계 속에서 하나님을 섬기라는 부르심이었다. 이 핵심 원리 때문에, 결국 개신교는 그 형태를 불문하고 수도사의 삶 같은 삶을 거부할 수밖에 없었다. 또는 적어도 그런 삶을 변두리로 내몰 수밖에 없었다. 그런 삶은 어떤 유익한 목적에도 이바지하지 못하며, 신자들을 이들이 실제로 그 책임을 다하고 활동하며 살아가는 (세상 속의) 영역에서 떼어놓을 뿐이었다.

루터는 하나님이 사람들에게 믿음을 그들의 삶으로 표현할 소명을 주셨다고 보았다. 루터는 창세기 3장 13절을 주석하면서 그런 점을 이야기했다. "세속의 일처럼 보이는 것이 사실은 하나님을 찬미하는 것이요 그분을 아주 기쁘시게 해드리는 순종을 표현하는 것이다." 루터는 심지어 집안일도 신앙 면에서 소중한 가치가 있다고 칭송하면서, 이렇게 선언했다. "이런 집안 허드렛일이 분명 거룩한 모양은 갖고 있지 않지만, 그래도 수도사와 수녀가 하는 모든 일보다 더 귀히 여겨야 한다." 루터를 따랐던 잉글랜드인 윌리엄 틴데일은 '설거지와 하나님 말씀을 설교하는 일'이 분명 서로 다른 인간 활동이지만, 그래도 둘 다 '하나님을 기쁘시게 해드리는 일이기에' 본질상 아무런 차이도 없다고 주석했다.

장 칼뱅은 이런 사상을 더 발전시켰다. 그는 그리스도인이 일상세계에 참여하여 이 세계 안에 존재하는 것이 중요하다고 강조했다. 이전에는 노동을 실생활에 필요하긴 하지만 그래도 사회 지위가 낮은 자들이 해야 제격인 활동으로 여기며 비천하게 여겼지만, 칼뱅의 신학은 노동을 하나님의 피조 세계 안에서 그분의 피조물을 통해 그분을 찬미하고 시인하는 영예롭고 영광스러운 수단이요 피조 세계에 풍요로움을 더해주는 수단으로 바라보도록 바꿔놓았다. 유럽에서 개신교를 택한 지역들이 이내 경제적 번영을 구가하게 된 것은 결코 우연이 아니다. 그리고 이는 신앙 차원에서 노동에 새롭게 부여한 중요성이 가져다준 파급효과였지, 애초부터 의도하고 예상했던 결과가 아니었다.

이 때문에 많은 역사가들은 개신교의 확산과 자본주의의 등장 사이에 어떤 본질적 연관성이 있는지 여부를 고찰하게 되었다. 증거는 분명 그런 연관성이 존재함을 시사한다. 플랑드르 지방은 16세기 후반에 프로테스탄트의 봉기와 에스파냐가 주도한 가톨릭 진영의 재정복으로 말미암아 분열되고 말았다. 이후 약 200년 동안, 개신교 지역은 활기가 넘치고 번영했지만, 가톨릭 지역은 침체하고 생산이 저조했다. 심지어 프랑스나 오스트리아 같은 강고한 가톨릭 국가에서도 경제 활동을 주도한 이는 주로 칼뱅주의자들이었다. 17세기 중엽에 이르면 자본주의와 칼뱅주의가 사실상 공존하게 된다.

그렇다면 칼뱅주의와 자본주의 사이에는 더 깊은 연관관계가 있는가? 아니면 이것은 단지 역사의 우연일까? 독일의 사회학자 막스 베버(1864-1920)는 칼뱅주의가 근대 자본주의 발전에 필수불가결한 심리적 전제조건들을 만들어냈다는 주장을 편 인물로 유명하다. 가톨릭교는 자본 축적을 본질상 죄로 여겼다. 그러나 칼뱅주의는 자본 축적을 장려할 일로 여겼다.

베버는 이런 근본적 태도 변화를 특히 잘 설명해주는 예가 미국의 정치인이요 저술가인 벤저민 프랭클린(1706-1790) 같은 17세기(그리고 18세기—옮긴이 첨가: 프랭클린은 분명 18세기 사람이다—옮긴이) 칼뱅파 저술가들이라고 보았다. 이들의 저작은 세상에 참여하여 자본을 축적하는 것을 긍정했지만, 자본을 소비하는 것은 비판했다. 자본은 늘려야 할 것이었지, 소비해야 할 것이 아니었다. 베버의 논지는 여전히 논란거리다. 그러나 개신교의 가장 흥미로운 특징 중 하나가 바로 이 개신교가 노동과 돈의 세계에 끼친 영향임은 의심할 여지가 거의 없다.

우리는 이제까지 개신교 운동 전체를 관통하여 개신교가 공유했던 사상과 관습의 일반 특징 몇 가지를 살펴보았다. 아래에서는 개신교의 각 요소를 더 자세히 살펴보고, 이어 가톨릭 종교개혁을 계속 살펴보겠다. 우선 독일과 스위스에서 일어난 주류 종교개혁의 발전 과정과 사상을 고찰해보겠다.

3.3. 종교개혁의 주류: 루터, 츠빙글리, 칼뱅

역사는 사회, 경제, 정치, 종교 등 여러 요인이 한데 어울려 만들어낸다. 이모든 요인이 16세기에 펼쳐진 여러 격변을 형성하는 데 다 한몫을 했다. 그러면서도 사람들은 세 사상가가 이 운동을 형성하고 이끄는 중요한 역할을 했다는 데 널리 동의한다. 그 셋은 마르틴 루터(1483-1546), 울리히 츠빙글리(1484-1531), 그리고 장 칼뱅(1509-1564)이다. 아래에서는 이 세 인물과 이들이 16세기에 기독교 역사에 끼친 영향을 살펴보겠다.

이 세 사상가는 모두 주류 개혁 운동에 속한다. 이 주류 개혁 운동은 종종 '관(官)을 등에 업은 종교개혁(magisterial Reformation)'이라 불리는데, 이 운동에서는 교회와 국가의 긴밀한 관계가 드러났다. '관', 다시 말해 그 형태가 군주든 혹은 시의회든, 공무를 맡은 당국자들은 교회에 상당한 영향력을 행사했고, 그들이 관할하는 지방에서 기독교 신앙을 실현하는 데 도움을 주었다. 다음 절에서 보겠지만, 더 급진성을 띤 종교개혁 진영은 종종 이런 관계를 일절 거부했다.

3.3.1. 마르틴 루터: 짧막한 전기

마르틴 루터는 1483년 11월 10일에 독일의 한 고을인 아이슬레벤에서 태어났다. 1501년에는 에르푸르트에서 대학 공부를 시작했다. 1507년에 사제 서품을 받았으며, 1512년에 신학박사 학위를 받았다. 이 덕분에 그는 신설된 비텐베르크 대학교에서 학문을 가르치는 지위를 얻게 되었다.

루터가 처음 명성을 얻게 된 계기는 1517년에 면죄부 판매를 놓고 벌인 논쟁이었다. 마인츠 대주교 알베르트는 자신이 관장하는 대교구 안에서 면죄부를 판매하도록 허용했다. 이 면죄부 판매는 로마에 있는 성 베드로 대성당을 재건할 기금 조성 수단이기도 했다(2.4.6). 면죄부 판매책임을 맡은 요한 테첼은 사람의 이목을 확 잡아끄는 슬로건을 만들어, 자신이 만들어낸 것의 장점을 가장 어수룩한 사람도 분명히 알 수 있게 만들었다.

> 금화가 짤랑 소리를 내며 돈궤로 떨어지는 순간,
> 영혼은 연옥에서 하늘로 뛰어오른다!
> (테첼이 만든 독일어 광고 문안은 이렇다. Sobald der Gulden im Becken klingt, im huy die Seel im Himmel springt.—옮긴이)

루터는 면죄부 판매가 죄 용서를 상품으로 만들어버릴 위험성이 있기 때문에 신학 면에서 문제가 있다고 보았다. 실제로 면죄부 판매는 하나님의 죄 용서를 돈 주고 살 수 있는 물건으로 다루는 것이었다. 1517년, 루터는 알베르트 대주교에게 서신을 보내, 면죄부 판매 행위에 항의하고 그가 비텐베르크 대학교에서 토론하자고 제안한 '면죄부 판매에 반대하는 테제들'을 알렸다. 이 테제가 그 유명한 '95개조'(95개 테제)인데, 일부 역사가들은 이를 1517년에 일어난 종교개혁의 기원으로 여기기도 한다.

'95개조'의 의미에 관한 대중서의 설명들은 이 '95개조'가 알려진 그대로 아주 급진성을 띠었다고 주장하지만, 이 테제들이 담고 있는 면죄부 비판은 당시 다른 곳에서도 울려 퍼진 내용이었다. 루터가 면죄부 판매에 반대한 근본 이유는 두 가지였다. 첫째, 면죄부 판매는 독일 민족의 살림을 착취하는 일이었다. 교황이 독일 민중의 지독한 가난을 바로 안다면, '그가 돌보는 양들의 껍질과 살과 뼈'로 베드로 대성당을 재건하려고 하기보다,

차라리 폐허로 놔두는 쪽을 택할 것이다. 둘째, 루터는 교황이 연옥에 아무런 권위도 행사할 수 없기 때문에, 어떤 이가 거기서 보낼 시간을 결정하는데 영향력을 행사할 만한 위치에 있지 않다고 주장했다.

루터의 평판은 1519년 라이프치히 토론 때 상당히 높아졌다. 교회 개혁과 관련된 이슈들에 초점을 맞춘 이 토론은 루터와 그의 비텐베르크 동지인 안드레아스 보덴슈타인 폰 카를슈타트(1486-1541)가 잉골슈타트 출신의 가톨릭 신학자로 높은 명성을 얻고 있던 요한 마이어 폰 에크(1486-1543)와 맞붙은 논쟁이었다. 권위의 본질을 놓고 복잡한 논쟁을 이어가는 동안, 에크는 그 자신이 보기에 루터로 하여금 교황은 물론이요 보편공의회도 오류를 범할 수 있음을 인정하게 하는 데 성공한다. 심지어 루터는 얼마 전에 가톨릭교회가 이단으로 정죄한 보헤미아 개혁자 얀 후스를 어느정도 지지한다는 뜻을 밝혔다(2.4.4). 에크는 자신이 이 토론에서 이겼다고 보았다. 그가 루터에게서 억지로 끌어낸, 교황의 권위를 바라보는 견해가 당시 기준에 비춰보면 정통이 아니었기 때문이다.

하지만 다른 사람들은 루터의 비판에 환호했다. 특히 중요한 것은 독일의 많은 인문주의자들이 보인 반응이었다. 이들은 루터의 비판을 들으며 루터도 그들과 같은 편이라고 생각했다. 사실은 그렇지 않았다. 그렇지만 이런 '건설적 오해' 덕분에 루터는 이 무렵 인문주의자들이 떠받드는 이가 되었다.

1520년, 루터는 그에게 인기 있는 큰 개혁자라는 명성을 확고히 안겨줄 주요 작품 세 편을 출간했다. 현명하게도 루터는 많은 대중이 그의 사상을 알 수 있게끔 이 작품들을 독일어로 집필했다(3.2.3). 당시 유럽에서 라틴어는 지식인과 교회 엘리트들이 사용하는 언어였고, 독일어는 보통 사람들이 쓰는 말이었다. 루터는 〈독일의 그리스도인 귀족에게〉에서 교회 개혁이 필요함을 열렬히 주장했다. 16세기 초 교회는, 그 교리와 관습 면에서

종교개혁자 마르틴 루터(1483-1546). 모관(毛冠)을 쓴 루터 초상으로 루카스 크라나흐(1472-1553)가 1528년에 그린 작품이다. 나무판에 그린 유화. 34.3×24.4cm.

신약성경과 멀찌감치 떨어져 있었다. 간결하면서도 위트가 넘치는 그의 독일어는 아주 진지한 몇몇 신학 사상이 대중들에게 더 큰 호소력을 발휘하게 해주었다.

이 작품의 놀랄 만한 성공에 용기를 얻은 루터는 이어 〈바벨론의 포로가 된 교회에 관하여(Von der Babylonischen Gefängnis der Kirche)〉를 내놓았다. 그는 이 강력한 글에서 복음이 제도권 교회의 포로가 되었다고 주장했다. 그는 중세 교회가 복음을 사제와 성례가 복잡하게 얽혀 있는 체계 안에 가두어버렸다고 주장했다. 교회가 복음의 종이어야 하는데, 도리어 복음의 주인이 되어 있었다. 그는 이런 논지를 〈그리스도인의 자유에 관하여(Von der Freiheit eines Christenmenschen)〉에서 더 발전시킨다. 이 책에서 루터는 신자의 자유와 의무를 강조했다.

이제 루터는 논쟁과 정죄의 중심에 서 있었다. 1520년 6월 15일, 교황은 루터에게 교서[라틴어로 *bulla*이며, '인(seal)'을 뜻한다. 자신이 보낸 서신이 진본임을 확증하고자 서신에 붙였던 인을 말한다]를 보내 그를 엄중히 비판하고 그의 견해를 취소하라고 명령했다. 루터는 이를 거부하고, 이를 무시한다는 뜻을 나타내고자 사람들 앞에서 교서를 불살라버렸다. 그 결과, 그는 이듬해 1월에 파문당하고, 보름스 의회에 출두하라는 명령을 받았다. 다시 한 번, 루터는 그의 견해를 철회하길 거부했다. 루터의 처지가 점점 더 위태해졌다. 이를 알아차린 작센 선제후 현자 프리드리히는 루터를 '납치'하여 아이제나흐에 가까운 바르트부르크 성에 여덟 달 동안 피신시킨다. 그 뒤 루터는 1522년에 비텐베르크로 돌아와 이 고을의 개혁 책임을 맡게 되며, 그의 사상은 유럽 전역에서 상당한 지지를 얻게 된다.

루터가 이 초기 단계의 종교개혁에 끼친 영향은 엄청났다. 그는 바르트부르크에 숨어 있는 동안, 전례 개혁, 성경 번역, 그리고 다른 개혁 관련 논문 집필을 포함하여 많은 굵직한 개혁 프로젝트들을 계속하여 진행할 수 있었다. 독일에서는 1522년에 신약성경이 선을 보였지만, 1534년에 가서야 성경 전체를 번역한 역본이 출간되었다. 1524년, 루터는 독일 도시들에 학교를 세우고 여성에게까지 교육을 확대해야 한다고 주장했다. 그가 1529년에 내놓은 두 요리문답은 새로운 신앙 교육 접근법을 펼쳐보였으며, 이는 서구 기독교 교육 관습에 지대한 영향을 미치게 된다.

그러나 모든 일이 척척 풀리지는 않았다. 1525년에 일어난 농민 전쟁은 루터의 평판을 심하게 떨어뜨렸다. 루터는 봉건 영주들이 필요하다면 무력을 써서라도 농민 봉기를 진압할 권리를 갖고 있다고 주장했다. 루터가 이 문제를 다룬 글—그의 논문 〈강도요 살인자인 농민 집단에 반대하여 (Wider die räuberischen und mörderischen Rotten der Bauern)〉 같은 글—은 농민 전쟁 자체에 사실상 아무런 영향을 미치지 못한 채, 그의 이미지만 더럽히고 말았다.

또 루터와 울리히 츠빙글리가 실제 임재의 본질에 관하여 사뭇 다른 견해를 제시하면서, 어쩌면 가장 중요하달 수 있는 논쟁이 터지고 말았다. 루터는 성찬 때 그리스도가 실제로 임재하신다는 주장을 강력히 고수했는데, 이는 그리스도의 임재를 형이상학 내지 상징의 관점에서 바라본 츠빙글리의 접근법과 날카롭게 대립하는 견해였다. 많은 이들이 두 견해를 융화시키거나, 적어도 이런 의견 차이가 초래할 상처를 줄이려고 애썼다. 그러나 이런 노력은 결국 허사였다. 헤센의 필리프(1504-1567)가 루터와 츠빙글리의 이견을 해소할 목적으로 마련한 마르부르크 대화(1529)가 특히 중요했다. 당시는 개혁에 대항하는 정치적, 군사적 고려 요인이 점점 더 늘어나면서 독일과 스위스의 개혁 진영이 힘을 합쳐야 했던 시기였는데도, 이 대화가 실패하면서 결국 두 진영이 영원히 갈라서게 되었다고 주장할 수 있다.

1527년, 루터는 이전에 수녀였던 카타리나 폰 보라(1499-1552)와 혼인했다. 루터는 이후에도 그의 주요 신학 저작들을 계속하여 많이 펴냈다(그 가운데 가장 유명한 것이 그의 갈라디아서 주석이다). 그러나 그는 자신의 건강, 그리고 종교개혁 투쟁에 얽힌 정치 문제에 점점 더 큰 관심을 쏟았다. 1546년, 루터는 만스펠트 시의 몇몇 독일 귀족들 사이에 벌어진 사소한 다툼을 중재하려고 애쓰던 도중에 그 수명이 다하여 숨을 거두었다.

3.3.2. 루터가 비텐베르크에서 일으킨 개혁

루터가 1520년에 개혁을 주장한 세 논문을 통해 제시하고 1522년부터 1524년에 이르는 시기에 비텐베르크에서 실천에 옮긴 개혁은 유럽 전역에서 개혁에 나선 개인과 회중이 본받을 틀로 금세 자리 잡았다. 루터는 그가 제시한 신학의 근본 원리들을 교회와 사회를 바꾸는 변화를 통해 실제 행동으로 옮길 수 있었다.

교회의 삶과 생각을 갱신하려 한 루터의 포부는 중세 동안에 자신이 서 있어야 할 자리와 머물러야 할 자리를 잃어버린 기존 기독교회를 개혁하는 것과 관련이 있었다. 그의 근본 확신은 당시 교회가 기독교 복음의 근본 주제 가운데 (전부는 아니나) 일부를 잃어버렸다는 것이었다. 교회의 삶과 사상 중 모든 측면을 개혁해야 하는 것은 아니었다. 루터의 표어는 혁신이 아니라 갱신이었다. 루터의 개혁 프로그램은 단순히 제도를 뜯어고치고 도덕 개혁을 요구하는 것이 아니었다. 그 핵심은 성경으로 되돌아감으로써 기독교 신앙의 중심인 신학 주제들을 재발견하는 것이었다.

루터의 개혁이 내건 주제 가운데 어쩌면 가장 뚜렷하다 할 수 있는 것은 성경에 중심이라는 위치를 부여한 게 아닐까 싶다(3.2.1). 루터는 성경을 그리스도인 개개인의 신앙생활에 중심이 되는 것이자, 교회의 삶과 사상의 중심으로 여겼다. 루터가 초기에 한 일 중에는 독일 그리스도인들이 성경을 쉽게 활용할 수 있게 하는 것과 관련된 일이 많다. 무엇보다 중요한 일이 성경을 독일어로 번역한 일이다. 루터는 독일 그리스도인들이 신학 자원과 영성 자원을 독일어로 만날 수 있어야 한다고 강조했는데, 그의 이런 강조점이 그가 1520년대에 성경을 독일어로 번역한 근본 계기가 되었다.

루터는 보통 그리스도인들이 성경 해석에서 어려움을 겪는다는 것을 분명히 알게 되자, 요리문답과 신앙에 도움이 되는 소책자 그리고 성경 주석들을 집필하여 펴냈다. 이는 신자들이 그들 손에 쥐어진 이 보화에서 아주 많은 유익을 얻게 할 목적으로 쓴 것이었다.

루터가 단행한 개혁에서 교육과 관련된 요소들은 아주 큰 영향을 미쳤으며, 서유럽 전역에서 이 요소들을 받아들이고 응용했다. 루터가 1528년부터 1529년에 이르는 기간 동안 작센의 루터파 교회들을 방문한 결과, 대다수 목사와 거의 모든 평신도가 기독교의 기본 가르침을 모른다는 사실이 드러났다. 루터는 자신이 발견한 결과에 충격을 받고, 사람들이 기독교의 기본 가르침을 더 많이 알 수 있게 할 조치들을 취하기로 결심했다.

1529년 5월, 루터는 《소요리문답(Der Kleine Katechismus)》으로 알려지게 된 책을 출간했다. 독일어로 쓴 이 작품은 가볍게 다룰 수 있고, 쉬이 전달할 수 있었으며, 많은 이들이 활용하고 알아들을 수 있게 대체로 간결한 표현을 사용했다. 이 작품이 취한 문답 형식은 암기 학습에 아주 적합했으며, 이 때문에 이 작품을 교회와 학교에서 널리 사용하게 된다.

그러나 루터는 성경을 강조할 때 주로 성경이 하나님의 약속들을 사람들에게 전달해주는 방편이라는 점에 초점을 맞추었다. 이 약속들의 실체(내용)는 무엇이었는가? 여기서 우리는 루터의 개혁 프로그램이 지닌 핵심 특징(곧, 그가 오직 믿음으로 의롭다 하심을 얻는다는 교리를 강조한 점)에 다가가게 된다.

1513년부터 1518년에 이르는 기간에 루터가 이룩한 신학 발전을 깊이 연구해보면, 그가 이 무렵에 어떤 신학적 돌파구를 체험했음을 분명히 알 수 있다(그러나 그가 이런 체험을 한 시기가 정확히 언제인가는 논쟁거리다). 이런 변화의 본질은 '하나님의 의'가 복음 속에 나타나 있다는 바울의 선언(롬 1:17)에 관한 루터 자신의 이해와 관련이 있다. 루터는 처음에 이것이 사람들이 하나님께 받아들여지려면 갖춰야 할 의의 기준을 가리킨다고 믿었다. 하지만 그는 이 시기에 신약성경을 깊이 연구한 뒤, '죄인을 의롭다 하시는 의'는 하나님이 **인간에게 베푸신 선물**로 이해해야지, 하나님이 **인간에게 요구하시는 것**으로 이해해서는 안 된다는 결론을 내린다.

이제는 구원이 인간의 공로와 상관없이 거저 주어진 하나님의 선물이며, 이 선물은 믿음으로 받는 것이라는 루터의 깨달음이 그 자신의 신학을 지배하게 되었다. 이것이 그가 주창한 교리, 곧 '오직 믿음으로 의롭다 하심을 얻음'이라는 교리의 중심 주제이며, 바로 이것이 루터 자신이 표명한 개혁 강령의 중심이 되었다(3.2.2). 이 개념을 오해하거나 부인한다면, 교회는 그 정체성을 잃어버리고 복음은 훼손당할 것이다. 루터는 바로 이런 일이 중세 동안에 일어났다고 믿었다. 면죄부 판매를 둘러싼 1517년 논쟁이 일어난 이유도 사실은 값없이 받는 선물인 죄 용서를 교회가 마치 **돈을 주고 살** 수 있는 것으로 암시한다고 루터가 믿었기 때문이었다.

그러나 루터의 개혁 프로그램은 교회의 삶에까지 확장되었다. 아마도 가장 분명한 발전은 루터가 제도적 수단이 사도들의 교회와 그 시대 교회의 연속성을 지켜준다는 생각을 거부한 점일 것이다. 이 사도들의 교회와 단절되는 것은 '그리스도의' 교회라 불릴 권리를 잃는 것이었다. 그러나 루터는 중세 교회가 윤리 면에서나 신학 면에서 그 길을 잃었다고 보았다. 루터는 기존 교회와 단절한 자신의 교회야말로 사도들의 가르침을 신실히 따름으로써(루터는 그 시대 교회가 이 점에서 명백히 실패했다고 믿었다) 사도들과 연속성을 유지하고 있다고 주장하여 자신의 교회의 존재에 정당성을 부여했다.

앞서 언급했듯이, 루터는 성직자와 평신도 사이에 본디 영적 구별이 없음을 계속하여 역설했다(3.2.3). 모든 신자는 세례를 받았으므로 제사장(사제)이다. 사제가 행하는 기능은 교회 질서에 관한 문제이지, 신학이나 영성의 우월함과 관련된 문제는 아니다. 루터의 '전 신자 제사장주의' 교리에서 분명히 드러나는 이 생각은 중대한 시사점을 갖고 있었다. 성직자와 평신도는 성찬 때 똑같이 빵과 포도주를 받아야 한다는 것이었다(3.2.5).

아울러 루터는 성직자가 다른 보통 사람들처럼 혼인할 수 있어야 한다고 역설했다. 루터 자신도 카타리나 폰 보라와 혼인했다. 당시 등장하고 있던 새로운 프로테스탄트 질서는 카타리나를 여성의 롤 모델(role model)로 여기게 된다. 각 회중이 자신의 설교자와 목사를 선출할 수 있어야 하고,

상황이 요구하면 그들을 해임할 수도 있어야 했다. 이번에도 역시 근본 주제는 민주화였다. 즉 '영적 엘리트'라는 개념 자체를 뒤집어엎는 것이었다.

아울러 루터는 그가 생각하는 교회상(教會像)의 정치적 측면들도 생각했다. 그리스도인 공동체와 국가는 어떤 관계인가? 교회와 당시 독일 제후들의 관계는 어떠한가? 루터는 이런 질문에 답하면서, '두 나라(왕국)' 교리를 전개했다. 루터는 '세속' 영역과 '영적' 영역을 나누는 중세의 이분법을 거부하고, '영적' 사회를 다스리는 통치와 '세속' 사회를 다스리는 통치를 나누는 이분법을 기초로 삼아, 권위의 영역에 관하여 다른 대안 이론을 전개했다. 하나님의 영적 통치는 하나님 말씀과 성령의 인도를 통해 이루어진다. 하나님의 세속 통치는 왕과 제후, 행정 책임자들을 통해, 칼과 시민법을 활용하여 이루어진다.

아마도 이 부분이 루터의 개혁 프로그램에서 가장 덜 만족스러운 측면 가운데 하나였던 것 같다. 그의 개혁 프로그램은 독일 제후들과 교회의 관계에서 제후들 편을 드는 것처럼 보였고, 국가가 그 민중을 억압할 때도 교회가 국가를 비판하지 못하게 막았기 때문이었다. 많은 이들은 1525년 농민 봉기 진압 때 루터의 개혁 프로그램이 진압을 두둔했다고 믿었다.

3.3.3. 울리히 츠빙글리: 짤막한 전기

스위스 개혁자 울리히 츠빙글리는 스위스 연방, 그중에서도 특히 취리히 시와 칸톤(canton) 안에서 개혁 운동을 발전시키는 데 큰 역할을 했다. 츠빙글리는 1484년, 그해 첫날에 오늘날 스위스 동부에 있는 칸톤인 장크트갈렌의 토겐부르크 계곡에서 태어났다. 엄밀히 말하면, 당시에 장크트갈렌은 스위스 연방의 일부가 아니었다. 하지만 장크트갈렌은 1451년에 스위스의 몇몇 칸톤들과 동맹을 맺었고, 츠빙글리 역시 자신을 늘 스위스 사람으로 여겨졌다.

츠빙글리는 처음에 베른에서 교육을 받고, 빈(Wien) 대학교를 다녔다 (1498-1502). 그즈음 빈 대학교는 당시 일어난 대학 개혁 덕분에 스위스에 가까이 있는 대학 중 가장 활력이 넘치는 곳 가운데 하나로 널리 인정받고 있었다.

빈 대학교는 콘라트 켈티스(1459-1508, 독일의 인문주의 학자이자 시인—옮긴이) 같은 주요 인문주의자들의 지도 아래 인문주의에 입각한 개혁을 실시하고 있었다(2.5.3). 이어 츠빙글리는 바젤 대학교로 옮겨가 공부했는데 (1502-1506), 여기서 그의 인문주의 입장을 더 공고히 다졌다. 1506년, 츠빙글리는 사제 서품을 받았고, 이후 10년 동안 이 사제라는 자격으로 글라루스에서 봉사했다. 그리고 1516년에 아인지델른의 베네딕트회 수도원으로 옮겨가 이곳에서 '민중의 사제'로 봉사했다.

츠빙글리는 글라루스 교구 사제로 일하는 동안, 프랑스·이탈리아 전쟁에 용병으로 참전한 스위스 군인들의 군종 사제로 섬겼다. 그는 수많은 스위스 용병이 목숨을 잃은 마리냐노 대참사(1515) 때 현장에 있었다. 이 사건은 스위스가 16세기에 고립주의 노선을 펼치는 데 대단히 중요한 계기가 되었고, 용병 거래에 반대하는 츠빙글리의 입장이 옳음을 확인해주었다. 마리냐노에서 일어난 일에 비춰볼 때, 스위스가 다른 나라의 전쟁에 다시는 참여하지 않으리라는 것이 확실해졌다.

1516년에 이르자, 츠빙글리는 에라스뮈스 같은 성경 인문주의자들이 주장한 노선(2.5.4)을 따라 교회를 개혁할 필요가 있음을 확신하게 된다. 그는 에라스뮈스가 편집한 그리스어 신약성경을 구입하고, 초기 그리스도인 저술가들이 그리스어와 라틴어로 쓴 저작들을 연구했다. 아인지델른을 떠나 취리히로 옮겨갈 즈음, 츠빙글리는 그리스도인의 믿음과 실천이 인간이 만든 전통이 아니라 성경에 근거해야 한다는 확신을 갖게 된다.

1519년 1월 1일, 츠빙글리는 취리히 대성당(Minster)에서 '민중의 사제'라는 새로운 자리를 맡았다. 처음부터, 그가 개혁 프로그램에 헌신한다는 사실이 분명하게 드러났다. 그는 마태복음을 죽 설교하기 시작했는데, 이때 관습으로 내려오던 성구집(lectionary)을 완전히 무시해버렸다. 츠빙글리의 취리히 생활은 하마터면 갑자기 끝날 뻔했다. 1519년 여름, 취리히에서 역병이 돌았는데, 이때 츠빙글리도 목숨을 잃을 뻔했던 것이다. 가까스로 죽음을 벗어난 이 사건이 하나님의 섭리가 가진 본질에 관한 츠빙글리의 생각에 큰 영향을 주었다고 한다.

얼마 지나지 않아 츠빙글리의 개혁은 더 급진성을 띠게 된다. 1522년, 츠빙글리는 성인 숭배, 금식 관습, 마리아 예배를 포함하여, 가톨릭교가 전통으로 고수해온 사실상 모든 측면에 적극 반대하는 설교를 한다. 그의 설교는 취리히 안에서 논쟁을 불러일으켰고, 시의회를 깜짝 놀라게 했다. 시의회는 취리히 안에서 불안이 커져가는 것을 우려하여, 이 문제를 해결하기로 결정한다. 1523년 1월, 츠빙글리와 그를 반대하는 가톨릭 인사들이 공중 앞에서 대토론을 벌일 자리가 만들어졌다. 시의회가 심판대에 앉고, 츠빙글리는 그 지역의 몇몇 가톨릭 성직자와 자신의 개혁 프로그램을 놓고 토론을 벌였다.

시작한 지 얼마 안 되어 츠빙글리가 우월하다는 것이 분명히 드러났다. 히브리어나 그리스어, 라틴어를 취리히 방언으로 능숙히 번역할 수 있었던 츠빙글리는 성경을 완전히 꿰고 있음을 보여주었다. 그의 대적들은 그야말로 상대가 되지 않았다. 나올 수 있는 결과는 하나뿐이었다. 시의회는 츠빙글리가 제시한 것과 같은, 성경에 입각한 개혁 프로그램을 취리히 시의 공식 정책으로 삼기로 결정했다.

1525년, 취리히 시의회는 마침내 미사를 폐지하고, 츠빙글리 식 성찬(주의 만찬)을 대신 채택했다. 츠빙글리가 성찬의 신앙적 의미에 관하여 피력한 견해는 결국 엄청난 논쟁을 불러오게 된다. 실제로, 츠빙글리를 생각할 때 가장 크게 기억에 남는 것을 든다면, 그가 주의 만찬에 관하여 철두철미하게 '기념설'을 취했다는 점이다. 그는 주의 만찬을 그리스도가 계시지 않는 자리에서 그분의 죽음을 기억(기념)하는 것이라고 보았다.

자신의 개혁이 거둔 성공에 용기를 얻은 츠빙글리는 동일한 방향의 공중 토론을 열게끔 다른 시의회들을 설득한다. 1528년에 큰 돌파구가 열렸다. 이해에 베른 시가 취리히가 열었던 것과 비슷한 공중 토론을 연 뒤 종교개혁을 받아들이기로 결정한 것이다. 베른은 그 지역의 정치와 군사력의 주요 중심지였다. 1536년, 베른은 포위 공격을 당하고 있던 제네바에 정치적, 군사적 지원을 제공했다. 이 지원은 이후 칼뱅이 종교개혁의 두 번째 국면에 확실한 영향을 미칠 수 있게 해주는 결정적 요인이 된다. 츠빙글리는 자신의 개혁을 지키려다 1531년 10월 11일, 전장에서 전사했다.

3.3.4. 츠빙글리가 취리히에서 일으킨 개혁

츠빙글리는 독특한 접근법으로 교회 개혁에 다가가는 개혁 프로그램을 취리히에서 시작했다. 이 프로그램은 당시 스위스 동부에서 독특하게 나타나던 사상 흐름을 반영한 것이었다. 츠빙글리가 취리히의 교회 생활과 시민 생활을 개혁하려는 운동을 시작했을 때 루터의 사상과 방법을 이미 전해 들었다는 증거는 존재하지 않는다.

츠빙글리도 루터 및 에라스뮈스와 마찬가지로 교회가 신약성경의 가르침과 관습을 다시 따라가야 한다고 주장했다. 그러나 이런 과정이 어떻게 이루어져야 하며 어떤 형태를 띠어야 하는가라는 문제에 관하여 츠빙글리가 갖고 있던 견해는 루터의 접근법과 거의 관련이 없었다. 오히려 츠빙글리의 접근법은 고전과 신약성경에 근거한 교육 프로그램을 토대로 제도와 도덕을 개혁하려 했던 에라스뮈스의 포부(2.5.4-5)에 훨씬 더 가까웠다.

츠빙글리도 스위스 동부의 많은 개혁자들처럼 주로 제도와 도덕을 개혁하려는 포부를 품고 있었다. 교회는 신약성경이 제시하는 소박한 모습으로 되돌아가야 했고, 그리스도의 도덕적 가르침을 따라 행동해야 했다. 신약성경을 소중히 여겨야 하는 이유는 이것이 그리스도인의 제자도와 윤리를 분명하게 가르쳐주기 때문이다. 종교개혁은 신약성경의 윤리적 가르침에 비춰 교회와 그 지체들의 삶을 새롭게 바꿔가는 것과 관련이 있었다. 루터와 달리, 츠빙글리는 교리 개혁을 중요한 중심 테마로 여기지 않았다. 루터는 바르지 않은 신학이 기독교의 정체성이 지닌 본질을 훼손했다고 생각했지만, 츠빙글리는 루터의 생각을 공유하지 않았다.

츠빙글리는, 1519년 취리히에 도착한 그다음 날, 마태복음을 계속하여 설교하겠다는 뜻을 선언했다. 그는 주석에 의지하는 대신, 성경 본문에 직접 근거하여 설교하곤 했다. 츠빙글리는 성경을 살아 있고 자유를 안겨주는 텍스트로 보았다. 하나님은 이 성경을 통해 당신 백성들에게 말씀하시며, 이 백성들이 성경을 통해 그릇된 사상과 관습에 매여 있던 사슬에서 풀려나 자유를 누릴 수 있게 해주셨다. 특히 츠빙글리는 그리스도의 '산상설교'가 도덕적 삶이 무엇인지 보여주는 지침이라고 주장하면서, 모든 그리스도인이 이것을 지켜야 한다고 주장했다.

츠빙글리는 1522년에 발표한 그의 논문 〈하나님 말씀의 명확성과 확실성에 관하여〉에서 성경이 중요한 모든 문제에서 스스로 자신을 명쾌하고 확실하게 해석할 수 있는 능력을 가졌다고 주장했다. 츠빙글리도 에라스뮈스처럼 성경 해석에 가장 훌륭한 도움을 줄 수 있는 것들(이를테면 히브리어와 그리스어 지식, 성경이 활용하는 다양한 비유 어법에 관한 이해)을 성경의 자연스러운 의미를 확증하는 작업에 활용해야 한다고 강조했다. 아울러 그는 루터와 마찬가지로 교회가 성경 외에(또는 성경을 능가하는) 권위를 가져서는 안 된다고 주장했다.

하지만 루터와 츠빙글리는, 둘 다 똑같이 성경이 중심임을 강조하면서도(3.2.1), 완전히 다른 성경 해석 방법을 사용했다. 두 사람 모두 똑같은 자료(즉, 성경)에 권위를 부여하면서 이 자료를 원용했지만, 그들이 성경 본문을 궁구하여 내놓은 결과는 사뭇 달랐다. 이것이 결국 두 사람이 아주 다른 개혁 비전을 갖는 원인이 되었다. 루터는 성경이 무엇보다 구원으로 이어지는 하나님의 **약속들**을 담고 있다고 보았다. 반면 츠빙글리는 성경이 무엇보다 윤리적 삶을 살아가라는 하나님의 **명령들**을 담고 있다고 보았다.

루터와 츠빙글리의 특히 중요한 차이점 하나는 그들이 예배 때 형상(이미지)을 사용하는 것에 보인 태도와 관련이 있다. 루터는 교회 안에 있는 종교적 형상들을 기꺼이 인정하려 하면서, 이것들이 교육에 귀중한 기여를 한다고 보았다. 반면 츠빙글리는 구약성경이 규정한 형상 금지가 모든 그리스도인을 구속한다고 주장했다. 1524년 6월, 취리히 시는 모든 종교적 형상을 교회에서 제거해야 한다고 규정했다. 성상을 파괴하는 폭도가 베른(1528), 바젤(1529), 제네바(1535)를 포함하여 전 지역에 퍼졌으며, 대중의 폭력 행위와 신성모독 행위가 종교개혁의 확산을 규정하는 특징이 되었다.

그러나 루터와 츠빙글리의 가장 놀라운 차이는 어쩌면 '실제 임재'의 본질에 관한 견해 차이일지도 모른다. 만일 그리스도가 정말로 미사 때의 빵과 포도주에 임재하신다면, 그것은 과연 무슨 의미일까? 우리가 앞서 언급했듯이(3.2.3), 루터는 중세의 '화체설' 교리를 강력히 비판하면서, 이 화체설이 '실체(substance)'와 '우유(속성, accidents)'라는 아리스토텔레스의 철학 개념에 지나치게 의존하고 있다고 믿었다. 그러나 루터 자신은 그리스도의 몸과 피가 빵과 포도주 안에 담겨, 혹은 빵과 포도주를 통해, 혹은 빵과 포도주 아래에 담겨 전해진다고 생각했다. 그리스도는 당신 제자들에게 빵을 주시면서 "이것은 내 몸이니라"(마 26:26) 하고 선언하셨다. 그렇다면 문제가 된 빵이 그리스도의 몸이라는 이 핵심 본문을 분명하고 올바르게 이해하는 방법은 루터처럼 이해하는 것이 아닐까?

츠빙글리는 루터와 같은 해석이 이 본문을 해석하는 유일한 방법은 아니라고 지적하며 응수했다. 성경에는 이것을 가리키는 것처럼 보이지만 자세히 들여다보면 저것을 가리키는 것처럼 보이는 말들이 가득했다. 츠빙글리는 "이것은 내 몸이니라"라는 말이 빵과 그리스도의 몸을 동일시하는 뜻은 아니라고 보았다. 도리어 빵은 그리스도의 몸을 가리키는, 아니, 상징하는 것이었다. 그리스도의 말씀은 '만찬' 혹은 '기념'(츠빙글리는 '미사'라는 전통 용어를 고수하려 하지 않았다) 때 먹는 빵이 그리스도의 몸을 상징하며 포도주도 역시 그의 피를 상징한다는 의미로 이해해야 했다. 성찬은 그리스도가 계시지 않은 자리에서 그분을 기념하는 것이요, 그분이 장차 다시 오실 것을 기대하는 것이었다.

이는 분명 똑같은 본문을 사뭇 다르게 이해한 경우를 보여준다. 루터의 해석이 전통에 가까운 해석이라면, 츠빙글리의 해석은 더 급진성을 띤 것이었다. 그렇다면 어느 쪽이 옳은가? 어느 쪽이 프로테스탄트의 견해인가? 우리는 여기서 종교개혁이 부닥친 근본 난제, 곧 다툼이 있는 성경 해석 문제들을 규율해줄 수 있는 권위 있는 성경 해석자가 존재하지 않는다는 문제를 만난다. 이런 문제를 풀 수 있으려면, 권위 있는 규칙이나 원리로서 성경**보다 위에 있는** 것을 제시해야 했다. 그러나 어떤 규칙이나 원리가 성경보다 위에 있다는 생각은 결국 개신교를 부인(저주)하는 것과 마찬가지였다.

츠빙글리가 제시한 해결책은 우아하면서도 단순했다. 신앙 공동체가 투표로 그 문제를 결정하게 하는 것이 바로 그 해결책이었다. 1523년 1월, 보통 '1차 취리히 논쟁'으로 알려진 대토론이 펼쳐졌다. 이 토론의 결과는 종교개혁의 진전에 아주 중요했다. 이 토론은 취리히 교회가 '하나님 말씀'에 구속당하며 성경에 순종할 것을 결정했다. 그렇다면 누가 성경을 해석할 것인가? 시의회는 자신을 취리히의 그리스도인들이 적법하게 선출한 대표 기구로 보았기 때문에, 자신이 성경 해석 문제를 해결할 권리를 갖는다고 선언했다. 이리하여 성경 해석은 지역 차원의 문제가 되고, 민주적 절차를 거쳐 해결되게 되었다.

종교개혁이 확산되기 시작하면서, 스위스 전 지역의 시의회가 애호한 방법이 바로 이 접근법이었다. 종교적 권위가 교황이나 지역 주교에서 민중이 뽑은 대표자에게 넘어갔다. 이는 '신앙의 민주화'를 보여주는 또 다른 사례로서 당시 일어나고 있던 개혁들의 독특한 특징이며, 도시라는 '성례 공동체' 안에서 시의회에 적잖이 중요한 위치를 부여해주었다.

3.3.5. 장 칼뱅: 짤막한 전기

장 칼뱅은 1509년 7월 10일, 프랑스 파리에서 동북쪽으로 112킬로미터 떨어진 성당 도시 누아용에서 태어났다. 1520년대 초반 어느 때쯤(필시 1523년일 것이다), 어린 칼뱅은 파리 대학교에 진학했다. 칼뱅은 마튀랭 코르디에(1479-1564, 프랑스 신학자요 인문주의자—옮긴이)의 가르침을 받아 라틴어 문법을 철저히 연마한 뒤, 콜레주 드 몽테귀에 들어갔다. 칼뱅은 엄격한 인문학 교육을 마친 뒤, 오를레앙 대학교로 옮겨 민법을 공부했다. 이때가 십중팔구 1528년 어느 때쯤이었다.

칼뱅은 1531년에 파리로 돌아와 학업을 이어갔으며, 당시 파리에서 점점 더 큰 호응을 얻고 있던 개혁 사상에 차츰 공감하게 된다. 하지만 파리 대학교와 파리 시 당국은 루터의 사상을 아주 적대시했다. 1533년 11월 2일, 칼뱅은 느닷없이 파리를 떠나야 했다. 파리 대학교 총장이던 니콜라

콥(1501-1540)이 대학에서 마르틴 루터의 이신칭의 교리를 공개 지지하는 연설을 했다. 파리 시의회는 즉시 콥에 맞서 행동에 나섰다. 칼뱅이 손으로 쓴 콥의 연설 사본이 존재했는데, 이는 칼뱅이 이 연설을 작성했을 수도 있음을 시사하는 것이었다. 칼뱅은 자신의 안전이 위태로워지자, 파리에서 도망쳤다.

1534년에 이르자, 칼뱅은 종교개혁 원리들을 열렬히 지지하는 인물이 되어 있었다. 그다음 해에 그는 프랑스의 어떤 위협에서도 안전한 스위스 도시 바젤에 정착했다. 그는 없는 틈을 억지로 짜내고 최대한 활용하여 종교개혁에 중대한 영향을 미칠 책을 출간했다. 그것이 바로 《기독교 강요》다. 1536년 5월에 처음 출간된 이 작품은 기독교 신앙의 요점을 체계 있고 명쾌하게 설명해주었다. 이 책 덕분에 칼뱅은 상당한 주목을 받게 되었고, 남은 생애 동안 이 작품을 개정하고 상당히 증보하게 된다. 이 책 초판은 6장으로 이루어져 있었다. 그러나 1559년에 나온 (그리고 칼뱅 자신이 1560년에 그의 모국어인 프랑스어로 번역하여 펴낸) 최종판에는 80장이 들어 있었다. 이 책은 종교개혁이 낳은 가장 영향력 있는 작품 가운데 하나로 널리 인정받고 있다.

칼뱅은 1536년 초에 누아용에서 신변을 정리한 뒤, 스트라스부르 시에 정착하여 개인(재야) 연구자의 삶을 살아가기로 결심했다. 불행히도, 프랑스의 프랑수아 1세와 신성로마제국 황제 카를 5세가 전쟁을 시작하는 바람에 누아용에서 스트라스부르로 직접 가는 길이 막혀버리고 말았다. 칼뱅은 그 무렵 인접한 영방 국가 사보이로부터 독립을 얻은 제네바 시를 통과하여 먼 길을 돌아가야 했다. 당시 제네바는 혼란 상태에 있었는데, 지역 주교를 쫓아내고 프랑스 사람인 기욤 파렐(1489-1565)과 피에르 비레(1511-1571)의 인도 아래 논란의 소지가 있는 개혁 프로그램을 막 시작하고 있던 참이었다. 그들은 칼뱅이 제네바에 있다는 말을 듣고, 그에게 제네바에 머물면서 종교개혁의 대의를 도와달라고 요청했다. 칼뱅은 마지못해 승낙했다.

제네바 교회에 교리와 치리의 견고한 기초를 제공하려던 칼뱅의 시도는 강렬한 저항에 부닥쳤다. 그 지역 주교를 내쫓고 나서 많은 제네바 시민들이 결코 원치 않은 것은 새로운 종교적 의무를 지는 것이었다. 제네바 교회의 교리와 치리를 개혁하려는 칼뱅의 시도는 잘 조직된 반대 세력의 격렬한 저항에 부닥쳤다. 싸움이 잇달아 이어지다가, 1538년 부활절에 기어코 문제가 폭발하고 말았다. 칼뱅은 제네바에서 추방당하여 스트라스부르로 피신해야 했다.

자신이 애초 생각했던 것보다 이태 늦게 스트라스부르에 도착한 칼뱅은 잃어버린 시간을 보충하기 시작했다. 그는 부리나케 주요 신학 저작들을 잇달아 집필, 출간했다. 《기독교 강요》를 개정, 증보하고(1539), 《기독교 강요》 프랑스어 판을 처음으로 펴냈다(1541). 그는 또 그의 유명한 작품인 〈사돌레토에게 보내는 답신〉에서 개혁의 원리들을 크게 변호했다〔사돌레토 추기경(1477-1547)은 제네바 사람들에게 편지를 보내 가톨릭교회로 돌아오라고 회유했다〕. 아울러 칼뱅은 그의 《로마서 주석》을 통해 그가 성경 주해자로서 가진 탁월한 능력을 증명해 보였다. 칼뱅은 스트라스부르에서 프랑스어를 사용하는 회중의 목사로 있으면서, 개혁파 목사들이 실제 현장에서 부닥치는 문제들을 체험할 수 있었다. 칼뱅은 스트라스부르의 개혁자인 마르틴 부처(1491-1551)와 교유하면서, 그 도시와 교회의 관계에 관한 자신의 생각을 발전시킬 수 있었다.

1541년 9월, 칼뱅은 제네바로 돌아오라는 초청을 받았다. 그가 없는 동안, 제네바의 종교 상황과 정치 상황은 엉망이 되어 있었다. 제네바는 그에게 돌아와 제네바에 질서와 확고한 믿음을 회복시켜달라고 호소했다. 제네바로 돌아간 칼뱅은 이전보다 더 지혜롭고 경험 많은 젊은이가 되어 있었고, 그가 3년 전에 그곳에 왔을 때보다 훨씬 더 큰 과업들을 감당할 준비를 갖추고 있었다. 칼뱅은 이후에도 10년이 넘는 세월 동안 제네바 시 당국과 계속 싸움을 벌이게 되지만, 이제는 힘을 가진 위치에서 그리하게 된다. 결국 그의 개혁 프로그램에 반대하는 입장이 사라졌다. 그는 생애 마지막 10년 동안 제네바 시의 종교 관련 업무를 사실상 마음대로 처리할 수 있었다.

칼뱅은 두 번째로 제네바에 체류하는 기간 동안, 자신의 신학을 발전시키고 제네바 개혁교회의 조직을 발전시킬 수 있었다. 그는 교회의 치리를 강제할 수단으로 장로회(Consistory)를 설립하고, 개혁교회 목사들을 교육할 목적으로 제네바 아카데미를 세웠다. 아울러 그는《기독교 강요》개정 증보판을 펴냈으며, 이 책은 16세기의 가장 중요한 종교 저작 중 하나가 되었다.

그가 제네바에 체류한 이 마지막 시기에도 논쟁이 없진 않았다. 칼뱅은 그리스도의 음부 강하를 어떻게 해석하는 것이 올바른가 하는 문제, 그리고 아가서가 정경인가 하는 문제와 관련된 심각한 신학 논쟁에 휘말려들었다. 또 예정 교리를 놓고 제롬 에르메 볼섹(1584 사망)과 격렬하고 아주 요란한 논쟁이 벌어졌는데, 분위기가 아주 흉흉해지면서 결국 볼섹이 제네바를 떠나야 했다. 이보다 더 심각한 논쟁은 미카엘 세르베투스(미겔 세르베토, 1511-1553, 에스파냐의 신학자—옮긴이)와 관련된 논쟁이었다. 칼뱅은 그를 이단으로 고발했는데, 결국 그는 1553년에 화형당했다. 이 문제에서 칼뱅이 한 역할은 그를 비판하는 일부 사람들이 전하는 것만큼 크지는 않았지만, 그래도 세르베투스 사건은 칼뱅의 평판에 계속하여 먹칠을 하게 된다.

1564년 초봄, 온 천하가 칼뱅이 중병이 들었음을 알게 된다. 그는 2월 6일 아침, 생피에르 강단에서 마지막 설교를 했다. 4월이 되자, 칼뱅이 더

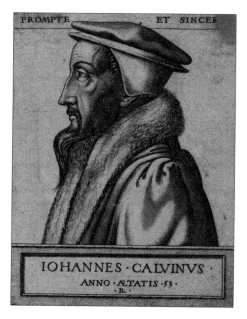

프랑스 신학자요 종교개혁자인 장 칼뱅(누아용 1509–제네바 1564)의 53세 때 초상. 프랑스 판화가인 르네 부아뱅(1525?–1598?)의 1562년작.

이상 살지 못하리라는 것이 분명해졌다. 그는 숨쉬기를 어려워했고, 만성 호흡곤란에 빠졌다. 칼뱅은 1564년 5월 27일 밤 8시에 숨을 거두었다. 그는 그 자신의 요구대로 공동묘지에 묻혔으며, 무덤 위치를 알리는 비석 하나 세워지지 않았다.

3.3.6. 칼뱅이 제네바에서 일으킨 개혁

칼뱅은 2세대 개혁자였다. 그가 이룬 업적은 루터와 츠빙글리 같은 이전 세대 개혁자들의 통찰을 통합한 것으로 보는 것이 가장 좋겠다. 칼뱅은 독창적 사상가라기보다 시스템을 만든 사람이었다. 아마도 그의 가장 중요한 업적은 루터가 불완전하게 발전시켰던 기독교회에 관한 새로운 이해를 체계적으로 변호한 점일 것 같다. 이 덕분에 유럽 전역의 새로운 개혁 공동체들이 중세교회와 제도적 연속성을 가질 필요 없이 그들 나름의 기독교 정체성을 확실히 주장할 수 있었다.

칼뱅은 기독교회의 본질을 이루는 요소로 (오로지) 두 가지가 있다고 보았다. 하나는 하나님 말씀을 설교하는 것이요, 다른 하나는 성례를 바로 시행하는 것이었다.

> 하나님 말씀을 순수하게 설교하고 경청하는 곳이라면, 그리고 성례를 그리스도가 정하신 제도대로 시행하는 곳이라면, 그곳에 하나님의 교회가 존재함을 의심할 여지가 없다. 그리스도의 약속은 이루어지지 않는 법이 없기 때문이다. "두세 사람이 내 이름으로 모인 곳에는 나도 그들 중에 있느니라"(마 18:20).
> – 장 칼뱅, 《기독교 강요》(1559년판), IV. i. 9-10.

칼뱅이 내린 정의는 이 정의가 분명하게 강조하는 것뿐 아니라 이 정의가 말하지 **않는** 것에도 중요한 의미를 가진다. 그의 정의는 교회가 사도들과 어떤 역사적 연속성 내지 제도적 연속성을 가져야 한다고 말하지 않는다. 칼뱅에겐 교회가 사도들과 단절 없이 이어지는 제도적 연속성을 갖고 있음을 보여줄 수 있다는 것보다 교회가 사도들이 가르친 것들을 가르친다는 사실이 더 중요했다. 칼뱅은 제도적 연속성이 신학적 성실성을 보장해주지 않는다고 주장했다. 칼뱅은 가톨릭교회가 제도적 표류를 겪으면서, 사도들이 선포한 근본 사상이라는 기초를 잃어버렸다고 보았다. 사도들이 선포한 근본 사상은 물론 성경이 표명하고 있는 것이었다.

이 급진적이고 새로운 교회 이해는 실제로 교회를 하나님 말씀 설교를 중심으로 모인 공동체요, 성례를 통해 복음을 기념하고 선포하는 공동체로 바라보았다. 복음이 진실하게 선포되는 곳에 교회가 모일 것이다. 프로테스탄트 신학자들은 이 새로운 접근법이 바른 교회론(교회에 관한 바른 신학)을 왜곡한다는 비판에 민감히 반응하면서, 1세기 그리스도인 저술가인 안디옥의 이그나티우스가 천명한 고전적 선언을 지적했다. "그리스도가 계신 곳에 교회도 있다(*ubi Christus ibi ecclesia*)." 그리스도의 이름으로 모인다는 것은 그리스도의 임재를 확실히 보여주는 것이다. 그리고 그 임재로 말미암아 교회가 존재하게 된다.

그러나 기독교 역사 전체라는 맥락에 비춰볼 때, 칼뱅이 제네바에서 이룬 업적 중 가장 위대한 것은 아마도 한 책(《기독교 강요》)이 아닐까 싶다. 우리가 앞서 언급했듯이 16세기 유럽에서는 지식인 세계의 의견을 형성하는 데 기여한 가장 중요한 요인 중 하나가 인쇄된 책이었다(2.5.1). 책은 운반이 쉬웠고, 들키지 않은 채 국경을 넘을 수 있었으며, 은밀하지만 열렬히 이런 책을 탐독하는 개인 도서관(서재)까지 다다를 수 있었다. 인쇄된 말은 유럽의 종교적, 정치적 경계를 넘어 종교개혁 사상을 퍼뜨리는 데 필수불가결한 것이었다.

《기독교 강요》 초판은 1536년에 바젤에서 출간되었다. 이 책은 루터가 1529년에 출간하여 사람들에게 많은 영향을 준 요리문답을 본받아, 여섯 장(章) 안에 십계명, 사도신경, 그리고 몇몇 신학 쟁점에 관한 설명을 담아놓았다. 칼뱅은 스트라스부르에 머물 때 이 책 내용을 개정했다. 《기독교 강요》 2판은 이 책을 그 시대 프로테스탄트의 가장 중요한 저작 중 하나로 세워주었다. 2판은 책 구성을 완전히 바꿔 17장으로 이뤄져 있었는데, 하나님에 관한 교리, 삼위일체, 구약과 신약의 관계, 회개(고해), 이신칭의, 섭리와 예정의 본질과 관계, 인간의 본질, 그리스도인의 삶이 가지는 본질을 포함하여 기독교 신앙의 기초가 되는 것들을 분명하면서도 알게 쉽게 제시했다. 칼뱅이 하나님의 주권과 성경의 권위를 유달리 강조한다는 점은 이 책을 대강만 읽어봐도 분명히 알 수 있으며, 이 강조점은 이후 판이 계속되어도 여전히 중심 주제로 남아 있었다.

이 《기독교 강요》는 **신학** 작품이라기보다, 기독교의 기본 사상을 어떻게 전달하고 권면할 것인가를 꼼꼼히 곱씹어본 결과를 바탕으로 집필한 **교육**용 작품이다. 이 작품은 다른 방법으로는 접근할 수도 없고 이해할 수도 없었던 개념들을 분명하면서도 아주 읽기 쉽게 설명해준다. 이처럼 평신도 청중과 효과적으로 소통하고자 하는 마음은 《기독교 강요》 프랑스어판(1541)에서 특히 분명하게 드러나는데, 이 프랑스어 판은 칼뱅이 자신의 사상과 언어를 자신이 염두에 둔 청중의 눈높이에 맞췄음을 보여준다. 그리스어 단어들과 아리스토텔레스를 언급하는 내용을 빼버리고, 프랑스 사람들이 쓰는 격언과 관용구라는 좋은 약을 첨가했다. 이 프랑스어 역본은 교육용 책이 가져야 할 명쾌함을 잘 보여주는 모델로 늘 칭송받곤 한다.

그러나 《기독교 강요》가 명성을 얻은 것은 단순히 이 책이 교육에 많은 유익이 있고 여러 면에서 설명을 잘해놓았기 때문만은 아니다. 이 책은 이때까지 개신교가 안고 있던 중요한 약점, 곧 여러 성경 해석이 함께 존재하는 문제를 다루었다. 누가 봐도 성경 해석자가 성경을 주무르고 있다는 것이 분명한데, 어찌 성경이 권위가 있다고 말할 수 있겠는가? 칼뱅은 자신의 성경 해석을 믿게 할 만한 증명서를 제시했다. 이때 그는 자신의 권위나 지혜를 강조하는 방법을 쓰지 않고, 히포의 아우구스티누스처럼 높이 존경을 받는 과거의 그리스도인 저술가들이 성경 본문을 어떻게 해석했는지 잘 파악한 뒤 이런 지식을 바탕으로 해당 성경 본문을 꼼꼼히 연구하는 방법을 사용했다.

《기독교 강요》는 이를 읽는 이들에게, 기독교의 중심이 되는 가르침들을 성경을 확고한 기초로 삼아 타당한 이유에 입각하여 충실한 변론을 토대로 탁월하게 설명했다. 이 책은 다른 의견들도 제시하고 비판함으로써,

칼뱅이 반대 견해에 맞서 선호하는 해석들이 타당함을 독자들에게 다시금 확신시켜주었다. 칼뱅은 단순히 자기 견해만 변호하지 않았으며, 그 전에 먼저 자신이 이런 견해를 어떻게 끌어냈는가를 보여주었다.

그렇다면 칼뱅이 전개한 중심 사상은 무엇인가? 가장 중요한 것은 일관되고 통일된 신학 체계를 성경에서 끌어낼 수 있고 성경에 기초하여 변호할 수 있음을 철두철미하게 강조한 점이다. 논쟁의 소지가 있긴 하지만, 칼뱅이 개신교에 남긴 가장 위대한 유산은 어떤 특정 교리가 아니라, 성경이 어떻게 하여 기독교 신앙과 구조를 확실히 이해하게 해주는 기초 역할을 할 수 있는가를 실증해 보인 점이다. 특히 칼뱅은 신약성경이 우리가 변호할 수 있는 어떤 독특한 교회 질서를 제시한다고 주장한다. 칼뱅의 신학은 루터의 신학과 많은 점에서 비슷하지만, 루터와 츠빙글리가 심히 격렬한 다툼을 벌였던 문제, 즉 성찬의 빵과 포도주에 그리스도가 실제 임재하시는가 하는 문제에서는 교묘하면서도 딱히 어느 편을 들지 않는 신학적 견해를 취했다.

《기독교 강요》가 점점 더 큰 중요성을 갖게 되자, 칼뱅은 이 작품을 개정하고 증보하여, 결국 1559년에 최종판을 내놓는다. 이 최종판은 모두 네 책으로 되어 있고, 80개 장으로 구성되어 있다. 라틴어로 쓴 최종판은 초판보다 다섯 배나 커졌다. 이 최종판은 이 작품을 완전히 재구성한 결과, 이전 판들보다 확실히 나아진 모습을 보여주었다. 덕분에 칼뱅의 접근법이 내적 일관성을 갖고 있음을 누구라도 인식할 수 있었고, 특정 문제를 다룬 논의들을 더 쉽게 찾아볼 수 있었다.

아울러 이 최종판은 몇 가지 사항을 더 담았는데, 이전 판을 낸 뒤에 벌어진 논쟁들을 반영한 결과였다. 이렇게 나중에 추가한 내용 중에는 그 이전에 쓴 부분들보다 상당히 격이 떨어지고 거친 부분이 일부 있지만, 이 내용이 칼뱅이 가장 좋은 상태에 있을 때 쓴 것은 아니라는 점을 말해둘 수밖에 없다. 사람들은 칼뱅이 말년에 과민성 장 증후군으로 고생했으며, 이 것이 이 불행한 발전(이전보다 못한 증보 내용—옮긴이)에 영향을 주었을 수도 있다고 믿고 있다.

루터와 츠빙글리, 칼뱅은 16세기 유럽에서 발전하고 있던 새로운 형태의 기독교를 형성하는 데 중요한 역할을 했지만, 각 지역의 독특한 요인들도 이 새로운 종교 질서를 형성하는 데 영향을 주었다. 다음 절에서는 이 복잡하고 새로운 종교 풍경에 들어 있던 요소들을 몇 가지 더 살펴보도록 하겠다.

3.4. 온 유럽으로 번진 종교개혁: 더 큰 그림

앞서 언급했듯이, 16세기 초 서유럽에서는 수많은 개혁 운동이 일어났다. 이 운동들을 종종 '종교개혁'이라는 이름으로 한데 묶기도 하지만, 이는 이 운동들이 공유한 가치들과 협력 관계가 실제로 이야기되는 것보다 훨씬 더 복잡했음을 시사한다. 이런 개혁 운동들은 순전히 그 지역에서 일어난 일들과 관련된 경우도 자주 있었다. 일부 운동들은 다른 곳에서 벌어진 개혁 운동들과 제휴하기도 했지만, 더 큰 다툼과 논쟁에 뛰어듦으로써 더 커다란 운동의 일부가 된 운동들도 있었다. 아래에서는 이 시기에 루터와 츠빙글리, 칼뱅이 시작하고 이끌었던 운동들 밖에 존재했던 서유럽의 개혁 운동들을 구성하는 몇몇 요소들을 밝혀보도록 하겠다.

3.4.1. 급진 종교개혁

이제 사람들은 '급진 종교개혁'이라는 말을 독일과 스위스에서 일어나 서로 느슨하게 연결되어 있던 한 무리의 개혁 운동들로서 루터와 츠빙글리 같은 개혁자들이 개혁의 기본 원리들을 훼손했다고 믿었던 운동들을 가리키는 말로 자주 사용한다. 이 더 급진적 사상가들은 루터와 츠빙글리 같은 개혁자들이 단행한 개혁은 절반짜리 개혁일 뿐이라고 주장했다. '급진 종교개혁'은 '재세례파 운동'(이 말은 본디 츠빙글리에게서 나왔다)으로 더 널리 알려져 있다. 이것은 말 그대로 '다시 받는 세례'를 뜻하며, 어쩌면 재세례파의 관습 중 가장 독특한 관습일 수 있는 것을 가리키는 말이기도 하다.

재세례파는 스스로 공중 앞에서 믿음을 고백한 사람만이 세례를 받아야 한다고 주장한다. 유아세례는 충분치 않다. 유아세례를 받은 자는 진정 그리스도를 믿는 자임을 증명하는 표지로서 두 번째 세례를 받아야 했다.

엄밀히 말하면, 재세례파는 급진 종교개혁의 한 표현 형태일 뿐이다. 예를 들면, 이 운동에는 삼위일체를 성경에 맞지 않는 교리라 여겨 삼위일체 교리를 비판한 그룹들('반삼위일체주의자')도 들어 있었다. 그렇지만 재세례파가 급진 종교개혁에서 가장 유명하고 중요한 측면이기 때문에, 우리는 이와 관련된 더 큰 운동을 느슨히 가리키는 말로 이 '재세례파'라는 용어를 사용하는 관습을 그대로 따르도록 하겠다.

재세례파 운동은 주로 독일과 스위스에서 일어났지만, 이후에는 저지 국가(네덜란드와 벨기에 지역—옮긴이) 같은 지역들에서도 영향력을 얻게 되었다. 이 운동은 그리 많은 신학자를 배출하지 못했는데, 시 당국들이 이 운동을 공공질서에 대한 위협으로 여겨 힘으로 억압한 것도 그 한 원인이었다. 사람들은 이 운동의 가장 중요한 세 인물이 발타자르 후프마이어(1480경-1528), 필그람 마르벡(혹은 마르펙)(1495경-1556), 그리고 메노 시몬스(1496-1561)라는 데 대체로 의견을 같이한다.

재세례파 운동의 다양한 가닥 속에서 공통 요소를 많이 찾아낼 수 있다. 외부로 드러난 권위를 대체로 신뢰하지 않는 점, 유아세례를 거부하고 성인 신자에게만 세례를 베푼다는 점, 재산을 공동 소유하는 점, 그리고 평화주의와 무저항을 강조하는 점이 그런 공통 요소다. 이런 점들 가운데 하나만 이야기해보자. 1527년, 취리히, 베른, 그리고 장크트갈렌의 시 정부는 재세례파가 "진실한 그리스도인은 이자 혹은 자본 총액에 붙은 수입을 주거나 받아서는 안 된다. 이 땅의 모든 재화는 무상이요 공유물이며, 모든 이가 그것들을 누릴 완전한 재산권을 가질 수 있다"고 믿는다는 이유로 이들을 고발했다.

바로 이런 이유 때문에 사람들은 종종 '재세례파'를 '좌익 종교개혁'(롤런드 베인턴)이나 '급진 종교개혁'(조지 윌리엄스)으로 부르곤 한다. 윌리엄스는 이 '급진 종교개혁'이 그가 루터 및 개혁파의 개혁 운동과 널리 동일시하는 '관을 등에 업은 종교개혁'과 정반대 운동이라고 본다.

재세례파 운동은 츠빙글리가 1520년 초에 단행한 개혁의 여파로 취리히시에서 처음 일어났던 것으로 보인다(3.3.4). 이 운동의 중심은 츠빙글리가 그 자신이 표명했던 개혁 원리들을 충실히 따르지 않고 있다고 주장하던 한 무리의 사람들이었다[특히 그 중심에 콘라트 그레벨(1498경-1526)이 있었다]. 그레벨은 츠빙글리가 **오직 성경**이라는 원리를 받아들이는 체하지만, 사실은 성경이 인정하지 않거나 규정하지 않은 수많은 관습―이를테면 유아세례, 교회와 관(官)의 긴밀한 유착, 그리스도인의 전쟁 참여 같은 것―을 그대로 유지하고 있다고 주장했다. 그레벨은 여기서 일관성을 요구했다. 성경이 분명하게 가르치는 것만을 따르든지, 아니면 성경이 **은연중에** 허용하는―그러나 **사실 명백한** 근거는 없는― 다른 사상과 관습도 허용하든지, 둘 중 하나를 택하라는 것이 그의 요구였다. 그레벨은 이 둘 가운데 어느 쪽이 옳은 접근법인지 조금도 의심하지 않았다.

오직 성경 원리(3.2.1)는 그레벨 같은 급진 사상가들의 손을 거치면서 과격하게 바뀌었다. 그리스도인은 성경이 분명하게 가르치는 것만을 믿고 행해야 한다. 성경 해석에는 전통 혹은 과거와 이어진 어떤 것이 들어설 자리가 없다. 모든 개인 혹은 공동체는 과거 그리스도인들의 말을 참조할 필요 없이 성경을 자유롭게 해석할 수 있다. 오랜 전통도 오래 묵은 잘못들 못지않은 것일 수 있다. 이 견해는 사도 시대 직후부터 참된 교회는 더 이상 존재하지 않는다는 급진 종교개혁의 독특한 견해를 반영한 것이다. 과거 그리스도인 저술가들의 견해는 더러워진 인증서이거나 심지어 올바른 그리스도인이 아닌 이들의 견해인데, 그런 견해를 굳이 참조할 이유가 뭐가 있겠는가? 이 점은 상당히 중요하기 때문에, 더 짚고 넘어갈 필요가 있다.

루터와 칼뱅처럼 관을 등에 업은 개혁자들은 종교개혁의 과업을 중세에 벌어진 여러 사태로 말미암아 타락하거나 손상된 교회를 개혁하는 것이라고 보았다. 이 개혁 프로그램의 바탕이 되었던 중대한 전제를 주의 깊게 주목해야 한다. **교회를 개혁한다는 것은 어떤 교회가 이미 존재한다는 것을 전제하는 것이다.** 루터와 칼뱅은 모두 중세 교회도 분명 기독교회라는 입장을 분명히 밝혔다. 다만 그 교회는 그 길을 잃었기에 개혁해야 할 교회였다.

하지만 급진 종교개혁을 추구하는 진영의 신학자들은 이런 기본 가정을 공유하지 않았다. 그들은 교회가 말 그대로 더 이상 존재하지 않는다고 보았다. 교회가 더 이상 존재하지 않는데, 교회를 어떻게 개혁한단 말인가? 필요한 것은 개혁이 아니라 회복이었다. 루터는 중세 교회를 '개혁'하여, 스스로 기독교회라 부를 권리조차 잃어버린 타락한 제도의 겉모습을 바꾸는 데 그쳤다. 급진 종교개혁 저술가들은 성경에 근거하지 않은 관습과 믿음을 말끔히 없앰으로써 교회를 다시 창조할 필요가 있다고 선언했다.

재세례파 저술가들은, 오직 성경 원리를 바로 해석한다면, 성경이 특정하여 말하거나 인정하지 않는 믿음과 관습(이를테면 유아세례)을 뿌리 뽑아야 한다고 요구했다. 급진 진영의 지도자인 발타자르 후프마이어는 〈츠빙글리와 나눈 대화〉(1525년 11월)에서 이 점을 강조했다. "그리스도는 '하늘에 계신 내 아버지가 금하신 식물은 모두 뿌리 뽑아야 한다'고 말씀하시지 않으셨습니다. 오히려 그는 '하늘에 계신 내 아버지가 심지 않으신 식물은 모두 뿌리 뽑아야 한다'고 말씀하셨습니다."

츠빙글리는 이 과격한 성경 해석 접근법에 깜짝 놀랐다. 그는 이런 접근법이 불안을 야기한다고 보았다. 이런 접근법을 따르면, 취리히 개혁교회가 그 역사 속의 뿌리 및 이 교회와 기독교 전통의 연속성을 잃어버릴 위험이 있었다. 그러나 재세례파는 츠빙글리가 어정쩡한 타협을 했다고 고발할 좋은 빌미를 갖고 있었다. 1522년, 츠빙글리는 〈첫 말과 마지막 말〉〔혹은 〈궁극의 원리를 변호함(Apologeticus Archeteles)〉〕로 알려진 작품을 썼다. 그는 이 작품에서 '재산을 공유하는 공동체'라는 개념이 기독교의 진정한 이상이라고 썼다. 그는 이렇게 써놓았다. "누구도 어떤 소유를 자신의 것이라 말하지 못한다. 만물은 공유해야 한다." 그러나 1525년에 이르면 츠빙글리는 생각을 바꿔, 사유 재산도 결국은 나쁜 게 아니라는 생각으로 돌아선다.

급진 종교개혁 진영에서 나온 가장 영향력 있는 문서를 꼽으라면, 십중팔구 미하엘 자틀러(1490-1527)가 1527년 2월 24일에 작성한 〈슐라이트하임 신앙고백(Schleitheim Confession)〉을 꼽을 것이다. 이 신앙고백의 이름은 스위스에 있는 칸톤 샤프하우젠의 조그만 고을 이름에서 가져왔다. 이 신앙고백의 기능은 재세례파와 재세례파 주위에 있는 이들을—주로 이 신앙고백서가 '교황주의자와 반(反)교황주의자'라 일컬은 이들(곧 개혁파가 아닌 가톨릭 신자들과 관을 등에 업은 프로테스탄트들)을— 구분하는 것이었다. 실제로 〈슐라이트하임 신앙고백〉은 '분리 신조'에 해당한다. 즉, 이 고백서는 재세례파와 종교개혁 세력 안팎의 대적자들을 구분해주는 믿음과 태도를 모아놓은 것이자, 재세례파 신자들 사이에 어떤 차이점이 있든 이 신자들을 하나 되게 해주는 핵심 역할을 한다.

많은 제후와 시의회는, 특히 이 재세례파 운동에 속한 몇몇 사람들이 그리스도의 재림과 기존 권력 구조의 파멸이 임박했다고 선포하기 시작했을 때, 이들을 겉으로는 경멸하면서도 속으로는 두려워했다. 큰 재세례파 공동체의 본거지였던 스트라스부르에서는 그런 선포가 특히 심각한 우려를 자아냈다. 1530년, 멜키오르 호프만이라는 모피상이 나타나 하나님이 스트라스부르를 새 예루살렘으로 택하셨다고 설교하기 시작하면서, 시 당국을 뒤집어엎을 것을 요구했다. 시 전역에 경종이 울리기 시작했다.

신경이 곤두선 유럽 전역의 군주들과 시 당국들을 실제로 자극한 사건이 1534년에 일어났다. 재세례파가 뮌스터 시를 점령한 것이다. 재세례파 지도자는 이 도시 안에 남아 있는 모든 이에게 다시 세례를 받아야 하며, 그렇지 않으면 처형당할 것이라고 선언했다. 모든 재산이 사람들에게 똑같이 배분되었다. 이 점령은 유럽 전역에 충격파를 던졌다. 재세례파의 뮌스터 점령은 1535년 봄에 가서야 무력으로 진압되었다. 이 사건은 재세례파에 대한 강한 적대감을 만들어냈으며, 이제 사람들은 재세례파를 사회와 국가의 안전과 안녕을 위협하는 존재로 보게 되었다.

3.4.2. 잉글랜드 종교개혁: 헨리 8세

종교개혁 여명기에 잉글랜드 교회의 삶을 다룬 근래의 연구서들은 그 삶이 생명력과 다양성을 갖고 있었다고 지적했다. 중세 잉글랜드 교회의 상태를 살펴보면, 분명 그 내부에는 어느 정도 불만이 있었다. 당시 교회 방문 기록을 보면, 잉글랜드 주교들이 성직자들의 낮은 자질에 어느 정도 우려를 품고 있었으며 교회 생활의 여러 측면에 걱정을 품고 있었음을 보여준다. 뿐만 아니라, 교회 밖에도 교회를 향한 불만이 있었음을 분명하게 보여주는 표지들이 있다. 많은 곳, 그중에서도 특히 런던에서는 성직자들을 향한 적대감이 큰 걱정거리였다. 그렇지만 성직자들을 향한 적개심이 보편 현상은 아니었다. 잉글랜드의 여러 곳, 이를테면 랭커셔와 요크셔 같은 곳에서는 사람들이 대체로 성직자들을 좋아했으며, 어떤 급격한 변화를 바라는 열망도 크지 않았다.

1520년대 초에 들어와 잉글랜드에서도 루터의 사상을 논하기 시작했다. 이 단계에서 그의 저작에 가장 큰 관심을 보인 곳은 아마 학계였던 것 같으며, 특히 케임브리지 대학교가 큰 관심을 보였다. 루터의 사상이 이렇

잉글랜드 왕 헨리 8세(재위 1509-1547). 한스 홀바인(1497-1543)이 1536년에 그린 초상. 나무에 그린 템페라화, 26×19cm. 티센 보르네미사 미술관, 마드리드.

게 점점 더 큰 호소력을 갖게 되었던 것은 중세 말에 잉글랜드 자체에서 태어난 종교 운동으로서 교회 생활의 여러 측면을 혹독히 비판했던 롤러드파(Lollardy)의 영향 때문이었을 수도 있다. 그렇지만 증거는 헨리 8세라는 한 인간의 영향력이 잉글랜드 종교개혁의 탄생과 이후의 방향을 결정지은 지극히 중대한 요소였음을 강하게 일러준다.

잉글랜드 종교개혁의 배경에는 잉글랜드 왕위를 이을 후사(後嗣)를 생산하여 자신이 죽은 뒤에도 순조로운 권력 이양이 이루어지게 하려던 헨리 8세의 관심사가 자리해 있다. 그는 아라곤의 캐서린과 혼인하여 딸을 하나 얻었다. 그가 바로 장차 잉글랜드 여왕이 되는 메리 튜더다. 이 혼인에서는 왕위를 이을 자격을 갖춘 아들이자 후사가 태어나지 않았다. 뿐만 아니라 이 혼인은 잉글랜드와 에스파냐의 동맹을 건전한 대외 정책에 필수불가결한 요소로 보았던 이전 세대의 정치 현실을 반영한 결과물이었다. 그러나 1525년에 카를 5세가 헨리 8세와 캐서린이 낳은 딸과 혼인하길 거부하면서, 양국의 동맹이 건전한 대외 정책에 필요한 요소라는 가정의 약점이 분명하게 드러났다. 그러자 헨리 8세는 캐서린과 이혼 절차를 밟기 시작했다.

　보통 상황이었다면, 이런 절차는 큰 장애물을 만나지 않고 잘 처리되었을 것이다. 혼인을 무효로 해달라며 교황에게 올린 청원도 헨리 8세가 바라는 결과를 얻으리라고 예상할 수 있었을 것이다. 하지만 상황이 그런 보통 상황이 아니었다. 로마는 카를 5세의 군대에 사실상 포위당한 상태였으며, 교황(클레멘스 7세)은 다소 불안을 느끼고 있었다. 아라곤의 캐서린은 카를 5세의 이모였기 때문에, 교황은 이런 민감한 순간에 카를 5세를 자극하고 싶어 하지 않았다. 이혼 요청은 받아들여지지 않았다.

　헨리 8세의 반응은 잉글랜드가 교회와 별개인 지역으로서 독립성을 가지며 잉글랜드 왕도 자율권을 갖는다는 것을 주장하는 설득 프로그램을 시작하는 것이었다. 1529년 11월 3일, 헨리 8세는 잉글랜드 성직자들이 로마를 지지함으로써 교황존신죄[敎皇尊信罪, praemunire. 외세(즉, 교황)에 충성하는 것과 관련된 범죄라는 점에서 일종의 반역이라 생각할 수 있는 지능 범죄다]를 저질렀다고 주장했다. 성직자들은 이런 위협이 자신들에게 닥치자, 왕이 교회에서 권위를 가짐을 인정하라는 헨리 8세의 요구 중 적어도 몇 가지를 마지못해 받아들였다.

　캔터베리 대주교인 윌리엄 워럼이 1532년 8월에 죽자, 헨리 8세는 자신의 목표를 관철할 호기를 잡았다. 헨리 8세는 워럼의 후임으로 이전에 자신이 이혼 절차를 밟을 때 자신을 강력히 지지했던 토머스 크랜머(1489-1556)를 내세운다. 결국 크랜머는 1533년 3월 30일, 대주교직에 오른다(그러나 어쩌면 이는 그가 원하지 않는 일이었을지도 모른다). 그러는 사이, 헨리 8세는 앤 불린과 연애를 시작했다. 1532년 10월, 앤이 회임했다. 이 회임은 온갖 종류의 미묘한 법률문제를 일으켰다. 잉글랜드 법원은 1533년 5월, 아라곤의 캐서린과 헨리의 혼인을 무효라고 선언했다. 덕분에 앤이 6월 1일, 왕비가 되었다. 앤의 딸인 엘리자베스 튜더가 9월 7일에 태어났다.

이제 헨리는 자신이 잉글랜드 안에서 정치와 종교의 최고 권위를 가진 자임을 인정받고자 시작한 행동을 차례차례 밟아가기로 결심한다. 1534년, 여러 법을 잇달아 시행한다. 왕위계승법(Succession Act)은 헨리의 자녀들이 왕위를 이어받으리라고 선언했다. 수장령(首長令, Supremacy Act)은 헨리 8세를 잉글랜드 교회의 수장으로 인정한다고 선언했다. 반역법(Treasons Act)은 헨리 8세의 수장권을 인정하지 않는 것을 반역이라 규정하고, 사형으로 벌할 수 있게 했다. 이 마지막 법은 저명한 가톨릭 신자로서 헨리 8세가 잉글랜드 교회의 '수장'임을 인정하길 거부한 두 사람, 곧 토머스 모어(1478-1535)와 존 피셔 주교(1469-1535)를 처형하는 법적 근거가 되었다. 두 사람은 오직 교황만이 '수장'이라는 칭호를 가질 수 있다고 믿었다.

이런 행동들은 교황과 멀어지게 만들었고, 다른 가톨릭 국가들이 잉글랜드를 상대로 군사 행동에 나설 빌미를 제공해주었다. 헨리 8세는 인접 가톨릭 국가들에게 침공 위협을 받는 처지가 되었다. 프랑스나 에스파냐 입장에서는 교황의 권위를 회복시켜달라는 위임장이 단순히 잉글랜드를 공격할 십자군을 일으키는 데 적절한 빌미가 되는 정도에 그치지 않았다. 이 때문에 헨리 8세는 잉글랜드의 안전을 지키고자 잇달아 방어 조치를 취할 수밖에 없었다. 이런 조치들은 1536년에 절정에 이르렀다. 헨리 8세는 여러 수도원을 해산하여 군비 마련에 필요한 돈을 충당했다. 또 독일 루터파와 군사 동맹을 목적으로 협상을 시작했다.

헨리 8세 아래에서 이루어진 잉글랜드 종교개혁의 기원에 관한 이 간단한 설명을 살펴보면, 헨리 8세가 가졌던 목표들이 잉글랜드 종교개혁의 탄생에 심히 중요했다고 생각할 만한 이유들이 있음을 분명히 알게 될 것이다. 헨리 8세의 목표는 정치적인 것이었고, 자기 후사를 확실히 해두려는 욕심이 그 목표를 지배했다. 독일에서는 신학 개념이 종교개혁을 좌우하는 역할을 했지만, 잉글랜드 종교개혁에서는 그렇지 않았다. 그렇다고 루터의 사상이 잉글랜드에 아무런 영향을 주지 않았다는 말은 아니다. 잉글랜드의 많은 중요한 성직자들은 새로운 사상에 공감했으며, 이 사상을 교회와 사회 전체에서 그들에게 유리한 편을 확보할 수 있는 원리로 만들었다.

그러나 **애초에** 헨리 8세가 펼친 개혁 정책들은 본질상 종교와 관련된 것이 아니었다. 더군다나 증거를 살펴보면, 헨리 8세가 로마에서 떨어져 나왔으면서도, 여전히 그 본심은 평생 가톨릭 쪽에 기울어 있었음을 보여준다. 그의 치세 기간에 이루어진 많은 개혁은 개혁 같지도 않은 것들이었는데, 이런 점은 그가 신학 면에서 보수주의자였으며, 그의 영토 안에서 개혁 요소들을 억누르고 싶어 했다는 것을 보여준다. 헨리 8세는 자신을 교황이 아니라 잉글랜드 교회의 수장이라 선언했기 때문에, 교회와 관련하여 추구할 어떤 강령도 더 이상 갖고 있지 않았으며, 오로지 교회가 가진 재산을 착취하여 잇속을 챙기는 일에만 관심이 있었다. 이 점은 그가 수도원들을 억압하고 해산시킨 일에서 분명히 드러난다(1536-1541).

결국, 헨리 8세 치하에서 이루어진 잉글랜드 종교개혁은 통치행위(Act of State)였다. 잉글랜드의 상황과 독일의 상황을 비교해보면, 큰 가르침을 얻을 수 있다. 루터의 종교개혁은 신학적 기초와 기반에 근거하여 이루어졌다. 그 근본 동기는 종교적이요(교회의 삶을 직접 다루었기 때문이다), 신학적이

었다(개혁안으로 내놓은 제안들이 신학적 전제들에 기초했기 때문이다). 잉글랜드
에서는 종교개혁이 주로 정치적이었고 실용적이었다. 실제로 교회 개혁은
헨리 8세가 잉글랜드 안에서 자신의 권위를 확보하고 보장하려고 (그 자신
의 본능에 반하여) 치른 대가였다.

3.4.3. 잉글랜드 종교개혁: 에드워드 6세에서 엘리자베스 1세까지

헨리 8세가 죽으면서, 잉글랜드 종교개혁에서 중요한 한 시대가 막을 내렸
다. 잉글랜드 종교개혁의 첫 국면은 많은 점에서 헨리 8세 자신이 추구한
목표가 이끌고 인도한 것이었으며, 그가 강요한 여러 절충안들은 그의 뒤
를 이을 대통을 확실히 해두려는 것이었다. 헨리 8세는 1547년 1월에 숨
을 거두었지만, 이때까지 그가 단행한 개혁들을 제도로 정착시키는 근본
변화는 만들어내지 못했다. 교구와 전도구로 이루어져 있는 잉글랜드의
교회 구조는 사실상 그대로 남아 있었으며, 특히 예배 형식은 전혀 바뀌지
않았다. 토머스 크랜머라면 잉글랜드 교회의 전례와 신학을 개혁해보려는
야심을 품었을 수도 있지만, 헨리 8세는 그에게 그런 개혁을 추구할 기회
를 아예 주지 않았다.

헨리 8세 치세기의 마지막 몇 년 동안, 왕궁 안에서 미묘한 권력 투쟁이
벌어졌는데, 제인 시모어(헨리 8세의 세 번째 아내, 1508-1537)의 오라비인 에
드워드 시모어(1500경-1552)가 주축이 된 파벌이 점차 우위에 서게 된다.
시모어 집안은 프로테스탄트 쪽으로 강하게 기울어 있었다. 부왕인 헨리
8세가 죽고 왕이 된 에드워드 6세는 아직 어렸기 때문에, 왕권은 추밀원
(Privy Council)이 위임받아 행사했는데, 이 추밀원을 처음에 좌지우지한 이
가 바로 시모어였다[그는 당시 서머셋 공작이자 호국경(Lord Protector)이 되어 있
었다].

이제 성공회(잉글랜드 교회)는 독특한 프로테스탄트 방향으로 움직이기 시작했다. 마침내 크랜머는 헨리 8세 아래에서는 불가능했던 방식으로 그의 신학 근육을 맹렬히 활용할 수 있게 되었고, 성공회를 루터 및 비텐베르크보다 츠빙글리 및 취리히의 사상 쪽에 더 가까운 신학 방향으로 옮겨가는 일련의 개혁 조치들을 도입하기 시작했다. 잉글랜드의 프로테스탄트들은 본디 루터주의를 따랐지만, 1540년대 후반에는 개신교에서도 개혁파 형태가 이들을 이끌기 시작했다.

크랜머가 바꿔놓은 것 중에는 1549년의 기도서 개정과 1552년의 기도서 재개정이 들어 있었다. 이 기도서 개정은 특히 성찬 신학과 관련하여 상당한 중요성을 가진 일이었음이 드러났다. 그러나 크랜머는 개신교를 공고히 정착시키고자, 더 나아간 발전 조치들을 잇달아 단행했다. 당시까지 단행한 개혁 조치들이 신학적 취약성을 갖고 있음을 간파한 크랜머는 유럽 대륙에서 프로테스탄트 신학을 이끄는 신학자들을 초청하여 잉글랜드에 정착시키고 잉글랜드 교회에 새로운 신학 방향과 기초를 제공하게 했다. 이렇게 임명한 학자 가운데 두 사람이 특히 중요했다. 피에트로 마르티레 베르밀리(영어식 이름은 피터 마터 버미글리, 1499-1562, 이탈리아 개혁파 신학자―옮긴이)가 옥스퍼드 대학교 흠정(欽定) 신학 교수로 임명되었으며, 마틴 부처는 케임브리지 대학교 흠정 신학 교수로 임명되었다. 이들의 도착은 잉글랜드 종교개혁을 유럽의 종교개혁, 특히 유럽 개혁파의 기반에 맞춰가겠다는 새로운 결단을 의미했다. 크랜머가 작성한 42개조 신조(1553)는, 〈설교집〉(Book of Homilies, 전도구 교회에서 할 설교로 인정한 것들을 모아놓은 것)처럼, 프로테스탄트 성향을 강하게 띠고 있었다.

그러나 에드워드 6세가 1553년에 어린 나이로 죽자, 국가의 후원 아래 잉글랜드 국가교회를 프로테스탄트 교회로 만들어가던 작업도 막을 내리고 말았다. 왕위를 이은 메리 튜더는 가톨릭교회에 충성한 주교로서 헨리

8세 때 쫓겨난 인물인 레지널드 폴을 캔터베리 대주교로 임명했다. 이어 메리는 잉글랜드에서 가톨릭교를 회복시킬 조치들을 잇달아 단행했다. 이 조치들은 특히 크랜머가 옥스퍼드에서 공개 화형을 당하면서 대중의 지지를 잃고 말았다.

일이 이렇게 되자, 아주 부유한 프로테스탄트들은 잉글랜드를 탈출하여 유럽으로 피신했다. 약 800명이 이렇게 망명한 것으로 알려져 있는데, 이들은 잉글랜드로 돌아가 종교개혁을 처음부터 다시 시작할 기회를 기다렸다. 이들은 제네바와 취리히 같은 망명지에서 메리가 죽기를 기다리면서 유럽 대륙 개신교, 그중에서도 특히 개혁파를 이끄는 지도자들과 교유하게 되었다. 이 망명 기간은 신학에 능하고 열의가 강하여 그야말로 자신들의 사상을 행동으로 옮길 기회만 고대하던 5열(Fifth Column)을 만들어냈다. 저 유명한 제네바 성경(1560)은 이 프로테스탄트 이민 공동체가 내놓은 신학 작품 가운데 가장 뛰어난 사례다.

어쩌면 이들 자신도 놀랐을 만큼, 그 기회는 생각보다 빨리 찾아왔다. 메리 튜더와 레지널드 폴이 1558년 11월 17일에 죽었다. 왕과 캔터베리 대주교가 역사의 무대에서 사라지자, 이제 급격한 방향 전환이 이루어지게 된다. 헨리 8세의 뜻에 따르면, 왕위를 이을 자는 누가 봐도 그의 딸이었다. 엘리자베스는 처음엔 자신의 종교 성향을 드러내길 조심스러워했지만, 이내 '종교 안정'을 이룩할 조치들을 시작했으며, 이 조치들은 결국 프로테스탄트 국가교회의 모습을 더 확연히 드러내는 교회를 만들어내게 된다.

이 안정 조치의 기본 요소는 수장령이었다. 이는 엘리자베스가 국가교회에 주권을 행사하는 것을 인정하고, 교황의 권력을 모두 배제했다. 아울러 통일령(Act of Uniformity)은 잉글랜드 전역에 걸쳐 종교 통일을 이룩함으로써, 주일과 성인 축일에 반드시 교회에 출석하도록 강제했다. 이런 조치들로 말미암아 결국 여왕이 교회가 무엇을 믿어야 하고, 교회가 어떻게 다스려져야 하며, 교회 예배를 어떻게 드려야 하는가를 규정하게 되었다.

엘리자베스 자신의 종교 성향은 분명 프로테스탄트였다. 하지만 엘리자베스는 가톨릭 국가인 에스파냐를 공연히 자극하려 하지 않았다. 그랬다간 에스파냐가 잉글랜드에 중대한 군사 위협을 가할 수도 있었기 때문이다. 엘리자베스가 교회의 '최고 통치자(Supreme Governor)'라는 칭호를 일부러 골라 쓰고 '수장(supreme head)'이라 불리기를 거부함으로써 프로테스탄트들(이들은 이 칭호를 예수 그리스도를 가리키는 칭호로 사용했다)이나 가톨릭 신자들(이들은 이 칭호를 교황을 가리키는 칭호로 사용했다)을 자극하지 않으려 한 것도 어쩌면 그런 우려를 반영한 결과가 아닌가 싶다. 성공회는 신학에서는 개혁파를 따라가면서도, 제도는 가톨릭교를 따라가게 된다. 특히 주교 제도를 그대로 유지한 점이 그 예다.

엘리자베스의 '종교 안정'은 늘 불확실했으며, 미래에는 이런 조치들이 지지를 얻고 양보를 얻으리라는 모호한 약속과 암시에 의존할 때가 많았다. 그러나 그런 지지와 양보는 어쨌든 한 번도 실현되지 않았다. 그런 말은 신학적 언사라기보다 합의와 안정을 만들어내는 것을 목표로 삼았던 정치적 언사였으며, 모호하거나 어정쩡한 신학이 그런 정치적 수사를 뒷받침했다. 다른 곳에서는 개신교가 신학 논쟁들로 말미암아 쪼개지고 갈라졌을지 모르나, 잉글랜드에서는 적어도 사람들이 보기에는 종교가 나뉘지 않았다. 이제 많은 이들이 '성공회'라 부르는 것이 잉글랜드 종교사 속에 자리한 이 시대에 탄생했다.

3.4.4. 가톨릭 종교개혁: 교회의 삶

1520년대에 이르자 가톨릭교 안에서도 개혁이 펼쳐졌다. 이 개혁은 갱신과 철저한 검사를 요구하는 내부의 목소리에 부응한 것이자, 이내 '개신교'로 알려지게 될 새 운동이 특히 북유럽에서는 가톨릭교에 심대한 위협이되고 있다는 인식에 따른 것이었다. 이 장기간에 걸친 개혁과 갱신 그리고변형을 가리키는 말로 '가톨릭 종교개혁'이라는 말을 자주 사용한다. 이 개혁은 거의 한 세기에 걸쳐 이루어졌으며, 이를 통해 가톨릭교회는 프로테스탄트의 위협에 맞서 자신의 영향력과 권위를 거듭 주장했다. 많은 역사가들은 가톨릭 종교개혁이 1543년 트리엔트 공의회 개회와 함께 시작하여1648년 30년 전쟁이 끝남과 함께 막을 내렸다고 본다.

사실 가톨릭 세계에서도 일부 지역에서는 1490년대부터 내부 개혁이 어느 정도 진행되고 있었지만, 개신교의 등장은 서유럽 전역에 걸쳐 교회의삶과 사상을 체계적으로 돌아보게 만드는 촉매제가 되었다. 이런 갱신이일어난 데에는 변화가 필요하다는 교회 내부의 인식도 한 동인(動因)이 되었지만, 외부 요인들의 중요성을 간과할 수 없다. 북유럽에서는 가톨릭 종교개혁이 대개 반(反)종교개혁(종교개혁에 반대하는 종교개혁)으로 나타났으며, 개신교가 그때까지 가톨릭 지역이었던 영역에 미치는 영향을 상쇄하거나 되돌리는 데 관심을 기울였다.

가톨릭 종교개혁이 이렇게 논박 성격을 갖게 되자, 개신교는 '남(the other)'이 되었다. '프로테스탄트'라는 말은 가톨릭도 아니요 동방정교회도 아닌, 뭔가 흠이 있고 엇나간 세 번째 형태의 기독교를 의미하게 되었다. 가톨릭 신자들은 이 운동을 본질상 동질성을 지닌 '비(非)교회'로서, **진짜** 교회에 명백하고 현존하는 위험이 되는 것으로 보았다. 이리하여 본질상 서로 구분되고 어쩌면 상이할 수 있는 한 무리의 운동들이 본질상 논쟁을 위한 이유 때문에 아예 한 운동으로 묶이게 되었다. 가톨릭 진영이 개신교를 이렇게 묶어본 것은 가톨릭교의 통일과 경계를 촉구하려는 목적도 있었다. 개신교를 누가 봐도 분명한 단일한(single) 적(가톨릭이 통일되지 않으면 결코 물리칠 수 없는 심각한 위협)으로 묘사하려는 가톨릭교의 시도는 대체로 성공을 거두었으며, 이 바람에 개신교 내부의 여러 운동 사이에 존재하는 명백한 차이들이 얼버무려지고 말았다.

트리엔트 개혁 공의회는 교회에 새로운 신학적 방향 감각과 지적 안전장치를 제공했다. 공의회는 다음 세 회기로 나누어 모였다. 바오로 3세(재위 1534-1549) 때인 1545-1547년, 율리오 3세(재위 1550-1555) 때인 1551-1552년, 그리고 비오 4세(재위 1559, 1560-1565) 때인 1562-1563년. 여기서 의결한 모든 교령은 교황 비오 4세가 1564년에 공식 인준했다. 사람들은 여기서 단행한 개혁 조치들이 개신교의 등장에 맞서 가톨릭교를 공고히 다지는 기초를 놓아주었다는 데 널리 동의한다.

그렇다면 왜 1543년 전에는 트리엔트 공의회가 소집되지 않았을까? 왜 가톨릭교회는 개신교의 등장에 따른 도전들을 다룰 개혁 공의회를 그토록 오랫동안 소집하지 않고 기다렸을까? 그 주된 이유는 15세기 말과 16세기 초에 잇달아 벌어진 전쟁으로 말미암아 주요 가톨릭 국가들이 갈등 관계에 있었기 때문이었다. 이 전쟁들은 때로 주요 참전 당사자를 따라 '합스부르크 · 발루아 전쟁(Hapsburg-Valois Wars)'으로 부르지만, '이탈리아 전쟁'이라 부를 때가 많다. 전쟁의 주요 원인은 프랑스와 에스파냐의 갈등이었으며, 이런 갈등이 이탈리아 안으로 넘쳐 들어왔다. 이런 판국에 이탈리아에서 주요 주교들을 모아 공의회를 열기는 불가능했을 것이다.

이런 공의회 소집 지연을 이해할 수 있게 도와줄 또 한 가지 점은 15세기에 일어났던 공의회주의 운동에 관한 기억과 관련이 있다. 주교들이 모인 공의회는 가끔씩 교황의 권위에 도전하거나 그 권위를 훼손하는 결과를 낳기도 했다. 더구나 루터의 개혁 프로그램이 공의회주의자들의 강령에도 안성맞춤이었으니, 루터는 개혁 공의회를 소집하여 관심사를 다루는 것이 중요함을 강조했기 때문이다(2.4.2). 하지만 트리엔트 공의회가 모이기 시작하자 상황이 바뀌었고, 이런 염려들은 뒤편으로 사라져버린 것처럼 보였다.

트리엔트 공의회는 개신교의 도전에 맞서 일련의 개혁 조치들을 제안했다. 가장 두드러진 조치는 비판과 불만의 주요 원인을 제거할 목적으로 일련의 조치들을 취함으로써 성직 남용을 견제한 것이다. 이제 주교들은 자기 교구 안에서 살아야 했고, 왕궁에 머물고자 교구를 떠나는 일은 허용되지 않았다. '여러 곳에서 성직록(聖職祿)을 받는 행위'—사제가 머물지도 않고 그 스스로 영적 의무를 다하지도 않는 여러 본당사목구에서 수입을 받아 챙기는 행위—가 제한되었다.

개신교가 종교 교육을 강조하자, 가톨릭교회도 성직자들과 회중이 적어도 가톨릭 신앙의 기본만큼은 확실히 습득하게 할 변화들을 도입했다. 사제들에게 적절한 신학 교육과 영성 형성을 제공할 신학교들이 세워졌다. 피터 카니스(또는 페터 카니시우스, 1521-1597, 화란의 예수회 사제—옮긴이)가 지은 〈요리문답〉(1555)은 개신교 진영이 내놓은 요리문답에 특히 훌륭한 도전이 되었다.

기존 수도회들이 개혁되고, 새로운 수도회들이 설립되었다. 12세기 말 아니면 13세기 초에 세워진 카르멜회는 트리엔트 공의회의 여파로 개혁을 단행한 수도회의 한 예다. 아빌라의 테레사(세례명은 Teresa Sánchez de Cepeda y Ahumada, 1515-1582)와 십자가의 요한(Juan de la Cruz, 1542-1591)은 수도회 지체들에게 맨발로 다닐 것을 요구하는 '맨발(discalced)' 운동을 통해 더 혹독한 수도생활을 도입하는 촉매가 되었다. 이 두 저술가는 영성 작가로 명성을 얻었는데, 테레사는 《자서전》으로, 요한은 《영혼의 어두운 밤》으로

예수회 설립자인 로욜라의 이그나티우스(1491–1556). 무장을 한 모습이며 가슴판에 예수를 상징하는 문자가 나타나 있다. 16세기 프랑스 화가의 작품.

유명하다.

이 시대에 가장 중요한 수도회 중 하나가 에스파냐의 기사 로욜라의 이그나티우스(에스파냐어 이름은 이냐시오 데 로욜라, 1491-1556)가 설립한 예수회다(4.1.6). 이그나티우스는 팜플로나 전투(1521)에서 부상을 입고 이 부상에서 회복하는 동안 회심 체험을 한 뒤, 새 수도회를 세워 "기독교의 생명과 교리로 신앙을 변호하고 널리 퍼뜨리며 영혼을 자라게 하겠다"는 생각을 품었다. 예수회에 소속된 이들—'예수회원'(예수회 수도사)이라 부르는 것이 전통이다—은 반종교개혁을 이끄는 힘이 되었고, 16세기 말에 아메리카와 인도, 아시아를 탐험하는 동안 펼친 선교 활동에서 중요한 역할을 했다.

그러나 트리엔트 공의회가 이룬 성과는 단지 교회의 삶을 개혁하는 것에 그치지 않았다. 이 공의회는 개신교의 도전에 맞서 가톨릭 교리를 확고히 천명하는 선언도 내놓았다.

3.4.5. 가톨릭 종교개혁: 교회의 사상

개신교는 많은 영역에서 가톨릭교의 가르침에 도전을 던졌는데, 그중 다음과 같은 것들이 가장 중요하다.

1. 개신교는 성경을 라틴어로 번역해놓은 불가타를 비판하면서, 불가타가 히브리어 원문과 그리스어 원문을 부정확하게 번역해놓아 신뢰할 수 없는 역본이라고 주장했다.
2. 개신교는 경건한 자라면 누구나 성경을 이해할 수 있다고 강조하면서, 교회나 교황도 성경 해석을 좌지우지할 권위를 갖고 있지 않다고 강조했다.
3. 개신교는 계시의 근원으로 성경 이외에 다른 것을 인정하지 않았다. 이는 하나님에 관한 지식을 알려주는 또 다른 근원으로서 '기록되지 않은' 전통이란 것이 존재한다는 중세의 견해를 반박한 것이다.
4. 오직 믿음으로 의롭다 하심을 얻는다는 개신교 교리는 칭의의 본질에 관한 가톨릭의 전통적 가르침이 지닌 몇몇 핵심 특징들에 도전하는 것으로 보였다.
5. 개신교는 오로지 두 성례만 인정했으며, 화체설 교리를 혹독하게 비판했다.

트리엔트 공의회는 이 모든 도전에 강하게 대응하면서, 가톨릭의 전통 입장을 분명하게 제시했다.

1.　트리엔트 공의회는 불가타 역본을 신뢰할 수 있고 권위 있는 것이라고 강조했다. 공의회는 "옛 라틴어 역본인 불가타는 오랜 세월에 걸쳐 사용해왔고 교회가 인정한 역본이기에, 공중 강연이나 토론이나 강론이나 강설에서 그 진정성을 변호해야 하며, 누구라도 어떤 상황에서든 그 진정성을 감히 거부하거나 거부하려 해서는 안 된다"고 선언했다.

2.　트리엔트 공의회는 교회가 성경 해석에서 가지는 권위를 힘차게 옹호하면서, 이를 부인하는 개신교 성경 해석자들의 견해는 분명 미쳐 날뛰는 개인주의라고 여겼다(3.2.1). "어느 누구도, 기독교 교리와 관련된 신앙 및 도덕 문제에서, 자신의 판단에 의지하여(성경을 자신의 생각대로 왜곡하여), 성경의 참된 의미와 해석에 관하여 판단할 권리를 가진 거룩한 어머니 교회(Holy Mother Church)가 견지했었고 지금도 견지하는 의미와 반대로 성경을 해석하려 해서는 안 된다."

3.　트리엔트 공의회는 성경을 계시의 유일한 근원으로 인정할 수 없다고 주장했다. 기록되진 않았으나 그리스도와 사도들에게서 나온 전통의 역할도 마땅히 중시해야 한다. "구원을 가져오는 모든 진리와 행위 규칙이 … 그리스도 자신의 입과 사도들 자신에게서 나온, 기록된 책과 글로 기록되지 않은 전통 속에 들어 있다." 트리엔트 공의회는 개신교가 이 계시의 두 번째 근원에서 떨어져나갔다고 주장했다. 더욱이, 개신교가 성경 해석과 관련하여 겪는 혼란은 교회를 권위 있는 성경 해석자로 내세우는 가톨릭의 주장에 힘을 실어주었다.

4.　이신칭의에 관한 개신교의 가르침(3.2.2)에 많은 비판을 제시했다. 그 중 가장 중요한 비판은 다음과 같다.

(a) 개신교는 칭의를 죄 용서로 한정하는 잘못을 저질렀으며, 칭의가 변화와 갱신 개념을 아우른 것임을 인식하지 못했다. 개신교는 칭의를 죄 용서와 의의 전가라는 사건으로 정의하고, 성화를 신자가 의롭게 되어가는 과정으로 정의했다. 트리엔트 공의회는 칭의가 이런 사건과 과정을 포함한다고 주장했다. 칭의는 신자가, 실제로 그리고 하나님이 보시기에 의롭게 되는 일이었다.

(b) 의롭다 하시는 의(의로움)는 신자 밖에 있지 않고, 신자 안에 있다. 신자가 하나님이 받으실 만한 이가 되는 것은 그에게 전가된(imputed) 의 때문이 아니라, 그에게 나누어 주어진(imparted) 의 때문이다.

(c) 트리엔트 공의회는 자신들의 구원을 확신할 수 있다고 믿었던 개혁자들의 소위 '경건치 않은 확신'을 거부했다. 공의회는 누구도 하나님의 선하심과 너그러우심을 의심해서는 안 된다는 점을 인정했지만, 개혁자들이 "자신이 죄 사함과 의롭다 하심을 받았음을 확실히 믿지 않는 이는 죄 사함과 의롭다 하심을 받지 않은 것이요, 죄 사함과 의롭다 하심은 오직 이런 믿음으로 말미암아 이루어진다"고 가르친 것은 심각한 잘못이라고 주장했다. 트리엔트 공의회는 "사람이 하나님의 은혜를 받았는가를 결코 오류가 없는 확실한 믿음을 갖고 안다는 것은 불가능하다"고 강조했다.

5. 트리엔트 공의회는 진정한 성례(성사)가 일곱이 있음을 거듭 주장하고, 프로테스탄트의 비판(3.2.5)에 맞서 화체설 교리와 '화체설'이라는 용어를 힘차게 변호했다. "빵과 포도주를 성별하면, 빵이라는 실체 전체가 그리스도의 몸이라는 실체로 바뀌고 포도주라는 실체 전체가 그리스도의 피로 바뀌는 변화가 일어난다. 거룩한 가톨릭교회는 이 변화를 화체(化體)라 부르며, 이렇게 부름은 올바르고 적절하다."

이런 교리 선언을 제시하긴 했지만, 이를 각 교구 사제와 회중에게 확실히 전달하는 것은 완전히 다른 문제였다. 이 점의 중요성을 인식한 공의회는 1546년, 트리엔트 공의회가 분명히 선언한 가톨릭 신앙의 기초를 어린이와 교육받지 않은 어른에게 전달할 요리문답을 만들어내기로 결정한다. 20년 뒤, 요리문답 편찬 프로젝트가 밀라노 대주교 카를로 보로메오(1538-1584)의 지도 아래 시작되었다. 이리하여 탄생한 요리문답은 쉽게 이해할 수 있고 명쾌하여 널리 칭송을 받았으며, 당시 많은 성직자와 평신도에게 일반적이었던 낮은 신학 수준을 끌어올리는 데 많은 기여를 했다.

3.4.6. 여성과 종교개혁

서로 경쟁하던 종교개혁 내부의 여러 시각(운동)들이 서유럽 전역에 서로 영향을 미치려고 다툼을 벌이면서, 전통으로 내려온 많은 태도와 믿음들이 재검토 대상이 되었다. 그렇다면 이 엄청난 격변은 여성의 지위와 역할에 어떤 영향을 주었을까? 이 문제는 여전히 논쟁거리인데, 한편으로는 신뢰할 만한 데이터를 확보하기가 어려운 탓도 있지만, 다른 한편으로는 그나마 확보한 자료도 해석하기가 쉽지 않기 때문이다. 현재 학자들이 대체로 공감대를 이루고 있는 것은 16세기가 여자들에게 철저히 이로운 때였거나 철저히 해로운 때는 아니었다는 것이다. 이전보다 더 나아진 점도 몇 가지 있었지만, 더 나빠진 점들도 있었다.

한 가지 중요한 변화가 성상화(聖像畵) 차원에서 일어났다. 중세에는 동정녀 마리아 섬김('마리아 흠숭'이라고 자주 일컬었다)이 대중에게 깊은 호소력을 갖고 있었다. 사람들은 마리아를 하나님과 인간을 이어주는 중개자로 (교회의 가장 위대한 성인 중 하나요 유럽 전역의 교회가 헌신하는 대상으로) 보았다. 대중의 경건(신앙)은 종종 이 여성에게 초점을 맞추곤 했다. '로사리오 기도'(묵주기도, 라틴어로 *rosarium*이며, 이는 '장미 밭'을 뜻한다)로 알려진 기도 형태는 십중팔구 14세기에 시작된 것 같은데, 마리아에 초점을 맞춘 이 기도가 그리스도인 사이에서 가장 인기 있는 연상기도(imaginative prayer)가 되었다. 개신교는 이렇게 마리아를 강조하는 태도를 뒤흔들어놓음으로써, 교회와 개인의 신앙생활에서 여성을 묘사한 성상화를 효과적으로 제거했다.

앞서 언급했듯이, 중세에는 두 제도가 여자에게 중요한 사회적, 종교적 역할을 맡겼다. 왕족, 그리고 수도회(수녀회)(2.2.8)가 그 두 제도였다. 16세기의 사회 격변은 서유럽의 사회 구조에 많은 변화를 일으켰다. 예를 들면, 시의회의 권력이 상당히 커졌으며, 성장하고 있던 상인 계층이 사회에서 새로운 유력 집단으로 떠올랐다. 경제 활동이 활발한 이 중산층은 전통 대대로 내려온 귀족의 권위에 도전했다.

그러나 이런 격변도 왕족에겐 그다지 영향을 미치지 않았다. 왕가는 그들이 충성하는 종교를 바꿀 수도 있었지만, 이렇게 종교를 바꾸어도 사람들이 왕정이라는 제도에 의문을 품지는 않았다. 왕가의 여자들은 가톨릭교와 개신교 안에서 중요한 역할을 했으며, 한 국가의 종교 정체성을 형성하는 데 상당한 영향을 미쳤다. 우리가 앞서 언급했듯이(3.4.3), 1553년부터 1558년까지 잉글랜드 여왕을 지낸 메리 튜더는 잉글랜드에서 가톨릭을 부활시키는 촉매가 되었다. 메리의 이복동생이자 1558년부터 1603년까지 잉글랜드 여왕을 지낸 엘리자베스 1세는 잉글랜드를 굳건한 개신교 국가로 돌려놓았다. 다른 왕가의 여자들도 이 시기에 중요한 역할을 했다. 프랑스의 카트린 드 메디시스(1519-1589), 나바르의 잔 달베르(1528-1572), 스코틀랜드 여왕 메리(1542-1587)가 그런 예다.

중세에 여성이 중요한 목소리를 낼 수 있게 해준 두 번째 제도는 여자 수도회(수녀회)다. 사람들은 대체로 트리엔트 공의회의 결과로 이루어진 수도원 개혁이 오히려 수도원의 지위를 강화해주고 여자 수도원장과 부원장이 더 큰 존경을 받게 해주었다는 데 의견을 같이한다. 아빌라의 테레사와 같은 여성 신앙서 저자들이 상당한 영적 영향력을 행사하게 되었다. 테레사가 쓴 《영혼의 성(城)》은 널리 칭송을 받았는데, 사람들을 압도하는 이 책의 이미지도 그런 칭송을 받은 한 이유였다. 이 책은 영적인 삶을 복잡한 성을 탐험하는 것에 비유하는데, 이 성에서는 문들이 안뜰로 이어져 있으며, 이 안뜰은 탐험자를 이 성의 중심으로 더 가까이 데려간다.

프로테스탄트 종교개혁은 일상세계에서 그리스도인의 삶을 살아내는 것을 강조했기 때문에 수도회에는 거의 관심을 보이지 않았다. 1525년, 마르틴 루터는 한때 수녀였던 카타리나 폰 보라(1499-1552)와 혼인했다. 카타리나는 시토수도회 마리아의 관(冠)(Marienthron) 수녀원에서 수녀로 있었으나, 그곳의 신앙생활에 환멸을 느끼고, 혼인을 더 나은 선택으로 여기게 되었다. 개신교 지역에서는 수도원이 점점 줄어 하찮은 것이 되거나 억압을 받았다. 그 결과, 여자들은 교회와 사회 전반에서 중요한 지도자 역할을 할 수가 없었다. 프로테스탄트 교회들은 오로지 남성만을 지도자로 인정하는 모델을 유지하면서, 여자들을 뒤편으로 몰아냈다.

그러나 개신교는 혼인의 중요성을 강조하고 특히 가사 경영에서 여성이 맡은 역할의 중요성을 강조함으로써 저울이 한쪽으로 기울지 않고 균형을 유지하게 했다. 사람들은 이런 부부관계를 종종 사회생활의 동반자이자 사업세계의 동업자 같은 관계로 보곤 했는데, 부부 초상을 그려달라고 부탁할 때 '두 폭 초상(diptych portraits)'—남편과 아내를 함께 묘사하는 한 그림이지만, 둘을 똑같이 강조한다—을 그려달라고 부탁한 것이 그런 관계를 상징한다. 부부의 이런 동반자 관계가 가정의 중심에 자리해 있었다. 뉘른베르크의 부유한 부부였던 막달레나 파움가르트너(1555-1642)와 그 남편인 발타자르 파움가르트너(1551-1600)가 주고받은 서신은 이 두 사람이 가사 경영, 자녀 양육, 사업 운영을 어떻게 공동으로 해나갔는지 잘 보여준다. 남편이 세상을 뜬 뒤에 부인이 사업 활동을 계속 이어간 경우도 많았는데, 경제적 필요 때문이기도 했지만, 부인이 이런 사업을 경영해본 경험을 갖고 있는 것도 한 이유였다.

개신교의 등장으로 말미암아 여자들이 종교 세계에서 힘을 갖게 되었음을 보여주는 예가 개혁을 옹호한 여자들이 높은 명성을 얻은 경우다. 이런 여자들은 종종 상당한 추종자를 거느리기도 했다. 바이에른의 귀족 여성인 아르굴라 폰 그룸바흐(1492-1554)는 잉골슈타트 대학교가 개신교를 억압하려 하는 것에 격노했다. 아르굴라는 대학 총장과 이사회에 강하게 항의하는 편지를 써서, 그들의 생각을 재고해달라고 요구했다. 이 서신은 1523년에 팸플릿으로 출간되었으며, 이후 두 달 동안 14판을 거듭했다.

16세기와 17세기에 나타났던 더 당황스러운 모습 중 하나는, 당시 사람들이 공공 안녕에 심각한 위협이 된다고 여겼던 마녀에 사로잡혀 있었다는 점이다. 하지만 이런 흐름의 기원은 중세 말, 특히 《마녀의 망치(*Malleus Maleficarum*)》가 출간된 1484년까지 거슬러 올라갈 수 있다. '마녀'의 섹스 습관을 캐는 데 빠져 있었던 것으로 보이는 종교재판소 심문관 하인리히 크라머(1430경-1505)가 쓴 이 책이 대중들을 마술과 신비에 빠뜨리는 데 기여했다고 보는 것이 많은 이들의 생각이다. 대중이 마술과 신비에 빠진 현상은 이후 시대에도 계속되었다. 그러나 사실은 나이 든 여자들이 '마녀'라는 죄목으로 고발당하는 경우가 잦았던 것으로 보이며, 이런 여자들은 보통 혼자 사는 과부였다.

이처럼 마녀 문제에 몰두하는 현상은 특히 독일에 널리 퍼져 있었지만, 가장 악명 높은 사건이 일어난 곳은 북아메리카 식민지였다. 매사추세츠 식민지의 한 작은 마을 성직자가 부추긴 1692년의 세일럼 마녀 재판은 결국 열아홉 사람을 처형하는 결과로 이어졌다. 영국 총독 윌리엄 핍스(1641-1695)가 마침내 이 광기에 마침표를 찍었으며, 이는 결국 성직자의 사과와 고소 취소로 이어졌다. 이는 그 고을 성직자의 지위와 평판을 심히 떨어뜨렸다.

이 간략한 논의가 분명히 보여주듯이, 프로테스탄트 종교개혁의 결과로 나타난 여성의 지위 문제는 복잡하여, 급조한 구호 몇 개로 쉬이 요약할 수가 없다. 어떤 면에서는 여자들이 새로운 종교 현상의 출현으로 이전보다 더 나은 삶을 누렸지만, 다른 면에서 보면, 여자들이 지도자가 될 수 있는 가능성은 이전보다 줄어들었다.

3.5. 종교개혁 이후 시대

종교개혁은 서유럽의 종교사, 사회사, 정치사에 한 획을 그은 이정표였다. 그렇다면 종교개혁은 이후의 역사 발전에 어떤 영향을 주었는가? 종교에 급격한 변화가 일어난 이 시기에 발전한 사상과 관습의 흐름은 더 멀리 떨어진 역사 속에서 어떤 결과들을 만들어냈는가? 이 절에서는 종교개혁이 서유럽과 서유럽 밖의 기독교 형성에 끼친 영향을 살펴보겠다.

3.5.1. 신앙고백주의: 두 번째 종교개혁

유럽의 개신교는 1564년, 장 칼뱅이 세상을 떠난 뒤에 중대한 발전을 겪는다. 이런 발전은 정치 상황의 변화에 따른 것이기도 했다. 유럽의 군주들은 종교 갈등으로 말미암아 자신들이 다스리는 나라와 지역의 안정이 위협받고 있음을 점점 더 깊이 절감하게 된다. 유럽 국가들에서는 이런 갈등을 억누르는 수단으로 종교를 강제로 통일시키는 일이 점점 더 널리 퍼지게 된다. 앞서 보았듯이, 바로 이것이 엘리자베스 1세가 다스리던 잉글랜드에서 벌어진 상황이었다(3.4.3). 엘리자베스 1세를 '최고 통치자'로 삼는 하나의 '공식' 교회 혹은 하나의 '공인' 교회만이 존재해야 했다. 다른 종교는 허용하지 않았다.

　이와 비슷한 과정이 1560년대와 1570년대에 유럽의 다른 곳, 그중에서도 특히 독일에서 일어난 것을 볼 수 있다. 종교의 믿음과 관습을 그 국가의 목적과 일치시키는 이런 과정을 가리키는 말로 '신앙고백주의

(Confessionalism)' 혹은 '2차 종교개혁'이라는 말을 자주 사용한다. 이것의 기본 취지는 한 지역의 종교가 권위 있는 교리 선언(보통 '신앙고백'이라 부르는 것), 곧 그 지역의 모든 사람을 구속하고 그 지역의 제후나 통치 책임자에게 책임을 지는 공인 교회가 강제하는 교리 선언에 기초해야 한다는 것이었다.

이로 말미암아 믿음과 관습을 법으로 규정하고 강제할 수 있는 시스템을 요구하는 목소리가 점점 커져갔다. 그 결과, '국가 교회'가 발전하기 시작했고, 이는 더 큰 사회 통합으로 이어졌다. 이런 현상은 많은 점에서 중세의 기독교 세계(Christendom)라는 개념을 다시 펼쳐 보인 것이라고 볼 수도 있지만, 이제는 이런 개념이 유럽 대륙 전체를 아우르는 차원이 아니라 각 지역 차원에서 실행에 옮겨졌다는 점이 달랐다. 각 지역은 기독교가 과연 무엇인가 하는 문제를 그 나름의 시각으로 독특하게 이해한 견해가 지배하는 미니 기독교 세계였다. 이런 지역 교회들은 성경과 신경(信經)을 지극히 중요한 것으로 여겼지만, 이런 지역 교회들의 독특한 믿음이나 관습을 분명히 밝힌 그 지역의 '신앙고백'도 중요하다고 인정했다.

프로테스탄트 '국가 교회'가 등장한 것은 1570년대에 독일에서 벌어진 상황에 따른 대응이었다. 프로테스탄트 '국가 교회'의 등장이 설령 어떤 유익을 주었을지라도, 이 일은 장차 골칫거리가 되는 교회와 정치권력의 유착을 만들어냈다. 프로테스탄트 교회는 이제 그 염결성(廉潔性)에 쉬이 손상을 입힐 수 있는 이해관계를 가진 기득권 체제의 일부가 되었다. 짧게 보면, '국가 교회'라는 현상이 정치 안정과 사회 안정에 도움이 되었을 수도 있다. 하지만 더 긴 안목으로 보면, 이 현상은 종교와 국가 정체성을 하나로 이음으로써 결국 종교전쟁이 일어날 상황을 만들어내는 데 일조하게 된다. 신학 신념과 국가가 하나로 연결되었다.

이제 사람들은 이전에는 '대수롭지 않은 문제들(adiaphora)'(3.2.4)로 여겼던 많은 종교적 믿음과 관습을 당시 등장하던, 프로테스탄트 신앙을 고백하는 교회들을 서로 구분해주는 기준으로 여기게 되었다. 이 시대에 그 나름의 신앙고백을 가진 주요 두 교회(루터주의와 칼뱅주의)를 구분해야 할 필요가 생기면서, 결국 이들의 차이점을 찾게 된다. 이런 차이점들을 찾아내면, 이런 차이점들을 이 교회와 저 교회를 구분해야 할 필요를 보여주는 것으로 자주 강조하곤 했다. 그 결과 이 교회들이 신학이나 전례나 교회 정치 면에서 드러내는 차이점들은, 초기 근대 국가들이 그 영향력을 행사하는 영역 속에서 더 큰 사회적 통제권을 행사하려고 하면서 정치 문제로 둔갑하는 모습을 분명하게 보여주었다.

1590년대에 이르자, 개신교의 이 주요 형태 둘 중 어떤 것이 서유럽에서 주도권을 잡아가고 있는가가 거의 확실해 보였다. 1591년, 칼뱅주의가 유럽 전역에서 확고한 우위를 차지한 것처럼 보였다. 칼뱅의 시각을 따른 개신교가 자라가면서, 루터주의는 단일 숙적(가톨릭교)이 아니라 두 경쟁자에 맞서 자신의 정체를 정의하고 변호해야 한다는 압박을 받게 되었다. 이제 루터파 공동체와 개혁파 공동체는 자신들을 교리 공식으로 정의했다. 프로테스탄트가 만든 교육 문서 가운데 가장 탁월한 것 중 하나로 널리 인정받는 〈하이델베르크 요리문답〉(1563)은 이 시기에 독일에서 만든 개혁파 요리문답으로서, 그 독자들에게 칼뱅이 생각하는 신학이 참이라는 것과 이와 대립하는 루터파 및 가톨릭 신학의 오류들을 가르치는 것을 그 목표로 삼았다.

이 시기에 개신교 정통이 등장했는데, 이는 중세 스콜라주의의 신학 체계처럼 탄탄한 신학 체계를 발전시키는 일에 점점 관심이 커졌음을 보여준다. 학자들은 믿는 것들을 법조문처럼 정리하여 교의신학 작품에 담아 제시했다. 루터파는 그들의 신학 관점이 가톨릭교 및 칼뱅주의의 그것보다 우월하다고 주장하면서, 이를 대다수 보통 신자들은 이해하기 힘든 신학 논증을 통해 증명해 보였다.

독일에서 루터파 교회와 개혁파 교회 사이에 벌어진 이런 갈등은 둘 다 종교개혁의 정당한 결과물임을 주장하는 두 교회가 동일한 지역 안에 있으면서 자신의 정체성을 정의하는 것을 추구한 데 따른 불가피한 결과라고 볼 수 있다. 사회와 정치 차원에서는 이 공동체들을 구분하기가 힘들었다. 이 두 교회가 각각 상대방에 맞서 자신을 정의할 때 교리가 가장 믿을 만한 방법(구별 기준)이 되었던 이유는 바로 그 때문이었다. 루터파와 개혁파가 서로 맹렬한 적대감을 드러내고 이 두 진영이 영역과 영향력 확보를 놓고 공공연히 경쟁을 벌이면서, '개신교'라는 한 핵심 개념 아래 루터파와 개혁파라는 두 개의 큰 줄기가 있다는 생각은 더 이상 유지하기가 힘들게 되었다.

개신교의 중심이 성경임을 고려할 때(3.2.1), 이런 새로운 흐름은 성경을 '신앙고백'(성경의 어떤 본문을 어떻게 해석해야 하는가에 자주 영향을 미치고 때로는 결정하기까지 했던 신앙 선언)이라는 프리즘을 통해 읽는 경향이 생겼음을 의미한다는 점에서 어쩌면 더 중요한 의미가 있을지도 모르겠다. 이런 변화는 성경 속의 어느 본문을 맥락과 상관없이 따로 떼어내 종종 다툼거리가 된 신앙고백 속 주장을 뒷받침하는 데 써먹는 '본문 증거 삼기(proof-texting)'가 등장케 되는 요인이 되었다. 희한한 모순이지만, 이런 사태 진전은 실상 개신교 안에서 성경의 영향력을 떨어뜨렸다. 성경이 하는 말이 교리 체계를 결정하거나 심지어 기존 교리 체계에 이의를 제기할 수 있게 해야 하는데, 거꾸로 기존 교리 체계에 성경이 하는 말을 뜯어 맞췄기 때문이다.

결국 개신교 속의 두 형태 사이에서 어떤 혼란이 일어나는 것을 막으려면, 이 두 형태의 차이점을 분명히 밝힐 방법을 찾아야 한다는 압력이 높아졌다. 루터파 논객과 칼뱅파 논객 사이에 지식 전쟁이 뜨거워지면서, 두 교리 영역이 이 두 진영을 미덥게 구분해줄 만한 표지로 등장했다. 예정 교리와 '실제 임재'라는 개념이 그것이었다. 각 경우에 루터파와 칼뱅파는 확연히 다른 입장을 보여주었다.

3.5.2. 잉글랜드와 북아메리카의 청교도주의

우리가 앞서 언급했듯이, 엘리자베스 1세는 과거 기독교와의 연속성을 강조하면서, 종교개혁 이전 시대의 조직과 관습 그리고 전통을 확연히 그대로 유지하는 개신교 형태를 만들어냈다(3.4.3). 엘리자베스 1세는 주교 제도를 그대로 유지하고 성직자의 독특한 복장을 고수했는데, 이는 잉글랜드에서도 칼뱅의 제네바가 이룬 발전에 영향을 받아 더 급진성을 띠었던 프로테스탄트들이 보기엔 아주 못마땅한 일이었다(3.3.5). 교구와 그 교구를 관장하는 주교, 그리고 전도구(parish)와 그 전도구를 관장하는 사제들로 이루어진 전통적 교회 구조가 계속하여 작동했다. 성공회기도서(Book of Common Prayer)가 질서 있고 통일된 전례를 규정했다.

이제 성공회 안에서 생각을 달리하는 프로테스탄트들을 가리키는 말로 '청교도'(청교도주의)라는 말을 사용하기 시작했다. 이들은 칼뱅이 생각하던 개신교의 모습을 잉글랜드 안에서 실현하고 싶어 했다. 이들은 '엘리자베스의 종교 안정' 조치 중 많은 부분을 거부하고, 자신들이 받아들일 수 없는 믿음과 관습이라고 여긴 것들에 맞서 싸우기 시작했다. 우선 이들은 자신들이 중세 가톨릭교의 흔적이라 여기던 주교 제도를 없애고 싶어 했다. 아울러 이들은 세례 때 십자가 모양으로 성호를 긋는 관습, 성직자 복장을 입는 관습, 혼인 예배 때 반지를 사용하는 관습, 예수의 이름으로 절하는 관습에 반대했다. 그들은 이 모든 것이 성경에 어긋나므로, 이것들을 교회의 어떤 목사에게도 강요해서는 안 된다고 주장했다.

청교도주의가 엘리자베스 시대 잉글랜드에 미친 영향은 미미했다. 하지만 엘리자베스의 죽음은 잉글랜드를 불확실한 종교 상황으로 빠뜨려버렸다. 스코틀랜드의 제임스 6세가 엘리자베스 뒤를 잇는다는 발표가 있자, 잉글랜드 청교도들은 자신들의 때가 왔다고 믿었다. 제임스는 일찍이 칼뱅파 설교자요 개혁자로서 칼뱅의 제네바를 본받아 스코틀랜드 개혁교회를 만든 존 녹스(1514-1572)가 단행한 개혁들을 지지했었다. 그러니 그가 잉글랜드에서도 똑같은 일을 하리라고 확실히 믿을 수 있지 않을까? 청교도들은 자신들이 주도권을 쥐고, 자신들을 반대하는 성공회 신자들보다 앞서 나가기로 결심한다.

제임스는 1603년 4월, 에든버러에서 런던으로 오다가 청교도 사절을 만난다. 이 사절은 제임스에게 천 명이 넘는 성공회 목회자가 서명한 '천인청원(千人請願, Millenary Petition)'을 제출했다. 그들은 자신들이 당시 성공회의 교회 관습에 심각한 우려를 갖고 있음에도 교회를 신실히 섬겼지만 이제는 모든 것을 바꿔야 할 때가 왔다고 선언했다.

그러나 결국 제임스 1세(1566-1625, 재위 1603-1625. 스코틀랜드 왕 제임스 6세가 잉글랜드 왕 제임스 1세로 즉위했다—옮긴이)는 청교도주의를 외면했다. 청교도들은 위로와 미래의 변화를 약속한 말을 담은 종잇조각을 받았지만, 이런 약속은 전혀 실현되지 않거나 놀라울 만큼 거의 실현되지 않았다. 앞으로 보겠지만, 제임스는 성경을 영어로 새롭게 번역할 것을 약속했는데, 일부 청교도들은 어리석게도 이 성경 번역이 자신들의 입장에 힘을 실어주길 바랐다. 1611년, 유명한 '킹 제임스 역본'이 출간되자, 이 역본이 청교도가 선호하는, 더 급진성을 띤 용어가 아니라, 성공회 신자들이 선호하는 전통 언어를 사용했다는 것이 드러났다. 이 유명한 성경 역본은 다음 항에서 살펴보겠다.

청교도주의가 잉글랜드에 미치는 영향력은 견제를 받았을지도 모르겠다. 하지만 청교도주의가 힘 빠진 종이호랑이는 아니었다. 청교도주의는 제임스 1세 치세기와 찰스 1세(1600-1649, 재위 1625-1649) 치세기에도 계속하여 발전했으며, 군주들의 독재자 같은 행태에 커져만 가던 대중들의 분노가 그 발전의 원동력이 되었다. 제임스 1세와 찰스 1세는 '왕권신수설(王權神授說)'을 내세워 자신들의 행동에 정당성을 부여했다. 청교도 저술가들은 이런 개념에 거리낌 없이 도전했으며, 이 왕권신수설이 성경에 근거가 없다는 점과 결코 받아들일 수 없는 왕권절대주의를 암시한다는 점을 지적했다. 왕을 비판한 청교도들은 왕의 월권이 칼뱅의 제네바가 실시하던 공화주의의 장점들을 부각시켜준다고 보았다. 공화주의 개념은 잉글랜드에서 점점 더 소외당하던 향신(鄕紳, gentry) 사이에서 정치적 영향력을 얻기 시작했다. 그러나 1640년대에 가서야 비로소 공화주의 시대가 열리게 된다.

하지만 청교도주의는 이제 더 이상 잉글랜드에 국한되지 않았다. 17세기 전반, 그러니까 제임스 1세와 찰스 1세가 통치하던 시절, 청교도들은 고국인 잉글랜드를 떠나 아메리카 식민지에서 새 삶을 찾기 시작한다. 이들은 그곳에서 자신들이 핍박이나 억압을 두려워하지 않고 자신들이 받은 신앙 소명대로 삶을 살아낼 수 있으리라고 믿었다. 이들은 자신들이 이집트의 속박에서 벗어나 약속받은 땅을 향하여 나아가는 이스라엘 백성과 같다고 생각했다.

이런 이민의 물결 중 하나가 상징적 지위를 획득했다. 1607년 아니면 1608년, 자신들을 적대시하는 제임스 1세의 종교 정책에 신물이 난 잉글랜드 노팅엄셔 스크루비 출신의 한 청교도 회중이 암스테르담으로 건너갔다. 당시 이곳은 제네바를 대신하는, 개혁파 세계의 중심지가 되어 있었다. 1609년, 이들은 레이던으로 옮겨가, 거기서 하나님의 선민이요 낯선 땅에서 살아가는 나그네라는 자신들의 정체감을 발전시켰다. 이들은 자신들을 화란 사람으로 여기지도 않았고 자신들을 적대시하는 잉글랜드의 교회 환경으로 되돌아가려 하지도 않았다. 그 대신, 이들은 한 가지 해결책을 생각했는데, 절박하면서도 기막힌 방안이었다. 이들 가운데 자신들이 그런 소명을 받았다고 믿었던 사람들이 아메리카의 버지니아 식민지로 건너가, 허드슨 계곡에 정착촌을 건설했다.

처음에 이들은 작은 배로 항해에 나섰다가 실패했는데, 그 뒤 더 큰 메이플라워호를 타고 플리머스를 떠났다. 1620년 11월, 이 '필그림 파더스(Pilgrim Fathers)'는 항해 잘못으로 애초 의도했던 목적지에서 북쪽으로 상당히 떨어진 매사추세츠 케이프 코드에 도착했다. 한 달 뒤, 이들은 마침내 플리머스 록(Plymouth Rock)에 상륙하여, 거기에 공동체를 세웠다. 이리하여 청교도의 뉴잉글랜드 정착이 진행되기 시작했다.

1627년부터 1640년까지 약 4천에 이르는 사람들이 위험을 무릅쓰고 대서양을 건너가, 매사추세츠 만 해안에 정착했다. 이 정착자들은 자신들의 여정 내러티브와 성경의 그것이 분명 일치한다고 보았다. 잉글랜드는 그들이 억압에 맞서 싸우던 땅이었다. 반면 아메리카는 그들이 자유를 발견한 땅이 될 것이다. 잔인한 파라오(그들은 제임스 1세와 찰스 1세를 그렇게 보았다)는 그들을 이집트에서 쫓아냈으나, 이제 그들은 젖과 꿀이 흐르는 약속받은 땅에 정착했다. 그들은 이 낯선 땅에서 언덕 위의 도시인 새 예루살렘을 세우려 했다. 필그림 파더스는 그들을 따라 신세계로 건너간 많은 이들에게 영감을 불어넣어주었다.

그러나 필그림 파더스가 이 시대 잉글랜드 청교도의 전형은 아니었음을 바로 인식해야 한다. 그들은 분리주의자로서, 그들의 신앙은 칼뱅보다 재세례파의 특징이 더 많았다. 그들은 각 회중이 그 자신이 믿을 것을 결정하고 그 자신의 목사를 뽑을 민주적 권리를 갖고 있다고 확신했다. 이 시대 잉글랜드의 청교도는 대부분 장로교 신자였으며, 한 어머니 교회가 각 지역에 여러 전초기지를 거느리고 있다는 관념을 철저히 고수했다. 즉, 한 '보편 교회'가 '여러 특별한 회중들'을 거느리고 있으며, 이 회중들은 공통된 믿음과 지도자를 통해 하나로 결합해 있다고 생각했다. 그러나 구(舊)세계를 규정한 다툼들이 신세계에서도 재현되는 것은 단지 시간 문제였다. 하지만 이 당시에는 중앙 집중을 거부하는 분권이 승리하곤 했다.

1620년대와 1630년대 뉴잉글랜드 개신교의 초기 역사가 가장 두드러지게 보여주는 특징 중 하나는 대다수 청교도 공동체가 뉴잉글랜드에 도착한 지 수 개월 안에 장로교식 교회 정치 제도를 포기하고, 대신 회중 정치를 채택한 것으로 보인다는 점이다. 플리머스 식민지의 분리주의자들은 회중들이 자신들을 어떻게 조직하고 다른 회중들과 어떤 관계를 맺을 것인가 하는 문제에서 큰 변화를 만들어내는 데 중요한 역할을 한 것으로 보인다.

아메리카에 정착한 이들은 유럽 국가 교회의 엄격한 수직 위계 구조에 강력 반발하여, 그런 구조 대신 민주적 회중주의를 채택했다. 지역 회중들은 자신들의 문제를 스스로 결정했다. 매사추세츠 만의 청교도들은 (노회 제도나 교구 제도처럼) 중앙에 집중된 권위 구조를 택하지 않고, 고도의 분권주의를 지향하는 회중 교회 질서를 발전시켰다. 이리하여 아메리카의 새로운 상황은 잉글랜드에서는 생각조차 할 수 없었던 종교적 가능성을 마음껏 실험해볼 수 있게 해주었으며, 이는 결국 각 지역 상황에 맞춘 믿음과 관습의 다양화로 이어졌다.

로저 윌리엄스(1603-1684)는 순수한 분리주의 교회를 주장한 대표자 중 한 사람으로서, 성공회를 배교자라고 주장했으며, 성공회와 갖는 모든 사귐—그 사귐을 잉글랜드에서 갖든, 아메리카에서 갖든—은 중대한 죄라고 주장했다. 기독 신자는 배교한 교회와 세속 국가에서 떨어져 나올 의무가 있다. 교회와 국가는 분리되어야 한다. 무엇보다 국가는 십계명 중 첫

네 계명을 강요할 수 없다. 매사추세츠에서 교회와 국가가 서로 상대방 영역에 침투하는 양상이 흔들림 없이 계속되자, 이에 환멸을 느낀 윌리엄스는 1636년에 로드아일랜드 식민지를 세우고 완전한 종교 자유를 주장했다. 이 자유는 기독교의 전통적 교파들을 넘어 유대교 신자와 다른 소수 종교 신자까지 아우르는 것이었다.

3.5.3. 킹 제임스 성경, 1611년

잉글랜드 교회가 종교와 문학 분야에서 이룩한 중대 업적 가운데 하나가 1611년에 새 성경 역본을 펴낸 일이다. 킹 제임스 성경은, 알려져 있는 대로, 1525년 윌리엄 틴데일의 신약성경 번역에서 시작하여, 1539년 대(大) 성경(Great Bible)을 거쳐, 1568년 주교 성경(Bishop's Bible)에 이르는 잉글랜드의 성경 번역 역사 속에 자리해 있다. 이 번역이 문화에서 차지하는 엄청난 중요성을 고려하여, 이 역본의 기원과 스타일을 살펴보도록 하겠다.

이 새 역본이 탄생하게 된 계기는 자신의 통치를 시작할 무렵에 잉글랜드에서 종교 간 평화를 확보하고 싶어 했던 제임스 1세의 욕구였다. 제임스 1세는 통치를 시작할 무렵 종교 간 공감대를 어느 정도 확보하고 자신이 청교도 진영의 우려에 귀를 기울일 의향이 있음을 보여주고자(3.5.2), 1604년 1월에 햄프턴 궁 회의(Hampton Court Conference)를 소집했다. 회의 마지막 날, 아무도 예상하지 못했던 사태로 보이는 일이 벌어졌다. 제임스 1세가 새 영역 성경을 내놓겠다는 결심을 선포한 것이다. 그가 이런 결심을 한 이유는 지금도 분명하게 밝혀져 있지 않다. 성공회 신자들도, 청교도들도 이런 번역을 요구하는 압력을 전혀 가하지 않았다. 하지만 제임스 1세는 이런 새 성경 역본이 잉글랜드 안에서 종교적 통일을 확보하는 데 도움을 주리라고 믿었다.

제임스 1세는 성경을 새로 번역하겠다는 결심이 서자, 번역 과정을 지휘할 책임을 캔터베리 대주교인 리처드 밴크로프트(1544-1610)에게 맡겼다. 밴크로프트는 이 과정을 수행할 번역자를 50명 정도 모집했다. 이 중에는 옥스퍼드 대학교와 케임브리지 대학교에서 그리스어와 히브리어를 가르치는 흠정 교수들도 들어 있었다. 두 번역자 모임은 웨스트민스터를 근거지로 삼았고, 두 번역자 모임은 케임브리지를, 두 번역자 모임은 옥스퍼드를 근거지로 삼았다. 이 '번역자 모임' 중 세 모임은 구약 번역을, 두 모임은 신약 번역을, 한 모임은 외경 번역을 맡았다. 1610년, 각 모임은 런던에 있는 서적출판업 조합 사무소(Stationers' Hall)에서 열린 중앙총회에 대표를 보내, 번역한 것에 관한 평을 듣고 부족한 점을 개선하고자 번역한 것들을 제출했다.

밴크로프트는 번역자들의 번역을 규율할 '규칙'을 제시하여 번역자들의 자유를 제한했다. 그는 특정한 영어 단어―이를테면 '교회(church)'나 '주교(bishop)' 같은 단어―가 큰 의미를 갖고 있음을 충분히 알고 있었다 (3.2.3). 청교도라면 이런 단어들을 그들 자신의 강령에 더 적합한 단어― 이를테면 '회중(congregation)', 그리고 '감독자(supervisor 혹은 overseer)' 같은 단어―로 바꾸는 쪽을 선호할 것이다. 청교도는 이렇게 단어를 바꿔 사용함으로써, 성공회의 기존 구조가 성경의 굳건한 기초 위에 서 있다는 대중의 믿음이 무너지길 바랐다.

이 때문에 밴크로프트는 전통으로 내려온 단어들을 계속 사용해야 한다고 강조했다. "오랜 교회 용어는 그대로 보존해야 한다. 즉, 'church'라는 말을 'congregation' 따위로 번역하는 일을 해서는 안 된다." 밴크로프트가 잘 인식했듯이, 성경 본문의 단어를 바꾸는 것은 이미 확립된 교회 삶의 형태들이 지닌 구조를 바꾸는 전주곡이 될 수도 있었다. 이제는 교회의 전통 언어를 보존하는 것을 더 급진성을 띤 개혁자들―기존 교회에서 점점 더 큰 영향력을 갖게 된 청교도 진영 같은 이들—의 목표에 맞서는 성채로 여기게 되었다.

밴크로프트도 번역자들이 번역을 원점에서 시작하지는 않을 것이요, 본문을 자신들이 최선이라 여기는 방향을 따라 완전히 제멋대로 번역하지는 않으리라고 확신했다. 번역자들은 이전 영역 성경을 기초로 삼아야 했으며, 필요하다면 그 역본들을 더 낫게 고칠 수는 있었으나 무시할 수는 없었다. 이런 조치는 번역자들이 과격한 혁신이나 유별난 변화를 일으킬 수도 있다는 의심의 싹을 처음부터 아예 잘라버렸다.

킹 제임스 성경 번역자들은 대체로 성경 원문을 문자 그대로 번역했다. 그리스어 원문이나 히브리어 원문의 단어 하나하나를 영어 단어 하나하나로 번역했으며, 심지어 이런 번역이 영어를 쓰는 이들의 귀에 이상하게 들릴 법한 경우에도 그런 식으로 번역했다. 예를 들어, 현자들이 베들레헴의 별을 보고 보인 반응을 전해주는 친숙한 본문을 살펴보자. "they rejoiced with exceeding great joy"(마 2:10). 번역자들이 만들어낸 이 영어 산문의 리듬은 조금 기묘하여, 더 자연스러운 1525년판 틴데일 역본의 번역—"they were marvellously glad"—보다 덜 만족스럽다고 판단하는 이들이 있을지도 모르겠다. 그러나 두 번째 옥스퍼드 번역자 모임은 그리스어 원문의 각 요소를 원문에 있는 그대로 정확히 옮기는 쪽을 택했다. 킹 제임스 성경 번역자들은 그리스어 원문의 각 단어에 상응하는 영어 단어를 제시했으며, 'joy'라는 어근을 되풀이하지 않아도 되건만, 원문을 따라 굳이 되풀이했다.

이런 문자 중심 번역은 킹 제임스 성경이 보여주는 두 가지 더 흥미로운 특징의 기초가 된다. 이 성경 인쇄본을 살펴본 이들은 아마 그 더 분명한 특징을 쉽게 알아차릴지도 모르겠다. 즉, 원문 자체에는 없으나 번역자가 본문의 의미를 설명하려고 덧붙인 단어들을 다른 활자로 인쇄하여, 본문을 읽는 이들이 이 단어들과 본문의 나머지 부분을 구분할 수 있게 해놓은 것이다. 번역자들은 자신들이 본문의 참된 의미를 밝힐 목적으로 꼭 덧붙여야겠다고 느껴 살짝 덧붙인 부분이 있으면, 설령 이렇게 끼워 넣은 부분이 아무런 논란 없이 널리 지지를 받는 부분일지라도, 성경 본문(원문) 자체와 그렇게 끼워 넣은 부분을 철저히 구분하는 것이 옳다고 느꼈다. '하나님 말씀'은 고딕체로 인쇄하여 공식 선언이라는 굳건한 인상을 전달했으며, 번역자가 덧붙인 말은 더 작고 덜 두드러진 활자로 인쇄함으로써, 이 말이 구문에 필요하긴 하지만 **신학 면에서는** 덜 중요하다는 것을 일러주었다.

아울러 킹 제임스 성경 번역자들은, 원문을 살짝 바꾸면 영어로 원문을 더 훌륭하고 정확하게 표현할 수 있는 경우에도 원문의 단어가 가진 특징들을 그대로 유지하는 경향이 있었다. 예를 들면, 그들은 히브리어 원문이나 그리스어 원문의 많은 문구를 직역하면서, 이 문구를 당시 사람들이 말하던 영어의 보통 패턴에 맞춰보려는 시도조차도 하지 않았다. 이런 표현들은 대부분 이전 역본, 특히 틴데일 역본의 표현을 그대로 되풀이한 것이었다. 히브리어 표현을 그대로 가져온 익숙한 사례 중에는 이런 것들이 있다. 'to lick the dust'(티끌을 핥다, 시 72:9; 사 49:23; 미 7:17), 'to fall flat on his face'(얼굴을 땅에 대고 엎드리다, 민 22:31), 'a man after his own heart'(그의 마음에 맞는 사람, 삼상 13:14), 'to pour out one's heart'(마음을 쏟다, 시 62:8; 애 2:19), 'the land of the living'(사람들이 사는 땅, 욥 28:13; 시 27:13; 52:5). 그리스어 표현에서는 'the powers that be'(있는 권세, 롬 13:1)와 'a thorn in the flesh'(육체의 가시, 고후 12:7)를 들 수 있다.

이렇게 히브리어 문구와 그리스어 문구를 문자 그대로 번역한 결과, 영어를 그 문구에 맞추려고 뜯어고치는 일이 벌어졌다. 처음에는 이런 말들이 이상하게 들렸지만, 사람들이 이런 말에 점점 익숙해지고 점점 더 많이 사용하게 되면서, 영어 안으로 자연스럽게 스며들어 영어 표현을 풍성하게 만들어주었다. 이는 분명 번역 과정이 의도하지 않았던 결과였으며, 당시에는 오히려 이런 결과가 우려를 자아냈다고 알려져 있다. 하지만 사람들이 킹 제임스 성경에 점점 더 익숙해지면서, 이 역본에서 더 기억에 남는 문구들을 골라 실생활에 활용하게 되었으며, 특히 문학 세계에서 그런 일이 벌어졌다. 후대 사람들은 대부분 'the apple of my eye'(애지중지하며 소중히 하는 것)나 'den of thieves'(도적 소굴)나 'led like a lamb to the slaughter'(도살장에 끌려가는 양처럼 끌려가다) 같은 영어의 표준 문구들이 본디 히브리어의 표현 양식을 반영한 말이라는 것을 모른다.

이 중요한 영역 성경은 문학과 문화에 한 획을 그은 이정표로 널리 인정받고 있으며, 종교 사상과 텍스트가 문화에 큰 영향을 미칠 수 있음을 잘 보여준 중요한 사례다. 그리고 이것은 자연스럽게 우리를 이 시대의 신학 사상이 문화 형성에 미친 더 커다란 영향을 살펴보도록 이끈다.

3.5.4. 기독교와 예술

보통 사람들은 중세 가톨릭교회를 주로 이 교회의 관습과 형상(이미지)을 통해 만났다. 극소수 사람들은 신학 작품을 읽었지만, 보통은 교회 전례가 장엄한 광경과 가르침, 드라마와 도그마를 보통 사람들이 아주 쉽게 인식할 수 있는 형태로 이 사람들에게 제공했는데, 이런 장엄한 광경과 가르침, 드라마와 도그마는 중세의 세계관(2.3.8), 그리고 제도권 교회가 구원의 유일한 방편으로서 고유한 위치를 갖고 있음을 다시금 강조하는 것이었다. 전례라는 드라마를 보완해준 것이 형상들이었다. 이 형상들은 대개 복음서 장면들을 묘사한 것으로, 교회 벽에 그린 그림이었으며, 글을 읽지 못하는 이들에게 도움을 주려고 그린 것들이었다.

중세에는 예술이 기독교 사상과 가치를 사람들에게 전달할 때 중요한 역할을 한다는 점을 널리 인정했으며, 16세기와 17세기 가톨릭교회도 이점을 계속하여 강조하게 된다. 아울러 교회 건축을 기독교의 가치와 사상을 구현하고 강조하는 중요한 방법으로 보았다. 트리엔트 공의회(3.4.4-5)는 정교한 테크닉을 사용하는 바람에 도리어 자기 작품의 종교적 영향력(효과)을 떨어뜨리는 예술가들을 비판했다. 그러나 이 공의회도 예술이 개인의 신앙심을 북돋고 신학 성찰을 도와준다는 점에서 중요성을 갖고 있음을 전혀 의심치 않았다. 가톨릭 종교개혁 때는 종교 미술과 종교 음악의 르네상스가 일어나기도 했다.

하지만 개신교는 사뭇 다른 방향으로 움직였으며, 미술과 음악을 세속 세계에 국한시키는 경향이 있었다. 개신교가 가톨릭 예술을 비판한 것은 그 예술이 표현하는 신학과 그 신학을 표현하는 데 활용한 방법을 모두 적대시하는 감정의 반영이었다. 루터와 그의 동지들은 종교개혁 사상과 가치를 널리 알리는 데 종교 예술이 중요하다는 확신을 견지했지만, 츠빙글리와 칼뱅은 종교 예술을 우상 숭배와 같다고 여겼다. 개혁교회는 어떤 유형의 형상도 엄격히 제거하게 되며, 이 때문에 이런 교회들은 아무런 장식도 없이 흰 회반죽을 바른 벽만 가진 경우가 자주 있었다(3.3.4).

하지만 개혁파가 하나님을 그림으로 표현한 것에 보인 적대감은 본디 그 근본 이유가 신학적이었기 때문에, 다른 주제에까지 확산되지는 않았다. 교회 장식이라는 특수한 영역을 벗어나면, 개혁파 예술가들의 활동이 큰 제약을 받지는 않았다. 장 칼뱅은 이 문제에 관하여 아주 명쾌한 입장을 갖고 있었다. 그림과 조각도 그 표현 대상이 '우리 눈에 보이는 것들'이라면 얼마든지 허용할 수 있다는 것이 그의 입장이었다. 심지어 그는 이런 그림과 조각을 '하나님이 주신 선물'이라 불렀다. 따라서 칼뱅파 화가들은 자신들이 그린 그림 속에서 하나님을 표현하는 것에 심각한 신학적 불안을 가질 만도 했다. 물론 이들도 그림을 그리는 작업 자체에서는 전혀 그런 어려움을 겪지 않았다. 이들에게는 다른 가능성이 넓게 열려 있었다. 자연 풍경, 사는 고장의 모습, 집안 광경, 그리고 17세기 플랑드르 미술의 독특한 특징인 초상화 같은 것이 그런 가능성을 분명하게 보여주었다.

개신교 안에는 음악을 어떻게 활용할 것인가를 놓고 역시 다양한 견해가 존재했다. 루터는 예배 때 음악을 사용하는 것을 전혀 불편해하지 않았다. 그는 이렇게 써놓았다. "음악은 하나님 말씀 다음으로 가장 높은 칭송을 들을 자격이 있다. 나는, 일부 광신자들이 주장하듯이, 복음 때문에 모든 예술을 제거해야 한다거나 금지해야 한다고 믿지 않는다. 그 반대로, 나는 예술을 베푸시고 창조하신 그분을 예배하는 자리에 모든 예술을, 특히 음악을 반가이 맞아들일 것이다."

루터는 개혁 운동에 몸담은 다른 이들에게 시편에 근거한 찬송을 써서 모든 기독교 세계가 깨우침을 받고 영감을 얻게 해달라고 독려했다. 루터가 지은 가장 유명한 찬송도 "하나님은 우리의 피난처요 힘이시니 환난 중에 만날 큰 도움이시라"로 시작하는 시편 46편을 고쳐 만든 것이다. 루터가 자신이 지은 곡조에 맞춰 만든 이 찬송(〈내 주는 강한 성이요〉)은 기독교 찬송의 이정표가 되었다.

이 찬송은 또 다른 측면에서도 중요하다. 루터가 이룩한 전례 혁신에서 가장 중요한 것(곧, '합창')을 이 찬송이 잘 보여주기 때문이다. 이런 찬송은 연(stanza) 형태를 갖춘 독일어 운문 작품에 대체로 당시 독일 민중들이 부르던 세상 노래들과 비슷한 음악을 붙여 예배 때 온 회중이 불렀다. 이런 찬송 모음은 1524년에 《작은 영가집(Wittembergisch geistlich Gesangbuch)》이라는 이름을 달고 처음 세상에 나왔으며, 이 안에 〈내 주는 강한 성이요〉가 들어 있다. 요한 제바스티안 바흐(1685-1750)는 후기 루터주의 시대에 이런 합창 전통을 새로운 경지로 끌어올렸다.

잉글랜드 개신교는 에드워드 6세 치세기부터 루터파 모델보다 개혁파 모델을 따르곤 했다. 시편을 하나님이 인정하신 찬송이자, 하나님을 높이는 데 쓸 자원을 공급해주는 책으로 보았다. 잉글랜드 개신교는 루터처럼 시편이 아니라 사람이 지은 찬송을 활용하면 하나님의 작품(곧 시편—옮긴이)이 불완전하거나 부적절함을 암시하는 것이라 생각하여 루터의 예를 따르지 않았다. 때문에 예배에는 찬송(hymnody, 사람이 지은 가사에 사람이 지은 곡을 붙인 송가)을 포함시키지 않고, 송가(psalmody, 성경의 시에 곡을 붙인 찬송)를 포함시켰다. 더구나 초기 잉글랜드 송가는 거의 다 성악곡이었다. 대다수 개혁파 성직자들은 악기가 세속 음악에나 적합하지 공예배에는 적합하지 않다고 믿었다. 때문에 시편 송가를 부를 때는 반주 없이 불렀다. 중세 수도원에서 부르던 단선율 송가와 비슷했다.

성공회는, 시편 말씀을 송가로 부를 경우, 설령 운율이 맞지 않아 노래하는 데 어려움이 있을지라도, 운율을 고려하여 그 말씀을 고치지 말고 시편에 있는 그대로 부르라고 지도했다. 운율을 고려하지 않는 이런 접근법은 성경에 있는 말씀을 있는 그대로 완전하게 보존했으며, 성경 본문 변경을 요구하지 않았다. 개혁파 전통에서는 이런 문제가 늘 민감한 신학적 이슈였다.

그러나 개신교가 본디 바라는 것은 모든 신자를 교회 예배에 참여케 하는 것이었다. 이 때문에 회중이 쉬이 익힐 수 있는 곡조에 맞춰 부를 수 있도록 가사를 고친 시편 송가가 발전하게 된다. 이리하여 시편 본문을 다시 번역하는데, 이제는 원문의 말을 철저히 정확하게 살려내는 것이 목적이 아니라, 그 본문을 시 운율에 맞춰 번역하여 곡조에 맞춰 부를 수 있게 하는 것이 목적이 되었다. 이렇게 운율을 고려한 곡조는 단순했기 때문에 시편을 노래하고 **기억하기**(시편을 노래하고 기억하는 것이 프로테스탄트의 핵심 목표 중 하나였다)가 이전보다 더 쉬워졌다.

잉글랜드에서는 존 데이가 《시편 송가집(Book of Psalms)》(1562)을 펴냈다. 토머스 스턴홀드, 존 홉킨스, 그리고 다른 이들이 번역한 시편 본문을 바탕으로 삼은 이 송가집 송가들에는 〈제네바 시편(Genevan Psalter)〉과 친숙한 잉글랜드 멜로디에서 가져온 곡조가 붙어 있었고, 대중이 부르는 속요(俗謠) 곡조가 붙어 있기도 했다. 데이의 《시편 송가집》은 250년이 넘는 세월 동안 널리 사용되었으며, 500판도 더 찍은 것으로 보인다. 시편 본문을 운율에 맞춰 고친 가장 유명한 사례는 아마도 1650년에 나온 《스코틀랜드 시편(Scots Psalter)》이 아닐까 싶은데, 스코틀랜드 교회는 이를 공인하여 널리 사용하게 했다. 시편에 들어 있는 시 150편의 본문을 전부 고쳐 모아놓은 이 책에는 우리가 익히 아는 형태의 시편 23편도 들어 있다.

The Lord's my shepherd, I'll not want.

He makes me down to lie

In pastures green : he leadeth me

the quiet waters by.

독일에서는 교회 음악의 역할을 둘러싸고 개신교 안에서 벌어진 신학 논쟁이 요한 제바스티안 바흐를 비롯한 전문 음악가들에게 적잖은 문제를 일으켰다. 바흐는 이때보다 좀 뒤에 활동한 사람이다. 하지만 그가 부닥친 문제들은 이번 장에서 언급한 기독교의 발전에서 직접 유래한 결과들이었다. 바흐가 이름을 얻어 독일 전역을 다니게 되면서, 독일의 '신앙고백주의'(신앙고백 운동)가 음악에 암시하는 의미도 점점 더 분명하게 드러났다. 독일 각 지역의 신앙고백이 지닌 차이는 결국 기독교 예배 속의 음악을 대하는 태도도 사뭇 달라지게 만들었다.

독실한 루터파 신자였던 바흐는 회중이 성경의 의미와 능력을 충분히 인식할 수 있게 성경을 음악으로 옮기는 것을 자신의 과업으로 여겼다. 이 무렵 루터파는 이미 풍성한 음악 전통을 발전시켰고, 바흐는 특히 그가 작곡한 칸타타와 수난곡들을 통해 이런 전통을 더 풍성하게 살찌웠다. 바흐의 마지막이자 가장 위대한 소임은 라이프치히의 루터파 교회인 토마스 교회(Thomaskirche)에서 오르간 연주자이자 합창대 지휘자로 일한 것이었다. 이 시기에 나온 주요 작품을 들어보면, 〈마그니피카트〉, 〈요한수난곡〉, 〈마태수난곡〉, 〈B단조 미사〉, 그리고 〈크리스마스 오라토리오〉가 있다. 그러나 바흐가 늘 루터파와 관련된 상황에서만 일했던 것은 아니었다.

바흐는 1717년부터 1723년까지 개혁파에 속하는 안할트·쾨텐 궁정 악장으로 일했다. 이 궁정은 음악을 강력히 지지했다. 하지만 이곳이 따르는 개혁파의 견해는 공예배에서 음악을 사용하는 것을 금지했다. 이 때문에 이 시기의 바흐는 종교 음악보다 세속 음악에 집중했다. 자신의 음악 재능을 전례에서는 펼쳐 보일 수 없었기 때문이다. 바흐는 이 시기에 여섯 개의 〈브란덴부르크 협주곡〉과 〈평균율 클라비어곡집〉을 썼다. 비록 바흐 자신이 좋아하는 정황(즉, 회중 예배)에서 예술 활동을 펼치지는 못했지만, 그래도 이 시기는 그의 삶에서 엄청난 작품을 생산해낸 시기였다.

3.5.5. 기독교와 과학

사람들은 17세기 말의 '과학 혁명'이 근대 문화 형성에 아주 중요했다는 데 널리 동의한다. 이 견해를 놓고 할 이야기가 많다. 다음 장에서는 기독교가 이런 발전을 촉진한 촉매제로서 행했던 역할을 살펴보도록 하겠다. 그러나 과학 혁명은 중세 말, 그리고 특히 16세기에 이루어진 발전을 토대로 일어났다. 과학적 방법의 등장을 촉진하는 데 중요한 역할을 한 것으로 알려진 한 가지 테마는 우주가 인간의 지성으로 파악하고 표현할 수 있는 질서를 처음부터 갖고 창조되었다는 기독교의 근본 믿음이었다.

16세기와 17세기 초에 기독교로부터 가장 큰 영향을 받은 과학 분야는 천문학이었다. 중세 초기에 고대의 과학 저작들을 아랍어 자료나 그리스어 자료에서 다시 살려내면서(2.3.2), 이집트의 천문학자 프톨레마이오스가 천명했던 견해가 상당한 관심을 끌게 되었다. 그는 지구가 우주의 중심이며, 모든 천체는 원 모양의 길을 따라 지구 둘레를 돈다고 주장했다. 중세 사람들은 이 천동설(지구중심설)이 탄탄한 과학적 근거에 입각해 있다고 여겼으며, 중세의 성경 주해에 이를 받아들여 결합했다. 성경을 해석할 때는 지구가 우주의 중심에 있다는 가설을 바탕으로 삼았다.

그러나 16세기에 들어와, 이 견해가 도전을 받기 시작했다. 프톨레마이오스의 이론은 16세기 초에 관찰을 통해 축적한 세부 증거를 설명하지 못한다는 것이 분명해졌다. 가장 먼저 이 이론에 변화를 가져온 계기는 복잡하면서도 다소 엉성한 일련의 '원 안의 원'[전문용어로 '주전원(epicycles)'이라 알려져 있다] 개념을 도입한 일이었다. 그러나 일부 사람들은 만물에 관하여 더 나은 사유 방식을 찾아야 한다고 주장하기 시작했다.

폴란드 학자인 니콜라스 코페르니쿠스(1473-1543)는 행성들이 태양을 중심으로 한 동심원 위를 돌고 있다고 주장했다. 지구는 태양 둘레를 돌 뿐 아니라, 자신의 축을 중심으로 자전하고 있다. 따라서 우리 눈에 보이는 별들과 행성의 움직임은 자기 축을 중심으로 한 지구의 자전과 태양 둘레를 도는 지구의 공전이 결합하여 만들어낸 결과물이었다. 그러나 결국 코페르니쿠스의 지동설(태양중심설)도 관찰로 확보한 증거를 설명하지 못한다는 것이 밝혀졌다. 하지만 이 이론은 우리 논의와 관련이 있는 신학 논쟁을 불러일으키는 단초가 되었다.

일부 기독교 신학자들은 지구가 태양 둘레를 돈다는 주장이 성경과 양립할 수 없다고 보았다. 천동설의 관점으로 만물을 바라보는 견해를 옹호하는 이들은 지구가 정지 상태에 있고 태양이 움직인다는 것을 분명하게 일러주는 성경 본문이 있다고 주장했다. 그들은 그런 예 가운데 하나로 시편 93편 1절을 들었다. "하나님이 세계를 세우셨으니, 세계가 견고히 서서 흔들리지 아니하는도다"(NRSV—옮긴이). 그들은 이를 우주와 관련지어 이해했으며, 지구가 실제로 움직이지 않음을 의미하는 말로 받아들였다.

진짜 문제는 기독교회가 성경을 천동설의 시각으로 읽으려 하면서, 성경이 이런 시각을 뒷받침한다고 생각하곤 했다는 것이다. 그 결과, 천동설의 시각으로 만물을 보는 견해와 일치하는 방식으로 성경 본문을 해석했으며, 성경 본문 자체가 실제로 이런 해석을 요구하지 않을 때조차도 그런 해석 방식을 고수했다. 예를 들어, 방금 말한 본문("하나님이 세계를 세우셨으니, 세계가 견고히 서서 흔들리지 아니하는도다")도 지구가 정지해 있음을 암시하는 본문이라고 해석했다. 사실 이 본문은 단지 땅이 흔들리지 않음을 언급할 뿐이다.

따라서 교회의 성경 읽기 방식을 천동설에 입각한 이런 가설들에서 해방시켜야만 했다. 그러나 문제는 이보다 더 심각했다. 첫째, 성경을 일종의 과학 교과서로 다루는 태도를 지양해야만 했다. 둘째, 교회는 천동설을 지지하는 것처럼 보이는 성경 본문들을 지나치게 문자 그대로 읽는 방식에 맞서 싸워야 함을 발견했다.

이런 장애물은 1540년대의 장 칼뱅에게서 그 기원을 찾을 수 있는 접근법을 통해 극복되었다. 칼뱅은 피조 세계가 질서를 갖추고 있음을 강조함으로써 과학적 자연 연구를 장려했다. 자연계와 인간의 몸은 하나님의 지혜와 성품을 증언한다. 더 중요한 것은 칼뱅이 성경은 주로 예수 그리스도를 아는 지식과 관련이 있다고 주장한 점이다. 성경은 천문학이나 지리학이나 생물학 교과서가 아니다. 성경을 해석할 때는 하나님이 당신 자신을 인간의 생각과 마음이 수용할 수 있는 능력에 '맞추셨음'을 유념해야 한다.

이 '적응'이라는 개념은 칼뱅이 만들어낸 것이 아니며, 기독교와 유대교를 통틀어 오랜 세월 동안 성경 해석에 사용해온 역사를 가지고 있다. 하나님이 성경에서 사용하신 말들은 하나님이 비전문가인 인간의 시각에 적응 혹은 순응하셨음을 보여준다. 성경 속의 어떤 본문들은 처음에 그 말을 들었을 청중의 문화 상황에 적합한 언어와 심상을 사용한다. 칼뱅은 이런 본문들은 '문자 그대로' 받아들여서는 안 되고, 도리어 하나님이 특별히 원래 청중의 눈높이에 순응 혹은 '적응한' 형태와 용어로 본문 속에 표현해놓으신 핵심 개념들을 추출하여 해석해야 한다고 주장했다. 성경은 태양이 지구 둘레를 돈다고 말하는 것 같지만, 이것은 그저 원래 청중의 눈높이에 맞춘 말일 뿐이다.

칼뱅의 접근법이 특별히 17세기 과학 이론 정립에 미친 영향은 상당했다. 예를 들면, 잉글랜드의 과학 저술가인 에드워드 라이트(1558-1615)는, 우선, 성경은 물리학과 관련이 없으며, 둘째, 성경이 말하는 방식은 '마치 유모가 어린아이의 눈높이에 맞추듯 보통 사람들의 이해 수준과 말하는 방식에 적응한 것'이라고 주장함으로써, 지동설을 따라 태양계를 이해한 코페르니쿠스의 견해를 변호하고, 성경을 문자 그대로 해석하자는 이들에 맞섰다. 이 두 논거는 칼뱅에게서 직접 가져온 것이었다. 이런 점에서 칼뱅이 자연과학의 등장에 중대한 기여를 했다고 주장할 수 있겠다.

그러나 지동설을 둘러싼 논쟁은 개신교에 국한되지 않았다. 가톨릭교 안에서는, 코페르니쿠스의 지동설을 크게 옹호한 갈릴레오 갈릴레이(1564-1642)의 견해를 둘러싸고 논쟁이 벌어졌다. 처음에는 교회 원로 집단이 갈릴레오의 견해를 따뜻하게 받아들였는데, 교황이 총애하는 인사 조반니 치암폴리(1589-1643)가 갈릴레오를 높이 평가한 사실도 그런 반응을 불러온 한 이유가 되었다. 그러나 치암폴리가 권력을 잃자, 갈릴레오도 교황 측근들에게서 지지를 받지 못하게 되었다. 이것이 갈릴레오가 그 대적들에게 정죄당하는 길을 연 계기였다는 것이 중론이다.

갈릴레오를 중심으로 한 논쟁을 과학 대 종교, 혹은 자유주의(libertar-ianism) 대 권위주의의 대결로 묘사하는 경우가 자주 있다. 하지만 이 논쟁의 진짜 이슈는 성경 해석과 관련이 있었다. 가톨릭교회 안에서 갈릴레오를 비판하는 자들은 갈릴레오의 주장이 일부 성경 본문에 어긋난다고 주장했다. 그들은 그 예로 여호수아 10장 12절이 여호수아의 명령으로 멈춰선 일을 이야기한다고 주장했다. 이는 태양이 지구 둘레를 돈다는 것을 합리적 의심이 불가능할 정도로 증명해주는 말이 아닐까?

갈릴레오는 칼뱅과 비슷한 논지를 내세워 반박했다. 그는 이것이 단지 보통 사람들의 눈높이에 맞춘 말하기 방식일 뿐이라고 주장했다. 여호수아가 천체 역학의 복잡한 측면들을 알고 있었으리라고 기대할 수는 없었으며, 이 때문에 '그의 눈높이에 적응한' 말하기 방식을 사용했다는 것이었다. 갈릴레오를 비판하는 자들은 갈릴레오가 프로테스탄트의 오류(즉, 교회의 성경 해석을 바꾸는 오류)에 빠졌다고 응수했다. 갈릴레오는 이런 중요한 문제들을 균형 있게 토론하는 것 자체를 불가능하게 만들었던 이 시대 종교 정치에 말려들게 되었다.

그러나 이 시대 종교 논쟁에만 너무 쉽게 초점을 맞추다보면, 기독교 전체가 과학 발전에 이바지하는 지적 틀을 제공했다는 사실을 올바로 인식하지 못하게 된다. 기독교의 창조 교리는 오늘날 사람들이 자연과학에 필수불가결한 테마로 널리 인정하고 있는 '자연 내부의 규칙성'을 분명히 천명하고 인정한다. 이 시대 그리스도인 저술가들은 사람들이 자연 안에 존재하는 패턴들을 식별할 수 있게 해주는 무언가가 세계 안에, 그리고 인간지성의 본질에 존재하며, 이런 패턴들을 충분히 설명할 수 있고 이런 설명들 역시 충분히 평가할 수 있다고 강조했다.

자연과학과 기독교 사상의 가장 중요한 유사점 중 하나는 규칙성과 이

요하네스 케플러(1571-1630). 손으로 채색한 판화.

해가능성이 이 세계를 규정하는 특징이라는 근본 확신이다. 위대한 천문
학자인 요하네스 케플러(1557-1630)는 기하학이 하나님의 생각에서 나왔
기 때문에 피조 세계의 질서도 그 생각의 패턴을 따르리라고 예상할 수밖
에 없다는 주장을 폈다.

기하학은 시간의 시초부터, 심지어 시간의 시초 이전부터 하나님의 생각 중
일부분이기 때문에(하나님 안에 있는 것도 하나님에게서 나오지 않았겠는가?), 기하
학은 하나님께 이 세상을 창조하는 데 필요한 패턴들을 제공했고, 하나님의
형상을 가진 인류에게도 이전되었다.
- 요하네스 케플러 전집, 뮌헨: C. H. Beck, 1937-1983, vol.6, 233.

이렇게 세계에 질서가 있으며 누구라도 이해할 수 있는 성질을 가졌다는 인식은 과학 차원은 물론이요 종교 차원에서도 엄청난 의미를 갖는다. 물리학자인 폴 데이비스(1946 출생, 영국의 물리학자—옮긴이)가 지적했듯이, "르네상스 유럽에서는, 우리가 오늘날 과학적 탐구 방법이라 부르는 것을 정당화해준 것이 합리성을 가진 하나님, 곧 자연을 꼼꼼히 연구해보면 그가 창조하신 질서를 밝혀낼 수 있는 분을 믿는 믿음이었다."

3.5.6. 종교전쟁

16세기에 일어난 종교 갈등들은 늘 전쟁으로 이어질 뻔했다. 프랑스 종교 전쟁(1562-1598)은 1550년대에 프랑스 안에서 칼뱅파가 급속히 성장하면서 일어난 전쟁이었다. 당시 프랑스 칼뱅파는 칼뱅의 제네바로부터 비밀리에 격려와 지원을 받았다. 제네바는 개혁파 목사와 설교자들을 프랑스 전역의 도시와 회중에게 은밀히 공급했다. 은신처를 구비한 안전 가옥들이 하룻길은 가야 하는 프로방스의 깊은 계곡 속에 세워졌다. 제2차 세계 대전 때 프랑스 레지스탕스가 활용한 것과 비슷한 지하 조직망은 제네바가 공급한 목사들을 허술한 국경을 넘어 프랑스 안으로 몰래 들여보냈다.

1562년에는 칼뱅의 고국 프랑스에 완전한 형태로 세워진 개혁파 회중의 수가 1,785개에 이르렀다. 칼뱅의 사상은 특히 프랑스 귀족들을 사로잡았다. 1560년대에 이르자, 프랑스 귀족 중 절반이 넘는 이들이 프로테스탄트가 되었다. (이제는 프랑스인 개신교 신자들을 가리키는 말로 '위그노'라는 말이 널리 사용되었다.) 칼뱅주의가 점점 더 큰 중요성을 갖게 되면서, 프랑스 안에서는 칼뱅파에 대한 적대감도 커져갔다. 전통에 따르면, 이런 적대감이 폭발한 때를 1562년 3월로 본다. 이때 기즈(Guise) 공작이 와시(Wassy)에서 위그노 회중을 학살했다. 1572년 8월에 벌어진 잔혹한 사건 때는 1만

1572년 8월 24일에 프랑스 파리에서 일어난 성 바르톨로뮤 축일의 대학살. 프랑수아 뒤부아(1529~1584)가 묘사한 프랑스 종교전쟁 장면 중 하나다. 로잔 미술관 소장.

명에 이르는 프랑스 개신교 신자들이 죽임을 당했던 것 같으며, 이 사건은 '성(聖) 바르톨로뮤 축일의 대학살'로 알려지게 된다. 프랑스 종교전쟁은 종교 갈등이 사회 통합을 저해하는 결과를 가져온다는 것을 생생히 보여주었다.

그러나 가장 중요한 종교 갈등은 17세기 전반에 일어났다. 이런 전쟁을 둘만 살펴보자. 하나는 개신교 내부의 서로 다른 분파 사이에 일어난 갈등이요, 다른 하나는 개신교와 가톨릭교가 벌인 싸움이다.

잉글랜드 내전(1642-1651)은 개신교 내부의 두 라이벌 진영이 서로 맞붙은 종교전쟁으로 보는 것이 가장 좋다. 청교도와 성공회는 잉글랜드의 영혼을 차지하려고 전투를 벌였다(3.5.2). 제임스 1세가 1625년에 세상을 떠나면서, 잉글랜드는 새로운 종교적 불안의 물결에 휩싸이고 만다. 찰스 1세는 가톨릭을 선호하고 청교도를 싫어하는 성향이 그 아버지(제임스 1세)보다 훨씬 더 강하다고 알려져 있었기 때문이다. 게다가 찰스 1세는 외국인을 왕비로 맞았다. 바로 가톨릭 신자인 프랑스의 헨리에타 마리아(1609-1669)였다. 종교계는 이 혼인을 크게 비판했다. 이 혼인이 잉글랜드의 종교 생활과 대외 정책 방향을 알려주는 전조일 수 있다는 우려가 비판을 부채질했다.

그러나 진짜 문제는 찰스 1세가 자신을 의회 위에 있는 절대 군주로 여긴다는 점이었다. 찰스는 전쟁으로 무리수를 두었다. 처음에는 스코틀랜드 전쟁, 두 번째는 아일랜드 전쟁이었다. 1640년 11월, 찰스 1세는 전비를 마련하고자 '장기 의회(Long Parliament)'를 소집했다. 찰스 1세의 약점을 간파한 의회는 찰스의 절대주의를 뒷받침하는 도구였던 성실청(星室廳, Star Chamber)과 다른 기관들을 없애버렸다. 의회는 궁극의 권력이 사실은 어디에 있는가를 증명하고자, 찰스가 총애하는 몇몇 사람을 탄핵하려 했다. 그 대상 중에는 스트래퍼드 백작인 토머스 웬트워스(1593-1641)도 들어 있었다. 그는 탄핵을 받고, 1641년에 반역죄로 결국 처형당하고 만다.

1641년, 존 핌(1584-1643)은 의회를 이끌고, 아일랜드에서 일어난 반란을 진압할 군대를 일으키려는 찰스 1세의 노력에 맞서 투쟁에 나섰다. 핌은 찰스가 우선 이 군대를 잉글랜드 내부에서 자신을 반대하는 자들을 분쇄하는 데 사용하고, 뒤이어 아일랜드로 시선을 돌릴 것이라고 확신했다. 의회는 찰스를 상대로 자신들의 불만을 다시 토로한 '대간의서(大諫議書, Grand Remonstrance)'를 제출하고, 열두 주교를 탄핵했으며, 심지어 왕비도 탄핵하려고 했다. 찰스 1세는 하원(평민원)에 들어가 핌과 네 시종(acolyte)을 체포하려 했지만 실패하고 말았다. 이 일로 사태는 극단으로 치달아 타협이 불가능한 지경까지 이르렀다. 그리고 1642년 8월, 잉글랜드 내전이 터졌다.

처음에는 전황이 찰스 1세에게 유리하게 돌아갔다. 의회는 의회군의 조직에 약점이 있음을 간파하고, 기존 군사 지휘 구조를 철폐한 뒤, 1645년에 올리버 크롬웰(1599-1658)이 지휘하는 '신 모델 육군'을 만들었다. 이때부터 군인의 계급은 그의 사회 지위가 아니라 그의 능력에 따라 결정되었다. 찰스 1세는 이제 심각한 전황 역전을 겪게 된다. 의회군은 토머스 페어팩스와 올리버 크롬웰의 지휘 아래, 마스턴 무어 전투(1644)와 네이즈비 전투(1645)에서 승리를 거두었다. 네이즈비에서 찰스가 보낸 사절이 붙잡히면서 찰스가 자신을 도울 외세를 불러들이려 했음이 들통 났다. 이 때문에 그의 지지자 중 더 온건한 성향을 띤 많은 이들이 그에게 등을 돌렸다. 1646년 5월, 찰스 1세는 스코틀랜드 군에게 항복했으나, 스코틀랜드 군은 결국 그를 잉글랜드 의회에 넘겨주었다. 찰스 1세는 햄프턴 궁에서 붙잡혔다. 그는 결국 1649년 1월 30일에 처형당했다.

하지만 청교도의 승전도 정치 세계에서는 오래 유지되지 못했다. 현저히 짧고 신통치도 않았던 공화정 시대가 지나자, 성공회가 종교 세계에서 다시 우위를 차지했다. 개신교 내부에서 벌어진 다른 갈등들은 이 정도 규모의 폭력이나 전쟁으로 이어지진 않았지만, 그래도 갈등은 현실로 존재했으며, 해결이 불가능한 것처럼 보였다. 개신교는 한 집이지만, (지역과 문화와 신학적 이유 때문에) 집안 식구끼리 서로 갈라져 싸우는 집이었다. 개신교는 그 자신이 종교전쟁의 희생자가 되기도 했지만, 개신교 자신이 그 자신을 희생자로 만들기도 했다. 잉글랜드에서 개신교의 한 형태가 개신교 운동의 본령을 놓고 다른 형태의 개신교와 전투를 벌인 것도 그런 것이었다.

30년 전쟁(1618-1648)은 국제 종교 분쟁이자 독일의 내전이었다. 이 전쟁에는 루터파, 개혁파, 그리고 가톨릭 지역과 국가들이 다 휘말려 있었다. 이 전쟁의 발단은 종교 문제였다. 하지만 다른 요인들도 이 전쟁을 발발케 하고 심각한 장기전으로 만든 중대한 원인이었다. 이 소모전으로 말미암아 많은 지역에서 엄청난 사람들이 죽었으며, 사람들의 경제 상황도 완전히 몰락할 지경에 이르렀다. 폐허만을 만들어내고 아무런 결말도 나지 않은 이 개신교 신자들과 가톨릭 신자들의 다툼이 만들어낸 결과는 모든 관계자에겐 그야말로 하찮은 것이었다.

결국 이 전쟁이 베스트팔렌조약(1648)으로 막을 내렸을 때, 그나마 남아 있던 종교전쟁을 향한 열의는 이미 증발해버린 뒤였다. 평화를 갈구하는 마음이 관용을 새로이 강조하게 만들었고, 종교 논쟁에 짜증을 내는 이들이 늘어갔다. 종교는 국가 정책의 문제라기보다 사사로운 믿음의 문제가 되어야 한다는 계몽주의의 주장이 등장할 무대가 마련되었다. 지식인 세계와 정치인 집단은 모두 종교를 국제 갈등 및 국내 갈등의 근원이요, 복이라기보다 짐으로 여기게 되었다. 광신을 싫어하는 분위기가 등장했고, 이는 종교 자체를 싫어하는 태도로 쉬이 옮겨갔다.

유럽 전역에서 가톨릭교와 다양한 전통의 개신교가 공존해야 할 필요성이 분명하게 드러나면서, 새삼 이런 공존 필요성을 따로 논의할 필요조차 없게 되었다. 방금 전에 막을 내린, 아무런 목적도 없는 야만과 파괴가 되풀이되길 원하는 이는 아무도 없었다. 많은 이가 장차 있을 갈등을 해소하는 가장 좋은 길은 순전히 종교적 권위만을 앞세운 주장을 피하는 것이라는 결론에 이르렀다. 이성을 모든 이가 다가갈 수 있고 중립성을 띤 자원으로 보는 이가 많았다. 이성에 호소하면, 과거에 심각한 상처를 안겨주었던 지독한 종교 간 불화를 피할 수 있을 것 같았다.

신앙의 시대가 물러가고 이성의 시대가 등장하면서, 서유럽 문화를 떠받치는 지각 판에 엄청난 변화가 일어났다. 이런 변화는 각 시대에 등장한 정치학 저술에서 분명하게 드러난다. 1649년, 청교도 저술가요 활동가인 제러드 윈스탠리는 기독교의 가치들이 '실제 현실 속에서 완전히 구현된' 공화국(commonwealth)을 향한 꿈을 제시했다. 그러나 불과 40년 뒤, 실패한 청교도의 사회 실험을 염두에 두고 있던 잉글랜드 철학자 존 로크(1632-1704)는 "인간이 단결하여 정부를 이루고 그 스스로 이 정부에 복종하는 가장 크고 주된 목적은 그들의 재산을 지키려는 것이다"라고 주장했다. 점점 더 세속의 길로 나아가는 유럽이 등장할 무대가 마련되었다. 이것이 이 책 다음 장에서 다룰 주제다.

더 읽을 책

Alford, Stephen. *Kingship and Politics in the Reign of Edward VI*. Cambridge: Cambridge University Press, 2002.

Bireley, Robert. *The Refashioning of Catholicism, 1450-1700: A Reassessment of the Counter Reformation*. Basingstoke: Macmillan, 1999.

Bouwsma, William J. *The Waning of the Renaissance, 1550-1640*. New Haven, CT: Yale University Press, 2002.

Breen, Louise A. *Transgressing the Bounds: Subversive Enterprises among the Puritan Elite in Massachusetts, 1630-1692*. New York: Oxford University Press, 2001.

Cameron, Euan. *The European Reformation*. Oxford: Clarendon Press, 2012.

Coffey, John, and Paul Chang-Ha Lim, eds. *The Cambridge Companion to Puritanism*. Cambridge: Cambridge University Press, 2008.

Dodds, Gregory D. *Exploiting Erasmus: The Erasmian Legacy and Religious Change in Early Modern England*. Toronto: University of Toronto Press, 2009.

Doran, Susan, and Christopher Durston. *Princes, Pastors, and People: The Church and Religion in England, 1500-1700*. London: Routledge, 2003.

Evans, G. R. *The Roots of the Reformation: Tradition, Emergence and Rupture*. Downers Grove, IL: InterVarsity, 2012.

Furey, Constance M. *Erasmus, Contarini, and the Religious Republic of Letters*. Cambridge: Cambridge University Press, 2005.

Gordon, Bruce, ed. *Protestant History and Identity in Sixteenth-Century Europe*. 2 vols. Aldershot: Ashgate, 1996.

Gordon, Bruce. *The Swiss Reformation*. Manchester: Manchester University Press, 2002.

Heal, Felicity. *Reformation in Britain and Ireland*. Oxford: Clarendon Press, 2003.

Howell, Kenneth J. *God's Two Books: Copernican Cosmology and Biblical Interpretation in Early Modern Science*. Notre Dame, IN: University of Notre Dame Press, 2002.

Hsia, R. Po-chia. *The World of Catholic Renewal, 1540-1770*. Cambridge: Cambridge University Press, 2005.

Jones, Norman L. *The English Reformation: Religion and Cultural Adaptation*. Oxford: Blackwell, 2002.

Kaartinen, Marjo. *Religious Life and English Culture in the Reformation*. Basingstoke: Palgrave, 2002.

Louthan, Howard, and Randall C. Zachman. *Conciliation and Confession: The Struggle for Unity in the Age of Reform, 1415-1648*. Notre Dame, IN: University of Notre Dame Press, 2004.

MacCulloch, Diarmaid. *Reformation: Europe's House Divided, 1490-1700*. London: Allen Lane, 2003.

McGrath, Alister E. *The Intellectual Origins of the European Reformation*. Oxford: Blackwell, 2003.

McGrath, Alister E. *Iustitia Dei: A History of the Christian Doctrine of Justification*. Cambridge: Cambridge University Press, 2008. 《하나님의 칭의론》(CLC, 2008).

Michalski, Sergiusz. *The Reformation and the Visual Arts: The Protestant Image Question in Western and Eastern Europe*. London: Routledge, 1993.

Mullett, Michael A. *The Catholic Reformation*. London: Routledge, 1999.

Naphy, William G. *Calvin and the Consolidation of the Genevan Reformation*. Louisville, KY: Westminster John Knox, 2003.

Newton, Diana. *Papists, Protestants and Puritans, 1559-1714*. Cambridge: Cambridge University Press, 1998.

Pettegree, Andrew. *Reformation and the Culture of Persuasion*. Cambridge: Cambridge University Press, 2005.

Rex, Richard. *Henry VIII and the English Reformation*. New York: Palgrave Macmillan, 2006.

Ryrie, Alec. *The Age of Reformation: The Tudor and Stewart Realms, 1485-1603*. London: Longman, 2009.

Smith, Jeffrey Chipps. *Sensuous Worship: Jesuits and the Art of the Early Catholic Reformation in Germany*. Princeton, NJ: Princeton University Press, 2002.

Stjerna, Kirsi Irmeli. *Women and the Reformation*. Oxford: Blackwell, 2009.

Williams, George H. *The Radical Reformation*. Kirksville, MO: Sixteenth Century Journal Publishers, 2001.

Wright, A. D. *The Counter-Reformation Catholic Europe and the Non-Christian World*. Burlington, VT: Ashgate, 2005.

근대, 1650년 무렵-1914년

16세기가 막을 열었을 때, 기독교는 주로 유럽에 국한되어 있었다. 에스파냐는 무어인의 지배를 더 이상 받지 않았지만, 유럽의 다른 지역들은 여전히 위협을 받고 있었다. 비잔티움제국이 무너지면서, 오스만튀르크 군대가 발칸반도에 깊이 자리를 잡았다. 1453년, 콘스탄티노폴리스가 무너지자, 오스만튀르크는 거의 저항도 받지 않고 동유럽으로 밀고 들어갔다 (2.4.7). 1520년대 말, 위대한 도시 빈이 곧 함락당하고 이 도시가 결국 오스만튀르크가 유럽 중앙부로 더 깊이 침공해 들어오는 데 전초기지가 되리라는 우려가 실제로 일었다. 이 시기에 서유럽의 많은 사람들, 특히 튀르크의 다음 침공 목표임이 분명했던 독일 사람들이 상당한 불안에 시달렸다.

그러다 레판토 해전(1571)에서 오스만튀르크 해군을 확실히 격파하면서, 서유럽 열강들은 아메리카와 아프리카, 그리고 아시아로 그들의 영향권을 넓히는 데 다시 집중하게 된다. 가톨릭교를 믿는 해군 강국이었던 에스파냐와 포르투갈은 대규모 항해를 통한 탐험에 나서 있었는데, 이런 탐험은 결국 식민지를 건설하여 그들의 정치적 영향력과 경제 자원을 엄청나게 확장시키는 결과로 이어졌다. 이 '대발견 시대'는 16세기와 17세기 초에 절정에 이르렀으며, 유럽의 진출과 영향력을 아메리카와 아프리카, 그리고 아시아로 크게 확장시켰다.

북아메리카가 기독교 역사에서 갖는 중요성을 고려할 때, 기독교가 이 지역에 이식된 내력을 좀 더 자세히 살펴봐도 될 것 같다. 16세기가 저물 무렵, 프랑스와 에스파냐가 식민지로 삼은 많은 곳에 가톨릭 선교 기지들이 세워졌다. 포르투갈은 북아메리카에 식민지를 세우지 않았으며, 그 영향권을 남아메리카로 제한했다. 북아메리카 남부 지역은 대부분 에스파냐 사람들이 차지했다. 텍사스와 플로리다 같은 곳이 그런 지역이었다. 루이지애나에 프랑스 식민지가 세워졌고, 미시시피 강 계곡, 세인트로렌스 강 계곡, 그리고 5대호를 따라 올라가며 훨씬 더 북쪽에도 프랑스 식민지가 세워졌다.

잉글랜드도 17세기 초부터 '뉴잉글랜드' 지역에 식민지를 세우기 시작했다. 이곳은 직할 식민지(Crown Colonies, 왕이 직접 다스리는 식민지)였지만, 그 종교적 정체성은 복잡했다. 성공회는 이곳을 성공회가 세운 식민지 교회로 여겼다. 그러나 이곳에 이주한 공동체들은 아주 적극적인 신앙을 가진 회중들이 많았으며, 주로 잉글랜드에서 종교적 이유에 따른 박해나 차별을 피해 이주해온 이들로 이루어져 있었다. 청교도와 성공회 신자 사이에 갈등이 자라기 시작했으며, 이 갈등은 결국 1776년에 미국 혁명이 일어나게 만든 한 원인이 된다. 기독교를 믿는 유럽 국가들이 온 세계로 뻗어나가면서 기독교 역사에서 새 시대가 열렸고, 이는 다시 신앙과 문화의 관계에 관한 새로운 질문들을 불러일으켰다.

그러나 유럽 자체에서는 새로운 도전들이 나타나고 있었다. 이 중 가장 중요한 도전 가운데 하나가 종교야말로 폭력과 사회 분열을 일으키는 원인이 아닌가 하는 새로운 의문이었다. 당시에 이미 인간의 보편 능력으로 여기게 된 것(즉, 이성)에 호소하여 믿음과 윤리 문제에 다가가는 접근법이 점점 더 많은 이의 공감을 얻고 있었다. 모든 믿음과 가치를 이성에 근거하여 과학적 방법으로 증명할 수 있다면, 과거에 일어났던 큰 종교 분쟁도 피할 수 있을 것이다. 따라서 우리는 기독교 역사에서 중요한 이 시대를 논하면서, 우선 '이성의 시대'를 살펴보고 이어 이 시대가 서유럽과 그 밖의 세계에서 기독교에 던진 도전들을 살펴보는 것으로 논의를 시작해보겠다.

4.1. 이성의 시대: 계몽주의

17세기 중엽에 이르자, 특히 가톨릭교가 세계 각지로 새로이 뚫고 들어가면서 그 영향권을 넓혀갔다. 그러나 본디 가톨릭이 태어난 유럽 중심지에서는 이 지역에서 종교를 대하는 태도에 엄청난 변화를 가져다줄 갈등들이 자라고 있었다. 17세기의 '종교전쟁'이 유럽 경제에 엄청난 손해를 입히자, 미래에는 어떻게 해야 이런 악몽을 피할 수 있을지 고민하는 이들이 많아졌다.

한 가지 대답이 전쟁에 지쳐버린 유럽에서 상당한 지지를 얻기 시작했다. 그것은 종교의 자유를 제약하고 누구나 동의할 또 다른 권위의 근원을 찾자는 것이었다. '이성의 시대'는 자신이 그 권위의 근원을 인간 이성에서 발견했다고 믿었다. 합리론이 도덕과 정치에 다가가는 새 접근법의 열쇠가 된다.

4.1.1. 종교에 냉담한 태도의 등장

1700년대에 이르자, 서유럽은 끝이 없어 보이는 종교전쟁으로 만신창이가 되고 말았다. 이런 종교전쟁들은 사회 분열과 경제 불황을 가져왔다. 30년 전쟁(1618-1648)은 국제 종교 분쟁이자 독일의 내전이었다. 이 전쟁에는 루터파, 개혁파, 그리고 가톨릭 지역과 국가들이 다 휘말려 있었다 (3.5.6). 이 소모전으로 말미암아 많은 지역에서 엄청난 사람들이 죽었으며, 사람들의 경제 상황도 완전히 몰락할 지경에 이르렀다. 폐허만을 만들어내고 아무런 결말도 나지 않은 이 개신교 신자들과 가톨릭 신자들의 다툼이 만들어낸 결과는 모든 관계자에겐 그야말로 하찮은 것이었다. 결국 이 전쟁이 베스트팔렌조약(1648)으로 막을 내렸을 때, 그나마 남아 있던 종교전쟁을 향한 열의는 이미 증발해버린 뒤였다. 사람들은 지쳐버렸다. 평화를 갈구하는 마음이 관용을 새로이 강조하게 만들었고, 종교 논쟁에 짜증을 내는 이들이 늘어갔다. 종교는 국가 정책의 문제라기보다 사사로운 믿음의 문제가 되어야 한다는 계몽주의의 주장이 등장할 무대가 마련되었다. 지식인 세계와 정치인 집단은 모두 종교를 국제 갈등 및 국내 갈등의 근원이요, 복이라기보다 짐으로 여기게 되었다. 광신을 싫어하는 분위기가 등장했고, 이는 종교 자체를 싫어하는 태도로 쉬이 옮겨갔다. 특히 종교를 평화와 진보를 가로막는 적으로 여기면서 혹은 묘사하면서, 이런 현상이 두드러지게 나타났다.

잉글랜드에서는 내전과 사람들을 지치게 한 내전의 여파가 독실한 신심을 갖고 싶어 하는 열의를 말려버렸다. 청교도와 성공회 신자, 의회파와 왕당파의 다툼은 나라 전체를 쇠하게 만들었다. 성공회 신자들과 청교도들은 1660년에 있은 왕정복고를 모두 열렬히 환영했는데, 이 왕정복고가 나라의 정치와 경제를 다시 안정시켜주었기 때문이다. 그러나 수십 년 안에 새로운 종교 위기가 발생했다. 1685년에 찰스 2세가 죽자, 제임스 2세가 뒤를 이었다. 가톨릭 신자였던 그는 같은 가톨릭 신자들을 국가와 군, 대학의 요직에 등용했다. 이는 광범위한 우려를 낳았고, 왕이 잉글랜드를 로마 가톨릭교로 되돌리려는 비밀 음모를 꾸민다는 흉흉한 소문이 번졌다. 새로운 종교전쟁이 불가피할 것처럼 보였다.

하지만 이런 상황을 누그러뜨릴 잉글랜드다운 독특한 해결책이 등장했다. 제임스 2세의 딸인 메리는 일찍이 오렌지(오라녜) 공 윌리엄(빌럼) 3세와 혼인했었는데, 윌리엄은 독실한 프로테스탄트로서 관용과 인자함을 갖쳤다는 평을 듣고 있었다. 정계 지도자들이 은밀히 윌리엄에게 다가갔다. 윌리엄은 자신이 잉글랜드를 침공하면, 요직에 있는 그의 지지자들이 온 국민을 그 주위로 모이게 하리라는 것을 확신할 수 있게 되었다. 이런 사전 조치에 용기를 얻은 윌리엄은 1688년 잉글랜드 서부에 상륙하여, 널리 대중의 지지를 끌어 모았다. 제임스 2세는 이내 자신이 완전히 신망을 잃어버렸음을 깨달았다. 1689년 1월, 제임스 2세는 잉글랜드를 떠나 프랑스로 도망쳤다.

그해 2월, 윌리엄과 메리가 잉글랜드 왕과 왕비로 선언되었다. 그러나 두 사람은 자유선거와 의사표현의 자유를 보장한 '권리장전(Bill of Rights)' 에 서명하기로 동의한 뒤에야 비로소 왕과 왕비로 선포되었다. '명예혁명' 은 또다시 발생할 뻔했던 내전을 막고, 잉글랜드의 공공 생활 영역에서 종교와 군주의 힘을 모두 제한했다.

바로 이 시기에 존 로크의 《관용 서신(Letters of Toleration)》이 출간된 것은 우연이 아니었다. 이 책은 종교 사이의 차이 때문에 갈등을 빚기보다 종교의 다양성을 적어도 일정 부분 인정할 필요가 있다고 주장했다. 로크는 다음 세 가지 근거를 내세워 제한적이나마 종교적 관용을 인정해야 한다고 주장했다.

1. 국가가 서로 자신이 진리라 주장하며 다투는 종교들 사이에서 누구의 주장이 옳은지 판단하기는 불가능하다. 로크는 이 땅의 어느 재판관도 이런 논쟁을 해결할 수 없다고 주장했다. 이런 이유 때문에 종교의 다양성을 인정해야 한다.
2. 어느 한 종교가 다른 종교들보다 우위임을 확증할 수 있을지라도 이 종교를 법으로 강제하는 것이 그 종교가 바라는 목표가 되게 해서는 안 된다.

3. 종교 통일을 강요하려고 시도하면서 빚어진 결과는 다양성이 계속 존재함으로 말미암아 나타난 결과보다 훨씬 더 비참했다. 종교 강요는 내부 갈등, 혹은 심지어 내전으로 이어진다.

그러나 로크는 가톨릭 신자와 무신론자에게까지 관용을 확대해서는 **안 된다**는 입장을 분명히 했다. 그는 이 둘을 여전히 불안했던 당시 잉글랜드의 사회 질서를 위협하는 존재로 여겼다. 사람들은 로크를 예언자처럼 관용을 옹호한 인물로 자주 꼽곤 하지만, 과거를 바라보는 그의 시각이 굳어 있었던 바람에 관용을 주장한 그의 견해도 제한적이었음을 간파하는 것이 중요하다.

로크의 결론은 종교 간의 다툼에 지치고 넌더리를 내며 도그마(교조)에 반대하던 시대 분위기와 맞아떨어졌다. 비록 제한을 두긴 했지만, 종교적 관용은 근대 초기 유럽의 종교적 다양성에 대처할 수 있는 유일한 길이었다. 로크의 분석이 결국 종교는 공중과 무관한 사사로운 문제라는 견해로 이어졌음을 유념하는 게 중요하다. 개인이 믿는 것은 공적 영역과 무관한, 사사로운 문제로 여겨야 했다. 이 접근법은 종교적 관용을 밑받침하는 동시에, 종교가 순전히 사사로운 문제임을 일러주었다.

유럽 전역에서 가톨릭교와 다양한 전통의 개신교가 공존해야 할 필요성이 분명하게 드러나면서, 새삼 이런 공존 필요성을 따로 논의할 필요조차 없게 되었다. 로크의 주장은 따로 설득이 필요하지 않았다. 그의 논지는 그 시대의 시대정신과 일치했다. 방금 전에 막을 내린, 아무런 목적도 없는 야만과 파괴가 되풀이되길 원하는 이는 아무도 없었다. 그렇다면 미래에 있을지도 모를 분쟁을 해결할 수 있는 공통 근거를 찾을 수 있었을까? 있었다면 그것은 무엇이었을까?

종교 갈등에 신물이 난 18세기 서유럽의 많은 주요 사상가들은 국내 평화와 종교적 관용은 도그마에 의지하지 않는 신앙—일종의 이신론(理神論, Deism) 같은 형태—이 바탕이 될 거라고 믿게 되었다. 이런 논지를 가장 강력하고 설득력 있게 천명한 사람 중 하나가 계몽주의 저술가인 고트홀트 에프라임 레싱(1729-1781)이었다. 레싱이 쓴 희곡 〈현자 나탄(Nathan der Weise)〉(1779)은 3차 십자군 원정(2.2.5) 당시 예루살렘을 배경으로 한 것인데, 지혜로운 유대인 상인 나탄, 이슬람교 신자인 술탄, 그리고 템플 기사단의 기사가 그들이 가진 유대교, 이슬람교, 기독교 신앙 사이의 틈새를 메워가는 사연을 탐구한 작품이다.

이 희곡의 중심은 나탄이 이 세 종교 가운데 어느 것이 참인가 하는 질문을 받고 이야기하는 유명한 '세 반지 비유'다. 한 아버지가 자신의 세 아들에게 특별한 반지를 주겠다고 이야기하면서, 어느 반지가 진짜 반지인가는 일러주지 않는다. 세 아들은 각기 자신이 특별한 반지를 갖고 있다고 믿는다. 그러나 이 희곡 내러티브는 (세 반지 가운데 진짜가 있다면) 세 반지 중어느 것이 진짜인지 알 수 있는 실마리를 전혀 제시하지 않는다. 나탄은 각자가 가진 반지가 진짜인지 알려주는 진정한 기준은 반지를 가진 아들이그 아버지가 바라는 대로 사는가 하는 점이라고 일러준다.

이런 새로운 분위기는 사람들이 (하나님의 계시나 교회의 권위에 관한 주장처럼 사람들 사이에 다툼이 있는 주장이 아니라) 인간 이성을 인간의 철학과 윤리의 기초로 활용하는 데 점점 더 큰 관심을 갖게 되었다는 사실에서 분명하게 드러난다. 이런 분위기는 이 중요한 사유 영역(철학과 윤리)을 종교의 폭력과 광신에서 떼어놓으려 할 뿐 아니라, 이들을 보편성을 지닌 단일한 기초 위에 놓아두게 된다. 이제 사람들은 이성이 신앙고백과 지리와 문화의구분을 초월한다고 믿었다. 분명 (루터파, 개혁파, 성공회, 가톨릭을 불문하고) 모든 이가 이성이 인간을 인도하고 조명해주는 힘을 가졌다는 데 동의했을 수도 있다. 그리하여 이윽고 '계몽주의'로 알려진 운동이 태어나게 된다.

4.1.2. 계몽주의와 기독교

대체로 사람들은 '계몽주의'로 알려져 있는 운동을 18세기에 유럽과 북아메리카에서 등장한 문화 운동이자 지식 운동으로서, 인간 이성을 종교적 믿음의 특수주의를 극복하는 수단으로 강조했던 운동을 가리키는 말로 이해한다. 계몽주의가 인간 이성의 능력을 확신하고, 교회나 군주의 독재에 맞서 개인이 갖는 표현의 자유를 철저히 지지하며, 이런 가치들이 모든 곳에서 인간 상태를 개선시켜주리라고 생각함으로써, 근대 세계를 규정하는 몇몇 특징들을 형성했다고 보는 것이 중론이다. 아울러 사람들은 종종 이 계몽주의 운동이 19세기와 20세기가 이룩한 중대한 업적인 산업화와 자유주의 그리고 민주주의에 영감을 불어넣고 이에 정당성을 부여했다고 여긴다.

이런 문화 풍토의 변화는 종교 생활과 사상에 영향을 주었다. 계몽주의 사상은 서구 기독교의 틀을 깊이 바꿔놓았다. 계몽주의는 이성의 능력과 판단이 객관성을 가질 수 있음을 강조하는 한편, 초자연적 계시 개념, 그리고 성경이나 어떤 종교 전통이 이성의 한계 밖에 있다 하는 진리들을 계시해줄 능력을 갖고 있다고 보는 생각을 비판했다.

'계몽주의(Enlightenment)'라는 단수 용어를 사용하는 점에는 설명이 필요하다. 근래 학자들은 이 운동을 어떤 핵심 사상과 가치는 공통으로 신봉하면서도 다른 점들에서는 다양성을 드러내는 '한 무리의 계몽주의 운동들(a family of Enlightenments)'로 이해하는 것이 더 낫다고 주장했다. 영국과 독일, 그리고 프랑스의 계몽주의 운동들은 사뭇 다른 형태를 띠었으며, 각기 다른 사상을 강조했다. 역사를 살펴보면 계몽주의를 명확한 한 개념(사상) 덩어리로 규정할 수 있다는 생각을 유지하기가 심히 어렵다는 것이 밝혀졌다. 어쩌면 계몽주의는 '통일성을 띤 신념 덩어리'라기보다 '마음(생각)의 태도'로 생각하는 것이 더 나을지도 모르겠다.

계몽주의의 여러 기원 중 하나가 17세기 말에 발달했던 운동인 영국(잉글랜드)의 이신론이다. 아이작 뉴턴(1643-1727)은 우주가 거대한 기계와 같으며, 지성을 가진 창조주가 이성을 따라 설계하고 구성한 것이라고 주장했다. 이신론은 신앙의 초자연적 차원을 축소했으며, 기독교를 본질상 인간 이성과 쉬이 조화를 이룰 수 있는 합리적 도덕 종교로 제시했다. 하나님은 뉴턴 역학이 밝혀낸, 규칙성이 있고 질서가 있는 우주를 지으신 이였다.

영국의 많은 저술가들은 이성을 판단의 기초로 삼게끔 인간 영혼 속에 심어주신 창조주 하나님이라는 개념을 받아들인 종교 접근법을 펼치기 시작했다. 이 일이 있은 뒤, 하나님은 우리와 무관한 존재가 되었다. 하나님이 세계를 창조하셨을 수도 있지만, 그걸로 끝이었다. 17세기 말, 하나님은 곧 시계제작자 같은 신(神)이라는 유명한 이미지가 등장하기 시작했다. 하나님은 기계처럼 정확한 놀라운 우주를 창조하셨다. 이 우주는 일단 창조되자, 더 이상 하나님이 지켜보지 않아도 스스로 알아서 자신을 규율할 수 있었다. 이성은 인간 영혼의 빛이었다. 이성은 하나님에게서 유래했을 수 있으며, 계속 하나님의 실재를 증언해주는 증인이었을 수 있다. 그러나 이성은 문화의 특수한 측면들을 넘어서는 것이었다.

더 중요한 사실은, 계몽주의 사상가들이 이성을 비판적으로 활용함으로써 그들이 기독교 신앙에서 불필요한 부분이라 여겼던 초자연적 사고를 내버릴 수 있었다는 점이다. 이런 신념의 발전 과정을 살펴보면, 여러 단계를 식별해낼 수 있다.

17세기 말에 해당하는 계몽주의의 첫 국면은 기독교가 믿는 것들이 합리적이기 때문에, 비판적 검증도 견뎌낼 수 있다고 주장했다. 이런 유형의 접근법은 존 로크가 쓴《기독교의 합리성(Reasonableness of Christianity)》(1695), 그리고 18세기 초 독일에서 등장한 몇몇 철학 사상 학파에서 찾아볼 수 있다. 기독교는 이성으로 자연종교를 보완해주는 것이었다. 이 때문에 하나님의 계시라는 개념도 인정했지만, **오직** 이 계시**만이** 진리에 다가가는 **유일한** 길을 제공한다는 생각은 거부했다.

계몽주의의 두 번째 국면에서는, 기독교의 기본 사상이 합리적이므로 이 사상을 이성 자체에서 끌어낼 수 있다는 주장이 나왔다. 굳이 하나님의 계시라는 개념을 원용할 필요가 없었다. 존 톨런드(1670-1722, 아일랜드에서 태어난 계몽주의 사상가―옮긴이)가 쓴 《신비하지 않은 기독교(Christianity Not Mysterious)》(1696)와 매슈 틴들(1657-1733, 영국의 이신론자―옮긴이)이 쓴 《창조만큼 오래된 기독교(Christianity as Old as Creation)》(1730)는 기독교를 본질상 자연종교를 다시 펴낸 것(republication)이라고 말한다. 기독교는 자연종교를 초월하지 않으며, 단지 자연종교의 한 예일 뿐이었다. 소위 '계시종교'라는 것도 사실은 이성으로 자연을 깊이 고찰하여 알아낼 수 있는 것을 재확인한 것에 불과했다. '계시'는 미몽에서 깨어난 이성이 이미 알아낼 수 있는 도덕적 진리를 이치에 맞게 재강조한 것일 뿐이었다.

계몽주의의 세 번째 국면이자 마지막 국면은 본질상 18세기 중엽에 이르러 완결되는데, 이 국면에서는 계몽주의를 이끌었던 대표자들이 이성에는 계시를 판단할 능력이 있음을 자신 있게 강조했다. 토머스 페인(1737-1809, 미국의 작가요 사상가―옮긴이)이 쓴 《이성의 시대(Age of Reason)》는 1794년부터 1807년까지 3부로 나뉘어 출간되었는데, 많은 이들은 이 작품을 바로 그런 입장을 천명한 고전으로 여긴다. 이성과 자연은 우리가 알아야 할 모든 것을 우리에게 가르쳐준다. 계시라 하는 다른 모든 주장은 사기요 위조이므로 배척해야 한다.

따라서 이신론은 우리가 알아야 하거나 아는 것이 적절한 모든 것을 어떤 착오도 없이 우리에게 가르쳐준다. 피조 세계는 이신론자의 성경이다. 이신론자는 거기서, 창조주 자신이 손으로 직접 쓴 것에서, 자기 존재의 확실성과

자기 능력의 불변성을, 그리고 다른 모든 경(經)들과 약속들(Testaments)은 자
신에게 위작일 뿐이라는 것을 읽어낸다.
 — 토머스 페인, 《이성의 시대》, II, 21.

계몽주의는 비판 이성을 기독교가 믿는 것들과 관습을 판단하여 합리
성이 없거나 미신 같은 요소들을 제거할 수 있게 해주는 기초(근거)로 보
았다. 이런 견해는, 독일의 헤르만 자무엘 라이마루스(1694-1768) 및 18세
기 프랑스의 많은 합리주의 저술가들[종종 이들을 한데 묶어 '철학자들(les
philosophes)'로 부르곤 한다]과 결합하면서, 이성을 계시보다 확실히 위에 놓
았다. 나중에 이런 태도를 확연히 보여준 상징이 바로 프랑스 혁명의 이정
표라 할 여러 사건 중 하나였으니(4.1.8), 1793년에 파리의 노트르담 대성
당에서 이성이라는 여신을 보좌에 앉힌 일이 바로 그것이다.

　이렇게 이성을 강조하는 태도가 18세기 사람들에게 어떤 상징적 중요성
을 가지고 있었는가를 가장 잘 엿볼 수 있는 부분이 크리스티안 볼프(1679-
1754, 독일 철학자—옮긴이)가 쓴 《하나님, 세계, 인간 영혼 및 만물 전반에
관한 합리적 사유(Vernünftige Gedanken von Gott, der Welt und der Seele des
Menschen, auch allen Dingen überhaupt)》(1719)의 속표지다. 지성미 넘치는 주
장을 담은 이 탁월한 작품은 구름과 어둠을 제거하고, 밝은 미소를 보내며
세상을 밝게 비추는 은혜로운 태양을 보여준다. 새 시대가 동텄다! 그것은
전쟁에 지쳐버린 유럽의 소망 및 두려움과 조화를 이루는 강력한 꿈이었
다. 이 길로 가면 사회와 종교와 정치가 안정을 이룰 수 있을까?

　그것은 갈등에 지치고 그리 멀지 않은 과거에 종교가 보여준 폭력과 광
신에 깊이 절망한 많은 개신교 신자들에겐 설득력 있는 꿈이었다. 성공회
의 일부 성직자들과 주교들은 이런 사상이 설득력이 있다고 보았다. 지성
의 관점에서 보았을 때, 이신론(포괄적 창조주인 하나님을 믿는 믿음)은 기독교

전통이 믿어온 삼위일체 하나님보다 훨씬 덜 벅차고 훨씬 덜 성가셨다. 이 신론은 아이작 뉴턴과 그의 학파가 주장한 '기계 철학'에서 나온 입장으로 하나님이 세계를 질서 있게 정돈하셨음을 새롭게 강조하는 입장과 잘 맞 아떨어졌다.

하나님은 시계제작자 같은 신이요, 기계에서 특히 정밀한(우아한) 부품을 만든 분이며, 사람들에게 다만 피조물의 아름다움만을 바로 인식할 것을 요구하는 분으로 생각할 수 있었다. 이신론은 모든 종류의 종교를 사제도 없고 신앙고백도 없었던 첫 '자연종교'가 부패하여 나타난 것들로 보곤 했다. 이런 부패의 결과물인 종교들은 후대가 만들어낸 왜곡이며, 스스로를 섬기는 성직자들이 자신들의 사회 지위를 확보하고 멍청한 인간들을 착취하려고 도입한 것이다.

그러나 계몽주의는 개혁파 안에서 가장 큰 호소력을 발휘했다. 이전에는 칼뱅주의의 든든한 보루였던 많은 곳이 지금도 분명히 밝혀지지 않은 여러 이유로 합리주의를 더 폭넓게 받아들였다. 16세기 말과 17세기 초에 칼뱅주의의 두 본산이었던 제네바와 에든버러는 18세기 말에 이르러 유럽 합리주의의 중심지가 되었다. 신앙에 입각한 장 칼뱅과 존 녹스의 세계관은 장 자크 루소(1712-1778)와 데이비드 흄(1711-1776) 같은 합리주의자와 회의론자들의 세계관에 밀려났다. 그러나 18세기에 계몽주의가 가톨릭교에 그다지 영향을 미치지 못한 것은 개신교의 경우와 확연히 다른 점이었다. 다만 프랑스만은 예외였는데, 프랑스에서는 볼테르(1694-1778) 같은 이신론자들이 발전을 생각한다면서 과거에만 집착하는 교회의 태도를 문제 삼으며 교회를 개혁해야 한다고 주장했다.

4.1.3. '이성의 시대'와 기독교 신앙

계몽주의와 종종 같은 의미로 사용하는 '이성의 시대'라는 말은 다소 오해하기 쉬운 말이다. 이 말은 그때까지 이성이 무시당하거나 소외당했다는 인상을 풍긴다. 우리가 앞장에서 보았듯이, 중세도 그 나름대로 충분히 '이성의 시대'였다고 생각할 수 있다. 중요한 것은 계몽주의가 이성의 자율이라는 개념을 고전 그리스 철학이나 중세 사상에서 발견할 수 있는 합리성 개념을 훨씬 뛰어넘는 방식으로 발전시켰음을 바로 인식하는 것이다. 계몽주의를 규정하는 특징은 인간의 이성에 세상의 온갖 신비 속으로 뚫고 들어갈 수 있는 능력이 있음을 강조한 것이다(4.1.2). 인간은 하나님의 도움을 받지 않고도 그 스스로 생각할 수 있다. 인간 이성은 외부의 도움을 받지 않아도 (세상이 예부터 신학자들의 영역으로 남겨놓은 측면들을 포함하여) 세계를 이해할 수 있다.

이런 비판은 (유대교와 이슬람교를 포함하여) 신의 계시라는 개념을 받아들인 모든 종교 체계에 적용할 수 있겠지만, 역사를 살펴보면 계몽주의가 힘을 얻은 지역에서는 기독교가 주된 종교였다. 이러다 보니, 종교를 비판한 대다수 계몽주의 사상가들이 대체로 기독교의 전통 신앙과 관습의 여러 측면들을 비판의 표적으로 골랐던 것도 놀라운 일이 아니다.

이런 비판의 고전적 사례를 하나님을 성부, 성자, 성령의 삼위일체로 보는 기독교의 전통 교리에 대한 합리론자들의 비판에서 찾아볼 수 있다. 이 교리는 계몽주의 사상가들에게 널리 조롱을 받았는데, 이 사상가들은 이런 교리가 논리상 말이 되지 않는다고 주장했다. 이성이 있는 사람이라면 수학에 비춰볼 때 도저히 말이 안 되는 이런 교리를 어떻게 받아들일 수 있겠는가? 미국의 3대 대통령인 토머스 제퍼슨(1743-1826)은 삼위일체를 합리적이지도 않고 시대에도 뒤떨어진 것으로서 바른 기독교 신앙을 갖지 못하게 막는 장애물이라고 여겼다. 제퍼슨은 티모시 피커링(1745-1829, 미국의 정치인—옮긴이)에게 보낸 1821년 2월 27일자 서신에서 삼위일체 개념이 분명 이성에 맞지 않는다고 비판하면서, '도저히 이해할 수 없는 이 삼위일체 산수라는 허튼소리'를 없애라고 요구한다.

합리주의를 앞세운 이런 비판이 압력을 가하자, 많은 정통 기독교 사상가들도 삼위일체 교리를 강조하지 않았으며, 이 시대의 시대정신에 비춰볼 때 이 교리를 효과적으로 변호하기란 불가능하다고 믿었다.

계몽주의 시대 내내 합리론자들이 압력을 가하면서, 하나님에 관한 교리를 이신론과 비슷한 접근법으로 전개하는 기독교 신학자들이 많았다(4.1.2). 하나님은 온 우주의 최고 통치자이시며 만물의 창조주이셨다. 이런 접근법은 특히 18세기 영국 신학에서 분명하게 나타나는데, 이 신학은 하나님을 단지 '시계제작자 같은 신'이자, 질서가 있고 규칙이 있는 우주를 지은 건축자로 여겼다. 계몽주의 시대에는 삼위일체 신학이 거의 내내 겨울잠에 들었으며, 제1차 세계대전의 트라우마로 말미암아 계몽주의 세계관에 품었던 확신이 무너지기 시작한 20세기 초가 되어서야 비로소 다시 등장하게 된다.

기독교가 믿는 것 가운데 비판과 검증을 겪은 또 하나의 영역이 나사렛 예수의 정체였다. 앞서 언급했듯이, 니케아 공의회(325)는 기독교가 예수는 하나님이시자 사람이심을 굳게 확신하며 이 기초 위에 서 있다고 선언했다(1.5.3; 1.5.9). 계몽주의에 공감했던 저술가들은 이런 생각이 이성과 논리에 맞지 않는다고 보았다. 그들은 역사 속에 살았던 진짜 예수와 신약성경이 그의 의미에 관하여 제시한 해석 사이에는 중대한 틈새가 있다고 선언했다. 라이마루스와 다른 이들은 신약성경이 제시하는 예수에 관한 기록 뒤편으로 들어가면 그 시대의 새로운 정신이 받아들일 수 있는, 더 소박하고 인간다운 예수를 발견할 수 있다고 주장했다. 라이마루스는 부활에 관한 복음서 기사들이 단지 제자들을 혼란에 빠뜨렸던 그의 부끄러운 죽음을 감추려는 시도에 불과하다고 주장했다.

이런 확신이 '역사적 예수 탐구'(예수라는 인물에 전통이 덧입혀놓은 온갖 옷을 벗겨내고 그를 더 이성에 부합하게 이해하기 위한 지적 탐구)를 불러일으켰다. 나사렛 예수는 구원자인 신(神)이 아니었으며, 계시자인 신도 물론 아니었다. 그는 단지 많은 종교 교사 중 하나였으며, 어떤 최고 권위도 갖고 있지 않았다.

기독교 사상 가운데 계몽주의의 비판을 받아야 했던 또 다른 영역 중에는 하나님의 계시라는 개념, 그리고 성경이 '영감 된' 텍스트라는 생각도 들어 있었다. 계시라는 개념은 기독교 전통 신학에서 오랜 세월 동안 아주 큰 중요성을 가져왔다. 많은 기독교 신학자들(이를테면 토마스 아퀴나스와 장 칼뱅 같은 이들)은 자연을 통해 하나님을 알 수 있음을 인정하면서도, 이런 자연 계시는 성경이 증언하는 것과 같은 하나님의 초자연적 계시를 통해 보완되어야 한다는 점을 강조했다.

계몽주의를 규정하는 특징 중 하나가 바로 이 초자연적 계시라는 개념을 점점 더 비판하는 태도를 보인 점이다. 첫째, 이런 개념 자체가 필요하지 않았다. 둘째, 이 개념은 인간 이성이 갖고 있는 보편성을 갖고 있지 않다. 이성은 모든 이가 접근할 수 있다. 반면 계시는 선택받은 소수만이 접근할 수 있다. 계몽주의 저술가들은 이 지점에서 계시라는 전통 개념에 우려를 표명하고자 '특수성이라는 스캔들'이라는 표현을 사용했다.

하지만 하나님의 계시가 필요하지 않다면, 전통 대대로 계시를 담은 텍스트로 여겨온 기독교 성경의 목적은 무엇이란 말인가? 개신교와 로마가톨릭을 불문하고 정통 기독교에서는 성경을 하나님의 영감으로 기록된 교리와 도덕의 원천으로 보았으며, 다른 유형의 문헌과 구분해야 할 것으로 보았다. 계몽주의 시대에는 비평을 통한 성경 연구 방법이 등장하면서 그런 생각에 의문을 품게 되었다. 독일 계몽주의 신학자들은 성경이 많은 손을 거쳐나온 작품이라 때로는 내부 모순을 드러낸다는 논지를 전개하면서, 성경도 다른 문헌과 똑같은 방법으로 본문을 분석하고 해석해야 한다고 주장했는데, 영국의 이신론은 이미 이런 생각을 전개하고 있었다.

하지만 계몽주의의 기독교 비판에서 가장 중요하달 수 있는 측면들은 아마도 정치적인 것이 아닐까 싶다. 계몽주의는 전통이 사람들을 구속하는 어떤 권위를 갖고 있다는 생각을 거부했다. 무언가가 옳다면, 그것이 옳음은 이성으로 증명할 수 있어야 한다. 과거의 사상이나 태도나 제도를 하나님이 부여한 어떤 특별한 권위를 가진 것으로 보는 것은 타당하지 않다. 신학 세계에서는 이런 태도가 전통이 교리의 원천임을 인정하지 않는 입장으로 이어졌다. 정치 세계에서는 이런 태도가 그 존재나 정당성을 이성으로 변호할 수 없는 모든 제도나 권위를 비판하는 결과로 이어졌다.

이런 생각은 혁명적이었다. 왕과 왕이 상징하는 정치 질서는 역사에 깊이 뿌리내린 것일지도 모른다. 혹자는 왕에게 '하나님이 주신 통치권'이 있다고 주장할지도 모른다. 그러나 이런 주장은 이제 이성의 법정에서 전혀 통하지 않게 된다. 유럽의 전통 정치 구조와 사회 구조에 엄청난 도전을 제기할 기초가 마련되었다.

이 절 뒤쪽에서는 미국 혁명과 프랑스 혁명, 그리고 이 혁명들이 기독교에서 차지하는 중요성을 살펴보겠다(4.1.7; 4.1.8). 하지만 우선 계몽주의 시대에 나타난 한 종교 운동을 살펴봐야 한다. 많은 이들은 이 종교 운동을 혁명보다 오히려 부흥의 기초를 놓은 운동으로 여긴다.

4.1.4. 독일과 영국에서 일어난 경건주의와 부흥

17세기 말 독일에는 이 시대 루터파 정통의 엄격한 기풍을 불편하게 여기면서, 이런 기풍이 대중 정서와 동떨어져 있다고 느끼는 이들이 많았다. 당시 루터파의 차가운 신학 논리는 30년 전쟁(1618-1648)이 불러온 파괴로 마음에 큰 상처를 입은 대중에게 가닿지 못했다. 그리하여 기독교 신앙과 평신도를 다시 연결하는 데 관심을 기울이는 운동들이 많이 일어났다. 이런 부흥 운동 가운데 가장 중요한 것이 '경건주의'로 알려져 있는 운동이다. 이 운동은 독일에서 30년 전쟁의 직접적인 여파로 등장했다(3.5.6). 필리프 야코프 슈페너(1635-1705)는 영성이 메말라버린 개신교 형태들에 대한 환멸이 독일 지역에 널리 퍼져 있는 모습을 보고《경건한 바람(Pia Desideria)》(1675)을 출간했다. 슈페너는 이 작품에서 30년 전쟁의 여파에 시달리는 독일 루터 교회의 상태를 애통해하면서, 그 시대의 교회를 되살릴 방안을 제시했다.

슈페너는 독일 루터주의가 엄격한 정통 신학에만 집착하다 보니(3.5.1), 사람들이 예수 그리스도와 더 깊고 친밀한 사귐을 가지는 경건 생활에 새로이 관심을 갖게 되었다고 주장했다. 그의 제안에서 가장 중요한 것은 하나님을 향한 인격적이고 살아 있는 믿음을 더 깊게 해주는 방법으로서 개인 성경공부를 새롭게 강조한 점이다. 성경공부 그룹은 '교회 안의 작은 교회'(라틴어로 *ecclesiolae in ecclesiae*)가 되어, 갱신을 이루기 위한 구름판이자 촉매 역할을 하게 된다. 대학에 몸담은 신학자들은 이런 제안들을 조롱했다. 그렇지만 이런 제안들이 독일 교회 집단 속에 영향력을 갖게 되는데, 이는 전쟁 내내 지속된 충격적 사회 상황 앞에서도 메마른 모습밖에 보이지 못한 루터파 정통의 모습에 환멸과 불만이 커져가고 있었음을 보여준다.

경건주의는 특히 영국과 독일에서 서로 다른 여러 방향으로 발전했다.

독일에서는 니콜라우스 루트비히 그라프 폰 친첸도르프(1700-1760)가 '헤른후트 형제단(Herrnhuter)'으로 널리 알려진 경건주의자 공동체를 세웠다. 이 공동체 이름은 작센의 한 고을 헤른후트의 이름을 딴 것이었다. 친첸도르프는 자신이 그 시대의 무미건조한 합리론이자 개신교의 메마른 형식주의 신앙이라 여긴 것을 멀리하고, 그리스도와 신자가 인격 대 인격으로 나누는 친밀한 사귐에 기초한 '마음의 종교'가 중요함을 강조했다. 그는 그리스도인의 삶에서 (이성이나 정통 교리와 반대되는) '느낌'의 역할을 새롭게 강조했다. (사람들은 이를 종종 이후 독일의 종교 사상 속에 낭만주의가 들어설 기초를 놓은 것으로 본다.) 친첸도르프는 각 사람이 자신의 인격 속에 받아들여 자기 것으로 삼은 신앙을 강조한 자신의 생각을 '살아 있는 믿음'이라는 슬로건으로 표현했으며, 이 개념과 프로테스탄트 정통의 견해들을 서로 반대되는 것으로 제시했다. 정통은 믿음을 신경(신앙고백)이 제시한 내용에 형식상 동의하는 것으로 보았다. 그러나 친첸도르프는 믿음이란 하나님과 인격 대 인격으로 만나 변화를 경험하는 것이라고 보면서, 신경에 동의하는 것은 더 작은 역할을 할 뿐이라고 보았다.

친첸도르프의 견해는 영국에서도 이내 받아들이기 시작했다. 존 웨슬리(1703-1791)는 성공회 안에서 일어난 감리교 운동의 창시자요 초기 지도자였다. 이 운동은 나중에 그 자체가 하나의 교파인 감리교를 탄생시켰다. 자신에겐 "우리가 구원받는 유일한 길인 믿음이 없다"고 확신하던 웨슬리는 1738년에 헤른후트를 방문했다가 거기서 발견한 것에 깊은 감명을 받는다. 웨슬리는 경건주의가 '살아 있는 믿음'이 필요함과 그리스도인의 삶에서 체험이 하는 역할을 강조하는 것이 아주 설득력 있다고 보았다. 그는 1738년 5월에 런던 올더스게이트 거리에서 열린 한 집회에서 회심을 체험한다. 이때 그는 자기 마음이 '이상하게 뜨거워짐'을 느꼈는데, 이를 계기로 영국 전역을 여행하며 개신교에 관한 자신의 새로운 이해를 설교했다.

웨슬리는 기독교 신앙에서 체험이라는 측면을 강조했는데, 이는 그가 당시 영국 이신론(4.1.2)의 메마른 영성이라 여기던 것과 완전히 반대되는 것이었으며, 결국 그런 강조점이 18세기에 영국에서 자그마한 기독교 부흥을 일으키게 된다. 웨슬리의 사역에는 그의 동생인 찰스(1707-1788)도 합류했다. 그동안 그들은 가장 유명한 몇몇 찬송을 영어로 썼는데, 그중에는 믿음의 본질이 변화이며 각 사람의 인격적 회심이 필요함을 표현한 것이 많다. 그들은 어떤 구조와 훈련을 통해 그리스도인의 경건을 함양하는 접근법을 사용했으며, 이 때문에 이들은 '규칙주의자(Methodists)'라는 별명을 얻었다.

감리교의 가장 든든한 후원자 중 한 사람이 헌팅던 백작부인인 셀리나 헤이스팅스(1707-1791)이었다. 셀리나는 영지를 가진 귀족으로서 성공회 성직자를 가정목사로 임명하고 그들에게 임무를 부여할 권리를 갖고 있었다. 아울러 셀리나는 채플 성직 추천권을 살 수 있는 권리를 갖고 있었기 때문에, 누가 예배를 인도하고 설교할지 결정할 수 있었다. 이 헌팅던 백작부인은 감리교도들을 설교할 수 있는 여러 자리에 임명하기 시작했으며, 이를 잉글랜드 교회를 되살릴 수 있는 방법으로 보았다. 이렇게 헌팅던 백작부인이 임명하고 수십 년에 걸쳐 계속 후원한 많은 목사 가운데 대다수가 신학적으로 칼뱅파 경향을 띠고 있었는데, 그런 이들 가운데 하나가 존 웨슬리의 동역자인 조지 휫필드(1714-1770)였다.

1779년, 이미 60개 채플이 헌팅던 백작부인의 후원을 받아 활동하고 있었는데, 성공회 런던 감독법원(consistory court)은 이런 성직자 배치가 불법이라고 선언했다. 하지만 이런 법의 장벽을 피하기는 어렵지 않았다. '성공회 신자가 아닌 자들'에게도 자유로이 예배할 권리를 허용함으로써 잉글랜드 내부의 종교 간 갈등을 완화할 목적으로 만든 관용령 덕분에, 이 채플들은 기존 성공회에 반대하는 예배 장소로 공식 등록되었고, '헌팅던 백작부인 연합(The Countess of Huntingdon's Connexion)'으로 알려지게 된다.

감리교는 신앙에서 체험이라는 측면을 강조했는데, 이런 강조점은 '열광'(종교적 영감에 사로잡힌 극적 상태로서, 종종 심하게 떠는 몸짓, 실신, 황홀경을 동반한다)이라는 유령을 불러일으켰다. 영국의 종교 평론가들은 이 '열광' 현상을 널리 조롱했으며, 윌리엄 호가스(1697-1764)의 동판화 〈묘사해본 열광(Enthusiasm Dilineat'd)〉도 '열광' 현상을 우스꽝스럽게 묘사하여 세상을 뒤집어놓았다. 많은 부흥 설교자들(이를테면 존 웨슬리와 조지 횟필드 같은 이들)은 자신들이 하나님을 직접 체험하면 이런 극적 결과가 나타날 수도 있다는 생각에 공감하는 입장과 이런 기괴한 현상이 종교에 의심의 눈길을 보내는 사람들을 종교에서 멀어지게 할 것이라며 우려하는 입장 사이에 끼어 있음을 간파했다. 어찌하든지, 한편으로는 지나친 '열광'을 피하면서 다른 한편으로는 '형식주의'의 빈곤함을 피할 어떤 중도(中道)를 찾아야 했다.

경건주의라는 한 나무에서 나온 다양한 가지들은, 서로 다른 점들이 있었지만, 그래도 기독교 신앙과 보통 신자들의 체험 세계를 접목시키는 데 성공했다. 이는 어떤 면에서 두 세기 뒤에 있을 오순절주의의 성공을 미리 보여주는 것이기도 했다. 경건주의는 개신교를 많은 사람들이 매일 경험하는 삶의 실제 속에 안착시키는 데 성공했다. 18세기 말에 일어난 프랑스 혁명이 강력한 반(反)종교 성향(4.1.8)을 띤 것은 당시 프랑스 가톨릭교 안에 경건주의와 같은 것이 전혀 없었던 것도 한 원인이었음을 유념하는 것이 적잖이 중요하다. 영국과 독일에서는 믿음이 다시 일상의 삶과 이어지고 있었다. 그러나 프랑스에서는 그런 연결고리가 부서진 것처럼 보였다. 1789년의 프랑스 혁명을 더 자세히 살펴볼 때 보겠지만(4.1.8), 그런 점은 그 지역 기독교의 미래에 시사하는 것들이 많았다.

그러나 부흥이 단지 18세기 초의 독일과 영국에서만 일어난 것은 아니었다. 아메리카에서는 '대각성'이 신앙적 헌신의 새 시대를 열었는데, 많은 학자들은 이를 1776년 미국 혁명의 배경으로 본다.

4.1.5. 아메리카: '대각성'

북아메리카 개신교에서 가장 두드러진 특징 중 하나는 '각성(Awakening)'이라는 현상이다. 현재까지 이런 '각성'으로서 기록에 나와 있는 것은 모두 셋인데, 이들은 각각 처음에는 종교 갱신을 낳고, 뒤이어 사회 변화를 낳았다. 이런 종교 부흥 중 첫 번째 것으로 예부터 '대각성'이라 알려져 있는 부흥이 1730년대 말과 1740년대 초에 뉴잉글랜드에서 일어났다. 이 '대각성'의 중요성을 바로 인식하려면, 이것이 일어난 배경을 살펴봐야 한다.

1700년에 이르자, 아메리카 개신교는 정체 상태를 보였다. 1세대 청교도 이민자들은 활력이 넘치는 신앙적 꿈을 소유하고 있었지만, 그 자손들은 그런 꿈을 늘 공유하지는 않았다. 이전 세대 청교도 이민자들의 영적 열정(3.5.2)이 수그러들고 그들의 자손이 추구하는 실용주의가 그 자리를 대신하면서, 교회 구성원들의 숫자도 줄어들기 시작했다. 유럽에서 건너오는 이민자들이 늘어나면서, 대서양과 잇닿은 아메리카 중부의 주들은 다른 곳에서는 유례를 찾아볼 수 없을 정도로 다양한 종교 구성을 갖게 되었으며, 이는 이전 세대 청교도들이 품었던 '거룩한 국가(민주국가)'라는 꿈과 관련하여 골치 아픈 문제들을 일으켰다. 이보다 더 중요한 것은 잇달아 터진 스캔들이 청교도 제도의 신뢰성을 흔들어놓았다는 점이다. 이런 스캔들 가운데 최악은 1692년에 터진 세일럼 마녀 재판이었다. 그 고을 성직자가 부추긴 이 사건은 열아홉 사람을 처형하는 결과로 이어지고 말았다 (3.4.6).

교회 구성원들 사이에서도 갈등이 나타나기 시작했다. 18세기 초, 뉴잉글랜드 회중들은 대개 자신의 회심 이력을 제시할 수 있는 사람들만을 완전한 회원권을 가진 일원으로 받아들이는 정책을 갖고 있었다. 그러나 18세기가 흘러가면서, 그런 회심 체험을 증언할 수 있는 이들이 점점 줄어들고 또 줄어들었다. 하지만 대다수 사람들은 교회와 어떤 연관 내지 결합 관계를 유지하길 원했는데, 이는 특히 대다수 공동체가 교회 일원이라는 지위와 시민권을 밀접하게 묶어놓았기 때문이었다. 교회 출석자가 줄어들자, 어떤 대가를 치르더라도 신앙의 순수성을 지키고 싶어 하는 이들과 엄격한 기준을 완화해서라도 교회의 구성원들을 늘릴 기반을 확대해야 교회가 생존할 수 있다고 믿는 이들이 갈등을 빚기 시작했다.

타협안이 나왔다. 1662년, 일부 회중들은 '어중간한' 사람들을 그 회중의 일원으로 받아들였다. 이 타협안은 기독교의 진리와 교회의 도덕 훈련을 공식적으로 받아들일 준비가 된 이들의 자녀에게도 세례를 베풀 수 있게 해주었다. 이 '어중간한 언약'이라는 개념이 낳은 결과는 어쩌면 불가피한 것이었는지도 모른다. 즉, 18세기 초에는 교회 구성원 중 대부분이 '이름뿐인' 혹은 '어중간한' 개신교 신자들이었다. 개신교는 뉴잉글랜드의 시민 종교가 되어가는 과정에 들어섰고, 이제는 사회적 기능과 도덕적 기능이 그 주된 기능이 되었다.

'대각성'이 이 모든 것을 바꿔놓았다. 대략 1735년부터 1745년까지, 뉴잉글랜드의 많은 지역이 종교 갱신에 몰두했다. 당시 기록은 때로 2만 명에 이르는 사람들을 끌어모은 옥외 대중 집회, 야외 설교를 이야기하면서, 선술집이 텅 비고 교회가 꽉 찼다고 이야기한다. 역사가들은 종종 이런 사건들 사이의 연관관계를 확증하기가 어려움을 지적하면서, 후대에 나온 용어인 '대각성'을 앞 시대에 벌어진 일에도 사용하는 것은 실상 서로 다른 사건들의 복합체일 수 있는 것에 단일 내러티브 구조를 강요하는 것임을 지적했다. 하지만 뭔가 중요한 사건이 일어나, 교회 출석자가 줄어들고 이 지역에서 기독교의 공적 평판이 쇠락해가던 추세를 되돌려놓은 것만은 분명하다.

이 부흥을 이끈 중심인물 중 하나가 조나단 에드워즈(1703-1758)다. 매사추세츠 노샘프턴이라는 마을의 목사였던 그는 1734-1735년 겨울에 부흥을 체험했다. 부흥이 뉴잉글랜드 전역에 퍼져가자, 그 무렵 '복음주의 부흥'(4.1.4)이 종교의 풍경을 바꿔놓고 있던 영국에서 건너온 조지 휫필드가 새로운 방향 감각을 제시했다.

1760년에 이르자, 각성은 분명 아메리카 기독교에 중대한 변화를 일으키고 있었다. 그것은 단순히 사람들이 교회로 돌아오고 있다, 혹은 기독교가 공적 삶에서 점점 더 중요한 역할을 하고 있다는 정도에 그치지 않았다. 부흥은 아메리카 기독교의 본질을 바꿔놓음으로써, 개인과 회중, 그리고 국가의 관계에 관한 이해를 바꿔놓았다.

각 사람이 인격적 회심을 경험해야 함을 새로이 강조하면서, '회심 내력(conversion narratives)'이 기독교 신앙에 헌신함을 증명하고 그 개인의 정체성을 강조해주는 수단으로 등장하게 되었다. 1630년대에는 회중이 어떤 이의 믿음을 심사하여 그를 그 회중의 완전한 회원으로 받아들이기 전에 그가 진심으로 회심한 정통 신자인가를 판단했지만, 이제는 각 사람의 내밀한 체험을 강조하게 되었다. 이런 이유 때문에, 일부 학자들은 이 각성 운동이 신앙의 지적 측면을 약화시키고, 대신 신앙에서 감정과 관계라는 측면을 강조하는 결과를 가져왔다고 주장한다.

프랑스 혁명(4.1.8)이 일어난 배경에는 대중이 기독교회에 점점 더 큰 환멸을 느끼고 기독교회에서 멀어져간 사실이 자리해 있지만, 이와 달리 미국 혁명은 신앙 열정과 헌신이 점점 더 커가는 상황에서 일어났다. 프랑스 혁명은 기독교를 그 적으로 여겼지만, 미국 혁명은 결코 반(反)기독교는 아니었다고 주장하곤 하는 이들이 일부 있다. 사실, 신앙 열정은 한 기존 교회에만 특권을 부여하고 다른 교회에는 부여하지 않는 것에 대한 반

미국의 가장 위대한 청교도 신학자로 널리 인정받고 있는 조나단 에드워즈(1703–1758). R. 밥슨과 J. 앤드루스의 판화.

발을 불러일으켰다. 근대 미국에서 정교분리가 등장한 내력을 이해하려면, 1776년에 일어난 미국 혁명(4.1.7)의 원인과 결과를 살펴봐야 한다.

하지만 그러기 전에 우선 18세기 유럽에서 일어난 사태를 살펴봐야 한다. 이 사태는 그 시대에 일어난 정치 변화와 제도 변화를 그대로 보여줄 뿐 아니라, 교황권은 점점 약해지는 반면 민족국가의 힘은 점점 강해지고 있던 당시 상황을 되비쳐준다. 그 사태가 바로 예수회 억압이다.

4.1.6. 예수회 억압, 1759–1773년

로욜라의 이그나티우스와 다른 이들이 1534년 8월에 세운 예수회('Jesuits'로 널리 알려져 있다)는 가톨릭교회에서 가장 영향력 있고 가장 강한 수도회

중 하나가 되었다(3.4.4). 예수회는 특히 아시아 선교와 라틴아메리카 선교에서 크게 활약했으며, 16세기 말에 일어난 가톨릭 종교개혁의 가장 중요한 결과물 중 하나로 널리 인정받고 있다.

하지만 예수회의 힘과 영향력은 적대감과 반대자를 만들어냈다. 전직 군인이었던 로욜라의 이그나티우스는 조직과 훈련이 중요함을 인식했다. 그가 생각하던 수도회의 모습은 철저한 중앙집중식 조직으로 나타났으며, 이 조직은 교황 및 교회의 위계 구조상 자신보다 위에 있는 자들에게 철저히 복종해야 함을 강조했다. 그 결과, 예수회 사람들은 자신들을 유럽의 민족국가나 식민지의 권력에 책임을 져야 할 이들로 여기지 않았다.

라틴아메리카의 에스파냐 식민지와 포르투갈 식민지(2.5.7)에서 갈등이 일어나기 시작했다. 예수회 사람들이 경제 착취와 사회적 착취를 추구하는 식민지 권력의 목표에 맞서 아메리카 원주민들의 권리를 보호하는 데 나섰기 때문이었다. 에스파냐와 포르투갈은 아메리카 원주민들을 그저 노예 노동자로 다루자고 제안했지만, 예수회는 그 지역의 아메리카 원주민이 중심이 된 도시 국가들을 세웠다. 이 국가들을 에스파냐어로 Ruducciones(레두시오네스), 포르투갈어로 Reduções(헤두소으스)라 부른다. 이 도시 국가들은 종교적 이상을 모델로 삼아, 경제 착취에 맞서는 완충 역할을 했다.

안토니오 루이스 데 몬토야(1585-1652)의 지도 아래, 가장 중요한 몇몇 아메리카 원주민 공동체가 에스파냐 식민지 파라과이에 세워졌다. 에스파냐 국왕은 encomienda(엔코미엔다, '믿고 맡기다'라는 뜻을 가진 에스파냐어 동사 encomendar에서 나온 말)라는 시스템을 따라 식민지 개척자들에게 이들이 책임지고 반드시 보호해야 할 원주민들을 할당해주었다. 식민지 개척자들은 이에 따른 대가로 이 원주민들에게 노동을 요구할 수 있었다. 의도하지는 않았지만, 이는 사실상 노예제를 인정한 것이나 마찬가지였다. 예수회 사람들은 실제로 아메리카 원주민들이 착취당하지 않게 보호해줄 '안전한 피난처'를 세움으로써, 방금 말한 체제를 뒤집어버렸다.

당연한 일이겠지만, 17세기 말과 18세기 초에 포르투갈과 에스파냐의 식민지 권력은 예수회 사람들에게 점점 더 큰 적대감을 품기 시작했다. 이는 이런 식민지 권력이 예수회가 식민지에 미치는 사회적, 경제적 영향력을 우려하고 있었음을 보여준다. 이런 적대감은 크게 세 가지 형태를 띠었다.

1. 정치 쪽을 보면, 예수회가 국가의 정당한 정부를 뒤엎으려 한다는 추측이 있었다. 예수회는 국가 기관이나 국가 당국보다 교황에게 충성했으며, 이 때문에 사람들은 예수회 사람들을 강한 의심의 눈초리로 바라보았다. 1759년 1월, 포르투갈 왕실은 주제 1세(1714-1777, 재위 1750-1777)를 암살하려는 시도를 밝혀내 이를 퇴치했다고 발표했다. 이내 예수회가 이 음모를 꾸몄다는 소문이 퍼졌다. 폼발 후작 세바스티앙 카르바요(1699-1782)가 예수회를 상대로 여론전을 펼쳤으며, 서유럽 전체도 이 여론전을 널리 뒤따라갔다. 이런 비판이 정치 행동으로 바뀌는 것은 시간문제일 뿐이었다. 1758년, 예수회는 포르투갈에서 쫓겨났으며, 이듬해에는 수도회 자체가 금지되었다. 에스파냐도 1766년에 에스파냐 본토와 식민지에서 예수회를 쫓아냈다.

2. 신학 쪽을 보면, 그 정직성이 의심스럽고, 미심쩍은 결과들을 내놓는 신학을 예수회가 신봉한다는 주장이 있었다. 이런 주장은 특히 프랑스에서 영향력을 발휘했다. 프랑스에서는 '얀센주의'〔화란 신학자 코르넬리우스 얀센(1583-1638)이 주장한 신학으로 엄격한 신앙생활과 윤리를 강조했다―옮긴이〕라 불리는 운동이 펼쳐졌는데, 이 운동은 그 스스로 히포의 아우구스티누스가 전개한 사상에 충실하다고 여겼던 은혜의 신학을 발전시켰다. 이 운동은 1713년에 이단으로 정죄받았다. 그러자 얀

센주의자들은 예수회를 상대로 엄청난 신학 공격을 퍼붓기 시작했다. 그들은 자신들이 이단으로 정죄받게 부추긴 이들이 예수회라고 믿었다. 얀센주의자들에게 동조하는 사람들이 늘어갔다. 얀센파였던 치안판사 아베 제르맹 루이 드 쇼블랭(1685-1752)은 파리 시의회를 설득하여 예수회의 교리와 규칙을 검토하도록 만드는 데 대단히 중요한 역할을 했다. 이 일은 결국 1764년에 프랑스 본토와 프랑스 식민지에서 예수회를 금지하는 결과로 이어진다.

3. 이데올로기 쪽을 보면, 예수회는 권위를 하나님이 주신 것으로 보는 견해를 신봉한다는 주장이 있었다. 이런 견해는 자유와 양심을 크게 위협하는 것이었다. 이는 특히 프랑스에서 그랬는데, 볼테르와 장 르 롱 달랑베르(1717-1783)—둘 다 계몽주의를 대표하는 인물—는 예수회가 특히 얀센파를 대할 때 종교적 불관용을 보였다며 예수회를 비판했다.

예수회 사람들에게 교육을 받은 클레멘스 13세(재위 1758-1769)가 유럽의 민족국가들이 교황에게 점점 더 큰 압력을 가하던 때인 1758년에 교황이 되었다. 바로 이해에 유럽의 주요 가톨릭 국가들이 예수회를 금지하기 시작했는데, 이는 필시 클레멘스 13세의 힘이 약하여 이런 사태 진전에 제대로 저항하지 못하리라는 인식이 반영된 결과였을 것이다. 1765년, 클레멘스 13세는 예수회를 옹호하면서, 사람들이 이 수도회를 오해하고 있다고 주장했다. 하지만 그는 예수회에 뭔가 조치를 취하라는 요구를 점점 더 거세게 받게 된다. 클레멘스 13세가 1769년에 세상을 떠난 뒤, 프란체스코회 출신인 산타르칸젤로 디 로마냐가 뒤를 이었으며, 그가 교황 클레멘스 14세(재위 1769-1774)가 되었다. 그는 예수회에 털끝만큼도 동정심이 없었다. 이제 예수회는 해체될 수밖에 없었다. 1773년 1월, 예수회를 해산한다는 짤막한 교황 칙령이 로마에서 발표되었다(실제로 예수회를 향한 비판이 옳다고 확인해주는 말도 전혀 없었다).

예수회 금지는 예수회 자체가 진정 무언가를 잘못했기 때문이라기보다 가톨릭을 믿는 민족국가들의 새로운 강경 자세를 반영한 결과라고 보는 것이 널리 퍼져 있는 중론이다. 정치 면에서 보면, 예수회에 반대하는 캠페인은 당시 교황이 실상 아무런 힘과 영향력을 갖고 있지 않음을 부각시켜주는 데 기여했다. 예수회 금지는 18세기 후반에 가톨릭교가 특히 에스파냐와 포르투갈 식민지에서 펼치던 선교 활동을 심각하게 약화시키는 결과를 가져왔다.

하지만 결국 예수회 금지는 지속되지 못했다. 프랑스 혁명(4.1.8)과 뒤이은 나폴레옹 전쟁(4.2.1)은 유럽 안에서 새로운 상황을 만들어냈으며, 예수회 금지를 요구할 때 중요한 역할을 했던 국가들의 힘을 약화시켰다. 이런 상황을 정확히 판단한 교황 비오 7세(재위 1800-1823)는 1814년 8월에 예수회를 복권시킨다고 발표했다. 전쟁에 지친 국가들은 이에 반대할 열의를 갖고 있지 않았다. 예수회가 멀리서 자신들이 이전에 펼쳤던 활동들에 가까운 것으로 되돌아가는 데는 시간이 걸리게 되지만, 이 수도회 역사에 드리웠던 암흑시대는 이제 저 뒤편으로 물러갔다.

4.1.7. 1776년 미국 혁명

미국 혁명의 역사적 뿌리는 복잡하여, 어느 한 원인을 영국의 통치에 맞서 봉기하게 한 궁극의 원인으로 콕 집어 이야기하기가 어렵다. 무거운 세금 부담, 자신들을 대변해줄 정치적 대표가 없었다는 점, 그리고 자유를 향한 갈구가 분명 식민지 사람들 안에 켜켜이 쌓인 불만의 본질이었으며, 바로 이런 것이 많은 식민지 사람이 무기를 들고 영국 국왕에 맞서 싸우게 만든 동인이 되었다. 아메리카에 있는 13개 영국 국왕 직할 식민지들은 높은 세금과 런던의 직접 통치에 점점 더 큰 환멸을 느끼게 되었다. 무거운 세금 부담은 1756년부터 1763년까지 아메리카 지역에서 큰 전비가 들어간 전쟁을 치른 것이 직접 원인이었다. 이 전쟁을 거치면서 영국 육군과 해군은 이 지역에서 프랑스의 영향력을 겨우 종식시킬 수 있었다. 영국 정부는 이 전쟁에 따른 전비 중 많은 부분을 아메리카 식민지에서 메우려 했다.

하지만 종교 문제도 미국 혁명의 한 원인이 되었다. 많은 학자들은 '대각성'(4.1.5)이 영국 국왕의 통치를 적대시하는 신앙 가치들을 강하게 의식하게끔 만들었다고 본다. 하나님이 모든 사람을 평등하게 창조하셨다는 의식, 종교적 신앙이 사회 평등을 이루는 장치라는 의식이 점점 자라가면서, 기독교 공화주의를 쉬이 받아들이는 문화적 정황을 만들어내는 데 도움을 주었다. 이는 마치 16세기 후반 칼뱅의 제네바에서 발견할 수 있었던 모습과 비슷했다.

아울러 성공회가 아메리카 식민지에서 누리는 특권과 지위가 불의하다는 인식도 강하게 존재했다. 성공회는 버지니아, 메릴랜드, 사우스캐롤라이나와 노스캐롤라이나, 조지아 같은 남부 주들은 물론이요 심지어 뉴욕 주의 네 카운티에서도 법을 통해 국교가 되었다. 반대가 허용되긴 했지만, 상황은 침례교 신자, 회중교회 신자, 장로교 신자를 힘들게 했다. 반대가 커져가기 시작했다.

1770년대 초, 뉴잉글랜드 회중교회 목사들은 늘 종교의 자유와 정치의 자유라는 주제를 영국의 폭정에 저항하는 것과 연계하여 설교했다. 청교도 지역인 매사추세츠 전역에서는 압제자에 맞서 무력을 사용하는 것에 신앙적 정당성을 부여하면서 젊은이들에게 민병대 참여를 독려하는 팸플릿이 등장했다. 이런 팸플릿의 수사와 신학은 일찍이 잉글랜드 내전 전야에 나타났던 그것과 전혀 다르지 않았다.

그렇다면 미국 혁명도 잉글랜드 내전처럼 종교전쟁이었을까? 대다수 학자들은 그렇지 않다고 믿으며, 이 전쟁을 독립전쟁(즉, 폭군의 억압에 맞선 방어 혁명)이라 이야기하길 더 좋아한다. 물론 종교적 관심사, 그중에서도 특히 종교의 자유를 확보하고 국교 교회가 누리는 특권들을 제거하려는 욕구가 분명 얽혀 있었다. 하지만 이런 관심사가 이 혁명을 이끈 이들이 추구한 목표를 지배했다고 말한다면, 옳지 않을 것이다.

애국자들은 아주 다양한 종교 배경을 갖고 있었으며, 그중 오직 일부만이 국교인 성공회가 누리는 종교적 특권에 반발하는 뉴잉글랜드 회중교회 신자들의 분노를 그 배경으로 삼고 있었다. 미국 혁명(1775-1783) 당시 식민지군 총사령관이었고 뒤이어 나중에 미국 초대 대통령이 된 조지 워싱턴(1732-1799)은, 종교 면에서 보면 다소 비(非)정통 쪽이었으며, 이신론자(기독교의 독특한 하나님 개념을 따르기보다 포괄적 신성 개념을 믿는 자)로 묘사하는 것이 아마 가장 좋을 것이다.

많은 이가 미국 혁명을 종교를 순수하게 만들 수 있는 중대한 순간이요, 국교 교회가 누리는 과도한 특혜와 특권을 제거할 수 있는 기회로 보았다. 하지만 성공회 신자들은 말할 것도 없고 성공회 자체를 제거하기는 불가능했다. 혁명 뒤, 아메리카 식민지에서 잉글랜드 성공회 뒤를 이을 '미국 성공회(Protestant Episcopal Church)'가 1789년에 필라델피아에 다시 세워졌다. 그 어떤 프로테스탄트 교회도 잉글랜드 성공회를 대신하는 '국교 교회'로 불리지 않았다. 새로 건설된 미국이 인정하는 종교의 다양성이 이런 모습을 띠었기 때문에, 이런 흐름을 따른다면 어떤 결정을 내리든 결국 강렬한 내분으로 이어지게 되어 있었다. 이 때문에 다른 대안이 해결책으로 제시되었다.

1786년, 토머스 제퍼슨이 기초한 '버지니아 종교 자유 보장법(Virginia Statute for Religious Freedom)'은 정교분리 원칙을 제시하고, 종교적 믿음을 법으로 감독하거나 강요하는 모든 행위를 끝냈다. 헌법제정회의가 1787년 9월 17일에 필라델피아에서 채택한 미국 헌법은 하나님이나 기독교를 일절 언급하지 않는다. 제퍼슨이 기초한 독립선언서는 인권에 관한 견해를 제시하면서 '창조주'를 원용한 것으로 유명하지만, 헌법은 일절 이런 언급을 하지 않았다.

1791년 12월 15일에 채택된 1차 수정 헌법은 국교를 공식 인정하는 것에 마침표를 찍었다(1차 수정 헌법은 국교 불인정과 종교의 자유를 규정한다—옮긴이). 이 수정 내용은 본디 연방정부가 그 나름의 공인 종교를 만들어내거나 유지하지 못하도록 그 권력을 제한하려고 만든 것이었다. 하지만 1차 수정 헌법은 이런 내용을 개개 주까지 확대하여 적용하지 않고, 각 주와 지역 정부에 그 지역 나름의 공인 종교 형태를 계속하여 유지할 수 있게 했으며, 종교의 자유를 규제하거나 제한할 수 있게 했다. 예를 들면, 코네티컷과 매사추세츠 같은 뉴잉글랜드의 몇몇 주들은 19세기까지 계속하여 회중교회를 그 주의 공식 주 종교로 갖고 있었다.

1차 수정 헌법은 나중에 헌법 적용 과정에서 문제가 발생하게 되는 용어로 짜여 있었다. "의회는 국교를 존중하거나 자유로운 종교 활동을 금지하는 법률을 만들어서는 안 된다." 이렇게 수정된 미국의 새 헌법은 기존 틀을 다 없애버리고 당시 어디에도 유례가 없는 새 구조를 만들어냄으로써, 미국이라는 나라의 종교 풍경을 철저히 재형성할 길을 열어놓았다. 어떤 이들은 헌법이 정한 정교분리가 종교를 공적 삶에서 소외시키려는 시도라고 주장했을지 모르겠다. 하지만 이것은 그릇된 인식임이 드러나게 된다.

당시 많은 이들, 이를테면 침례교 목사 아이작 배커스(1724-1806) 같은 이는 이런 정교분리가 미국이 사실상 기독교 국가요, 미국의 교회가 정치의 간섭과 조종에서 자유로우리라는 것을 보장하는 것이라고 보았다. 배커스가 주장했듯이, "교회와 국가가 나뉠 때, 그 결과는 행복하며, 그들은 서로 전혀 간섭하지 않는다. 그러나 그들이 뒤섞이면, 어느 혀나 어느 펜도 그에 따른 결과로 일어난 해악들을 제대로 묘사하지 못한다." 배커스는 '교회와 국가를 갈라놓는 벽'을 모든 이에게 종교적 믿음과 행위의 자유를 보장해주는 것이자 아무에게도 특권을 허용하지 않는 것으로 보았다. 국교 폐지는 가장 좋은 기독교 형태들이 마음껏 경쟁하고 결국에는 그중에서 더 약하고 진짜와 거리가 먼 경쟁자들을 물리칠 수 있는 평평한(평등한) 운동장을 만들어주었다.

18세기 말, 절대 군주에 대한 불만이 널리 퍼져 있던 파리의 살롱에서는 분명 사람들이 미국 혁명의 성공을 놓고 열심히 토론을 벌였다. 근본 인식은 간단했다. 기존 정치 질서를 바꾸기에 충분한 사람들이 단결하면, 그 질서를 바꿀 수 있다는 것이 사람들의 인식이었다. 프랑스 대중의 분위기가 바뀌기 시작했다. 프랑스는 미국 독립전쟁에 참여했고, 덕분에 정부는 많은 대중의 갈채를 받았지만, 국가는 사실상 파산 상태였다. 정부는 빚을 갚을 돈을 거둬들여야 했다. 과세만이 선택할 수 있는 유일한 방안이었다. 이 방안이 대중의 생각과 한참 동떨어진 것임이 드러나면서, 민중 봉기의 불길이 타오르게 된다.

4.1.8. 1789년 프랑스 혁명

프랑스 혁명의 뿌리에는 사회 불안과 프랑스 군주정에 맞서는 지식인들의 동요가 커가던 현실이 자리해 있었지만, 혁명의 발단은 재정 문제였다. 식량 부족과 흉년 때문에 빵 값이 급등하면서, 농민과 노동자 계급 사이에 빈곤이 만연했다. 프랑스는 미국 혁명전쟁에 참전하면서 어마어마한 빚더미를 안게 되었고, 이 빚을 시급히 해결해야 했다.

프랑스 왕 루이 16세(1754-1793)는 상황이 절박하며 이 상황을 해결할 조치를 취하려면 널리 도움을 받아야 한다는 것을 깨닫고, 1789년, 과세 체계를 개혁할 삼부회(三部會, Etats-Generaux, 고위 성직자, 귀족, 평민 대표로 이루어진 프랑스의 대의 기관—옮긴이)를 마지못해 소집했다. 1614년 이후 처음으로 열린 삼부회였다. 삼부회는 왕의 요구를 받아들이길 거부하고, 루이 16세에게 사회 개혁과 재정 개혁을 요구하는 결의를 잇달아 제출했지만, 루이 16세는 이를 받아들이려 하지 않았다. '세 번째 부'(평민회)는 철저한 변화를 공개적으로 요구하고, 그들 자신이 국민의 대표라고 선언했다. 이에 몇 가지 양보 조치들이 이뤄지긴 했지만, 그것으로 충분치 않았다. 진지한 개혁이 이뤄지지 않음에 분노한 항의자들은 파리 거리로 나갔다. 1789년 7월 14일, 한 무리가 당시 정치범을 가두는 곳으로 쓰던 요새인 바스티유로 몰려갔다. 바스티유 함락은 혁명을 상징하는 아이콘이 되어, 프랑스 사람들의 심상을 사로잡았다.

애초 프랑스 혁명의 목표는 사회에 민주주의를 구현하고 국부의 공평한 분배를 이룩하는 것이었던 듯하다. 대중들은 부유한 지주와 교회를 개혁해야 할 특권의 보루로 여기면서, 이들에게 상당한 분노를 품고 있었다. 이 단계만 해도, 한 세트의 사상인 기독교를 향해 공공연히 적대감을 표출하는 일은 없었던 것 같다. 오히려 비판이 겨냥한 대상은 프랑스 가톨릭교회의 제도였으며, 미몽에서 깨어난 성직자들이 이런 비판을 지지하는 경우도 자주 있었다.

처음에는 혁명 지도자들이 기독교에 반대하는 강령을 추구한다는 조짐을 찾아볼 수 없었다. 이제는 로마의 영향을 모두 제거하고자, 가톨릭 성직자들도 공화국에 복종하겠다고 맹세하며 시민헌법에 서명해야 했다. 이것은 세속화의 한 형태이기도 했지만, 16세기 초에 프랑수아 1세가 이탈리아에서 교황 군대를 격파한 뒤에 강조했던 것, 곧 프랑스 교회는 로마에 의존하지 않는 독립된 교회라는 사실을 재차 강조한 것으로도 볼 수 있다.

이제 성직자들은 국가가 고용한 이들이 되었고, 그들이 속한 본당사목구나 교구에서 선출하게 되었다. 모든 사제와 주교는 새 질서를 따르겠다고 맹세하거나, 그 질서를 정면으로 거부하거나, 국외추방을 당하거나, 죽임을 당해야 했다. 이 때문에 교황 비오 6세(재위 1775-1799)는 꽤 큰 어려움에 빠졌다. 여덟 달 뒤, 교황은 프랑스의 새 헌법이 불법이며, 프랑스 성직자들은 이 헌법을 따르지 말아야 한다고 규정했다. 프랑스 교회는 새 헌법을 따르려는 이들('선서자')과 따르지 않으려는 자들('선서 거부자')로 쪼개졌다.

하지만 혁명이 진전되어감에 따라, 종교에 반대하는 취지를 더 분명히 드러내는 견해들이 지배하기 시작했다. 볼테르와 그 무리는 (유대교, 이슬람교의 다양한 분파, 기독교의 여러 교파를 비롯하여) 실제로 존재하는 모든 종교가 모든 사람이 자연과 이성을 통해 알 수 있는, 순수하고 이성에 맞는 하나님 개념을 망쳐놓았다고 주장했다. 이들이 외치는 종교개혁은 당연히 프랑스 가톨릭교회에 초점을 맞춘 것이었을 수도 있으나, 사실 그 개혁은 이 범위를 훨씬 넘어서는 것이었다. 이리하여 지존자(Supreme Being)를 예배하는 새로운 국가종교를 요구하는 목소리가 나오게 된다.

하지만 이보다 훨씬 더 과격한 견해가 급속히 지지세를 넓혀가고 있었다. 이 견해는 왕실과 교회가 프랑스 민중을 억압하는 것은 볼테르와 같은 이신론 저술가들이 인정하는 '지존자'를 포함하여 하나님을 믿는 믿음 때문일 수 있다고 주장했다. 따라서 진정한 혁명이 이루어지려면, 이런 믿음을 개혁하려고 하기보다 이런 믿음을 근본부터 완전히 뒤집어엎어야 했다. 무신론은 프로메테우스 같은 해방자였다. 이 무신론만이 혁명의 첫 성공과 이후의 승리를 보장할 수 있을 것이다. 초월자이신 하나님 같은 개념은—이런 개념이 기독교에서 나왔든 아니면 '자연종교'에서 나왔든—완전히 제거해야 하며, 다른 세속 개념으로 대체해야 했다.

1790년부터 1795년에 이르는 기간 동안, 여러 사태가 잇달아 일어나면서, 프랑스는 가톨릭교회가 계속하여 어떤 역할을 담당하는 입헌군주국에서 은연중에 무신론을 지지하는 공화국으로 바뀌었다. 이제 이 공화국이 유일하게 인정하는 신은 혁명이 내건 이상들이요, 이 이상들을 지지하는 이들이었다. 사제와 수도회를 향한 폭력이 일상사가 되었다. 프랑스 사회에서 기독교나 기독교 문화의 자취를 모조리 지워버리려는 조치들이 잇달아 법 안에 도입되었다. 예를 들면, 로마 네로 황제 시대에 순교한 한 그리스도인의 이름을 따서 마을 이름을 정했던 생트로페(St. Tropez)는 1793년에 이름을 '에라클레(Héraclée)'로 바꾸었다.

종교에 반대하는 '이성 축제(Fête de la Raison)'가 1793년 11월 10일에 막을 올렸다. 프랑스 전역의 교회는 '이성 신전(Temple de la Raison)'으로 선포되었다. 이 축제에서 가장 중요한 의식이 파리 노트르담에서 열렸는데, 대성당의 제단은 자유에게 바친 제단으로 바뀌었고, 대성당의 정문에는 '철학에게'라는 글이 새겨졌다. 이 의식의 절정은 '이성의 여신'을 대성당 제단 위 보좌에 앉힌 일이었다.

하지만 이런 '이성 숭배(Culte de la Raison)'는 오래가지 못했다. 1794년 5월 7일, '이성 숭배'가 폐지되고 더 절제된 이신론을 표방한 '지존자 숭배(Culte de l'Être suprême)'가 그 자리를 대신 차지했다. 로베스피에르(1758-1794)는 비기독교화 프로그램이 혁명 반대자들의 적개심을 키워 반혁명 정서를 확산시킬까 걱정했다. 하나님을 (적어도 온건한 형태로나마) 복권시켜야 했다. 기독교의 상징과 영향력에 반대하는 운동은 계속되었지만, 하나님이 공적 영역으로 되돌아오게 되었다.

10년도 지나지 않아, 프랑스 공화국은 여러 사건에 발목이 잡히고, 나폴레옹 보나파르트가 파리에 들어와 권력을 잡았다(4.2.1). 1799년 12월 15일, 혁명 시대가 끝났음을 알리는 새 헌법이 공포되었다. "시민들이여,

혁명은 그것을 시작했던 원리들 위에 확고히 섰다. 혁명은 끝났다." 이어 가톨릭교가 복권되었다.

하지만 프랑스 혁명은 기독교 유럽의 얼굴을 바꿔놓았다. 혁명의 여파는 여러 해 동안 이어지게 된다. 다음 절에서는 이 근대사의 전환점에서 비롯된 유럽 많은 지역의 혁명 상황을 살펴보겠다. 하지만 같은 시기에 영국에서는 그 본질이 다소 다른 혁명이 일어나고 있었다. 노예제 폐지가 그것이었다.

4.1.9. 영국: 윌리엄 윌버포스와 노예제 폐지

노예무역은 18세기 영국 경제에 필수불가결한 부분이었다. 노예상인들은 브리스틀과 리버풀 같은 영국의 항구들과 서아프리카를 잇는 삼각 항로를 부지런히 왕복했다. 그들은 서아프리카 지역에서 그 지역 부족 지도자들에게 공산품을 대가로 주고 노예를 사들였다. 그런 뒤 노예들을 실은 배는 '중간 항로'를 따라 대서양을 건너 아메리카의 항구들과 자메이카, 트리니다드, 리워드 제도(Leeward Islands) 같은 카리브 해 항구들로 갔다. 8주나 걸리는 길이었다. 거기서 노예들을 팔고 난 뒤, 이 배들은 면화, 담배, 설탕 같은 화물을 싣고 영국으로 돌아왔다. 이 모든 화물은 노예 노동자들이 열대 농장에서 생산한 것이었다.

하지만 이런 행태는 인도주의와 신앙에 근거한 반대 운동을 점점 더 거세게 불러일으켰다. 존 뉴턴(1725-1807)은 노예선 선장이었다가 1748년에 회심을 체험한다. 그는 이 회심을 통해 자기가 노예상인으로서 저지른 행동들이 인도주의에 어긋남을 깨달았다. 뉴턴은 노예선 선장으로서 살아가는 삶을 떠나, 성공회 신부로 안수를 받고 올니(Olney) 마을에서 섬기게 된다. 1764년, 뉴턴은 자신이 노예선을 지휘하는 동안에 겪었던 일을 세세히 적은 '진실한 내력'을 출간했다. 이 책은 사람들 사이에서 노예무역의 도덕성에 관한 우려를 불러일으켰다.

1779년, 뉴턴은 윌리엄 쿠퍼(1731-1800, 영국의 시인이자 찬송시인—옮긴이)와 함께 《올니 찬송가(Olney Hymns)》를 출간했다. 오늘날도 여기 실린 찬송 중 많은 곡이 계속 사용되고 있다. 하지만 이 찬송 가운데 가장 매서운 것은 노예무역, 그중에서도 특히 아프리카 사람들은 유럽 사람보다 뒤떨어지는 인종이라는 노예무역의 근본 가정에 대한 신학적 비판 형태를 띠고 있다. 아마도 이를 가장 분명히 선언한 찬송이 〈흑인의 고소(The Negro's Complaint)〉가 아닌가 싶다.

> 생각은 예전처럼 여전히 자유로우니,
> 　영국이 무슨 권리로 그러는지 나는 묻네.
> 왜 내게서 즐거움을 앗아갔는지,
> 　왜 나를 고문하고 왜 나를 부려먹는지?
> 양털 같은 머리털과 까만 피부색깔도
> 　본능의 고소를 막지는 못하는도다.
> 피부는 다르나 백인 안에도 흑인 안에도
> 　사랑은 똑같이 들어 있다네.

노예무역에 관한 사람들의 관심이 커져가는 가운데, 케임브리지 대학교는 1785년에 "사람을 그 의지에 반하여 노예로 삼는 것이 옳은가?"라는 제목으로 논문 대회를 연다고 발표했다. 토머스 클라크슨(1760-1846)이 수상했는데, 그는 나중에 자신이 "내 삶을 노예무역을 폐지하는 데 바치라고 내게 직접 명령하시는 하나님의 계시"를 받았다고 서술했다.

1787년, 클라크슨은 노예무역폐지협회를 만들었으며, 그 전해에는 노예무역이 인도주의에 어긋남을 상세히 설명한 기록을 펴냈다. 도자기 공장 소유주였던 조사이어 웨지우드(1730-1795)가 이 협회에 가입했으며, 자기 직공 중 한 사람에게 권하여 노예제도 폐지를 지지하는 서신에 쓸 인장을 디자인하게 했다. 이렇게 하여 나온 디자인은 사슬에 묶인 채 무릎을 꿇고 두 손을 들어 이렇게 간절히 호소하는 아프리카인을 묘사하고 있었다. "나도 사람이요 형제가 아닙니까?" 이는 호소력 있는 이미지였으며, 런던 사회는 이를 널리 받아들였다.

　어떤 이들은 인간이 자연법상 지닌 권리처럼 세상에서 이야기하는 근거를 내세워 노예제를 반대했지만, 노예무역을 비판하던 커져가는 목소리의 주된 이유는 본질상 신앙적인 것이었다. 노예무역에 반대하는 종교계의 목소리는 크게 두 곳에서 나왔다. 두 곳 모두 국교인 잉글랜드 성공회의 외부 혹은 잉글랜드 성공회에서도 변두리에 속하는 쪽이었다. 처음에 반대 목소리를 낸 곳은 기독 신앙 친우회(Religious Society of Friends, '퀘이커'로 더 잘 알려져 있다)였으며, 그다음으로 반대 목소리를 낸 곳은 '클래펌파(Clapham Sect)'로 알려진 복음주의 성향의 성공회 그룹으로서, 런던 클래펌 교회 목사인 헨리 벤을 중심으로 모인 무리였다.

　후자에서 두드러진 인물이 헐(Hull) 지역구 출신 의회 의원이었던 윌리엄 윌버포스(1759-1833)였다. 그는 1784년에 회심을 체험했다. 윌버포스는 회심한 뒤 다른 클래펌파 회원들과 대화를 나눈 끝에, 결국 신앙에 입각하여 노예무역 폐지에 헌신했다. 그는 하나님이 "인류의 모든 족속을 한 혈통으로 만드"셨다(행 17:26)고 주장했다. 그런데 어찌 사람이 같은 사람을 단지 소유물로 다룰 수 있단 말인가? 어찌 한 인종을 다른 인종보다 못한 인종으로 여길 수 있단 말인가? 의회에서 노예제 폐지 입법을 추진할 수 있는 정치인 후원자가 필요했던 클라크슨은 윌버포스에게 접근했다.

　이는 훌륭한 선택이었다. 윌버포스는 영국 총리였던 윌리엄 피트(1759-

노예제 폐지를 강력히 추진했던 영국의 박애주의자 윌리엄 윌버포스.

1806)의 절친한 벗이요 동지였다. 윌버포스는 1789년 5월 12일, 의회에서 발언을 시작했다. 그는 세 시간 반에 걸쳐 치밀한 논리를 바탕으로 긴 연설을 진행하면서, 노예무역이 아프리카에 미치는 영향과 섬뜩하기 이를 데 없는 '중간 항로'의 상황을 설명했다. 그는 노예무역 폐지가 단순히 부도덕한 행위를 끝내는 데 그치는 일이 아니라고 주장했다. 노예무역을 폐지하면, 이미 서인도제도에서 노예 생활을 하는 이들의 상태를 개선하는 결과도 가져올 것이다.

한때 노예 무역상이었던 존 뉴턴, 위대한 감리교 설교자이자 정치가인 존 웨슬리를 비롯하여 노예무역에 대단히 분개했던 다른 종교 지도자들도 윌버포스를 지지했다. 웨슬리가 마지막으로 보낸 1791년 2월 24일자 편지는 윌버포스에게 의회에서 노예무역 폐지 운동을 계속해야 한다고 촉구했다.

그러나 결국 의회에서는 노예무역에 따르는 이윤을 잃지 않으려는 이들의 맹렬한 반대가 노예무역을 폐지하려는 윌버포스의 시도를 물리쳤다. 일부 사람들은 윌버포스가 이윤보다 더 높은 원리를 앞세우는 것을 물정도 모르는 순진한 정치로 보았다. 영국 경제가 노예무역에 의존하고 있다는 주장도 나왔다. 프랑스와 전쟁이 터지면서, 의회는 노예 문제에 신경 쓸 여력이 없었다. 프랑스가 무력 침공을 해 올 수 있으며 영국에서도 혁명이 일어날 수 있다는 국가 전체의 우려가 높아졌기 때문이었다. 그러나 윌버포스와 그의 동지들은 굳건히 밀고 나갔다. 그들은 의회에서도 동지를 얻었고, 대중에게서도 점점 더 큰 지지를 확보했다. 1807년, 의회는 노예무역을 폐지하는 법안을 통과시켰다. 윌버포스와 그 동지들의 승리였다. 하지만 의회가 폐지한 것은 단지 노예무역이었으며, 노예제 자체를 폐지한 것은 아니었다.

윌버포스는 그가 시작한 운동을 계속 밀고 나갔다. 윌버포스는 서인도 제도의 노예들을 생각하며 1823년에 내놓은 〈호소(Appeal)〉에서, '성경의 분명한 권위'를 근거로 삼아 노예제의 사회적 기초에 이의를 제기했다. 윌버포스는 기독교가 "아래 계층 사람들은 피조 세계에서 열등한 단계에 속하는 이들이 아니라 오히려 전능자의 사랑이 훨씬 더 좋아할 수 있는 대상"이라는 것을 역설한다고 주장했다. 윌버포스가 1833년에 세상을 떠난 직후에야 마침내 영국 의회는 영국 제국 전역에서 노예제를 폐지했다.

윌버포스가 노예제에 이의를 제기한 일은 18세기에 시작되었으나, 그 목표는 19세기에 가서야 비로소 이루어졌다. 19세기가 현저히 중요한 시기임을 고려하여, 역사가 에릭 홉스봄이 '긴 19세기'라 불렀던 이 시기(즉, 1789년 프랑스 혁명부터 1914년 제1차 세계대전 발발에 이르는 시기) 동안에 서구 기독교에서 일어난 몇 가지 큰 진전을 살펴보도록 하겠다.

4.2. 혁명의 시대: 유럽의 긴 19세기

프랑스 혁명(4.1.8)은 그 자체만으로도 중대한 사건이었다. 그러나 많은 이들은 이 혁명의 여파가 훨씬 더 중요하다고 주장하곤 했다. 혁명 이후, 유럽의 군주들이 프랑스 사태에 간섭하기 시작하자, 프랑스는 대규모 동원을 통해 혁명군을 증강했다. 흐름이 급변했다. 프랑스 사태에 개입했던 국가들이 거꾸로 침공을 당하는 처지가 되었다. 프랑스 혁명 전쟁은 서유럽의 많은 지역을 뒤흔들어놓아, 정치 불안을 만들어냈다. 프랑스군은 스위스, 독일, 이탈리아의 여러 지역을 점령하고, 1798년에는 로마까지 이르러 교황 비오 6세를 교황 자리에서 쫓아냈다. 교황은 프랑스로 끌려가, 1799년에 거기서 죽었다.

하지만 1790년대 말에 프랑스 혁명 지도부 안에서 다툼이 일어나면서, 혁명 운동이 약해지고 혁명 운동이 수포로 돌아갈 수도 있는 상황이 되었다. 이때 카리스마를 가진 새 지도자가 프랑스 안에서 나타나, 유럽 전역에 훨씬 더 큰 정치 및 종교적 격변을 몰고 오게 된다.

4.2.1. 나폴레옹 전쟁과 빈 회의

당시 프랑스 혁명군에서 엄청난 인기를 얻고 카리스마가 넘치던 장군인 나폴레옹 보나파르트(1769-1821)는 1799년 11월 9일에 프랑스에서 권력을 잡았다. 1804년 12월 2일, 보나파르트는 스스로 황제가 되어, 혁명이 만들어낸 공화정과 관계를 끊었다. 하지만 나폴레옹이 프랑스의 영향력을 남쪽의 이베리아반도와 동쪽의 폴란드 및 러시아까지 확장하려 하면서, 프랑스 혁명 전쟁은 계속 이어졌다. 왕들과 대공, 군주들이 그 자리에서 쫓겨났고, 나폴레옹 법전이 제시하는 것과 같은 적법 절차에 근거한 제도들이 대신 들어섰다. 미터법(킬로그램과 킬로미터)이 전통으로 내려온 무게와 길이 단위를 대체했다. 오직 영국만이 나폴레옹에게 굽히지 않은 것 같았다. 영국 해군이 영국을 침공하려는 어떤 시도도 막아냄과 동시에, 제국의 교역로를 지켜 경제가 무너지지 않게 막았기 때문이다.

프랑스 황제 나폴레옹 보나파르트(1769–1821). 프랑수아 제라르(1770–1837)의 1805년 그림. 퐁텐블로 성 국립미술관 소장.

비록 짧은 기간이었고 그 정도에는 다소 차이가 있었지만 나폴레옹은 서유럽의 많은 지역을 통일하여 통치하면서, 그때까지 남아 있던 중세의 봉건 법들을 쓸어버린 뒤, 그 자리를 통일되고 일관된 국가 성문법으로 대체하는 데 성공했다. 프랑스가 민족국가로서 가지고 있던 위상이 프랑스가 여전히 봉건제를 유지하던 이탈리아와 독일의 이웃들을 지배할 수 있었던 능력의 핵심 요소였다. 당시 이탈리아와 독일 지역은 프랑스군의 공격에 적절히 대응하는 데 필요한 중앙집권 구조를 갖고 있지 않았다.

그렇지만 프랑스는 1790년대와 1810년대에 전쟁을 벌이면서 감당할 수 없는 빚을 짊어졌으며, 그야말로 새 제국을 유지할 수 없는 상황에 이르렀다. 나폴레옹은 1812년에 모스크바에서 퇴각할 수밖에 없었고, 1815년에 워털루 전투에서 패배했다. 그는 황제 자리에서 쫓겨나 세인트헬레나 섬으로 유배를 갔다. 빈(Wien) 회의(1814-1815)가 열려, 유럽 국가들의 국경을 다시 설정했다. 빈 회의의 주목적은 어느 한 나라가 완전한 지배권을 쥘 수 있는 힘을 갖지 못하게 막는 것이었다. 이 목적은 국경 재설정 및 유럽의 주요 강대국들의 '영향권'을 규정하는 것과 관련이 있었다. 하지만 이 새 유럽은 옛 유럽과 크게 달라진 모습을 갖게 되며, 이는 기독교의 미래에도 큰 시사점들을 남기게 된다.

가장 뚜렷한 변화는 독재 통치자들의 권력과 영향력이 약해진 것이었다. 군주들이 다시 왕위를 찾았지만, 이제 그들은 더 이상 자기 백성들에게 말없는 복종을 기대하지 못한다는 것을 알았다. 나폴레옹이 통치하던 시대는 미덕과 업적에 기초한 문화를 만들어냈다. 프랑스 혁명 이전에 존재했던 절대주의 형태와 봉건주의 형태는 나폴레옹 전쟁이 끝난 뒤에는 훨씬 더 존속하기가 힘들어졌다. 대중이 군주들에게 저항할 가능성은 이전보다 더 높아졌다.

프랑스는 나폴레옹 전쟁으로 쇠약해져서, 결국 이 전쟁에서 패한 뒤에는 서유럽을 지배하는 강자 노릇을 하지 못했다. 에스파냐와 포르투갈도 모두 약해져, 남아메리카 식민지들을 통치하기가 점점 더 어렵게 되었다. 이 남아메리카 식민지의 많은 지역에서는 베네수엘라의 군사 지도자이자 정치 지도자인 시몬 볼리바르(1783-1830)에게 영감을 받은 확실한 독립 운동이 계속하여 펼쳐지게 된다. 나폴레옹 전쟁이 끝날 즈음, 유럽에서는 영국이 유럽을 지배하는 강국으로 굳건히 자리를 잡았으며, 점점 더 커져가는 제국의 경제력과 산업혁명이 영국의 해군력을 떠받쳐주었다.

1814년, 루이 18세(1755-1824, 재위 1814-1824)가 돌아와 프랑스 왕위를 요구했으며, 가톨릭교를 다시 프랑스의 국교로 세웠다. 프랑스 안에서 가톨릭교가 처한 상황은 쉽지 않았으며, 19세기에는 거의 내내 교회와 국가의 갈등이 줄지 않고 계속 이어졌다. 그런데도 교회는 그동안 잃어버렸던 영향력과 특권 그리고 성직자들을 적어도 일부나마 되찾을 수 있었다. 1815년부터 1848년에 이르는 기간에는 유럽의 프랑스어 사용 지역에서 대중 차원의 부흥이 잇달아 일어났다[이를 보통 le Réveil(각성)이라 부른다].

하지만 프랑스 혁명과 그 결과가 남긴 영향은 프랑스 내부의 가톨릭교를 넘어 먼 곳까지 미쳤다. 가톨릭 선교사들이 남아메리카, 일본, 인도 같은 지역에 중요한 가톨릭 근거지를 세웠지만, 그래도 이 단계에서는 가톨릭교가 여전히 주로 유럽 지역에 머물렀으며, 서북쪽으로는 벨기에라는 신생 국가가, 서남쪽으로는 에스파냐가, 동북쪽으로는 오스트리아가, 동남쪽으로는 이탈리아가 가톨릭 지역의 경계선이 되었다. 유럽의 1억 가톨릭 신자 가운데 대다수를 합스부르크제국, 이탈리아, 그리고 프랑스에서 발견할 수 있었는데, 이 모든 나라가 프랑스 혁명 전쟁과 나폴레옹 전쟁으로부터 깊은 영향을 받았다. 1800년부터 1823년까지 교황으로 있었던 비오 7세는 위기에 봉착했다. 가톨릭교회가 '새 유럽'에서 차지하는 위치를 분명히 하는 일이 시급한 문제로 떠오른 것이다.

유럽 전역에서 가톨릭교를 재건할 목적으로 1814년에 교회 비상사태 담당 성성(聖省)(Congregation for Extraordinary Ecclesiastical Affairs)이 설치되었다. 교황청 국무장관인 에르콜레 콘살비(1757-1824) 추기경이 빈 회의(1815)가 열리는 동안 여러 국가들과 잇달아 화해 조약 협상을 할 책임을 맡았다. 콘살비는 이미 1801년에 나폴레옹과 협상하여 화해 조약을 맺고, 프랑스 안에서 가톨릭교의 권리를 일부 되찾았다. 콘살비는 빈 회의를 설득하여 교황령(교황의 통제를 받았던 이탈리아 북부 지역으로, 프랑스 혁명군이 1790년대에 점령하여 합병한 곳이었다)을 회복했다.

가톨릭교는 프랑스 혁명이라는 트라우마를 겪은 뒤, 자신이 이전 시대에 알았던(받았던) 확신을 적어도 일정 부분 회복하기 시작했다. 낭만주의의 등장은 가톨릭교를 향한 관심을 다시 불러일으키는 데 강력한 영향을 미쳤는데, 독일과 프랑스에서 특히 그러했다. 기독교 신앙을 향한 새로운 관심이 19세기 문화의 여러 측면에 반영되어 있음을 볼 수 있는데, 특히 프랑수아 르네 드 샤토브리앙(1768-1848, 프랑스의 저술가요 정치인—옮긴이)이 쓴 《기독교의 진수(Génie du christianisme)》(1802)는 기독교 신앙을 향한 이런 새로운 관심을 진작시키는 데 많은 기여를 했다. 낭만주의를 원용하여 가톨릭교를 변호한 저술가 중에는 이탈리아의 알레산드로 만초니(1785-1873)와 독일의 프리드리히 폰 슈톨베르크(1750-1819) 같은 이들도 들어 있다. 일부 사람들은 합리론이, 폭력과 도를 넘은 행태를 보인 프랑스 혁명과 같은 과거의 대재앙으로 이어졌다고 보았다. 기독교가 예술의 영감과 탁월한 문화의 주된 원천이었다는 견해가 새로이 공감을 얻었다.

하지만 다른 기독교회들도 나폴레옹 전쟁의 영향을 느끼게 된다. 빈 회의가 끝난 뒤에 루터파 교회와 개혁파 교회를 강제 통합한 프로이센의 사례는 기독교가 부닥친 새로운 압력이 무엇인가를 여실히 보여주는 예다. 나폴레옹이 1806년 10월 예나 전투와 아우어슈테트 전투에서 프로이센을 격파한 일은 제도개혁이 필요함을 확실히 일깨워주었다. 여전히 봉건 체제를 유지하고 있던 프로이센의 정부 시스템과 군 지도부는 나폴레옹의 도전에 제대로 대처할 수 없다는 것이 드러났다. 프로이센 왕 프리드리히 빌헬름 3세(1770-1840, 재위 1797-1840)는 자신의 정부를 합리화하고 근대에 맞는 체제로 뜯어고치고자, 여러 개혁을 잇달아 단행했다. 이는 프로이센 개신교에 중대한 시사점을 제시했다.

17세기 이후, 프로이센은 두드러진 개신교 국가였으며, 크게 두 개신교 교파가 있었다. 루터파와 개혁파(3.5.1)가 그것이다. 1808년, 프리드리히 빌헬름 3세는 자신의 영토 안에 있는 이 두 교파의 통합을 제안했다. 이 제안은 나폴레옹이 마지막에 결국 무너진 뒤에 실행되었는데, 이때 프로이센은 내부의 종교 문제를 관장하는 기관으로 프로이센 종교·교육·보건부를 설치했다. 루터파와 개혁파에 속하는 개개 회중들은 자신들이 본디 가진 정체성을 얼마든지 그대로 유지할 수 있었지만, 그래도 많은 회중이 장차 프로이센 개신교회로 알려지게 되는 연합체에 가입했다. 프리드리히 빌헬름 3세는 프로이센 교회에 종교의 중앙 집중을 점점 더 세차게 강요했으며, 이 때문에 자신들의 관심사가 무시당하고 있다고 믿는 루터파 교회가 많아졌다. 1830년대 말, 프로이센의 많은 루터파 신자들이 북아메리카와 호주로 이주했다. 이들은 거기서 국가의 간섭을 받지 않고 자신들이 본디 유지했던 전례 관습을 그대로 지킬 수 있었다. 미주리 대회(Missouri Synod)의 기원도 이런 발전 속에 자리해 있다.

앞으로 보겠지만, 19세기는 유럽 기독교에 폭풍우가 몰아치는 시기가 된다. 하지만 이 무렵에 동유럽에서 진행된 사태들이 기독교를 소외시키기보다 공고히 다지는 결과로 이어졌음을 간파하는 것이 중요하다. 특히 오스만튀르크의 장악력이 기울기 시작하던 유럽 동남부에서 일어난 사건들이 이것을 분명하게 보여준다.

4.2.2. 정교회의 부활: 그리스 독립전쟁

오스만튀르크제국은 18세기에도 유럽 동남부에서 계속 중요한 세력으로 존재했다. 합스부르크 왕가가 1690년대에 오스만튀르크 군대를 확실히 격파하면서, 튀르크는 더 이상 유럽으로 뻗어갈 수 없었다. 하지만 이에 따른 평화조약은 유럽 동남부의 많은 지역을 오스만튀르크의 통제 아래 남겨두었다. 이 지역에서는 정교회 국가인 러시아가 영향력을 키워가고 있었는데, 1768년부터 1774년까지 벌어진 러시아·튀르크 전쟁에서 러시아가 오스만튀르크 군대를 격파하면서, 러시아가 이 지역에서 행사하는 영향력도 공고해졌다. 러시아는 승전으로 그 영토를 넓혔고, 오스만튀르크제국 영내의 기독교 국가들에 영향력을 행사하게 되었다. 그런 기독교 국가 중에는 세르비아와 그리스가 들어 있었는데, 두 나라는 예부터 정교회 국가였다.

두 나라에서는 오스만제국을 향한 분노가 자라갔다. 여러 원인이 있었지만, 무슬림이 아닌 이들을 종교가 다르다는 이유로 차별한다는 인식도 한 이유였다. 무슬림이 아닌 이들은 인두세(지즈야)를 내야 했다. 세르비아가 오스만튀르크에 맞서 1788년에 일으킨 봉기는 오스트리아 사람들의 도움을 받았다. 하지만 오스트리아가 1791년에 세르비아에서 철수하면서 오스만이 돌아왔고, 결국 세르비아를 다시 통제하게 되었다. 1804년에 세르비아 귀족들이 학살당한 뒤 대중 봉기가 일어났으며, 이번에는 러시아 제국이 도움을 주었다. 프랑스는 러시아의 세력이 커질 것을 두려워하여 오스만튀르크를 도왔다. 자칫하면 억압받는 슬라브 민중의 해방 운동이 자기네 영내로 급속히 번질 것이라고 믿었던 오스트리아도 프랑스와 같은 입장을 취했다. 하지만 대중 봉기는 추진력을 얻는다. 1806년, 베오그라드가 포위 공격을 받았다. 베오그라드는 혁명군에게 항복했으며, 혁명군은 이 도시를 독립국가 세르비아의 수도로 선포했다.

이제는 그리스 민족주의자들의 희망도 부풀어 오르기 시작했다. 그리스에서는 오스만튀르크의 통치에서 벗어나 자유를 얻는 것을 목표로 삼은 비밀 민족주의자 협회들이 만들어졌다. 서유럽 지식인들은 그리스가 독립해야 한다는 생각을 설파했다. 많은 이—이를테면 영국 시인인 바이런(1788-1824) 같은 이—들이 그리스가 근대 민족국가로서 되살아나는 것을 그리스 고전문화의 지위 회복과 연계하여 생각했던 '그리스애호운동(philohellenism)'의 영향을 받았다. 오스만에 반대하는 봉기가 1821년 3월에 시작되었으나, 지도자들 사이의 알력으로 봉기의 효과가 줄어들고 말았다. 바이런은 그리스로 가서 봉기에 가담하고, 신생 그리스 해군에 재정 지원까지 제공했다. 그러나 결국 봉기는 실패했다. 이집트에서 건너온 오스만튀르크 지원군은 그리스 남부에서 일어난 봉기를 진압할 수 있었고, 1827년 7월에 이르자, 봉기는 가라앉고 말았다.

하지만 그리스의 봉기는 이제 강대국들의 관심사가 되었다. 러시아, 영국, 그리고 프랑스가 모두 이 지역에 해군 기동부대를 보냈다. 오해였던 것으로 보이는 사건이 터진 뒤, 오스만튀르크 해군 함선 대다수가 1827년 10월에 나바리노에서 침몰당하고 말았다. 이제 지원군이나 보급품을 운송할 수단을 모두 잃어버린 오스만튀르크 육군은 땅도 잃기 시작했다. 결국 이들은 그리스 중부에서 물러났다. 러시아, 영국, 프랑스가 중재한 회담이 잇달아 열렸으며, 이 회담으로 1830년대에 그리스라는 새 국가가 탄생했다.

앞서 언급했듯이, 오스만튀르크 시대는 발칸반도 전역에 종교 갈등을 불러일으켰다. 오스만제국의 종교는 이슬람교 수니파였다. 반면 이 제국이 점령한 유럽 지역의 종교는 보통 정교회 기독교였다. 독립전쟁이 일어났다 하면 당연히 종교적 요소가 끼어들 수밖에 없었다. 그리스 독립전쟁은 정교회가 그리스의 공식 종교로서 돌아오리라는 것을 알리는 신호였다. 민족주의 운동들은 많은 이들이 튀르크가 이 지역을 점령했던 긴 세월 동안 그리스어와 그리스 문화를 보존한 공로자로 여겼던 교회와 긴밀한 관계를 발전시켰다. 1789년에 일어난 프랑스 혁명은 가톨릭교를 적이라 규정했지만, 1821년에 일어난 그리스 혁명은 정교회를 동지로 여겼다.

4.2.3. 무신론과 혁명 이데올로기: 포이어바흐와 마르크스

19세기 전반에 펼쳐진, 가장 혁명적이라 할 일들 가운데 하나를 꼽는다면, 새로운 정치 단위의 형성이나 유럽의 종교를 바라보는 사회적 태도의 형성이 아니라, 자신을 향한 신뢰를 스스로 무너뜨린 종교를 비판하는 견해가 등장한 일이 아닐까 싶다. 유럽 교회가 사회에서 영향력을 얻었던 것은 사람들이 교회를 하나님이 주시고 하나님이 권위를 인정하신 메시지를 가진 곳으로 보았던 것도 한 이유였다. 그러나 이 메시지가 단지 인간이 필요에 따라 만들어내거나 인간 사회의 정황에 따라 만들어진 허구에 불과하다면 어떻게 될까? 19세기 초 독일에서는 종교를 신의 계시에 대한 반응이 아니라 본질상 심리학이나 사회학의 문제라고 주장하는 사상 학파가 나타났다.

이런 일이 벌어지게 된 정치·사회 배경은 설명이 필요하다. 1792년, 혁명정부가 이끄는 프랑스와 절대주의를 신봉하는 대공과 군주들이 있는 독일이 전쟁을 벌였다. 이 전쟁은 독일 안에서 철저한 사회개혁이 이루어지리라는 새로운 소망을 불러일으켰다. 카를 테오도르 벨커(1790-1869)처럼 자유주의를 신봉하는 정치인들은 언론의 자유와 다른 민주적 권리들을 보장하라는 대중의 요구를 강력히 대변했다. 1817년, 약 500명의 학생들이 헌법 개정과 조국 통일을 요구하며 바르트부르크로 행진함으로써 종교개혁 300주년을 기념했다. 정치 개혁을 바라는 요구들은, 종종 강력한 민족주의 강령이 추진력을 불어넣으면서 널리 퍼지게 되었다.

1844년 6월, 폭동이 일어났다. 슐레지엔의 직공들은 그들이 당시 받던 '기아 임금'(starvation wages, 도저히 목숨을 이어갈 수 없는 임금)을 올려야 한다고 요구했다. 그들은 "먹을 게 없으면 풀을 뜯어먹어라" 하는 매몰찬 대답을 들었고, 프로이센군은 이 봉기를 거칠게 진압했다. 1847년에는 넓은 지역에 걸쳐 흉년이 들면서 심각한 식량 부족이 발생했다. 실업이 증가했고, 생존이 절박한 노동자들은 굶주림에 못 이겨 식량을 요구하는 폭동을 일으켰다가 군대에 진압당했다. 헌법에 기초한 정부, 권리장전, 국가 통일을 요구하는 목소리들이 새롭게 쏟아져나왔다. 하지만 1849년 4월에 이르자, 혁명을 바라던 소망이 시들어버렸다는 것이 분명해졌다.

당시에는 (전부는 아니어도) 많은 이들이 독일 개신교회를 철저한 사회 변화를 방해하는 사회 반동(수구)세력으로 여겼다. 교회가 사회와 정치 쪽에서 행사하는 힘을 억누르는 데 실패하면서, 결국 다른 대안 전략이 발전하게 된다. 바로 교회가 기초로 삼고 있는 사상을 뒤집어엎는 것이었다.

루트비히 포이어바흐(1804-1872)는 사람들에게 영향을 미친 저서 《기독교의 본질(Das Wesen des Christentums)》에서 하나님은 허구(인간이 자신들의 가장 깊은 욕구와 갈망을 표현하거나 만족시키는 수단으로 만들어낸 것)라고 선언했다. 하나님은 초월자인 실체가 아니라, 단지 인간의 느낌과 감정의 '투사' 혹은 '객관화'에 불과하다. 포이어바흐의 과격한 '종교 비판'은, 헤겔(1770-1831)의 종교 철학을 적당히 기초로 삼아, 기독교는 단지 인간 심리가 구성해낸 것이라고 주장했다. "이제는 한때 종교가 객관적이라고 이해했던 것을 주관적이라고 이해할 수 있다. 이제는 이전에 하나님으로 받아들이고 하나님으로 예배했던 것을 인간인 것으로 인식할 수 있다." 사람들은 자신들이 품은 바람을 좇아 하나님을 만들어냈다.

개혁을 추구하던 많은 지식인들은 포이어바흐의 접근법에 매력을 느꼈다. 이런 접근법이 교회의 권위를 무너뜨려 철저한 사회 변화를 가로막으려는 교회의 위협을 무력화할 수단으로 보였던 것도 그 한 이유였다. 하지만 포이어바흐 자신은 정치 활동에 참여하길 주저하는 것처럼 보였다. 결국 그의 사상에 담긴 정치적 측면들은 정치철학자인 카를 마르크스(1818-1883)가 훨씬 더 과격한 쪽으로 발전시키게 된다. 마르크스는 관념이 사회적, 경제적 기초에서 나온다고(그리고 이런 기초를 반영한다고) 본다. 따라서 (종교 관념을 비롯한) 관념은 결국 그것이 속한 사회·경제적 환경의 표현이다.

마르크스는 기독교가 말하는 하나님 개념의 기원에 관한 포이어바흐의 분석에 동의하면서도, 포이어바흐는 하나님을 지어내려는 인간의 욕구가 인간이 처한 사회 상황의 결과물임을 보여주지는 못했다고 주장한다. 마르크스는 종교가 정치적, 경제적 소외에서 비롯된―이를테면 노동자와 노동자들의 생산물을 갈라놓은 '분업'이 만들어낸―슬픔과 불의 때문에 생긴다고 주장했다.

마르크스는 종교의 뿌리가 물질세계 안에 존재하는 힘과 영향력이라고 본다. 종교는 실제로 독립하여 존재하는 것이 아니라, 단지 부수 현상이요, 그 바탕에 존재하는 더 실질적이고 더 본질적인 어떤 것(즉, 물질세계)을 암시하는 징후에 불과하다. "종교 세계는 실제 세계의 반영일 뿐이다." 때문에 마르크스는 이렇게 주장한다. "인간이 자기 주위를 돌지 않는 한, 종교는 단지 인간 주위를 공전하는 허구의 태양일 뿐이다"(인간이 인간 자신의 주체가 되지 않는 이상, 종교는 허구일 뿐이라는 뜻.《헤겔 법철학 비판》 서언에 들어 있는 말이다―옮긴이). 다시 말해, 하나님은 단지 인간의 관심사를 투영한 존재일 뿐이다. 인간은 "공상 속의 실체인 하늘에서 초인인 존재를 찾지만, 결국 그들이 찾는 것은 그들 자신의 반영(그림자)일 뿐이다."

마르크스는 종교가 사회적, 경제적 소외의 산물이므로, 사회를 철저히 바꿔버리면 종교가 태어날 궁극의 원인이 제거되어 다시는 회복할 수 없

국제 공산주의 창시자 카를 마르크스(1818–1883).

을 만큼 쇠락하리라고 주장했다. 따라서 종교를 없애고자 하는 이들은 혁명을 일으킬 정치 행위, 곧 무엇보다 종교적 믿음을 낳은 요인들을 영구히 제거할 행위를 확보하는 데 초점을 맞춰야 한다. "그러므로 종교에 맞서 투쟁하는 것은 간접적이나마 종교가 영혼의 향기 노릇을 하고 있는 세계에 맞서 투쟁하는 것이기도 한다."

마르크스는 포이어바흐가 개인이 가진 이런 사회적 차원을 진지하게 고려하지 않은 채 개인을 사회 구조와 분리된 존재로 여기곤 했다고 주장했다. 사회 조건이 관념 세계를 결정한다면, 이런 사회 조건의 변화는 이 조건의 결과물인 이데올로기에 중대한 영향을 미칠 것이다. 마르크스가 포이어바흐를 평한 말로서 사람들이 종종 인용하는 표현의 밑바닥에는 바로 이런 통찰이 깔려 있다. "철학자는 다만 세계를 다양하게 해석할 뿐이지만, 그 목표는 세계를 바꾸는 것이다"(카를 마르크스의《포이어바흐에 관한 테제》에 나오는 말—옮긴이).

따라서 종교는 꿈의 세계('모든 고통이 그치는, 환상 같은 초자연 세계')를 지어내 진짜 세계의 고통을 누그러뜨린다. 포이어바흐는 종교가 사람들을 달래는 환상이라고 이미 주장했었는데, 이제 마르크스는 사람들을 환상에 묻혀 살아가게 만드는 사회 조건을 철폐하면 종교적 믿음을 만들어내는 원인들이 가장 먼저 사라질 것이라고 주장한다. 이 주장의 근간을 이루는 것이 마르크스가 종교의 본질에 관하여 천명한 표현 중 가장 유명하다고 할 수 있는 말로, 그가 쓴《헤겔 법철학 비판》(1843-1844)에서 발견할 수 있는 말이다. "종교는 억압받는 피조물의 한숨이요, 심장 없는 세계의 마음이며, 영혼 없는 상황의 영혼이다. 종교는 민중의 아편이다."

종교를 '민중의 아편'으로 보는 마르크스의 종교 관념은 정치 세계에서 소외당한 유럽의 지식인들에게 공명(共鳴)을 얻었으며, 20세기 초에 레닌이 이끈 러시아 혁명을 만들어내는 데 큰 역할을 하게 된다. 그러나 이 무렵, 기독교의 지적 기반을 뒤흔드는 더 중대한 도전들이 나타나고 있었는데, 그중에는 인류의 기원에 관한 새 이론들도 들어 있었다. 이런 이론들은 성경 본문과 기독교 신학의 신빙성을 의심케 하는 것으로 보였다. 이제 19세기 후반에 다윈이 전개한 이론을 둘러싸고 벌어졌던 중요한 논쟁을 살펴봐야 한다.

4.2.4. 인류의 기원: 다윈의 《종의 기원》

찰스 다윈(1809-1882)이《종의 기원(Origin of Species)》을 펴낸 일은 빅토리아 시대 영국과 그 이후 시대의 자연과학과 기독교 신앙에 한 획을 그은 이

정표로 보는 것이 타당하다. 1831년 12월 27일, 범선 비글호가 영국 남부 플리머스 항을 출발하여 거의 5년에 걸친 항해 길에 올랐다. 이 배에는 박물학자 찰스 다윈이 타고 있었다. 항해하는 동안 다윈은 남아메리카의 식물과 동물의 삶이 보여주는 몇몇 측면에 주목했다. 그가 보기에 이런 측면들은 설명이 필요한 부분이었으나, 기존 이론은 이를 만족스럽게 설명하지 못했다.

종의 기원과 관련하여 대중에 널리 알려져 있었고 다윈도 알았던 설명은 19세기 초에 국교(성공회) 안에서도 널리 지지를 받았다. 칼라일 대주교였던 윌리엄 페일리(1743-1805)는 하나님이 만물을 많든 적든 우리가 지금 보고 있는 그대로, 지금 갖고 있는 복잡한 모습 그대로 창조하셨다고 주장했다. 페일리는 그의 시대가 생각하는 관점을—즉, 세계를 완결된 형태로, 곧 우리가 지금 알고 있는 모습으로 지으셨다는[페일리는 '설계하셨다(contrived)'는 말을 더 좋아한다] 관점을—받아들였다. 그는 여하한 발전도(즉, 어떤 종이 창조 때부터 지금까지 발전해왔다는 것이—옮긴이) 불가능하다고 보았다.

페일리는 물리 세계든 생물 세계든, 현재 세계의 구조를 창조주인 신의 지혜를 설득력 있게 증언해주는 증인으로 볼 수 있다고 주장했다. 페일리가 쓴 《자연신학(Natural Theology)》(1802)은 19세기 전반 영국 대중의 종교 사상에 깊은 영향을 주었으며, 다윈도 이 책을 읽었다고 한다. 페일리는 뉴턴이 발견한 자연의 규칙성에 깊은 감명을 받았다. 이런 규칙성 때문에 자연을 규칙이 있고 이해할 수 있는 원리들을 따라 움직이는 복잡한 메커니즘으로 생각할 수 있었다. 자연은 '설계되었다'고(즉, 분명한 목적을 품고 지어졌다고) 생각할 수 있는 일련의 생물학 구조로 이루어져 있다. 페일리는 설계를 이야기하면 설계자와 건축자를 전제할 수밖에 없음을 강조하고자 황야 위의 시계라는 유명한 비유를 사용했다. "설계되었음을 알려주는 모든 증거, 고안되었음을 알려주는 모든 외형이 시계 안에 존재했듯이, 자연의 작품들 안에도 존재한다."

다윈은 비글호를 타고 항해하며 겪었던 일을 곱씹어본 끝에 결국 기존 이론과 다른 대안을 제안했다. 다윈이 《종의 기원》(1859)과 《인간의 유래(Descent of Man)》(1871)에서 제시한 접근법은 (인류를 비롯한) 모든 종이 길고 복잡한 생물의 진화 과정에서 유래했다고 주장했다. 이런 주장이 종교(기독교)에 시사하는 의미는 분명했다. 기독교 전통 사상은 인류를 자연의 나머지 부분과 구별된 존재로서, 하나님의 피조물 중 정점으로 지음 받은 존재요, 유일하게 '하나님의 형상'을 부여받은 존재로 여겼다. 다윈의 이론은 인간의 본질이 오랜 시간에 걸쳐 점차 나타났으며, 기원과 발전이라는 관점에서 보면 인류와 동물 사이에는 생물학상 아무런 근본적 차이도 존재하지 않는다고 주장했다.

기독교 전통 신학은 인류를 하나님의 피조물 중 정점으로 여기면서, 인류가 하나님의 형상으로 창조되었기 때문에 피조 세계의 나머지 부분과 구별되는 존재라고 여긴다. 이런 전통적 시각으로 만물을 읽어내면, 인류를 전체 피조 세계 안에 두면서도, '하나님의 형상(imago Dei)'이라는 개념에서 잘 나타나는, 하나님과 인류의 독특한 관계 때문에 다른 피조물보다 위에 있는 존재로 볼 수 있다. 하지만 다윈의 《종의 기원》은 은연중에, 그리고 《인류의 유래》는 드러내놓고, 방금 말한 견해에 이의를 제기했다. 인류는 아주 오랜 시간에 걸쳐 자연계 안에서 등장했다.

찰스 다윈이 자신의 진화론에서 확실하지 않다고 느끼는 측면이 하나 있었다면, 바로 이 이론이 인류의 지위와 정체에 시사하는 의미였다. 다윈은 진화가 '완전함을 지향하는 경향이 타고난 경향이요 피할 수 없는 경향'임을 드러낸다는 생각을 거부했다. 때문에 그는 인류를 진화의 '목표' 혹은 '정점'이라고 말하는 것은 절대 불가능하다는 결론을 내릴 수밖에 없었다.

다윈이나 그의 시대가 받아들이기 쉽지 않은 결론이었다.

당시 대중의 종교 문화 속에 널리 퍼져 있던 기독교의 전통적 '창조' 개념 이해—예를 들어 페일리가 쓴《자연신학》에서 볼 수 있는 이해—는 인류를 비롯한 세계 전체가 하나님의 직접적이고 특별한 행위로 말미암아 창조되었다고 보았다. 하지만 다윈은 특별한 창조를 이야기하는 이 개념이 몇 가지 점에서 문제가 있음을 발견했다. 흔적만 남은 퇴화 기관은 어떻게 설명할 것인가? 종들이 모든 지역에 고루 분포되어 있지 않은 점은 어떻게 설명할 것인가? 다윈은 종이 자연에서 광범위하게 일어나는 변이와 선택의 과정에서 생겨나며, 이 과정은 신의 간섭을 필요로 하지도 않고 전제하지도 않는다고 주장했다.

그렇다면 이는 다윈이 하나님을 존재하긴 하지만 여분인 존재로 여겼다는 말일까? 아니면 아예 존재하지 않는 이로 여겼다는 말일까? 다윈 자신은 그런 말을 하지 않았으며, 19세기 후반에 그의 신앙을 분석했던 해석자들도 그렇게 생각하지 않았다. 실제로 일부 신학자들은 다윈이 사실은 페일리의 접근법을 구해주었다고 보았다. 다윈이 페일리의 접근법에서 잘못된 인식으로 결국 이 접근법에 치명상을 입힌 전제를 바로잡음으로써 이 접근법에 더 견고한 지적 기초를 제공해주었기 때문이다.

웨스트민스터 대성당 참사회원(canon)인 찰스 킹슬리(1819-1875)는 분명 이런 관점을 취한 인물이었다. 킹슬리는 1871년에 '미래의 자연신학(On the Natural Theology of the Future)'이라는 제목으로 행한 강연에서, 난초에 관한 다윈의 연구를 '자연신학에 더해준 가장 귀중한 기여'로 꼽았다. 킹슬리는 '창조'라는 말이 사건뿐 아니라 과정도 의미한다고 강조한 뒤, 다윈의 이론이 창조 메커니즘을 분명하게 밝혀주었다고 주장했다. "우리는 예부터 하나님이 만물을 만드실 수 있을 만큼 지혜로우심을 알고 있다. 그러나 보라, 하나님은 그보다 훨씬 더 지혜로우셔서, 만물이 그들 자신을 만들게

영국의 박물학자 찰스 로버트 다윈(1809-1882)의 노년기 모습(1874년경)을 담은 사진.

하실 수도 있다." 페일리는 정적(靜的) 창조의 관점에서 생각했지만, 킹슬리는 다윈이 창조를 하나님의 섭리가 연출하는 동적(動的) 과정으로 볼 수 있게 해주었다고 주장했다. 킹슬리는 이것이 바로 하나님이 (직접 행위로 혹은 간접 행위로) 만물을 존재하게 하신 과정을 훨씬 더 훌륭하고 만족스럽게 이해한 것이라고 선언했다.

그러나 다윈의 진화론은 하나님을 제거하는 데까지 이르지는 않았지만, 기독교 신학이 지닌 특별한 난점을 부각시켜주었다. 진화 과정에서 버려지는 것을 생각할 때, 하나님의 선하심을 어떻게 계속 주장할 수 있을까? 더 효과적이고 더 인간다운 방법으로 이런 목표들에 도달할 수 있는 길이 분명 있지 않았을까? 다윈은 이런 점에서 압력을 느꼈다. 페일리의 논지는 창조에 나타난 하나님의 지혜를 강조했다. 그렇다면 하나님의 선하심은 어디서 찾아야 하는가? 다윈은 그게 의문이었다. 자연의 야만성, 고통, 완전 낭비(자연에서 철저히 버림받는 것)와 자비로우신 하나님이라는 개념을 어떻게 조화시킬 수 있을까? 다윈은 그가 쓴 〈1842년 스케치〉에서, 페일리가 제시한 체계로 다른 동물의 내장이나 살에 알을 낳는 '기어다니는 기생충'과 다른 생물 같은 것들을 어떻게 정당화할 수 있는가를 깊이 고민했다. 하나님의 선하심과 피조 세계에서 그리 유쾌하지 않은 그런 측면들을 어떻게 조화시킬 수 있을까?

실제로 다윈의 글에는 그가 자신이 주장한 진화론 때문에 정통 기독교의 하나님 개념을 더 이상 믿지 않게 되었다는 뜻으로 해석할 수 있는 중요한 본문들이 몇 개 들어 있다. 문제는 다윈이 여전히 종교적 믿음을 견지하고 있음을 다양하게 일러주거나, 혹은 그가 진화론과 관련된 관심사가 아닌 다른 이유로 신앙을 잃었음을 다양하게 일러주는 다른 본문들이 존재한다는 점이다. 하지만 여기서 경고장을 하나 끼워 넣을 수밖에 없다. 현재 우리가 증거로 활용할 수 있는 출판물을 살펴보면, 다윈 자신은 분명 그의 신앙적 견해와 관련된 문제에서 일관된 모습을 보여주지 않았다. 따라서 이런 쟁점들에 관하여 딱 부러지게 단정 짓는 결론을 내리는 것은 지극히 어리석은 일이 될 것이다.

다윈이 1840년대 어느 시점에 우리가 '기독교의 전통 신앙'이라 부를 만한 것을 포기한 것만은 의심할 수 없으나, 이런 일이 일어난 시기는 분명 아직도 확실치 않다. 하지만 '정통 기독교 신앙을 포기함'과 '무신론자가 됨' 사이에는 이론상 큰 차이가 있다. 기독교는 아주 특수한 하나님 개념을 갖고 있다. 그러나 기독교가 말하는 신이 아닌 신을 믿는 것도 얼마든지 가능하며, 하나님을 믿으면서도 기독교 신앙의 다른 몇몇 측면을 거부하는 것도 얼마든지 가능하다. 사실, '빅토리아 시대 신앙의 위기'(다윈은 이 위기를 지켜본 목격자이자 이 위기에 참여한 당사자이기도 했다)는 기독교만이 독특하게 갖고 있는 개념들에서 더 일반성을 띤 하나님 개념으로, 그러니까 주로 그 시대의 윤리적 가치가 결정한 하나님 개념으로 옮겨간 것이라고 이해할 수 있다.

이 '빅토리아 시대 신앙의 위기'는 아주 흥미롭기 때문에, 그 자체만 따로 떼어 더 상세히 다뤄볼 가치가 있다.

4.2.5. 빅토리아 시대 신앙의 위기

대체로 사람들은 긴 19세기 동안에, 특히 이 19세기가 끝에 다다를 무렵에는, 잉글랜드와 유럽의 많은 나라에서 종교적 믿음이 쇠락과 불확실성의 시기를 겪었다고 본다. 이번 항에서는 잉글랜드 안에서 일어난 사태들을 살펴보겠다. 이 사태들은 이 시기 유럽의 다른 사회들에서 펼쳐진 사연과 비슷하다 할 수 있지만, 당시 영국이 경제·군사·문화 강국으로서 갖고 있던 위상 때문에 영국에서 벌어진 사태들이 특별한 의미를 갖는다.

19세기가 막을 열 때만 해도 신앙의 위기가 나타나리라는 조짐은 없었다. 우리가 앞항에서 언급했던 윌리엄 페일리의 《자연신학》(1802)은 당시에 널리 퍼져 있던 견해, 곧 자연과학과 기독교 신앙이 본디 조화를 이룬다는 견해를 강조했다. 빅토리아 여왕 치세기가 막을 열 무렵, 학자들은 저 유명한 〈브리지워터 논문집(Bridgewater Treatises)〉(1833-1836)을 출간하여 방금 말한 견해를 재차 강조했다. 이 논문집은 자연계의 아름다움과 규칙성이 창조주 하나님이라는 분의 존재와 그분의 지혜를 확인해준다고 강조했다.

대중들은 종교의 변화든 정치의 변화든 급격한 변화가 일어나는 것을 달가워하지 않았다. 물론 1790년대와 1800년대 초의 일부 젊은 급진주의자들은 프랑스 혁명의 극단주의(4.1.8)를 열렬히 환영했지만, 이런 열정은 이내 수그러들고 말았다. 시인인 윌리엄 워즈워스(1770-1850)는 처음에는 부패한 질서를 제거하는 데 열의를 보였다가, 나중에는 이런 제거 작업이 만들어내는 폭력과 유혈을 점점 더 싫어하게 된 예를 잘 보여준다. 영국에서는 혁명 때문에 무신론이 거의 지지자를 얻지 못했다. 대다수 영국인들은 종교에 반대하는 견해들을 사회 불안을 조장하고 무책임한 것으로 보았던 것 같다.

그러나 영국 문화 속에서는 신앙을 새롭게, 더 멀찌감치 떨어져서 바라보는 태도가 등장할 정황을 만들어낼 더 심오한 요인들이 살아 움직이고 있었다. 그중 하나가 산업혁명이었다. 산업혁명은 다른 많은 나라보다 영국에서 더 빨리 일어났고 더 급속히 발전했다. 농촌 교회들은 농촌 공동체의 삶에 깊이 뿌리박고 있는 경우가 잦았지만, 농민들이 도시로 흘러들어오면서 노동자 계급과 교회가 단절되는 결과가 벌어졌다. 도시 교회들도 도시 노동자들로 이루어진 신생 공동체들과 단절된 경우가 잦았다. 이런 사태는 기독교 사상과 가치가 점점 더 불신을 받게 되었다고 이해하기보다, 영국의 대중과 제도권 교회가 서로 점점 더 멀어졌다고 이해하는 편이 더 낫겠다. 그래도 이 둘은 분명 연결되어 있었다.

두 번째 사태는 성경 비평의 등장이다. 성경 비평은 19세기 후반에 점점 더 큰 중요성을 갖게 된다. 편집 논문집인 〈논문과 논평(Essays and Reviews)〉(1860)은 자유주의를 따르는 성공회 저술가 일곱 사람이 성경을 비판하는 태도를 취하는 바람에 스캔들을 불러일으켰다. 이 논문들 가운데 가장 논란이 되었던 것은 벤저민 조웨트가 쓴 〈성경 해석에 관하여(On the Interpretation of Scripture)〉였다. 이 논문은 성경을 '다른 모든 책과 똑같이' 읽어야 한다고 주장했다. 이 논문집 외에 다른 책이 없었더라면 아마 이 논문집이 미친 영향이 가장 컸을 것이다. 그러나 이 논문집이 나오기 한 해 전에, 이미 다윈의 《종의 기원》이 인류의 기원에 관한 성경 기사의 신빙성에 관하여 논쟁을 불러일으켰다.

하지만 성경 비평을 옹호한 이들 가운데 가장 두드러진 이는 영국 식민지에서 잉글랜드 성공회 주교로 섬겼던 존 윌리엄 콜렌소(1814-1883)가 아닐까 싶다. 당시에는 구약성경이 제시하는 사실의 신빙성에 의문을 제기하는 저술가들이 늘어나고 있었는데, 콜렌소도 그중 하나였다. 콜렌소는 특히 그의 《비평하며 검토해본 오경과 여호수아서(The Pentateuch and the Book of Joshua Critically Examined)》(1862)에서 구약 역사서에 들어 있는 내러티브의 정확성에 의문을 표시했다. 그는 모세가 과연 오경(구약성경의 첫 다섯 책)을 썼을지 다투면서, 오경의 영적 가치가 오경이 기록한 역사의 정확성을 암시하지는 않는다고 주장했다. "나는 구약성경이 하나님의 뜻과 성품을 일러주는 계시로서 우리에게 주어졌다고 완전히 믿지만, 그렇다고 구약성경을 역사적 사실로 여길 수는 없다." 식민지에서 섬기던 주교의 펜에서 나온 이런 견해는 빅토리아 시대 영국에 파문을 일으켰다. 성경을 신뢰할 수 있다는 기본 관념에 도전하는 것으로 보였기 때문이다.

세 번째 갈등 영역은 과학이 대중에게 끼치는 영향력이 커진 것과 관련이 있었다. 이제는 과학을 종교에 매이지 않고 종교를 비판하는 하나의 독립된 문화적 권위로 여기는 이들이 점점 더 많아지고 있었다. 다윈의 진화론과 관련된 논쟁들(4.2.4)이 벌어지면서 이런 논의들이 크게 늘어났다. 후기 빅토리아 시대에는 과학을 미래에 관한 것으로 보고 종교를 과거에 관한 것으로 보는 이들이 많았다. 이런 인식은 과학과 신앙이 영원히 '전쟁'을 벌인다고 주장하는 작품들이 출간되면서 강해졌다. 존 윌리엄 드레이퍼(1811-1882)가 쓴 《종교와 과학의 투쟁사(History of Conflict between Religion and Science)》(1874)와 앤드루 딕슨 화이트(1832-1918, 미국의 역사가요 외교관—옮긴이)가 쓴 《기독교 세계에서 벌어진 과학과 신학의 전쟁사(History of the Warfare of Science with Theology in Christendom)》(1896)가 그런 작품들이었다.

빅토리아 시대 기독교는 이런 사태들에 여러 가지 방식으로 대응했다. 1830년대에 일어난 '옥스퍼드 운동'은 독일 신약 학자들을 비판하면서, 잉글랜드 성공회 내부의 '고교회'(high church, 교회 의식과 전통을 중시하는 성공회 내부의 보수파—옮긴이) 운동을 갱신할 프로그램을 발전시켰다. 일부 사람들은 이런 문화 흐름에 참여하지 않는 입장을 취하면서, 1920년대에 가서 미국 개신교 근본주의와 결합하게 되는 몇몇 주제를 이미 이때 거론했다. 빅토리아 시대 교회가 생물학과 지질학, 사회과학, 고고학, 비교종교학, 그리고 성경 신학과 타협하려 한 것은 변화하는 문화 상황에 대한 실용적 대응으로 볼 수 있다. 교회의 많은 고위 성직자들은 이런 변화에 맞서다간 영국 사회의 문화 속에서 기성 종교의 소외와 고립이 더 심해질 것이라고 믿었다.

4.2.6. 리소르지멘토: 이탈리아 통일과 교황

프랑스 혁명(4.1.8)과 나폴레옹 전쟁(4.2.1)은 교황에게 심각한 고초를 안겨 주었다. 비오 6세는 로마에서 혁명군에게 쫓겨나, 그의 생애 마지막 6개월을 프랑스에서 포로로 보냈다. 교황령(실제 영토로서, 오늘날 이탈리아의 라치오, 마르케, 로마냐, 그리고 움브리아 지역의 대부분을 포함한다)은 침공당하여, 프랑스의 주가 되었다. 빈 회의는 이전과 다소 차이는 있을지라도 어쨌든 이탈리아를 전쟁 이전의 상황으로 되돌려놓았다. 교황령이 복구되었다. 마찬가지로 마치 조각 모음 같은 나폴레옹 이전의 지방 정부들도 복구되었는데, 이들은 종종 외부 열강의 통치를 받았다. 예를 들면, 베네치아 시와('베네토'로 알려진) 그 주변 지역은 오스트리아가 1797년부터 1866년까지 통치했다.

　나폴레옹 전쟁이 가져온 결과 중 하나는 유럽의 많은 지역에서 민족주의가 고조된 점이다. 에스파냐는 새로운 자유 헌법을 1812년에 채택했으며, 포르투갈이 1822년에 그 뒤를 이었다. 사람들은 이런 진전을 절대 군주가 통치하던 옛 체제를 떠나 민주주의에 더 가까운 통치 방법으로 옮겨 간 것으로 보았다. 이탈리아에서는 오스트리아의 통치에서 벗어나 다시 통일을 이루고, 새로운 자유 헌법을 가질 수 있으리라고 믿는 이들이 많았다. 1821년에 피에몬테 봉기가 일어났지만 이런 목적들을 이루지 못했다.

자치를 요구하는 목소리가 1836년에는 비테르보에서, 1840년에는 교황령에 속한 여러 지역에서, 1843년에는 라벤나에서, 1845년에는 리미니에서 등장하자, 가톨릭교회도 이런 운동(이탈리아 독립과 통일 운동—옮긴이)에 말려들었다. 교황이 이런 요구에 저항하면서, 대중은 가톨릭교회에 맞서게 된다. 교황령에서는 교황기가 뽑히고 삼색기(tricolore. 1821년 피에몬테 봉기 때 봉기자들이 사용한 깃발로 초록색, 흰색, 빨간색으로 이루어져 있다)가 걸렸다. 1831년부터 1846년까지 교황을 지낸 그레고리오 16세는 이렇게 민족주의 열기가 분출되는 것에 놀라, 오스트리아에 이 봉기를 진압해달라고 도움을 요청했다. 이것이 바로 교황이 당시에 분출하던 민족주의 흐름에 맞서 싸웠던 여러 움직임 중 첫 번째였다.

비오 9세(재위 1846-1878)가 그레고리오 16세 뒤를 이었다. 처음에는 많은 이들이 그를 개혁자로 여겨 환영했다. 1846년, 당시 이탈리아를 포함한 유럽 전역에 널리 번지고 있던 정치 자유화 요구에 동조한 추기경 그룹이 비오 9세를 교황으로 선출했다. 비오 9세는 재위 초기만 해도 자신이 진정 자유주의에 공감하는 견해를 갖고 있음을 보여주었다. 그는 로마에 적용할 새 헌법을 만들었고, 교황령 안에 갇혀 있던 정치범들을 석방했다. 유럽 전역의 진보 세력은 교황이 특히 이탈리아 안에서 새로운 정치 질서를 만들어내는 데 도움을 주리라고 믿었다. 당시에 교황을 개혁과 국가 재건을 도와줄 동지라고 믿었던 이들 중에는 현재 '리소르지멘토'(Risorgimento.

이탈리아어로 '부흥' 혹은 '갱신'을 뜻한다)로 알려져 있는 운동을 이끌던 인물인 주세페 가리발디(1807-1882)와 주세페 마치니(1805-1872)도 들어 있었다.

그러나 비오 9세는 우리가 지금도 완전히 이해할 수 없는 이유들 때문에 개혁자들과 멀어지게 된다. 가리발디와 마치니는 '혁명파'가 아니었다. 이들의 목표는 이탈리아의 정치적 재통일과 외국의 영향력 배제였다. 카를 마르크스는 이들의 정치 목표가 단지 또 다른 '중산층 공화국'일 뿐이라며 무시해버렸다. 하지만 비오 9세는 이 민족주의자들의 목표를 교황령의 정치적 존립은 물론이요 더 나아가 교황이 이 지역에서 행사하는 권위에 위협을 가하는 것으로 보았다.

전환점은 1849년 2월에 있었던 로마공화국 선언이었다. 1848년 11월, 로마에 불안이 확산되자, 비오 9세는 자신의 안전을 우려하여 교황의 요새인 가에타로 도망쳤다. 교황이 없는 사이, 민중은 민회를 열어 새 공화국을 선포했다. 비오 9세는 이런 정치 활동에 가담한 이들을 파문하겠다고 위협했다. 하지만 로마에서 벌어진 정치 사태는 교회를 향한 적대감을 파도처럼 일으켰다. 공화국 지도자들은 교회가 소유했던 토지를 몰수하여 가난한 이들에게 나누어주었다. 비오 9세는 이런 상황을 만회하고자 외세 개입을 요청했다. 7월 3일, 프랑스군이 로마에 들어왔고, 교황을 다시 제자리에 앉혔다. 프랑스군은 1870년 7월까지 로마에 머물렀다. 결국 비오 9세가 이 전투에서 이겼다. 그러나 그는 많은 대중의 지지를 잃고 말았다.

리소르지멘토는 계속 이어져, 마침내 1861년에는 단일 이탈리아왕국을 형성하기에 이른다. 가리발디와 그를 따르는 이들은 이탈리아공화국을 세우길 원했다. 그러나 그들은 사르데냐 왕인 비토리오 에마누엘레 2세(1820-1878, 재위: 사르데냐 왕 1849-1861, 이탈리아 왕 1861-1878)의 도움에 매우 크게 의존했으며, 비토리오 에마누엘레 2세의 군사 자원은 이탈리아 통일 운동의 성공에 도움을 주었다. 비토리오 에마누엘레 2세는 1860년에 교황군을 격파했는데, 교황은 이를 이유 삼아 그를 파문했다.

보불 전쟁(프로이센·프랑스 전쟁, 1870.7.19-1871.5.10)이 터지면서, 교황의 처지는 더욱더 어려워졌다. 이제 프랑스는 독일의 침공 위협에 맞서 자신을 방어해야 했기 때문에, 결국 로마에서 자기 군대를 빼내갔다. 1870년 9월 20일, 비토리오 에마누엘레 2세의 군대가 로마를 점령하고 합병했다. 비토리오 에마누엘레 2세가 1878년에 세상을 떠날 즈음에는 과거 교황이 로마에서 사용하던 궁전이 그의 거처가 되어 있었으며, 로마는 새 이탈리아왕국의 수도가 되어 있었다. 비토리오 에마누엘레 2세는 이후 그를 파문했던 조치를 취소하겠다는 비오 9세의 제안을 거절했다. 새 이탈리아왕국은 모든 이에게 종교의 자유를 보장했지만, 가톨릭교회에는 아무런 특권도 부여하지 않았다.

이 무렵에 이탈리아에서 일어난 정치 사건들은 교황이 모든 형태의 정치적 자유주의나 민족주의를 적대시하고 민주주의의 이상을 대적한다는 인식을 공고히 다져주었다. 새 이탈리아 정부는 교황을 적대시하는 행동을 전혀 하지 않았으며 교황이 대사들을 받아들이는 것도 허용했다. 하지만 비오 9세는 이후 사실상 죽을 때까지 바티칸이라는 영역에 갇혀 지내는 신세가 되었다. 로마의 다른 곳에 있던 교황 재산—이를테면 새 이탈리아왕국 국왕의 거처가 된 퀴리날레 궁(Palazzo del Quirinale)—은 몰수당했다.

비오 9세는 민족주의와 자유주의가 득세하던 상황 속에서 고립감을 느꼈다. 이런 고립감 때문에 그는 가톨릭교회가 이 교회를 점점 더 적대시하는 것으로 보이는 문화에 맞서 교회의 위치를 다시 정의하고 교회의 권위를 다시금 강조해야 할 필요가 있다고 확신하게 되었다. 이 새로운 상황에 맞선 교황의 반응으로 가장 유명한 것이 우리가 이제 살펴볼 1869년의 1차 바티칸 공의회 소집이었다.

4.2.7. 제1차 바티칸 공의회: 교황 무류

19세기에 교황이 가톨릭교 안에서 주요 인물로 다시 등장하게 된 데는 나폴레옹 전쟁의 여파도 최소한 한 원인이었을 수 있다. 프랑스 혁명 이전의 수십 년 세월을 살펴보면, 교황은 그를 멀리 떨어져 있는 외톨이로 여기던 가톨릭 신자들에게 대체로 무시당했던 것 같다. 하지만 나폴레옹이 교황을 멸시하면서, 교황은 가톨릭 신자들과 유럽의 몇몇 정부에게 다시 신망을 얻게 되었다. 심지어 국가가 교회를 다스려야 한다는 원리를 옹호한 운동의 본거지인 프랑스에서도, 비록 내켜하지 않는 경우도 있었지만, 교황을 새롭게 존중하려는 분위기가 일었다.

교황이 가톨릭교와 그 밖 세계를 이끄는 제도로서 다시 등장할 무대가 마련되었다. 교황의 권위를 더 키우자는 운동은 '교황권지상주의'(敎皇權至上主義, ultramontanism)―이 말은 '산(곧, 알프스 산) 너머'를 뜻하는 라틴어 어근에서 나온 말이다―로 알려져 있었다. 관건은 교황이 '알프스 산 너머' 어디까지 그 권위를 가지는가(즉, 알프스 산을 넘어 유럽 전역에 그 권위가 미치는가) 하는 문제였다. 역설 같지만, 교황의 권위를 더 키우자는 이런 운동이 북유럽에서 등장한 때는 교황이 이탈리아에서 누리던 지위가 리소르지멘토(4.2.6)로 말미암아 현저히 약화되었을 때였다.

1840년대 말에 프랑스와 이탈리아 그리고 독일에서 혁명 운동이 일어나면서, 가톨릭 국가들의 정치 안정은 물론이요 특히 교황 자신의 위치에 관한 우려가 점점 더 커져갔다. 비오 9세는 계속하여 그 정치권력이 쇠락해갈 운명을 마주하게 되었고, 이런 그의 운명은 리소르지멘토로 말미암아 이전에 그가 가졌던 많은 소유를 빼앗기는 불행을 겪으면서 그 정점에 이르렀다. 이러자 결국 그는 교회 안에서 자신의 영적 권위를 세우는 데 집중했다.

사람들은 이 프로그램의 가장 중요한 부분이 1869년의 1차 바티칸 공의회 개최라는 데 널리 의견을 같이한다. 공의회를 소집한 목적은 가톨릭 신앙의 몇몇 주요 주제에 도전장을 던지고 이탈리아를 포함한 유럽의 여러 지역에서 학교 운영권과 재산권을 교회에서 앗아간 민족주의자, 자유주의자, 유물론자에 맞서 교회를 더 든든히 세우려는 데 있었다. 당시 이탈리아의 불확실한 정치 상황에도 불구하고, 공의회에 참여할 자격이 있는 주교와 수도회 대표 1,000명 중 약 750명이 공의회에 참석하고자 로마에 모였다. 공의회는 중요한 두 문서를 발표했다. 이성과 신앙의 조화 및 신앙이 우위에 있음을 재차 강조한 〈데이 필리우스〉(*Dei Filius*, '하나님의 아들'), 그리고 교황 무류(無謬) 교리를 제시한 〈파스토르 아이테르누스〉(*Pastor Aeternus*, '영원한 목자')가 그것이다.

공의회는 여러 정치적 사건 때문에 어려움을 겪었다. 공의회는 1868년 6월 29일에 소집되었으며, 1869년 12월 8일에 로마 바티칸에서 모였다. 이때만 해도 프랑스군이 여전히 로마에 주둔하면서 교황을 폭동과 인신공격에서 지켜주었다. 1870년 7월 보불 전쟁이 터지자 로마 주둔 프랑스군은 본국 귀환을 명령받고 로마를 떠났으며, 교황은 무방비 상태로 민족주의 진영의 군대를 상대해야 했다. 이때 주교들은 여름을 나고자 고향으로 돌아갔고, 여름이 지나면 다시 돌아와 공의회에서 논의를 마칠 예정이었다. 하지만 로마의 치안 상황이 급속히 악화되면서, 이런 계획은 물거품이 되고 말았다. 1870년 10월 20일, 그러니까 비토리오 에마누엘레 2세가 로마를 함락하고 한 달이 지난 뒤, 교황 비오 9세는 공의회를 무기한 연기했다. 1차 바티칸 공의회는 그 의제 중 일부만 논의를 마쳤다. 나머지 의제는 미결로 남게 된다.

그렇지만 중요한 두 교령이 통과되었다. 〈데이 필리우스〉는 그 시대가 던진 도전들에 비춰 가톨릭의 근본 교리들을 재차 강조했다. 당시는 이성이 최고 권위를 갖고 있다는 믿음을 한 근거로 삼아 하나님의 계시라는 개념을 거부하는 합리론이 떠오르고 있었다. 공의회는 이를 고려하여 한편으로는 신앙의 합리성을 재차 강조하면서도, 다른 한편으로는 이성에는 더 심오한 영적 실체로 뚫고 들어갈 능력이 없음을 거듭 강조했다. "신앙은 이성보다 위에 있으나, 신앙과 이성 사이에는 실상 아무런 불일치도 있을 수 없다. 신비를 계시하시고 신앙을 불어넣으신 하나님과 인간의 지성에 이성의 빛을 부여하신 하나님은 같은 하나님이시기 때문이다."

하지만 대다수 역사가는 이 공의회가 교황 무류 교리를 정립한 것을 이 공의회가 내린 가장 중요한 결정으로 여긴다. 이 일은 자유주의를 따르는 가톨릭 신자들과 교황권지상주의를 옹호하는 이들이 중대한 충돌을 일으킨 사건이라고 볼 수 있다. 동요와 불안의 시대였기에, 연속성과 명쾌함이 필요했다. 이 논쟁에서 예리하게 부각된 쟁점은 교회 안에서 누가 최고 권위를 갖는가 하는 문제였다. 교회의 공의회가 최고 권위를 갖는가, 아니면 교황 자신이 최고 권위를 갖는가?

결국 결과는 교황권지상주의를 옹호하는 자들의 확실한 승리였다. 이것이 저 유명한 교황 무류 교리로서, 1870년 7월 13일에 공포되어 공식 교리로 발표되었다. 〈파스토르 아이테르누스〉는 교황이 '전체 교회를 관할하는 완전한 최고 재판권'을 갖는다고 강조함으로써, 그들 자신이 교황의 권위 밖에 있다고 여겼던 정교회와 개신교회까지 교황의 이런 권한이 미치는 범위에 포함된다는 것을 시사했다. 이어 〈파스토르 아이테르누스〉는, 교황이 '그 직권에 근거하여(ex cathedra) 말할 때는, 곧 모든 그리스도인의 목자이자 교사라는 그의 직무를 수행하는 차원에서 말할 때는, 그가 사도의 후계자로서 최고 권위를 가졌기 때문에, 온 교회가 지켜야 할 신앙이나 도덕에 관한 교리를 규정하는 것'이라고 선언하면서, 교황은 '구속주이신 하나님이 당신 교회가 신앙이나 도덕에 관한 교리를 정할 때 누리길 바라셨을 무류성'을 가진다고 선언했다.

이 교황 무류라는 개념은 가톨릭교회 안에서 큰 지지를 얻었다. 그러나 모든 이가 지지하지는 않았다. 애초 이 문제는 공의회에서 논의할 의제로 제출되지 않았다. 이 문제는 1870년에 벌어진 논쟁 때 등장했다. 교황권지상주의는 정치 면에서 논란의 소지가 있었다. 사회에서 자유주의를 지향하던 가톨릭 신자들은 이 교황권지상주의를 상당히 황당한 것으로 여기곤 했으며, 가톨릭을 믿는 인구가 많고 이탈리아에 가까이 있는 나라들은 교황권지상주의를 위협으로 여겼다.

그런 나라 가운데 하나가 독일이었다. 1864년, 오토 폰 비스마르크 (1815-1898)가 프로이센 재상이 되었다. 그는 독일 통일 정책을 추진하기 시작했는데, 1871년 보불 전쟁에서 승리한 뒤에는 통일 정책을 더욱더 힘 있게 추진했다. 비스마르크는 교황 무류 교리를 독일 개신교 신자들을 모욕하는 것이요, 점점 높아가는 독일의 권위에 위협을 줄 수 있는 것이라고 여겼다. 비스마르크는 독일에서 가톨릭교의 힘을 견제하는 데 나섰다. 그 결과, 1870년대에 벌어진 사태가 소위 '문화 투쟁'(독일어로 Kulturkampf)이 었다. 이런 사태 진전을 더 자세히 살펴보도록 하겠다.

4.2.8. 독일의 문화 투쟁: 비스마르크와 가톨릭교

빈 회의는 독일을 작은 국가들의 모음으로 남겨놓았다. 이 국가들 가운데 어느 나라도 유럽 대륙에 영향력을 행사하기는 불가능했다(4.2.1). 독일 통일이라는 이상은 1848-1849년 혁명의 핵심 주제였지만, 결국 아무런 열매도 맺지 못하고 말았다. 하지만 1850년대에 들어와 오스트리아가 더 강성해지자, 프로이센 정치가인 오토 폰 비스마르크는 독일 통일을 적극 추진하기 시작했다. 그는 오직 통일 독일만이 당시 유럽의 여러 문제를 좌지우지하던 네 강국(영국, 프랑스, 오스트리아, 러시아)에 맞설 수 있으리라고 확신했다.

1861년, 빌헬름 1세(1797-1888, 재위: 프로이센 국왕 1861-1871, 독일제국 황제 1871-1888)가 프로이센 국왕이 되면서, 전환점이 마련되었다. 빌헬름 1세는 비스마르크를 재상이자 외무장관으로 임명했다. 비스마르크는 1866년 오스트리아를 상대로 전쟁을 일으켰다. 이 전쟁에서 아주 뛰어난 전력을 갖춘 프로이센군이 오스트리아군을 격파했다. 프로이센은 이전에 오스트리아 땅이었던 지역을 병합하면서, 독일의 정치 문제와 경제 문제를 주도하는 세력으로 떠올랐다. 프랑스는 이런 사태에 위협을 느끼고 1870년 7월, 프로이센에 선전포고를 했다. 그러자 독일 내부의 다른 국가들이 프랑스를 침략자로 간주하고 프로이센에 합세했다. 1871년, 프로이센이 승리하면서 독일이 통일을 이룩할 무대가 마련되었다. 빌헬름 1세는 통일 독일제국의 황제(독일어로 Kaiser)가 되었고, 비스마르크는 제국 재상이 되었다.

하지만 비스마르크에겐 싸워야 할 또 다른 적들이 있었다. 1871년, 그는 프로이센의 가톨릭교회를 공격하기 시작했다. 비스마르크는 바이에른처럼 독일 남쪽에 있는 영방에서는 가톨릭에 간섭하려 하지 않았다. 이런 곳에서는 가톨릭교가 훨씬 더 깊이 뿌리내리고 있었기 때문이다. 비스마르크가 가톨릭교를 공격한 동기는 복잡했는데, 자유주의 성향 정치인들과 지식인들의 더 많은 지지를 얻어야 할 필요가 있었던 것도 공격의 한 이유였다. 이 정치인들과 지식인들은 1차 바티칸 공의회가 교황 무류 결정을 내린 것에 격분했었다(4.2.7). 이들은 이 결정을 권위주의가 강하게 드러난 사태 진전으로 보았다. 이들은 가톨릭교를 반동으로 묘사하면서, 독일과 같은 근대 민족국가에는 전혀 어울리지 않는 것으로 여겼다. 독일 자유주의자들은 교황 비오 9세를 널리 비판했으며, 개신교 경건주의자였던 비스

1870년부터 1890년까지 독일 재상을 지낸 오토 폰 비스마르크. 1875년 5월에 찍은 사진.

마르크는 가톨릭교를 억압하는 것이 표심(票心)을 얻을 수 있는 길이라고 보았던 것 같다.

비스마르크는 1871년부터 1875년에 이르는 기간에 가톨릭교를 억압하는 조치를 잇달아 도입하여 가톨릭교가 프로이센에서 행사하는 영향력을 축소시키려 했다. 1873년에는 성직자를 훈련하고 임명할 책임을 국가가 떠맡았으며, 이 바람에 1878년에 이르기까지 프로이센에 있는 신학교의 거의 절반이 문을 닫았다. 1875년에 시행한 법은 가톨릭 수도회를 폐지하고, 국가가 가톨릭교회에 지급하는 모든 보조금을 철폐했으며, 프로이센 헌법에서 종교를 보호할 모든 안전판을 없애버렸다. 가톨릭교회는 이 법들에 저항하기로 결정했다. 1876년이 되자, 프로이센의 주교는 모두 감옥에 있지 않으면 추방당했다. 프로이센에 있는 전 가톨릭 본당사목구 중 3분의 1가량이 사제가 없는 교구가 되었다. 하지만 독일 가톨릭교는 저항을 포기하지 않았다. 저항 대열에서 이탈한 가톨릭 신자가 거의 없었다. 1차 바티칸 공의회의 결정을 인정하길 거부한 국가 공인 가톨릭교회에는 적은 수만이 모였다.

결국 종교 억압 정책을 지속하기는 불가능하다는 것이 드러났다. 1878년에 비오 9세가 세상을 떠나면서, 가톨릭교를 비판했던 주요 원인 중의 하나가 사라졌다. 가톨릭 신자들은 온갖 차별 조치의 대상이 되었지만, 투표권만은 박탈당하지 않았다. 강렬한 정치 운동의 결과, 가톨릭 중앙당이 만들어졌다. 가톨릭 중앙당은 정치 세계에서 강력한 존재가 되었으며, 이 때문에 비스마르크는 이 당의 암묵적 지지가 없으면 자신이 통치하기가 불가능함을 깨달았다. 개신교 신자들은 가톨릭에 맞설 목적으로 만든 법들이 가톨릭을 넘어 널리 기독교 전체에 맞서는 법이 될 위험성을 안고 있다고 믿기 시작했다. 비스마르크의 정책에 대한 대중의 지지가 수그러들었다. 비스마르크는 이 갈등이 당시 점점 더 커가던 독일의 산업적 능력에 암시하는 의미들을 간파하고, 이제는 자신이 미래 독일의 발전을 가로막는 적으로 묘사한 사회주의자들을 적대시하기 시작했다.

비스마르크가 권위를 앞세워 독일 가톨릭교를 억압한 조치들은 실패였을지도 모른다. 하지만 이런 조치들은 종교의 활동과 영향력을 억누르고 싶어 했던 독일의 다른 재상들에게 어떤 틀을 제공해주었다. 제3제국 시절에 아돌프 히틀러가 개신교와 가톨릭교를 무력화하려고 펼친 전략들은 비스마르크의 정책에 그 뿌리를 두고 있는 것으로 볼 수 있다. 권위주의 맥락에서 펼친 바로 그 정책이 전체주의 맥락으로 그대로 옮겨간 셈이다.

4.2.9. 신학 수정주의: 모더니즘의 도전

1차 바티칸 공의회(4.2.7)에 모인 주교들이 골몰했던 관심사 중 하나는 모더니즘의 등장이었다. 그들은 모더니즘이 교회의 안녕에 심각한 위협이 된다고 여겼다. 그렇다면 이 운동은 무엇이었으며, 왜 이 운동이 그런 불안을 불러일으켰을까?

모더니즘은 수많은 사상의 종합 내지 혼합물로 이해하는 것이 가장 좋다. 이런 사상들은 모두 서유럽에서 등장한 계몽주의와 관련이 있다. '모더니즘'이라는 말은 본디 19세기에 활동한 가톨릭 신학자들로 이루어진 한 학파를 가리킬 때 쓴 말이었다. 이들은 기독교의 전통 교리, 특히 나사렛 예수의 정체 및 의미에 관한 교리를 비판하는 태도를 취했다. 가톨릭교회는 이런 접근법을 우려했고, 1835년 9월 26일, 가톨릭 전통 교리를 데카르트와 칸트, 헤겔 철학을 사용하여 재해석하고 있던 독일 대학의 사제들과 교수들을 비판하며 정죄하기에 이른다. 이 운동은 급진적 성경 비평을 적극 지지하는 태도를 취했고, 신앙에서 신학 차원보다 윤리 차원을 더 강조했다. 여러 가지 점을 고려할 때, 모더니즘은 가톨릭교회 내부의 저술가들이 그때까지만 해도 가톨릭교회가 대체로 무시했던 계몽주의의 견해와 소통해보려 한 시도로 볼 수 있겠다.

하지만 '모더니즘'은 느슨한 말이기 때문에, 이를 어떤 공통된 방법에 천착하거나 같은 스승에게 의존한 어떤 독특한 사상 학파가 존재했다는 의미로 이해해서는 안 된다. 대다수 모더니즘 저술가들이 기독교 사상과 계몽주의 정신을, 그중에서도 특히 당시 주도권을 잡아가고 있던, 역사와 자연과학에 관한 새로운 이해를 결합하는 데 관심을 기울였던 것만은 분명 사실이다. 하지만 나중에 등장한 몇몇 모더니스트들은 초자연성이 본디 인간 실존에 내재되어 있다고 주장한 모리스 블롱델(1861-1949)이나 지성보다 직관의 중요성을 강조했던 앙리 베르그송(1859-1941, 보통 베르그송이라 읽지만 프랑스에서는 그가 폴란드 혈통임을 생각하여 베르크손으로 읽는다―옮긴이) 같은 저술가들에게서 영감을 얻었다. 그러나 프랑스와 영국, 미국의 모더니스트들은 물론이요 로마가톨릭교의 모더니즘과 개신교 모더니즘 사이에도 '모더니즘'을 엄밀하게 어떤 명확한 학파를 뜻하는 말로 사용할 수 있을 만한 공통 기반이 충분히 존재하지 않는다. 결국 모더니즘은 계몽주의 지성 문화가 만들어낸 태도들을 한데 묶어 가리키는 말로 보는 것이 가장 좋다.

알프레드 루아지(1857-1940, 프랑스의 수도사요 신학자―옮긴이)와 조지 티럴(1861-1909, 아일랜드의 예수회 수도사요 신학자―옮긴이)은 가장 영향력 있는 가톨릭 모더니스트 저술가 중 두 사람이다. 루아지는 1890년대에 성경의 창조 기사에 관한 전통 견해들을 비판하는 자로 자임하면서, 교리가 실제로 어떻게 발전해갔는가를 성경 안에서 밝혀낼 수 있다고 주장했다. 그의 가장 중요한 저작인《복음과 교회(L'Évangile et L'Église)》가 1902년에 출간되었는데, 이 시기에는 이미 가톨릭교회의 고위 성직자들이 그의 견해를 혹독하게 비판하고 있었다. 이 중요한 저작은 독일의 자유주의 개신교 신학자인 아돌프 폰 하르낙(1851-1930)이 이태 전에《기독교의 본질(Das Wesen des Christentums)》에서 제시한 견해들에 내놓은 직답(直答)이었다. 하르낙은 기독교의 기원과 본질에 관하여 논란의 여지가 있는 견해들을 내놓았는데, 이 견해들은 기독교가 나사렛 예수와 단지 느슨한 연관성만을 갖고 있다는 주장에 근거한 것이었다.

루아지는 예수와 교회 사이에는 철저히 불연속성이 존재한다는 하르낙의 주장을 거부했다. 하지만 루아지는 성경 비평이 복음서 해석에서 갖는 역할과 유효성을 인정할 뿐 아니라, 하르낙이 자유주의 개신교의 관점에서 기독교의 기원을 설명한 견해도 상당 부분 수용했다. 이 작품의 세 가지 특징은 더 꼼꼼히 살펴볼 만한 가치가 있다.

1. 《복음과 교회》는 가톨릭 성경 신학과 신학 고찰 속에 성경 비평이 들어설 진정한 자리가 있음을 인정했다. 루아지를 비판하는 이들은 이런 루아지의 태도를 그 시대의 합리주의 정신에 양보한 것이라고 보았다.

2. 루아지는 교회라는 제도를 정녕 이 세상을 향한 하나님의 뜻으로 여겨야 하는가라는 의문을 제기했다. 《복음과 교회》에서 가장 유명한 다음 문장은 이 점을 간결하면서도 명확하게 보여준다. "예수는 하나님나라를 선포했는데, 정작 임한 것은 교회였다."

3. 이 작품은 기독교 교리가 영원히 고정된 덩어리로 사도들에게 주어진 것이 아니라 시간이 흐름에 따라 발전해왔다고 주장한다. 이 견해는 이미 존 헨리 뉴먼(1801-1890, 성공회 성직자였으나 나중에 가톨릭으로 개종하여 추기경까지 되었다. 성공회 내부에서 가톨릭 전례와 의식을 존중하는 옥스퍼드 운동을 주도했었다―옮긴이)이 조심스럽게나마 주장했었다. 하지만 가톨릭교회는 이런 견해가 진화론의 사고방식을 수용한 것으로서 가톨릭교가 받아들인 전통과 일치하지 않는다고 보았다.

로마가톨릭 당국은 이런 우려 때문에 결국 1903년에 이 작품을 금서 목록에 올려놓았다.

영국(아일랜드)의 예수회 출신 저술가인 조지 티럴도 루아지 뒤를 따라 가톨릭 전통 교리를 철저히 비판했다. 루아지처럼 티럴도 자기 작품《교차로에 선 기독교(Christianity at the Crossroads)》(1909)에서 기독교의 기원에 관한 하르낙의 설명을 비판하면서, 하르낙이 역사를 통해 재구성한 예수를 '깊은 우물 밑바닥에 되비친 자유주의 개신교의 얼굴'에 불과하다며 무시해버렸다. 아울러 이 작품은 루아지의 저작을 변호하면서, 로마가톨릭이 루아지의 저작과 루아지에게 공식 표명한 적대감 때문에 일반인들은 루아지의 저작이 로마가톨릭교의 입장에 맞서 자유주의 개신교를 옹호하는 책이라는 인상을 갖게 되었고, '모더니즘은 단순히 개신교와 합리론을 추구하는 운동'이라는 인상을 갖게 되었다고 주장했다.

이런 인식은 개신교의 주류 교파 안에서 모더니즘의 영향력이 점점 커지고 있었음을 일부 보여주는 것이기도 하다. 영국에서는 1898년에 자유주의 종교 사상을 고양할 목적으로 성직자연맹(Churchmen's Union)이 만들어졌다. 이 단체는 1928년에 그 이름을 현대 성직자연맹(Modern Churchmen's Union)으로 바꾸었다. 이 그룹과 특별한 관련이 있는 이들 가운데, 헤이스팅스 래시들(1858-1924)을 꼽을 수 있겠다. 그가 쓴 《기독교 신학의 속죄 개념(Idea of Atonement in Christian Theology)》은 영국 모더니즘의 전반적인 분위기를 잘 보여준다. 래시들은 그전에 나온 자유주의 개신교 사상가들의 저작을 별다른 비판 없이 묘사하면서, 현대 사상 형태들에는 중세 저술가인 피에르 아벨라르와 관련된 속죄 이론이 대속 희생 개념에 호소하는 전통 이론들보다 더 받아들일 만한 이론이라고 주장했다. 속죄를 철저히 도덕 내지 모범이라는 관점에서 조망한 래시들의 이 이론은 그리스도의 죽음을 사실상 오로지 하나님의 사랑을 실증한 사건으로만 해석했는데, 이는 1920년대와 1930년대의 영국 사상, 특히 성공회의 사상에 상당한 영향을 미쳤다.

미국의 모더니즘의 성장도 비슷한 패턴을 따랐다. 사람들은 19세기 말과 20세기 초에 나타난 자유주의 개신교의 성장을 더 보수성을 띤 복음주의 관점들에 대놓고 도전한 것으로 널리 받아들였다. 뉴먼 스마이드(1843-1925)가 쓴 《지나가는 개신교와 다가오는 가톨릭교(Passing Protestantism and Coming Catholicism)》(1908)는 로마가톨릭교의 모더니즘이 몇 가지 점에서 미국 개신교의 멘토 역할을 해줄 수 있으며, 도그마를 비판하고 역사의 관점에서 교리 발전을 이해한 점이 특히 그러하다고 주장했다. 이런 모더니즘의 태도에 대응하여 근본주의가 등장하면서, 상황은 점점 더 극과 극으로 나뉘어 대립하는 모습으로 바뀌어갔다.

교황 레오 13세(재위 1878-1903)가 가톨릭 모더니즘의 몇몇 측면을 비판하긴 했지만, 그의 뒤를 이은 비오 10세(재위 1903-1914)는 1907년 9월에 이 가톨릭 모더니즘을 완전히 정죄했다. 비오 10세는 회칙 〈파스첸디 도미니키 그레기스〉(*Pascendi dominici gregis*, '주의 양떼를 먹임')에서, 이제 가톨릭교회는 교회 밖의 비판자뿐 아니라 교회 안의 적에게도 위협을 받고 있다고 선언했다. 모더니즘은, 그것이 평신도에게서 나왔든 사자에게서 나왔든, '교회의 모든 대적 중에서도 가장 악독한 원수'였다.

비오 10세는 가톨릭 교육기관 그리고 교회 안에서 권위와 영향력을 행사할 수 있는 자리에서 모더니즘을 제거하려고 했으나, 이런 움직임은 1914년에 그가 세상을 떠나면서 막을 내렸다. 1914년 9월, 베네딕토 15세(재위 1914-1922)가 교황으로 뽑히면서, 모더니즘에 맞선 조직적 움직임도 끝을 맞았다. 베네딕토는 이전 교황이 모더니즘을 정죄했던 내용을 그대로 재차 강조했지만, 정작 그 정죄 내용을 실행에 옮길 때는 일정한 선을 그었다. 그때에는 이미 이런 모더니즘 그룹의 영향력이 줄어들었다. 어쨌든 가톨릭교회는 이제 다른 문제들에 마음이 가 있었다. 제1차 세계대전이 발발하면서, 교회는 더 근본이 되는 문제들에 집중하게 된다.

여기서 제시한 분석에서 볼 수 있듯이, 유럽 교회는 긴 19세기가 막을 내릴 즈음 다소 수세에 몰려 있었다. 그렇다면 미국 기독교는 어땠을까? 이 시기 미국 기독교는 형편이 어떠했을까?

4.3. 길었던 미국의 19세기

20세기 중엽, 미국은 세계에서 가장 두드러진 기독교 국가 중 하나로 우뚝 섰다. 그러나 1776년에 일어난 미국 혁명(4.1.7)의 여파가 남아 있었을 때만 해도 이런 발전을 예견할 수 없었다. 미국이 그 헌법적 정체성을 세워가기 시작하자 이 나라의 정치 체제 속에서 종교가 차지하는 자리도 조심스럽게 제약받았다. 이번 절에서는 미국 혁명부터 1차 세계대전 발발에 이르는 시기에 미국 기독교의 모습이 어떻게 변해갔는지 살펴보겠다. 우선 미국의 공적인 삶에서 가장 독특한 테마 중 하나, 즉 헌법에 따른 정교분리를 살펴보겠다.

4.3.1. 교회와 국가: 갈라놓는 벽

미국 헌법을 제정하는 과정은 10년이 넘는 세월이 걸렸다. 헌법이 기독교 내 특정 교회를 선호하거나 그 교파에 특권을 부여하는 유럽 모델은 피해야 한다는 합의가 널리 형성되어 있었다. '국가가 공인한' 종교(국교)는 존재하지 않게 되지만, 처음에는 수많은 주에서 복수 교파에게 주정부가 지원을 제공하는 방식으로 종교를 공인하는 형태를 유지했다.

　미국 혁명 뒤에 선택 가능한 방법으로 독특한 세 방안이 등장했다. 패트릭 헨리(1736-1799) 같은 전통주의자들은 주가 종교를 지원해야 사회 질서가 유지될 것이라고 주장했다. 1784년, 헨리는 교회를 지원하는 데 쓸 세금을 부과하면서, 각 시민이 자신의 세금으로 지원할 특정 교회를 결정할 수 있게 하는 법률안을 버지니아 주 의회에 제출했다. 토머스 제퍼슨(1743-1826)과 제임스 매디슨(1751-1836) 같은 합리론자들은 양심의 자유를 보장하려면 반드시 정교를 분리해야 한다고 주장했다. 세 번째 그룹은 주로 침례교 신자, 장로교 신자, 감리교 신자로 이루어져 있었는데, 이들은 교회가 정치권력이나 사회적 특권을 누리는 지위를 얻게 되면 부패하리라고 믿었다. 이 때문에 이들은 교회를 정부의 부패한 영향력에서 보호해야 한다고 주장했다.

이 세 주장 중 두 번째 주장이 이내 정치적 우위를 차지했다. 제퍼슨과 매디슨은 종교 영역과 시민 영역을 분리하는 것이 국내 평화를 유지하고 종교를 국가가 공인하는 체제에서 생길 수 있는 억압과 불의를 피할 수 있는 가장 좋은 방법이라고 믿었다. 그들은 미국이라는 새 공화국이 17세기 유럽에 큰 상처를 안겨주었던 것과 같은 종교전쟁으로 상처를 입는 것을 원하지 않았다.

1779년, 제퍼슨은 '종교의 자유를 확립하는 법률안'을 기초하여, 이를 버지니아 주 의회에 제출했다. 그는 여기서 종교의 자유를 주장하면서, 이 자유에 어떤 종교도 지지하지 않을 권리를 포함시켰다. 제퍼슨은 정부가 누구에게도 그들이 믿지 않는 종교를 지지할 것을 강요해서는 안 된다고 주장했다. 아울러 공직을 맡고자 하는 이의 종교를 심사해서도 안 된다. 치안 판사는 종교 논쟁에 초연한 입장을 취해야 하며, 이런 논쟁이 공공선에 위협이 될 경우에만 이런 논쟁에 개입해야 한다. 처음으로 법안을 심의한 1779년에는 제퍼슨이 제출한 법률안이 통과되지 않았다.

하지만 1786년에 이르러 다시 법안 심의에 부쳐졌을 때는 법안 투표에서 60대 27로 가결, 통과되었다. 이런 여론 변화를 어떻게 설명해야 할까? 분명 매디슨이 법률안 뒤편의 여론을 바꾸고 법안 심의가 벌어지는 동안 지지세를 규합하는 데 중요한 역할을 한 것으로 보인다. 정작 제퍼슨 자신은 법안 투표 당시 외국에 나가 있었다.

1787년 9월 17일, 펜실베이니아 주 필라델피아에서 열린 헌법제정회의는 마침내 미국 헌법을 채택했으며, 이후 11개 주 헌법제정회의가 이 헌법을 비준했다. 이 헌법은 기독교를 일절 언급하지 않은 것으로 유명하다. 하지만 1789년 9월에 통과된 1차 수정 헌법은 미국의 공적 삶에서 기독교가 차지하는 위치를 이해하는 데 대단히 중요하다는 것이 중론이다.

> 의회는 국교를 존중하거나, 자유로운 종교 활동을 금지하거나, 연설(의사표현)의 자유나 언론의 자유를 빼앗거나, 사람들이 평화롭게 모일 수 있는 권리를 빼앗거나, 불만사항을 시정할 목적으로 정부에 청원할 권리를 빼앗는 법률을 만들어서는 안 된다.

수정 헌법은 기독교가 미국에서 행하는 공적 역할에 관하여 두 가지를 천명했다. 첫째, 법으로 '국교를 세우는 일'을 해서는 안 된다. 이는 정부가 공적 마당에 종교적 언어나 상징이나 믿음이나 가치를 들여오는 일을 금지한다고 암시하지는 않았지만, 그래도 교회 내의 어떤 특정 그룹을 미국의 '국교'로 삼는 일을 해서는 안 된다는 뜻으로 해석할 수 있다. 이 '국교 금지 조문'을 더 철저히 해석하는 견해는, 이 조문이 미국 정부가 종교에 반대하는 쪽보다 종교를 더 선호해서는 안 된다는 의미도 담고 있기 때문에, 사법부는 종교 그룹 사이의 분쟁을 해결할 때뿐 아니라 종교와 종교 비판자들의 분쟁을 해결할 때도 중립을 지켜야 한다고 주장한다.

사람들은 대체로 미국의 첫 두 대통령인 조지 워싱턴(재임 1789-1797)과 존 애덤스(재임 1797-1801)가 그들 자신의 사사로운 종교관은 어찌 되었든 종교가 공적 삶에서 행하는 역할을 적극 인정했다고 본다. 3대 대통령 토머스 제퍼슨(재임 1801-1809)과 4대 대통령 제임스 매디슨(재임 1809-1817)

은 정교분리를 더 강조하면서, 교회와 국가를 '갈라놓는 벽'이라는 이미지를 사용하기도 했다.

이 놀라운 문구는 청교도 저술가인 로저 윌리엄스(1603-1683)가 1644년에 처음 사용한 것 같다. 윌리엄스는 '교회라는 정원과 세상이라는 광야를 갈라놓는 벽'에 관하여 이야기했다. 그는 이 문구를 사용하면서, 당시 청교도 분리주의자 가운데 널리 퍼져 있던 교회관을 제시했다. 즉, 세상은 광야이지만, 교회는 정원이었다. 이 광야가 정원을 침식하여 다 집어삼키지 못하게 하려면, 정원 둘레에 울타리를 쳐 막아야 한다. 이는 낙원을 '닫힌 정원'으로 묘사한 성경의 개념을 반영한 것으로, 중요한 이미지였다. 윌리엄스는 교회의 안녕을 위한다면 국가와 교회를 분리하는 것이 당연한 공리라고 생각했다.

제퍼슨은 바로 이 이미지를 채택하여, 1802년에 원래 취지와 좀 다른 자신의 목적에 맞춰 사용했다. 코네티컷 주의 한 소도시 댄버리에 살던 침례교 신자들은 제퍼슨이 대통령으로 선출된 직후 그에게 편지를 써서, 그들이 사는 주의 의회가 그들이 누려야 할 종교의 자유를 충분히 보호해주지 않는다며 우려를 표명했다. 그들은 다수가 믿는 종교가 치안 판사를 자신들 쪽으로 쉬이 끌어들일 수도 있다면서, 이런 일이 벌어지면 소수가 믿는 종교에는 유해한 결과가 벌어질 것이라고 주장했다. 제퍼슨은 수정 헌법 본문보다 더 세 보이는 말로 정교분리를 힘주어 강조하는 이런 답신을 보냈다.

저는 자신들의 '입법기관'이 "국교를 존중하거나, 자유로운 종교 활동을 금지하는 법률을 만들어서는 안 된다"고 선언함으로써 교회와 국가를 가르는 벽을 세운 온 미국 국민의 행동을 지극히 존경하는 마음으로 깊이 되새겨봅니다. 저는 양심의 권리를 지키려는 이 국가 최고 의사의 표현을 굳게 지키면서, 어느 누구도 자신의 사회적 의무에 반하여 자연권을 갖지 않는다는 확신을 품고 사람의 모든 자연권을 존중하려는 이런 정서가 널리 퍼져가는 것을 진실로 만족하며 지켜보렵니다.

— 토머스 제퍼슨, '신사분들에게 보내는 편지(Letter to Messrs. Nehemiah Dodge and Others)', 1802년 1월 1일자.

교회와 국가를 가르는 경계를 설정하는 일은 오늘날까지도 미국인의 종교 생활에서 중요한 테마로 남아 있다. 이 테마는 다음 장에서 다시 살펴보겠다(5.3.2).

4.3.2. 제2차 대각성 운동과 미국의 부흥 운동

미국 인구는 1800년부터 남북전쟁 직전에 이르는 기간에 5백만에서 3천만 명으로 늘어났다. 이런 인구 증가와 함께 영토 확장도 이루어졌는데, 특히 1803년에 프랑스로부터 루이지애나 주를 사들인 것이 그 예다. 일부 사람들은 이런 팽창이 본디 기독교를 국가의 정신적 지주로 삼아 의지했던 태도를 약화시키리라고 믿었다. 자녀들은 그 부모에게서 독립하려 했고, 공동체 역시 최초 식민지가 가졌던 정체성과 동떨어진 새로운 정체성을 만들어내려 했기 때문이다. 하지만 많은 이들이 자신들의 신앙적 뿌리를 재발견하고 이를 통해 확고한 사회 귀속감과 개인 정체성을 재발견함으로써 당시의 급격한 사회 변화 및 정치 변화에 대처하려 했음을 보여주는 증거가 풍부하게 존재한다.

1800년에서 1860년에 이르는 기간 동안, 개신교회 참석자는 10배가 늘어나 인구 증가 비율을 가뿐히 앞질렀다. 결국 이 기간이 끝날 즈음에는 이 기간이 시작되었을 때보다 두 배나 많은 개신교 신자들이 교회에 꾸준히 나갔다. 왜 이런 일이 벌어졌을까? 이런 일이 일어나게 한 요인을 꼽아보라면, '2차 대각성'(1800-1830)과 이 대각성 운동이 일으킨 새로운 종교 부흥 패턴들을 들 수 있겠다. 이런 종교 부흥은 미국의 종교를 규정하는 특징이 되었을 뿐 아니라, 미국이 그 정체성과 독립성 그리고 민주주의 원리를 발전시켜가는 데 중심 역할을 했다. 당시에는 비판거리가 되기도 했지만, 부흥 운동은 미국 개신교 의식 속에 깊이 뿌리를 내리게 되었다.

이런 부흥은 1801년에 켄터키 농촌 지역에서 처음 일어났는데, 당시에는 큰 천막 집회 형태를 띠었다. 이런 집회 가운데 가장 유명한 것이 '케인 리지(Cane Ridge)' 집회였다. 이 집회는 일주일 동안 계속되었으며, 적어도 1만 명이 참석했다. 이 집회는 변경 지역 전역에 물결처럼 번진 부흥 운동의 선례가 되었다. 이런 집회는 주로 평범한 민중에게 호소력을 발휘했으며, 신앙의 지적 측면보다 감정적 측면을 강조했다. 결국 이런 집회는 남북전쟁 이전의 미국을 바꿔놓았고, 개신교 '성경 지대(Bible Belt)'의 등장을 가져왔다.

이 2차 대각성 운동은 많은 점에서 미국의 종교 풍경을 바꿔놓았다. 식민지 시대 아메리카에 가장 강하게 자리 잡았던 기독교 전통은 성공회, 회중교회, 그리고 장로교였다. 이 세 그룹은 2차 대각성 운동에 그다지 영향을 받지 않았다. 하지만 침례교와 감리교는 방금 말한 세 그룹과 비교할 수 없을 정도로 엄청난 성장을 이루었다. 마찬가지로 중요한 변화는 노예들의 회심과 관련이 있었다. 2차 대각성 운동은 처음으로 노예들을 크게 회심시키는 결과를 가져왔다. 이 회심자들은 대체로 침례교와 감리교 신자가 되었는데, 침례교와 감리교는 성공회보다 훨씬 더 열린 태도로 이런 회심자들을 반가이 맞아들였다. 아울러 침례교와 감리교는 그 신자 수를 늘려가는 일에서도 성공회보다 훨씬 더 큰 성공을 거두었는데, 이는 아마도 부흥 운동이, 신앙의 지적 측면을 좀 더 중시하여 교리문답에 치중했던 성공회의 접근법과 달리, 감정적 측면에 호소하는 방법을 취했기 때문인 것 같다.

찰스 그랜디슨 피니(1792-1875)는 2차 대각성 운동의 핵심 인물 중 하나였다. 피니는 1821년에 회심한 뒤, 변호사라는 생업을 버리고 장로교 목사가 되었다. 하지만 그는 뉴잉글랜드의 옛 칼뱅주의가 지녔던 몇 가지 측면을 멀리했다. 그는 이것들이 성경에 부합하지 않는다고 여겼으며, 효과적인 복음 전도를 가로막는 장애물이라고 여겼다. 피니는 사람들이 복음 선포에 반응을 보여야 한다는 것, 그리고 설교자가 사람들을 설득하여 복음 선포에 반응하도록 만드는 데 갖춰야 할 기술들을 강조했다. 피니는 분명 회심을 독려하는 설교에 가능한 한 모든 설득 기술을 활용하는 것을 얼마든지 받아들일 수 있는 것이라고—어쩌면 심지어 필요한 것이라고까지—여겼다.

피니는 부흥주의 설교의 표준이 된 많은 특징들을 도입했으며, 이런 특징들은 사람들이 크게 문제 삼지 않는 전통의 일부로 급속히 자리 잡았다. 이런 특징 가운데 하나가 '근심하는 자리(anxious seat)'였다. 이는 설교자의 메시지를 듣고 자기 영혼의 안전을 염려하여 상담과 기도를 원하는 이들이 앉을 수 있게 마련해놓은 벤치였다. 하지만 피니가 고안해낸 것 가운데 우리가 가장 잘 아는 것이 '강단으로 부름'(altar call, 복음을 영접하라는 권유를 받아들여 강단 앞으로 나오라고 초대하는 것)이다. 이 기술은 피니 뒤의 복음전도자인 드와이트 무디(1837-1899)가 채택했으며, 빌리 선데이(1862-1936)부터 빌리 그레이엄(5.2.3)에 이르기까지, 19세기와 20세기의 거의 모든 부흥사 설교 속에 포함되었다.

피니가 부흥 과정을 통제하고 지도하는 데 심혈을 기울인 것은 1차 대각성 운동 때와는 크게 달라진 점이었다. 청교도였던 조나단 에드워즈와 조지 휫필드는 '강단으로 부름' 혹은 그와 비슷한 다른 기술들을 전혀 몰랐다. 그들은 부흥을 하나님의 은혜가 가져다준 결과로 보면서, 인간의 통제나 영향력으로 좌지우지할 수 있는 일이 아니라고 여겼다. 그러나 피니에게 부흥은 "기적도 아니요 기적에 의존하는 일도 아니다." 오히려 그가 생각하는 부흥은 '여러 방법을 섞어 올바로 사용한 결과'였다. 그렇다고 피니가 부흥을 테크닉 묶음으로 전락시켰다고 비판하는 것은 공정하진 않겠지만, 그래도 이런 요소들이 그의 생각 속에 있었던 것만은 분명하다.

피니와 그의 접근법을 발전시킨 이들이 교회 사역에 미친 영향은 엄청났다. 프랑스의 정치 사상가인 알렉시 드 토크빌(1805-1859)은 1831년에 미국을 방문한 뒤, 자신이 이 나라에서 받은 인상을 글로 남겼다. 그는 자신이 미국에 도착했을 때 가장 먼저 놀란 것이 '이 나라의 신앙적 분위기'였다고 말했다. 토크빌은 미국 내 교파의 숫자에 놀랐으며, 이 교파들이 서로 관용을 실천한다는 데 놀랐다. 특히 그는 가톨릭교의 이해할 수 없는 성공을 언급하면서, 가톨릭교가 분명 국가에서 아무런 도움도 받지 않는데 융성한 것처럼 보였다고 말한다. "미국은 세계에서 가장 민주적인 국가이자, 동시에 (믿을 만한 보고에 따르면) 로마가톨릭교가 가장 잘 성장하는 국가다."

부흥주의는 확실히 미국다운 종교 풍경을 형성했다. 사람들은 종종 '성결 운동'(거룩 운동, Holiness Movement)을 부흥주의가 표방한 사상과 가치에 대한 반응으로 보곤 한다. 정통 교리 수호를 강조하는 개신교 형태들과 달리, 성결 운동은 도덕성과 영적인 삶을 훨씬 더 큰 지향점으로 삼았다. 성결 운동은 윤리를 훗날 근본주의자들이 교리에 부여했던 것과 같은 위치에 올려놓곤 했다. 이렇게 '거룩한 삶'을 강조하는 입장은 남북전쟁 이전 시대에 노예제 폐지를 지지하는 입장과 이어지게 된다. 오하이오 주 오벌린 칼리지(나중에 피니가 신학 교수로 봉직한 곳)는 노예제 폐지 운동의 본거지가 되었고, 심지어 도망친 노예 문제를 다룬 법률들에 맞서 '시민불복종'을 주장하기도 했다.

그리스도인의 삶에 얽힌 문제들에 강조점을 두었던 '성결' 전통은 노예제를 끝내야 한다는 시도에만 강조점을 국한하지 않았다. 오벌린 칼리지는 남북전쟁 이전의 교회와 사회 전반을 통틀어 인종과 성의 장벽을 제거하려는 몇몇 중요한 시도의 중심지가 되었다. 남녀공학을 시행하려는 오벌린 칼리지의 선구자다운 움직임은 결국 이 시대에 가장 활발하고 급진적이었던 몇몇 페미니스트가 이 학교를 졸업하는 결과로 이어진다. 미국교회에서 첫 여성 성직자로 안수 받은 앤트워네트 브라운(1825-1921)도 오벌린 칼리지 졸업생이었다. 1853년, 브라운이 안수 받을 때, 웨슬리 감리교 목사인 루터 리(Luther Lee)가 '복음을 설교할 여성의 권리'라는 제목으로 설교했다.

1865년에 남북전쟁이 끝난 뒤, 부흥주의는 새로운 방향으로 발전하기 시작했다. 대중성을 띤 미국식 찬송의 등장이 부흥 운동의 수사를 보완해주었다. 청교도들은 교회 안에서 성경에 없는 텍스트를 노래하는 것에 강력히 반대했지만, 영국에서 일어난 웨슬리의 부흥 운동은 찬송이 그리스도인들을 교육하는 수단이자 하나님을 찬송하는 강력한 방법으로서 중요성을 가진다는 것을 인식했다. 남북전쟁이 끝나고 미국이 산업국가로 발전하기 시작하면서, 개신교회는 음악을 활용하여 미국 국민의 영혼과 계속 닿아 있을 수 있었다.

19세기 후반의 가장 위대한 부흥사인 드와이트 무디는, 1879년에 인디애나폴리스 부흥회에서 음악가인 아이러 생키(1840-1908)를 만난 뒤, 생키와 팀을 이뤄 활동했다. 무디와 생키는 사회 격변의 시대에 굉장한 콤비를 이뤄 공중 앞에서 신앙을 변호했고, 19세기 말의 가장 유명한 찬송 몇 곡을 함께 만들어냈다. 생키는 대중가요를 그의 모델로 활용하여 독창-코러스(후렴)-독창-코러스(verse-chorus-verse-chorus) 모델을 발전시켰는데, 이 모델은 이 시대 부흥회의 특징이 되었다.

미국의 종교 풍경 및 문화 풍경을 급속히 바꿔놓은 또 한 가지 요인은 유럽에서 건너온 이민자들의 증가였다. 이 문제는 더 자세히 논할 만한 가치가 있다.

4.3.3. 유럽인의 미국 이주와 종교의 다양화

17세기 잉글랜드의 불관용과 불안을 피해 그곳을 떠난 종교 소수파는 비단 청교도만이 아니었다. 1634년 초, 가톨릭 난민 한 무리가 체사피크 만 지역에 정착했다. 메릴랜드(Maryland)—잉글랜드 왕 찰스 1세의 프랑스인 왕비이자 가톨릭 신자였던 헨리에타 마리아(1609-1666)의 이름을 딴 곳—는 아메리카의 첫 가톨릭 식민지가 되었다. 메릴랜드는 신세계 안에 자리한 가톨릭 신자들의 외톨이 거주지(enclave)라는 비판을 들었지만, 이내 종교적 관용을 실천하는 곳으로서 신뢰를 쌓아갔다.

하지만 처음 아메리카 식민지가 세워졌을 때는 대부분 지역에 개신교의 관습과 선입견이 깊이 뿌리를 내리고 있었다. 1774년, 영국 정부는 퀘벡 식민지의 가톨릭 신자들에게도 완전한 민권과 종교의 자유를 허용했다. 아메리카 개신교 신자들은 이 조치에 분개했으며, 합법을 가장한 독재를 이 지역에서 실시하는 것으로 받아들였다. 그러나 1차 수정 헌법은 가톨릭교에 대한 편견이 국가 차원의 정부 정책으로 바뀌지 않도록 예방 조치를 취했다. 미국은 개신교 전통이 아주 두드러진 나라였지만, 어떤 형태가 되었든 국가 차원에서 가톨릭을 억누르는 입법은 하지 않기로 결정했다.

하지만 1차 수정 헌법이 개개 주가 법으로 종교 문제를 규율하는 것은 제한하지 않았음을 유념해야 한다. 각 주는 때로 가톨릭교를 포함하여 특정 종교 그룹이 누려야 할 종교의 자유를 제한할 수 있는 권리를 유지했다. 예를 들면, 노스캐롤라이나 주는 1835년이 되어서야 주 헌법 조문을 수정해 가톨릭 신자들의 공직 취임을 허용했다. 가톨릭교가 각 교구에 세운 학교들이 성장한 것도, 많은 주의 공립학교 시스템이 개신교 쪽으로 지나치게 기울어 있었던 것이 그 한 이유로 보인다.

'루이지애나 매입'(1803년, 프랑스로부터 루이지애나 주를 사들인 일—옮긴이)은 미국의 종교 지형을 크게 바꿔놓았다. 그전에는 프랑스 식민지였던 이 땅—본디 '새 프랑스(La Nouvelle France)'의 일부였다—은 가톨릭 교세가 강했으며, 이런 종교 유산을 반영한 문화 전통이 확고히 자리 잡고 있었다. 이어 19세기 전반에 플로리다와 뉴멕시코가 미국 연방의 일부로 편입되면서, 가톨릭 교세가 상당히 커졌다. 새로 획득한 이 두 지역은 이전 세기들에 에스파냐가 복음을 전한 곳이었기 때문이다.

19세기에 유럽 국가에서 미국으로 건너오는 이민 물결이 새롭게 일어나면서, 미국의 종교 지형에도 더 깊은 변화가 일어났다. 미국이 종교의 자유를 상징하는 아이콘으로 굳게 자리 잡으면서, 가톨릭 신자들은 유럽의 정치 불안과 경제적 빈곤을 피해 미국으로 이주했다. 아일랜드와 이탈리아의 수많은 가톨릭 신자들이 보스턴, 뉴욕, 필라델피아 같은 도시들에 도착했다. 비스마르크가 1870년대에 실시한 가톨릭 억압 정책을 피해 미국으로 건너온 독일 사람들은 중서부 위쪽에, 그러니까 세인트루이스와 신시내티 같은 도시들에 정착하곤 했다. 가톨릭을 믿는 이 이민자들은 자기 고유문화에 대한 충성심이 강했기 때문에 유럽의 사회적, 종교적 관습을 그대로 유지했으며, 미국 문화에 통합되지 않았다. 이처럼 가톨릭교가 그때까지만 해도 철두철미하게 개신교 지역이었던 도시들에서 급성장하면서, 사회적, 종교적 갈등이 벌어지게 된다. 1850년대에 이르자, 가톨릭교는 미국에서 단일 기독교 교파 중 가장 큰 교파가 되었다.

19세기 말 보스턴의 사례는 이런 흐름을 잘 보여준다. 1800년만 해도, 보스턴은 대다수 주민이 청교도로 이루어져 있는 매사추세츠의 핵심

부로서 미국의 독특한 개신교 유산을 강력히 상징하는 곳이었다. 그러나 1840년부터 가톨릭 국가인 아일랜드에서 많은 이민자들이 건너오면서 모든 상황이 바뀌었다. 1885년에는 개신교 신자 세 사람이 공원에서 설교하면서 저항을 선동했다는 이유로 경찰에 체포되었다. 이는 이들이 속한 개신교 공동체가 깊은 불안을 느끼고 있었음을 보여주는 일이었다. 무엇보다 한때는 그들의 심장부였던 이곳에서 이제는 그들이 정작 외지인과 이방인이 된 것 같다는 느낌이 그런 불안을 만들어냈다.

많은 개신교 신자들이 그들의 나라가 새로운 종교 노선을 따라가는 것 같다는 점에 깜짝 놀랐다. 1834년, 라이먼 비처(1775-1863)는 《서부를 위한 호소(Plea for the West)》를 출간했는데, 여기서 그는 교황이 유럽의 가톨릭 군주들과 합세하여 미시시피 강 계곡을 차지하려는 음모를 꾸미는 모습을 묘사했다. 갈등이 심해져 1834년에는 찰스타운에서 수녀원에 불을 지르는 일이 일어났다. 19세기 후반에 들어와 미국으로 들어오는 가톨릭 이민자들이 급증하기 시작하면서, 가톨릭 세력이 미국을 차지하려 한다는 음모론이 신뢰를 얻게 되었다. 19세기 후반에 미국의 가톨릭 인구는 세 배나 늘어난 것으로 추산된다. '이민배척주의(nativism)'가 중요한 이데올로기가 되었으며, 이 이데올로기는 미국 땅에 이미 정착해 살던 이들로서 새로 건너온 이민자들이 미국의 종교 자유와 정치의 자유를 훼손하려 한다고 믿고 이 새 이민자들을 적대시하던 사람들을 하나로 묶어주었다. 이들은 가톨릭교가 애초부터 미국의 자유주의 및 공화주의 원리와 맞지 않다고 여기면서, 가톨릭교를 늘 '타자'나 '위협'으로 묘사하고 공격했다. 수사가 인식을 형성했고, 인식은 사실이 되었다.

19세기 말 미국 개신교 안에는 가톨릭교는 곧 적이라는 인식이 널리 퍼져 있었다. 1873년에 뉴욕에서 열린 복음주의동맹(Evangelical Alliance) 총회에 참석한 한 총대는 이런 확신을 기억에 남을 만한 다음 문구로 집약해주었다. "우리 가운데 살아 있는 기독교의 가장 무시무시한 적은 이신론이나 무신론, 혹은 어떤 형태의 불신앙이 아니라, 이름만 기독교인 로마교회다." 이런 의미에서, 사람들은 미국 개신교를 반(反)가톨릭교라고 정의했다. 미국이 가톨릭 신자를 대통령으로 뽑아도 되겠다고 느끼기까진 긴 시간이 필요했다. 사람들은 1960년에 존 피츠제럴드 케네디(1917-1963, 아일랜드 이민의 후손으로 가톨릭 신자였다—옮긴이)가 미국 35대 대통령으로 당선된 일을 미국의 공적 삶에서 가톨릭교의 지위가 상당히 높아졌음을 보여주는 상징으로 널리 여기고 있다.

4.3.4. '성경 지대'의 등장

본디 미국 개신교의 중심지는 넓게 보면 뉴잉글랜드 지역, 그중에서도 특히 매사추세츠였다(3.5.2; 4.1.5). 바로 여기에 회중교회와 장로교가 뿌리를 내렸고, 이 지역에서 가장 중요하고 역동성을 띤 개신교의 자기표현 형태로 금세 자리 잡았다. 식민지 남쪽 지역은 사회 문제에 보수적 입장을 취한 미국성공회(혹은 감독교회, Episcopalianism. 1776년 혁명 뒤에는 성공회를 이렇게 부르게 되었다)가 지배하는 경향이 있었다. 이 미국성공회는 거의 18세기 내내 이 지역의 농장들과 사회생활을 지배한 사회 내부의 수직 위계구조를 은연중에 지지했다. 농장 지주들은 사냥, 사격, 결투, 춤, 음주, 노름을 즐겼으며, 성공회가 그들의 이런 행태를 묵인해준다는 이유로 성공회에 관대했다.

남부 지역 주들에서는 신앙에 헌신하는 정도가 약했다. 1776년에는 남부 사람 열 명 중 한 사람만이 교회에 출석했다. 그러나 19세기에 들어와 개신교가 팽창하고 공고해지는 위대한 시대가 열렸으며, 이것은 본디 개신교의 중심지였던 동북부가 아니라 중서부와 남부 지방을 중심으로 했다. 사람들은 이 중서부와 남부 지역을 널리 '성경 지대(Bible Belt)'로 부르게 된다. 이런 발전을 어떻게 설명할 수 있을까?

대답은 간단하다. 이 지역에 존재하던 몇몇 개신교 형태들이 남부 문화의 현실에 적응하는 쪽을 택한 것이 주효했다고 설명할 수 있겠다. 복음주의를 표방한 침례교 신자들과 감리교 신자들이 이런 적응과 변형 과업을 수행하는 데는 두 세대가 걸렸으며, 이 과업이 '성경 지대'의 초석을 놓았다. 스티스 미드(1767-1834)와 프리본 개럿슨(1752-1827) 같은 목사들은 문화가 서로 다른 그룹들(젊은이, 노예, 여자, 그리고 어쩌면 가장 어려운 상대였을 수도 있는 백인 남자들)로 이어지는 다리를 놓음으로써, 이 사람들이 처음에 복음주의를 표방한 침례교와 감리교 신자들에게 품었을 우려와 적대감을 누그러뜨릴 수 있었다.

1770년부터 1830년에 이르는 기간에 신자들 사이의 평등을 지향하는 회중교회 형태들이 남부 문화 속에 깊이 뿌리를 내렸다. 그러나 이 회중교회는 중년의 백인 젠트리들과 여러 갈등을 빚었다. 미국성공회는 여전히 개신교 엘리트의 종교로 남아 있었다. 하지만 더 대중성을 지닌 기독교 형태들이 인구 전체에 깊은 영향력을 행사하고 있었다.

이렇게 남부 문화에 적응하는 과정에서 동북부에서 발견할 수 있는 개신교 형태들과 확연히 다른 개신교 형태가 만들어졌다. 이런 차이는 단순히 교파 분포의 차이에 그치지 않았다(1830년, 미국 동북부는 장로교와 회중교회가 주류를 이루었고, 남부는 침례교와 감리교가 주류를 이루었다). 성경 지대의 기독교는 주로 개인에게 호소하면서, 사회 전체보다 개개인의 삶을 바꾸는 데 초점을 맞추었다. 이런 특징들은 그 시대 남부 지역 개신교가 성경을 읽고 구원의 본질을 이해할 때 취했던 접근법인 개인주의적 신앙 속에도 그대로 담겨 유지되었던 것으로 보인다.

'성경 지대'라는 말은 단지 교파나 신학 차원의 독특한 특징들을 가리키는 데 그치지 않고 그보다 더 깊은 무언가를 나타낸다. 19세기 말과 20세기 초의 남부 지역 종교를 관찰하여 이 '성경 지대'라는 말을 만들어낸 이들은 이 말을 주로 이 지역에서 두드러지게 나타나는 신앙의 동질성을 가리키는 말로 사용했다. 남북전쟁이 불러온 균열이 지나가고 남부 지역이 종교적, 사회적 안정을 되찾자, 남부 지역의 종교가 주로 보수적 개신교 형태들을 집약하여 표현한 것이라는 사실이 분명하게 드러났다. 이 개신교 형태들은 북부 지역의 개신교, 특히 중심 도시들의 개신교가 부닥쳤던 사회적, 지적 도전들에 그다지 영향을 받지 않았다.

이 남부 지역에서 나타난 독특한 개신교 형태의 모습을 가장 잘 보여주는 종교 그룹이 1845년 5월에 조지아 주 오거스타에서 설립된 남침례교 총회(Southern Baptist Convention)이다. 그때까지만 해도, 이 지역 침례교 회중들은 국가나 지역 차원에서 어떤 조직을 결성할 필요를 느끼지 못한 채 활동했으며, 그들 자신이 어떤 '교파'에 속해 있다고 생각하지도 않았다. 그러나 중앙 집중식 구조를 가진 교파가 더 효율이 있고 강력하여 더 큰 영향력을 획득할 수 있으리라는 인식이 커져갔다.

남침례교 총회는 각 지역 침례교 회중들의 자율성을 손상하지 않게 본질상 회중교회 형태인 교회 정치 모델을 채택했다. 즉, 각 지역 교회가 교리나 치리나 교회 질서 문제와 관련하여 내린 결정을 지역 교회보다 위에 있는 어떤 상위 기관도 뒤집을 수 없었다. 지역 교회보다 높은 권위를 가진 상회(上會)가 없었기 때문이다.

하지만 남부에서 종교를 향한 관심이 고조된 것은 비단 백인들 사이에서만 나타난 현상이 아니었다. 남북전쟁 이전 시대에도 흑인 개신교는 비록 여러 제약을 받긴 했지만(예를 들어, 흑인들의 예배는 백인의 감독을 받아야 했다), 그래도 이미 중요한 세력으로 자리 잡았다. 남북전쟁 이전에 미시시피 주 콜럼버스에서는 침례교인 중 80퍼센트가 흑인이었다. 당시 조지아 주에서는 침례교인 중 35-40퍼센트 정도가 흑인이었다. 남북전쟁이 끝나고 노예해방이 이루어지자, 개신교에도 새로운 가능성들이 열렸다.

남북전쟁이 끝남과 함께, 흑인 개신교회들은 새로운 성장을 경험했다. 이때는 교회 지도자들이 흑인이었고, 백인 감독자들의 제약을 받지 않았다. 침례교회는 새로 태어난 흑인의 자유를 구성하는 핵심 제도로서 곧 자리를 잡았으며, 그들 나름의 예배 방식과 설교 방식을 발전시켰다. 과거의 유산은 이런 회중들이 교육을 제대로 받지 못했다는 것만 일러줄 뿐이었다. 때문에 설교자들은 이 회중들에게 신앙의 기초를 가르치려고 하기보다 이 회중들이 하나님의 사랑과 임재를 더 강렬히 느끼게 하는 데 주안점을 두었던 것 같다. 남부에는 여전히 불평등한 구석이 많이 남아 있었으며, 전통 대대로 백인이 주류를 이루었던 교파에서는 흑인들이 대개 배척당했다. 그래도 미래에 의미심장한 발전들이 이루어질 초석이 마련되고 있었다.

4.3.5. 남북전쟁: 노예제와 고난

우리는 이미 남북전쟁이 미국의 종교에서 중요한 의미가 있음을 암시했다. 이제는 이 점을 더 상세히 살펴봐야 한다. 1860년에 이르자, 미국은 36개 주를 갖게 되어 1766년에 13개 주를 가졌을 때보다 상당히 크게 팽창한 나라가 되었다. 1860년 대통령 선거에서 공화당 후보인 에이브러햄 링컨이 대통령으로 당선되었다. 그러자 이를 빌미 삼아 남부 일곱 주가 즉시 연방을 탈퇴했고, 뒤이어 네 주가 그 뒤를 따랐다. 연방에서 탈퇴한 이 11개 주들은 '남부 연합(Confederate States)'으로 알려졌다. 이들이 이렇게 연방을 탈퇴하는 결정을 내린 이유는 아직도 논란거리이지만, 노예제 문제가 주요 쟁점이었던 것만은 분명하다.

공화당은 노예제 확대에 반대했다. 남부 주들은 노예에게 크게 의존하여 면화 농장과 담배 농장이 주축인 그들의 경제를 유지하고 있었다. 북부의 지식인 엘리트들 속에는 노예제 폐지를 지지하는 견해가 널리 퍼져 있었다. 링컨은 대통령 선거유세 당시만 해도 노예제 폐지를 약속하지 않았지만, 그도 분명 노예제를 제한하면 언젠가는 이 제도가 결국 사라질 것이라고 생각했다.

남북전쟁이 터졌을 때만 해도, 링컨이 공공연히 천명한 목표는 연방을 구하는 것이었지, 노예들을 해방시키는 것이 아니었다. 그러나 링컨은 점차 노예제 폐지를 하나님이 연방에 주신 과업으로 인식하게 되었고, 노예제 폐지 투쟁에 신성한 명예감과 목적의식을 부여하게 되었다. 이 주제를 가장 잘 엿볼 수 있는 곳이 줄리아 워드 하우(1819-1910)가 가사를 쓴 〈공화국 찬가(Battle Hymn of the Republic)〉(1862)다. 이 전투 송가는 성경의 이미지를 강력하게 사용하여 노예제를 존속하려는 주에 맞서 싸우는 전투에 종교적 권위를 부여했다.

내 눈이 주의 오심의 영광을 보았으니,

그가 분노의 포도가 쌓인 틀을 밟아 짓뭉개시리도다.

그가 그의 무서운 날랜 검 같은 운명의 번개를 보내셨으니,

그의 진리가 전진하리로다.

남북전쟁은, 1861년 4월 12일, 남부 연합군이 찰스턴 만의 섬터 요새(Fort Sumter)를 포위, 공격하면서 첫 총성이 울렸고, 남부 연합군 사령관인 로버트 에드워드 리(1807-1870) 장군이 1865년 4월 9일에 애퍼매톡스 코트 하우스(Appomattox Court House)에서 그의 북버지니아군을 이끌고 항복하면서 끝났다. 북부 연방군은 승리할 수밖에 없었다. 북부 주들의 산업 생산력이 남부보다 월등했을 뿐 아니라, 북부 연방군의 남부 연합 해상봉쇄

작전이 성공하면서, 남부 연합 주들이 면화나 담배를 수출할 길이 막혀버렸기 때문이었다. 당시 기준에 비춰볼 때, 양측의 사상자 숫자는 엄청났다. 이 전쟁으로 거의 110만 명이나 되는 사상자가 생겼고, 그중 62만이 넘는 사람이 목숨을 잃은 것으로 생각된다.

이 엄청난 참화를 몰고 온 전쟁을 초래하는 데 종교도 무슨 역할을 했을까? 생각건대 미국 남북전쟁을 '종교전쟁'으로 보기는 불가능하다. 그럴지라도, 종교가 남북전쟁 이전에 북부 주들과 남부 주들의 문화를 형성하는 데 기여한 중요 요인이었던 것만은 분명하다. 앞서 언급했듯이, 2차 대각

1864년, 이름이 밝혀지지 않은 조지아 주 애틀랜타의 한 요새를 점령하고 대포 옆에서 쉬고 있는 북군 병사들을 찍은 사진.

성 운동(1800-1830)은 미국 사회의 많은 부분에 깊은 영향을 주었다. 하지만 사람들이 신앙 문제에 보인 이런 새로운 관심은 북부 주들과 남부 주들에서 상당히 다른 결과를 낳았다. 북부 사람들은 성경의 정신을 원용하여 노예제를 반대한 반면, 남부 사람들은 성경의 문자를(성경을 문자 그대로) 원용하여 노예제를 두둔했다. 북부에서는 신자들이 개인을 바꿔놓을 수 있는 종교의 능력을 새롭게 인식함으로써 (노예제를 포함한) 사회 문제들과 사회악들을 일부라도 사회에서 뿌리 뽑으려는 더 심오한 욕구를 발전시켰던 것으로 보인다. 하지만 당시 등장하고 있던 남부의 '성경 지대'에서는 부흥이 개인의 경건으로 나타나는 경향이 있었다. 즉, 부흥이 개인 차원의 신앙 갱신에만 머물렀으며, 꼭 사회를 변화시키겠다는 꿈까지 뻗어나가지는 못했다.

앞서 언급했듯이, 남북전쟁은 일찍이 선례를 찾아볼 수 없는 엄청난 사상자를 낳았고, 온 나라 곳곳에서 비탄과 애도의 광경을 만들어냈다. 고통스러워하는 가족들이 전장에서 죽은 친족들과 다시 접촉할 수 있는 길을 강구하면서, 강신술(降神術)을 향한 관심이 새로 활발하게 일어났다. 미국에서는 남북전쟁의 여파로 새로운 장르의 종교 문학이 등장했다. 이것이 소위 '위로 문학'이다.

이 '위로 문학'에서 가장 큰 영향을 미친 사례 중 하나가 엘리자베스 스튜어트 펠프스(1844-1911)가 쓴 작품이었다. 《조금 열린 문(The Gates Ajar)》(1868)에는 메리 캐보트라는 인물이 나온다. 뉴잉글랜드에 사는 이 여자는 남북전쟁 때 죽은 형제 로이와 접촉하고 싶어 한다. 메리는 로이와 자신의 관계를 간절히 되살리고 싶어 한다. 가장 먼저 칼뱅파 목사를 찾아가 도움을 구했는데, 이 목사가 건넨 위로에 완전히 실망하고 만다. "겉만 번지르르한 일반론, 마음에 와 닿지도 않는 흔해빠진 말, 모호함, 현실성이 없음, 앉아 있는 나를 내내 떨게 한 하나님이라는 분과 미래라는 것."

메리는 자신의 관심사에 직업 종교인이 보인 이런 반응에 실망한 나머지, 그의 친척 아주머니인 위니프레드 포사이드에게 도움을 구한다. 위니프레드는 하늘이 본디 현재의 확장임을 분명히 이야기하면서, 비록 전쟁이라는 처참한 살육이 이 땅의 인간관계를 파괴했어도, 하늘은 바로 그런 인간관계가 회복된다는 특징을 갖고 있다고 일러준다. "난 여기처럼 거기에도 아름다운 집과 남편과 (내 딸) 페이스가 있으리라고 기대한다. 많은 차이가 있고, 위대한 것도 있겠지만, '내 것'은 똑같을 거야."

위니프레드는 계속하여 하늘을 자연('계곡의 영광스러운 백합, 하늘의 장미꽃 봉오리, 영적 실잔대')과 인류 문화('예술 작품으로 바뀐 모든 행성')의 온갖 아름다움을 다 집약한 말로 묘사했다. 작품을 읽어보면, 하늘은 19세기 대가족의 모습과 흡사하다. 어린 자녀들은 '하늘의 생강 쿠키를 맛나게 먹으며' 장미나무로 만든 피아노를 치는 데 푹 빠져 있고, 어른들은 탁월한 철학자들이 나누는 박식한 담화와 베토벤의 교향곡을 귀 기울여 듣는다.

펠프스 자신이 하늘 문 너머에 있다고 믿었던 것들을 적어놓은 이 책은, 당장 책 판매고만 봐도, 분명 독자들을 사로잡았다. 《조금 열린 문》은 사람들이 점점 더 복잡해지는 북아메리카 문화 속에서 종교적 믿음 전반과 개신교의 전통적 내세관에 느끼는 불안이 깊어지고 있었음을 반영한 작품이라고 볼 수 있다. 이런 종교적 믿음과 개신교의 전통적 내세관은 (적어도 당시 북아메리카 사람들이 보기에는) 냉랭하고, 인간미가 없었으며, 사람을 끌어당기는 힘도 없었다. 위니프레드가 이런 내세관 대신 제시한 하늘의 모습은 유물론자의 시각을 담고 있는데, 기독교 전통 교리의 많은 부분을 그대로 유지하면서도, 굉장히 민감한 지점에서는 그런 전통 교리를 교묘하게 바꿔놓았다. 특히 이 땅의 삶 속에 있었던 개인과 관계, 환경이 내세의 삶에서도 계속 이어진다고 강조한 점이 그런 예다.

하지만 펠프스가 남북전쟁으로 말미암아 종교적 확신이 산산조각 나버린 백인 개신교 신자들을 염두에 두고 작품을 썼을 때, 다른 그리스도인 그룹들도 비슷한 트라우마를 겪으면서 이런 트라우마를 치료할 길을 닦고 있었다. 남북전쟁 이전과 전쟁 직후에 남부 주들의 흑인 노예들은 엄청난 고초와 궁핍을 겪었는데, 이런 고초와 궁핍은 다른 유형의 '위로 문학'을 등장케 했다. 세계에서 가장 가치 있는 예술 양식 중 하나는 이런 고통과 고난, 그리고 가난을 깊이 체험한 데서 나왔다. 그 양식이 바로 '흑인 영가'다.

이런 영가는 가난과 억압, 그리고 고난에 맞서 소망과 확신을 제공했다. 흑인 영가는 단순한 가사를 사용하여 소망이 없어 보이는 이 세상 속에 하늘의 소망이라는 충격파를 던져주었다. 가장 유명한 영가 중 하나가 〈예수께 조용히 나가(Steal Away to Jesus)〉이다.

조용히 나가, 조용히 나가, 예수께 조용히 나가,
조용히 나가, 본향으로 조용히 나가,
여기는 내 오래 머물 곳이 아니니.

전통 개신교에는 따뜻한 감정과 영혼이 없는 것 같았지만, 다른 기독교 형태들은 단순히 전통 개신교가 갖지 못한 것을 채워주려는 차원에 머물지 않았다. 부흥주의(부흥 운동)는 계속하여 밝고 쾌활한 자세로 신앙에 다가가는 접근법을 제시했으며, 이것이 많은 이들에게 호소력을 발휘했다. 하지만 미국에서는 새로운 기독교 형태가 등장하고 있었다. 바로 오순절주의였다. 20세기 후반부터 이 신앙 운동이 엄청난 중요성을 갖게 된 점을 고려하여 이 운동을 더 자세히 살펴보도록 하겠다.

4.3.6. 오순절주의: 전 세계를 아우른 신앙이 미국에서 생겨나다

미국 사회를 구성하는 많은 기독교 교파는 유럽에 그 기원을 두고 있었다. 장로교, 미국성공회, 감리교가 그런 교파들이었다. 하지만 미국의 종교적 실험 정신은 미국 자체에 기원을 둔 새 교파들과 신앙관을 많이 탄생시켰다. 이런 교파들과 신앙관들이 나중에 어느 쪽으로 나아갔든, 일단 이들의 뿌리는 대부분 기독교였다. 조지프 스미스(1805-1844)는 1820년대에 뉴욕 주에서 원시 기독교의 한 형태인 모르몬교를 창시했다. 메리 베이커 에디(1821-1910)는 1879년에 매사추세츠에서 크리스천 사이언스(Christian Science)를 창시했다. 여호와의 증인은 찰스 테이즈 러셀(1852-1916)이 1870년대 말에 펜실베이니아에서 창시한 성경 학생 운동에서 탄생했다. 그러나 미국에서 태어난 기독교 형태 중 가장 중요한 것을 든다면 아마도 오순절주의가 아닐까 싶다.

오순절주의의 첫 장면은 20세기 첫날(1901년 1월 1일), 캔자스 주 토피카에 있는 베델 성경 대학(Bethel Bible College)에서 펼쳐졌다. 이 교육기관은 한때 감리교 감독교회(Methodist Episcopal Church) 목사였던 찰스 파럼(1873-1929)이 성결 운동의 전통을 따라 설립한 곳이었다. 파럼은 학생들에게 성령이 지금도 그리스도인의 삶 속에서 계속 활동하심을 보여주는 증거를 신약성경에서 찾아보라고 요구했다.

많은 이들은 이를 공허하고 무의미한 물음이라 여겼다. 그 시대 신학의 지혜는 개신교의 주류 신학이 널리 가르친 '은사중단론' 형태를 띠고 있었다. 이 견해는, '방언으로 말하는 것'처럼 성령이 적극 부어주시는 은사들은 신약성경이 증언하는 시대에만 주어졌던 것이며, 이제는 더 이상 주어지지도 않고 활동하지도 않는다고 주장했다. 이처럼 그 시대 신학은 신약성경을 읽을 때, 이런 영적 현상들을 과거의 일이라고 이미 단정 지은 '은

사중단론'의 해석 틀 안에서 읽었다. 파럼은 그렇게 확신하지 않았다. 파럼 자신이 속한 성결 운동 전통 안에서는 은사 현상(charismatic phenomena)으로 보이는 일들을 알리는 보고들이 돌아다니고 있었다. 그는 자신이 가르치는 학생들에게 의견을 물었다.

학생들은 성경 본문을 곧이곧대로 읽으면 이런 은사들이 여전히 주어질 수 있다는 결론이 나온다고 보고했다. 파럼과 그의 학생들은 이런 명쾌한 반응에 감동 받아, 이런 은사가 다시 새롭게 주어질 수 있다는 소망을 품고, 1900년 12월 31일, 철야 기도를 시작했다. 20세기 첫날인 다음 날 밤 11시, 애그니스 오스만(1870-1937)이라는 학생이 이런 은사 체험을 했다고 보고했다. 며칠 뒤에는 파럼 자신을 포함하여 다른 이들이 같은 체험을 했다고 보고했다.

파럼과 그의 학생들은 자신들이 이처럼 '방언의 은사'를 분명하게 회복한 사연을 다른 이들에게 말하기 시작했다. 1905년, 윌리엄 J. 시모어 (1870-1922)라는 한 아프리카계 미국인 설교자가 파럼이 하는 강연을 듣게 된다. 시모어는 그 시대 남부 주들의 인종 분리 정책 때문에 파럼의 강연을 반쯤 열린 문을 통해 밖에서 들을 수밖에 없었다. 슬픈 일이지만, 백인우월주의 견해를 가진 자로 유명했던 파럼은 인종을 갈라놓는 이 벽을 허무는 일을 전혀 하지 않았다. 영감을 얻은 시모어는 1906년 4월, 로스앤젤레스 아주사 거리 312번지에 있는 한 교회에서 '사도 신앙 선교회(Apostolic Faith Mission)'를 시작했다. 이 교회는 폐허가 되어 당시에는 단지 창고로 쓰이고 있었다.

이후 두 해 동안, 아주사 거리에서 큰 부흥이 일어났으며, 이 부흥의 특징은 '방언으로 말하는 것'이었다. 사람들은 이 운동에 '오순절주의'(오순절 운동)라는 말을 쓰기 시작했는데, 이 이름은 '오순절―신약성경에 따르면, 이때에 초기 그리스도인인 제자들이 이 현상을 처음으로 체험했다(행 2:1-

4)—에서 가져온 것이었다. 중요한 것은 당시 악명 높은 짐 크로(Jim Crow) 인종 분리법이 미국 문화 속에서 잔인한 인종 분리를 만들어냈는데도, 아주사 거리의 선교 활동은 이런 인종 문제를 분명 초월했다는 점이다. 흑인 목사가 백인, 흑인, 히스패닉으로 다양하게 구성된 선교 팀을 이끌었다.

오순절주의는 주로 이 캘리포니아 근거지에서 미국 사회로 급속히 뻗어나가면서 특별히 시모어가 내놓은 중요한 개념인 황홀한 평등 교회론(ecstatic egalitarian ecclesiology)을 통해 특히 사회에서 소외당한 이들에게 호소력을 발휘했다. 특이한 점은 백인 그리스도인들과 아프리카계 미국인 그리스도인들이 모두 이 오순절주의에 매력을 느끼고 이를 받아들인 것 같다는 점이다. 미국 문화는 대체로 오순절주의를 괴이한 것이요 심지어 위험한 것으로 여겼다. 1906년 4월에 로스앤젤레스 지역 신문이 게재한 헤드라인이 그런 인식을 분명하게 보여준다. "새로운 광신 종파가 활개 치다." "지난 밤 아주사 거리에서 벌어진 미친 광경."

찰스 파럼은 시모어와 아주사 거리가 선언하고 실천한 인종 포용을 전혀 따르지 않았다. 파럼은 특히 인종의 경계를 뛰어넘은 사귐에 열중하다 혼란스러워진 아주사 현상을 통제하려고 애썼으나, 아무 효과도 없었고 그의 뜻대로 되지 않았다. 파럼은 이후 계속하여 백인 앵글로색슨 개신교 신자들이, 사라진 이스라엘 지파의 특권을 지닌 자손들이라고 가르쳤으며, KKK(Ku Klux Klan)의 용어임이 분명한 말로 이야기했다. 그는 끝까지 시모어와 화해하지 않았으며, 결국 망신만 당하고 죽었다.

하지만 오순절주의는 그 뿌리인 미국을 넘어 급속히 전 세계의 신앙으로 자리 잡아갔다. 이는 이 책 뒤에 가서 더 자세히 살펴보겠다.

4.4. 선교의 시대

앞장에서 보았듯이, 서유럽의 가톨릭 해양 강국들은 아프리카와 인도뿐
아니라 1490년대와 1500년 초에 새로 발견한 아메리카로 나아가는 새 교
역로를 열었으며, 이는 가톨릭교가 포르투갈과 에스파냐 선교사들의 활동
을 통해 이 지역에 자리 잡는 결과로 이어졌다(2.5.7). 이런 선교 활동은 국
가 차원에서 조정했다. 예를 들면, 프랑스 선교사들과 파리선교협회, 파리
외방선교회(Société des Missions Etrangères de Paris)가 그런 역할을 했는데, 이
들은 인도차이나 선교 사역에서 중요한 역할을 했다.

17세기에 이르러서야 교황 그레고리오 15세(재위 1621-1623)가 중앙에
서 권위를 갖고 로마가톨릭교회의 선교 활동을 관장할 포교성성(布敎聖省,
Congregatio de Propaganda Fide)을 세웠다. 1627년, 교황 우르바노 8세(재위
1623-1644)는 로마에 선교 훈련대학을 세웠다. 이는 새로운 선교 접근법을
보여주었는데, 이 접근법을 통해 선교가 갖고 있는 신앙적 성격을 강화함
과 동시에, 과학적이고 언어 중심인 선교사 교육을 장려하여 아메리카와
아프리카, 아시아에서 현지인 성직자를 양성해낼 수 있는 길을 마련했다.

그렇다면 이런 발전들이 왜 일어났는가? 한 가지 중요한 이유는 기독교
확장(선교)을 자기들 나름의 목표를 가진 각 국가의 교회 손에 맡겨두기보
다 신앙적 권위를 가진 어떤 곳이 중앙에서 조정할 필요가 있다는 인식이
점점 더 늘어났기 때문이다. 교회 원로 집단 사이에서는 몇몇 가톨릭 국가
들이 가톨릭 신앙을 널리 퍼뜨리는 일보다 해외에서 자신들의 경제적 이
익을 챙기는 데 더 관심을 가진 것 같다는 우려가 커갔다. 그러나 그런 발

전이 일어난 데는 또 하나 적잖이 중요한 이유가 있었다. 개신교가 선교 활동을 확대하는 바람에 가톨릭교가 전 세계 기독교 판도에서 차지하는 우위가 위협을 받고 있다는 인식이 그 이유였다.

개신교가 선교를 향한 관심을 발전시켜간 것은 더디 이루어졌다. 16세기와 17세기 개신교를 지배한 강령은 주로 외부에서 적들이 개신교 공동체 안으로 침입하지 못하도록 지키는 데 초점을 맞추었다. 그 적은 개신교(개신교 내의 다른 교파―옮긴이)일 수도 있었고, 가톨릭교일 수도 있었다. 그러나 가톨릭교는 개신교와 현저히 달랐다. 가톨릭교는 이 무렵 포르투갈과 에스파냐 항해가들의 대발견 항해 덕분에 남아메리카, 아프리카, 아시아의 많은 지역으로 크게 침투해 들어갔다.

하지만 개신교는 선교에 아예 관심이 없었다기보다 다만 선교에 더디 관심을 가졌을 뿐이었다. 긴 19세기가 막을 열 무렵, 개신교 선교협회들은 전 세계에서 적극 선교 활동을 펼쳐갔다. 개신교 확산은 교역 관계, 식민 활동, 그리고 의도적 포교활동이 복잡하게 얽혀 영향을 미친 결과였다. 영국은 전 세계를 아우르는 강대국이 되어 세계 각지에 식민지를 세우기 시작하면서 선교 활동에서도 특히 중요한 역할을 하게 된다.

18세기에 화란과 영국 같은 개신교 해양 강국들이 떠오르면서, 개신교 선교 기관들은 점점 더 크게 자신감을 갖게 된 반면, 이들의 경쟁자인 가톨릭 선교 기관들은 자신감을 잃게 된다. 교황의 예수회 억압(1773)은 특히 아시아와 남아메리카에서 가톨릭교의 선교 활동에 상당히 좋지 않은 영향을 미쳤으며, 결국 약 3천이나 되는 선교사를 잃는 결과를 낳고 말았다(4.1.6). 가톨릭교회는 프랑스 혁명(4.1.8)과 나폴레옹 전쟁(4.2.1)으로 말미암아 크게 약해졌으며, 선교 활동에서도 마음이 멀어졌다. 하지만 19세기 후반에 이르러, 가톨릭교는 이전에 가졌던 자신감을 많이 회복했고, 다시 한 번 선교에 집중할 수 있게 되었다.

기독교 선교 역사 전반, 그중에서도 특히 개신교 선교 역사는 근래에 와서야 진작 받았어야 할 학자들의 주목을 받게 되었다. 1990년 이전에는 주로 은퇴한 선교사들이 선교학 연구서를 집필했는데, 이들은 다 그들 나름의 생각을 갖고 그들 나름의 선교 명분을 제시했다. 세속(기독교 밖의) 학자들은 종종 선교 활동을 제국주의 역사의 한 측면으로 치부하면서, 이제는 선교 활동을 비꼰 회화(戲畫)로 볼 수 있는 것들을 서구 제국주의 역사에 대한 그들의 태도를 뒷받침하는 자료로 펼쳐 보였다. 이 견해는 선교사들을 단지 제국주의에 부역한 자들로, 곧 자신들보다 못한 이들을 치료하고 가르치려는 목표를 가졌을 수도 있지만 주로 제국주의 강령의 팽창에 이바지한 이들로 본다.

하지만 이제는 새로운 차원의 선교학 연구를 통해 선교 강령과 의도와 관심사들이 훨씬 더 복잡한 양상을 띠고 있었다는 게 드러나면서, 개신교 선교를 위와 같이 회화했던 흐름은 과거 속으로 물러가고 있다. 우리는 어디서라도 가능하기만 하면 이런 통찰들을 이번 장에서 제시하는 분석 속에 담아놓았다. 그럼 먼저 18세기 말에 개신교의 위대한 선교 확장을 가져온 계기들을 살펴보겠다.

4.4.1. 개신교 선교의 기원

18세기 말, 유럽의 개신교 지역 중 몇몇 곳에서 새로이 선교 활동을 향한 열정을 불러일으키는 데 대단히 중요한 기여를 한 세 요인이 있었다.

1. 성경 해석 패턴의 변화. 이런 변화 때문에 '대위임령'(마 28:17-20)을 비단 사도뿐 아니라 모든 세대의 신자들에게 맡겨진 사명으로 해석하게 되었다.

2. 개신교 해양 강국의 팽창. 그 결과, 이 강국들은 아시아, 아프리카, 라틴아메리카에 유럽 식민지를 건설했다. 영국은 18세기 말과 19세기에 최고 해상 강대국으로 널리 인정받았는데, 공교롭게도 이 시기는 해외 선교 활동에서 중요한 의미를 가지는 이 시대와 일치한다.

3. 교회의 타성을 벗어난 복음전도 기관인 '자원(自願) 단체'의 발전. 기독교 선교 역사에서 가장 중요한 갈등 중 하나는 교회와 선교 단체 사이의 갈등이었다. 이런 갈등이 벌어진 이유는 뒤에 살펴보겠다.

이 세 가지 요인은 모두 더 자세히 다뤄볼 만한 가치가 있다.

18세기에 들어와 선교를 바라보는 신학의 태도에 중대한 변화가 생기기 시작했다. 테오도르 드 베즈(1519-1605)와 요한 게르하르트(1582-1637) 같은 이들처럼, 16세기 말과 17세기 초의 개혁파 및 루터파 신학자들은 사도 시대가 막을 내리면서 '대위임령'도 끝났다고 주장했다. 이런 신학 판단을 뒤집어엎은 계기 중 하나가 거대한 남쪽 대양으로 나아가는 길을 열어놓은 18세기의 탐험 항해였다. 세계가 이전에 인식했던 것보다 더 크며, 그에 따라 새로 발견된 이 대륙에도 그리스도를 증언할 필요가 있다는 인식이 점점 더 커져갔다. 예를 들면, 훗날 가장 유명한 영국인 인도 선교사중 한 사람이 되는 윌리엄 캐리(1761-1834)도 제임스 쿡(1728-1779) 선장이 1768년부터 1771년까지 남양(南洋)을 항해하고 쓴 항해 기록을 읽은 뒤에 선교사의 소명이라는 개념을 생각하기 시작했다. 신학과 지리학이 협력하여 그리스도인의 삶에서 선교가 차지하는 위치를 새롭게 바라보는 시각을 만들어내기 시작했다.

하지만 이와 더불어 또 하나 고려할 것이 있다. 그건 바로 선교 사역을 감당하는 것을 하나님의 손길이 사람들의 회심에 역사하게끔 온 힘을 다하는 것이라고 생각했다는 점이다. 윌리엄 캐리가 1792년에 침례교 목사들이 '이방 나라들 가운데서 복음을 널리 퍼뜨려야 할 그리스도인의 의무'를 논해야 한다고 주장할 때만 해도, 그는 냉대를 받았다. 캐리는 나중에 한 나이 든 목사가 이 주장을 어처구니없다며 무시해버렸다고 회상했다. "하나님이 이방인들을 회심시키길 기뻐하신다면, 당신이나 내가 나서지 않아도 그분이 알아서 하실 거요."

개신교 해양 강국이 그 세력을 확장하면서, 유럽 개신교 국가들도 식민지를 세우게 되었다. 이는 신앙고백주의 노선을 따른 교회들이 정한 복음 전도 모델을 활용하는 계기가 되었다. 식민지는 국가의 권위가 미치는 지역이었다. 때문에 국가 교회는 이 지역 안에서 목회 활동이나 복음 전도 활동을 펼칠 수 있었다. 이런 점에서 루터파의 첫 번째 주요 선거 거점이 인도였던 것도 결코 우연이 아니다. 덴마크 왕실 직할 식민지가 세람포르에 만들어지면서 나타난 직접적 결과였기 때문이다. 화란이 (당시 '동인도'로 알려진) 인도네시아에 식민지를 세우면서, 개혁파 교회들이 이 지역에 세워졌다. 하지만 당시 가장 왕성한 식민 활동을 편 강국은 영국이었으며, 이 때문에 영어를 사용하는 개신교 형태들이 제국의 팽창과 더불어 전 세계에, 특히 인도 대륙과 카리브 해 지역, 그리고 호주에 널리 세워지게 되었다.

더구나, '자원 단체'의 등장으로 새로운 복음 전도 모델이 등장했으며, 이는 결국 미국과 영국에서 이전 모델들을 대치했다. 그러나 독일과 유럽의 다른 국가들에서는 그러지 않았다는 점을 강조해두어야겠다. 전통적 복음 전도 모델들은 한 개신교 국가나 교파에 초점을 맞춤으로써, 복음 전도를 관권에 의존하는 사업으로 만들어버렸었다.

18세기 후반이 되자, 선교를 이끄는 역할은 결국 모험 정신을 가진 개인들의 손으로 넘어갔다. 이들은 특별히 해외 선교라는 목적에 초점을 맞춰 선교에 헌신한 단체들을 만들어냈다. 이 단체들은 선교에 나서려는 동기가 아주 확고한 이들로 이루어져 있었다. 이들은 스스로 선교 자금을 모으고, 후원 그룹을 만들었으며, 선교사들을 찾아내고 모집했다. 이들은 교회를 선교 명령에 부응하지 못하는 제도적 강령을 가진 곳으로 보았다. 선교 문제를 교회 내 관료 집단이 엉망으로 만들기보다, 선교에 헌신한 개인들이 떠맡는 것이 최선이었다.

런던선교협회의 기원이 이런 흐름을 가장 잘 보여준다. 윌리엄 캐리의 인도 선교 활동을 전하는 뉴스는 1794년 잉글랜드에서 큰 관심을 불러일으켰으며, 특히 노예제 폐지 운동을 펼치는 이들 가운데에서는 더 그러했다. 침례교 목사인 존 콜렛 라일런드(1723-1792)는 평신도와 안수받은 성직자를 불문하고 선교에 관심이 있는 사람들을 모으기 시작했다. 이들은 런던에 있는 베이커 커피 하우스에 모여 교파의 경계를 넘어 선교 활동을 펼쳐갈 방법을 계획했다. 이를 지지하는 사람들이 늘어나고, 재정이 모였다. 배를 구입하고, 선교사들을 모집했으며, 중요한 의미가 있을 수 있는 '남양 제도(諸島)' 선교에 나섰다(그러나 이 선교 활동이 모두 성공하지는 않았다).

호주 대륙 발견을 포함하여 18세기에 이루어진 제임스 쿡 선장의 항해 보고는 그때까지 알려지지 않았던 이 지역에 복음을 전하는 일에 새로이 관심을 불러일으켰다. 1796년 8월, 이 지역으로 떠나는 첫 번째 대규모 선교단이 출발했다. 이때 선교사 30명이 타히티로 떠났다. 이 선교는 상당히 큰 난관들을 만났다. 이 난관들은 특히 당시에 성(性)을 대하는 영국과 타히티의 보편적 태도가 아주 달랐던 점과 관련이 있었다. 그럼에도 이것을 이 지역에 기독교를 뿌리 내리려는 오랜 노력의 출발점으로 봐도 되겠다.

이 지역은 그 지리상 특성 때문에 가장 믿을 만한 복음 전도 방법 중 하나(즉, 선교 거점 설립)를 활용할 수 없었다. 섬들에 거주하는 인구가 대체로 너무 적어 이런 정착지를 세우고 유지하는 것이 마땅치 않았다. 채택한 선교 전략 중 가장 성공을 거둔 것은 선교선(宣敎船)을 활용하는 것이었다. 이 방법 덕택에 유럽 선교사들은 선교 지역에서 원주민 복음 전도자, 목사, 교사의 활동을 지도하고 감독할 수 있었다.

이 지역에서 가장 중요한 선교 거점은 호주와 뉴질랜드에 있었는데, 이 지역들은 결국 이 지역에서 이루어진 대부분의 선교 사역을 밑받침하는 기지 역할을 하게 된다. 기독교는 1788년에 호주에 전해졌다. 기독교가 호주에 들어왔을 당시 상황은 아주 좋지만은 않았다. 뉴사우스웨일스에 도착한 함대는 죄인들을 당시 그 지역에 세워지고 있던 유형지(수형자 정착촌)로 실어 날랐다. 그러다 결국, 나중에 노예무역 폐지와 관련을 맺게 되는 사회 개혁자 윌리엄 윌버포스(4.1.9)는 영국 해군 당국을 설득하여 군목이 함대에 동승하게 했다. 그다음 세기에 영국에서 이 지역으로 건너오는 이민자들이 놀라울 정도로 늘어나면서, 영국 기독교의 여러 형태가 이 지역에 뿌리를 내리게 되었다. 1897년에 '부시 형제단(Bush Brotherhoods)'이 설립되면서, 호주 대륙 내부에 복음을 전할 토대가 마련되었다.

다른 선교회들은 세계의 다른 지역에 초점을 맞추었다. 침례교선교협회(1792년에 세워졌으며, 처음에는 '이방인 가운데 복음을 전파할 침례교특별협회'로 알려져 있었다)와 교회선교협회(1799년에 세워졌으며, 본디 '아프리카와 동방을 위한 교회선교협회'로 알려져 있었다)는 특별히 아프리카의 특정 지역에 초점을 맞췄다. 침례교선교협회는 콩고 분지에 초점을 맞췄으며, 교회선교협회는 서아프리카와 동아프리카에 집중했다.

하지만 선교 단체들의 활동은 기독교 전체, 특히 개신교를 세계 전역에 확산시키는 한 가지 방법일 뿐이었다. 유럽의 민족 국가들과 이 국가들의 국가 교회는 긴밀한 관계에 있었기 때문에, 이 국가들이 식민지에 영향력을 확장하면 기독교의 영향력도 최소한 어느 정도는 함께 확장될 수밖에 없었다. 하지만 이런 제도 중심의 선교 접근법은 영혼을 회심시키는 것이라기보다 교회 이식(移植)으로 보이는 경향이 있었다.

이처럼 식민지 경영에 얽힌 관심사 및 교회의 관심사가 하나로 통합된 좋은 사례를 영국이 아프리카와 아메리카, 그리고 아시아에서 펼친 식민지 확장에서 볼 수 있다. 이제 이를 살펴보도록 하겠다.

4.4.2. 선교와 식민주의: 성공회의 경우

선교 활동과 식민주의의 등장 사이에는 어떤 연관관계가 있다는 인식이 오래전부터 있었다. 예를 들면, 라틴아메리카에서 이루어진 가톨릭교의 선교 활동은 에스파냐와 포르투갈이 이 지역에서 갖고 있던 상업, 군사, 정치 분야의 이해관계와 직접 연결되어 있었다. 식민주의와 선교의 연관관계를 탐구하고자, 이 문제를 특히 잘 설명해주는 한 가지 특별한 사례를 살펴보도록 하겠다. 영국의 식민 정책, 그리고 식민지 교회의 발전이 바로 그 사례다.

영국은 18세기에 해군 강국이자 식민지 강국으로 떠올랐다. 이는 영국의 국가 이익을 확장하는 일과 식민지에 잉글랜드 국교인 잉글랜드 성공회의 전초기지를 마련하는 일을 하나로 연결해주었다. 대영제국의 등장을 다루지 않고 성공회 이야기를 들려주기는 불가능하다.

식민지화 과정, 특히 18세기에 이루어진 식민지화 과정에 앞서 새 식민지의 전초기지에 성공회 사제를 배치하는 일이 먼저 이루어질 때가 종종 있었다. 이 사제들의 첫 번째 역할은 목회자로서 영국인 해외이주자 공동체를 보살피는 것이었다. 제도 차원의 선교 접근법은 보통 사제가 해외이주자들을 보살피는 역할을 행하는 형태를 염두에 두었지만, 이 과정에서 이 사제들이 우연히 원주민에게 선교사 역할을 하기도 했다.

영국 식민지들은 그들 나름의 독특한 방식으로 '성공회'의 시각을 펼쳐보였는데, 바로 이런 독특한 방식(모습)이 근래에 학자들이 점점 더 큰 관심을 기울이는 주제가 되었다. 1780년경까지만 해도 영국 정부가 영국 식민지에서 성공회가 자리 잡게끔 계속 조장하거나 장려할 특별한 이유가 있었다고 주장하는 견해가 있지만, 이를 설득력 있게 뒷받침해주는 논거는 전혀 없다. 사실, 진취적 모험 정신을 앞세운 식민지 개척보다 돈이나 벌려는 사업가식 관심사가 더 우선순위를 차지했던 것 같다. 영국이 무역 국가로서 차지하는 위상이 높아지면서, 식민지 확장도 주로 상거래 관점에서 바라보게 되었다. 식민지 당국은 종교 분쟁을 일으키지 않으려고, 영국의 종교 사상과 관습을 식민지 현지 주민들에게 강요하는 일을 피하곤 했다. 지역에 따라 몇몇 예외가 있긴 했지만, 식민지 당국은 성공회를 주로 식민지에 사는 영국인에게 목회자를 제공해주는 곳으로 보았지, 다른 교파보다 우대하여 현지 주민들에게 강요할 교파로 여기지 않았다.

성공회가 왕실 직할 식민지에 정착하는 과정을 보면, 서로 다른 두 국면을 가려낼 수 있다. 1780년부터 1830년에 이르기까지, 영국 국왕은 식민지들, 그중에서도 특히 영국령 북아메리카에서 교회와 국가의 연결고리를 더 공고히 하려고 적극 노력했다. 잉글랜드의 교회 구조를 그대로 복제하여 심어놓은 것은 영국 문화의 특성을 간직한 식민지의 독특한 정체성을 더 공고히 안정시키고 유지하려는 방법이었다고 볼 수 있다. 노바스코샤와 퀘벡에 주교구를 만든 것(전자에는 1787년에, 후자에는 1791년에 만들었다)은 이런 원칙을 반영한 것으로 볼 수 있다. 이 원칙은 18세기 말에 영국령 북아메리카 식민지에서 처음 실행되었고, 이어 1810년대와 1820년대에 카리브 해 식민지에서도 실행되었다. 잉글랜드 성공회도 이 과정에 개입했지만, 이는 주로 이 시대 식민지 정책의 목표에 떠밀려 한 일이었다.

1830년에 선거로 휘그당 정부가 출범하면서, 성공회의 식민지 정착 과정 중 두 번째 국면이 시작되었다. 영국 정부는 잉글랜드 성공회의 우위를 인정함으로써 성공회에 특권을 부여한 잉글랜드의 교회 시스템을 그대로 복제하여 이식하는 데 더 이상 관심을 보이지 않았다. 이때부터는 국가보다 교회가 성공회를 해외에 널리 전하는 책임을 짊어지게 된다. 이제는 잉글랜드 성공회에서 선교 사업을 이끌던 두 개의 주요 선교 단체—교회선교사협회(1799년에 설립)와 외지복음전도협회(1701년에 설립)이며, 이 두 단체는 모두 선교사와 영국 식민지 정착민들을 위한 성공회 사제를 모집한 경험이 있었다—가 식민지에서 일할 성직자와 주교를 선발할 때 더욱더 중요한 역할을 맡았다. 1841년에 설립된 식민지주교구기금(Colonial Bishoprics' Fund)은 성직자와 유력 정치인들이 자원하여 설립한 조직이었으며, 1840년대에 11개 주교구를 만들 돈을 제공했다. 복음주의 계열 사람들이 해외에 있는 자리(목회자가 일할 곳—옮긴이)를 많이 차지한다는 사실이 명확해지자, 성공회 고위 성직자들은 이런 사태에 대응할 방법으로 1848년에 캔터베리에 세인트어거스틴 칼리지(성공회가 선교사 양성기관으로 켄트 주 캔터베리에 설립했던 칼리지—옮긴이)를 세웠다.

교회선교사협회와 외지복음전도협회는 식민지 원주민들을 섬길 선교사들과 영국인 정착민을 섬길 사제들을 공급하는 데 중요한 선구자 역할을 했는데, 전자는 주로 동아프리카를 맡았고 후자는 남아프리카를 맡았다. 두 단체는 이들 지역에서 성공회의 정체성을 형성하는 데 중대한 기여를 했다. 그러나 이 두 단체가 성공회를 바라보는 시각은 사뭇 달랐다. 교회선교사협회는 복음주의 색깔의 견해를 갖고 있었으며, 외지복음전도협회는 1850년대에 들어와 고교회(교회의 의식과 전통에 중점을 두고 가톨릭교의 전례를 그대로 유지하려 했던 성공회 내부의 한 분파—옮긴이) 색채가 점점 더 짙어졌다. 그 결과, 사뭇 다른 성공회 형태들이 이 지역에서 등장했는데, 1930년대에 일어난 동아프리카 부흥처럼, 이후에 벌어진 사건들은 이런 차이를 더 키우는 촉매가 되었다. 동아프리카는 주로 복음주의 색채를 띤 견해를 표방했다. 반면 남아프리카는 주로 앵글로가톨릭(가톨릭교의 전통과 의식을 그대로 따를 것을 강조한 성공회 내부의 한 흐름—옮긴이) 색채가 강했다. 남아메리카에서는 복음주의적인 남아메리카선교협회(1844년에 파타고니아선교회라는 이름으로 설립되었다)가 이 지역에서 성공회의 여러 틀을 형성하는 데 중대한 기여를 했다.

18세기와 19세기에 성공회와 영국의 식민 정책 사이에 존재했던 이런 연관관계는 성공회 선교사들이 식민주의 강령에 동조한 공범이지 않았나 하는, 더 큰 의문을 불러일으킨다. 근래까지만 해도, 개신교 선교가 '식민주의 국가(state of colonialism)'를 만들어냈으며 이 식민주의 국가가 식민지 국가(colonial state)를 출현케 했다는 주장이 통설이었다. 이 견해에 따르면, 어떤 지역을 식민지로 만드는 일은 선교사들이 자신들의 가치와 사상의 우월성을 강조하는 것으로 시작하며, 이것이 결국 식민지의 문화 종속 상태를 만들어내어 식민주의자들이 식민지를 착취할 길을 열어놓았다고 본다. 이 견해는 선교사들이 본디 원주민이 그들의 고유한 사상과 가치, 문명에 품고 있던 자신감을 무너뜨림으로써 서구 제국주의 통치가 침투할 길을 마련했다고 본다.

그러나 이제 학자들은 이 견해에 이의를 제기한다. 이제는 오히려 선교사들이 원주민을 인격체가 아니라 단지 경제 상품 정도로 치부하던 '식민주의 정서'를 종종 뒤집어엎으려 했다는 점이 알려져 있다. 이런 사례 가운데 가장 흥미로운 예가 19세기 말에 독일령 서아프리카 식민지 토고에서 선교 활동을 편 브레멘선교회이지 않을까 싶다. 프란츠 미하엘 찬(1833-1900)은 현지 원주민이 그들의 고유 언어를 사용할 권리를 갖고 있음을 적극 주장하면서 이에 반대하는 식민지 당국의 견해에 맞섰다. 아울러 그는 자신의 신학적 확신을 토대로 식민지 사람들 역시 본디 인간임을 거듭 강조했다.

런던선교협회가 남아프리카 호이(Khoi)족 사람들 속에서 펼친 선교 활동은 '선교를 식민주의로 보는' 접근법을 무너뜨렸다는 점에서 특히 중요하다. 런던선교협회 사람들은 호이족에게 식민주의를 제시하지 않고, 그들의 주인 노릇을 하는 아프리카너(Afrikaner, 남아프리카의 백인들로서 주로 화란계 백인—옮긴이)에 맞서 저항해야 한다는 이데올로기를 제시했다. 더군다나 개신교 선교사들은 제국주의의 지배를 받지 않는 지역에서도 적극 활동했다. 사실, 제국주의가 이런 지역에 침입할 가능성을 뒤집어버리는 활동을 편 경우들도 있었다.

이전의 연구는 개신교 선교 활동을, 우연이든 아니면 의도적이었든 제국주의에 동조하는 모험으로 보았지만, 이제는 그렇지 않다고 보는 견해가 널리 지지를 받고 있다. 당시 정치 현실을 생각하면 영국, 독일, 화란, 덴마크의 선교 활동은 제국의 정치 역학과 얽힐 수밖에 없었다. 그렇다고 이것이 곧 개신교 선교사들이 제국의 식민지 경영에 동조하거나 협력했다는 말은 아니다. 물론 예외도 쉬이 찾아낼 수 있긴 하지만, 그래도 선교사들은 문화 제국주의자가 아니었다.

4.4.3. 기독교의 아시아 선교

사람들은 전통을 따라 기독교가 1세기에 '마르 도마(Mar Thoma)' 교회(자신들의 기원을 사도 도마로 여기는 그리스도인 그룹)라는 형태로 인도에 뿌리를 내렸다고 믿고 있다. 이 고대 전통에 따르면, 도마는 코친 근처 크란가노어(Cranganore)에 도착하여 인도에 첫발을 디뎠다고 한다. 당시 이곳은 말라바르 해안에 자리한 큰 항구로서 팔레스타인 및 그 인접 지역들과 중요한 무역 거래를 하고 있었다. 나중에 포르투갈 항해가 바스쿠 다 가마의 항해로 가톨릭 선교사들이 인도 대륙 해안 지역에 다가갈 길이 열렸으며, 고아(Goa)는 이 선교사들의 활동 중심지가 되었다.

가톨릭교가 아시아에서 펼친 선교 활동은 본디 알레산드로 발리냐노

(1539-1606)가 개발한 기술들을 그 바탕으로 삼았다. 이 기술 중에는 기독교의 근본 주제들을 아시아 문화에 맞게 응용하거나 적응시키는 것이 포함되어 있었다. 이러려면 현지 언어를 잘 알아야 했고, 아시아 문화에 관한 지식과 이 문화를 존중하는 태도를 가져야 했으며, 현지인 성직자를 훈련시키려는 의지를 가져야 했다. 이 접근법은 '민간' 전통과 '종교' 전통을 구분하여, 전자는 존중하고 유지하는 것도 포함하고 있었다. 이 결과, 난징, 상하이, 항저우, 베이징 같은 중국의 대도시에 그리스도인 공동체들이 세워졌다. 두 번째 전략도 아시아 문화 속에서 펼쳐졌다. 두 번째 전략은 '하향식(위에서 아래로 내려가는)' 선교 개념이었는데, 선교사들은 이런 전략을 통해 대다수 민중보다 교육받은 유교 엘리트 및 제국의 공직자들을 회심시키는 것을 목표로 삼았다. 일찍이 마테오 리치(1552-1610)가 펼친 선교 사역은 이런 접근법을 훌륭히 적용한 예를 보여주었다.

이런 문화 적응 전략은 오직 라틴어만을 공식 예배 언어로 인정하던 시절에 중국식 전례를 새로 만들어내는 것도 포함하고 있었지만, '중국식 의식 논쟁(Chinese Rites controversy)'이 벌어지면서 결국 마침표를 찍었다. 1704년, 선교사들이 중국 전통의 조상 숭배를 존중해야 하는가를 놓고 논쟁이 벌어졌다. 이것은 '민간' 전통과 관련된 문제인가, 아니면 '종교' 전통과 관련된 문제인가? 결국 이것은 종교 관습이므로 가톨릭교가 이를 존중해서는 안 된다는 결정이 떨어졌다.

이와 달리, 개신교 선교사는 이 지역에서 터를 잡는 데 상당히 더딘 모습을 보여주었다. 실제로 종종 복음 전도보다 상거래를 우선시했으며, 때로는 복음 전도를 상거래를 방해하는 장애물로 여기기도 했다. 예를 들면, 인도에 처음 발을 들인 성공회 성직자는 영국 동인도회사가 자신들이 보유한 배의 선원들을 목자처럼 돌보고 영적 도움을 줌으로써 이들이 상거래 임무를 더 잘 수행할 수 있게 해줄 사람으로 채용한 각 선박 소속 사제들이었다.

개신교가 인도에서 펼친 첫 번째 주요 선교 활동의 본거지는 마드라스
남쪽, 코로만델 해안에 있는 덴마크 왕실 직할 식민지 트란케바르였다. 루
터파 정통은 앞부분(4.4.1)에서 언급한 이유들을 내세워 여전히 선교 활동
을 적대시했다. 하지만 경건주의자들은 복음 전도를 강력히 지지했다. 이
런 복음 전도 임무를 감당했던 유명한 독일 루터파 경건주의 선교사들 가
운데 바르톨로메우스 치겐발크(선교 태동기인 1706년부터 1719년까지 선교 활동
을 지도했다)와 크리스티안 프리드리히 슈바르츠(1750년부터 1787년까지 선교
활동을 지도했다)가 있다. 루터가 이전에 봉직했던 대학교인 비텐베르크 대
학교 루터파 신학부는 이런 사태 진전에 분노하여 이 같은 선교 활동을 제
한하려고 했으나 성공하지 못했다.

결국 이 선교는 열매를 맺었다. 수천 명으로 이루어진 루터파 공동체가
트란케바르 자체는 물론이요, 탄조레, 티루치라팔리, 티루넬벨리 같은 도
시처럼, 그 지역의 도시들과 주위 지역에서 생겨났다. 덴마크 경건주의는
1800년쯤 쇠락의 길로 들어섰다. 합리주의의 영향이 점점 커져간 것도 한
원인이었고, 영국의 한 선교 단체(교회선교사협회)가 이 지역에서 큰 활동을
편 것도 한 원인이 되었다. 1840년경, 드레스덴·라이프치히선교회는 이
지역에 선교사들을 보내, 많은 타밀족 그리스도인들을 다시 루터파 신자
로 만들었다.

하지만 이 지역에서 영국의 정치적 힘이 점점 강해지면서, 아무래도 영
국 선교사들의 활동이 유리해질 수밖에 없었다. 물론 동인도회사는 이
런 선교 활동으로 말미암아 자신들의 상거래 활동이 방해받는 것을 여전
히 원하지 않았다. 영국의 침례교 신자들이 동인도회사의 권위를 누르고
1793년에 벵골에서 활동하기 시작했으며, 덴마크 식민지이자 캘커타(콜카
타)에서 갠지스 강 상류 쪽으로 더 올라간 곳에 자리한 고을 세람포르에 정

착했다.

1818년에 세람포르 칼리지를 설립한 것은 한 이정표였다. 영국에 있는 이 학교 후원자들은 이 학교를 유럽인 선교사들을 완전히 대신함으로써 진정한 현지인(토착) 교회를 만들어낼 인도인들을 훈련시킬 교육기관으로 소개받았다. 이 주장에는 기존 기부자들을 독려하고 새 기부자들을 더 확보할 목적으로 허풍 섞인 열망을 담아놓았을 수도 있다. 하지만 선교사들과 영국 식민 당국의 관계를 의심하는 목소리가 점점 커지고 있었음을 고려할 때, 이 학교가 표방한 목적은 전략상 상당한 중요성을 갖고 있었다.

영국 선교 단체들과 선교사들은 1775년경부터 유럽의 다른 단체들의 큰 저항을 받지 않고 인도에서 활동할 수 있었다. 하지만 정작 영국 당국은 이들을 적극 후원하지 않았다. 예를 들면, 동인도회사는 영국 선교 단체와 선교사들의 활동을 반대했는데, 이들이 인도 원주민들 사이에서 동인도회사에 대한 반감을 조성함으로써 동인도회사가 의존하는 무역에 위협을 초래한다는 것이 그 이유였다. 하지만 (영국 의회가 1813년 6월 13일에 통과시킨) 특허법(Charter Act)은 동인도회사가 갖춰야 할 활동 조건들을 개정했다. 이때부터 영국 선교사들은 그 지위를 보호받게 되었고, 인도 대륙에서 복음 전도 활동을 펼칠 자유를 어느 정도 허용받았다. 이 선교사들이 이런 특권을 누린 것은 곧 이들이 영국의 통치와 가치를 대변하는 하수인 취급을 받을 수도 있다는 의미였지만, 이는 어쩔 수 없는 일이었다. 세람포르 프로그램은 토착 형태의 개신교회들이 등장할 길을 열어놓았다.

그러나 인도 대륙에서 선교 활동에 참여한 서구 국가는 비단 영국만이 아니었다. 미국의 첫 인도 선교는 1810년에 메릴랜드 주 윌리엄스타운에 있는 윌리엄스 칼리지에서 시작되었다. 당시 이 대학에서는 한 무리 학생들이 동인도회사의 역사를 공부하고 있었는데, 이들은 자신들이 인도 지역에서 선교사로 섬길 소명을 받았다고 믿었다. 이를 계기로, 매사추세츠 회중교회 목사 총연합회가 1810년에 미국해외선교위원회(American Board of Commissioners for Foreign Mission)를 만들었고, 한 무리의 선교사들—이 중에는 본디 윌리엄스 칼리지 학생이었던 이들도 몇 사람 들어 있었다— 을 캘커타로 파송했다.

개신교와 인도 문화의 관계라는 문제는 19세기 내내 중요한 이슈로 남아 있었다. 많은 이들은 개신교가 인도와 맞지 않으며, 인도 문화의 가치와 규범에 둔감하다고 보았다. 사람들은 종종 1857년에 일어난 '세포이 항쟁'을 영국의 식민 지배에 맞선 봉기이자, 인도 문화를 서구 문화로 바꾸려는 시도들에 맞선 항거로 보곤 한다. 그리스도인과 기독교 교육기관이 과녁이 되었던 것은 봉기자들이 바로 이들을 서구 문화의 도구 내지 결과물로 보았기 때문이다.

비슷한 상황이 중국에서도 벌어졌다. 1840년대에 벌어진 아편 전쟁의 여러 결과 중 하나는 '중국(Middle Kingdom)'이 서구 선교사들에게 문을 연 것이었다. 중국은 19세기까지 서구 세계에 문을 닫아걸고 있었다. 그러다 19세기에 이르러 상거래에 관심이 커지면서 결국 서구 선교사들에게 문을 열게 되는데, 그 선교사 중 대다수는 미국과 영국에서 온 이들이었다. 중국어 문어(文語)와 구어(口語)를 몰라 곤란을 겪은 이 선교사들은 여러 가지 큰 어려움에 시달렸다. 이런 이들 가운데, 제임스 허드슨 테일러(1832-1905)를 따로 뽑아 특별히 언급해봐도 될 것 같다.

허드슨 테일러는 애초에 중국복음화협회와 함께 일한 선교사였다. 그러나 이 조직에 불만을 느끼던 그는 1865년에 중국내지(內地)선교회를 발견했다. 이 선교 단체는 몇 가지 특이한 점이 있었는데, 특히 독신 여성을 선교사로 받아들이려 하고 초교파성을 지닌 점이 그러했다. 허드슨 테일러는 중국에 나가 있는 기독교 선교사들이 부닥치는 문화 장벽을 잘 알고 있음을 보여주었으며, 이 장벽들을 제거하고자 자신이 할 수 있는 일을 했다.

예를 들면, 테일러는 자기 선교사들에게 서양 옷이 아니라 중국옷을 입을 것을 요구했다. 중국내지선교회는 당시 선교사 단체 가운데 사실상 유일하게 살아남은 곳이었다. 이는 이 선교회가 특별히 선교사들이 만다린어(베이징에서 쓰는 중국어—옮긴이)를 가르칠 목적으로 설립된 학교에서 이 만다린어를 배워야 한다는 것을 인식한 덕분이었다. 다른 선교사 단체들은 단지 그 소속 선교사들에게 언어 매뉴얼과 원어민이 제시한 조언만을 제공할 뿐이었다.

서구 열강은 아편 전쟁(1839-1842)의 결과로 중국에 큰 발판을 마련했다. 난징조약(1842)이 체결되면서, 중국은 영국에 큰 양보를 해야 했는데, 이런 조치 중에는 영국 국민에게 '치외법권(extraterritoriality)'을 인정하는 것(즉, 중국법 적용을 면제해주는 것)도 들어 있었다. 이것이 바로 서구 열강이 중국에 강요한 수많은 '불평등 조약'의 효시였으며, 이런 조약은 결국 이 지역에서 서구의 영향력을 키워주는 결과로 이어졌다. 1861년부터 1894년에 이르는 기간에 이홍장(1823-1901)과 좌종당(1812-1885) 같은 청왕조의 학자들과 관리들이 주도한 '자강(自强)운동'은 서양 기술과 중국 전통 문화를 결합하려고 시도했다. 서구 선교사들은 대체로 환영을 받았는데, 이는 특히 이 선교사들이 교육자로서 잠재력을 갖고 있다고 인정받았기 때문이었다.

하지만 중국이 1895년에 끔찍한 청일전쟁에서 패배하면서 새로운 갈등이 생겨났다. 신진 보수 엘리트들이 나중에 '의화단'으로 알려지게 된 비밀단체의 반(反)외세, 반기독교 운동을 도왔다. 1900년에는 의화단 무리가 중국 북부 전역에서 활개를 쳤다. 이들은 기독교를 서양 것이요, 따라서 중국 것이 아닌 것으로 보았다. 외국인 기독교 선교사들을 특히 위험한 존재로 보았고, 기독교와 관련된 건물도 마찬가지였다. 많은 곳에서 중국인 그리스도인들이 학살당했다. 1900년 6월에는 베이징과 텐진에 있는 외국인

조계(租界)들이 포위되어 공격받을 정도로 사태가 심각해졌으며, 이는 결국 서구 열강의 군사 개입을 불러오고 말았다.

이 당시 청 왕조는 의화단을 공식 조종하고 있었으며, 서구 열강이 보낸 구원군에 맞서 싸울 계획까지 마련했으나, 결국 실패하고 말았다. 9월 7일, 청 왕조가 강요당한 평화의정서는 결국 이 왕조가 떠안은 굴욕을 상징했다. 하지만 기독교의 명분을 드높일 조치는 전혀 이루어지지 않았다. 기독교는 분명 서구에서 들어온 수입품으로 치부되었다. 이제는 많은 이들이 기독교가 '중국'에서 명분을 잃어버렸다고 믿었다.

4.4.4. 기독교의 아프리카 선교

앞서 언급했듯이(1.4.6), 기독교는 기원후 첫 몇 세기 동안에 로마령 북아프리카 식민지, 곧 우리가 지금 알제리, 튀니지, 리비아로 알고 있는 지역에 든든히 자리를 잡았다. 이집트에서는 기독교 교세가 특히 강하여, 알렉산드리아가 기독교 사상과 삶을 이끄는 중심지로 떠오르기도 했다. 역사 전체를 통틀어 가장 중요한 기독교 지도자이자 저술가 중 한 사람인 히포의 아우구스티누스도 이 지역 출신이었다.

그러나 7세기에 있었던 아랍의 침공은 아프리카 지역에서 기독교의 존재를 거의 쓸어버렸다(2.1.3). 콥트 기독교가 이집트에서 명맥을 유지했지만, 소수파 신앙에 불과했다. 이랬던 상황이 16세기 말에 이르러 점차 바뀌기 시작했다. 포르투갈 정착민들이, 카보베르데 제도처럼 이전에는 무인도였던 서아프리카 해안의 섬들을 점령한 뒤, 이 지역에 가톨릭교를 이식했다. 하지만 이런 해안 지대 정착은 아프리카 대륙(내륙) 자체에는 거의 영향을 주지 않았다.

사실 기독교의 아프리카 선교는 19세기에 이르러 제대로 시작되었는데,

이후 이 지역에 자리 잡은 식민지 열강들(영국, 독일, 프랑스, 이탈리아 같은 나라들)과 점점 더 깊은 관계를 맺게 된다. 가톨릭교에서는 대개 수도회가 아프리카 선교 활동을 많이 펼쳤는데, 몇몇 수도회는 아예 아프리카에 복음을 전할 목적으로 설립된 곳이었다. 예를 들면, 이탈리아 콤보니선교회는 수단에서, 독일 팔로티회(Pallottines)는 카메룬에서, 베네딕트선교회는 탄자니아에서, 오블라띠선교수도회와 오스트리아 트라피스트수도회는 남아프리카에서 활동했다. 몇몇 수녀회도 선교 활동에 참여했는데, 안 마리 자부에(1779-1851)가 1807년에 설립한 클뤼니의 성(聖)요셉 수녀회가 그 예다.

그러나 가톨릭교에서는 수도회만 선교 활동을 펼친 게 아니었다. 프랑스령 알제리 식민지 주교였던 샤를 라비제리(1825-1892)는 베르베르족과 니제르, 잠베지, 동아프리카의 큰 호수 근처에 사는 사람들 속에서 일하던 아프리카 선교사들을 모아 '백의(白衣)사제단(White Fathers)'을 세웠다.

개신교는 18세기 말에 이르러 아프리카 사하라사막 남쪽 지역에 발을 디디게 되는데, 이는 당시 영국에서 일어난 복음주의 대각성 운동과 긴밀한 연관이 있었다. 많은 사람이 노예무역에 진저리를 쳤다. 영국의 노예 상인들은 아프리카의 지역 부족 지도자들에게서 노예를 산 뒤, 이들을 아메리카 식민지의 농장에 팔아넘겼다. 전직 노예선 선장이었던 존 뉴턴이 회심하여 복음주의 개신교 신자가 된 사건은 점점 더 많은 이들에게 이 문제를 알리는 계기가 되었다(4.1.9). 뉴턴은 자신의 회심을 세계에서 가장 유명한 찬송 중 하나이자 그 자신의 영적 변화를 이야기한 〈어메이징 그레이스(Amazing Grace)〉에 담아 세상에 알렸다. 그러나 바로 이 저술가는 〈흑인의 고소〉 같은 찬송도 썼는데, 이 찬송은 하나님이 모든 사람에게 존엄성을 부여하셨으며, 노예제도 이 존엄성을 축소하거나 폐지하지 못한다는 것을 일러주었다.

복음주의 계열의 개신교 신자들은 아프리카를 향한 이 새로운 관심에 두 가지 방식으로 응답했다. 첫째, 노예제를 폐지하려는 활동을 펼쳤는데, 이는 특히 윌리엄 윌버포스 및 그를 따르는 이들과 관련이 있었다. 둘째, 복음을 아프리카 지역에 전하는 활동을 펼쳤다. 이것들은 강력한 꿈이었으며, 1790년대에 많은 이들의 심상을 사로잡았다. 그러나 영국 의회가 노예제폐지법을 통과시켜 노예제를 폐지하고 대영제국 안의 모든 노예에게 자유를 부여한 일은 1833년 8월(윌버포스가 세상을 뜨고 한 달 뒤)에 가서야 비로소 이루어졌다.

1790년대의 선교 활동으로 원주민 부족들 가운데, 특히 호이족 안에 작은 그리스도인 공동체들이 생겼다. 주위 부족들도 점차 회심하여 기독교를 믿기 시작했다. 다른 많은 경우들처럼 이 경우에도 회심의 동기는 상당히 다양했다. 몇몇 회심 사례는 분명 깊은 영적 체험을 반영한다. 반면, 다른 회심 사례들은 기독교 복음의 진리에 관한 확신을 반영하며, 또 다른 회심 사례들은 아프리카 문화가 서구 문명의 혜택을 더 폭넓게 활용할 길을 기독교가 열어주리라는 믿음을 되비쳐주기도 한다. 이는 특히 동아프리카 간다족의 경우에서 분명하게 나타난다. 간다족이 (이슬람교가 아니라) 기독교를 믿기로 결정한 데는 영국의 탁월한 기술, 그리고 그들이 기독교를 믿으면 이런 기술을 더 폭넓게 활용할 수 있으리라는 말도 일부 영향을 미쳤던 것 같다.

19세기에 아프리카 사하라사막 남쪽 지역에서 두드러지게 나타난 특징은 식민지 열강이 그 세력권을 넓혀갔다는 점이다. 이 지역 중 일부 지역에서는 개신교 국가교회가 들어서기도 했다. 이 시기에 벨기에, 영국, 프랑스, 독일이 모두 이 지역에 식민지를 건설했다. 이 유럽 국가들은 나라마다 주류를 이루는 기독교 형태가 상당히 달랐으며, 이 때문에 아프리카에도 상당히 다양한 교회들이 세워지게 되었다. 19세기 말이 되자, 성공회, 가톨릭교, 루터파가 모두 아프리카에 든든히 자리를 잡았다. 남아프리카에서는 화란개혁교회가 유럽에서 건너온 정착민들에게 특히 강한 영향을 미쳤다. 이런 점 때문에 일부 지역에서는 개신교를 단지 식민지 열강을 구성하는 종교적 부품이자 서구 열강이 이 지역에 들여온 수입물로서 이후 서구 열강이 물러가면 살아남지 못할 것으로 여기는, 당황스러운 인식까지 생겨났다.

식민지에 복음을 전한 인물 중 가장 훌륭하달 수 있는 이를 든다면, 데이비드 리빙스턴(1813-1873)이 아닐까 싶다. 리빙스턴은 아프리카를 기독교 지역으로 만드는 일과 관련하여 상거래가 중요함을 확신했다. 1838년, 리빙스턴은 런던선교협회에서 봉사하면서, '상거래와 기독교가 들어갈 길을 열고자' 아프리카로 가겠다는 의사를 밝혔다. 리빙스턴은 영국 정부가 금지된 노예무역 대신 더 정당한 상거래 형태들에 관심을 보이는 점을 틈타, 영국 정부의 지원을 얻어 아프리카 내륙으로 진출할 관문이 될 수 있는 잠베지 강 탐험에 나섰다. 그는 당시 랭커셔 지역 면직물 공장들의 면화 수요가 엄청났던 점을 고려할 때 아프리카 내륙을 면화 재배와 같은 상업 활동에 활용할 수 있으리라고 믿었다.

상업 측면에서 보면, 그의 탐험은 결국 실패로 끝나고 말았다. 하지만 그의 탐험은 아프리카 대륙 내부로 들어가 선교 활동을 펼칠 수 있는 길을 열어놓았다. 리빙스턴 자신이 영국의 많은 젊은 개신교 신자들에게 롤 모델이 되었다. 그는 케임브리지 대학교에서 잇달아 강연했으며, 이 시리즈 강연을 계기로 1860년에 중앙아프리카 선교를 위한 대학선교회가 설립되었다.

런던선교협회는 선교 사업이라 하면 아프리카에 백인 선교사들을 보내는 것을 주로 생각했지만, 미국의 개신교감독교회는 아프리카계 미국인들을 아프리카에 보내는 것이 가장 좋은 선교 전략이라고 믿었다. 1875년부터 1899년에 이르는 기간에 아프리카에 머물며 활동한 미국의 흑인 선교사들은 적어도 115명에 이르렀던 것으로 알려져 있다. 서아프리카에 과거 노예였던 이들의 안식처가 될 라이베리아공화국이 세워졌다(1847). 그 뒤, 개신교의 흑인 선교사들과 교회 설립자들이 라이베리아로 건너갔는데, 이들은 자신들이 하는 일을 복음 전도이자 국가 건설로 보았다. 이 때문에 이 지역에서는 이들과 백인 선교사들 사이에 다소 마찰이 일어나기도 했다. 그렇지만 이는 선교 토착화로 나아가는 길에서 중요한 출발점이 되었다.

그러나 개신교의 부상(浮上)은 아프리카 전통사회 내부에서 여러 갈등을 일으켰다. 그 가장 좋은 예를 혼인 관습에서 볼 수 있다. 서구 개신교는 철저히 일부일처제였다. 그러나 아프리카 문화는 일부다처제의 장점을 오랫동안 인정해왔다. 유럽 기독교는 한 남자가 오직 한 아내만을 취해야 한다고 주장했지만, 이를 서구에서 들어온 것으로 치부하는 풍조가 강해지면서, 그런 주장은 아프리카 전통사회 속에 들어설 자리가 아예 없었다. 아프리카 연합감리교회는 일부다처제를 인정한 토착 교회인데, 이 교회는 1917년 라고스의 한 감리교회에서 열린 모임에서 시작되었다. 당시 교회 지도자인 평신도 한 무리가 아내를 여럿 두었다는 이유로 교회에서 쫓겨났다. 이들은 이에 반발하여 그들 자신의 감리교회를 세웠는데, 이 교회는 유럽 선교사들이 좋지 않게 흘겨보던 아프리카 원주민이 중시하는 가치들을 받아들였다.

베를린에서 열린 '콩고 회의'(1884-1885)는 유럽의 아프리카 식민지 경영에서 중대한 전환점을 이루었다. 유럽 열강들 사이(특히 독일과 벨기에 사이)에 높아가던 긴장은 결국 아프리카의 다른 지역들을 유럽의 식민지 열강, 그중에서도 주로 프랑스와 영국의 '영향권'으로 나누어주는 협정으로 이어졌다. 이는 다시 선교를 점점 더 신앙고백에(자기 고유의 신앙에—옮긴이) 충실하게 만드는 경향으로 이어져, 벨기에, 프랑스, 이탈리아, 포르투갈 같은 나라들은 가톨릭 선교를 지원하게 되었고, 영국은 개신교의 선교 활동을 지원하게 되었다.

1900년에 이르자, 기독교는 아프리카 사하라사막 남쪽의 많은 지역에 이미 견고히 뿌리를 내렸다. 식민지화, 문명화, 그리고 선교 활동이 한데 어우러져 나타난 모습을 극명하게 볼 수 있는 예가 교육기관과 의료기관의 설립일 것 같다. 그러나 큰 질문들이 등장하기 시작했다. 이 지역의 기독교는 과연 서구 식민 통치의 결과물에 그치는 것이었을까? 언제일지는 모르지만 시간이 흘러 미래에는 식민주의의 또 다른 표현 양상들과 더불어 사라져버릴 것이었을까? 아프리카 지역에 들어선 기독교 형태들도 이들의 기원이 주로 유럽임을 분명하게 보여주는 인증마크들을 역시 갖고 있었다. 그 때문에 '남아프리카 관구교회'(아프리카에 있는 성공회 두 조직 중 하나)의 예배와 구조도 영국 성공회 소속 관구들의 예배 및 구조와 현저히 닮아보였다. 이처럼 수입품 내지 옮겨 심은 것임이 분명한 것이 이렇게 다른 문화 상황 속에서도 과연 생존할 수 있을까? 영국 사람들이 자기 나라로 돌아갈 수밖에 없는 상황이 되면 무슨 일이 일어날까? 이렇게 옮겨 심은 교회들이 그들을 후원하는 식민지 세력이 없어도 살아남으리라는 소망을 가질 수 있을까? 이 문제는 뒤에 가서 다시 다뤄보겠다.

4.4.5. 기독교의 아메리카 원주민 선교

18세기 말과 19세기에 기독교 선교에서 주류를 이룬 모델은 선교사가 해외에 나가서 선교 활동을 하는 것이었다. 그러나 북아메리카에서는 그리스도인 정착민들이 아메리카 원주민 문화와 만나면서 완전히 다른 선교 모델이 등장했다. 선교 활동은 이미 17세기에 뉴잉글랜드에서 청교도 정착민들이 그 지역 부족들과 접촉하면서 시작되었다. 아메리카 원주민을 상대로 한 이 식민지 선교 활동은 실패했다는 것이 중론이다. 하지만 그 선교 역사에는 지금도 상당히 흥미로운 구석이 있다.

청교도 선교사인 존 엘리엇(1604-1690)은 1630년에 매사추세츠 만 식민지에 세워진 첫 타운 중 하나인 록스버리 주위에 살던 아메리카 원주민들의 문화와 언어에 관심을 갖게 되었다. 그는 이 원주민들에게 설교하려고 나틱어(이 지역에서 사용하던 알곤킨어의 변형으로 알려져 있다)를 배웠다. 그는 자신이 이 지역에서 펼칠 선교 활동을 후원할 이들을 모을 수 있었고, 마침내 1649년에는 뉴잉글랜드복음전도협회를 설립해도 좋다는 의회의 동의까지 받아냈다. 그는 1661년부터 1663년까지 성경을 나틱어로 번역하여 펴냈는데, 이때 전문 출판업자로서 3년 계약을 맺고 1660년에 잉글랜드에서 건너온 마머듀크 존슨을 활용했다.

엘리엇은 기독교로 회심한 아메리카 원주민들을 감독하고 기독교 지식으로 양육할 수 있게 '기도하는 인디언들'이라는 타운에 모여 살게 해야 한다고 믿었다. 1674년에 이르자, 그런 '기도하는 인디언들' 타운이 열네 개에 이르렀으며, 이곳에 모여 사는 인구도 모두 합쳐 4천 명에 이르렀다. 그러나 '필립 왕 전쟁'(King Philip's War, 1675-1678, 식민지 개척자들과 아메리카 원주민들의 싸움) 때문에 '기도하는 인디언들'은 존속할 수 없게 되었다. 이 타운들에 거주하는 인디언 부족들은 이런 타운을 인정하지 않았으며, 식민지 개척자들은 이런 인디언들이 기독교가 아니라 여전히 부족에게 충성한다고 의심했다. 결국 매사추세츠 동부와 코네티컷에서는 부족들이 떨어져 나가 흩어졌고, 남은 자들은 코네티컷 강 서쪽으로 옮겨갈 수밖에 없었다.

가톨릭교가 북아메리카 원주민 가운데서 펼친 선교 활동은 '새 프랑스'로 알려진 지역에 집중되는 경향이 있었다. 이 지역은 자크 카르티에가 1534년에 세인트로렌스 강을 탐험하기 시작하면서 프랑스가 식민지로 삼은 지역이었다. 이 식민지는 1712년에 그 크기가 최대로 커져, 뉴펀들랜드에서 로키산맥, 허드슨 만에서 멕시코 만까지 아우르는 지역이 되었다. 이 지역은 모두 다섯 식민지로 이루어져 있었다. 캐나다, 아카디아, 허드슨 만, 뉴펀들랜드, 루이지애나가 그것이다. 이 지역에서 일하던 가톨릭 선교사들은 몽타네족, 휴런족, 이로쿼이족 같은 아메리카 원주민들을 만났으며, 이들의 정착지, 언어, 문화를 예수회 선교사들이 연구했다. 그런 선교사 중에는 1649년에 이로쿼이족의 손에 순교한 장 드 브레뵈프(1593-1649), 자크 마르케트(1637-1675), 그리고 1760년에 아베나키어 사건을 만든 장바티스트 드 라 브로스(1724-1782)가 있다.

18세기에 이르자, 대각성 운동이 일으킨 부흥(4.1.5)이 아메리카 원주민들 사이에서 복음을 전하는 일에 관심을 불러일으키면서, 개신교가 식민지 아메리카에서 전개한 선교 활동도 더 가속도가 붙었다. 다양한 그룹이 이 선교 사업에 동참했는데, 그중에는 독일과 영국에서 일어난 부흥(4.1.4)에 영향을 받은 유럽 이민자들도 들어 있었다. 특이하게도 모라비아 출신 정착민들은 아메리카 원주민들 가운데 들어가 살고 심지어 이들과 혼인까지 하려 했는데, 이는 영국 식민 당국에게 큰 우려를 안겨주었다. 아메리카 원주민들과 맺은 이런 특별한 관계가 복음 전도 영역에서 특히 중요했다는 것이 나중에 밝혀졌다.

19세기 초에 이르러, 이 시대의 종교 상황 변화에 발맞춰 이전과 완전히 다른 선교 참여 형태가 등장했다. 2차 대각성 운동 기간에 펼쳐진 부흥 운동은 사람들이 이 지역 원주민 부족들에게 복음을 전하는 일에 더 큰 관심을 갖게 만들었으며, 결국 침례교 신자들과 감리교 신자들(2차 대각성 운동에 가장 큰 영향을 받은 교파가 이 두 교파였다)이 주요 선교 사업을 감당했다.

가장 중요하고 효과가 큰 선교 활동 형태 중 하나가 교육이었다. 침례교 사역자들은 토피카 부근에 훈련 학교를 세웠으며, 이 학교는 1850년대에 펼쳐진 복음 전도의 주요 중심지가 되었다. 의료 선교도 중요한 역할을 했다. 조담 미커(1804-1855)는 자신이 인쇄기술자로서 갖고 있는 전문 재능과 비록 아마추어이지만 의학 분야에 갖고 있던 자신의 관심을 결합하여,

이를 1830년대와 1840년대에 쇼니족, 스톡브리지족, 오타와족과 접촉하며 신뢰를 쌓는 방법으로 활용했다.

이 개신교 선교사들이 아메리카 원주민들에게 복음을 전하려 했던 동기는 복잡했다. 내가 이 항을 준비하면서 살펴본 선교사들은 사실상 모든 이가 복음 전파를 그들이 섬기는 사람들을 깨우고 해방시켜줄 길이라고 깊이 그리고 뜨겁게 믿었다. 그러나 다른 동기들도 찾아낼 수 있는데, 이 동기들은 그들의 주 관심사와 모순된다기보다 유사한 것이었다. 그런 동기 중 하나는 급격한 사회 변화를 만난 이 원주민들의 정체성과 이익을 지켜주려는 욕구였다. 때로 이런 욕구는 심각한 판단착오로 이어지기도 했다. 예를 들면, 침례교 선교사인 아이작 맥코이(1784-1846)는 '인디언 보호지역(reservations)'이 이런 이들의 문화 정체성을 보호해줄 열쇠를 쥐고 있다는 결론에 이르렀다. 그는 캔자스, 네브라스카, 그리고 오클라호마 주가 백인의 영향을 받지 않는, 아메리카 원주민 주가 되어야 한다고 제안했다.

캐나다의 침례교 선교사 사일러스 랜드(1810-1889)의 경우는 선교사들이 역사인류학 연구에 중요하다는 점을 강조했다. 랜드는 본래 해외 선교 현장에서 섬기려는 열망을 갖고 있었다. 하지만 그는 1846년에 프린스에드워드 섬에서 목회하다가 믹맥(Micmac)어를 만나면서, 자신이 관심을 갖는 선교의 방향을 바꾸었다.

랜드는 기독교가 믹맥족을 늑탈을 일삼고 타락한 백인 문화에서 구해주리라고 믿었으며, 믹맥어와 믹맥족의 민간전승을 사랑하고 존경하게 되었다. 그는 이 두 가지를 보존하면서, 토지 소유권 분쟁에서 믹맥족의 변호자로 활동하고, 믹맥족의 구비 전승 텍스트의 원문과 번역문을 출간하기로 결심했다. 다른 수많은 경우에서도 볼 수 있듯이, 아메리카에 처음 거주한 주민들의 전통과 관습 그리고 언어에 관한 학문적 지식은 선교사들이 보존하고 전해주었으며, 이 선교사들 가운데 많은 이가 그들이 몸담고 활동했던 문화를 깊이 존중하는 모습을 보여주었다.

이와 마찬가지로, 하와이어가 보존된 것도 1820년대에 거기서 활동한 미국 선교사들 덕분이었다. 이들은 복음을 설명하려면 원주민 언어를 배워야 한다고 주장했고, 결국 이 언어를 보존하는 것 자체를 중요한 문제로 보게 된다. 하이럼 빙엄(1789-1869)조차도 하와이 주민들에게 영어를 가르치길 거부했다. 영어를 가르치면 그들의 언어 정체성이(따라서 그들의 문화 정체성이) 파괴되리라는 믿음 때문이었다.

이와 비슷한 패턴을 뉴욕 주 버펄로 크릭의 세네카족에게 선교했던 선교사 애셔 라이트(1803-1875)의 사역에서도 볼 수 있다. 라이트는 앤도버 신학대학원을 졸업한 뒤, 버펄로 크릭 선교회에 가입했으며, 44년을 세네카족과 함께 보냈다. 그의 선교 활동은 특별히 성공을 거두지는 못했다. 하지만 그가 세네카족 사람들과 세네카족의 언어 및 관습을 지키는 데 헌신한 덕분에, 세네카족은 그들의 독특한 특징들을 보존할 수 있었다. 라이트의 사역은 근래까지도 19세기에 개신교가 아메리카 원주민을 상대로 펼쳤던 선교 활동을 설명한 글에서 널리 만날 수 있었던 내용, 곧 그들을 '식민지' 선교사와 같은 이들로 묘사한 내용이 과연 옳은지 여러 의문을 불러일으키는 많은 사례 가운데 하나다.

4.4.6. 에든버러 세계 선교대회, 1910년

사람들은 근대 개신교 선교 역사의 정점이 1910년에 스코틀랜드 수도 에든버러에서 열린 세계 선교대회였다는 데 널리 동의한다. 이 대회는 선교 사상(思想)에 한 획을 그은 이정표였지만, 선교를 더 넓은 맥락에서 바라보았다는 점에서 중요한 의미가 있다. 사람들이 종종 에든버러 선교대회가 선교 사상과 조직 면에서 거둔 업적으로 꼽는 많은 것들은 이 대회보다 훨

1910년, 에든버러 대학교 뉴 칼리지 어셈블리 홀에서 열린 세계 선교대회.

씬 전인 1854년부터 시작하여 1930년대까지 이어지며 여러 차례 열렸던 비슷한 모임들의 결과물로 보는 것이 더 타당하다. 그렇지만 에든버러 선교대회는 몇 가지 점에서 교회일치 공의회에 비견할 수 있을 정도로 상징적 중요성을 가진다.

이 선교대회의 가장 중요한 특징은 이 대회를 조직한 주체가 교회가 아니라 선교단체들이었다는 점이다. 이 대회는 미래의 선교 사상과 활동에 대비할 전략을 계발하는 데 초점을 맞추었으며, 현장 활동가들의 지도와 자료 지원을 받았다. 이는 1900년에 뉴욕에서 열린 교회일치 선교대회와 현격히 다른 모습이었다. 1900년 대회에는 주로 교회 지도자들이 참석했고, 실제로 미래에 활용할 제안들을 거의 얻지 못했다는 평가를 받았다. 에든버러 대회 조직자들은 모두 평신도였다. 그중 가장 두드러진 이가 미국의 감리교 신자인 존 모트(1865-1955)였는데, 그는 선교 활동을 가장 활발히 지원한 사람 가운데 하나였고, 그가 쓴《이 세대의 세계 복음화 (Evangelization of the World in This Generation)》(1905)는 특히 미국에서 선교 사업을 향한 열정과 낙관론을 크게 불러일으켰다.

하지만 이제 와 돌아보면, 선교 방향을 재설정하고 다시 검토해봐야 할 필요성이 커지던 때에, 이 대회는 개신교의 기존 선교 패러다임을 오히려 더 강화한 것으로 볼 수 있다. 세계는 변하고 있었다. 새로운 선교 전략과 접근법이 분명 필요했다. 이 대회가 채택한 선교 접근법은 무엇보다 유럽과 북아메리카에는 완전히 복음을 받아들여 상당한 동질성을 지닌 기독교 세계가 존재한다는 지배적 가설이 만들어낸 것이었다. 복음을 전하는 일은 여전히 '고향(본고장) 교회(Home Church)', 즉 영성이나 숫자 면에서 튼실한 서구 교회가 해야 할 일이었다.

세계 여러 곳에서 '원주민 교회'가 등장하고 있음은 인식했지만, 이 교회도 서구 교회의 방향을 계속 이어가야 한다고 보았다. 이 선교대회는 현지 문화 현실과 소통할 수 있는 현지인을 활용한 선교 토착화의 중요성을 거의 인식하지 못했다. 선교 영역의 순위를 매길 때도 이 대회에 참여한 이들이 이미 인식하고 있는 중요성에 비추어 매겼다. 실제로 이 대회는 세계를 '기독교 세계'와 '이교 세계'로 나누고, 전자가 후자에 선교할 의무를 진다고 보았다. 일본과 중국, 그리고 인도가 선교 우선순위에서 1순위를 차지했고, 그다음 순위는 화란 식민지인 동인도와 이슬람 세계였으며, 아프리카 사하라사막 남쪽 지역을 가장 중요하지 않은 지역으로 보았다.

이 대회가 이렇게 아프리카를 무시한 것이 이 대회의 가장 중요한 실수 중 하나였다는 게 중론이다. 이 선교대회에는 약 1,200명에 이르는 대표들이 참석했는데, 그중 아프리카를 대표한 이는 단 한 사람뿐이었다. 또 이 대회가 비판을 듣는 것 중에는 라틴아메리카와 카리브 해 국가들을 '기독교 세계'의 일부로 여겨야 한다고 생각했다는 것, 그리고 선교가 미친 영향을 회심자 통계를 기준 삼아 평가하지 않고 더 두루뭉술하게 선교사들이 세운 학교가 그 나라의 교육과 정치, 문화, 사회 정책에 미친 영향을 기준으로 평가하는 경향이 있었다는 것도 들어 있다.

이 선교대회가 낳은 가장 흥미로운 결과 중 하나는 복음 전도와 당시 성장하고 있던 학문인 '비교종교학'을 어떻게 연결해야 할 것인가를 깊이 고찰한 것이었다. 비교종교학은 1868년부터 1875년까지 옥스퍼드 대학교에서 비교언어학 교수로 봉직한 막스 뮐러(1823-1900) 같은 학자들이 개척한 학문이었다. 에든버러 대회가 〈비기독교 전통과 관련하여 살펴본 기독교 메시지〉라는 제목으로 내놓은 보고서는 기독교와 다른 신앙의 관계를 완성이라는 관점에서 이해했던 '완성' 모델의 정점으로 널리 여겨지고 있다. 이 보고서는 하나님의 영이 다른 종교 전통 안에서도 역사하셔서 이런 종교 전통들이 그리스도 안에서 완성될 수 있는 길을 마련하셨다고 주장했다. 다른 종교들을 진리가 타락하거나 진리를 부인한 것으로 여기지 않고, 도리어 기독교 신앙으로 나아가는 길의 중요한 이정표로 보아야 한다고 주장한 것이다.

이런 사상은, 힌두교를 직접 접하고 이에 익숙해진 영국 신학자들이 늘어나면서, 19세기 후반에 영국령 인도에서 발전했다. 이 '완성 가설'은 특히 존 N. 파쿼(1861-1929, 스코틀랜드 출신의 인도 선교사요 동양학 연구자―옮긴이)와 관련이 있는데, 파쿼는 다른 신앙을 기독교 안에 존재하는 그 신앙의 완성작을 가리키고 있는 것으로 보았다. 이런 사상은 1890년대에 당시의 문화 풍조 및 신학 풍조의 변화와 공명하며 점점 더 큰 인기를 얻었다. 〈마드라스 크리스천 칼리지 매거진〉은 1908년에 실은 한 논설에서 나사렛 예수가 산상설교에서 하신 말씀(마 5:17)을 인용하여, 당시 선교에서 점점 더 새로운 정통 원리가 되어가고 있던 지도적 원리를 이렇게 제시했다. "다른 종교들 안에 존재하는 진리와 영감에 관한 모든 것은 예수 그리스도 안에서 완성되어야 한다."

에든버러 선교대회가 인정한 접근법도 이런 테마를 다시금 제시하면서, 하나님이 그리스도 안에서 당신 자신을 완전히 계시하실 수 있게 준비했던 하나님의 영이 다른 모든 종교 혹은 다른 대다수 종교에도 어느 정도 생명력을 불어넣으셨다고 주장한다. 이것을 기독교와 다른 종교를 대립시키는 것을 목표로 삼는다는 말이라기보다 다른 종교들이 기독교 신앙 안에 흡수되는 점진적 과정을 표현한 말이라고 보는 것이 더 낫다는 주장이 있었다. 그러나 선교대회에 참석한 이들 중에는 이런 접근법을 마뜩잖게 여기면서, 이런 '완성' 모델은 기독교와 다른 종교(특히 이슬람교)의 분명한 차이점들을 제대로 다루지 못한다고 주장하는 이들이 많았다.

개신교 선교에서 위대한 시대는, 1914년에 제1차 세계대전이 터지면서 막을 내렸다. 선교사들이 잠시나마 국가와 교파의 경계를 초월하여 보여주었던 많은 협력 패턴들은 전쟁이 몰고 온 거대한 민족주의(국가주의) 물결, 그리고 이 전쟁에 따른 경제와 정치의 불확실성에 잡아먹히고 말았다.

더 읽을 책

Bradley, James E., and Dale K. Van Kley. *Religion and Politics in Enlightenment Europe*. Notre Dame, IN: University of Notre Dame Press, 2001.

Brooke, John, and Ian McLean, eds. *Heterodoxy in Early Modern Science and Religion*. Oxford: Oxford University Press, 2006.

Burleigh, Michael. *Earthly Powers: The Clash of Religion and Politics in Europe from the French Revolution to the Great War*. New York: HarperCollins, 2005.

Byrne, James M. *Religion and the Enlightenment: From Descartes to Kant*. Louisville, KY: Westminster John Knox Press, 1997.

Carey, Hilary M. *God's Empire: Religion and Colonialism in the British World, c. 1801-1908*. Cambridge: Cambridge University Press, 2011.

Diehl, Huston. *Staging Reform, Reforming the Stage: Protestantism and Popular Theater in Early Modern England*. Ithaca, NY: Cornell University Press, 1997.

Dolan, Jay P. *In Search of an American Catholicism: A History of Religion and Culture in Tension*. Oxford: Oxford University Press, 2004.

Draper, Jonathan A. *The Eye of the Storm: Bishop John William Colenso and the Crisis of Biblical Inspiration*. London: T&T Clark, 2003.

Foster, Stephen. *The Long Argument: English Puritanism and the Shaping of New England Culture, 1570-1700*. Chapel Hill: University of North Carolina Press, 1991.

Heyrman, Christine Leigh. *Southern Cross: The Beginnings of the Bible Belt*. Chapel Hill: University of North Carolina Press, 1997.

Hindmarsh, Bruce D. *The Evangelical Conversion Narrative: Spiritual Autobiography in Early Modern England*. Oxford: Oxford University Press, 2005.

Holmes, David L. *The Faiths of the Founding Fathers*. Oxford: Oxford University Press, 2006.

Lambert, Frank. *"Pedlar in Divinity": George Whitefield and the Transatlantic Revivals, 1737-1770*. Princeton, NJ: Princeton University Press, 2003.

Ledger-Lomas, Michael. "'Glimpses of the Great Conflict': English Congregationalists and the European Crisis of Faith, circa 1840-1875." *Journal of British Studies* 46 (2007): 826-60.

Lee, Joseph Tse-Hei. *The Bible and the Gun: Christianity in South China, 1860-1900.* New York: Routledge, 2003.

Malek, Roman, and Peter Hofrichter. *Jingjiao: The Church of the East in China and Central Asia.* Sankt Augustin: Institut Monumenta Serica, 2006.

Miller, Randall M., Harry S. Stout, and Charles Reagan Wilson, eds. *Religion and the American Civil War.* New York: Oxford University Press, 1998.

Mörner, Magnus. *The Expulsion of the Jesuits from Latin America.* New York: Knopf, 1965.

Neill, Stephen. *A History of Christianity in India, 1707-1858.* Cambridge: Cambridge University Press, 2002.

Noll, Mark A. *The Old Religion in a New World: The History of North American Christianity.* Grand Rapids, MI: Eerdmans, 2002.

O'Connell, Michael. *The Idolatrous Eye: Iconoclasm and Theater in Early Modern England.* New York: Oxford University Press, 2000.

Orr, D. Alan. *Treason and the State: Law, Politics, and Ideology in the English Civil War.* Cambridge: Cambridge University Press, 2002.

Porter, Andrew N. *Religion Versus Empire? British Protestant Missionaries and Overseas Expansion, 1700-1914.* Manchester: Manchester University Press, 2004.

Putney, Clifford. *Muscular Christianity: Manhood and Sports in Protestant America, 1880-1920.* Cambridge, MA: Harvard University Press, 2001.

Quataert, Donald. *The Ottoman Empire, 1700-1922.* Cambridge: Cambridge University Press, 2005. 《오스만 제국사》(사계절, 2008).

Reinders, Eric. *Borrowed Gods and Foreign Bodies: Christian Missionaries Imagine Chinese Religion.* Berkeley: University of California Press, 2004.

Ross, Ronald J. *The Failure of Bismarck's Kulturkampf: Catholicism and State Power in Imperial Germany, 1871-1887.* Washington, DC: Catholic University of America Press, 1998.

Shevzov, Vera. *Russian Orthodoxy on the Eve of Revolution.* Oxford: Oxford University Press, 2004.

Stanley, Brian, ed. *Christian Missions and the Enlightenment.* Grand Rapids, MI: Eerdmans, 2001.

Stanley, Brian. *The World Missionary Conference, Edinburgh 1910*. Grand Rapids, MI: Eerdmans, 2009.

Van Kley, Dale K. *The Jansenists and the Expulsion of the Jesuits from France, 1757-1765*. New Haven, CT: Yale University Press, 1975.

Van Kley, Dale K. *The Religious Origins of the French Revolution: From Calvin to the Civil Constitution, 1560-1791*. New Haven, CT: Yale University Press, 1996.

Waldron, Jeremy. *God, Locke, and Equality: Christian Foundations of John Locke's Political Thought*. Cambridge: Cambridge University Press, 2002.

20세기, 1914년부터 현재까지

1914년 6월 28일, 한 세르비아 민족주의자가 오스트리아·헝가리제국의 제위를 물려받을 오스트리아 황태자 프란츠 페르디난트 대공을 암살했다. 이는 유례없는 파괴를 낳은 국제 전쟁을 불러일으켰다. 유럽의 강대국들은 조약에 따른 의무로 서로 얽혀 있었기 때문에, 한 나라가 선전포고를 하면 사실상 유럽 전체가 전쟁에 휘말려들 수밖에 없었다. 한쪽에는 영국, 프랑스, 러시아가 있었고, 다른 쪽에는 독일, 오스트리아·헝가리제국, 그리고 이탈리아가 있었다.

1914년 7월 28일, 오스트리아·헝가리제국이 세르비아를 침공하면서 전쟁이 시작되었다. 얼마 뒤, 독일이 벨기에와 룩셈부르크, 프랑스를 침공했다. 대다수 전쟁 당사자가 식민지 열강이었기 때문에, 전쟁은 이내 전 세계를 아우르는 전쟁이 되었다. 미국은 처음에 중립을 지켰지만, 1917년 4월, 영국과 프랑스 쪽에 가담하여 참전했다. 이는 쉽지 않은 결정이었다. 미국에는 전쟁 당사자 양쪽에서 건너온 이민자들로 이루어진 공동체들이 많이 있었다.

사상자는 군인과 민간인을 합치면 3,500만 명에 이르는 것으로 생각된다. 이 전쟁의 유례없는 규모 그리고 이 전쟁이 안겨준 피해는 영어권 국가들이 이 전쟁에 붙인 이름—'대전(Great War)'—에 그대로 반영되어 있다.

5.1. 배경 살펴보기: 전후의 혼란

제1차 세계대전은 전 세계 기독교에 엄청난 영향을 미쳤다. 1914년 당시만 해도 기독교는 서구에서 여전히 주류 현상이었다. 한편으로 보면, 이 전쟁은 국가와 교회의 관계를 깨뜨려버렸다. 1910년에 열렸던 에든버러 세계 선교대회(4.4.6) 같은 대회는 당분간 열리지 않게 된다. 전후의 처참한 경제 상황 때문이기도 했지만, (선교단체와 교회 같은) 국가에 속한 여러 구성 부분들이 서로 긴장 관계에 있었던 것도 한 이유였다. 예를 들어, 독일과 영국의 그리스도인들은 오랜 시간이 흐른 뒤에야 비로소 의미 있는 협력 관계를 회복할 수 있게 된다.

그러나 이 전쟁은 결국 '기독교 세계'라는 개념에 마침표를 찍었다. 프랑스 혁명(4.1.8)의 여파로 유럽이 산산조각이 나면서 대다수 사람들은 이미 이 개념을 믿지 않게 되었다. 그랬던 개념이 이제는 회복하지 못할 치명상을 입었다. 과거에도 유럽의 기독교 국가들은 늘 서로 싸웠다. 그러나 이 전쟁처럼 미친 듯이 잔인하게 싸우지는 않았다.

러시아의 상황이 특히 중요했다. 러시아는 개전 후 얼마 못 가 독일의 우월한 기술에 압도당했으며, 화친을 요청할 수밖에 없었다. 이는 이미 존재하던 내부의 갈등을 극단으로 몰고 갔으며, 결국 이것이 러시아 혁명을 불러온 도화선이 되었다는 데 많은 이가 동의하고 있다. 러시아 혁명은 누가 봐도 20세기에 유럽과 다른 지역 기독교의 운명에 가장 중요한 영향을 미친 사건 중 하나였다.

그러나 1차 세계대전은 결코 종교전쟁은 아니었다. 이 전쟁의 발발 원인

1차 세계대전이 끝나갈 무렵, 폐허가 된 이프러의 생마르탱 교회(중앙)와 클로스 홀(오른쪽).

은 종교 문제가 아니었으며, 종교적 믿음이나 강령은 이 전쟁을 지속하는 데 어떤 의미 있는 역할도 하지 않았다. 1차 세계대전은 주로 민족주의 목표와 강령에 기초한 '민족국가들'이 벌인 싸움이었다. 보불 전쟁 이후, 유럽의 여러 강대국들은 복잡한 동맹 관계와 세력 균형 관계를 발전시켜, 어느 한 초강국이 대륙에서 주도권을 쥐는 일을 막으려 했다.

결국, 싸움을 막으려고 마련한 메커니즘은 열강을 절묘한 균형 상태에 묶어두었지만, 이 균형이 일단 깨지면, 걷잡을 수 없는 전면전으로 치달을 가능성을 안고 있었다.

20세기 기독교 역사를 설명하려면, 1차 세계대전의 여파로 생겨난 불안과 환멸에 합당한 비중을 부여해야 한다. 하지만 우리는 우선 1차 세계대전 동안에 일어난 일로서 20세기가 흘러갈 방향을 형성한 두 사건에 관심을 가져보려 한다.

5.1.1. 1915년 아르메니아인 대학살

20세기는 지중해 동쪽 지역의 그리스도인들을 트라우마에 빠뜨린 재앙과 함께 문을 열었다. 이 일은 20세기에 벌어질 일들을 미리 일러주는 불길한 전조였다. 병자처럼 쇠약해진 오스만튀르크제국은 1차 세계대전에 말려들었으며, 중동과 다른 지역에서 오스만튀르크의 통치에 맞서 잇달아 일어난 봉기로 말미암아 조각나기 시작했다(4.2.2). 오스만튀르크제국은 주로 이슬람교 지역이었지만, 이곳은 아르메니아의 그리스도인들을 포함하여 이슬람교 신자가 아닌 상당수 사람들의 고향이기도 했다. 아르메니아 사람들은 301년에 기독교 신앙을 받아들였으며, 그들 자신을 이 지역에서 가장 오래된 기독교 국가로 여겼다. 1915년, 잇따른 학살과 강제 이주로 말미암아 100만에서 150만에 이르는 아르메니아인이 목숨을 잃었다. 이 사건을 이제 '아르메니아인 대학살'이라 부른다.

1915년 사건이 마른하늘에 날벼락 떨어지듯이 급작스럽게 벌어진 일은 아니었다. 1895년부터 1897년에 이르는 기간에 튀르크의 많은 도시에서 아르메니아계 그리스도인들을 잇달아 학살하는 일이 벌어졌다. 이 학살로 약 20만에 이르는 사람들이 목숨을 잃은 것으로 생각된다. 1915년 4월에 벌어진 학살은 특별히 그리스도인을 겨냥한 것이었다기보다 널리 이슬람교를 믿지 않는 소수 종교 신자들을 겨냥한 것이었지만, 결국 이 사건으로 가장 혹독한 피해를 입은 사람들이 아르메니아인이었다. 이 사건들은 오스만튀르크제국 내부 깊숙한 곳에서 일어났는데, 당시는 전쟁 상황인지라 외부와 통신하거나 외부가 개입하는 일이 사실상 불가능했다. 이 살육을 막으려고 할 수 있는 일이 아무것도 없었다.

한 달 뒤, 프랑스, 영국, 러시아 정부는 이 학살을 '인류와 문명을 겨냥한 범죄'라 비난하면서, 이 학살에 튀르크 정부 전체가 책임을 져야 한다는 성명을 발표했다. '세브르조약'(1920년 8월 10일)으로 알려진, 튀르크와 연합국(1차 대전 승전국)의 평화조약 초안에는 튀르크 정부가 1차 대전 기간에 튀르크 영내에서 저질러진 학살에 책임 있는 자들을 연합국에 넘겨주어야 한다는 특별 조항이 들어 있었다. 하지만 세브르조약은 공식 인준을 받지 못했고 결국 발효되지 못했다. 이 조약은 로잔조약(1923년 7월 24일)이 대체했으며, 로잔조약에는 전범 처벌에 관한 특별 조항이 들어 있지 않았다. 그 대신, 로잔조약은 1914년 8월 1일부터 1922년 11월 20일까지 (아르메니아인 대학살을 포함하여) 터키 관헌들이 저지른 모든 범죄 행위를 용서하는 '사면 선언'을 제시했다(오스만튀르크가 1922년에 무너지고 터키공화국이 세워졌기 때문에, 1922년 이후에 일어난 일을 언급할 때는 터키라 표기한다—옮긴이). 이렇게 터키에 아무런 행동도 취해지지 않자, 결국 (아돌프 히틀러를 비롯한) 많은 이들이 국제 사회가 특별히 '전쟁' 중에 벌어진 대학살 행위는 기꺼이 눈감아 주려 한다는 결론을 내리게 되었다.

이 대학살이 세계 기독교에 미친 영향은 복잡했다. 지역 차원에서 보면 그것은 재앙이었다. 중동의 그리스도인들은 이 사건에 경악하여 마비 상태에 빠져버렸다. 이들 가운데 많은 이가 이슬람교의 통치 아래 소수 종교 신자로 살고 있었기에, 이 대학살이 이 지역에서 다른 이슬람 세력들이 그리스도인을 더 넓게 억압하는 일로 이어질까봐 두려워했다. 많은 이가 흩어지는 것만이 자신들의 안전을 지킬 유일한 길이라는 결론을 내렸다. 오늘날 가장 큰 아르메니아인 공동체를 미국에서 발견할 수 있는 것도 그 때문이다. 아르메니아인들은 미국에서 피난처를 찾았다.

1915년, 빛 한 줄기 비치지 않던 그 시절에 일부 아르메니아인들은 러시아에 도움을 청했다. 이 큰 나라는 정교회의 요새가 아닌가? 러시아라면 그 엄청난 자원을 보내 이 절망뿐인 상황에 개입할 수도 있지 않을까? 그러나 1917년에 이르러 사태는 사람들이 거의 예상치도 못했던 방향으로 흘러가고 말았다. 러시아 혁명은 차르가 통치하던 국가를 뒤집어엎고, 완전히 새로운 국가 이데올로기를 내걸었다. 러시아는 더 이상 정교회 국가가 아니었다. 오히려 러시아는 그 영토에서—그리고 가능하다면 그 영토 밖에서도—종교를 제거하는 데 온 힘을 다 쏟는 나라가 된다.

5.1.2. 1917년 러시아 혁명

앞서 언급했듯이(4.2.3), 정치철학자인 카를 마르크스는 (기독교를 포함한) 모든 종교가 사회적, 경제적 소외에서 비롯되었다고 주장했다. 민중은 위안을 구하려고 종교에 의지했다. 자신들이 겪는 가난과 자신이 누려야 할 권리를 누리지 못함으로 말미암아 겪는 슬픔과 고통의 무게를 견뎌낼 수 없었기 때문이다. 마르크스는 자신의 유명한 말대로, 종교를 '민중의 아편'이라 보았다. 자본주의 아래에서 겪는 삶의 고통을 진정시키고 사람들이 철저한 사회 변화와 정치 변화를 일으킬 행동에 나서지 못하게 막는 마취제로 본 것이다.

마르크스는 철저한 사회 변화가 이루어지면 종교는 죽어 사라질 것이라고 보았다. 공산 혁명으로 자본주의를 제거하면, 자본주의가 만들어내는 고통도 사라질 것이다. 고통이 사라지면, 종교에서 위안을 찾을 필요도 없어질 것이다. 마르크스는 종교가 생겨나고 계속하여 호소력을 발휘하는 까닭을 종교가 자본주의의 온갖 병폐를 마주한 민중을 위로하고 다독여주는 힘을 갖고 있기 때문이라고 주장했다. 그런 점에서 종교는 자본주의를 에둘러 도와주는 것이었다. 종교가 자본주의의 악폐에 맞서 저항하고 세

1917년 10월에 일어난 러시아 혁명. 모스크바 붉은 광장에서 군중에게 연설하는 블라디미르 일리치 레닌.

계를 바꿔놓을 유일한 방법인 사회경제 체제의 변화를 일으키려는 인간의 의지를 감퇴시키기 때문이다.

마르크스의 사상은 자본주의의 중심지, 즉 독일이나 영국 같은 서유럽 국가들과 미국에서는 큰 영향력을 발휘하지 못했다. 일부 학자들과 사회 비평가들은 그의 사상에 주목했을지도 모르겠다. 그러나 유력한 학자들과 사회 비평가들 사이에서는 주목을 받지 못했고 영향력도 발휘하지 못했다. 1917년에 일어난 러시아 혁명은 상황을 되돌릴 수 없을 정도로 철저히 바꿔놓았다. 느닷없이 한 나라가 마르크스의 사상을 진지하게 받아들여 이를 실천에 옮겼다. 블라디미르 일리치 레닌(1870-1924)은 종교를 우습게도 러시아 지배 계급이 농민을 억압하는 데 사용하는 억압 도구로 보았다. 이제 소련(소비에트연방)은 종교 제거를 국가의 이념적 목표로 삼은 첫 국가가 되었다.

1917년의 러시아 혁명은 두 단계에 걸쳐 일어났다. 차르 체제에 맞선 첫 봉기는 1917년 초, 당시 러시아 수도였던 상트페테르부르크에서 일어났다. 이 '2월 혁명'(사실 이 혁명은 서구 역법에 따르면 1917년 3월에 일어났다)은 러시아가 1차 세계대전에서 큰 패배를 당하고 사람들이 차르의 정책에 점점 더 큰 환멸을 느낀 것이 그 배경이었다. 상황이 혼돈에 빠졌을 때, 두마(Duma, 러시아제국 의회) 의원들이 권력을 잡고, 그들 자신이 국가 임시정부라고 선언했다. 차르와 그 가족은 가택에 구금되었다. 이 단계에서만 해도, 혁명을 일으킨 이들의 의도는 무너진 러시아제국에 자유민주주의를 들여오는 것이었다.

그러나 레닌이 이끌고 마르크스의 사상을 배운 더 과격한 그룹이 그 영향력을 공고히 다져가고 있었다. 볼셰비키('다수'를 뜻하는 러시아어에서 온 말)가 '10월 혁명'(이 역시 사실은 서구 역법에 따르면 1917년 11월에 일어났다)으로 노동자의 나라를 세울 기회를 잡았다. 내란이 터져, 볼셰비키 '적군(赤軍)'이 외국 군대 및 러시아 내부의 볼셰비키 반대자들로 이루어진 '백군(白軍)'과 싸웠다. 1924년에 이르자, 차르는 이미 처형당했고, 볼셰비키 반대자들도 제거되었다.

레닌은 늘 종교를 지식과 문화, 물리적 차원에서 제거하는 것을 자신이 추구한 사회주의 혁명의 중심 목표로 여겼으며, 1917년 10월 볼셰비키 혁명이 있기 오래전부터 무신론을 자기 이데올로기의 본질적 요소로 여겼다. 그는 혁명의 대의를 러시아 안에서 어떻게 드높일 것인가를 제시하면서 이렇게 썼다. "우리 강령에는 무신론 강령이 꼭 들어가야 한다." 레닌은 논증을 통해 사람들을 기독교에서 떼어놓고자, "18세기 프랑스 계몽주의자들과 무신론자들의 작품을 번역하여 널리 보급하는 것"이 필요하다고 제안했다.

하지만 얼마 안 가 한 가지 문제가 불거졌다. 마르크스의 이론은 사회주의 혁명이 일어나면 종교가 존재할 이유가 없어지기 때문에 종교가 사라질 것이라고 예언했다. 혁명으로 사회경제적 소외를 없애면, 삶의 고통을 누그러뜨릴 영혼 마취제는 아무 쓸데가 없다. 그러면 종교적 믿음이 계속 존재할 이유도 당연히 사라질 것이다. 하지만 이내 종교가 끈질기게 살아남아 있다는 것이 분명하게 드러났다. 이런 관찰 결과가 몰고 올 일은 물어보나마나였다. 마르크스의 이론이 예언했던 일이 저절로 일어나게끔 강제해야 했다. 깃발에서 총알까지, 팸플릿에서 강제수용소까지, 소련 내부의 종교 관련자들을 억압하는 조치들이 잇달아 쏟아졌다.

우선 러시아 자체에서 큰 비중을 차지하고 있던 종교 집단(정교회)이 주목을 받았다. 1918년 1월 23일, 레닌은 재산을 소유할 권리, 사립학교나 국공립학교에서 혹은 소수 사람들로 이루어진 그룹에 종교를 가르칠 권리를 교회로부터 박탈하는 법령을 공포했다. 레닌은 과거 잉글랜드의 헨리 8세가 수도원을 억압했던 것과 같은 이 소련식 종교 탄압을 통해 교회와 수도원의 재산을 몰수하고 이에 저항하는 이는 누구든 처형할 것을 제의했다.

1917년의 볼셰비키 혁명은 레닌에게 그의 정치적 목표와 종교적 목표를 실행할 기회를 제공했다. 사회와 정치가 변화해도 종교가 사라지지 않고 끈질기게 존속한다는 것이 분명해지자, 레닌은 결국 '폭력을 장기간 사용'함으로써 종교를 뿌리 뽑으려는 조치들을 취하게 된다.

이 무신론자 십자군을 주도한 이들이 무장(武裝) 무신론자 연맹이었다. 이는 1925년부터 1947년까지 소련 안에서 활동했던 여러 정치 세력들이 한데 어울려 만든 반관(半官) 조직이었다. 이 그룹은 "종교에 반대하는 투쟁은 사회주의를 지지하는 투쟁이다"라는 슬로건을 내걸고, 사회와 문화 그리고 지식 분야에서 교묘한 조종을 통해 종교의 신뢰성을 파괴하는 일에 나섰다. 이 조직이 꼼꼼히 조직하여 펼친 작전에는 신문과 잡지, 강연과 영화를 활용하여 소련 시민들에게 종교적 믿음과 관습은 합리성이 없고 파멸을 가져온다는 것을 설득하는 일도 들어 있었다. 그들은 선량한 소련 시민이라면 과학적이고 무신론을 따르는 세계관을 받아들여야 한다고 선언했다.

교회는 폐쇄되거나 파괴당했으며, 종종 다이너마이트로 폭파당하기도 했다. 성직자들은 옥에 갇히거나, 수용소로 끌려가거나, 처형당했다. 러시아 혁명 이전에는 러시아정교회 성직자가 66,140명이 있었으나, 제2차 세계대전이 시작될 무렵에는 러시아정교회에 남아 있는 성직자가 겨우 6,376명이었다. 1938년 2월 17일에는 사제 55명이 처형당하기도 했다. 1917년에는 러시아에 39,530개 교회가 있었으나, 1940년에는 겨우 950개 교회만이 남아 활동했다.

스탈린의 종교 억압은 다른 종교에까지 확산되었는데, 이는 강제력을 써서라도 종교를 모조리 제거해야 한다는 그의 이데올로기적 신념에 따른 결과였다. 소련이 존속하는 기간 내내 유대인이 공격받았다. 스탈린은 특히 소련 동남부 지역의 여러 공화국에서 힘을 얻고 있던 이슬람 분리주의 운동을 두려워하여, 이 지역 전역의 이슬람교를 힘으로 억압했다.

러시아 혁명이 장기간에 걸쳐 기독교에 미친 영향은 상당했다. 기독교는 처음부터 (이제는 소련이 된) 러시아 제국이 존속하는 내내 억압을 받았다. 소련이 제2차 세계대전에서 승리한 뒤 동유럽이 소련 영향권 안에 들어가면서, 동유럽 국가들은 종종 기독교회와 신자들을 억압하는 조치를 강요당하기도 했다. 이런 사태는 이 책 다음 절에서 살펴보도록 하겠다.

5.1.3. 전후의 환멸: 위기 신학

1차 세계대전은 그 막을 내렸으나, 상당한 환멸을 불러일으켰다. 1차 대전
으로 어마어마한 물질과 인명이 희생당했지만, 과연 이 희생이 치를 만한
가치가 있었는가? 1차 세계대전이 유럽 문화에 끼친 영향은 아무리 말해
도 지나치지 않다. 1918년부터 1922년에 이르는 기간에 서유럽의 자의식
은 엄청난 변화를 겪었다. 오스발트 슈펭글러(1880-1936, 독일의 역사가이자
역사철학자—옮긴이)가 쓴《서구의 몰락(Der Untergang des Abendlandes)》은 서
구 문화의 죽음을 불길하게 이야기했다. 슈펭글러는 민주주의가 쇠락하는
문명 속에서 발견할 수 있는 정부 형태라고 주장했다. 그는 서구가 이 어둡
고 위험한 시대에서 벗어나려면 강한 리더십이 필요하다고 주장했다. 이
런 사상을 지지하는 내용은 존 버리(1861-1927, 아일랜드의 역사가이자 고언어
학자—옮긴이)의 글에서도 찾아볼 수 있는데, 버리는 1920년에 출간된 그의
저서《진보라는 개념(Idea of Progress)》에서 인류 문화와 문명, 사상이 계속
하여 발전해간다는 생각에 비웃음을 퍼부었다.

　1차 대전 직후는 모든 지적 활동 영역과 창조 활동 영역에서 느낄 수 있
었던 충격파로 말미암아 19세기가 물려준 문화유산이 모조리 무너져 내린
시기였다는 것이 중론이다. 많은 이들은 러시아 혁명이 서구 문화의 취약
성을 확인해주고 유럽 민주주의의 미래에 관한 의문을 불러일으켰다고 보
았다. 말로 표현할 수 없을 정도로 큰 발전을 이룩했지만, 서유럽의 많은
지역은 인플루엔자의 창궐로 고통을 겪었다. 인플루엔자가 이처럼 급속도
로 퍼진 것은 십중팔구 엄청난 병력 이동, 그중에서도 특히 배를 이용한 병
력 이동이 이루어졌던 1차 세계대전 때문이었을 것이다. 아울러 영양실조
가 만연해 사람들이 이전보다 더 약해졌고, 회복이 더 어려웠을 가능성도
있다. 이 인플루엔자 유행으로 전 세계에 걸쳐 5천만에서 1억 명에 이르는

사람들이 죽은 것으로 여겨진다.

서구 기독교가 1차 세계대전의 트라우마를 겪은 뒤에 처해 있던 상황을 요약하여 말하기는 아주 어렵다. 어떤 이들은 기독교가 대전 전의 상황을 회복하여 국제 차원의 협력을 다시 시작할 수 있으리라고 믿었다. 다른 이들은 상황을 이보다 더 낙관했다. 상처를 치유하고 국가 간의 충돌로 말미암아 파괴된 관계를 회복하려면 긴 시간이 걸릴 것이다. 또 다른 이들은 이 충돌(1차 세계대전)이 교회의 본질과 인간 본성에 관한 기존 가정들이 심히 부적절함을 드러냈으며, 진보가 이루어지려면 이런 가설들부터 다루어야 할 것이라고 믿었다.

1920년대에 이런 문제를 특히 강하게 절감했던 나라가 패전국으로서 자신에게 일어난 일을 설명해보려고 몸부림치던 독일이었다. 독일 교회와 신학계는 공세적 전쟁 정책을 편 빌헬름 2세(재위 1888-1918)를 지지했다. 아돌프 폰 하르낙(1851-1930)과 독일의 다른 주요 신학자들은 1914년 8월에 황제를 지지한다고 공중 앞에 선언했다. 전후 독일 신학은 그전에 군국주의를 거의 비판도 없이 무턱대고 옹호한 데 따른 책임을 짊어지게 된다.

이에 따라 나타난 가장 중요한 결과 중 하나가 '위기 신학'이었다. 이는 특히 스위스의 개신교 신학자인 카를 바르트(1886-1968)와 관련이 있었다. 독일에서 신학을 공부했던 바르트는 자신이 자유주의 개신교 안에서 발견한 당시의 주류 신학 접근법에 환멸을 느꼈다. 이 신학 접근법('문화 개신교'라는 말로 종종 부르기도 한다)은 당대의 문화 흐름을 뒤쫓은 것이었다. 바르트는 1차 세계대전이 이런 접근법의 신뢰성을 무너뜨렸다고 보았다. 당대의 문화 규범에 근거한 신학이 어떻게 이런 문화 규범들을 비판할 수 있겠는가?

바르트는 1차 세계대전 뒤에 스위스의 한 촌락인 자펜빌에서 개혁파 목사로 섬기는 동안 자신의 신학 접근법을 발전시키기 시작했다. 그의 신학

신학자 카를 바르트(1886-1968). 1956년에 바젤에서 찍은 사진.

접근법은 하나님과 문화의 불연속성을 강조했다. 그는 하나님과 인간의 문화 사이에 큰 틈('빙하의 크레바스')이 있으며, 이 틈새는 오직 하나님만이 메우실 수 있다고 선언했다. 인간의 문화는 하나님을 아는 참된 지식의 기초가 될 수 없었다.

바르트는 덴마크 철학자 쇠렌 키르케고르(1813-1855)가 쓴 문구를 하나 인용하여, 하나님과 인간 사이에는 '무한한 질적 차이'가 있다고 주장했다. 바르트도 구약 선지자들처럼 하나님이 온전히 거룩하심을 강조하고, 그분이 널리 인간에게서, 무엇보다 특히 인간 문화로부터 멀리 떨어져 계신 분이심을 강조했다. 하나님은 "인간 및 인간에 속한 모든 것과 무한한 질적 차이를 지닌 채 대립하시며, 우리가 하나님이라 일컫거나, 하나님으로서 경험하거나, 인식하거나, 예배하는 어떤 것과도 결코 동일하지 않으시다."

바르트는 기존 신학 접근법을 강하게 때려 부수는 신학 접근법을 택하면서, 하나님을 자연계나 인간 문화 속에서 찾으려는 어떤 시도도 거부했다. 하나님은 오로지 하나님이 당신 자신을 알리기로 택하신 때만 알려질 수 있는 분이다. 다시 말해, 하나님은 예수 그리스도 안에서 자기를 계시하신 하나님의 행위 속에서만 알려질 수 있는 분이다. 다른 이들도 바르트가 전개한 이런 신학 접근법을 따랐는데, 독일의 개신교 신학자인 프리드리히 고가르텐(1887-1967)도 그중 한 사람이었다. 고가르텐은 1920년에 '우리 문화의 위기'라는 제목으로 강연하면서, 당시 유럽 문화의 위기는 '하나님의 멸절(annihilating) 행위이자 창조 행위'로 볼 수 있으며, 이는 하나님과 세계 사이에 존재하는 절대적 차이를 분명하게 보여준다고 강조했다. 신학은 끝나버린 시대와 아직 도래하지 않은 미지의 신시대 사이에 자리해 있었다. 그것은 마치 '빈방'에 살고 있는 것과 같았다.

스위스 신학자인 에밀 브루너(1889-1966)도 이런 신학 접근법을 대표하는 인물이다. 브루너는 바르트 및 고가르텐과 달리 영어를 잘 구사했으며, 1920년대 말에는 미국을 여행하기도 했다. 그가 미국에서 '위기 신학'이란 것을 주제로 전한 메시지는 청중의 공감을 얻었다. 서구 신학이 뭔가 위기를 지나고 있음을 의심하는 이는 거의 없었다. 실제로, 미국 기독교도 그 자체에서 생겨난 큰 논쟁(이제는 '근본주의 논쟁'이라 부르는 논쟁)에 휩싸여 있었다.

5.1.4. 미국: 근본주의 논쟁

근본주의는 미국 보수 기독교 안에서 1920년대의 세속 문화 발전에 대한 종교적 반동으로 일어났다. 많은 이들은 1차 세계대전이 미국 문화 속에 남긴 여파를 보면서 이것이 미국 전통 기독교(특히 개신교)의 기풍에서 멀어짐을 상징하는 것으로 보았다. 다른 한편으로 보면, 이런 근본주의는 이전보다 더 커진 소비재 대량 생산(특히 자동차의 대량생산)과 소비만능주의 및 신용 경제를 추구하는 경향에 대한 반응이기도 했다. 많은 이들은 이런 것들이 물질주의를 조장한다고 보았다. 이혼율이 치솟았다. 신앙이 좋은 많은 미국인들의 눈에는 미국이란 나라가 세속의 가치들을 받아들이고, 자기부인과 개신교의 노동윤리라는 옛 가치를 떠나 일종의 방종과 물질주의로 옮겨간 것처럼 보였다. 근본주의의 등장 원인을 캐보면, 그 뿌리에는 이런 폭넓은 문화 양상들이 자리해 있었다.

오늘날은 근본주의라는 말을 이슬람교와 유대교 내부의 종교 운동을 가리키는 말로 널리 사용하지만, 본디 이 말은 오로지 미국 개신교 내부의 한 운동만을 가리킨다. '근본주의자'라는 말이 그 이름을 미국의 한 작은 출판사가 1910년대에 시리즈로 펴낸 열두 권의 책에서 가져온 것은 역사의 우연이었다. 이 시리즈는 그냥 평범하게 〈근본(The Fundamentals)〉이라는 제목을 갖고 있었으며, 보수 개신교의 시각으로 '신앙의 근본'을 탐구해보려고 만든 것이었다.

요새는 '근본주의'라는 말을 들으면 반계몽주의, 반지성주의, 정치적 극단주의를 떠올리는 이들이 많지만, 본디 '근본주의'라는 말은 그런 의미를 담고 있지 않았다. 처음에는 이 운동을 문화가 기독교에 반대하는 방향으로 움직이고 있다고 믿고 기독교 유산을 지키고자 노력하려 했던 미국 주류 개신교 집단들에서 일어난 운동이라 보았다. 애초 근본주의자들은 자신들을 단지 성경에 부합하는 정통으로 되돌아가려는 이들로 보았다. 당시 이 점을 인식한 이가 영국의 주요 모더니스트요 저술가로서 특히 신약성경과 초기 기독교 분야를 전문적으로 연구했던 커숍 레이크(1872-1946)였다. 레이크는 그가 쓴 《어제와 오늘의 종교(Religion of Yesterday and Tomorrow)》(1926)에서 계시보다 개개 인간의 인식과 체험에 기초한 종교 형태를 옹호하면서, 근본주의를 "한때 모든 그리스도인이 이구동성으로 주장했던 신학이 한쪽에 치우치고 무식한 형태로 살아남은 것"이라고 묘사했다.

그러나 이를 논박하는 모임들이 머지않아 생겨나기 시작했다. 근본주의 운동이 태어나게 된 모더니즘 정황은 이 근본주의 운동이 당면한 도전에 보인 반응을 형성하는 데 큰 영향을 주었다. 근본주의는 급속히 반동(反動)으로 바뀌어갔으며, 이 운동이 긍정하는 것과 이 운동이 반대하는 것이 똑같이 이 운동을 정의해주게 되었다. "근본주의는 근대성(modernity)에 맞선 정통이다"(제임스 데이비슨 헌터). 강박관념(무언가에 포위 공격을 당하고 있다는 정서)이 근본주의 운동의 특징이 되었다. 근본주의를 표방한 이들이 당대 문화에 대항하여 세운 공동체들은 그들 자신을 믿음을 잃어버린 채 점점 더 세속에 물들어가는 문화에 맞서 그들의 독특한 믿음을 지키려고 주위를 원 모양으로 에워싼 마차들(circles of wagons)로 보았다(서부 개척 정신을 떠올려주는 인식이었다).

근본주의자들이 제시한 가르침 중 몇몇 측면은 사실 고전 개혁파 정통의 저작들, 혹은 찰스 하지(1797-1878)나 벤저민 워필드(1851-1921) 같은 옛 프린스턴 학파의 저작들에서도 찾아낼 수 있다. 하지만 근본주의의 근본 특징은 반대주의(oppositionalism)가 되었다. 즉, 근본주의는 자신이 문화의 발전으로 말미암아 위협을 받고 있다고 믿으면서, 자신들이 위협이라 인식한 것을 공격하고 이에 맞서 싸우는 반응을 보였다. 근본주의의 내용뿐 아니라 근본주의가 보여준 사납고 광포한 모습이 근본주의의 정체 및 특성에 관하여 미국인들이 갖고 있는 인식을 형성했다.

이렇게 극단으로 치달은 모습이 초래한 나쁜 결과들을 특히 1920년대 미국 장로교회의 아픈 역사에서 발견할 수 있다. 1922년, 전통 교리들을 현대의 과학 지식과 문화 지식에 비춰 바꿔야 하는가라는 문제를 놓고 험악한 논쟁이 벌어졌다. 보수파가 유리해 보였다. 이에 맞서, 헨리 에머슨

포스딕(1878-1969)은 1922년 5월에 '근본주의자들이 이길 것인가?'라는 제목으로 근본주의를 논박하는 설교를 했다. 포스딕은 근본주의가 믿는 핵심 사항들을 거부하면서, 예수가 동정녀에게서 태어났다는 믿음은 필요하지 않으며, 성경에 오류가 없다는 믿음 역시 지지할 수 없고, 예수의 재림을 가르치는 교리도 엉터리라고 주장했다. 이 설교는 능숙한 홍보 전문가가 다시 고쳐 쓰고 석유 갑부인 존 록펠러(1839-1937)가 지원한 돈으로 13만 부를 찍어 사람들에게 널리 배포했다. 보수 진영도 이내 거센 반론을 뒤따라 내놓았다. 클래런스 에드워드 매카트니(1879-1957)는 '불신앙이 이길 것인가?'라는 제목으로 반론을 내놓았다.

상황은 급속히 양극단의 대립으로 치달았다. 중간 지대는 아예 없어 보였으며, 관용도 불가능해 보였다. 이 상황을 타개할 타협안이나 길도 없는 것 같았다. 장로교 신자들은, 근본주의 주창자들이 말한 개념을 사용하여 표현하자면, '믿음이 없는 자유주의자'가 되든지 아니면 '반동 근본주의자'가 되든지, 결정을 내려야만 했다. 교회가 산산조각 나버렸다. 다른 선택지도 있었고, 더 건전한 목소리도 있었다. 그러나 철저히 한쪽에 치우친 의견이 난무하다보니, 그런 목소리는 들리지도 않았다. '반대주의'에 치우치다보니, 보수 장로교 집단은 문제를 네가 죽지 않으면 내가 죽는다는 식으로 지극히 단순하게 인식했다. 믿음이 없는 문화가 이기든지, 아니면 복음이 승리하든지, 둘 중 하나만 있을 뿐이지 다른 선택지는 있을 수 없었다.

보수 교파들 안에서도 포스딕 같은 모더니즘 사상가들의 영향력이 점점 커가고 있었지만, 보수파 사람들은 자신들이 이런 영향력을 막기 위해 할 수 있는 일이 거의 없어 보인다는 점을 이내 깨달았다. 모더니즘으로 기우는 것은 움직일 수 없는 대세처럼 보였다. 결국 근본주의 집단들 안에서는 소위 타락한 교파들과 결별해야 한다는 요구가 점점 커져갔다. 교파를 안에서부터 개혁하는 것이 불가능하다면, 택할 수 있는 길은 그 교파를 깨부

수고 나가, 순수한 교리를 지키는 새 교회를 형성하는 것뿐이었다. 이런 분리주의식 접근법의 기원을 찾아보면 미국 개신교의 여명기까지 거슬러 올라갈 수 있다. 로드아일랜드를 세운 로저 윌리엄스(1604-1684)는 순수한 분리주의 교회를 옹호한 주요 인물 중 하나로서, 기독 신자는 배교한 교회 및 세속 국가와 단절할 의무가 있다고 주장했다.

근본주의자들은 모더니즘에 맞서 전쟁을 벌이면서, 결국 자신들이 세속 문화요 거의 배교한 교회라고 여겼던 것들을 상대로 문을 닫아걸고, 경계하며 자신들을 지키는 데 치중하는 태도를 갖게 되었다. 그들에겐 분리주의만이 따를 수 있는 유일한 길로 보였다. 문화와 주류 교파들을 회개시키거나 개혁하는 것이 불가능하다면, 광야에서 외치는 자의 소리가 될 수밖에 없었다.

근본주의자들이 주적으로 꼽은 대상 중 하나가 다윈주의(4.2.4)였다. 〈근본〉에 실린 몇몇 논문은 진화론을 과학 이론으로서 지지했다. 하지만 다윈의 진화론에 철저히 반대하는 것이 근본주의 정통인가를 판가름해주는 리트머스 시험지가 되었다. 일부 학자들은 다윈주의가 전통적 성경 해석 방법에 위협을 가하는 것처럼 보인 것이 이런 반대가 일어난 주된 이유라고 주장한다. 하지만 이런 반대는 당시 세속 문화를 규정하는 특징처럼 보이는 것에 맞선 반동으로 보는 것이 더 낫다.

이렇게 다윈의 진화론에 반대하다, 결국 많은 근본주의자들이 공립학교 교과 과정에서 다윈의 진화론을 빼라고 선동하기에 이른다. 이 때문에 일어난 사건이 유명한 1925년의 스콥스 '원숭이' 재판이다. 존 스콥스(1900-1970)는 고등학교에서 과학을 가르치던 젊은 교사였는데, 테네시 주의 공립학교에서 진화론을 가르치지 못하게 한 내용을 담아 그 무렵에 채택된 법령을 따르지 않았다 하여 기소 당한다. 미국시민자유연합(American Civil Liberties Union)이 이 사건에 뛰어들어 스콥스를 지지한 반면, 윌리엄

제닝스 브라이언(1860-1925)이 세계기독교근본주의자연합(World Christian Fundamentals Association)을 대리하여 검찰 측 변호인을 맡았다. 이 일은 결국 만인 앞에서 근본주의가 망신을 당하는 재앙이 되고 만다.

브라이언은 이 재판을 기독교와 무신론의 '생사를 건 결투'라 불렀지만, 불가지론을 따르는 변호사 클래런스 대로에게 걸려들어 완전히 헛발질을 하고 말았다. 대로는 브라이언을 피고인 측 증인으로 불러내, 진화에 관한 그의 의견을 물었다. 브라이언은 자신이 지질학이나 비교종교학이나 고대 문명에 관하여 아는 것이 없음을 시인할 수밖에 없었다. 결국 법정에서는 브라이언이 재판에서 이겼다. 스콥스는 100달러 벌금을 선고받았다. 테네시 주 대법원은 절차상의 하자를 문제 삼아 스콥스에게 내려진 유죄 평결을 뒤집고, 스콥스를 무죄 방면했다. 브라이언은 재판이 끝나고 닷새 뒤에 죽었다.

그러나 어쩌면 이보다 더 중요하달 수 있는 재판이 미국의 신문 지면에서 벌어졌다. 이 재판에서는 브라이언을 생각도 없고 무식한 반동주의자라고 선언했다. 근본주의는 테네시 주 같은 시골에서는 통했지만, 미국의 복잡다단한 도시 환경에서는 설 자리가 없었다. 특히 언론인이요 문학비평가인 헨리 루이스 멩켄(1880-1956)은 근본주의자들을 관용도 모르고, 구닥다리이며, 무식한 이들이요, 미국 문화의 주류에서 소외된 자들로 훌륭히 묘사했다.

그때 이후로 근본주의는 하나의 종교 운동이자 문화 유형이 되었다. 근본주의가 주류 개신교 내부의 식자층과 문화 엘리트들에게 지지를 얻을 가망은 없었다. 근본주의는 이렇게 입은 상처를 회복하지 못하게 되며, 2차 세계대전 뒤에 새로운 형태의 복음주의가 등장하면서 비로소 추진력과 신뢰를 겨우 되찾게 된다.

5.1.5. 멕시코: 크리스테로 전쟁

멕시코는 에스파냐 식민지였으나 19세기 초에 독립 국가를 세웠다. 하지만 1850년대에 미국과 벌인 전쟁으로 많은 영토를 잃었다(그때 잃은 영토가 주로 지금의 캘리포니아, 뉴멕시코, 텍사스에 속하는 지역이다). 멕시코는 1857년, 새 헌법을 제정했는데, 가톨릭교가 국가의 주요 종교임은 인정했지만 가톨릭교에 특권을 부여하는 것은 철저히 거부했다. 세속 헌법은 점점 커져가던 반(反)성직자주의를 반영하여 교회의 많은 재산을 몰수하고, 교회의 사회적 역할을 제한했다.

오랫동안 대통령으로 재직하며 독재를 저지른 포르티노 디아스(1876년부터 1911년까지 대통령으로 있었다)가 물러간 뒤, 1917년에 혁명이 일어나 새 헌법이 제정되었다. 이 세속주의 헌법은 학교에 세속 교육을 강요하고, 수도회로부터 법의 보호를 박탈했으며, 교회 건물 밖에서 공예배를 드리는 것을 금지했다. 아울러 종교 조직의 재산 소유권을 혹독하게 제한하고, 사제나 수녀가 성직자 복장을 입을 권리, 투표할 권리, 배심원에게 재판을 받을 권리를 인정하지 않았으며, 사제나 수녀가 종교 간행물을 통해 정부 관리를 비판하거나 공사(公事)에 논평할 권리를 인정하지 않았다. 이런 반가톨릭 조치들은 널리 행해지지 않고, 처음에는 단지 제한된 범위에서만 시행되었다.

하지만 1924년에 무신론자인 플루타르코 엘리아스 카예스(1877-1945)가 대통령이 되었다. 1926년 6월, 그는 사람들에겐 '형법개혁법'으로 알려진 법령에 서명했다. 이 강력한 반가톨릭법은 멕시코의 많은 지역에서 극심한 반발을 불러일으켰다. 종교를 드러내는 옷을 입거나 용품을 착용하는 것, 혹은 사람들이 모인 자리에서 '아디오스'(에스파냐어 'Adiós'는 문자 그대로 말하면 '하나님께'라는 의미이며, 프랑스어의 'Adieu'와 아주 비슷하다)라고 말하는 것이 모두 불법이 되었다. 이제는 크리스테로(Cristeros, 이는 "그리스도는 왕이시다"를 뜻하는 에스파냐어 슬로건 Cristo Rey에서 나온 말이다)로 알려진 저항 운동은 경제 분야에서 잇따른 보이콧으로 이런 조치들을 무너뜨리려 시도한 뒤, 봉기를 선언했다. 1927년 1월 1일, 반정부 무장 봉기가 시작되었다.

처음에는 봉기가 큰 성과를 거두지 못했다. 반정부 비정규군은 훈련이 부족했고, 무장도 빈약했다. 그들은 멕시코 정규군의 상대가 되지 못했다. 1928년 6월에는 크리스테로에 약 5만의 무장 병력이 있었다. 하지만 1929년 초에는 멕시코군 내부에서도 봉기가 일어났건만, 어느 쪽도 돌파구를 마련하지 못했다. 멕시코군은 사기 저하 때문이었을 수 있고, 크리스테로에겐 효율적 리더십이 없었다. 아울러 크리스테로는 대다수 멕시코 주교들의 지지도 얻지 못했다. 멕시코 주교들은 카예스의 미치광이 같은 무신론을 싫어한 것만큼이나 크리스테로의 미치광이 가톨릭교도 싫어했다. 그레이엄 그린의 초창기 소설 중 하나인 《권력과 영광》(1940)은 크리스테로 전쟁 동안에 도망치는 한 사제를 다룬 것이다.

결국 이 싸움은 멕시코 주재 미국 대사 드와이트 휘트니 모로(1873-1931)의 훌륭한 중재로 해결되었다. 모로는 실용주의 성향이 강한 외교관으로서 정부와 교회가 평화 협상을 벌일 수 있을 만한 충분한 공통분모를 마련했다. 1929년 6월 21일, 정부가 가톨릭교회에 조금 양보하면서, 양자는 '합의안'에 동의했다. 사실, 정부가 반가톨릭 조치들을 법전에 그대로 놔두면서도 이 조치들을 군이 실행하려 하지 않게 된 것은 큰 진전이었다.

크리스테로 전쟁이 낳은 한 가지 중대한 결과는 가톨릭 신자들이 멕시코에서 미국 남부로 대거 이민을 떠난 일이었다. 이들은 거기서 아무런 구속도 받지 않고 예배할 수 있게 된다. 신앙 피난처를 찾는 난민들이 캘리포니아와 텍사스로 물밀 듯이 밀려들면서, 이 지역들의 종교 분포가 크게 바꿰었다.

멕시코 자체를 보면, 교회는 당장 그 인적 자원의 기초를 재건해야 할 문제에 직면해 있었다. 전쟁 기간 동안 사제들이 급격히 줄어들었다. 사제들이 옥에 갇히거나 추방당하거나 처형당하거나 암살당했다. 1926년에 멕시코에는 가톨릭 사제가 4,500명이 있었다. 10년 뒤에는 400명이 채 되지 않았다. 카예스가 미친 영향은 1930년대 초까지 남아 있었으며, 1934년 헌법이 반(反)종교 교육을 강화하는 조문을 둔 사실에서도 찾아볼 수 있다. 2차 세계대전 뒤에 들어선 정부들은 미치광이 같은 카예스의 반가톨릭 정책을 이어가지 않았으며, 계속하여 카예스의 과도한 정책과 거리를 두었다.

5.1.6. 심리학이 말하는 종교의 위기: 지그문트 프로이트

우리는 앞부분에서 카를 마르크스와 찰스 다윈이 종교적 믿음 전반, 그리고 특히 기독교에 미친 영향을 살펴보았다. 마르크스는 종교를 환원주의 관점에서 설명했다(4.2.3). 반면, 다윈은 기독교의 몇몇 근본 테마에 이의를 제기한 것으로 보인다(4.2.4). 지그문트 프로이트(1856-1939)는 1차 세계대전 전에 심리학으로 종교의 기원을 설명하는 이론들을 전개했지만, 이 이론들이 끼친 영향은 주로 1차 세계대전 뒤에, 특히 북아메리카에서 느끼게 된다.

프로이트가 정신분석을 미국에 처음 소개한 것은 그가 1909년에 매사추세츠 우스터에 있는 클라크 대학교를 방문했을 때였다. 프로이트는 미국인들이 그의 생각에 열렬한 반응을 보이는 것을 보고 놀라워하며 기뻐했다. 그가 뿌린 씨는 기름진 땅에 떨어졌다. 1910년에는 워싱턴 DC에서 정신병리학협회가 설립되었다. 곧이어 1911년에는 뉴욕정신분석학회가 설립되고, 1914년에는 볼티모어에서 미국정신분석협회가 설립되었다.

신경학자요 정신분석 창시자인 지그문트 프로이트. 1921년경 막스 할버슈타트가 찍은 사진.

1917년에는 존스홉킨스 의학대학원이 정신분석을 학위과정으로 제공하기 시작했다.

　프로이트의 종교 비판은 1차 세계대전과 2차 세계대전 사이 기간에 상당한 문화적 영향력을 발휘했으며, 이 책이 중요시하는 몇 가지 기본 테마들을 다루었다. 프로이트는 종교를 정신분석으로 설명할 수 있다고 주장했다. 종교는 인간이 만들어낸 것으로서, 아버지상(father figure)을 섬기고 숭앙하는 데 사로잡힌 결과물이다. '종교는 마음이 만들어낸 것'이라는 프로이트의 강한 환원주의식 설명은 이제 이를 밑받침해줄 엄정한 경험 증거가 없다는 비판을 듣고 있다. 하지만 당시에는 그의 이론이 아주 진지하게 받아들여졌다. 《토템과 터부》(1913)는 종교가 널리 사회 전체에 그 기원을 두고 있음을 고찰했으며, 《환상의 미래》(1927)는 개인의 정신(심리) 속에 자리한 종교의 기원을 다루었다[프로이트는 여기서 종종 '정신의 창조(psychogenesis)'라는 말을 사용한다]. 프로이트는 종교가 표명하는 개념들을 '환상이요, 지극히 오래되고 지극히 강력하며 지극히 절박한 인류의 소망들을 충족시켜주는 것'으로 본다. 그는 이와 비슷한 생각을 생애 말년에 내놓은 작품 《모세와 유일신론》(1939)에서 펼쳐 보였다.

이 지점에서 프로이트를 이해하려면, 그의 억압 이론을 살펴봐야 한다. 그는 이 견해를 비평가들과 독자 대중에게 널리 외면당한 《꿈의 해석》(1900)에서 처음 제시했다. 여기서 프로이트가 제시한 논지는 꿈이 소원 성취(의식이 억압하는 소원의 위장된 표현)이기 때문에, 무의식 속으로 옮겨진다는 것이다. 프로이트는 《일상생활의 정신병리》(1904)에서 이렇게 억압된 소원들이 수많은 지점에서 일상생활 속으로 뚫고 들어온다고 주장했다. 어떤 신경증, 꿈, 심지어 작은 말 실수나 글 실수—이른바 '속마음을 드러내는 실언(Freudian slips)'—도 무의식 과정을 드러낸다.

심리치료자가 할 일은 이처럼 삶에 좋지 않은 영향을 미치고 있는 이런 억압들을 드러내는 것이다. 정신분석(프로이트가 만들어낸 말이다)은 치료되지 않은 채 무의식 속으로 들어간 고통스러운 경험들을 환자가 의식 속으로 끌어올리게 도와줌으로써 이런 경험들을 숨김없이 드러내는 것을 목표로 한다. 분석가는 환자에게 좋지 않은 영향을 미치고 있는 억압된 트라우마를 끊임없는 질문을 통해 밝혀냄으로써, 환자가 그 트라우마를 훤히 드러내 치료하도록 할 수 있다.

앞서 언급했듯이, 종교의 기원에 관한 프로이트의 견해는 두 단계로 살펴봐야 한다. 첫째, 널리 인간 역사 전반의 발전에서 그 기원을 찾아야 한다. 둘째, 그 기원을 각 사람의 사례에서 찾아야 한다. 먼저 우리는, 그가 《토템과 터부》에서 제시하듯이, 종교가 널리 인류 전체의 정신이 만들어낸 것이라는 그의 설명을 다뤄볼 수 있겠다.

프로이트는 종교 의식이 그가 다룬 신경증 환자들의 강박 행위와 비슷하다는 이전의 관찰 결과를 발전시켜, 종교는 본디 어떤 강박 신경증의 뒤틀린 형태라고 선언했다. 그는 강박 환자들(이를테면 '늑대 인간' 같은 이들)을 연구한 결과를 토대 삼아, 이런 질환이 발달 과정에서 해결되지 않은 문제들이 만들어낸 결과라고 주장했다. 그가 '죄'와 '불결함'이라는 관념을 어린 시절의 발달 단계인 '항문기'와 연계한 점이 그 예다. 그는 (유대교의 정결 의식 같은) 종교 행위의 측면들이 비슷한 강박을 통해 생겼을 수 있다고 주장했다.

프로이트는 모든 종교가 그 핵심 요소로 아버지상 숭배와 올바른 의식에 대한 관심이라는 요소를 갖고 있다고 주장했다. 프로이트는 종교의 기원을 오이디푸스 콤플렉스에서 찾는다. 프로이트는 (아무런 증거도 제시하지 않은 채) 인류 역사의 어느 시점에 아버지라는 인물이 그의 부족에 속한 여성들을 독점 지배할 성적 권리를 갖고 있었다고 주장한다. 이런 사태를 마뜩찮게 여긴 아들들이 그 아버지라는 인물을 타도하고 죽였다. 그 뒤, 아버지를 죽였다는 비밀과 더불어 이와 결부된 죄책감이 이 아들들을 계속 따라다녔다. 프로이트는 종교가 역사 이전에 일어난 이 아버지 살해 사건에서 시작되었으며, 이런 이유 때문에 죄라는 것을 그 주요 동기로 갖고 있다고 본다. 이 죄를 씻거나 속해야 했으며, 이 때문에 여러 종교 의식을 고안해냈다는 것이다.

프로이트는 이런 일반 원리를 극명하게 보여주는 예로 기독교가 그리스도의 죽음을 강조하고 부활하신 그리스도를 숭배하는 것을 든다. "기독교는 아버지-종교에서 생겨나 아들-종교가 되었다. 기독교도 아버지를 없애야 할 운명을 피하지 못했다." 프로이트는 기독교가 기념하는 성찬이 바로 '토템 식사'에 해당하는 것이라고 주장했다.

사람들은 종교의 사회적 기원에 관한 프로이트의 설명을 그리 진지하게 받아들이지 않으며, 종종 사람들이 다윈의 진화론(4.2.4)을 널리 받아들임으로 말미암아 생겨난, 지나치게 낙관적이고 조금은 단순한 이론의 전형으로 보곤 한다. 종교의 기원을 개인의 심리에서 찾는 그의 설명이 오히려 더 중요한데, 이 설명도 다시금 '아버지상' 숭배라는 개념을 원용한다. 프로이트는 이 숭배의 기원을 어린 시절에서 찾아야 한다고 주장한다. 프로이트의 주장에 따르면, 어린이는 오이디푸스 단계를 지날 때, 아버지에게 벌을 받을 수 있다는 불안을 처리해야 한다. 어린이가 이 위협에 보이는 반응은 아버지를 숭배하고, 아버지와 자신을 동일시하며, 자신이 아버지의 뜻에 관하여 알고 있는 것을 초자아(superego)라는 형태로 투사하는 것이다.

프로이트는 《환상의 미래》에서 이런 바람직한 아버지상 투사의 기원을 탐구했다. 종교는 유아기 행위의 단편을 어른의 삶에서도 계속 이어감을 보여주는 것이다. 종교는 단지 자신의 무력한 처지에 보이는 미숙한 반응으로서, 어릴 적에 아버지의 보살핌을 경험했던 경우로 되돌아가는 것에 불과하다. "우리 아버지가 날 지켜주실 거야. 아버지는 다 당신 뜻대로 하실 수 있어." 따라서 인격체인 하나님을 믿는 믿음은 유아기의 미몽에 불과하며, 바람직한 아버지상을 투사한 것에 불과하다. 프로이트는 이제 인류가 이런 원시 미신을 초월하여, 세계 및 이 세계 안에서 인간이 갖고 있는 위치를 더 합리적이고 더 과학에 맞게 이해할 수 있는 지식과 통찰을 갖고 있다고 보았다.

프로이트의 종교 비판은 양차 대전 사이 기간 동안에 미국에서 많은 주목을 받았다. 그러나 그의 더 중요한 업적 중 하나로 말미암아 사회가 심리치료를 받아들일 수 있는 문화가 만들어졌다고 주장할 수 있겠다. 상담이 치료 문화의 일부가 되었는데, 이런 현상은 어쩌면 종교의 주요 기능 가운데 하나가 신자로 하여금 그들 자신에 관하여 더 좋은 느낌을 갖게 하는 것이라는 생각에 힘을 보태주었을지도 모른다. 종교를 이런 시각으로 바라보는 접근법(메리 베이커 에디의 '크리스천 사이언스'가 그런 예다)은 이미 미국 개신교 안에 널리 퍼져 있었다. 하지만 많은 이들은 프로이트의 접근법이 분명 과학에 근거하고 있기 때문에 더 우월하다고 보았다.

　프로이트의 낙관적 접근법은 불행한 미국인들에게 의사와 성직자라는 직업이 제공할 수 없는 방법으로 희망을 제공했다. 그의 접근법은 각 사람이 사회 전체를 바꾸지 않고도 심리적 만족을 얻을 수 있다고 주장했다. 프로이트의 접근법은 많은 점에서 상담자가 사제 대신 구원의 중개자 역할을 하게 만들었다. 오늘날 미국의 많은 교회가 시행하는 목회 프로그램에서 상담이 여전히 중요성을 갖고 있는 현실은 프로이트가 미국인들이 종교에 거는 기대 중 적어도 몇몇 측면을 형성하는 데 중요한 역할을 했음을 에둘러 증언해주는 것이자, 미국 기독교가 계속하여 신앙과 심리학의 관계에 매력을 느끼는 현상을 탐구하게 만드는 동기가 되고 있다.

5.1.7. 1930년대 독일 교회의 위기

독일은 1차 세계대전에 패배하면서 경제가 피폐해지고 국가도 치욕을 당했다. 1920년대에 들어와 다른 나라들은 경제가 점차 회복되기 시작했지만, 독일의 정치와 경제는 여전히 정체 상태에 갇혀 있었다. 독일이 전쟁 당시 적국에게 물어주어야 할 배상금과 독일 경제 내부에서 발생한 지나친 인플레이션은 사태를 더 악화시켰다. 전쟁 직후에 (러시아 혁명에서 어느 정도 용기를 얻은) 혁명적 사회주의가 자본주의와 종교의 비판자로서 영향력을 얻게 되었다. 1918년 11월에 프로이센의 교육 및 공예배 담당 장관으로 임명된 전투적 세속주의자 아돌프 호프만(1858-1930)은 국립학교에서 기도와 종교 교육을 못하게 하고, 교회 재산을 몰수하며, 대학교 교과과정에서 신학을 없애려고 시도했지만, 성공하지 못했다.

제정(帝政)이 막을 내린 뒤 독일에는 의회민주주의가 수립되었다. 그러나 바이마르공화국은 대중의 기대와 희망에 부응할 만큼 살아남지 못했다. 1920년 3월, 정부를 전복하려는 우익 민족주의자들의 첫 시도가 있었으며, 이런 불안한 패턴이 1930년대까지 이어지게 된다. 1923년 11월에는 아돌프 히틀러와 국가사회주의자들이 정권을 잡으려 했지만(그 유명한 맥주홀 폭동), 비참하게 실패하고 말았다.

1929년에 들어와 사태가 심히 악화되었다. 독일 경제는 이미 그해 초에 하강 곡선을 그리고 있었다. 1929년 10월 월가의 주가 대폭락은 이전에는 겪어보지 못했던 혹독한 경제 공황의 시작을 알리는 신호탄이었다. 이 사건은 바이마르공화국의 정치 안정에도 치명타를 가했다. 여러 사건이 꼬리에 꼬리를 물고 터지면서, 히틀러가 이끄는 국가사회주의독일노동자당, 곧 '나치'로 널리 알려진 세력이 정치적 승리를 거두었다. 1933년, 아돌프 히틀러는 독일 수상에 올랐다.

히틀러 치하의 독일 교회는 심각한 도전에 부닥치게 된다. 국가사회주의는 결코 기독교 철학이 아니었다. 국가사회주의의 기원은 여전히 미궁인 구석이 많다. 하지만 분명한 것은 국가사회주의가 민족주의자들이 오랫동안 게르만 문화에 관하여 견지해왔던 믿음, 특히 범게르만 동맹이 유럽 중부를 지배해야 할 소임을 맡았다는 믿음을 반영한 것이라는 점이다. 히틀러의 프로그램은 독일 교회를 포함하여 독일인의 삶 대부분을 통제하려 했다. 하지만 스탈린과 달리, 히틀러는 강제력이나 억압 조치를 쓰지 않고도 교회의 협력을 확보할 수 있으리라 믿었다.

히틀러도 자신이 이런 일을 해냈을 때 십중팔구 놀랐을 것이다. 독일의 많은 그리스도인들은 종교를 사회에서 제거하겠다는 급진사회주의의 강령을 두려워한 나머지, 독일 문화 갱신이라는 말로 상당히 그럴싸하게 제시된 히틀러의 나치 프로그램에 호응했다. 이 나치 프로그램은 특히 종종 '문화 개신교'라 불리는 운동으로서 종교와 문화의 긴밀한 연관성을 주장했던 독일 개신교 내부의 운동(5.1.3)과 죽이 잘 맞았다.

처음에 독일의 많은 성직자들은 나치의 통치를 환영했다. 이는 나치가 소련이 후원하는 불길한 국가 무신론을 막아주는 요새가 되어준 탓도 있었고, 나치가 종교에 새로운 문화적 역할을 부여하는 것처럼 보인 탓도 있었다. '독일 그리스도인' 운동이 펼쳐져, 국가 재건과 통일을 이루려는 히틀러의 프로그램에 호응했다.

그러나 독일 그리스도인 운동의 통일성은 오래가지 못했다. 1933년 9월부터 분열이 일어나기 시작했다. 유대인은 교회에서 직무를 맡지 못하게 한 소위 '아리아인 조항'도 한 원인이 되었다. 나치당의 강한 반(反)유대 수사(修辭)는 히틀러 지지를 독일의 정치 현실에 잠시 순응하는 실용적 선택으로 보았던 이들과 기독교 자체를 완전히 재구성하기 원하는 이들을 갈라놓았다.

위기의 순간은 1933년 11월 13일 베를린 스포츠궁(Sportpalast)에서 열린 군중집회 때 왔다. 베를린의 나치 집단 안에서 유력한 인물로 떠오른 학교 교사 라인홀트 크라우제(1893-1980)는 유대인의 책인 구약성경을 거부하고 예수를 유대교의 부패에 맞서 저항한 인물로서 더 '영웅답게' 해석하자고 주장하는 등, 기독교를 철저히 나치화할 것을 요구했다. 이것이 전환점이었다. 독일 그리스도인들은 산산조각이 나고 이리저리 나뉘었으며, 변하는 정치 상황에 통일된 대응 방안을 내놓을 수 없게 되었다.

독일 교회는 히틀러가 권력을 잡고 독일이 제국주의 시절에 펼쳤던 주장들을 재차 강조하는 쪽으로 점차 움직여가도 거의 속수무책이었다. 이런 점은 기독교가 갖고 있는 도덕 기준에 심각한 의문을 갖게 만들었으며, 의식 있는 그리스도인들은 이런 점 때문에 힘들어했다. 더 생각이 깊은 나치즘 비판자 중 하나가 가톨릭 철학자요 신학자인 디트리히 폰 힐데브란트(1889-1977)다. 그는 나치가 이 시기 독일 문화의 상대주의를 통해 신뢰를 얻었다고 주장했다. 이 운동에 맞설 수 있는 유일한 길은 기독교가 표방하는 도덕 가치와 같은 객관적 도덕 가치를 힘써 재강조하는 것이다. 문화의 흐름에 저항하지 못하거나 문화 흐름을 적극 지지하는 기독교 형태는 나치즘(혹은 이 나치즘과 비슷한 미래의 운동들)에 맞설 힘을 잃어버리게 될 것이다.

지금도 계속하여 큰 관심사가 되고 있는 문제는 주류 교회와 주류 교회 신학자들이 최신 문화 흐름을 철저히 검토해보지도 않은 채 이런 문화 흐름을 받아들이고 인정하며 제 것으로 삼는 것을 거북해하는 경향을 보였다는 점이다. 하지만 독일 학계의 문화는 히틀러의 사상을 받아들였다. 유명한 철학자 마르틴 하이데거(1889-1976)는 1933년 5월 하이델베르크 대학교 총장 취임 연설에서 히틀러에게 열렬한 지지를 보냈다. 파울 알트하우스(1888-1966), 에마누엘 히르쉬(1888-1972), 게르하르트 키텔(1888-1948) 같은 수많은 저명한 기독교 신학자들이 특히 국가사회주의의 초기 활동 시기부터 이를 명백히 지지했다.

일부 학자들은 마르틴 루터의 '두 왕국 교리'(3.3.2)가 나치즘의 등장과 관련이 있다고 주장했다. 이 교리는 교회와 국가를 철저히 분리할 것을 주장하면서도, 국가가 교회의 삶에 영향을 미치는 것을 허용했다. 이런 주장도 필시 일리가 있겠지만, 그래도 이 주장의 중요성을 과장하는 것은 너무 섣부른 일이 아닐까 싶다. 1930년대 독일의 많은 그리스도인이 가졌던 큰 근심거리 중 하나는 사회주의 혁명이 일어나지 않을까 하는 두려움이었다. 이런 혁명이 일어났다간, 소련에서 벌어진 일처럼, 무신론을 공공의 철학으로 강요하리라는 예상이 널리 퍼져 있었다.

진짜 문제는 독일의 그리스도인들이 법을 준수하면서 이를 그리스도인의 의무로 여기는 전통을 오랫동안 고수해온 점이었다. 나치는 1933년에 정권을 잡자, 법이라는 틀을 이용하여 국민을 억누르는 전체주의 통치를 실시하기 시작했다. 본디 민주주의를 구현하려고 제정되었던 법들이 다른 목적으로 전용되었다. 법은 어쨌든 세계의 객관적 실재나 사회 합의에 근거해야 한다는 프로테스탄트의 전통 관념은 제3제국이 제멋대로 권력을 휘두르는 것에 대응하지 못한다는 것을 드러내고 말았다.

이런 제3제국의 횡포에 맞서, 인간의 입법기관보다 더 높은 권위를 가진 이가 있음을 주장하면서 자연법으로 돌아가자고 주장하는 반응이 있었다. 1936년, 하인리히 롬멘(1897-1967)은 《자연법의 영구 귀환(Die ewige Wiederkehr des Naturrechts)》이라는 제목을 단 짧은 저작을 출간했다. 변호사였던 롬멘은 로마가톨릭 계열의 사회 활동 단체와 함께 일하다가 나치 손에 잠시 옥고를 치르기도 했다. 그는 독일의 법률 전문가들이 법을 순전히 실증주의 관점에서 생각하는 데 아주 익숙해 있다 보니, 국가사회주의자들의 위협 앞에서 지적 무방비 상태로 방치되어 있다고 주장했다. 상황이 이렇게 비참하기 때문에, 사람들이 의지해야 할 곳은 국가가 아니라 더 높은 권위(곧, 하나님)였다. 자연법은 그토록 절실히 필요했던 지적 생명줄을 제공해주었다.

카를 바르트(5.1.3)와 디트리히 본회퍼는 다른 접근법을 펼쳐보였다. 이들은 개인이나 국가의 삶 한가운데에 하나님이 아닌 다른 존재를 놓아두는 모든 정치 체제를 신학을 통해 철저히 비판했다. '고백교회'(Bekennende Kirche, 나치와 타협하길 철저히 거부한 독일 개신교회 내부의 운동) 지도자들은 1934년 5월 말 바르멘에 모여, 〈바르멘 선언〉으로 알려진 문서를 발표했다. 이 선언은 교회가 '그 시대를 지배하는 이데올로기적, 정치적 확신'에 비춰 그 사상을 수정해서는 안 된다고 선언했다. 교회는 예수 그리스도의 인격과 성경 본문이 증언하는 기독교의 뿌리에 언제나 신실해야 한다.

하지만 이런 저항은 전체주의 국가의 수사와 정치권력 앞에서 아무 쓸모가 없었다. 오토 폰 비스마르크는 19세기에 권위주의식 접근법에 의존하여 독일 가톨릭교를 억압하려고 시도하다 실패한 반면(4.2.8), 히틀러는 전체주의식 접근법에 의지하여(무엇보다 권력과 강제력을 아예 드러내놓고 사용하여) 기독교를 억압했으며, 이런 그의 억압은 비스마르크보다는 좀 더 성공을 거두었다.

유대인을 적대시하는 아돌프 히틀러의 태도와 정책이 극명하게 나타난 사건이 유대인 대학살(홀로코스트)이다. 유대인 멸절 프로그램이었던 이 사건은 2차 세계대전 뒤 기독교와 유대교의 관계 형성에서 큰 역할을 하게 된다. 2차 세계대전 때 나치는 국가의 적이라 판단한 이들을 가스실로 보냈지만, 그 사람 중 대다수는 제3제국이 아예 제도로 시행한 반유대주의에 희생당한 유대인이었다. 히틀러는 튀르크의 아르메니아인 대학살을 보고 전면전 상황에서 저지른 행위는 국제사회의 주목을 받지 않는다는 것을 배웠으며, 자신의 인종학살 프로그램도 국제사회의 비판을 받지 않으리라고 생각했던 것 같다.

유대인 대학살은 2차 세계대전 뒤 유대교·기독교 관계에 강한 영향을 미쳤으며, 기독교가 히틀러의 전시(戰時) 정책 및 프로젝트에 연루된 것 때문에 곤란한 문제들을 일으켰다. 아울러 유대인 대학살은 1948년 5월에 이스라엘이라는 국가를 탄생시키는 중요한 요인이 되었다.

5.1.8. 에스파냐 내전, 1936-1939년

근대 초기를 살펴보면, 에스파냐는 내내 가톨릭 국가로 남아 있었다. 이베리아반도 전쟁(나폴레옹이 이끄는 프랑스와 에스파냐, 영국, 포르투갈 연합국이 1807년부터 1814년까지 벌인 전쟁—옮긴이)은 이베리아반도 전역에 걸쳐 사회 불안과 정치 불안을 가져왔지만, 그래도 에스파냐는 그다지 피해를 입지 않고 이 전쟁에서 일어섰다. 하지만 유럽의 많은 국가가 19세기에 경험한 불안은 에스파냐에도 영향을 주었다. 에스파냐는 1873년에 왕(아마데오 1세―옮긴이)을 강제로 퇴위시킨 뒤, 공화정을 선포했다. 이 공화정은 오래가지 못했으며, 얼마 안 가 왕이 왕위를 되찾았다. 하지만 왕은 인기가 없었으며, 1차 세계대전 뒤에는 공화주의가 중요한 정치 운동으로 등장했다. 에스파냐는 1차 대전에 참전하지 않았지만, 이 전쟁이 에스파냐 경제에 미친 영향은 상당했다.

전후 에스파냐는 여전히 불안했다. 1923년에는 군사쿠데타가 일어나 민간정부를 쓰러뜨렸다. 쿠데타가 끝나고 왕이 물러난 뒤, 1931년 6월에 선거가 치러졌으며, 이 선거로 사회주의자와 급진파가 주류를 이룬 공화 정부가 수립되었다. 2차 에스파냐 공화정이 제정한 헌법에는 반(反)성직자주의를 지향하는 조치들이 들어 있었는데, 가톨릭교회의 일부 해체, 그리고 수도회 구성원이 학교에서 가르치지 못하게 한 것도 그런 조치 중 하나였다. 왕당파와 갈등이 일어나기 시작했으며, 에스파냐 여러 도시에서는 거리에서 폭력 사태가 일어났다. 1933년에는 몇 가지 점에서 이탈리아 파시스트와 비슷한 정치 그룹인 팔랑헤(Falange)당이 만들어졌으며, 이 그룹은 점점 더 왕성한 정치 활동을 펴게 된다.

1936년 1월, 공화주의자, 세속주의자, 공산주의자들로 이루어진 '인민전선'이 총선에서 크게 이겨 다수 의석을 차지했다. 프란시스코 프랑코(1892-1975) 장군이 이끄는 군사 쿠데타가 또 일어날 수 있다는 소문이 일어나기 시작했다. 그는 이미 아스투리아스에서 일어난 지역 혁명을 탄압하는 데 연루된 인물이었다. 1936년 7월, 에스파냐령 모로코에서 군사 쿠데타가 터졌다. 군은 이내 에스파냐 남부 지역과 서부 지역을 장악했다.

내전은 곧 국제 문제가 되었다. 독일과 소련은 이 내전을 자신들의 군사 기술과 전술을 시험할 수 있는 '대리전'으로 보았다. 이런 인식이 빚어낸 가장 악명 높은 사건이 1937년 4월에 일어난 바스크 지역 마을 게르니카 폭격이었다. 화가 파블로 피카소가 〈게르니카〉라는 유명한 그림으로 묘사했던 이 사건은 새로운 폭격 기술을 개발 중이던 독일 공군의 콘도르 사단(Condor Legion)이 저지른 일이었다. 공화파는 소련, 좌익 자원병으로 이루어진 '국제여단', 멕시코의 도움을 받았으며, 국가주의자들은 독일, 이탈리아, 그리고 인접국인 포르투갈의 도움을 받았다.

많은 이가 종교 문제는 이 내란에서 가장 중요한 문제가 아니라고 보았다. 하지만 공화파는 널리 종교 일반에 반대했고, 특히 가톨릭교가 국가 생활에서 어떤 역할을 맡는 것에 반대했다. 양쪽이 모두 잔학 행위를 저질렀지만, 근래 역사가들은 에스파냐 내전과 2차 세계대전으로 이어진 사건들은 결국 서구 역사에서 가장 광범위하고 난폭한 가톨릭교 탄압이었으며, 이 탄압은 어떤 면에서는 프랑스 혁명 때의 그것보다 훨씬 더 혹독했다고 결론지었다.

1934년 아스투리아스 봉기 때는, 교회와 다른 종교 건물들이 불타고, 가톨릭 성직자와 평신도들이 살해당했다. 국가주의자들은 이제 자신들을 공산주의와 무정부주의에 맞서 '기독교 문명'을 지키는 자로 선전하는 것이 수월한 방편임을 발견했다. 실제로 모든 국가주의자 그룹들은 가톨릭과 강한 연결고리를 갖고 있었고, 강한 가톨릭 신앙을 갖고 있었다. 1939년, 내전에서 국가주의자들이 승리하면서 가톨릭에 대한 국가의 적대정책도 막을 내렸지만, 이제 이는 또 다른 사태가 펼쳐질 무대가 되었다.

하지만 이보다 더 중요한 일은 에스파냐 내전 동안에 내전 당사자들이 기독교를 대한 태도가 더 큰 패턴에 어떻게 들어맞는지 간파하는 것이 아닐까 싶다. 1차 세계대전 직후, 유럽의 많은 급진주의자들은 1917년에 일어난 러시아 혁명의 성공에 부응하여 혁명 강령을 유럽 전역에 퍼뜨리려

했으나, 제한된 성공만을 거두었다. 이런 혁명 운동은 기존 교회를 자신들의 적으로 여기는 경향이 있었고, 공적 삶 속에서 교회의 영향력을 줄이고 교회가 드러나지 않게 할 프로그램들을 추진하는 경향이 있었다. 이런 프로그램들이 지닌 독특한 특징 중에는 교육의 세속화, 교회 교육기관과 프로그램에 대한 국가 재정지원 중단, 공공 영역에서 종교적 상징 제거, 사제와 수도회 구성원을 차별하는 조치들이 들어 있었다.

그러나 역사가들이 에스파냐 내전을 중요시하는 이유 중에는 이 내전이 독일 육군과 공군의 훈련장 역할을 했다는 것도 들어 있다. 2차 세계대전 초기 국면에서 활용된 전략과 신기술이 에스파냐 내전 때 개발되었다. 2차 세계대전의 영향은 1차 세계대전의 그것만큼 충격적이지는 않았으나, 그래도 2차 세계대전은 현대 역사에서 가장 큰 파괴와 파멸을 불러온 전쟁 중 하나였으며, 전후에는 특히 동유럽 지역에서 이전보다 더욱더 기독교를 적대시하는 유럽을 만들어냈다.

5.2. 제2차 세계대전 이후 서구 기독교의 변화

1939년 9월 1일, 독일이 폴란드를 침공하면서 제2차 세계대전이 시작되었다. 독일이 폴란드를 침공하자, 폴란드의 중립을 지켜주기로 약조했던 프랑스와 영국이 독일에 선전포고를 했다. 이 새로운 세계 전쟁은 온 세계의 경제와 정치 질서에 심대한 영향을 미쳤다. 당장 이 전쟁으로 말미암아 대영제국이 서서히 해체되었고, 미국과 소련이 세계 초강국으로 등장했다.

2차 세계대전의 영향은 오랫동안 이어져, 서구는 물론이요 서구 이외 지역의 기독교에도 큰 영향을 미치게 된다. 나치가 인종 멸절을 추진한 강제수용소에서 유대인과 다른 이들에게 저지른 잔혹 행위의 실체가 사람들에게 낱낱이 알려지면서, 유대교와 기독교의 관계가 심히 악화되었다. 많은 유대인은 그리스도인들이 유대인 대학살에 동조했으며, 이 대학살을 막는 행동을 하지 않았다고 믿었다.

이번 절에서는 기독교가 이 기나긴 세계 전쟁의 여파로 말미암아 태어난 새로운 세계 질서를 어떻게 헤쳐왔는지 살펴보도록 하겠다.

5.2.1. 새로운 세계 질서: 기독교와 냉전

1939년 8월 23일, 나치 독일과 소련이 불가침조약에 서명했다. 이 조약에는 루마니아, 폴란드, 리투아니아, 라트비아, 에스토니아, 핀란드를 나누어 독일과 소련의 영향권 아래 두는 비밀의정서도 들어 있었다. 독일은 자신이 폴란드를 침공하면 수 주 뒤에 소련이 폴란드 동부 지역을 차지하리라는 것을 알았기 때문에, 소련의 간섭을 두려워하지 않고 폴란드를 침공할 수 있었다. 하지만 독일이 연전연승을 거두자, 히틀러는 소련을 침공할 계획을 세우기 시작했다. 1941년 6월 22일, '바르바로사 작전'라는 암호명을 단 소련 침공 작전이 시작되었다. 이제 소련도 연합국에 가담하여 참전하게 되었다.

더디긴 하지만, 전쟁은 연합국에 유리한 방향으로 흘러가기 시작했다. 1944년 6월, 연합국은 노르망디에 교두보를 마련했으며, 독일은 두 전선에서 전쟁을 치르게 되었다. 소련은 1930년대에 급속히 산업화를 이룬 덕분에, 우랄산맥 건너편에 안전하게 자리한 공장들에서 군에 필요한 군수품을 계속 공급받을 수 있었다. 1945년 봄이 되자, 붉은 군대는 서쪽으로 진군하며 베를린으로 나아가면서 저항하는 적군을 쓸어버렸다. 소련군은 동유럽의 많은 지역을 점령했다. 머지않아 이들이 이곳에서 철수할 뜻이 없음이 분명하게 드러났다. 반(反)파시스트 정치 전선을 형성하여 공산당의 통치에 반대하는 정적들을 무력화시켰으며, 이를 통해 공산주의자들이 처음으로 주도권을 쥐게 되었고, 이는 결국 공산국가 수립으로 이어졌다. 알바니아, 불가리아, 체코슬로바키아, 헝가리, 루마니아, 유고슬라비아가 모두 소련의 영향권에 들게 되었고, 독일 동부 지역도 그런 신세가 되었다.

이런 사태는 당장 기독교에 아주 좋지 않은 영향을 미쳤다. 동구의 국가 이데올로기는 무신론과 유물론이었다(5.1.2). 이 이데올로기는 교회를 옛 세계 질서가 남긴 낡은 유물이요 미래에는 존재하지 못할 것으로 보았다. 처음에는 국가 당국이 새로운 사회 질서에 반대하는 무장 봉기를 제압하고 정적들을 제거하는 데 더 관심을 쏟았기 때문에, 교회는 그리 주목을 받지 않았다.

하지만 1947년에 이르러, 소련의 영향권에 들어 있는 지역 전체에서 종교를 억압하는 조치들이 강제로 실시되었다. 폴란드에서는 가톨릭 사회단체와 자선단체가 불법이 되었고, 가톨릭 학교들은 폐쇄되었으며, 교실과 병원에서 십자가가 제거되었다. 이런 조치들은 특별히 기독교를 겨냥한 것이라기보다, 널리 종교 전체를 겨냥한 것이었다. 예를 들어, 불가리아에서는 정교회와 이슬람교를 억압하는 조치들을 실시했다.

소련과 그 위성국가들은 2차 세계대전 직후 수십 년 동안 종교를 적대시하는 정책을 분명하게 실시했다. 이오시프 스탈린은 종교를 제거하려 했지만, 1953년에 스탈린이 사망할 때도 하나님을 믿는 믿음은 여전히 소련에 널리 퍼져 있었다. 이 때문에 소련 공산당은 이듬해 강력한 세뇌 프로그램을 실시할 수밖에 없었으며, "학교 교과목(역사, 문학, 자연과학, 물리학, 화학 등)의 교육 내용은 무신론으로 채워야 한다"고 규정하기에 이르렀다. 소련의 교과서들은 "종교는 미치고 몽매한 시각으로 세계를 곱씹어본 것이다" 또는 "종교는 대중의 영혼을 노예로 만드는 매개체가 되었다" 같은 슬로건을 통해 종교의 해악을 거듭하여 강조했다.

무장 무신론자 연맹은 1925년부터 줄곧 문화 면에서 엄청난 중요성을 가진 몇몇 교회를 포함하여 소련의 수많은 교회를 불태우고 폭파해버려야 한다고 촉구했다. 모든 교회가 과거 신앙 시대의 잔재로서 사라질 운명에 처했다. 소련과 소련 영향권에 속한 국가들에서는 전후에도 종교 건물과 상징들을 파괴하는 일이 계속되었다. 예를 들면, 1240년에 완성된 걸작 건축물인 라이프치히의 성(聖)바울 대학교회도 1968년 5월에 폭파당했다. 독일민주공화국(동독)의 주요 도시인 이 도시에 새로 만든 '카를 마르크스' 광장에 신을 가리키는 상징을 그대로 두어야 한다는 것은 얼토당토않다는 게 그 이유였다.

서방측 교회들은, 소련과 소련 영향권에 속한 국가들이 기독교를 억압하는 조치를 취해도, 이에 대해 의미 있는 영향력을 행사할 수 없었다. '냉전'이 실제로 핵무기를 사용할 수도 있는 전면전으로 번지는 것은 시간

문제일 뿐이라고 믿는 이들이 많았다. 2차 대전 이후에 가장 중요했던 위기의 순간은 베를린 봉쇄(1948-1949), 한국 전쟁(1950-1953), 헝가리 봉기(1956), 그리고 쿠바 미사일 위기(1962)였다. 핵무기를 사용하거나 사용하지 않는 것을 떠나 전 세계 차원에서 벌어진 전쟁은 더 일어나지 않았지만, 그래도 2차 세계대전이 끝난 뒤 20년 동안은 불안과 불확실성의 시대였다.

1940년대 후반에는 소련의 지정학적 영향력이 더 확산되었다. 중국 공산당은 1921년에 상하이에서 창건되었다. 혁명 지도자인 마오쩌둥(1893-1976)은 1931년부터 1934년까지 혁명을 이끌어, 장시(江西) 산악지역에 중화소비에트공화국을 세웠다. 중국 공산당은 주로 마오쩌둥의 지도 아래 오랜 혁명 투쟁을 거쳐 1949년에 중국 대륙 전체를 장악하고, 자신의 대적들을 타이완 섬으로 몰아내버렸다.

소련은 마오쩌둥을 지원하여 그가 승리를 확보하는 데 큰 영향을 미쳤으며, 이후에는 중국의 군사력을 동남아시아 지역까지(처음에는 한국, 그리고 뒤이어 베트남까지) 세력을 확장하는 발판으로 활용했다. 중국의 티베트 불교 탄압—중국 공산당의 반종교적 시각이 자연스럽게 확장되어 나타난 결과였다—은 국제사회에서 널리 비판을 받았다.

마오쩌둥 치하에서 벌어진 사태 중 종교와 관련하여 가장 중요한 일을 든다면, 아마 '문화혁명'이 아닐까 싶다. 대체로 사람들은 이 억압의 시대가 1966년 5월 16일, 중국 공산당 중앙위원회에서 내린 지령으로 말미암아 시작되었고, 1976년에 마오쩌둥이 죽은 뒤 장칭(1914-1991)과 다른 세 사람을 포함한 '4인방'이 체포당하면서 막을 내렸다고 생각한다. 이 시기의 억압 조치들은 서구의 영향과 여전히 남아 있는 종교적 믿음을 제거하려고 시행한 것이었다. 이리하여 기독교는 이중의 부담을 지게 되었다. 사람들이 기독교를 서구에 그 기원을 둔 종교로 여겼기 때문이다. 기독교의 미래는 점점 더 불확실해졌다. 중국 내부에서 신뢰할 만한 정보를 얻기는 사실상 불가능했다. 때문에 서방의 많은 관측통들은 기독교가 중국에서 제거되었다고 믿었다. 그러나 앞으로 보겠지만, 사실은 그렇지 않았다 (5.4.3).

5.2.2. 세계교회협의회: 새로운 교회일치운동

이 책이 제시하는 분석에서 분명히 알 수 있듯이, 기독교는 많은 내부 분열을 겪었다. 1054년의 '대분열'로 라틴어를 사용하는 서방교회와 그리스어를 사용하는 동방교회의 분열이 공식화되기 이전에도 양 교회의 분열은 상당 기간 진행된 상태였다. 16세기에 일어난 종교개혁으로 한 무리의 프로테스탄트 교회들이 세워졌다. 재세례파, 성공회, 루터파, 개혁파 교회가 그런 교회들이었다. 이 교회들은 로마가톨릭교와 달랐고, 그들끼리도 달랐다(어쩌면 이 점이 더 중요할지도 모르겠다). 개신교는 애초부터 분열 경향이 있는 운동임이 드러났다. 오늘날 전 세계에 있는 개신교 교파는 적어도 2만 개에 이르는 것으로 추산된다.

그렇다면, 이런 차이점들을 제쳐두면 교회들이 다시 하나가 될 수 있을까? 아니면 적어도 더 나은 동역 관계를 이룰 수 있을까? 이런 목표가 2차 세계대전 뒤에 추진력을 얻기 시작한 교회일치 운동의 밑바탕이었다. '교회일치(ecumenical)'라는 말은 그리스어 *oikumenē*(오이쿠메네)에서 나왔는데, 이는 '우리가 아는, 사람이 사는 세계'를 가리킨다. 그전에도 교회들끼리 더 나은 관계를 형성하려는 노력은 상당 기간 비공식적으로 진행되었다. 하지만 20세기에 일어난 사건들은 교회일치 운동에 새로운 동기를 부여해주었다. 아르메니아인 대학살(5.1.1)이 일어난 뒤, 정교회는 1920년에 대회를 열어 회칙을 반포하고, 국제연맹과 비슷한 '교회들의 협력체'를 구성하자고 제안했다.

2차 세계대전이 끝난 뒤, 유럽을 재건하여 생명력 있는 미래를 가진 곳으로 만들고자, 전쟁 당사자들을 화해시키려는 커다란 시도들이 있었다. 이와 비슷한 운동이 교회 안에서도 펼쳐졌다. 이것은 기독교가 통일을 추구하고 이룰 수 있게 하나님이 주신 순간이 아니었을까? 바로 이런 배경 속에서 2차 세계대전 뒤에 세계교회협의회가 만들어졌다. 세계교회협의회 본부를 제네바에 두기로 결정한 것은 이 제네바 시가 2차 대전 이전에는 국제연맹 본부가 있었고 2차 대전 뒤에도 여러 국제기구가 둥지를 튼 곳이라는 사실도 한 이유가 되었다.

세계교회협의회 1차 총회는 1948년 8월 암스테르담에서 열렸는데, 사람들은 이를 전후 유럽에 희망을 밝혀줄 횃불로 보았다. 본디 이 기구를 시작하려는 계획은 1936년에 이미 있었지만, 2차 대전 때문에 설립이 늦어졌다. 2차 대전은 이 기구가 중요할 수 있음을 부각시켜준 사건이었다. 서구의 주류 개신교회들은 함께 일하고 계속하여 협력해가기로 의견을 모았다. 자유로운 진보 성향의 그리스도인들과 더 보수 성향의 그리스도인들 사이에는 분명 여러 갈등의 소지가 있었다. 하지만 총회 조직자들의 능숙한 발놀림 덕분에 그런 갈등으로 자칫 생길 수 있는 난관이 제거되었다.

그렇다면 세계교회협의회는 무엇인가? 처음 출발할 때만 해도 이 기구는 분명 개신교 기구였다. 가톨릭교와 정교회도 참관인(observer)을 보낼 수 있었다. 그러나 처음에는 개신교 교회만이 정회원이 될 수 있었다. 애초 이 새 기구는 자신을 '우리 주를 하나님이요 구주로 받아들이는 교회들의 사귐(협력체)'이라 묘사했지만, 이를 더 확실하게 밝혀야 할 필요성이 분명해졌다. 이 기구는 다른 것들(이를테면 교파의 리더십 구조)과 어떤 관계인가? 1950년에 토론토에서 열린 세계교회협의회 2차 총회는 이 문제를 다루었으며, 이후 모임들은 이 문제를 더 깊이 다루게 된다.

세계교회협의회가 내놓은 토론토 선언에 따르면, 세계교회협의회의 목적은 '교회들이 서로 만나게 하고 교회 통일에 관한 문제들을 토론하도록 장려하는 것'이다. 이 기구의 애초 의도는 교회 간의 사귐과 교회 통일의 필요성에 전혀 관심이 없는 분위기를 신학적 대화와 영적 사귐을 통해 기독교 통일이 필요하다는 깊고 또렷한 확신으로 바꿔놓는 것이었다.

세계교회협의회는 자신이 그 구성원인 교회들보다 위에 존재하는 어떤 '대형교회'가 아님을 늘 분명히 했다. 세계교회협의회 헌장은 회원 교회들에게서 권위를 박탈하는 어떤 역할도 이 기구에 부여하지 않는다. "세계교회협의회는 교회들을 규율할 법을 만들어서는 안 된다." 세계교회협의회 총회는 물론이요 중앙위원회도 '그 구성원인 교회들에 행사할 헌장(憲章)상의 권위'를 일절 갖지 못한다. 이처럼 세계교회협의회는 그 시초부터 다원주의 교회론을 그 구조와 사상 속에 담아놓고 있었다. 이것이 '교회들의 사귐'이었으며, 이 사귐은 그 구성원인 교회들에게 모든 이가 눈으로 볼 수 있는 통일이라는 목표를 이루게끔 일하자고 독려하려 애썼다. 그러나 그런 통합을 그 구성원들에게 강요하려는 목표는 갖고 있지 않았다.

분명 이것은 환영할 만하고 필요한 움직임으로 보였으며, 특히 서구에서 교회가 처한 상황이 변하기 시작했음을 고려하면 더더욱 그러했다. 1970년대와 1980년대에는 서구 문화가 점점 더 세속주의를 추구하고 기독교 신앙을 적대시한다는 인식이 늘어갔다. 이 때문에 많은 그리스도인은 그리스도인들이 그리스도인 그룹 사이의 적대감을 누그러뜨리고 생존이라는 문제에 집중해야 하지 않겠는가 하는 생각을 품게 되었다. 더군다나 기독교가 예부터 이슬람교 지역이었던 곳으로 뻗어가고, 서구에서는 이민을 통해 이슬람교 신자 집단이 상당히 크게 성장하면서, 많은 그리스도인들은 이 유럽이 다음에 큰 대결 지역이 되리라고 예상하게 되었다. 그렇다면 그리스도인들은 현실이 될 수도 있는 이런 위협 앞에서 단결해야 하지 않을까? 미래의 생존은 통일을 이루느냐에 달려 있지 않을까? 벤저민 프랭클린이 미국 독립선언서(1776년 7월 4일)에 서명하면서 남긴 유명한 말처럼 말이다. "우리는 정말 단결해야 합니다. 그렇지 않으면 틀림없이 하나씩 하나씩 교수형을 당할 겁니다."

그러나 세계교회협의회의 역사가 늘 행복하지만은 않았으며, 이런 역사는 세계교회협의회가 전쟁 직후 시대에 사람들이 새로운 기구에 걸었던 높은 기대에 부응하지 못했다는 확신을 많은 이들에게 심어주었다. 세계교회협의회는 그 구성원들을 단결시키는 일에서도 어려움을 겪었다. 1960년대와 1970년대에는 이 기구가 점점 더 자유로운 신학 입장으로 흘러갔으며, 이 때문에 자연히 보수 성향의 많은 구성원이 이 기구와 멀어졌다. 세계교회협의회가 아프리카에서 일어난 무장 해방(독립) 운동에 지지를 표명한 일은 기독교를 억압에 비폭력으로 맞서는 종교로 보면서 마틴 루터 킹(1929-1968)을 그 본보기로 여겼던 이들을 놀라게 했다.

1990년 무렵에 이르자, 주류 교회 안에서는 세계교회협의회의 사상과 정책을 상징하는 인증마크가 되었던 '눈으로 볼 수 있는 통일'을 이룬 교회 형태를 추구하는 열정이 현저히 줄어들었다. 시간이 흐르면서, 이런 꿈은 왠지 비현실적이고 교회 삶의 현실을 진지하게 고려하지 않은 것임이 더욱더 분명하게 드러났다. 대다수 풀뿌리 그리스도인들이 원하는 것은 다른 교파에 속한 형제 그리스도인들과 더 나은 협력 관계를 이룩하는 것이었다. 그들은 다른 교파가 자신들이 속한 교파를 집어삼키거나 자기네 교파가 다른 교파를 흡수하는 것을 원하지 않았다. 그들은 다만 개인과 제도 차원에서 다른 그리스도인들과 더 나은 관계를 맺고 싶어 했다. 21세기에 이처럼 풀뿌리 그리스도인에게서 시작하여 위로 올라가는 '상향식' 교회일치 운동이 등장하면서 '하향식' 교회일치 노력의 역할이 크게 줄어들었다.

이제 세계교회협의회는 전 세계 기독교 안에서 상징적이고 주변부에 속하는 역할을 하고 있다. 그러나 이 기구에 영감을 불어넣어주었던 교회일치라는 꿈은 사라지지 않았다. 이 꿈은 단지 방향만 바뀌었으며, 이제는 교회일치 운동의 주도권이 개인과 자발 조직들로 옮겨갔다. 20세기 말에 이르자, '상향식' 교회일치 운동은 기독교회의 삶 속에서 교회일치를 추구하는 조직들이 공식 사용하는 '하향식' 접근법보다 더 큰 역할을 하게 되었다.

5.2.3. 빌리 그레이엄과 '신복음주의'

앞서 우리는 20세기 초에 미국에서 벌어진 근본주의 논쟁이 지닌 중요성을 언급했다. 미국 문화가 점점 더 세속화되고 신앙을 적대시한다는 인식이 퍼지면서, 미국의 보수 성향 개신교 신자들은 주류 문화에 참여하지 않고 당대 문화에 대항하는 공동체를 형성하게 되었다. 1930년대에 많은 이들이 청교도 저술가인 로저 윌리엄스가 1644년에 말한 '교회라는 정원과 세상이라는 광야를 갈라놓는 벽'(4.3.1)이라는 말을 받아들여, 자신들이 속한 교회를, 회원이 될 수 있는 자격을 엄격히 제한함으로써 세속 세계와 분리되어 있는 정통 신학의 전초 기지로 보았다(5.1.4).

2차 세계대전이 막을 내렸을 때, 일부 보수적 개신교 관찰자들은 이런 전략이 생산적이지 않다는 것을 분명히 깨닫게 되었다. 보수 성향의 개신교 신자 둘이 새로운 접근법의 선봉에 섰다. '빌리 그레이엄'으로 더 잘 알려져 있는 윌리엄 프랭클린 그레이엄 2세(1918-)와 칼 헨리(1913-2003)가 북아메리카의 보수 진영 안에서 일어난 큰 변화를 선도했다. 처음에 '신복음주의'라 일컫던 이 운동은 이내 주류가 되었으며, 나중에는 그냥 간단히 '복음주의'로 알려지게 된다.

칼 헨리는 그의 저서《현대 근본주의의 불편한 양심(Uneasy Conscience of Modern Fundamentalism)》(1947)을 통해 복음주의 운동의 지적 지주를 세웠다. 헨리는 근본주의가 너무 저세상만을 지향하고 지성을 적대시하다가

식자층 가운데서 귀를 기울이는 이를 잃어버렸으며, 기독교가 널리 문화 및 사회생활 전반과 어떤 관계에 있는가를 탐구하는 데 관심을 기울이려 하지 않았다고 주장했다. 그는 기독교가 미국의 주류 문화와 다시 관계를 맺어야 한다고 제안했다. 이 복음주의 운동은 10년도 못 되어 이 운동이 지향하는 목표를 지지하는 새 신학교와 잡지를 갖게 되었다. 1947년, 라디오 복음 전도자요 〈옛 스타일 부흥 시간(Old Fashioned Revival Hour)〉 진행자인 찰스 풀러(1887-1968)가 매사추세츠 주 보스턴 파크스트리트 교회 목사인 해럴드 존 오켕가(1905-1985)와 함께 캘리포니아 패서디나에 풀러 신학대학원을 세웠다. 이 학교는 이내 새로운 복음주의 비전과 결합하게 되었으며, 이 학교가 복음주의 운동과 제휴하는 것을 두고 벌어진 논쟁을 헤치고 나아갔다.

헨리는 이전에 언론인으로 일한 이력이 있었다. 이 때문에 빌리 그레이엄과 넬슨 벨(1894-1973)은 헨리를 당시 새로 출범한 잡지 편집장으로 초빙했다. 헨리는 1956년부터 1968년까지 〈크리스채너티 투데이〉 편집장으로 있으면서, 복음주의의 윤곽과 공통 관심사 그리고 신뢰를 구축했으며, 이는 당시 북아메리카와 다른 지역에서 나타나고 있는 복음주의 르네상스를 공고히 다지는 데 기여한 일련의 간행물뿐 아니라 1966년의 세계전도대회(World Conference on Evangelism) 같은 전 세계 차원의 큰 사업으로 이어졌다.

그러나 이 새 운동을 선도한 인물은 복음 전도자인 빌리 그레이엄이었다. 그레이엄은 1940년대 초에 전도자로서 점점 더 큰 명성을 쌓아갔으며, 빌리 선데이(한때 야구 선수였으나, 20세기 초 수십 년 동안 미국 전역에서 복음 전도 사역을 펼쳤던 인물)의 뒤를 이을 사람으로 인정받았다.

그레이엄은 본디 미국 개신교의 근본주의 진영에 속한 사람이었다. 그러나 근본주의의 경직성에 질려 점차 근본주의를 멀리하게 되었다. 그레

미국의 전도자 빌리 그레이엄 박사. 1966년 4월 11일.

이엄은 문화를 좋지 않게 여기는 근본주의의 태도가 자신의 전도 사역에 점점 더 큰 방해가 된다는 것을 발견했다. 1956년, 근본주의 진영에서 펴내는 대중 잡지 〈크리스천 라이프〉는 "복음주의 신학은 변하고 있는가?"라는 제목의 기사를 실었다. 이 기사는 "믿음의 도를 위하여 힘써 싸우라"(유 3절)가 옛 경비병의 기초라면, 새로운 세대가 선호하는 기초는 "네가 거듭나야 하겠다"(요 3:7)라고 주장했다. 결국 열띤 논쟁이 벌어졌다. 석 달 뒤, 같은 잡지는 그레이엄과 인터뷰한 기사를 실었다. 그레이엄은 이 인터뷰에서 자신이 이런 논쟁들에 "진저리가 날 정도로 질려버렸다"고 선언했다. 그레이엄은 그릇된 판단에서 나온 '반대주의' 전략이 복음을 설교하지 못하게 가로막는 장벽이 되었다고 보았다.

그레이엄이 근본주의를 점점 더 멀리한 점은 그가 1955년에 뉴욕시에서 전도 대성회를 열어달라는 초청을 수락할 때 분명히 드러났다. 그를 초청한 곳은 교회들의 연합체였는데, 이 교회들 가운데 많은 교회가 근본주의 교회가 아니었다. 1957년 봄, 대규모 청중을 상대로 한 이 대성회가 열린 즈음에는 근본주의가 과거의 것이 된 것처럼 보였다. 〈크리스채너티 투데이〉와 빌리 그레이엄 대성회는 복음주의에 새로운 비전을 제시해준 아이콘이요, 옛것을 대신하는 것이 되었다.

북아메리카에서는 복음주의를 근본주의 이후의 현상으로 이해하게 된다. 이는 복음주의가 대체로 주류 개신교회 안의 운동으로 등장했던 유럽의 상황과 대조를 이룬다. 미국에서는 복음주의 운동이 근본주의가 가진 것으로 보이는 흠결에 대한 반동으로 일어났다. 복음주의가 다른 운동들(무엇보다 종교개혁, 청교도, 감리교)에서 직접 유래한 많은 통찰을 취하여 발전시킨 운동임은 분명한 사실이다. 그렇지만 이런 위대한 복음주의 전통들을 회복하려는 동기가 문화와 학문 그리고 영적 차원에서 볼 때 근본주의는 실패했다는 확신에서 나왔다는 것도 변함없는 사실이다.

이런 사태 진전의 결과, 복음주의는 1950년대에 미국에서 커다란 공적 중요성을 갖는 운동으로 등장하기 시작했다. 미국에서 사람들이 복음주의가 갖고 있는 새로운 중요성과 공적 가시성(可視性, 공중이 그 존재를 인식할 수 있는 성질)을 완전히 인식하게 된 것은 보통 1970년대 초라고 생각된다. 많은 이들이 1960년대 미국 자유주의 기독교 안에서 발생한 확신의 위기를, 새로우면서도 사람들이 더 신뢰할 수 있는 기독교 신앙 형태의 등장이 필요함을 알리는 신호라고 해석했다. 1976년, 영향력 있는 잡지인 〈뉴스위크〉는 미국이 거듭난 그리스도인(지미 카터)을 대통령으로 맞이하면서 '복음주의자의 해'를 살게 되었다고 선언했다.

미국 밖에서도 이와 유사한 사태 진전이 있었다. 영국에서는 성공회의 복음주의자인 존 스토트(1921-2011)가 미국 복음주의의 많은 테마를 반영한 사역을 그가 주로 활동하는 런던 랭엄 플레이스 올 소울스(All Souls) 교회에서 펼쳐보였다. 스토트는 1967년 킬(Keele)에서 열린 한 대회에서 복음주의와 잉글랜드 성공회의 주류를 다시 연결하려는 생각을 옹호했다. 많은 이들은 이를 잉글랜드 성공회 내부에서 복음주의가 걸어온 고립주의에 마침표를 찍은 일로 여기고 있다.

이처럼 복음주의가 사회, 문화, 정치 문제에 새롭게 참여하려는 의지를 보인 것이 1980년대와 그 이후에 미국의 정치 생활에서 대단히 중요한 의미를 갖게 된다. 복음주의자들은 정치인의 선거 운동과 후보지지 활동에 적극 참여하기 시작했는데, 대체로 공화당을 지지했다. '종교(기독교) 우파'의 기원은 복잡하지만, 이런 우파가 태동한 한 가지 중요한 요인은 1960년대에 정치를 바라보는 복음주의자들의 태도가 바뀐 것이었다.

그러나 2차 세계대전 뒤에 미국의 종교가 문화 문제에 참여하는 일이 늘어나기 시작할 때, 유럽에서는 완전히 다른 패턴이 등장하기 시작했다. 많은 역사가들은 1960년대를 기독교를 벗어난 유럽(post-Christian Europe)을 등장시킬 흐름들이 발전한 때로 본다.

5.2.4. 1960년대: 기독교를 벗어난 유럽의 시작

1900년에 세계에서 그리스도인이 가장 많은 10개국 중 다섯 나라가 서유럽에 있었다. 영국, 독일, 프랑스, 에스파냐, 이탈리아가 그들이다. 다른 세 나라(러시아, 폴란드, 우크라이나)는 동유럽에 있었다. 유럽은 기독교 신앙의 중심지요 초점이었으며, 이와 겨룰 수 있는 지역은 북아메리카뿐이었다. 오늘날은 상황이 완전히 바뀌었다. 2005년, 세계에서 그리스도인이 가장 많은 국가 명단에 여전히 이름이 남아 있는 서유럽 국가는 단 하나뿐이었다.

다음 네 핵심 지표가 보여주듯이, 모든 서유럽 국가가 세속화되었다.

1. 교회 출석률이 급격히 떨어졌다. 서유럽은 교회 출석률이 인구의 10퍼센트도 되지 않는 나라가 대부분이다.
2. 국가 정책과 종교 정책을 세울 때 으레 교회를 고려하지 않는다.
3. 학교, 병원, 사회 복지를 주로 국가가 담당하며, 교회가 통제하지 않는다.
4. 이 시대 문화가 이전보다 더 기독교 신앙의 기본 주제들을 알지 못하며, 젊은이들은 특히 더 그렇다.

이제 서유럽은 세계에서 가장 세속화된 지역이다. 그럼 어쩌다 이런 일이 벌어졌을까? 1600년경부터 1900년에 이르기까지 세계의 많은 지역에서 선교 활동을 펼쳤던 지역이 어쩌다 기독교를 벗어난 사회가 되었을까? 이 문제는 종종 세계 대부분 지역에서 일어난 종교적 갱신과 부흥이라는 관점에서 다루어지기도 한다. 왜 서유럽은 이런 갱신과 부흥의 예외가 되었을까?

이 물음은 중요하다. 1960년대의 많은 사회학자들은 비기독교화가 근대에서 생겨날 수밖에 없는 결과라고 주장하면서, 유럽의 종교가 맞이한 운명을 규범(당연한 일)이라 여겼다. 이 학자들은, 예를 들어 미국에서 볼 수 있는 상황처럼, 완전히 다른 신앙적 헌신 패턴들을 보여주는 다른 상황들은 예외 상황을 반영한 것으로서 이런 규범에서 벗어난 경우로 다루었다.

1960년대의 '세속화 명제'를 지지한 이들 가운데 많은 이가 서유럽의 사회학자들이었음은 중요한 의미가 있다. 이 학자들은 당시 자신들이 사는 지역에서 관찰한 사태들을 전 세계적 의미를 지닌 일로 여겼다. 유럽의 세속주의는 미래를 알려주는 신호였으며, 다른 문화가 따라가야 할 곳을 일러준 선구자였다. 유럽의 두 사회학자는 일찍이 20세기 초에 이 '세속화' 명제의 기초를 놓는 데 특히 중대한 기여를 했다. 막스 베버(1864-1920)는 그가 '합리화'라 부른 것(과학적 사고방식이 점점 더 문화를 지배하게 되는 경향) 만이 종교와 같은 전근대적 세계관이라는 '마술정원(Zaubergarten)'을 파괴할 수 있다고 주장했다. 베버는 이런 진전에 불안을 품고 있었으며, 이것이 사람들을 합리성이라는 '쇠창살'(쇠로 만든 우리) 안에 가둬버렸다고 주장했다. 에밀 뒤르켐(1858-1917)은 종교가 본디 사회 질서의 은유로서, 더 합리적인 다른 방법을 통해 명확하게 설명되고 보호받는 것이라고 주장했다.

그러나 시간이 흘러가면서, 유럽은 새로운 세속 세계 질서의 선구자라기보다, 오히려 꾸준히 신앙을 견지해온 세계에서 유달리 눈에 띄는 예외임이 드러났다. 이제 사람들은 유럽을 예외로 다루곤 한다. 유럽과 달리, 세계는 꾸준히 그리고 점점 더 깊은 신앙으로 나아가는 추세에 있으며, 특히 공적 삶의 영역에서 그런 추세가 두드러지게 나타나고 있기 때문이다. 1960년대에 세속화 명제를 적극 옹호했던 미국의 사회학자 피터 버거(1929-)는 이제 이 명제를 포기했으며, 이 명제가 근래 수십 년 동안에 나타난 문화 발전 양상들과 일치하지 않는다고 본다.

일부 학자들은 세속화의 기원을 근대(modernity)의 등장에서 찾는다. 이 접근법에 따르면, 보통 '근대화'라 일컫는 과정이 시작되면서 종교적 믿음과 관습 그리고 조직의 위치와 본질이 근본부터 바뀌었으며, 이로 말미암아 이런 믿음과 관습과 조직이 민족 국가, 사회의 여러 그룹, 그리고 개인의 삶과 가지는 연관성이 현저히 줄어들었다고 본다. 학자들은 종종 세속화(세속화의 시각)로 나아가는 이런 경향에 힘을 실어준 사회 흐름으로 도시화와 산업화를 든다. 산업화, 도시화, 합리화가 진행됨에 따라 그에 상응하여 신앙(종교성)은 감퇴될 수밖에 없었다는 것이 학자들의 주장이다. 아울러 학자들은 1960년대에 사람들이 이런 흐름을 감지하기 시작했다고 주장한다.

1960년대는 변화의 시대였다. 이 시대에 사람들은 이전과 달리 과거 서구의 고정 관념에 왕성하게 의문을 제기했다. 과거의 방식과 사상을 용납하지 않는 태도는 새로운 시작이 아주 가까이 자리해 있다는 믿음과 연결되어 있었다. 완전한 재건이 이루어질 수 있게 모든 것을 다 쓸어버려야 했다. 1960년대 초, 유럽에서는 마르크스주의에 대한 관심이 크게 일어났다. 1968년 5월에 파리에서 봉기한 학생들은 적어도 1789년에 이전의 구체제 (ancien régime)를 쓸어버렸던 것만큼이나 커다란 격변을 불러온 선구자로 칭송받았다. 좌파 계열 신문인 〈리베라시옹(Libération)〉의 편집인은 '적은 바로 기존 도덕 질서'라고 논평했다. 뉴욕의 컬럼비아 대학교에서도 비슷한 학생 저항 운동이 일어났으며, 이 운동은 당시 널리 퍼져 있던 반(反)베트남전 여론과 함께, 전 세계에서 가치관에 변화가 일어나고 있음을 시사해주었다.

바로 이 시기에 '하나님은 죽었다' 운동이 미국에서 두드러지게 일어나, 일부 사람들에게 미국 문화도 유럽 문화처럼 세속화 시대로 진입했다는 인상을 심어주었다. 폴 반 뷰렌(1924-1998)이 쓴 《복음의 세속적 의미 (Secular Meaning of the Gospel)》(1963)와 토머스 알타이저(1927-)가 쓴 《기독교 무신론 복음(Gospel of Christian Atheism)》(1966) 같은 책들이 세상 언론 매체의 헤드라인을 장식했다. 하나님은 죽었다는 선고가 떨어졌고, 그걸로 끝이었다. 사회는 새로운 국면에 접어들고 있었다. 미국 문화 속에서 하나님은 죽었다는 이런 예언은 결국 섣부른 판단이었음이 드러났다. 하지만 유럽에서는 세속화 과정이 문화 속에 훨씬 더 깊이 뿌리를 내렸다.

그렇다면 왜 이런 사태가 서유럽에서 벌어졌을까? 아직까지도 만족스러운 답은 나오지 않았다. 일부 사회학자들은 자연과 사회를 '비신성화'하거나 '멸시'하는 개신교의 독특한 태도가 자연과학과 세속주의 그리고 무신론의 등장을 부추겼다고 주장했다. 피터 버거는 개신교가 "실은 신성한 것들의 범위를 크게 축소시켰다"고 주장했다. 그는 개신교 신자들이 그들 자신을 "신성한 존재들과 힘들이 계속하여 침투해 들어오는" 세계 속에 사는 이들로 여기지 않았다고 주장했다. 그 대신 그들은 세계가 "철저히 초월성을 지닌 신과 철저히 '타락한' 인간이라는 두 극으로 나뉘어 있으며", 이 인간에게는 어떤 신성한 특질이나 관계도 존재하지 않는다고 이해했다.

버거의 주장에 따르면, 개신교와 달리 가톨릭교는 자연계와 이 자연계 안에 자리한 인간에 관한 깊은 상징적 이해를 통해 세속화를 지향하는 힘들을 포용했다. 버거는 개신교가 자신이 무슨 일을 하는지도 모른 채 근대(modernity)를 형성한 힘들이라는 수문을 열어버림으로써, 결국 개신교가 그 중심지인 유럽에서 이런 슬픔을 겪게 되었다고 보았다.

이제는 사람들이 이 '세속화' 명제를 의심스럽게 바라보지만, 1960년대에는 이 명제가 널리 주장되었다. 이 명제 때문에 많은 교회가 그들이 보기에 점점 더 세속화로 치닫는 이 세상에서 자신들의 미래가 어찌 될까를 깊이 고민하는 질문을 던지게 되었다. 이 질문의 답을 찾아보려는 가장 중요한 시도가 제2차 바티칸 공의회였다. 가톨릭교는 이를 통해 이런 문화 흐름에 맞서면서, 이 흐름에 대응할 수 있는 견실하고 현실성 있는 전략들을 만들어보려고 애썼다. 이어서 이 기념비 같은 공의회를 살펴보도록 하겠다.

5.2.5. 제2차 바티칸 공의회: 개혁과 부흥

가톨릭교회는 사회와 문화의 급격한 변화를 잘 알고 있었다. 이 변화는 2차 세계대전 이후의 서구 문화, 특히 서유럽의 문화를 완전히 쓸어버릴 것처럼 보였다. 가톨릭 신앙을 이 새로운 문화 상황과 통하는 말로 번역할 수 있으려면, 신학의 재구성과 재정립이 분명 필요했다. 하지만 1939년부터 1959년에 선종할 때까지 교황으로 있었던 비오 12세는 이런 문제들을 시급히 다루어야 한다는 것을 믿지 않았다. 교황청 안에는 개혁에 나서려는 분위기가 존재하지 않았다.

비오 12세가 선종한 뒤, 1958년 10월에 새 교황인 요한 23세(재위 1958-1963)가 선출되었다. 사람들은 일흔여덟이라는 고령에 교황으로 선출된 요한 23세가 '임시 교황'이 될 거라고 예상했다. 말하자면, 큰 변화를 일으키지 않고 잠시 있다가 떠나갈 교황이 되리라는 말이었다. 그러나 교황으로 선출된 지 석 달도 되지 않아, 요한 23세는 온 교회를 깜짝 놀라게 만들

로마 성 베드로 대성당에서 열린 2차 바티칸 공의회.

었다. 교황이 전후 세계의 현실에 대한 교회의 대응 방안을 정립하고자 교회일치 공의회를 소집하겠다고 선언한 것이다. 교회 전반의 분위기는 교회 안에 몇 가지 '현상 유지 조치' 정도만 필요하다는 것이었다. 그런 상황에서 개혁 공의회를 열겠다는 선언은 뜻밖이었다. 이런 개혁과 갱신 과정을 가리키는 데 쓴 이탈리아어가 aggiornamento(아지오르나멘토, '현대에 걸맞은 쇄신')였다. 이 말은 많은 점에서 이 공의회를 상징하는 표어가 된다. 요한 23세는 '교회의 창문을 열어 신선한 공기가 들어오게 할' 필요가 있음을 자주 이야기했다. 그는 이 공의회가 교회에 새로운 오순절의 시작이 되길 바란다는 소망을 피력했다.

공의회는 1962년 10월 11일, 요한 23세가 주관하는 가운데 바티칸에서 논의를 시작하여, 바오로 6세(재위 1963-1978) 때인 1965년 12월 8일에 막을 내렸다. 2천 명이 넘는 주교와 가톨릭교의 다른 고위 인사들이 참석했는데, 이들은 1869년부터 1870년까지 로마에서 잠시 열렸던 이전 공의회(4.2.7) 이후 사실상 전 세계로 뻗어나간 가톨릭교를 대표하는 사람들이었다. 1963년 6월 3일, 요한 23세가 선종했지만, 공의회는 그대로 계속되었다. 요한 23세의 뒤를 이은 바오로 6세는 즉위 즉시 자기 전임 교황의 프로젝트를 이어가겠다는 뜻을 선언했다.

이 공의회가 이룬 성과는 무엇이었는가? 이 공의회는 '현대에 걸맞은 쇄신'이라는 목표를 현실에서 어떤 식으로 구현해냈는가? 공의회를 열게 된 것은 가톨릭 신자(존 F. 케네디)가 미국 대통령으로 선출된 것과 같은 상황이 벌어지면서 가톨릭교의 자신감이 급상승한 것이 그 배경이 되었다. 공의회가 세상 속에서 교회가 맡은 역할에 관하여 대담한 선언을 내놓으면서, 모든 가톨릭 신자에게 그 주위 세상에서 일어나는 사태와 대화하라고 독려한 것도 어쩌면 그런 자신감 때문이었을지 모른다. 가톨릭교는 1920년대와 1930년대의 미국 개신교와 같은 길을 가려 하지 않았다. 가톨릭교는 게토 안으로 물러나 숨으려 하지 않고, 세상과 소통하려 했다. 세상과 적극적이고 건설적이며 자신에 찬 소통을 나누려 한 이런 정신은 지금도 많은 점에서 이 공의회의 가장 놀라운 특징 중 하나로 남아 있다.

하지만 이 공의회가 내린 결정도 마땅히 중요하게 여겨야 한다. 공의회는 교황의 권위나 지위에 의문을 제기하지 않으면서도 주교들이 교황과 더불어 동역하는 이들임을 재확인했으며, 이 주교들이 교회를 다스리고 인도하는 중요한 역할을 맡고 있음을 강조했다. 아울러 평신도의 역할도 새롭게 강조하면서, 평신도들이 사회 상황 및 정치 상황에 참여할 것을 독려했다. 다른 교회들을 대하는 가톨릭교회의 태도도 이전보다 더 유연해지고 긍정적이 되어, 다른 교회들 역시 그리스도의 몸임을 인정하면서도, 이 다른 교회들이 가톨릭교회에서 떨어져나간 이들임을 언급했다.

이처럼 다른 그리스도인들에게 새삼 너그러운 태도를 보였을 뿐 아니라, 다른 신앙 전통을 인정하고 존중하며 이 전통들과 소통하는 데에도 적극 관심을 보였다. 특히 중요한 사실은 가톨릭교회가 유대인을 향한 편견을 만들어내고, 특히 유대인들이 그리스도의 죽음에 책임이 있음을 주장하는 데 가담했음을 인정한 점이다. 이는 특히 유대인 대학살의 여파가 남아 있는 가운데 전 세계 유대인을 향하여 화해의 손을 내민 중요한 제스처였다.

아울러 이 공의회는 개신교와 가톨릭교의 중요한 다툼거리 중 하나(즉, 성경의 지위)도 다루었다. 개신교 신자들은 가톨릭교가 트리엔트 공의회(3.4.5)에서 분명히 천명한 그대로 전통을 강조한다고 의심했다. 개신교 신자들은 트리엔트 공의회가 성경과 기록되지 않은 전통이 계시의 두 근원으로서 같은 비중을 갖고 있다고 주장하는 것으로 보았다. 개신교 신자들은 전통이 성경과 별개로 계시의 독립된 근원임을 받아들일 수 없었다. 하지만 이에 못지않게 중요한 사실은, 개신교 신자들이 성직자는 물론이요 평신도가 성경을 읽는 것도 그리스도인의 삶에서 본질을 이루는 부분으로 여겼으며, 가톨릭의 강론과 신앙생활에서는 성경이 그처럼 낮은 비중을 차지하는 것처럼 보이는 이유를 이해하기 힘들어했다는 점이다.

2차 바티칸 공의회는 〈하나님의 말씀(*Dei Verbum*)〉이라는 선언을 통해 이런 인식을 바꾸었다. 이 선언은 성경 연구가 교회의 삶에 중요함을 분명하게 밝혔다. 교회는 물론이요 신자 개개인도 성경 연구를 참조한 성경 읽기를 통해 가르침을 얻고 자라가야 했다. 공의회는 '말씀을 섬기는 일에 공식 종사하는' 이들에게 '끊임없는 거룩한 독서와 부지런한 연구를 통하여 성경에 몰두'하라고 요구했다.

그러나 일부 사람들은 이 공의회의 결정 중 가장 중요한 것은 이 공의회가 가장 먼저 내린 결정이었다고 말하곤 한다. 1963년 12월 4일, 공의회는 압도적 다수의 찬성으로 교령 〈이 가장 거룩한 공의회(*Sacrosanctum Concilium*)〉를 채택했다. 찬성이 2,147이었고, 반대는 넷이었다. 이 개혁 교령은 전례를 갱신할 초석을 놓았다. 가장 중요한 결정 중 하나는 전례(전례 용어)를 자국어로 번역케 할 초석을 놓은 일이었다. 이 중요한 발전은 자국어로 번역한 성경 역본에 권위를 부여하려는 의지가 점점 더 커가던 것과 일맥상통하는 것이었다.

2차 바티칸 공의회는 자국어 사용을 전례에 국한하여 허용했지만, 자국어 사용을 인정하는 이런 태도는 가톨릭이 자국어 성경 역본에 점점 더 큰 관심을 보인 점에도 반영되었다. 이런 자국어 성경 역본 가운데 가장 중요한 것이 예루살렘에 있는 에콜 비블리크(École Biblique, 프랑스어로 '성경학교')가 주도한 작업의 결과로 탄생한 예루살렘 성경이었다. 한 무리 학자들이 1946년부터 이 역본 발간 프로젝트에 참여하여 일해왔는데, 이 프로젝트는 이전에 나온 가톨릭 성경 역본보다 더 본문의 뉘앙스에 민감하며 주석도 함께 넣은 새 프랑스어 성경 역본을 만들어내는 것을 목표로 삼았다. 예루살렘 성경은 1956년에 프랑스어로 출간되었고, 이어 1966년에 영어로 출간되었다. 영역본을 출간할 때 도움말을 주었던 가장 탁월한 조언자 중 한 사람이 J. R. R. 톨킨(1892-1973)이었다. 그는 특히 요나서 번역에 기여했다.

예루살렘 성경의 번역은 많은 가톨릭 신자들에게 관심을 불러일으켰다. 이 번역이 전통적 믿음과 관습을 밑받침하는 성경적 기초를 갉아먹는 것처럼 보였기 때문이다. 예를 들면, 누가복음 1장 28절에 기록해놓은 말, 곧 가브리엘 천사가 마리아에게 일러주는 말을 살펴보라. 16세기 말에 나온 가톨릭 성경 역본인 두에-랭스(Douay-Rheims) 역본은 이 말을 다음과 같이 번역해놓았다. "Hail, full of grace, the Lord is with thee : blessed art thou among women"(기뻐하라. 은총이 가득하니, 주가 너와 함께 계시도다. 네가 여자 중에 복되도다). 예루살렘 성경이 제시한 번역은 아주 다르다. "Rejoice, so highly favored! The Lord is with you"(기뻐하라, 아주 큰 사랑을 받은 자여! 주가 너와 함께 계시느니라). 예루살렘 성경은 옛 번역에서 'full of grace'와 마지막 문구인 'blessed art thou among women'을 빼버렸다. 이 두 문구는 가톨릭 신자들이 성모송(Hail Mary, *Ave Maria*)을 읊조리고 기도하면서 익히 알게 된 말이었다.

아일랜드처럼 가톨릭 세계 중에서도 다른 곳보다 더 보수성을 띤 많은 지역에서는 공의회가 내린 급진적 결정을 의심스러운 눈으로 맞이했다. 이런 저항을 목격한 많은 이들은 옛 세대의 방식밖에 모르고 옛날의 사고 습관과 행동 습관에 갇혀버린 옛 세대 주교들이 물러가고 새 세대가 등장해야 비로소 '2차 바티칸 공의회의 정신'이 실현될 수 있으리라고 결론지었다. 하지만 2차 바티칸 공의회가 가톨릭 신자의 삶과 생각을 인도하는 이정표로서 세상과 소통하는 새로운 방식을 일러준 것만은 의심할 여지가 없었다.

5.2.6. 문화와 다시 접속하다: 변증의 등장

20세기에 서구의 많은 그리스도인들은 자신들이 속한 문화 속에서 일어난 여러 발전으로 말미암아 그들의 신앙이 점점 더 의심을 받게 되었다고 생각했다. 서유럽에서 기독교회가 사회에 미친 영향력은 1차 세계대전 직전에 정점에 이르렀다는 것이 대체로 사람들의 생각이다. 그 뒤로 교회는 긴 시간 동안 퇴조기를 거치며 그 영향력을 상당히 잃기 시작했다. 그러나 서구 기독교가 부닥친 도전은 단순히 교회의 사회적 역할 및 지위와 관련된 것만은 아니었다. 사람들은 기독교가 갖고 있는 지적 증명서들과 관련하여 점점 더 어려운 질문들을 던지고 있었다. 지식의 관점에서 볼 때 하나님을 믿는 믿음이 현대 세계에서도 과연 의미가 있을까?

신앙을 겨냥한 이런 지적 도전들은 수많은 방향에서 튀어나왔다. 19세기에 등장한 성경 비평 형태들은 신약성경이 역사의 관점에서도 신뢰할 수 있는 기록인가에 의문을 제기하는 것 같았다. 다윈의 진화론은 기독교 전통이 이야기해온 창조 내러티브에 의문을 제기하면서, 자연계 안에서 인간이 가지는 지위에 의문을 불러일으켰다(4.2.4). 루트비히 포이어바흐, 카를 마르크스, 지그문트 프로이트가 전개한 '종교 비판'은 하나님이라는 개념이 사회와 인간 심리에 기원을 두고 있지 않나 하는 의문을 불러일으켰다(4.2.3; 5.1.6). 마지막으로 현대 과학은 한때 하나님이 인간의 생각 속에서 차지했던 공간을 없애버리는 것처럼 보였다.

그렇다면 기독교는 이런 문제들에 어떻게 대응할 수 있었을까? 20세기는 지적 에너지가 변증이라는 분과(그 시대 문화가 기독교 신앙의 합리성과 도덕성에 관하여 피력하는 관심들을 다루는 분야) 속으로 새롭게 주입되는 것을 목격했다. 변증이라는 분과는 오랜 역사를 갖고 있으며, 기독교가 지적 적대 행위를 만날 때면 중요한 요소로 등장하는 경향이 있다. 예를 들면, 초기 교회에서 가장 중요한 변증가 중 한 사람인 순교자 유스티누스는 기독교를 겨냥한 강한 적대감과 의심이 난무하던 2세기 로마 상황에서 저술 활동을 했다.

우리는 영국의 상황에 초점을 맞춰 20세기를 이끈 주요 변증가 세 명을 살펴봄으로써, 이 시기에 변증이 서구 기독교 안에서 새로이 갖게 된 중요성을 설명해보겠다. 이 세 사람은 모두 평신도 그리스도인이며, 교회의 지도부 밖에 있는 이들이었다.

G. K. 체스터턴(1874-1936)은 언론인이요 소설가였으며, 기독교 신앙의 근본을 잘 짜인 틀과 탁월한 문구로 재차 진술함으로써 에드워드 시대 (1901-1910)의 회의주의에 맞섰던 인물이다. 《이단》(1905), 《정통》(1908) 같은 그의 초기작들은 극작가 조지 버나드 쇼(1856-1950) 같은 당대 지식인들 사이에서 굳어진 몇몇 가설에 도전장을 던지면서, 그런 가설에 맞서는 기독교 진리의 타당성을 재차 강조했다. 체스터턴이 쓴 《영원한 인간》(1925)은 그의 가장 탁월한 변증 작품 중 하나로 널리 인정받고 있으며, 상당한 영향력을 발휘했다.

도로시 세어즈(1893-1957, 보통 '세이어즈'로 적지만, 본인이 '세어즈'로 발음하길 좋아했기 때문에 본인 발음대로 적는다―옮긴이)는 1920년대에 소설가로서 명성을 얻었으며, 무엇보다 피터 윔지 경이 나오는 살인 추리 소설로 유명했다. 그러나 세어즈는 기독교 교리를 구닥다리라 여기는 교회 내부의 사람들은 물론이요 이런 교리를 말이 안 되는 소리로 치부하는 교회 밖 사람들에 맞서 이 교리를 왕성히 옹호하는 이가 되었다. 세어즈는 도덕성이 대단히 중요하다는 점에서는 방금 말한 두 그룹과 의견을 같이하면서도, 도덕이란 것이 결국은 교리 형태로 정립할 수밖에 없는 믿음들에 의존한다는 주장을 제시했다.

C. S. 루이스(1898-1963)는 처음엔 무신론자였지만, 1931-1932년 무렵

영국의 문학자요 소설가이며 기독교 변증가인 C. S. 루이스(1898-1963).

어느 시점에 회심하고 그리스도인이 되었다. 루이스는 옥스퍼드 대학교 모들린 칼리지 펠로우(fellow)였으며, 주로 가르치는 분야는 영문학이었다. 그러나 루이스는 점차 또 다른 역할을 펼쳐 보이기 시작했다. 즉, 기독교 신앙의 기본 사상을 평신도 청중에게 설득력 있고 감동을 주는 언사로 설명할 수 있는 기독교 변증가라는 역할을 펼쳐 보였다. 그가 이런 접근법을 취한 첫 작품이 《고통의 문제》(1941)였다. 이 작품은 고통과 고난을 바라보는 방법을 제시했는데, 이 방법은 루이스 자신이 고통과 고난이 믿음에 안겨주는 어려움들을 최소화해주는 방법이라 믿었던 것이었다.

이 작품이 성공을 거두면서, 루이스는 영국방송협회(BBC) 홈서비스에 초대를 받았다. 당시 영국은 2차 세계대전에 깊이 말려들어 있었기 때문에, BBC는 루이스가 온 나라에 용기를 심어주길 바랐다. 루이스는 이 담화를 발전시켜 《순전한 기독교》(1952)를 펴냈는데, 이 책은 대중을 상대로 한 조사에서 20세기에 가장 큰 영향을 미친 책으로 종종 꼽히기도 한다. 왜 그럴까? 루이스와 옥스퍼드에서 함께 일했던 동료 오스틴 패러(1904-1968, 영국 철학자요 신학자—옮긴이)는 루이스가 신앙이 이성에 비춰봐도 완전하며 인간의 심상에 호소력을 가진다는 점을 강조하기 때문에 두드러진 영향력을 갖게 되었다고 주장했다. "우리는 우리가 어떤 논증을 듣고 있다고 생각한다. 하지만 사실 우리가 받는 것은 어떤 시각, 그것도 확신을 담은 시각이다."

루이스는 신앙의 타당성을 변호함과 동시에, 이 신앙이 삶에 관한 인간의 지극히 깊은 본능과 소통할 수 있으며 인간의 상상을 사로잡을 수 있는 능력을 갖고 있다고 강조했다. 루이스가 말한 이 논지는 중요하며, 영국 교회도 기독교 신앙과 교회를 에워싼 더 넓은 문화를 다시 이을 수 있는 최선의 방책이 무엇인가를 고민할 때 루이스가 말한 논지를 진지하게 고려해야 한다.

하지만 이 세 변증가는 모두 한 가지 중요한 통찰을 공유하고 있다. 그건 바로 기독교 신앙을 권면하는 가장 중요한 방법 중 하나가 픽션이나 드라마 작품이라는 것이었다. 체스터턴의 〈브라운 신부〉 시리즈, 〈왕이 되려고 태어난 남자〉 같은 세어즈의 라디오극, 루이스의 《나니아 연대기》는 모두 지성뿐 아니라 상상력도 자극하는 변증 방법을 채택했다. 이들은 회의(懷疑)가 만연한 시대에 단지 기독교가 이치에 맞음을 보여주는 것만으로는 충분하지 않으며, 기독교를 제시할 때는 인간의 상상력에 호소력을 발휘할 수 있게끔 제시해야 한다는 것을 인식하고 있었다.

　그러나 많은 이들은 불안이라는 새 물결이 서구 문화를 휩쓸어버린 1960년대의 문화 격변 때문에 위와 같은 접근법이 쓸데없는 것이 되어버렸다고 믿었다. 루이스가 1963년에 세상을 떠난 뒤 그의 작품 판매고가 줄어든 것은 기독교를 바라보는 그의 접근법이 과거의 것이라는 일반의 인식을 그대로 보여주는 현상이었다. 이어 1960년대에 일어난 이런 급격한 변화를 살펴보도록 하자.

5.3. 1960년대와 그 이후: 변화의 시대 속에 자리한 서구 기독교

1960년대에는 서구 세계 전체에서 사회의 태도에 급격한 변화가 일어났다. 어떤 이들은 이런 변화가 기독교 사상을 의심케 하는 결과를 낳았다고 보았고, 다른 이들은 이런 변화로 말미암아 기독교의 사회적 역할이 의심을 받게 되었다고 보았으며, 또 다른 이들은 이 두 결과가 모두 일어났다고 보았다. 하지만 이런 결과들이 어떤 형태를 띠게 될지는 확실하지 않았다. 1960년대를 지배한 세속화 이론들은 점점 더 산업화로 치닫는 사회(미국 사회 같은 곳)들이 어떤 형태로든 세속화를 겪으리라고 주장했다. 하지만 교회가 미국 사회 민권운동에서 두드러진 역할을 한 점이 분명해지고 미국 내 '기독교 우파'의 등장이 분명해지면서, 상황이 좀 더 복잡해졌다.

5.3.1. 기독교와 미국 민권운동

미국 남북전쟁(4.3.5)은 연방 안에서 수많은 갈등을 만들어냈다. 이 와중에 과거 남부 연합에 속했던 '노예' 주들은 주와 지역의 법으로 각 주가 전쟁 이전의 방향을 따라 인종 분리 정책을 그대로 유지할 수 있게 허용했다. 1876년부터 1965년까지 시행된 소위 '짐 크로 법'은 1950년대와 1960년대에 남아프리카공화국에서 아파르트헤이트(apartheid, '분리')라는 이름으로 강제 시행되었던 것과 비슷한 인종 분리 정책들을 시행할 것을 명령했다. 이 법들은 이전에 남부 연합에 속했던 남부 주들이 모든 공공시설에서 인종 분리 정책을 시행할 기초를 놓았다.

활동가 한 사람 한 사람, 운동가 한 사람 한 사람도 중요했지만, 미국 민권운동을 성공으로 이끈 핵심 견인차는 남부 주들의 흑인 교회였다는 것이 통설이다. 이 교회들은 이전에 노예였던 이들이 이룬 공동체들에서 생겨난 가장 중요한 사회적, 정치적 세력을 대변했다. 1차 대전과 2차 대전 사이 기간에는 이런 흑인 공동체들이 남부 주(州)의 사회에서 소외당했지만, 그래도 흑인 교회만큼은 아프리카계 미국인들이 사회를 바꿔놓을 힘을 발휘할 대중 운동을 일으키는 데 필요한 재정과 구조 그리고 많은 구성원을 가진 유일한 조직체였다.

민권운동의 수사(修辭)가 강한 종교성을 띠었던 것은 1930년대에 미국 자유주의가 그 힘이 정점에 이르렀는데도 민권 입법과 정책을 이뤄내지 못했던 점을 일부 반영한 결과였다. 결국 정치적 자유주의라는 이데올로기가 이 민권운동에 참여한 많은 민초들의 특징을 규정짓는 종교관과 세계관에 종속되게 되었다. 사람들은 민권을 얻기 위한 투쟁을 이스라엘이 이집트의 속박에서 풀려나 자유를 얻은 일을 이야기한 구약 내러티브의 큰 주제들을 되울려주는 종교적 투쟁으로 널리 이해하게 되었다. 이런 이유 때문에, 민권운동 성격을 지닌 대중 정치 집회는 교회 예배의 구조와 분위기를 종종 모방하곤 했는데, 이런 집회를 남부 흑인의 역사 속에 깊이 뿌리내린 종교관과 사회관의 자연스러운 연장으로 보았던 것도 그 한 이유였다.

민권운동의 도화선이 된 사건은 1955년에 일어난 몽고메리 버스 보이콧이었다. 1955년 12월, 로자 파크스(1913-2005)라는 한 흑인 여성이 앨라배마 주 몽고메리 시에서 공영 버스에 타고 있다가 자신이 앉아 있던 자리를 백인에게 넘겨주길 거부했다 하여 짐 크로 법 위반으로 체포되었다. 흑인 침례교 목사인 마틴 루터 킹(1929-1968)이 이 체포는 물론이요 이 체포 배후에 도사린 흑인 차별에 맞선 저항을 이끌었다. 이로 말미암아 일어난 몽고메리 버스 보이콧은 1년 넘게 이어졌으며, 전 미국에 널리 알려지게 된다. 미국연방지방법원(United States District Court)이 1956년에 내린 결정으로 몽고메리 시의 모든 공영 버스에서는 인종 분리가 마침내 끝났다.

이런 사태 진전에 용기를 얻은 킹은 남부 전역에서 버스 내 인종 차별을 끝내자는 여론을 불러일으키려 했다. 킹은 1957년 초에 잇달아 모임을 가진 뒤, 남부 그리스도인 지도자 협의회를 출범시켰다. 이 단체는 특히 인종 분리를 인정하는 기존 법률에 도전하는 흑인 교회들의 사회적 자본을 이용하는 것을 목표로 삼았다. 이 단체를 결성한 것은 논란을 불러왔다. 많은 목회자와 교회 지도자들이(백인 목회자 및 교회 지도자는 물론이요 흑인 목회자 및 교회 지도자들도) 교회는 정치 활동에 참여하기보다 교회가 섬기는 회중의 영적, 목회적 요구에 관심을 집중해야 한다고 믿었기 때문이다.

그러나 정치에 침묵하려는 이런 경향에도 불구하고, 점점 더 많은 교회가 비폭력 저항에 가담했다. 앨라배마 주 버밍햄 집회가 성공리에 끝난 뒤, 1963년 8월에는 워싱턴에서 대중 행진이 있었다. 케네디 행정부는 무엇보다 버밍햄 시위자에 대한 경찰의 과잉반응을 다룬 언론 보도에 떠밀려 행동에 나설 수밖에 없었으며, 남부 주들의 입법 조치를 철회함으로써, 남부의 인종 차별을 (전부는 아니어도) 많이 종식시켰다.

민권운동은 미국에서 교회가 정치 과정에 다시 참여하게 되었음을 보여주는 두 가지 진전을 가져온 것으로 유명하다. 첫째, 킹의 사회 행동 프로그램은 분명 특정 정당의 강령보다 변화와 갱신을 추구하는 신학적 시각에 기초한 것으로 보였다. 킹은 공화당이나 민주당 어느 쪽과도 손잡지 않고, 기존 정치권 밖에서 활동했다.

수사의 걸작이라 널리 칭송받는 그의 연설 "나에게는 꿈이 있습니다"(I have a dream, 1963년 8월 28일)는 정의와 자유를 바라보는 구약성경의 시각에 깊이 뿌리박고 있으며, 변화를 추구하는 행동을 신학으로 변호한다. 킹은 이사야 40장에서 가져온 예언의 주제들을 연설의 얼개 속에 잘 버무려 넣어, 희망과 꿈을 명쾌하게 천명하고 있다.

둘째, 킹의 성공은 교회가 지켜야 할 원리들을 훼손하지 않고도 정치 토론과 직접 행동에 참여할 수 있음을 분명히 보여주었다. 민권운동 덕분에 교회와 개개 그리스도인 지도자들의 정치 참여가 종교 차원에서도 받아들일 수 있는 일이 되었다.

이 두 번째 교훈을 받아들여 더 깊이 전개한 이들이 바로 이 민권운동 그룹과 사뭇 다른 그리스도인 정치 집단, 곧 '기독교 우파(Religious Right)' 였다.

5.3.2. 미국 '기독교 우파'의 등장

1960년대 초 미국의 보수 성향 개신교 신자들은 대개 정치에 무관심하고 끼어들지 않는 경향이 있었다. 그들은 정치는 정치인에게 맡겨두는 것이 가장 좋다고 보았다. 보수 성향의 남침례교 목사였던 제리 폴웰(1933-2007)은 더 진보 성향의 침례교 신자들이 1960년대의 민권 투쟁에 가담한 것을 비판했다. 그 시대 미국의 대다수 보수 종교 지도자들처럼, 폴웰도 자신의 역할은 자신이 섬기는 사람들의 영적, 목회적 요구를 섬기는 것에 국한된다고 보았다. 이는 신자들더러 주변 세상사를 멀리하라고 독려했던 1920년대 근본주의(5.1.4)의 후유증이 계속 이어진 것이라고 해석할 수 있다.

폴웰의 심경 변화는 그 시대에 일어난 여러 사태를 맞아 미국의 보수 개신 교회를 휩쓸고 지나간 큼지막한 변화를 잘 보여준다. 미국 법원은 1962년부터 1963년까지 중대한 분수령을 이루는 세 가지 결정을 내놓았다. 법원은 1962년 엥겔 사건(Engel v. Vitale)에서 뉴욕의 학교 시스템이 사용하는 기도문이 헌법에 어긋난다고 판시했다. 그 기도문은 이러했다. "전능하신 하나님, 우리는 우리가 당신께 의지함을 고백하오며, 당신이 우리와 우리 부모와 우리 교사와 우리 나라에게 복 주시길 간구하나이다." 미국 연방대법원은 머리 사건(Murray v. Curlett, 1963)과 애빙턴 타운십 교육청 사건(Abington Township School District v. Schempp, 1963)에서 공립학교 학과에 기도와 성경 낭독을 집어넣는 것은 국교 금지를 규정한 미국 1차 수정 헌법을 위반한 것이라고 판시했다. 이런 판결에 이어 보수주의자들을 놀라게 하는 판결들이 더 이어졌다. 임신한 지 3개월 이내의 낙태를 합법하다고 판시한 판결[로 사건(Roe v. Wade), 1973]과 정부의 기독교 계통 사립학교 관여를 인정한 판결[레몬 사건(Lemon v. Kurtzman), 1971]이 그런 예다.

머리 사건은 대단히 중요한 의미를 가진 사건이었다. 이 소송을 제기한 원고가 공산주의와 무신론에 동조한 이로 유명한 매들린 머리 오헤어(1919-1995)였기 때문이다. 오헤어는 미국무신론자협회를 세웠고, 1963년부터 1986년까지 이 협회 회장을 지냈다. 이 무렵, 공산주의에 대한 미국인들의 의심이 최고조에 이르렀는데, 쿠바 미사일 위기도 그 한 원인이었다. 사람들은 이 위기가 핵전쟁으로 이어질까봐 두려워했다. 오헤어는 그전에 소련으로 도주하려 했으나, 파리의 주불(駐佛) 소련 대사관으로부터 소련 입국을 거부당했다. 오헤어는 미국으로 돌아왔다. 그러다가 1960년에 자신의 아들이 학교에서 성경 읽기에 참여하라는 요구를 받자, 볼티모어 교육청을 상대로 소송을 제기했다. 이 소송이 연방대법원까지 올라가면서, 귀에 거슬리는 오헤어의 반(反)종교적 견해가 경각심을 갖고 있던 많은 보수 성향의 종교인들에게 이것이 바로 무신론자들이 종교를 공적 생활 영역에서 제거하려 시도하는 첫 단계임을 일깨워주었다.

그리하여 보수 성향 종교인들은 이런 판결들을 미국을 세속화하려는 시도요, 헌법이 정한 정교분리 원칙을 공교육 체계에서, 나아가 어쩌면 공적 생활 전반에서 종교를 제거하는 수단으로 활용하려는 시도라고 널리 받아들였다. 폴웰과 다른 이들은 이런 사태를 경종으로 받아들이면서, 반대 움직임을 조직하기 시작했다. 폴웰 자신은 물론이요, 팻 로버트슨(1930-)과 헌법 전문 변호사인 필리스 설래플리(1924-) 같은 활동가들은 삶의 모든 영역에서 기독교의 전통 가치를 옹호하기 시작했으며, 종종 더 단순하고 소박했던 과거의 미국을 원용하여 이런 가치들을 강조하기도 했다. 그들은 미국에 반대하는 강령을 추구하는 세속주의자들이 이런 가치들을 갉아먹고 있다고 주장했다.

기독교 우파는 1920년대의 개신교 근본주의(5.1.4)와 분명 일치하는 점들이 있다. 근본주의처럼 기독교 우파도 미국을 세속화 쪽으로 이끌어가는 급격한 문화 변화에 위협을 느끼기 때문이다. 그러나 이 두 운동 사이에는 중대한 차이점이 있다. 근본주의는 주류 문화에서 벗어나 주변부에서 주류 문화를 공격하는 쪽을 택했다. 기독교 우파는 주류 문화에 참여하여, 이 문화를 안에서 바꾸려고 시도했다. 1970년대 말에 이르자, 이 전략이 상당한 성공을 거두었다는 게 분명히 드러났다. 복음주의는 상당히 의미 있는 정치 세력이 되었다.

'기독교 우파'는 주로 점점 더 적극 행동에 나서고 자신들의 주장을 분명히 밝히기 시작한 복음주의 계열의 그리스도인들에게 지지를 받았지만, 보수적 정치 성향을 지닌 가톨릭 신자, 유대교 신자, 모르몬교도, 때로는 심지어 세속주의자들까지 지지자로 끌어모았다. 하지만 이 운동은 복음주의자들을 갈라놓았다. 많은 이들은 여전히 예전의 복음주의를 따라 정치를 신뢰하지 않았으며, 폴웰과 로버트슨이 독려하는 적극적 정치 참여는 결국 교회의 영적 가치와 평판에 손상을 입힐 것이라고 믿었다. 일부 사람들은 이 운동의 목표에는 공감하면서도, 선거에서 이기는 것보다 목회 문제 및 영적 문제에 집중하는 것이 더 중요하다고 주장했다.

지미 카터(1924-)가 1976년 대선에서 대통령으로 당선된 것은 복음주의의 정치적 입김이 커지고 있음을 분명하게 보여주었다. 민주당 출신이던 카터는 기독교 우파가 표방하는 가치에 거의 공감하지 않았다. 하지만 그의 신앙적 가치관은 보수 그리스도인들에게 호소력을 발휘했다. 그러나 기독교 우파가 선호하는 대통령은 분명 종교(기독교)를 진지하게 고려하는 공화당 출신 대통령이었다.

1980년 대선 때 로널드 레이건(1911-2004)이 펼친 선거 운동은 종교가 더 이상 개인의 확신에 그치는 문제가 아니라 공적 가치를 건 싸움과 관련되어 있다는 것을 사람들에게 각인시켜준 계기로 널리 인식되고 있다. 레이건은 신앙인이 아니었다(카터와 크게 다른 점이다). 하지만 그는 종교가 정치 이슈로서 중요함을 알고 있었다. 레이건은 1980년 대선 선거 운동 기간에 종교 원탁회의(Religious Roundtable)가 조직한 국사(國事) 브리핑에서 판을 뒤집는 이들이 된 보수 기독교 지도자들에게 이런 기지 넘치는 말을 던졌다. "나는 여러분이 날 인정하지 못한다는 것을 알지만, 그래도 난 여러분을 인정해요."

기독교 우파가 미국 정치의 세속화 경향에 맞서 펼치고 있는 운동에서 지금도 중심이 되는 문제 중 하나는 연방 1차 수정 헌법(4.3.1)의 해석과 관련이 있다. 세속주의자들은 이 수정 헌법 조문이 교회와 국가, 종교와 공적 생활을 '가르는 벽'을 제공한다고 주장했다. 따라서 국가가 종교 활동이나 종교의 믿음을 인정하거나 지지하는 것은 그 어떤 것도 헌법 위반으로 여길 수밖에 없었다. 기독교 우파는 1차 수정 헌법의 의도가 특정 종교 그룹이 국교의 지위(잉글랜드 성공회가 몇몇 식민지에서 가졌던 것과 같은 지위)를 얻는 것을 막으려는 데 있지 종교를 공적 생활에서 배제하려는 것은 아니었다고 주장한다.

5.3.3. 미국 내 교파주의의 쇠퇴

미국의 종교 지형은 사실상 유럽에서 발원한 사상의 구조와 관습이 형성했다. 개신교 교파는 본디 유럽의 현상으로서, 16세기부터 18세기까지 서유럽에서 다양하게 펼쳐진 교회의 삶과 논쟁 패턴들을 반영한다. 서유럽의 일반 상황, 그리고 종종 잉글랜드의 종교 생활이라는 아주 특수한 조건을 반영하는 종교적 기원과 소속 패턴들은 식민지 정착민들과 선교사들을 통해 아프리카와 아메리카, 아시아와 호주로 수출되었다. 그 결과, 서유럽에서 우연히 일어난 역사 사건들이, 그 정도에 따라 크고 작음의 차이가 있긴 하지만, 네 개의 커다란 대륙에서 등장하던 교회의 삶을 형성해주는 요인이 되었다.

처음에는 미국에서 개신교 교파가 번성하는 것처럼 보였다. 어쩌면 이는 유럽에 뿌리를 둔 이민자들이 교회에 충실했음을 반영하는 것일지도 모른다. 미국의 저명한 신학자인 리처드 니버(1894-1962)는 그가 쓴《교파주의의 사회적 근원(Social Sources of Denominationalism)》(1929)에서 교파가 미국인의 신앙생활에서 두드러진 특징이라고 주장했다. 이 교파들은 사회 계층, 부, 출신 민족, 인종과 관련된 여러 역사적 차이점에 뿌리를 두고 있었다. 따라서 이 교파들은 복잡한 태피스트리와 같은 미국의 문화 정체성에 없어서는 안 될 부분을 이루고 있었다.

그 뒤 수십 년 동안의 상황은 니버의 견해가 옳다고 확인해주는 것 같았다. 1950년대 내내, 미국에서는 개신교의 전통 교파들이 크게 성장했다. 회중교회, 미국 성공회, 감리교, 장로교는 해마다 신자 수가 늘어났다고 보고했다. 각 교파는 자신의 주권과 기득권을 힘차게 변호했다. 1956년, 한 조사에서는 미국 성공회 신자 중 80퍼센트가 다른 교파 그룹과 함께 예배하는 것은 잘못이라고 믿는 것으로 나타났다. 이보다 한 해 전에 나온 갤럽 여론조사 결과는 미국 성인 인구 중 96퍼센트가 자기 부모와 같은 교파에 속해 있음을 보여주었다. 이들의 교회 다니는 습관은 한 세대가 지나도 바뀌지 않았다.

하지만 1990년에 이르자, 이 교파 중 많은 교파가 쇠락하고 있었다. 이 무렵, 주류 교파들은 미국의 인구가 급증했던 1965년에 자신들이 보유했던 신자 중 5분의 1에서 3분의 1을 잃어버렸다. 실제 신자 수가 줄어들면서 이 교파 신자들이 미국 인구에서 차지하는 비율도 상당히 줄어들었다.

미국의 기독교 교파는 근대 초기 유럽 문화가 제도로 나타난 형태 가운데 여전히 존속하는 극소수 중 하나다. 그러나 미국의 많은 그리스도인들은 현대 미국의 종교 생활이 유럽 모델에 의존해야 할 이유가 무엇인지(특히 정작 그 고향에서는 실패한 것으로 보이는 이런 모델을 굳이 따라야 할 이유가 있는지) 묻는다. 미국의 개개 교회와 개개 그리스도인은 그들 자신을 교파라는 기준으로 정의하길 점점 더 꺼리는 모습을 보이고 있다. 많은 교회가 교회 이름에 자신들이 자리한 지역 이름은 넣으면서도 자신들의 교파를 가리키는 말은 교묘히 빼버렸다. 신학교 이름에서도 같은 현상을 목격할 수 있다. 지금 우리가 '덴버 신학대학원'으로 알고 있는 학교는 이전엔 '덴버 보수 침례교 신학대학원'이었으며, '버지니아 신학대학원'도 이전에는 '버지니아 개신교 미국 성공회 신학대학원'이었다. 이런 변화는 교파를 나타내는 말을 교회 이름에 넣는 것이 마케팅 차원에서는 더 이상 도움이 안 된다고 보고 있음을 일러준다.

니버는 미국 내 개신교 교파가 유럽이 자신들의 고향이라는 역사의 기억들, 자신들이 다층(多層) 사회 속에 자리해 있다는 인식, 개인의 정체성을 둘러싼 문제를 반영한다고 인식하며, 그가 주장한 논지도 이런 인식을 반영한 것이다. 하지만 1990년대에 들어와, 강한 기업가 정신을 가진 일부 개신교 신자들은 전통적 교파 구조의 제도적 타성에 점점 더 큰 좌절감을 느꼈다. 그들은 이런 구조들을 지역의 이슈를 주도하거나 옛것을 혁신하는 일에는 아무 관심이 없고 이런 이슈 주도와 혁신에는 아무런 반응도 보이지 않는 관료 체제로 간주했다.

물론 교파 구조에 느끼는 좌절이 특별히 새삼스러운 일은 아니다. 뉴욕의 위대한 설교자요 1920년대에 벌어진 커다란 근본주의 논쟁에서 중요한 역할을 했던 해리 에머슨 포스딕(1878-1969)은 한때 자신이 '역사를 따라 이어온 기독교 조직'을 떠나 그 나름의 '독립(독자) 운동'을 시작할 생각을 했었다는 놀라운 고백을 들려주었다. 포스딕은 교회에 충성하기만을 요구하는 이들을 거부하면서, 자신은 오로지 그리스도에게만 충성한다고 주장했다. 그러나 그는 이런 좌절을 겪으면서도, 그리고 자신의 명성이면 직접 교회를 세워도 그 미래가 확실할 텐데도, 그 자신의 교회를 세우지 않았다.

하지만 1990년대 이후에는 시장이 만들어내거나 시장이 이끄는 회중(교회)의 성장이 점점 더 미국 개신교를 규정하는 특징이 되었다. 이런 회중은 기업가식 사고가 강한 사람들이 이끌었다. 특히 1960년대의 극심한 신학 혼란과 문화 혼란의 여파가 남아 있는 상황에서, 강한 기업가식 사고를 가진 이들은 개신교 노동 윤리에서 자양분과 영감을 공급받은 '할 수 있다(can do)' 정서를 자신들의 신학적 견해와 결합한 뒤, 이를 동력원으로 삼아 결국 전통적 교파 구조 밖에서 자신들의 목표를 이루게 되었다. 마르틴 루터처럼 이런 이들도 특별히 자신들의 모(母)교회 밖에서 일하려 했던 것은 아니지만, 결국 새로운 문화 환경이 제시하는 요구와 현실 때문에 그들이 선택할 수 있는 길은 그 길밖에 없었던 것 같다. 이 결과, 새로운 시도들이 왕성하게 일어났으며, 이 시도들은 주류 교파들에게 대부분 무시당한 것으로 여겨졌던 요구들을 채워주고, 교회가 일하고 발전하며 조직을 만들어갈 때 따를 수 있는 새로운 패턴들을 제시했다.

이런 발전의 토대가 된 신학적 기초는 개신교 역사가 시작되었던 첫 수십 년 동안에 이미 놓였다. 장 칼뱅은 《기독교 강요》(1559)에서 그리스도의 참된 교회를 규정해주는 표지로 교회라는 제도의 역사나 어떤 연관관계(이를테면 사도들과 연결된 관계)를 들지 않고, 설교와 성례를 바로 행하는 것을 들었다. 20세기 말 미국의 정황에서는 이런 칼뱅의 말을, 바로 설교하고 성례를 올바로 시행한다면 새로운 교회와 교파를 설립해도 된다는 의미로 해석했다. 모험 정신이 강한 이들은, 종종 특별한 사역 형태를 이뤄보겠다는 꿈에 불이 붙으면, 자신만의 독특한 회중을 시작하거나 심지어 자신만의 교파를 시작할 수도 있었다.

이런 상황은 결국 소비자주의 정서의 등장을 가져올 수밖에 없었다. 이런 정서가 등장하면서, 개신교 신자들은 자신들이 그들 자신의 필요나 믿음이나 열망을 채워주는 지역 교회를 고르고 택할 수 있다고 느끼게 되었다. 자신들의 필요나 믿음이나 열망에 딱 들어맞는 교회를 찾지 못하면, 자신들만의 교회를 세우려 했다. 가톨릭 쪽의 개신교 비판자들은 종종 개신교가 애초부터 이런 분열 경향을 갖고 있다고 지적하면서, 이는 개신교가 교회의 근본적 통일에는 관심이 없음을 보여주는 것이라고 주장한다.

이런 회중 인플레이션(갖가지 회중이 넘쳐나는 현상—옮긴이)은 분명 문제가 있다. 하지만 이것에도 두 가지 중대한 강점이 있다. 이 강점은 미국과 다른 지역의 개신교 형성에서 아주 큰 중요성을 가진다.

1. 이런 회중 인플레이션 덕분에 개신교는 급격한 사회 변화와 문화 변화(종종 교회를 지나간 시대의 사실들에 갇히게끔 이끌기도 했던)에 대처할 수 있게 되었다. 모험 정신이 강한 목사와 설교자는 (옛 시대 목사와 설교자들이 복음이 제시하는 비전을 그들의 상황에 맞춰 제시했던 것과 똑같이) 복음이 제시하는 비전을 새로운 상황에 맞춰 힘들이지 않고 새롭게 고쳐 제시함으로써, 개신교가 시간 왜곡(time warp)에 빠지는 것을 방지할 수

있다. 이런 회중 인플레이션 덕분에, 개신교 신자들은 종종 교회 밖의 교회 역할을 행하게 되는 자원 단체들을 만듦으로써 특수한 그룹들을 섬기는 전문 사역의 필요성에도 부응할 수 있게 되었다.

2. 회중 인플레이션 덕분에, 개신교회는 교파 지도자들과 그 교파 소속 교인들이 철저히 단절된 것으로 보이는 상황들(교파 지도자들이 그 교파에 속한 회중 대다수가 받아들이지 않는 신학 강령이나 문화 흐름을 추구하는 경우가 좋은 예다)에 대처할 수 있게 되었다. 이런 신학 강령이 우익 쪽인지 좌익 쪽인지, 보수인지 진보인지는 중요하지 않다. 프로테스탄트 정신은 회중에게 힘을 불어넣어, 우선 그 지도자들에게 저항할 수 있게 하고, 이어 그들을 제거할 수 있게 해주며, 마지막으로 그 회중이 다른 곳에 **여전히 그리스도의 교회로 남아 있으면서도** 그들만의 독자성을 가진 회중을 형성할 수 있게 해준다. 일부 개신교 교파들은 소속 교인들에게 책임지지 않으려고 하지만, 개신교 신자들이 갖는 이런 근본 권리들은 원칙상 프로테스탄트 운동의 핵심 정체성을 나타내는 일부분으로서 여전히 존속한다. 개신교 신자는 한 교파를 떠나 다른 교파에 합류하면서도, 여전히 개신교 신자로 남아 있을 수 있다.

여기서 또 하나 중요한 점은 C. S. 루이스가 말하는 '순전한 기독교'라는 관념이 미친 영향과 관련이 있다. 루이스가 널리 많은 독자가 읽은 그의 책 《순전한 기독교》(1952)에서 제시한 이런 사고방식은, 기독교회가 다양하긴 하지만, 이 다양한 교회들은 이 교회들이 모두 그 바탕으로 인정하는 기독교의 핵심을 각기 다른 모양으로 실현한 것에 불과하다고 주장함으로써, 교파의 정체성에 그리 큰 중요성을 부여하지 않았다. 루이스의 《순전한 기독교》는 기독교의 본질을 기뻐하는 기독교 형태를 추구하고 다른 문제들은 부차적 중요성을 가지는 것으로 여기겠다는 선언이었으며, 지금도 그 점은 변함이 없다. 그러나 루이스가 말한 '순전한 기독교'라는 관념은 단지 교파가 다른 것보다 우위에 있다는 생각을 거부한 것에 그치지 않는다. 이 관념은 제도로 굳어버린 기독교 형태들 안에서 쉬이 일어나곤 하는 힘과 특권의 남용을 에둘러 비판한 것이기도 했다. 루이스는 그의 작품에서 대체로 성직자를 비판하는 태도를 취한다. 그는 평신도 그리스도인인 자신이 성직자나 교회 제도에 어떤 특별한 특권을 부여하지 않고 평신도에게 핵심 역할을 부여하는 기독교 형태를 대변한다고 보았다.

개신교의 교회관이 다윈이 말한 것과 같은 경쟁과 적자생존 과정을 만들어냄으로써, 적응하지 못하는 교회는 점차 도태시키고, 살아남는 교회는 그 시대의 요구와 기회에 잘 적응한 교회임을 확실히 일러주었다고 주장하는 것도 그르지만은 않다. 이번 장 뒷부분에 가서 이런 발전 양상 중 몇 가지를 살펴보도록 하겠다.

이제 우리는 다시 유럽에서 일어난 일들에 주목해보겠다. 유럽에서는 요한 바오로 2세(재위 1978-2005)가 오랜 기간 교황으로 있으면서 여러 가지 극적 변화를 목격했고, 가톨릭교회가 국제 사회에서 새로운 역할을 감당하게 만들었다.

5.3.4. 신앙 갱신: 요한 바오로 2세와 소련의 몰락

제2차 세계대전 이후 유럽의 상황은 복잡했으며, 가톨릭교회에 특별한 도전을 안겨주었다. '소비에트 블록'(소련과 소련 영향권 안에 있는 공산국가들)의 형성은 동유럽의 많은 가톨릭 지역이 느닷없이 공산주의의 통제 아래 들어가(5.2.1), 교회와 신자들의 활동이 엄격한 제약을 받게 되었음을 의미했다. 서방에서는 1960년대에 권위와 믿음을 앞세운 전통 구조가 철저히 의심받는 상황이 벌어지면서, 가톨릭교의 많은 사상이 도전을 받는 문화 정황이 만들어졌다.

2차 바티칸 공의회는 서구의 가톨릭교회가 안게 된 몇 가지 문제들을 다루기 시작했지만, 그 결정을 실행할 때는, 특히 인공 피임 같은 문제와 관련하여, 다소 안타까운 진전을 보이기도 했다. 하지만 소련과 그 위성국가인 동유럽 국가들이 끼친 영향이야말로 십중팔구는 훨씬 더 큰 골칫거리를 안겨주었다. 교황이 이런 상황을 타개하기 위해 할 수 있는 일은 거의 없어 보였다. 영향력은 실용적 요소(이를테면, 군사력)에서 나온다는 것이 세간의 관찰 결과였다. 소련 지도자 이오시프 스탈린은 교황 비오 12세의 비판을 받자마자, 교황의 이런 간섭에 콧방귀를 뀌며 이런 말로 무시해버렸다. "교황은 병력이 얼마나 있지?"

1978년 8월, 교황 바오로 6세가 선종했다. 그의 전임자인 요한 23세처럼 바오로 6세도 이탈리아 출신 교황이었다. 그는 기독교 내부의 다른 교회들과 관계를 개선하려고 열심히 노력했으며, 세계를 상대로 교회의 창문을 활짝 열었다. 그의 후임자가 누가 될지는 불분명했다. 일부 사람들은 주세페 시리(1906-1989) 추기경을 선호했다. 그는 제노바 대주교로서 보수 성향 인사였는데, 2차 바티칸 공의회를 겨냥한 그의 비판들은 그가 교황이 되면 교회를 더 보수적인 방향으로 이끌어가리라는 것을 일러주었다. 결국 콘클라베는 이탈리아 출신인 알비노 루치아니(1912-1978)를 교황으로 선출했으며, 새 교황은 '요한 바오로 1세'(재위 1978.8.26-1978.9.28)라는 이름을 얻었다. 그가 2차 바티칸 공의회의 결정 사항들을 실행하는 데 관심을 보이면서, 개혁 교황이 되리라는 것이 곧 분명하게 드러났다.

하지만 요한 바오로 1세는 자리에 오른 지 33일 만에 갑자기 선종했다. 1978년 9월 29일이었다. 교황의 급작스런 죽음은 그가 암살당한 게 아니냐는 억측을 낳았지만, 역사가들은 이런 억측이 설득력이 없다고 본다. 콘클라베가 다시 소집되었다. 처음에 추기경들은 전통주의자와 개혁주의자

1979년 6월 1일, 로마 바티칸에서 군중에게 인사하는 교황 요한 바오로 2세.

로 갈라진 것처럼 보였다. 전통주의자들은 주세페 시리 추기경을 지지했고, 개혁주의자들은 피렌체 대주교인 조반니 베넬리(1921-1982)를 지지했다. 베넬리가 선출될 가망이 높았지만, 분명 이 두 경쟁자 중 누구도 교황으로 뽑히는 데 충분한 지지를 얻지 못했다. 그리하여 양쪽이 모두 만족할 만한 후보를 찾게 되었다.

온 세상이 놀랄 일이 벌어졌다. 콘클라베가 폴란드 크라쿠프 대주교인 카롤 요제프 보이티야(1920-2005)를 교황으로 선출했다. 보이티야는 자기 명칭을 '요한 바오로 2세'라 하겠다고 선언했다. 이는 자기 전임 교황에게 바치는 존경이자 자신도 개혁 노선을 계속 이어가겠다는 뜻을 밝힌 것으로 해석할 수 있었다. 요한 바오로 2세는 선출 당시 겨우 58세였으며, 근래 역사에서 가장 젊은 교황 중 하나가 되었다.

그가 교황으로 뽑힌 일은 전 세계에서 큰 관심을 불러일으켰지만, 그 어느 곳보다 큰 영향을 받은 곳은 보이티야의 모국이었다. 폴란드는 보이티야가 교황으로 선출될 당시 소련 영향권 아래 있었지만, 동시에 유럽에서 가장 독실한 가톨릭 국가 중 하나였다. 공산 당국은 가톨릭교를 억압할 수 없음을 알았기 때문에, 대신 가톨릭교의 영향력을 축소시키는 데 노력을 집중했다. 폴란드인 교황의 선출(거의 500년 만에 이탈리아 사람이 아닌 이가 교황으로 뽑힌 경우였다)은 폴란드 국민의 자부심을 한껏 높여주었으며, 가톨릭 국가라는 폴란드의 정체성에 새로운 의미를 부여해주었다.

요한 바오로 2세가 1979년 6월 고국을 사목 방문했을 때(그는 재위 기간 중 이런 식으로 고국을 아홉 차례 방문했는데, 이것이 그 첫 방문이었다), 열렬한 인파의 환영을 받았다. 가톨릭교의 부흥도 한 원인이 되어 폴란드의 국가 분위기가 바뀌기 시작하자, 공산 당국에 맞선 저항도 따라 커져갔다. 1980년 8월, 레흐 바웬사(1943-)의 지도 아래 그단스크 레닌조선소에서 자유 노조인 '연대(Solidarność)'가 설립된 사건은 이정표가 될 만한 발전이었다. 폴란드 당국은 1981년 12월에 계엄령을 선포하고 그단스크 지역 지도자들을 감옥에 가뒀지만, 자유 노조 운동을 진압하진 못했다.

폴란드에서 일어난 사건들은 소련과 소련 영향권에 있는 국가들에서도 비슷한 발전을 가져오는 촉매제가 되었다. 중앙의 통제가 약해지기 시작했으며, 특히 미하일 고르바초프(1931-)가 소련 공산당 서기장으로 있던 동안에는 그런 현상이 더 심해졌다. 고르바초프는 1985년에 공산당 서기장으로 선출되자마자, 페레스트로이카(perestroika, 러시아어로 '개혁')와 글라스노스트(glasnost, 러시아어로 '개방') 정책을 실행에 옮겼다. 이 정책들은 소련 경제를 과도한 관료주의에서 해방시키는 데 그 목적이 있었지만, 소련과 소련 동맹국들에 대한 공산당의 장악력을 심히 약화시키는 것으로 끝나고 말았다.

종교가 더 이상 억압받지 않는다는 것이 점차 분명해졌다. 예를 들면, 1988년 2월, 소련 적군(赤軍) 합창단은 바티칸을 방문하여 교황 앞에서 〈아베 마리아〉를 불렀다. 같은 해, 미하일 고르바초프는 러시아와 우크라이나에서 기독교 신앙을 받아들인 지 1천 년이 되는 해를 기념하는 일을 허용하고 이를 밀어주었다. 3년 뒤, 소련이 무너졌다. 소련은 1991년 12월 25일에 공식 해체되었으며, 연방을 구성하던 15개 공화국은 독립 주권을 가진 국가가 되었다. 10년도 지나지 않아 정교회는 새로운 러시아 연방 안에서 중요한 영적 세력이자 정치 세력으로 다시 자리 잡았다.

미하일 고르바초프는 요한 바오로 2세가 아니었으면 철의 장막이 무너지지 못했을 것이라고 언급했다. 이 말을 교황이 철의 장막을 무너뜨린 유일한 원인이라는 의미로 이해하지 않는다면, 옳은 말이다. 철의 장막 붕괴에는 많은 요인이 얽혀 있지만, 많은 이가 (이 카리스마 넘치는 교황이 적잖이 촉매 역할을 한) 종교 부흥이 동구권을 흔들어놓은 요인 중 하나라고 주장하곤 했다. 요한 바오로 2세 자신은 다른 견해를 피력하면서, 공산주의가 그 자체의 내부 모순으로 말미암아 무너졌다고 주장했다. "하나님의 섭리로 공산주의가 무너졌다고 말하는 것이 간명할 것입니다. 어떤 의미에서 보면, 하나의 체계인 공산주의는 스스로 무너진 겁니다."

요한 바오로 2세가 교황으로 있는 동안, 가톨릭교회는 여러 가지 큰 도전에 직면했다. 그런 도전에는 서구 국가에서는 사제 숫자와 교회 출석자가 줄어든 반면, 라틴아메리카와 아시아, 아프리카에서는 복음주의 교회와 오순절 교회 신자들이 늘어난 점, 그리고 중앙에 집중된 권력을 지역 교구로 넘겨주는 것을 둘러싸고 벌어진 논쟁이 들어 있었다. 애초 사람들은 요한 바오로 2세를 개혁주의자로 여겼지만, 오히려 그의 재위 기간은 무엇보다 그가 교황이 예부터 취해왔던 전통적 태도를 다시금 강조하고 가톨릭교회와 다른 교회의 관계가 현저히 냉각되었던 사실로 유명하다. 그래도 많은 이들은 그의 재임 중 일어난 가장 중요한 사건으로 소련의 붕괴, 그리고 동유럽에서 새로운 질서가 등장한 점을 꼽으려 한다.

5.3.5. 기성 체제에 도전하다: 페미니즘과 해방신학

2차 세계대전 뒤의 급격한 사회 변화는 그리스도인의 많은 전통적 믿음과 관습에 여러 도전을 안겨주었다. 가장 중요한 도전 중 하나가 '해방' 운동의 등장이다. 이는 문화적, 정치적 힘을 지닌 그룹의 지배에서 지배를 당하는 그룹들을 해방시키려는 움직임이었다. 이번 항에서는 두 그룹, 즉 본디 '여성해방'으로 알려진 페미니즘, 그리고 라틴아메리카의 해방신학을 언급해본다.

서구에서는, 유일신 종교를 겨냥한 가장 중요한 비판 중 하나가 점점 더 커져가던 페미니즘 운동에서 나왔다. 이 운동은 하나님을 남성으로 보는 관념이 유대교, 기독교, 이슬람교 안에 깊이 박혀 있지만, 이런 관념은 이 종교들이 애초부터 갖고 있는 가부장 문화와 관련이 있다고 주장했다. 그러나 여성들이 그들 나름의 정체성과 권위를 강조하는 문화에서는 그런 가부장 문화를 더 이상 옹호할 수 없었다.

페미니즘 운동은 역사 속에 분명한 선례가 있다. 20세기 초에 여자들에게 투표권을 인정할 것을 요구했던 여성 참정권 운동이 그 예다. 그러나 페미니즘 자체는 1960년대 말에 등장했다. 일부 페미니스트들은 특정한 정치 또는 사회 이슈에 관심을 집중했다. 반면, 다른 이들은 서구 문화에 널리 퍼져 있는 이데올로기인 성적 지배를 무너뜨려야 함을 주장하면서, 이 이데올로기가 서구의 많은 정치 구조와 문화 신념 혹은 관습의 뒤편에 자리해 있다고 주장했다.

요 근래에는 이 운동이 점점 더 다종다양해지고 있다. 이는 서로 다른 문화와 인종 그룹에 속하는 여성들이 다양한 접근법을 받아들인 것도 한 원인이 되었다. 그리하여 요즘은 북아메리카의 흑인 여성들이 쓴 글은 '흑인 여성주의(black womanism)'라고 부르는 경향이 점점 더 강해지고 있다. 이는 '여성들의 경험'이라는 개념이 보편개념이 아니라, 성과 계층에 따라 달리 형성되는 개념임을 인식한 결과다.

페미니즘이 기독교에 미친 영향은 주로 서구에서 나타났으며, 이는 두 가지 중요한 발전으로 이어졌다. 첫째, 페미니즘 운동은 교회 안에서, 그 중에서도 특히 성직자들 가운데서 여성을 더 많이 대변하려는 운동을 전개했다. 이 운동은 성경을 바탕으로 여성 안수를 주장하는 이들의 활동을 보완하면서, 신약성경이 복음이 제시하는 새 질서에 근거하여 기존의 모든 사회관계, 남성과 여성의 관계, 권력관계에 의문을 제기한다고 주장했다. 일부 교파들은 2차 세계대전 이전부터 여성들에게 안수하여 성직자로 세우기 시작했다. 예를 들면, 구세군은 1878년에 여성 사관이 41명이었고 남성 사관이 49명이었다. 전통의 중요성을 강조하는 교파(가톨릭교와 정교회)와 여성이 지도자 역할을 하는 것을 신약성경이 금지한다고 해석하는 교회들은 이런 발전에 저항했다. 이 문제는 뒤에 가서 다시 살펴보겠다 (5.3.7).

둘째, 페미니즘 운동은 기독교의 전통 언어가 남성의 역할 모델과 남성 언어에 치우치는 경향을 보인다고 주장했다. 《하나님 아버지를 넘어 (Beyond God the Father)》(1973)를 쓴 메리 데일리(1928-2010) 및 《신학과 페미니즘(Theology and Feminism)》(1990)을 쓴 대프니 햄프슨(1944-)을 비롯하여 기독교를 떠난 많은 페미니스트들은 기독교가 하나님을 남성으로 표현한 상징들, 남성인 구원자, 남성 지도자와 사상가로 뒤덮인 긴 역사를 갖고 있어서 여성을 대적하는 편향성을 갖고 있기 때문에, 구제 불가능한 종교라고 주장했다. 그들은 여성들이 기독교의 이런 억압 환경을 떠나야 한다고 촉구했다. 그런가 하면 《아프로디테의 웃음(Laughter of Aphrodite)》(1987)을 쓴 캐럴 크라이스트(1945-)와 《신들을 바꾸기(Changing of the Gods)》(1979)를 쓴 나오미 골든버그 같은 이들은 여성들이 여신을 섬기는 고대 종교를 회복하고(혹은 새로운 종교를 만들어내고) 전통 기독교를 완전히 포기하면 종교적 해방을 찾을 수 있을 것이라고 주장했다.

다른 페미니스트들은 이처럼 퉁명스럽게 기독교를 무시하는 것에 반발하면서, 더 풍부한 정보를 바탕으로 기독교 전통을 더 섬세하게 읽어야 한다고 주장했다. 페미니스트 저술가들은 여자들이 신약 시대부터 기독교 전통의 형성과 발전에 적극 기여해왔으며, 기독교 역사 내내 중요한 지도자 역할을 수행해왔음을 강조했다. 실제로 많은 페미니스트 저술가들은 기독교의 과거를 재평가해야 할 필요성이 있음을 제시하면서, 그 신앙을 실천하고 변호하며 선포했음에도 불구하고 여태까지 대다수 교회와 교회 역사가들(주로 남성)이 알아차리지 못한 채 간과해버린 많은 신실한 여성들에게 영예를 돌리며 이 여성들을 인정해야 함을 보여주었다.

페미니스트 저술가들은 기독교의 남성성을 특별한 논의 주제로 삼아왔다. 이들은 이런 남성성이 때로는 오직 남자만이 하나님의 형상을 바로 나타낸다거나 오직 남자만이 하나님을 제대로 표현하는 역할 모델이나 유비를 제공한다는 믿음을 밑받침하는 신학적 기초로 활용되어왔다고 말했다. 이에 맞서, 페미니스트 저술가들은 그리스도의 정체를 논하면서 그리스도가 유대인인 것과 마찬가지로 그리스도가 남성인 것도 우연이라고 주장했다. 그리스도가 남성이란 점은 그의 역사 속 실재에서 우연한 요소이지, 그의 정체를 구성하는 필수 요소가 아니다. 따라서 그리스도가 유대인이었고 목수였다는 사실을 내세워 유대인이 이방인을 지배하고 목수가 배관공을 지배하는 일이 정당성을 가질 수 없듯이, 교회에서나 사회에서나 그리스도가 남성이라는 것을 남자가 여자를 지배하는 근거로 삼을 수는 없다.

1960년대에 라틴아메리카에서 해방신학이 등장한 것도 중요하다. 2차 세계대전의 여파로 전 세계에서 나타난 가장 놀라운 일 중 하나가 마르크스주의의 확산이었다. 동유럽과 중앙아시아의 많은 지역에서는 마르크스주의를 힘으로 강요했지만, 라틴아메리카와 아프리카 그리고 아시아에서는 기존 사회 질서에 환멸을 느끼고 이 질서를 철저히 바꾸고 싶어 했던 많은 그룹이 마르크스주의에서 영감을 얻었다. 마르크스주의는 사회를 바꿀 수 있다고 약속하는 세계관을 제시했다(그 세계관은 하나님이 없는 세계관이었다). 마르크스주의는 식민주의자와 제국주의자의 속박을 벗어던지고 해방을 얻을 수 있는 길을 제공하는 것 같았다.

라틴아메리카에서는 마르크스주의가 급속히 주도권을 잡았다. 피델 카스트로(1926-)가 미국을 등에 업은 대통령 풀헨시오 바티스타(1901-1973) 정부를 1959년에 폭력혁명으로 뒤엎고 1961년에 쿠바가 공산국가임을 선언했다. 그 뒤 쿠바는 1965년부터 혁명의 본보기요 전초기지 역할을 했다. 브라질에서는 마르크스주의가 지역 상황에 맞춰 적응했다. 카이우 프라두(1907-1990) 같은 이론가들은 마르크스주의가 이 나라의 질병을 치유할 사회경제적 대안을 제시할 수 있게 해주었다. 이 지역의 몇몇 저명한 가톨릭 신자들은 이 지역 상황이 반영하는 사회 문제들을 다루는 것이 중요함을 깨닫고, 복음의 목표가 사회 변혁에 있음을 강조하려 하는 '해방신학'을 발전시켰다.

해방신학은 1968년에 등장하기 시작했다. 이때 라틴아메리카의 가톨릭 주교들이 회의 때문에 콜롬비아 메데인에 모였다. 이 모임(보통 CELAM II로 알려져 있는데, CELAM은 '라틴아메리카 주교회의'를 뜻하는 에스파냐어 'Consejo Episcopal Latinoamericano'의 줄임말)에서 주교들은 교회가 라틴아메리카에서 민중을 억압하는 정부 편을 자주 들었음을 시인하고 미래에는 가난한 이들 편에 서겠다고 선언함으로써 라틴아메리카 전 지역에 충격파를 던졌다.

해방신학은 이 주제를 가져다가 발전시켰다. 교회는 가난한 이들과 억압받는 이들에게 시선을 돌렸다. "가난한 이들은 기독교의 진리와 실제를 이해하게 해주는 진정한 신학의 원천이다"(혼 소브리노. 1938- . 에스파냐의 예수회 수도사이자 신학자—옮긴이). 라틴아메리카의 상황에서, 교회는 가난한 자 편이다. "하나님은 분명하고도 확실하게 가난한 자 편이시다"(호세 미게스 보니노, 1924-2012, 아르헨티나의 해방신학자—옮긴이). 하나님이 가난한 자 편이시라는 사실은 다음과 같은 더 심오한 통찰로 이어졌다. 가난한 자들은 기독교 신앙 해석에서 특별히 중요한 자리를 차지한다. 기독교의 모든 신학과 선교는 '아래에서 위를 바라보는 시각'을 품고, 가난한 자들의 고난과 고통을 염두에 두고 시작해야 한다.

서구의 고전 신학은 행동을 성찰의 결과물로 여겼는데, 해방신학은 그 순서를 뒤집는다. 즉, 행동이 먼저 오고 비판적 성찰이 뒤따른다. "신학은 세계를 설명하길 멈추고, 세계를 변혁하는 일을 시작해야 한다"(호세 미게스 보니노). 정말로 하나님을 아는 지식은 가난한 자들에게 무관심하거나 가난한 자들과 동떨어진 것일 수 없으며, 가난한 이들을 섬기는 대의에 헌신하는 가운데, 그리고 그런 헌신을 통하여 얻게 된다. 이는 헌신을 지식에 이르지 못하게 막는 장애물로 보았던 계몽주의의 시각을 철저히 거부한 것이다. 위에서 언급한 보니노의 말은 카를 마르크스가 루트비히 포이어바흐를 비판한 말을 반영한다. 마르크스는 철학자들이 세계를 해석하는데 그쳤다고 말했다. "중요한 일은 세계를 바꾸는 것이다."

해방신학자들은 자신들이 마르크스주의 사상을 사용하는 것을 두 가지 근거를 내세워 변호했다. 첫째, 이들은 마르크스주의를 '사회 분석의 도구'로 보면서(구스타보 구티에레스, 1928- . 페루의 해방신학자—옮긴이), 마르크스주의가 라틴아메리카 사회의 현재 상태를 꿰뚫어보는 통찰을 얻게 해주고 가난한 이들의 처참한 형편을 치유해줄 수 있는 수단이라고 본다. 둘째, 마르크스주의는 현재의 불의한 사회 시스템을 뒤흔들어 더 평등한 사회를 만들 수 있는 정치 프로그램을 제공한다. 이 때문에 해방신학은 자본주의를 비판하고 사회주의를 긍정한다. 하나님이 가난한 이들을 더 좋아하시고 이들에게 깊이 마음을 쏟으신다는 것은 복음의 근본 요소이지, 라틴아메리카의 상황에서 생겨난 또 다른 해석이거나 혹은 순전히 마르크스의 정치 이론에 근거하여 새로 덧붙인 해석이 아니다.

해방신학은 1960년대와 그 이후에 라틴아메리카의 많은 곳에서 일었던 혁명의 열기에 부응하여 나타난 중요한 반응이었다. 그 이후로 해방신학은 쇠락했는데, 이는 해방신학이 너무 먼 목표에 초점을 맞추었던 탓도 있고, 라틴아메리카의 가난한 이들이 선택할 수 있는 또 다른 종교 현상이 등장한 탓도 있다. 바로 오순절주의인데, 이는 뒤에 가서 살펴보겠다.

5.3.6. 문화 변화에 부응하다: 새로운 교회 형태들

1960년대는 사회 동요와 변화를 요구하는 목소리로 들끓던 시대였다 (5.2.4). 미국에서는 대중 매체가 "하나님은 죽었다"고 선언했다. 영국에서는 한 주교가 1963년에 영국의 한 주요 일요 신문에 '하나님의 형상이라는 우리 이미지는 꺼져야 한다(Our Image of God must go)'라는 도발적 제목을 단 기사를 실음으로써 대중 매체의 큰 관심을 끌었다. 서더크 주교인 존 로빈슨은 이 기사를 자신이 곧 낼 책《신에게 솔직히(Honest to God)》를 선전하는 데 활용했다. 이 책은 출간되자마자 베스트셀러가 되었다. 출판사들이 주문한 1쇄는 겨우 8천 부였으며, 그중 2천 부는 미국에 수출하려 했다. 그러나 출간 첫날 1쇄가 다 팔렸다. 모든 이가 이 책 수요에 놀랐다. 이 책은 출간 후 첫 일곱 달 동안만 영국에서 35만 부가 팔린 것으로 짐작된다.

이 무렵 영국과 미국에서는 과격하다 할 질문이 많이 등장했다. 일부 사람들은 개신교의 전통 교파들이 미국 사회의 새로운 양상들에 대응할 수 있을지 의문을 표시하기 시작했다. 그러나 미국 개신교는 그 같은 도전에 대응하여 그 시대 문화 분위기와 조화를 이루면서 교회의 삶과 사역에 새롭게 다가가는 방법들을 개발해냈다. 특수한 무리들의 요구에 부응하여 새로운 방식의 '교회'가 나타났다. 아래에서는 그중 대표라 할 만한 예들을 살펴보겠다.

갈보리 채플 교회 연합(Calvary Chapel fellowship of churches)은 현재 약 1천 개 회중으로 이루어진 조직으로 구성되어 있는데, 그 뿌리는 1965년으로 거슬러 올라간다. 당시 척 스미스(1927-2013)는 캘리포니아 주 코스타 메이사에서 갈보리라는 이름을 가진 교회의 목사로 섬기기 시작했다. 회중이 급속히 늘어, 1967년에는 2천 명에 이르렀다. 이 교회가 관심을 끌자, 다른 회중들도 이 교회의 접근법을 따르기 시작했다. 갈보리 채플은 사람들이 자신을 일개 '교파'가 아니라 '교회 연합체'로 봐주길 바란다는 점을 분명히 했다. 전통 교파들은 중앙에 본사가 있고 지역에 '지사'나 '사무소'를 두는 기업 모델을 사용하여 각 지역에 교회를 세웠지만, 갈보리 채플은 프랜차이즈에 더 가까워, 전통 교파들처럼 재정과 조직상의 감독권을 행사하지 않는다. '갈보리 채플의 특징'을 받아들이려는 회중이라면 어떤 회중도 이 연합체의 구성원이 되어 이 교회 조직에 속할 수 있다.

이와 비슷한 모델을 빈야드 운동도 사용한다. 이 운동에는 현재 1,500개가 넘는 교회들이 가입해 있다. 이 운동은 캘리포니아 주 애너하임에서 시작되었으며, 특히 존 윔버(1934-1997)의 사역과 관련이 있다. 빈야드 운동은 갈보리 채플 연합에서 떨어져 나왔는데, 이런 분열이 생긴 이유 중에는 갈보리가 성령 은사의 역할에 충분히 주목하지 않는다는 윔버의 우려도 들어 있었다. 1970년대 캘리포니아에서는 은사 운동이 중요한 존재가 되었으며, 윔버도 이런 진전에 관련되어 있었다. 그는 풀러 신학대학원에서 '표적과 기사'를 다룬 과목을 가르치기도 했는데, 이 과목은 논란거리가 되기도 했다. 거듭 말하지만, 빈야드 운동은 그 자신을 어떤 교파로 여기기보다 협회 내지 연합체 같은 것으로 여겼다. 여기에는 중심이 되는 조직도 없었고 그런 권위를 가진 인물도 없었다.

하지만 이런 운동이 미친 영향은 단순히 교파들이 선택할 수 있는 길과 구조를 재형성하고, 중앙 집중이 덜한 새로운 교회 모델을 제시하는 데 그치지 않았다. 개신교 안에서 일어난 이런 발전들은 새롭고 형식에 매이지 않는 예배 스타일, '경배 성가(worship songs)'의 폭발, 예배의 역동성에 보이는 새로운 관심 같은 현상을 불러일으켰으며, 특히 전통 방식의 예배가 찬송가나 예배 모범(service books)을 버거울 정도로 많이 활용할 경우에는(특별히 이런 찬송가나 예배 모범을 미국의 세속 문화에 속한 '구도자들'이 낯선 문화로 여기는 곳에서는) 형식과 전례를 중시하는 전통 방식의 예배를 점점 더 싫어하는 현상을 불러일으켰다.

이런 현상을 극명하게 보여주는 예가 윌로우크릭 네트워크의 등장일 것 같다. 윌로우크릭 네트워크의 시작은 1981년으로 거슬러 올라간다. 시카고 외곽의 사우스배링턴에 세워진 윌로우크릭 공동체교회는 개신교 교회 전통이라는 짐(성직자 예복, 장의자, 헌금 쟁반, 그리고 옛날 찬송 같은 것들)을 지우지 않고 기독교 신앙을 제시하는 것을 목표로 삼았다. '구도자에게 민감한' 예배는 '교회에 다니지 않는' 사람들이 편안함을 느끼면서도 기독교 신앙에 관하여 배울 수 있는 환경에서 이루어지곤 했다. 윌로우크릭을 설립한 목사 빌 하이벨스(1952-)는 윌로우크릭이 '아주 위험하고 삶을 바꿔놓는 예수 그리스도의 메시지를 구도자들이 들을 수 있는 안전한 장소'가 되길 바랐다.

윌로우크릭의 성공을 보면서 다른 많은 교회도 윌로우크릭의 방법을 사용하길 원하게 되었다. 이번에도 역시 윌로우크릭이 새 '교파'라는 주장은 피했다. 개개 회중들은 윌로우크릭과 연합할 수 있었다. 하지만 중앙 집중식 구조는 존재하지 않았다. 윌로우크릭도 (갈보리 채플과 빈야드처럼) 윌로우크릭을 인도자로 삼은 전 세계 교회들을 아우르는 네트워크로 성장했다.

'공동체교회(community church)'라는 현상은 모험심을 가진 선구자들이 한계가 있고 제약이 있는 대다수 전통 교파의 구조 안에서는 불가능했을 법한 방식으로 자신들의 은사를 펼칠 수 있게 해준다. 이 교회들은 그들이 속한 지역 공동체의 요구에 아주 민감하며, 자신들의 전략과 강령을 알릴 수 있는 지역 기반과 지식을 갖고 있다.

근래에 등장한 '공동체교회' 중 가장 탁월한 사례로 꼽을 수 있는 교회가 1980년에 캘리포니아 주 오렌지카운티 새들백 밸리에 세워졌다. 설립자는 텍사스에 있는 사우스웨스턴 침례교 신학대학원을 갓 졸업한 릭 워렌(1954-)과 그의 아내 케이 워렌이었다. 이 교회는 한편으로는 구도자에게 민감하되 다른 한편으로는 보수 신학을 따르는 방법을 사용하여 줄곧 교회에 출석하지 않았던 이들에게 다가가는 것을 목표로 삼았다. 이 교회의 꿈은 '상처 받고, 궁핍하고, 좌절하고, 혼란에 빠진 이들이 사랑과 포용과 도움과 소망과 용서와 인도와 격려를 발견할 수 있는 곳'을 세우는 것이었다. 워렌이 쓴 베스트셀러 《목적이 이끄는 교회》(1995)와 《목적이 이끄는 삶》(2002)은 공동체 형성, 전도, 목회에 따른 보살핌, 그리고 대외 선교—이런 일들을 행할 때 짐을 지우고 비용이 많이 들어 방해가 될 만한 교파의 방식은 모두 치워버렸다—를 바라보는 개신교의 태도를 재형성하는 데 상당한 영향을 미쳤다.

출석자가 4천 명이 넘고, 종종 큰 교회 부지에 터를 잡은 채 폭넓은 목회·사회·설교 사역을 펼칠 수 있는 큰 교회를 가리키는 말로 '대형교회(mega-church)'라는 말을 점점 더 많이 사용하게 되었다. 이런 큰 교회들은 그 교인들에게 전통 교회들보다 훨씬 더 폭넓은 예배를 제공할 수 있는데, 이런 점이 다시 성장을 불러오는 또 다른 자극제가 된다.

그럼 이런 모습이 미래일까? 많은 이들은 미국의 종교 생활에서 큰 변화가 일어나고 있다고 주장한다. 이런 대형교회들은 사실상 새로운 주교구가 되어 그 주위를 공전하는 많은 행성들을 거느리고 있다. 이런 교회들은 전통 교파들보다 사회 변화에 더 민감하게 반응하고, 관리가 더 수월하며, 운영에 경비가 덜 든다. 중세의 큰 수도원들이 외곽 지역에 더 작은 수도원들('딸 수도원')을 세우고 이 더 작은 수도원들이 충분히 자립할 수 있을 만큼 튼튼해질 때까지 도움을 주었던 것처럼, 대형교회도 이런 확산 과정을 밟고 있다. 당연히 이 크고 새로운 흐름이 미국 개신교 교파의 미래를 깊이 형성할지도 모르겠다.

서구의 다른 국가들은 사정이 어떤가? 서유럽 전역의 교회들도 문화 변동에 적응했다. 서유럽 교회들은 새로운 교파를 세우는 미국식 모델은 실용적이지 않거나 문화 면에서 받아들일 수 없는 것으로 여겨 피하곤 한다. 대신, 이미 존재하는 많은 교파들은 특정 사회 그룹들을 섬기는 사역을 발전시켰으며, 익숙한 기존 교회 건물을 새로운 목적에 활용하는 경우가 잦았다.

핀란드에서는 '도마 미사'(핀란드어로 'Tuomasmessu')가 루터파의 전통 예배를 따르면서도 특별히 의심에 빠지거나 죄의 도전을 받는 이들의 요구와 관심에 부응하는 예배로서 발전했다. 이 예배의 구조와 초점은 예수와 한 창녀 그리고 마을 사람들이 한 바리새인의 집에 함께 모여 가졌던 저녁 식사를 다룬 복음서 기사를 반영한다. 이 예배에서 가장 놀라운 특징 중 하나는 현대의 영성과 고대의 전통을 결합한 점이다. 이 예배는 1988년 봄에 헬싱키 아그리콜라 교회에서 처음 시작되었으며, 이제는 핀란드 전역에서 널리 행하고 있다.

영국에서는 대외 선교와 사역의 방법으로 '알파 코스'를 개발했다. 알파 코스는 1978년에 런던 브롬턴 홀리 트리니티에서 시작되었는데, 이제는 전 세계에서 볼 수 있는 현상이 되어, 전 세계 많은 교파가 활용하고 있다. 알파 코스는 10주 프로그램 형태를 띠고 있다. 이 프로그램에서는 대체로 편안한 환경에서 기독교 신앙의 몇몇 근본 진리를 소개하는데, 이때 궁금한 것이 있는 이들에겐 어떤 질문이라도 물어보라고 권면한다. 이 코스에 참가하려고 모인 이들은 곧바로 한 공동체를 형성하며, 기독교를 만난 체험을 동시에 서로 함께 나눈다. 이 프로그램이 공동체를 형성하는 차원에서 중요시하는 요소가 함께 식사하는 것인데, 이런 공동 식사는 '믿음(believing)'과 '친밀한 관계(belonging)'라는 두 테마를 결합해준다.

5.3.7. 평등이라는 강령: 여성 안수를 둘러싼 개신교 내부 논쟁

교회는 늘 포용이라는 문제에 직면해왔는데, 이런 문제는 특히 누구를 교회 지체로 받아들일 것인가 하는 문제와 누구를 교회 지도자로 세울 것인가 하는 쟁점과 관련이 있었다. 이를 일러주는 단서들을 신약성경에서 볼 수 있다. 신약성경을 보면, 초기 그리스도인 공동체 안에 존재하는 다양한 그룹의 지위를 놓고 여러 갈등이 분명하게 나타났음을 알 수 있다. 기독교는 유대교의 한 형태로서 이방인은 할례를 받고 유대교의 엄격한 음식법을 따라야 그 신자가 될 수 있었을까? 아니면 기독교는 할례나 음식법을 준수하지 않는 유대인도 환영하는 새로운 종교 운동이었을까? 여자들은 이 그리스도인 공동체 안에서 어떤 지위에 있었는가? 노예는 어떤 지위에 있었으며, 동성애자는 어떤 지위에 있었는가?

우리가 앞서 언급했듯이, 초기 기독교는 모든 이(유대인이나 이방인이나, 남자나 여자나, 주인이나 종이나 모두)가 '그리스도 안에서' 하나라는 확고한 견해를 갖고 있었다(1.1.6). 기독교는 인종이나 성이나 사회 지위의 다름이 모든 신자가 같은 신앙을 공유하는 데 걸림돌이 되지 않는다고 선언했다. 그러나 이런 견해도 누가 이 신자들을 이끌어야 하는가 하는 문제는 해결해주지 않았다. 누군가를 교회의 지도자로 공식 인정하는 절차를 가리키는 말로서 보통 '안수'(서임)라는 말을 사용한다. 그러나 이런 지도자의 역할을 나타낼 때는 ('사제'와 '목사' 같은 말처럼) 여러 용어를 폭넓게 사용하고 있다.

대체로 사람들은 크게 다음 세 논거를 들어 여성이 그리스도인 공동체를 이끄는 일을 하지 못하게 하거나 막으려고 한다.

1. 신약성경은 남자만이 지도자 역할을 맡도록 제한하는 것으로 보인다. 예를 들어 바울은 자신이 '여자가 가르치는 것을 허용하지 않는다'고 선언하며(딤전 2:12), 여자들은 교회 안에서 '잠잠해야' 한다고 주장한다(고전 14:34).
2. 교회 전통은 남자 지도자를 갖는 것이며, 이와 다른 일을 하는 것은 교회 전통을 깨는 것이다.
3. 그리스도는 남자였으며, 자기 주위에 남자 사도들을 모았다. 이는 섬김과 지도자 역할을 통해 그리스도를 대변하는 일을 하는 이들 역시 남자여야 함을 분명히 일러준다.

주목할 만한 예외가 일부 있긴 하지만, 대다수 교회(가톨릭교, 정교회, 그리고 장로교)는 그 역사 내내 오로지 남자만을 지도자로 세워왔다. 이런 역할의 가장 주목할 만한 예외 중 하나가 캐서린 부스(1829-1890)였다. 캐서린은 남편인 윌리엄 부스(1829-1912)와 더불어 1865년에 기독교부흥협회를 세웠으며, 1878년에는 구세군을 세웠다. 부스 부부는 여성들이 사역에 적극 참여하는 것을 신학으로 뒷받침할 수 있는 일이요 기독교 사역에 생명을 불어넣는 일로 여겼다.

캐서린은 이미 젊은 시절에 공중 앞에서 설교했으며,《여성 사역: 여자의 복음 설교권(Female Ministry: or, Woman's Right to Preach the Gospel)》(1861)이라는 제목으로 여성의 사역 참여를 옹호하는 팸플릿을 출간했다. 윌리엄이 병든 뒤에는 캐서린이 점점 더 무거운 설교 책임을 떠맡았다. 캐서린은 결국 영국에서 가장 유명한 여성 설교자 중 한 사람이 되었다. 캐서린의 마지막 설교는 5만 명이나 되는 청중 앞에서 이루어졌다.

그러나 개신교 주류 교파들이 이런 진전을 받아들일 수 있겠다고 느끼기까지는 아직 좀 더 시간이 걸리게 된다. 하지만 20세기에 일어난 큰 사회 변화는 여성들이 세상의 장관직이나 지도자 자리에 진출하게 만드는 촉진제가 되었으며, 여성들이 서구 사회에서 지도자 역할을 맡는 것에 사람들이 품어온 전통적 적대감을 무너뜨리는 데도 크게 기여했다. 1차 세계대전 기간 동안, 엄청나게 많은 남자들이 징집되어 프랑스 전장으로 나아가면서, 예부터 남자들이 맡아왔던 많은 역할을 여자들이 떠맡게 되었다.

1960년대에 들어와 과거에 더 열린 자세로 의문을 제기하고 도전을 던지는 새로운 문화 분위기가 서구 문화 전반에서 등장하면서, 교회 내 리더십과 관련된 문제들을 다시 검토해야 한다는 압력이 재차 등장하기 시작했다. 이 문제와 관련하여 전통을 아주 중요시했던 가톨릭교와 정교회는 여성에게도 교회 지도자를 맡기는 문제를 거론조차 하지 않았다. 그러나 북아메리카와 유럽의 개신교 교파들은 기독교 사역의 지반인 문화 상황은 물론이요 여성 안수와 관련된 신학적 논거를 재검토하기에 적절한 때가 이르렀다고 믿게 되었다.

개신교 교파들이 여성 안수 문제를 다시 거론하게 된 것은 서구 사회에서 일어난 문화 변동 때문에 이제는 사회도 여성 안수를 받아들일 수 있게 되었다는 점이 중요한 동기가 되었던 것 같다. 그러나 이제는 과거 그리스도인들이 오직 남자만 교회 지도자가 될 수 있는 이유를 설명하려고 제시했던 많은 논거가 오히려 여성 안수를 허용해야 할 이유를 밑받침해주고 있으며, 여성 안수 문제를 재검토하는 것이 적절한 이유를 일러주고 있다. 과거에 사람들이 여성 안수에 반대하여 제시했던 주된 논거는 이제 이런 반론을 만났다.

1. 신약성경은 여성 안수 문제와 관련하여 사람들이 이전에 생각했던 것만큼 명확한 입장을 천명하지 않는다. 바울의 금지 명령은 특정 지역과 사람들에 국한된 것이며, 보편적 구속력을 가진 것으로 받아들여서는 안 된다. 더군다나, 신약성경은 이미 나사렛 예수를 따른 무리들과 초기 그리스도인 공동체 안에서 여자가 사역자 역할을 맡았음을 묘사하고 있다.
2. 전통은 살아 있는 것이며, 성장하고 환경에 맞게 적응할 수 있다. 전통은 과거 관습이나 행위 규범을 무조건 되풀이함을 의미하지 않는다.
3. 그리스도가 남자이긴 했으나, 그의 사역은 리더십의 본질을 포함하여 낡은 종교의 시각들을 무너뜨렸다. 그리스도의 무리에는 많은 여성이 들어 있었으며, 그중에는 목회자나 사도 같은 역할을 맡아 보냄을 받은 이들이 많았다.

이 논거들 외에도 또 다른 논거들이 펼쳐지기 시작했다. 그중 첫 번째 논거는 신학적 논거였다. 안수는 하나님이 주신 은사를 분별하는 일이요, 교회 안에서 이런 은사들을 활용할 수 있게 공동체가 인정해주는 것이다. 여성들은 이런 은사를 갖고 있지 않은가? 이런 은사들은 공중 사역에서만 인정하고 활용해야 하는가? 두 번째 논거는 정치적 논거였다. 여성 사역 문제는 평등과 관련된 문제였다. 남성과 여성이 같은 역할을 할 수 있게 인정해야 한다.

물론 일부 사람들은 이런 논거들을 논란의 소지가 있으며 설득력이 없다고 보았다. 그럼에도 이런 논거들은 1970년대 이후로 서구 개신교 교파들에 중대한 영향을 미쳤다. 성공회가 좋은 예다. 1975년, 캐나다 성공회 총회는 여성 사제를 허용하는 법을 통과시켰다. 한 해 뒤, 미국 성공회는 여성을 사제와 주교로 서임하는 것을 허용했다. 잉글랜드 성공회도 1992년에 여성 사제 서임에 동의했으며, 1994년에 여성을 사제로 세우기 시작했다. 성공회의 많은 관구들은, 이제 여성도 사제가 될 수 있게 되었으니, 여성이 주교가 되는 것에도 커다란 신학적 하자는 존재하지 않는다고 주장했다.

이런 진전이 일부 교파 안에서는 다툼을 불러일으켰다. 아울러 이는 동성애자를 성직자로 안수할 것인가 하는 문제를 포함하여 기회균등과 관련된 여러 문제를 불러일으켰다. 서구 밖의 세계에서는 여성도 안수하여 성직자로 세우라는 압력이 서구보다는 상당히 작은 것 같다. 이는 아마도 여성 지도자에 익숙하지 않은 문화 정황의 영향인 것 같다.

그렇다면 서구 밖의 기독교는 사정이 어떠한가? 20세기에 서구 밖 기독교는 어떻게 발전했는가? 앞으로 보겠지만 서구 밖에서는, 특히 아프리카와 아시아에서는 기독교가 크게 성장했으며, 이 때문에 결국 기독교의 무게중심이 서구 세계에서 개발도상국으로 확실히 옮겨가게 되었다. 이는 기독교의 미래에도 여러 가지 중요한 시사점을 던진다.

5.4. 서구에서 다른 지역으로: 새로운 기독교

이 책에서 분명히 드러나듯이, 1600년 무렵 이후의 기독교 역사는 유럽에서 일어난 발전에 초점을 맞추는 경향이 있다. 이는 여러 점에서 도움이 되지 않는다. 무엇보다 그런 경향은 기독교가 본디 유럽의 종교임을 주장하는 경향이 있기 때문이다. 이것은 분명 사실이 아니다. 기독교는 중동에서 시작하여 유럽의 맥락에 맞게 아주 잘 적응한 신앙인데, 이러다 보니 많은 이가 자연스럽게 기독교가 유럽의 맥락에서 시작되었고, 이 맥락에 따라 규정되었다고 추측한다. 하지만 유럽도 결국은 기독교가 정착하여 발전해 간 많은 맥락 중 하나일 뿐이다. 우리는 유럽 이외의 다른 맥락에도 주목해야 하며 특히 북아메리카와 중동 일부 지역에 주목해야 한다.

근대 초기에 유럽의 선교사들은 위대한 선교 사업을 펼쳤다. 처음에는 가톨릭교회가 담당했고 뒤이어 개신교 신자들이 나섰던 이런 사업은 기독교 신앙을 전 세계 광대한 지역에 전파했다. 그러나 유럽 식민지에 이식된 기독교 형태는 식민지 모국의 기독교와 두드러지게 비슷한 경우가 대부분이었다. 그건 마치 유럽 교회의 관습과 건축, 그리고 전통이 낙하산을 타고 낯선 땅에 내린 것과 마찬가지였다. 앞서 언급했듯이, 대다수 선교사는 식민주의에 동조하지 않았다. 하지만 라틴아메리카와 아프리카에서는 선교사들이 과거에 유럽의 맥락 속에서 시도하고 시험했던 것에 의존하려는 유혹을 늘 받곤 했다.

20세기는 '기독교의 세기'가 되리라는 확신이, 많은 이가 서구 기독교의 위대한 선교 시대라 여겼던 시대를 연 동력원이 되었지만, 1차 세계대전은 이런 시대에 마침표를 찍었다. 19세기 말에 승리를 만끽하며 잇달아 열렸던 회의들은 다음 세대 안에 온 세계가 기독교로 회심할 수밖에 없으리라고 자신만만하게 선언했다. 학생자원운동 1차 국제총회가 1891년에 클리블랜드에서 열렸다. 이 총회는 "이 세대에 세계를 복음화하자"라는 슬로건을 그 모토로 정했다. 이 총회는 당시 가장 큰 학생 선교대회였으며, 1차 세계대전이 끝난 뒤까지 사라지지 않고 존속했던 왕성한 자신감이 이 대회를 끌어간 동력원이 되었다.

그러나 이런 선교 사업은 주로 자신들이 교회가 들어서지 않은 지역이라 여긴 곳에 선교사를 파송했던 서구 교회들이 담당했다. 1차 대전이 끝난 뒤에는 선교 사업에 헌신하는 일이 줄어들었다. 경제적 이유 때문이기도 했고, 국제 정세와 관련된 여러 우려 때문이기도 했다. 그러나 현지 실정에 더 적합한 기독교 형태들이 그때까지 기독교 신앙과 거의 접촉이 없었던 세계 각지에 뿌리를 내리면서, 기독교가 서구 선교사들이 없어도 퍼져나가기 시작했다. 이는 어쩌면 서구 선교단체들에겐 놀라운 일이었을지도 모른다.

숫자를 기준으로 보면, 1900년에서 2000년에 이르는 사이에 개신교를 포함한 기독교 전체의 중심이 서구를 확실히 벗어나 서구 밖으로 옮겨갔다. 기독교는 이미 남반구 지역에서 주류를 이루는 종교가 되었다. 20세기에 들어와 이 지역에서는 복음 전도 및 선교 활동이 성공을 거두었다. 이는 곧 이 지역의 인구 성장으로 증가한 전체 인구 중에서 그리스도인이 차지하는 비율이 늘어나고 있음을 의미한다. 예를 들면, 1900년에는 아프리카 인구가 1천만 명이었으며 그중 9퍼센트가 그리스도인이었지만, 2005년에는 아프리카 인구가 4억 명이 넘었으며 그 가운데 46퍼센트가 그리스도인이다.

아시아, 라틴아메리카, 아프리카에서 발전한 기독교 스타일은 미국에서 볼 수 있는 기독교 스타일과 확연히 다르며, 서유럽에서 볼 수 있는 기독교 스타일과 비교하면 그 차이가 훨씬 더 두드러진다. 남반구의 개신교는 은 사주의나 오순절 쪽에 더 가까운 경향을 보이고, 대체로 전통적 도덕 가치를 중시하지만, 근래까지 서구를 지배했던 모더니즘 식의 성경 읽기 방식은 거의 따르지 않는다. 이것은 남반구의 개신교 교파들이 아메리카나 유럽에 있는 같은 개신교 교파들보다 더 많은 공통점을 서로 공유하는 경향이 있음을 뜻한다. 아프리카의 루터파는 미국의 루터파와 교파에 따른 연관성은 갖고 있지만, 미국의 루터파보다 오히려 아프리카의 감리교와 더 많은 공통점을 갖는 경향이 있다. 이는 특히 성공회의 경우에서 분명하게 나타난다. 아프리카 성공회와 아메리카 성공회가 속한 사회의 분위기와 따르는 신학적 전제들이 완전히 다르다 보니, 같은 교파 안에서 심각한 갈등이 벌어지고 있으며, 이 갈등은 어쩌면 수습이 불가능할지도 모른다.

이 마지막 절에서는 기독교가 20세기에 서구 세계를 넘어 전 세계로 크게 뻗어나간 일을 살펴보겠다. 20세기는 어쩌면 기독교 역사에서 가장 매력이 넘치는 시대 중 하나일지도 모르며, 역사가와 문화 이론가 그리고 신학자들에게 중요한 질문들을 안겨준 시대일지 모른다. 그러나 우선 기독교가 20세기에 그 고향인 중동에서는 어떤 상황에 있었는지부터 탐구해보는 것이 적절할 것 같다.

5.4.1. 중동: 아랍 기독교의 몰락

기독교가 지중해 세계의 다른 부분으로 급속히 뻗어가긴 했지만, 본디 그고향은 팔레스타인이다. 예루살렘은, 7세기에 이슬람 세력의 정복으로 말미암아 기독교 세계에서 중요한 의미를 지닌 이 도시의 쇠락을 맞이할 때까지만 해도, 한 주교구의 본산이었다(2.1.3). 나사렛 예수의 삶과 관련된 많은 순례 장소가 이 지역에 자리해 있다. 그렇다면 근래 수십 년 동안 이 지역 기독교의 형편은 어떠했는가? 한마디로 답하면 기독교는 이 지역에서 심각한 난관에 봉착했다고 할 수 있으며, 사람들은 대체로 이 지역 기독교가 쇠락하고 있다고 본다.

20세기가 시작할 때까지만 해도, 기독교는 이 지역에서 대세를 이루고 있는 종교인 이슬람교와 불편하긴 하지만 그래도 협력이 가능한 관계를 수립했다. 오스만튀르크제국은 이슬람교가 아닌 신앙, 특히 유대교와 기독교에 상당한 종교의 자유를 부여했다. 19세기 초에 이르자, 오스만튀르크제국은 그 영역을 중동 전체와 페르시아 깊숙한 곳까지 확장했다. 그리스도인들은 [사람들이 종종 '나다(Nahda)'라 일컫는] 아랍어와 아랍문학 르네상스에 적극 참여했다. 레바논의 마론파 그리스도인인 부트로스 알 부스타니(1819-1883)와 나시프 알 야지지(1800-1871) 같은 그리스도인 학자들은 이런 발전을 선도하는 역할을 했으며, 이런 발전을 종종 공동체 사이의 폭력 사태로 이어지곤 했던 지역 내부의 종파 간 갈등을 완화시켜줄 균형추로 보았다.

1차 세계대전 때 오스만튀르크는 중동 전역에서 패배했으며, 이는 아랍 세계에 큰 변화를 가져왔다. 영국이 팔레스타인 지역에서 유대인 국가 수립을 지지함을 천명한 1917년의 밸푸어 선언(Balfour Declaration. 아서 제임스 밸푸어는 영국의 정치인으로 총리와 외상을 역임했다—옮긴이)은 아랍 세계 전역에서 광범위한 불만을 만들어냈으며, 1948년의 이스라엘 국가 수립과 더불어 터진 전쟁의 도화선이 되었다. 이런 사태 진전 자체가 이 지역 기독교에 꼭 해를 입히지만은 않았다. 하지만 이런 사태 진전은 점점 더 극단으로 치닫는 형태의 이슬람교가 등장하게 만들었으며, 이들 중 일부는 기독교를 이슬람교 지역으로 쳐들어온 십자군의 마지막 유산으로 묘사했다.

중동에서 가장 큰 기독교 공동체를 대표하는 이집트의 콥트파 그리스도인들은 가말 압델 나세르(1918-1970)가 정권을 잡게 되는 1952년 혁명 이후에 신자 수 감소를 겪었다. 자신들의 안전과 미래가 점점 더 불안해지자, 많은 콥트파 신자들이 호주나 서유럽, 혹은 미국으로 이민을 떠났다. 이후 서방이 주도하여 이 지역에 간섭하는 일이 벌어졌는데(2000년대에 벌어진 이라크 점령이 그 예다), 이슬람 근본주의자들은 이런 사태를 기독교가 이슬람 땅을 잠식한 것으로 곧잘 묘사했다. 이라크를 비롯한 아랍 세계의 많은 지역에서는 그리스도인 숫자가 감소세에 있다. 이 때문에 본디 기독교가 태어났던 이 지역에서 먼 미래에는 기독교가 과연 어떻게 되어 있을지 우려하는 이들이 많다.

하지만 기독교가 그 고향에서는 어려움을 겪고 있어도, 세계의 다른 지역에서는 상당한 팽창을 이어가고 있으며, 새로운 문화 정황에 맞게 변해가고 있다. 이제 우리는 단 한 세기 안에 큰 기독교 국가가 된 한 아시아 국가, 한국을 살펴보겠다.

5.4.2. 한국: 한 나라의 놀라운 변화

20세기가 시작할 때만 해도 아시아에서 그리스도인이 대다수를 차지하는 나라는 필리핀뿐이었다. 필리핀은 가톨릭 교세가 강하고 개신교 신자는 소수였다. 20세기가 끝날 즈음에는 한국이 큰 기독교 국가로 등장했다. 한국은 개신교(특히 장로교)가 그리스도인 가운데 가장 큰 그룹을 이루고 있다. 하지만 1901년에는 한국(조선) 인구 중 미미한 비율만이(아마 1퍼센트 정도만이) 그리스도인이었다. 그렇다면 그리스도인이 사실상 전무했던 나라가 어떻게 하여 사실상 그리스도인이 다수라 할 국가가 되었을까?(2005년 통계청 조사에 따르면, 종교 인구 중 불교가 1위, 개신교가 2위, 가톨릭교가 3위였으며, 개신교와 가톨릭 신자를 합하면 불교 신자보다 많았다—옮긴이).

그 답은 복잡하다. 일부 조선인은 이미 18세기에 기독교를 알았다. 중국 (명나라와 청나라—옮긴이) 및 일본과 맺은 외교 관계 덕분에 이 나라들에 나와 있는 가톨릭 선교사들을 접촉했던 것이다. 1603년, 조선 사신인 이광정(李光庭, 1552-1627)이 중국에 나와 있던 예수회 선교사 마테오 리치가 쓴 책 몇 가지를 갖고 베이징에서 돌아왔다. 19세기 초에 가톨릭교는 외국에서 온 종교라는 이유로 몇몇 지역에서 박해를 받았지만, 그럼에도 백성들 가운데 상당히 침투해 들어갔다. 이럴 수 있었던 것은 여러 이유가 있지만, 가톨릭교회가 양반들처럼 한자를 쓰는 습관을 따르지 않고 한국의 표음문자인 한글을 사용한 것도 한 이유였다. 가톨릭교회는 한국에서 한글을 사용한 첫 조직체가 되었으며, 한국에서 사용하려고 인쇄한 기독교 문헌에 한글을 사용했다. 가톨릭교가 민중들에게 더 큰 호소력을 발휘한 점이 기독교가 전통적 양반 집단 바깥에서 신자들을 확보하는 데 도움을 주었다고 생각된다.

이처럼 가톨릭교는 이미 1880년대에는 한국에 터를 잡았지만, 그래도 아주 작은 공동체에 불과했다. 많은 학자들은 기독교가 한국에서 크게 성장하기 시작한 계기를 1884년경 두 미국인 개신교 선교사의 입국으로 본다. 그 둘은 감리교 선교사인 헨리 아펜젤러(1858-1902)와 장로교 선교사인 호러스 언더우드(1859-1916)다. 두 선교사는 기독교를 한국 사회에 뿌리내리게 하는 수단으로 교육을 적극 활용했다. 1907년경에는 오순절 부흥과 엇비슷한 부흥이 일어났던 것으로 보이는데, 이 부흥은 한국인들 사이에 회심을 불러일으켰다는 점에서 중요한 의미가 있었다.

아시아의 다른 지역에서는 기독교를 비판하는 이들이 기독교를 서구 제국주의의 종복(從僕)으로 곧잘 묘사했다. 그러나 20세기에 한국인은 기독교를 적이라기보다 동맹으로 인식하게 되었다. 20세기에 한국(조선)의 가장 큰 적은 서구가 아니라 일본이었다. 조선은 1910년 일본에 강제 합병

되었으며, 2차 세계대전이 끝날 때까지 일제의 통치를 받았다. 특이하게도 한국인은 기독교를 특히 일본의 억압에 맞서 한국의 민족주의와 함께하는 존재로 여기게 된다.

일제 강점기 내내, 그리스도인은 한국의 독립운동에서 전 인구 대비 점유 비율을 훨씬 능가하는 역할을 적극 수행했다. 1911년에 일본의 통치에 맞서 일어난 민중 봉기(105인 사건 혹은 신민회 사건—옮긴이) 때 일본이 반역 혐의로 기소한 123명 중 98명이 그리스도인이었다. 이때 그리스도인이 한국 인구에서 차지하는 비율은 겨우 1퍼센트가 넘었다. 이 점의 중요성을 간과해서는 안 된다.

한국은 1950년 6월 25일에 일어난 한국 전쟁 이후, 공산주의 북한과 민주주의 남한으로 나뉘었다. 전쟁이 끝난 뒤, 선교 기관들은 구호 프로그램에 적극 참여했으며, 이는 기독교 발전을 이끄는 강력한 자극제가 되었다. 나아가 1960년대에 한국 교회가 펼친 사회 운동 프로그램들은 한국 기독교 발전을 훨씬 더 촉진하는 계기가 되었다.

2차 세계대전 이후에 전 세계에서 오순절주의가 확산되었는데, 한국도 이 영향을 받았다. 한국 교회를 이끄는 리더십이 미국 목사들에게서 한국 목사들에게로 급속히 넘어가면서, 오순절 운동은 한국 환경에 맞는 방식으로 펼쳐졌다. 1952년, 미국 하나님의 성회는 애브너 체스넛을 첫 선교사로 한국에 파송했다. 1953년에는 대한 하나님의 성회가 조직되었으며, 다음 해에는 첫 성경학교가 문을 열었다. 조용기—나중에 여의도순복음교회를 개척하게 된다—도 그 첫 학생 중 하나였다. 조용기가 펼쳐 보인 오순절주의 형태는 분명 장로교(당시 한국에서 대세를 이루고 있던 기독교 형태)와 부흥 운동 및 성결 운동 전통에서 유래한 예배 전통에서 영향을 받았다. 그러나 이 오순절주의 형태는 이를 한국에 이식한 이들이 본디 갖고 온 형태를 그대로 유지하기보다 분명 한국 맥락에 맞게 적응한 형태다.

주일 예배를 마치고 여의도순복음교회를 떠나는 사람들.

오늘날 한국은 아시아 각국에 기독교 선교사를 보내고 있으며, 시드니에서 로스앤젤레스, 멜버른에서 뉴욕에 이르는 서구 대도시에 퍼져 사는 한국의 많은 교민들에게도 점점 더 많은 선교사들을 보내고 있다. 이들은 교회 네트워크와 긴밀한 연관을 맺고 있으며, 이런 교회들은 공동체 활동, 상호 부조, 영적 양육의 구심점 역할을 점점 더 많이 담당하고 있다. 1979년, 한국 교회는 해외에 선교사 93명을 파송했다. 1990년에는 그 숫자가 1,645명으로 늘었고, 2000년에는 8,103명으로 늘었다.

한국은 이제, 서울 여의도에 있는 오순절 교회인 여의도순복음교회처럼, 세계에서 가장 큰 개신교 교회 중 몇몇이 자리한 나라가 되었다. 여의도순복음교회는 1958년에 서울의 빈민촌에서 낡은 군용천막을 치고 시작했다. 이 교회는 한국 전쟁 이후의 피폐한 경제 상황이 낳은 사회적 역경과 경제적 역경 앞에서 성령이 부어주시는 능력을 통해 삶을 바꾸어놓는 복음의 영향력을 강조했다. 오늘날 이 교회는 신자가 70만 명에 이른다. 이

교회의 주예배당은 2만 5,000명을 수용할 수 있기 때문에, 주일에는 예배를 여러 번 드릴 수밖에 없다.

5.4.3. 중국: 중국 기독교의 부흥

제1차 세계대전 직전 수년 동안, 기독교는 중국의 많은 지역에서 위기를 겪었다(4.4.3). 20세기 초에 중국과 세계 열강의 관계가 악화되면서, 기독교는 점점 더 서구의 영향을 상징하는 것으로 낙인찍히게 되었다. 중국의 민족주의 운동은 기독교 배척을 자신들의 정치 프로그램에 필수불가결한 측면으로 보게 되었다.

과거에도 이런 우려들이 제기되었다. 교회선교사협회 사무총장인 헨리 벤(1796-1873)과 미국해외선교위원회 해외담당 서기인 루퍼스 앤더슨(1796-1880)은 기독교가 중국에는 낯선 문화라는 인식이 불러올 위험을 깨닫고, 중국 교회가 자치, 자조, 자전(自傳, self-propagation)을 기초로 삼으면서 재정과 대외 선교 활동을 서구에 의존하지 않는 교회가 되어야 한다고 주장했다.

1892년에 상하이에서 열린 중국 선교 대회는 방금 언급한 주장을 더 깊이 다루었으며, 미래 중국 교회의 안녕은 리더십과 예배 양식의 토착화에 달려 있다고 결론지었다. 1차 세계대전이 터지기 수년 전에 중국 기독교 독립교회가 세워진 것은 중국의 일부 그리스도인들이 자치에 보였던 관심을 반영한 결과다.

드물기는 하지만, 그리스도인들에게 복음 전도가 허용되기도 했다. 하지만 이렇게 자유로운 전도를 허용하는 태도는 늘 더 깊숙한 정치적 목적을 밑바닥에 깔고 있었다. 예를 들면 청 왕조는 기독교를 달라이 라마의 영향력을 약화시켜 불교를 믿는 티베트의 위협을 누그러뜨릴 수 있는 세력으로 보았다. 1905년, 티베트의 라마승들은 자신들에게 다가오는 위협에 맞서 선교사들과 기독교로 회심한 이들을 학살했다.

1차 세계대전이 끝나자, 가톨릭 선교사들과 개신교 선교사들은 중국 선교 활동을 재개했다. 하지만 일본이 중국을 점령하면서, 중국 선교 노력은 제약을 받게 되었다. 더 심각한 것은 1949년에 일어난 공산 혁명이 (유럽의 공산주의 체제들처럼) 반 종교 성향을 강하게 표출하면서, 기독교를 서구의 영향이요 '민중의 아편'으로 치부한 점이었다. 서구 선교사들은 이런 사태가 암시하는 의미를 깨닫고, 어쩔 수 없이 중국에서 서서히 철수하기 시작했다.

서구 선교사들이 강제로 쫓겨나가자, 중국 교회는 자신의 자원에 의존해야 했다. 선교사 집단은 자급자족하는 중국 교회라는 개념을 상당 기간 논의했는데, 이는 분명 런던과 뉴욕의 선교 기관들이 복잡다단한 중국 상황을 이해하지 못함에 따라 선교사들의 좌절이 점점 커간 것도 한 원인이 되었다. 중국의 그리스도인들이 그 모범을 외국에서 찾아야 할 이유가 뭔지 의아해하는 이들이 많았다. 중국 그리스도인들이 중국 교회의 상황을 스스로 주도하지 말아야 할 이유가 있는가?

이런 생각은 중국 그리스도인들이 1890년대부터 이미 익히 알고 있었던 것이지만, 1949년 공산 혁명이 일어난 뒤에는 그야말로 아주 중요한 의미를 갖게 되었다. 중국의 기독교 지도자인 우야오종(1893-1979)은 기독교가 서구 제국주의의 도구이거나 반갑지 않은 서구 문화 수입물이라는 인상을 주지 않으려고 3자 애국운동(Three-Self Patriotic Movement)을 시작했다. 이 운동은 중국 교회에서 외세의 영향을 제거하고 교회가 새로 세워진 중화인민공화국에 충성하리라는 확신을 공산 정부에 확실히 심어줄 방편으로 '자치, 자조, 자전'이라는 '3자' 전략을 표방했다. 자신이 기독교를 제거하기는 불가능함을 깨달은 혁명 정부는 차선책을 강구하려 했다. 즉, 교회를 없애지 않고 통제하는 방법을 찾았다.

하지만 1950년대와 1960년대에 기독교를 통제하려던 시도는 문화혁명 기간 동안(1966-1976) 아예 종교(특히 서구 종교로 여기는 종교들)를 말살하려는 더 과격한 시도로 바뀌었다. 이 운동은 중화인민공화국 안에서 외세의 영향과 '부르주아'의 잔존 영향력을 제거하고, 중국 공산당 안에서 마오쩌둥의 우월한 위상을 회복하는 데 그 목적이 있었다. 1966년 8월 '4대 구악(舊惡)'(옛 관습, 옛 문화, 옛 습관, 옛 사상)을 몰아내자는 운동이 시작되었고, 홍위병은 예부터 내려온 건물과 기록과 문서를 파괴했다. 종교적 의미를 지닌 건물들은 (그것이 옛 건물이든 현대에 지은 건물이든) 파괴했다. 지식인들은 그 학식 때문에 특히 위험한 이들로 간주되었으며, 홍위병은 이들을 특별 처리 대상으로 삼았다.

1976년 9월 9일, 마오쩌둥이 죽으면서 중국에도 큰 변화가 일어났다. 마오쩌둥이 죽은 지 한 달도 되지 않아 '4인방'(문화혁명이 더 폭력성을 띠고 더 극단으로 치닫도록 부채질한 주동자들)이 체포되었고, 이는 중국 전역에 기쁨을 안겨주었다. 이들이 체포된 것은 중화인민공화국의 정치가 큰 혼란에 빠졌던 시대가 막을 내리고 사회와 정치 그리고 경제를 재건할 길로 들어섰음을 일러주는 상징이었다.

문화혁명의 가장 중요한 결과 중 하나는 중국의 전통 불교 유산이 심히 약화된 점이다. 불교와 유교는 혁명의 위협이 된다 하여 비판받았고, 폭력을 동반한 탄압을 받았다. 그러나 민중은 문화혁명에 따른 폭력을 보면서, 공산주의가 쓸모 있는 정치 시스템이요 삶에 의미와 가치를 부여해줄 수 있는 이데올로기라는 데 심각한 불신을 품게 되었다. 문화혁명은 많은 점에서 중국 안에 의미의 진공 상태를 만들어냈다. 기독교가 이런 진공 상태를 메워줄 수 있었음을 일러주는 증거가 있다.

문화혁명이 벌어진 10년은 중화인민공화국에 미친 서구의 영향에 마침표를 찍었다. 중국 기독교 입장에서 보면, 이것은 서구의 선교단체나 교파 조직과 이어진 고리를 끊고, 주로 자조와 자치에 치중하는 기독교 형태가 등장했음을 의미했다. 많은 교회가 국가 시스템 밖에서 활동하는 쪽을 택했다. 지하의 '가정교회' 운동은 그 목사가 정부의 공인을 받길 요구하지 않았으며, 정부의 승인을 받지 않고 예배를 드렸다.

이처럼 중국이 종교와 관련된 일들을 국가의 감독 아래 두면서, 특히 가톨릭교회가 어려운 입장이 되었다. 가톨릭교회에서는 교황이 가톨릭의 정체성과 관련하여 중심 역할을 할 뿐 아니라, 주교를 임명하기 때문이다. 중화인민공화국 종교국은 중국 영내의 가톨릭 신자들을 국가의 통제 아래 확실히 붙들어두고자 1957년에 중국애국가톨릭협회를 설립했다. 마카오와 홍콩의 가톨릭 신자들은 바티칸과 유대 관계를 유지할 수 있었지만, 중화인민공화국은 자기 영내의 가톨릭교회가 특히 교회의 정치 강령 및 주교 임명과 관련하여 외국의 간섭을 받아야 한다면 가톨릭교회가 그 영토 안에서 활동하는 것을 허용하지 않겠다는 입장을 천명했다.

1990년 이후로 중국에서는 모든 형태의 기독교가 크게 성장했다. 이런 진전이 일어난 이유는 충분히 밝혀지지 않았다. 중국 정부는 실용적 견지에서 이런 진전을 따라가는 태도를 취하기로, 특히 바티칸과 관계를 개선하는 쪽으로 나아가기로 한 것 같다. 일부 사람들은 중국이 다음 수십 년 안에 가장 많은 그리스도인을 가진 나라가 될 수도 있다고 주장했다. 그러나 아직 제대로 이해도 하지 못한 현상을 놓고 섣부른 추측을 하는 것은 분명 현명하지 못하다.

5.4.4. 식민지 독립 이후 기독교의 성장: 아프리카에서 시작한 교회들

20세기에 많은 이들이 기독교를 식민 종교로, 말하자면 식민지에서 주인 노릇하는 유럽 국가들이 식민지 원주민들에게 강요한 종교로 여겼다 (4.4.4). 유럽 사람들이 고국으로 돌아가자, 사람들은 이제 식민지 사람들이 그곳을 옭아맨 기독교를 버리고 그 지역의 전통 종교로 대거 되돌아갈 것이라고 믿었다. 실제로 서유럽의 힘이 제거되면서, 그때까지 현지 문화에 더 알맞게 적응한 기독교 형태가 등장하지 못하게 막고 있던 서구의 제약도 제거되었다.

1960년대에 식민지 열강(영국과 프랑스 같은 나라들)이 이전에 자신들의 영토였던 곳에서 물러가면서, 현지 교회들은 식민지 열강 본국에서 볼 수 있는 교회의 신학과 사역과 예배 스타일을 허술하게 흉내 내기보다 그들 자신의 정황에 맞는 신학과 사역과 예배 스타일을 발전시키게 된다. 대다수 경우에는 식민지 열강이 물러가면서 갱신이 뒤따랐고, 기독교가 현지 사정에 맞게 변형되어 토착화하는 것을 가로막았던 문화 요인들도 결국 제거되었다. 정치적 독립은 교회 독립으로 신속히 이어졌고, 토착 신학과 예배 패턴을 가로막았던 문화적 억압도 끝이 났다. 이런 패턴들은 식민 시대 이후의 세계 전체에서 관찰할 수 있지만, 그래도 가장 잘 살펴볼 수 있는 곳이 아프리카의 정황이 아닐까 한다.

19세기에 가톨릭 선교사들과 개신교 선교사들은 남아프리카 전역에 교회를 세웠다(4.4.4). 이 교회들은 대개 유럽 모델을 아프리카에 옮겨 심은 것이었으며, 지역 문화에 맞게 화장만 고친 것에 지나지 않았다. 가톨릭교는 프랑스와 벨기에 식민지에서 주류 기독교 형태가 되었고, 성공회는 영국 식민지에서 주류가 되었다.

2차 세계대전이 끝나고 수십 년이 흐르는 사이에 식민지 열강이 아프리카를 떠나면서, 아프리카 기독교는 큰 변화를 겪었다. 교회 지도부는 유럽인에서 점차 아프리카인으로 바뀌었고, 이는 식민 교회를 그 지역의 관습과 전통에 점점 더 맞게 적응해가는 교회로 바꿔놓았다. 이런 진전과 더불어, 유럽의 교파들과 역사상 아무런 연관도 가지지 않은 토착 교회가 많이 등장하기 시작했다. 이 '아프리카인이 주도하는 교회(African Initiated Churches, AICs)'는 남아프리카, 서아프리카, 콩고 분지, 그리고 중부 케냐에서 가장 강력하고 가장 신자 수가 많다. AICs에는 크게 세 범주가 있으며, 다음과 같다.

1. '에티오피아' 교회와 '아프리카' 교회. AICs에서도 예언을 한다거나 성령의 특별한 나타나심을 지닌 교회라는 주장을 하지 않는 교회들이 있다. 남아프리카에서는 이런 교회를 '에티오피아' 교회 혹은 '에티오피아형(Ethiopian-type)' 교회라 불러왔으며, 나이지리아에서는 '아프리카' 교회라 불러왔다. 이 교회들은 대개 다른 두 유형보다 일찍 시작되었으며, 주로 유럽 선교사들이 세운 교회들에 대한 정치적, 행정적 반발로 생겨났다. 이런 이유 때문에 '에티오피아' 교회나 '아프리카' 교회는 자신들이 나온 근원인 역사 속 개신교 교회들과 아주 비슷하다. 예를 들면, 이 교회들은 보통 유아 세례를 베풀고, 고정된 전례문을 낭독하며, 유럽식의 성직자 복장(대개 검은색)을 입고, AICs의 다른 교회들보다 덜 열정적이고 감성에 덜 치우친 예배 형태를 사용한다.

2. '선지자의 치유' 교회와 '성령' 교회. 이 교회들은 그 역사와 신학의 뿌리를 오순절 운동에서 찾으면서, 성령의 능력이 교회 안에서 역사하심을 강조하는 경향이 있다. 이 교회는 AICs에서 가장 큰 그룹으로, 아프리카에서 가장 큰 교회 중 몇 교회를 다양하게 포함하고 있다. 이 교회에는 중앙아프리카의 킴방구 운동(Simon Kimbangu (1889-1951)

는 콩고 출신의 아프리카 독립교회 지도자다—옮긴이]과 아프리카 사도 교회, 서아프리카의 알라두라 교회와 해리스 교회[William Wadé Harris(1860-1929)는 라이베리아의 복음 전도자다—옮긴이], 그리고 남아프리카의 시온 기독교회와 나사렛인 교회[Amanazaretha. 남아프리카 줄루족 출신인 Isaiah Mloyiswa Mdliwamafa Shembe(1865-1935)가 세운 토착 교회—옮긴이]가 포함되어 있다. 이 교회의 신학은 유럽 선교사들이 세운 교회들보다 더 정교한 짜임새를 갖춘 경향이 있으며, 각 교회의 믿음 체계, 전례, 선지자적 치유 관습 사이에는 상당한 차이가 있다. 아프리카 대부분 지역에 퍼져 있는 이 교회들의 가장 두드러진 특징은 거의 대다수 교회가 교인들이 통일된 복장을 한다는 것이며, 흰색 옷에 밝은 색 띠를 자주 착용한다.

3. '새 오순절' 교회. 다른 교회보다 더 근래에 생긴 이 교회 그룹(대부분 1980년 이후에 생겼다)도 성령의 능력과 은사를 강조한다. 이 교회가 아마도 오늘날 아프리카에서 가장 빠르게 성장하는 교회일 것이다. 이 교회는 이전에 사람들이 아프리카 개신교의 특징에 관하여 받아들였던 많은 가설에 도전을 던질 정도로 1975년경부터 아프리카에서 폭발하듯 성장해왔다. 이 교회에 속한 예를 들면, 나이지리아의 디퍼 라이프(Deeper Life) 교회, 짐바브웨의 아프리카 하나님의 성회, 그리고 남아프리카공화국의 그레이스 바이블 교회가 있다. 이 교회들과 오순절 운동의 기원인 서구 오순절 교회의 차이점은 주로 교회 정치 형태와 관련이 있다. '새 오순절' 교회는 지도자들이 전부 흑인이며, 지역 교회 중심과 자치를 그 본질로 삼는다. 이 교회는 아프리카 밖의 오순절 교파들과 조직상의 연결고리는 갖고 있지 않다.

20세기 후반의 아프리카 기독교 역사는 남아프리카공화국에서 일어난 사건들이 자주 좌지우지했다. 이 지역에서는 식민지 열강인 영국과 화란이 경쟁을 벌였으며, 이 바람에 이곳에는 유럽에 기원을 둔 두 교회가 세워졌다. 하나는 화란개혁교회요 다른 하나는 남아프리카 성공회였다. 이 교회들은 정치에 참여하지 않는 경향이 있었으며, 처음에는 1948년부터 남아프리카공화국 국민당 정부가 강요한 인종 분리 정책인 아파르트헤이트(apartheid, 아프리칸스어로 '분리'를 뜻한다)에도 이의를 제기하지 않았다.

아파르트헤이트 정책에 가장 먼저 저항한 곳은 남아프리카 성공회였다. 1976년에 소웨토 봉기가 있은 뒤, 데즈먼드 투투(1931-)는 점점 더 크게 정부를 비판하는 목소리를 냈다. 투투는 1976년부터 1978년까지 레소토 주교를 지내고, 그 뒤에는 요하네스버그 주교가 되었다. 그는 곧 반(反)아파르트헤이트 운동을 대표하는 인물이 되었고, 1984년에는 노벨평화상을 받았으며, 1986년에는 흑인으로서 처음으로 케이프타운 대주교가 되었다. 이런 이력은 그가 정부의 견제를 그다지 받지 않고 정부 정책을 비판할 수 있는 확고한 발판을 제공해주었다.

그 뒤로 남아프리카공화국의 종교 지형이 바뀌었다. 백인 소수 정부의 통치가 막을 내리면서, 아프리카인이 주도하는 교회의 인기가 급증했다. 남아프리카공화국 안에는 이런 교회가 1만 개가 넘는 것으로 추산되며, 그 신자 수도 거의 1,300만 명에 이르는 것으로 보인다. 이런 교회 가운데 약 900개 교회가 소웨토에 있다.

남아프리카에서 일어난 기독교 팽창은 특히 복음이 아프리카 전통 종교들과 어떻게 상호작용을 주고받아야 하는가와 관련하여 많은 질문을 불러일으켰다. 이런 전통 종교가 가장 중요시하는 테마 중 하나가 '조상 숭배'다. 이 '조상 숭배'는 사람의 조상들이 수직 위계 구조를 가진 힘의 연결고리를 통해 이 세계에서 영의 세계까지 본질상 연결되어 있다는 믿음에 근거하고 있다. 죽은 조상들은 아프리카의 전통 사회 구조에 없어서는 안 될 존재다. 아프리카인들은 이 조상들이 집안의 일부로 남아 있으면서 이 세상과 영의 세계를 이어주는 중개자 역할을 한다고 이해한다. 아프리카인이 주도하는 교회는 종종 한편으로는 전통 종교를 비판하면서도, 다른 한편으로는 기독교식 '대안'으로 볼 수 있는 관습을 발전시키기도 한다. 이 때문에 아프리카인이 주도하는 교회에 속한 많은 교회들은 '조상 숭배 의식'에서 음강가(mganga, 스와힐리어로 '의사' 혹은 '치료자')가 하는 것과 비슷한 역할을 하는 선지자들의 사역을 인정한다.

5.4.5. 라틴아메리카의 오순절주의 성장

라틴아메리카는 16세기와 17세기에 에스파냐와 포르투갈의 식민지가 되었으며(2.5.7), 그 결과 가톨릭교가 이 지역에 확고히 자리 잡은 종교가 되었다. 19세기에는 유럽에서, 그중에서도 특히 독일에서 건너온 이민자들 덕분에, 라틴아메리카의 많은 지역에 적은 숫자나마 개신교 공동체들이 세워졌다. 1821년에는 부에노스아이레스에 성공회 교회가 세워졌다. 하지만 개신교 신자들—이 지역에서는 에스파냐어를 사용하여 evangélicos(에반헬리코스)라 부른다—은 보통 소수 엘리트로서, 주류 종교에서 살짝 벗어난 곳에 자리한 이들로 여김을 받았다. 개신교 신자들을 기득권 종교인 가톨릭교에 위협이 된다고 여기지는 않았다. 개신교 신자들은 자신들이 속한 교파가 예부터 고수해온 믿음과 관습으로서 보통 유럽에서 건너온 것들을 그대로 지키는 데 만족했으며, 자신이 속한 지역 사람들에게 다가가 선교 활동을 펼치는 일 같은 것은 시도하지 않았다.

그러나 20세기 첫 10년 동안에 이 지역에서 오순절주의가 성장하면서, 이 지역의 종교 역학 구도도 크게 바뀌었다(4.3.6). 1909년에 칠레 발파라이소의 한 감리교회에 일어난 부흥은 라틴아메리카 전 지역에 걸쳐 이 지역 특유의 오순절 현상을 잇달아 일으키는 계기가 되었으며, 이제는 이런 현상들을 보통 '부흥'(에스파냐어로 Avivamiento)이라 부른다. 이런 현상은 특히 2차 세계대전이 끝난 뒤에 미국의 오순절 교파가 파송한 선교사들에게 도움을 받긴 했지만, 그래도 라틴아메리카의 오순절주의는 그 나름의 독특한 정체성을 그대로 유지했다.

오순절주의가 이 지역에서 이렇게 급속히 확장한 이유는 무엇일까? 사회학의 연구 결과에 따르면, 오순절주의가 라틴아메리카에서 점점 더 빠른 변화를 겪은 것은 많은 이유가 있으며, 이 지역의 문화적 신념과 가치관 그리고 정치 이슈들과 공명하며 이에 적응하려는 열린 자세를 보인 것도 그 한 이유였다. 하지만 종종 접근가능성이 결정적 이슈가 되는 것 같다. 19세기 개신교 운동이 글로 기록된 말의 종교를 대변한다면, 오순절주의는 본질상 입말의 종교(oral religion)로서 사실상 아무런 배움이 없는 자도 오순절주의를 따르는 신자가 될 수 있다.

라틴아메리카 오순절주의의 등장은 이 지역의 종교 역학을 바꿔놓았다. 브라질, 칠레, 과테말라, 니카라과에서는 이제 오순절 신자가 개신교의 다른 모든 그룹 신자들을 합친 것보다 훨씬 더 많으며, 일부 예측에 따르면 곧 인구 중 다수를 차지할 수도 있을 것 같다. 오순절 신자들은 카리브 해 지역처럼 라틴아메리카에 인접한 지역에서도 급격히 늘어나고 있다. 자메이카, 푸에르토리코, 아이티에서는 오순절 교회가 크게 늘어났다.

지난 50년 동안—굳이 지난 500년을 다 살펴보지 않더라도—라틴아메리카의 종교 풍경에서 일어난 가장 큰 변화는 종교계가 독점 경제 체제에서 자유시장 경제 체제로 바뀌었다는 점이다. 개신교는 19세기 초 이래로 라틴아메리카에서 작지만 의미 있는 존재로 자리를 잡았지만 융성하지는 못했다. 심지어 19세기 중반부터 20세기의 첫 사반세기에 이르는 기간에 라틴아메리카 전역에서 가톨릭교가 국교의 지위를 잃었는데도 개신교는 융성하지 못했다. 그러나 20세기의 첫 수십 년 사이에 오순절주의가 발전하면서 비로소 민중계급이 이 지역 문화에 적합한 가톨릭교의 대안을 갖게 되었다. 이것이 가톨릭교에 시사하는 의미는 분명하며, 이 지역의 가톨릭 주교들은 이런 현상을 주의 깊게 지켜보았다.

오순절주의가 라틴아메리카에서 점점 더 큰 영향력을 갖게 된 것은 1960년대와 1970년대에 해방신학이 등장하면서(5.3.5) 이 지역 가톨릭교회의 진보 진영과 보수 진영이 수십 년 동안 분열과 다툼을 계속해온 것도 필시 한 원인인 것 같다. 근래에 있은 교황들의 이 지역 방문—예를 들어 2007년 5월에 있은 베네딕토 16세(재위 2005-2013)의 방문—은 가톨릭교회 내부의 통일을 다시 도모하고 이 지역 민중들과 다시 유대 관계를 형성하려고 시도했다. 이는 정치 참여와 대결에서 벗어나 영성과 사목 차원의 돌봄에 치중하며 이전의 전통에 더 충실한 쪽으로 나아가려는 움직임을 담고 있었다.

또 하나 중요한 반응은 가톨릭교회가 형식에 매이지 않은 복음주의와 오순절주의의 예배 스타일을 본받아 현대식 예배 스타일을 발전시키면서도 가톨릭 전례의 기본 구조와 내용은 그대로 유지하는 것이었다. 가톨릭교회 안에서 등장한 새로운 은사주의 요소들은 가톨릭교가 오순절주의를 따라갔을 수도 있는 이들의 요구와 기대를 채워줄 수 있음을 보여주었다. 이처럼 가톨릭교회 밖에서 일어난 오순절주의의 성장이 가톨릭교회 내부에서 은사주의 운동이 발전하는 데 촉매제가 될 수 있다는 게 드러났다. 4세기 동안 독점 종교의 지위를 누렸던 가톨릭교는 이제 경쟁에 익숙해져야 했다. 이것은 곧 가톨릭교가 도전에 맞서기 시작했다는 의미이기도 하다.

그러나 이 지역에 자리한 고전적 개신교 형태들에 시사하는 의미도 못지않게 중요하다. 이 전통적 개신교 형태들도 그 나름대로 한 세기 동안 독점 종교의 지위를 누렸지만, 이제는 자신들이 갖고 있는 몇몇 핵심 전제들에 도전하는 또 다른 교회론 모델과 영성 모델을 마주하는 처지가 되었다. 이 가운데 가장 중요한 것은 말씀을 중심으로 한 설교와 영성, 그리고 교회가 성장하리라는 기대나 예상을 전혀 만들어내지 못하는 정적(靜的) 교파 개념과 관련이 있다.

라틴아메리카 개신교는 가난한 자들 및 소외된 자들과 함께하는 사회 참여 활동을 펼친—그러면서도 이들에게 복음은 전하지 않은— 길고 독특한 이력을 갖고 있다. 오순절주의가 이런 사회경제 그룹들(가난한 자들과 소외된 자들) 안에서 성장함으로써 나타난 가장 중요한 결과 중 하나는 이렇게 복음을 전하지 않는 선교 개념에 대한 도전이었다. 그러나 또 다른 도전들도 있다. 라틴아메리카의 많은 은사주의 운동 그룹들은 여자들이 영적 지도자 역할을 할 수 있는 기회를 새로 열어놓음으로써, 역사 내내 이 지역에 자리잡아온 개신교의 남성 위주 교회 구조에 도전장을 던졌다.

20세기에 라틴아메리카에서 오순절주의가 뜻밖의 성장을 일구면서, 몇 가지 중요한 문제가 발생했다. 그 가운데 하나는 미국의 미래 종교 지형과 관련이 있다. 미국에서는 이미 히스패닉이 소수 민족 중 가장 큰 집단이 되었으며, 이후 50년 안에 다수가 될 것으로 예상되고 있다. 이렇게 되면 미국이 점점 가톨릭 국가로 변해가리라는 것이 이전부터 내려온 추측이었다. 그러나 근래 라틴아메리카에서 일어나는 일들은 이런 추측에 의문을 던지게 한다. 라틴아메리카 사람들이 모이는 오순절 교회들이 미국의 대다수 도시에서 생겨났으며, 많은 교회가 뚜렷한 성장을 경험했다. 미국의 미래 종교 지형은 아직도 많은 이들이 인식하는 것보다 훨씬 더 미지수인 부분이 많다.

5.4.6. 가상 기독교: 인터넷과 새로운 신앙 패턴

우리는 앞서 인쇄술이 기독교를 어떻게 바꿔놓았는지 언급했다(2.5.1). 글을 읽을 수 있고 책을 살 수 있을 만큼 부유한 사람은 누구나, 학자든 일반 민중이든 가리지 않고, 종교개혁자와 보수파의 종교 사상, 가톨릭과 프로테스탄트의 종교 사상에 접근할 수 있었다. 불안해진 정부와 교회는 이런 사상 동향을 적어도 일부나마 계속 통제하려고 했다. 하지만 결국 책은 국경을 넘을 수 있었고, 사람들의 생각을 바꿔놓을 수 있었다. 루터는 잉글랜드를 방문한 적이 없다. 그러나 1520년대에 케임브리지 대학교에서는 그의 사상을 널리 토론했다. 어떻게 이런 일이 가능했을까? 한자동맹의 교역로 덕분에 그가 쓴 책들이 잉글랜드에 들어갔기 때문이었다.

이제 사람들은 인터넷 발명을 적어도 인쇄술만큼이나 변화를 몰고 올 잠재력을 지닌 기술 발전으로 봐야 한다고 널리 믿고 있다. 인쇄술이 기독교를 바꿔놓았듯이, 인터넷도 21세기 대중 기독교 형성에 깊은 영향을 미치고 있다.

인터넷의 기초가 된 기술은 1950년대에 마련되었다. 당시에 이미 컴퓨터를 통해 서로 의사소통하는 기술이 등장하고 있었다. 인터넷은 1970년대에 미국 국방부가 국방부의 컴퓨터와 다른 군사기지들을 연결할 목적으로 주도한 연구 프로젝트로 시작되었다. 연구가 진행되어가면서, 인터넷은 국방부의 통제를 넘어, 많은 주요 대학들을 연결해주는 단계까지 확장되었다. 느리긴 했지만, 기업체들도 인터넷의 가치를 깨닫고 이를 그들의 기업 문화와 마케팅 기술을 소통하고 개발하는 수단으로 채택했다. 하지만 1990년대 중반에 이르러 인터넷을 의사소통 수단으로 널리 활용할 수 있게 되었으며, 이런 현상은 문화 변화에 엄청난 의미를 시사했다.

인터넷은 컴퓨터들을 연결하여 이 컴퓨터들이 정보를 공유할 수 있게 해주는 방법이다. 하지만 이런 능력을 활용할 수 있게 해준 아주 중요한 계기는 바로 티모시 버너스 리(1955-)가 월드와이드웹(World Wide Web)을 만들어낸 일이었다. 이 덕분에 웹페이지들을 단순한 보편 언어를 사용하여 기록하고 읽을 수 있게 되었다. 월드와이드웹은 사람들이 상호작용하며, 정보를 얻고 공유하는 매개 수단으로 급속히 발전해갔다.

전 세계 문화가 웹을 널리 사용하게 되면서, 기독교도 상당한 영향을 받았다. 종교 지도자들은 자기 웹사이트와 블로그와 트위터 계정을 갖고 있다. 이제는 모든 이가 자기 책상 앞에 앉아 교황이나 캔터베리 대주교나 유명한 대형교회 지도자의 최신 설교를 읽을 수 있다(보고 들을 수 있는 경우도 많다).

새로운 기술 덕분에 누구나 기독교 텍스트를 즉시 접할 수 있다. 어떤 의미에서 보면 이런 발전은 인쇄술 발명에 버금간다. 하지만 다른 의미에서 보면 이런 발전은 인쇄술 발명을 넘어서는 일이다. 이전에는 인쇄본 성경을 가지고 다녔던 많은 개신교 신자들이 이제는 인터넷으로 성경을, 그것도 여러 역본을 만난다. 이제는 가상공간에서 교파 스펙트럼을 초월한 '기독교 고전' 도서관에 들어갈 수 있으며, 따로 예약할 필요도 없다. 이전에는 중국과 세계의 다른 지역으로 성경을 몰래 들여가야 했지만, 이제는 대개 그 대신 전용 웹사이트를 통해 성경과 기독교의 다른 주요 자료들을 쉬이 만날 수 있다. 이런 사이트들은 종교 자선 단체들이 후원하는 경우가 많기 때문에, 무료로 접속하여 활용할 수 있다.

더 중요한 것은, 인터넷이 예배하러 '모인 공동체'라는 전통적 개념을 그보다 더 넓은 가상 공동체로 넓혀주었다는 점이다. 이 덕분에 사람들은 인터넷 중계를 통해 실시간으로 공동체 예배에 참여할 수 있다. 대형 교회들은 자기 교회가 다가갈 수 있는 범위를 전 세계 거실까지 확장함으로써, 신자들이 그들의 예배에 동참하여 그들의 설교를 들을 수 있게 해주었다. 목사는 세계를 다니지 않고도 전 세계 청중에게 설교할 수 있다. 인터넷의 중요성을 처음으로 인식하고 이것을 대외 선교와 복음 전도 도구로 활용한 이들이 복음주의자들이었다. 그러나 이제는 다른 모든 이가 이런 추세를 따라가는 것 같다.

그러나 '가상 기독교'가 지향하는 방향을 우려하는 목소리도 분명 존재한다. 기독교는 외톨이의 종교가 아니라 공동체의 종교다. 3세기에 이집트에서 도시를 떠나 사막에서 자신들의 영성을 도야했던 일부 사람들은 은둔자로서 영성을 닦으며 고독한 삶을 영위했다. 그러나 대다수 사람들은 공동체를 형성했으며, 기독교 신앙의 이상과 가치가 다른 이들과 상호작용함으로써 (요컨대 교회 출석을 통해 얻는 사귐을 통해) 가장 잘 실현될 수 있다는 것을 인정했다.

인터넷은 사회관계와 상호작용의 패턴들을 바꾸어놓음으로써, 물리적 접촉 대신 가상의 상호작용이 일어날 수 있게 해주었다. 일부 기독교 지도자들은 이런 점 때문에 교회를 성품을 형성해주고 기독교 복음을 선포하며 사회적 정체성을 계발하게 격려해주는 공동체로 강조해왔던 기독교의 전통적 강조점이 약화될까 우려한다. 고독한 웹 서퍼라는 현상에 상응하는 현상이 기독교에도 존재한다. 즉, 교회의 삶을 지켜볼 뿐 참여하지는 않는 고독한 예배자를 낳았다.

이번 장에서 언급한 발전들이 미래에 기독교를 어디로 데려갈지는 더 두고 봐야 한다. 그러나 세계에서 가장 많은 사람이 믿는 신앙이 21세기에 새로운 영역을 탐험하는 과정을 겪고 있다는 것만은 분명하다.

더 읽을 책

Alberigo, Giuseppe, and Matthew Sherry. *A Brief History of Vatican II*. Maryknoll, NY: Orbis Books, 2006.

Anderson, Allan. *An Introduction to Pentecostalism*. Cambridge: Cambridge University Press, 2004.

Armour, Ian D. *A History of Eastern Europe 1740-1918*. London: Hodder Arnold, 2006.

Balmer, Randall. *Mine Eyes Have Seen the Glory: A Journey into the Evangelical Subculture in America*. New York: Oxford University Press, 2000.

Barry, John M. *The Great Influenza: The Epic Story of the Deadliest Plague in History*. New York: Penguin Books, 2005.

Berger, Peter L. *The Desecularization of the World: Resurgent Religion and World Politics*. Grand Rapids, MI: Eerdmans, 1999. 《세속화냐? 탈세속화냐?》(대한기독교서회, 2002).

Boles, John B. *The Great Revival: Beginnings of the Bible Belt*. Lexington, KY: University Press of Kentucky, 1996.

Brooke, John Hedley. *Science and Religion: Some Historical Perspectives*. Cambridge: Cambridge University Press, 1991.

Bruce, Steve. *God Is Dead: Secularization in the West*. Oxford: Blackwell, 2002.

Carpenter, Joel. *Revive Us Again: The Reawakenings of American Fundamentalism*. New York: Oxford University Press, 1997.

Chesnut, J. Andrew. *Competitive Spirits: Latin America's New Religious Economy*. New York: Oxford University Press, 2003.

Coleman, Simon. *The Globalization of Charismatic Christianity: Spreading the Gospel of Prosperity*. Cambridge: Cambridge University Press, 2000.

Davis, Nathaniel. *A Long Walk to Church: A Contemporary History of Russian Orthodoxy*. Boulder, CO: Westview Press, 2003.

Dickinson, Anna. "Quantifying Religious Oppression: Russian Orthodox Church Closures and Repression of Priests 1917-41." *Religion, State & Society* 28 (2000): 327-35.

Dolan, Jay P. *In Search of an American Catholicism: A History of Religion and Culture in Tension*. Oxford: Oxford University Press, 2004.

Ellingson, Stephen. *The Megachurch and the Mainline: Remaking Religious Tradition in the Twenty-First Century*. Chicago: University of Chicago Press, 2007.

Ericksen, Robert P. *Theologians under Hitler: Gerhard Kittel, Paul Althaus, and Emanuel Hirsch*. New Haven, CT: Yale University Press, 1985.

Frey, Sylvia R., and Betty Wood. *Come Shouting to Zion: African American Protestantism in the American South and the British Caribbean to 1830*. Chapel Hill: University of North Carolina Press, 1998.

Friesen, J. Stanley. *Missionary Responses to Tribal Religions at Edinburgh, 1910*. New York: Peter Lang, 1996.

Froese, Paul. "Forced Secularization in Soviet Russia: Why an Atheistic Monopoly Failed." *Journal for the Scientific Study of Religion* 43 (2004): 35-50.

Frykenberg, Robert Eric. *Christianity in India: From Beginnings to the Present*. New York: Oxford University Press, 2010.

González, Justo L., and Ondina E. González. *Christianity in Latin America: A History*. Cambridge: Cambridge University Press, 2008.

Greeley, Andrew M. *The Catholic Revolution: New Wine, Old Wineskins, and the Second Vatican Council*. Berkeley: University of California Press, 2004.

Hart, Darryl G. *Defending the Faith: J. Gresham Machen and the Crisis of Conservative Protestantism in Modern America*. Baltimore, MD: John Hopkins University Press, 1994.

Harvey, Paul. *Redeeming the South: Religious Cultures and Racial Identities among Southern Baptists, 1865-1925*. Chapel Hill: University of North Carolina Press, 1997.

Hassan, Sana. *Christians Versus Muslims in Modern Egypt: The Century-Long Struggle for Coptic Equality*. Oxford: Oxford University Press, 2003.

Heyrman, Christine Leigh. *Southern Cross: The Beginnings of the Bible Belt*. Chapel Hill: University of North Carolina Press, 1997.

Hollenweger, Walter J. *Pentecostalism: Origins and Developments Worldwide*. Peabody, MA: Hendrickson Publishers, 1997.

Hudson, D. Dennis. *Protestant Origins in India: Tamil Evangelical Christians, 1706-1835*. Grand Rapids, MI: Eerdmans, 2000.

Isichei, Elizabeth. *A History of Christianity in Africa from Antiquity to the Present*. London: SPCK, 1995.

Jenkins, Philip. *The Next Christendom: The Coming of Global Christianity*. New York: Oxford University Press, 2002. 《신의 미래》(도마의길, 2008).

Johnson, Curtis D. *Islands of Holiness: Rural Religion in Upstate New York, 1790-1860*. Ithaca, NY: Cornell University Press, 1989.

Kaggwa, Robert. *Christianity in Africa*. Oxford: Wiley-Blackwell, 2011.

Kennedy, Paul. *The Rise and Fall of the Great Powers*. New York: Random House, 1988. 《강대국의 흥망》(한국경제신문, 1997).

Knox, Zoe Katrina. *Russian Society and the Orthodox Church: Religion in Russia after Communism*. London: Routledge, 2005.

Lande, Aasulv. *Meiji Protestantism in History and Historiography: A Comparative Study of Japanese and Western Interpretation of Early Protestantism in Japan*. Frankfurt am Main: Peter Lang, 1989.

Lee, Joseph Tse-Hei. *The Bible and the Gun: Christianity in South China, 1860-1900*. New York: Routledge, 2003.

Lincoln, C. Eric, and Lawrence H. Mamiya. *The Black Church in the African-American Experience*. Durham, NC: Duke University Press, 1990.

Linden, Ian. *Global Catholicism: Diversity and Change since Vatican II*. New York: Columbia University Press, 2009.

Long, Michael G. *Billy Graham and the Beloved Community: America's Evangelist and the Dream of Martin Luther King, Jr.* New York: Palgrave Macmillan, 2006.

Longfield, Bradley J. *The Presbyterian Controversy: Fundamentalists, Modernists, and Moderates*. New York: Oxford University Press, 1993. 《미국 장로 교회 논쟁》(아가페문화사, 1992).

MacLean, Iain S. *Opting for Democracy?: Liberation Theology and the Struggle for Democracy in Brazil*. New York: Peter Lang, 1999.

Martin, David. *Tongues of Fire: The Explosion of Protestantism in Latin America*. Oxford: Blackwell, 1990.

McLeod, Hugh. *The Religious Crisis of the 1960s*. Oxford: Oxford University Press, 2007.

McLeod, Hugh, and Werner Ustorf, eds. *The Decline of Christendom in Western*

Europe, 1750-2000. Cambridge: Cambridge University Press, 2004.

Miller, Donald E. *Reinventing American Protestantism: Christianity in the New Millennium.* Berkeley: University of California Press, 1997.《왜 그들의 교회는 성장하는가》(kmc, 2008).

Moffett, Samuel H. *A History of Christianity in Asia.* 2 vols. Maryknoll, NY: Orbis Books, 1998.

Noll, Mark A. *The Old Religion in a New World: The History of North American Christianity.* Grand Rapids, MI: Eerdmans, 2002.

O'Malley, John W. *What Happened at Vatican II.* Cambridge, MA: Harvard University Press, 2008.

Payne, Stanley G. *Franco and Hitler: Spain, Germany, and World War II.* New Haven, CT: Yale University Press, 2008.

Pecora, Vincent P. *Secularization and Cultural Criticism: Religion, Nation, & Modernity.* Chicago: University of Chicago Press, 2006.

Peris, Daniel. *Storming the Heavens: The Soviet League of the Militant Godless.* Ithaca, NY: Cornell University Press, 1998.

Phan, Peter C., ed. *Christianities in Asia.* Oxford: Wiley-Blackwell, 2011.

Porter, Andrew N. *Religion Versus Empire? British Protestant Missionaries and Overseas Expansion, 1700-1914.* Manchester: Manchester University Press, 2004.

Reinders, Eric. *Borrowed Gods and Foreign Bodies: Christian Missionaries Imagine Chinese Religion.* Berkeley: University of California Press, 2004.

Roslof, Edward E. *Red Priests: Renovationism, Russian Orthodoxy, and Revolution, 1905-1946.* Bloomington: Indiana University Press, 2002.

Ruokanen, Miikka, and Paulos Huang, eds. *Christianity and Chinese Culture.* Grand Rapids, MI: Eerdmans, 2010.

Sanneh, Lamin O., and Joel A. Carpenter. *The Changing Face of Christianity: Africa, the West, and the World.* New York: Oxford University Press, 2005.

Snape, Michael F. *God and the British Soldier: Religion and the British Army in the First and Second World Wars.* New York: Routledge, 2005.

Stanley, Brian, ed. *Missions, Nationalism, and the End of Empire.* Grand Rapids, MI: Eerdmans, 2003.

Stoll, David. *Is Latin America Turning Protestant? The Politics of Evangelical Growth*. Berkeley: University of California Press, 1990.

Taylor, Charles. *A Secular Age*. Cambridge, MA: Harvard University Press, 2007.

Tusell, Javier. *Spain: From Dictatorship to Democracy. 1939 to the Present*. Oxford: Blackwell, 2007.

Wheeler, Michael. *The Old Enemies: Catholic and Protestant in Nineteenth-Century English Culture*. Cambridge: Cambridge University Press, 2006.

Xi, Lian. *Redeemed by Fire: The Rise of Popular Christianity in Modern China*. New Haven, CT: Yale University, 2010.

다음은 어디로?

이 짧은 책에서는 기독교 역사의 몇몇 주요 사건과 발전 그리고 주제들을 소개했다. 사실 이 책은 그 자체만으로도 한 장(章)이나 책 하나를 통째로 할애하여 다루어야 할 것들을 일련의 스냅사진과 주마간산(走馬看山) 식의 설명에 담아 독자에게 제시했다. 이 책은 훨씬 더 자세하게 탐구해야 할 거대한 풍경을 간략히 묘사한 스케치다. 슬프지만, 지면의 제약 때문에 흥미롭고 중요한 것들을 많이 생략할 수밖에 없었다. 그러므로 이 책은 풍경을 간략히 묘사한 책으로 봐주길 바란다. 그러면 이 풍경의 구석구석을 더 세세히 탐구하기 시작하는 데 도움이 될 것이다.

그럼 이제 어디로 가야 하는가? 여러분이 여러분의 연구를 더 심화시킬 수 있는 방법을 얻고자 할 때, 다음과 같은 제안이 도움을 줄 수 있기를 바란다.

1. 영역을 더 세세히 탐구해보라. 이 작은 책이 약도라면, 이 책을 훨씬 더 자세한 지도를 얻을 길을 준비할 방편으로 삼길 바란다. 여러분이 이 책을 다 읽을 즈음이면, 기독교 역사라는 풍경이 지닌 많은 특징이 익숙해질 것이다. 기독교 역사의 발전 과정을 모두 아울러 더 상세히 서술한 책들이 있다. 이런 책들은 서론 격인 이 책이 놓아준 견고한 기초 위에 훨씬 더 상세한 세부 사항을 세워줄 것이다. 각 장 끝에 있는 항목인 '더 읽을 책'에서 제시한 책들은 어떤 책들이 여러분의 탐구를 더 심화시켜줄 수 있는지 아이디어를 제공해줄 것이다.

2. 역사 속의 한 시대 한 시대를 더 세세히 살펴보라. 많은 사람은 자신이 기독교 역사 속의 특정한 한 시대에 끌리는 것을 발견한다. 때로는 그 냥 그 시대가 재미있어서이기도 하고, 혹은 그 시대가 오늘날 우리가 논하는 문제들과 관련이 있는 것 같아서이기도 하다. 많은 이가 특히 흥미롭게 여기는 시대 가운데 몇몇 예를 들어보면, 튜더 시대 잉글랜드의 기독교, 18세기 뉴잉글랜드의 대각성 운동, 나폴레옹 전쟁 이후 근대 유럽의 형성이 있다. 이 책은 이 모든 시대를 다루었다. 이 시대들을 더 자세히 연구하고 싶어 하는 이들에겐 그 모든 내용이 풍성한 보상을 제공해줄 것이다. 다시 말하지만, '더 읽을 책'에서 제시한 책들은 무엇이 여러분의 연구를 도와줄 것인지를 여러분에게 일러줄 것이다.

3. 역사 속의 특정한 인물에 주목하라. 기독교 역사를 대강 읽어도 어떤 사람들이 상당히 흥미롭고 중요한 인물이라는 것이 분명하게 드러난다. 히포의 아우구스티누스, 마르틴 루터, 장 칼뱅, 조나단 에드워즈, C. S. 루이스, 그리고 교황 요한 바오로 2세가 분명 그런 예에 해당할 것이다. 역사 분석과 한 인물의 내력을 탐구한 내용을 결합해놓은 것이 전기라는 점에서, 전기를 읽어야 할 필요를 느끼는 이가 많을 것이다.

4. 여러분이 생각하기에 특히 중요하다 싶은 기독교 신학의 특정 측면을 고찰해보고, 시간의 흐름에 따라 그 측면이 어떻게 발전해갔는지, 그리고 그런 측면이 개인과 교회의 삶에 어떤 영향을 주었는지 탐구해보라. 여러분이 탐구해봐야 할 주제가 많다. 기독론(그리스도인들이 나사렛 예수의 정체와 의미를 어떻게 이해하려고 노력해왔는가), 교회론(교회를 다룬 교리), 이신칭의, 그리고 삼위일체 교리가 모두 연구할 만한 가치가 있는 주제다.

여러분이 다음에 연구할 대상을 어느 쪽으로 결정하든, 여러분이 이 입문서의 유익함을 발견하길 소망하며, 여러분 앞에 놓여 있는 모든 일이 잘 이뤄져가길 바란다.

기독교 용어 해설

Alister E McGrath
Christian History

기독교 용어 해설
━━━

다음 내용은 여러분이 읽으면서 만났을 법한 기독교 역사 관련 전문 용어들을 간략히 설명해놓은 것이다. 특히 기독교 용어를 더 자세히 이해하길 원하는 이들에게는 이 책을 추천한다. Elizabeth A. Livingstone and F. L. Cross. *The Oxford Dictionary of the Christian Church*. 3rd ed. Oxford : Oxford University Press, 1997.

가톨릭 Catholic
교회가 시공간 안에 편재(遍在)함을 가리키는 말이자, 이런 점을 강조하는 특정 교회 조직체(때로 로마가톨릭교회로도 알려져 있는 교회)를 가리킬 때 쓰는 형용사.

가현설 Docetism
초기 기독교의 한 이단. 'docetism'이라는 말은 그리스어 동사 *dokein*('~으로 나타나다')에서 나왔다. 이 이단은 예수 그리스도를 단지 인간의 '겉모습'만 가졌을 뿐 사실은 순전히 신이었던 존재로 다루었다.

갑바도기아 교부 Cappadocian Fathers
초기 기독교 시대에 그리스어로 저술했던 주요 신학자 셋을 통틀어 일컫는 말이다. 가이사랴의 바실리우스, 나지안주스의 그레고리우스, 니사의 그레고리우스가 이들이다. 이들은 모두 4세기 말 사람들이다. '갑바도기아'는 소아시아(오늘날 터키)의 한 지역을 가리키며, 이 셋은 이곳을 활동 근거지로 삼았다.

개혁파 Reformed
장 칼뱅(1509-1564)과 그 후계자들의 저술에서 영감을 얻은 신학 전통을 가리킬 때 쓰는 말이다. 대개 '칼뱅파'라는 말보다 이 말을 더 즐겨 사용한다.

경건주의 Pietism
기독교의 한 접근법으로서, 특히 17세기 독일 저술가들과 관련이 있다. 경건주의는 각 사람이 신앙을 인격 속에 내면화할 것을 강조했고, 그리스도인의 삶이 거룩해야 함을 강조했다. 영어권 세계에서는 이런 형태의 운동으로 가장 유명한 것이 아마 감리교일 것이다.

계몽주의 The Enlightenment

19세기 이후로 인간 이성과 자율성을 강조했던 사조를 가리키는 말로 사용하는 용어다. 이런 사조는 18세기 서유럽과 북아메리카에서 등장한 많은 사상의 특징이었다.

공관복음 Synoptic Gospels

신약성경 맨 앞에 나오는 세 복음서(마태·마가·누가복음)를 가리키는 말로 쓰는 용어다. 이 용어('요약'을 가리키는 그리스어 *synopsis*에서 나왔다)는 세 복음서가 예수 그리스도의 삶과 죽음 그리고 부활을 비슷하게 '요약'하여 제시한다고 볼 수 있음을 나타내는 말이다.

공의회주의 Conciliarism

교회나 신학의 권위를 이해할 때 교황의 절대 권위보다 교회일치(보편) 공의회의 역할을 강조하는 견해

교구 Diocese

그리스어 *diokēsis*('주, 지방')에서 유래한 말로서, 한 주교가 관장하는 구역을 가리킨다. 보통 한 교구는 더 작은 단위인 여러 '본당사목구'(성공회에서는 전도구)로 나뉜다. '교구'를 대신하는 말로 가끔 '주교좌'(see, '주교의 자리'를 뜻하는 라틴어 *episcoplais sedes*에서 나온 말)라는 말을 사용한다.

교부 Fathers

초기 교회의 '교부 저술가'들을 달리 일컫는 말.

교부 Patristic

일부 학자들이 교회사에서 신약성경이 기록된 이후 첫 수 세기를 가리키거나('교부 시대') 이 시대에 저술 활동을 한 사상가들('교부 저술가')을 가리킬 때 쓴 형용사다. 많은 저술가들은 이렇게 정의하는 시대를 100년경에서 451년에 이르는(다시 말해 신약성경의 마지막 책이 완성된 때부터 교회사의 이정표라 할 칼케돈 공의회 때까지) 시기로 보는 것 같다. 이제는 이 오래된 말보다 '초기 기독교'라는 형용사를 더 즐겨 쓴다.

교회론 Ecclesiology

교회(그리스어로 *ekklēsia*)에 관한 이론을 다루는 기독교 신학 분야.

구원론 Soteriology

구원에 관한 교리를 다루는 기독교 신학 분야다(구원론을 뜻하는 영어 soteriology는 그리스어 *sotēria*에서 나왔다).

근본주의 Fundamentalism

미국 개신교의 한 형태로서, 아무 오류가 없는 성경의 권위를 특히 강조한다. 개신교 근본주의는 1920년대에 생겼으며, 세속주의로 더 치닫는 미국 문화의 조류에 맞선 반동으로 이해하는 것이 가장 좋다.

급진 종교개혁 Radical Reformation

재세례파 운동을 가리키는 말로 점점 더 많이 쓰는 용어다. 즉, 루터와 츠빙글리가 특히 교회론과 관련하여 생각했던 것에서 더 나아간 종교개혁 진영을 말한다.

기독론 Christology

예수 그리스도의 정체, 특히 그의 인성과 신성의 관계라는 문제를 다루는 기독교 신학의 한 분야.

네 번째 복음서 Fourth Gospel

요한복음을 가리키는 말. 이 말은 요한복음의 독특한 문학적, 신학적 특징을 강조한다. 이런 특징 때문에 이 복음서는 보통 '공관복음'으로 알려져 있는 첫 세 복음서의 공통 구조와 구별된다.

다섯 길 The Five Ways

토마스 아퀴나스가 하나님의 존재를 논증한 다섯 가지 논증을 가리키는 표준 용어.

단성론 Monophysitism

그리스도에겐 오직 한 본성, 곧 신성만이 있다는 교리(monophysitism이라는 말은 '단 하나'를 뜻하는 그리스어 *monos*와 '본성'을 뜻하는 *physis*에서 나왔다). 이 견해는 칼케돈 공의회(451)가 지지한 정통 견해, 곧 그리스도는 완전한 신성과 완전한 인성을 가진 분이라는 견해와 다르다.

대속 Atonement

본디 윌리엄 틴데일이 라틴어인 *reconciliatio*를 번역하면서 만들어낸 말. 그때부터 이 말은 '그리스도의 사역' 혹은 '그리스도가 그의 죽음과 부활로 말미암아 신자들을 위하여 얻어주신 은덕(혜택)들'을 의미하게 되었다.

도나투스주의 Donatism

로마령 북아프리카를 중심으로 나타난 한 운동으로서, 교회와 성례에 관하여 엄격한 견해를 취했다.

동일 본질(동일 실체) *Consubstantialis*

그리스어 *homoousios*에서 나온 라틴어로서, '같은 실체(본질)'를 뜻한다. 이 말은 특히 아리우스주의에 맞서 예수 그리스도의 완전한 신성을 강조하는 말로 사용했다.

두 본성 교리 Doctrine of Two Natures

예수 그리스도의 인성과 신성을 인정하는 교리를 가리키는 말로 널리 쓰는 용어다. 관련 용어로 '칼케돈 정의'와 '실체(본질)의 연합'이 있다.

로고스 *Logos*

'말씀'을 뜻하는 그리스어로, 초기 교회의 기독론 발전에서 중요한 역할을 했다. 예수 그리스도를 '하나님의 말씀'으로 여겼던 것인데, 이 기독론은 이런 인식이 함축한 의미, 그리고 특히 예수 그리스도 안에 있는 하나님의 '로고스'가 그의 인성과 어떻게 연결되어 있는가를 다루었다.

루터주의 Lutheranism

마르틴 루터와 관련된 기독교 사상으로서, 특히 루터가 소요리문답(1529)과 아우크스부르크 신앙고백(1530)으로 천명한 기독교 사상을 말한다.

마니교 Manicheism

숙명론 성격이 강한 마니파 사람들의 주장. 히포의 아우구스티누스도 젊은 시절에 여기에 몸담았었다. 마니교에서는 서로 다른 두 신을 구분하는데, 한 신은 악한 신이요, 다른한 신은 선한 신이라 여겼다. 악은 악한 신의 영향에서 직접 비롯된 결과로 본다.

모더니즘 Modernism

19세기에 특히 가톨릭교회 안에서 발전한 운동으로서, 기독교의 기본 사상과 근대 사상, 특히 성경 비평과 진화론, 과학적 자연 이해를 조화시킬 것을 주장했다.

모범주의 Exemplarism

그리스도의 죽음이 갖는 의미를 이해하는 독특한 접근법. 이 접근법은 예수 그리스도가 신자들에게 도덕 혹은 신앙의 모범을 보여주셨음을 강조한다.

묵시 문헌 Apocalyptic

마지막 때 있을 일과 세상의 종말에 초점을 맞춘 기록이나 종교적 견해를 말하며, 복잡한 상징을 담은 환상 형태를 띨 때가 잦다. (구약성경의) 다니엘서와 (신약성경의) 요한계시록이 이런 기록의 예다.

반(反) 펠라기우스 문헌 Anti-Pelagian writings

아우구스티누스가 펠라기우스 논쟁과 관련하여 쓴 글들. 아우구스티누스는 이 글들에서 은혜와 칭의에 관한 자신의 견해를 변호한다. '펠라기우스주의'를 보라.

변증법 신학 Dialectical Theology

스위스 신학자 카를 바르트(1886-1968)의 초기 견해를 가리킬 때 쓰는 말로서, 하나님과 인간 사이의 '변증법'을 강조했다.

변증학 Apologitics

특히 합리적 논증으로 기독교가 믿는 것과 교리들의 정당성을 제시함으로써 기독교 신앙을 변호하는 데 초점을 맞춘 기독교 신학 영역.

복음주의 Evangelical

본디 처음에는 특히 1510년대와 1520년대 독일과 스위스에서 일어난 개혁 운동을 가리키는 말로 사용했으나, 이제는 특히 근래 영어권 기독교에서 성경이 최고의 권위를 가졌다는 점과 그리스도의 대속 죽음을 강조하는 운동을 나타내는 말로 사용하는 용어.

분열 Schism

교회의 통일을 일부러 깨는 행위로서, 키프리아누스와 아우구스티누스처럼, 초기 교회에 영향력을 행사했던 저술가들은 이를 강하게 비판했다.

불가타 Vulgate

성경 라틴어 역본이다. 주로 히에로니무스가 번역했으며, 중세 신학은 대개 이 역본을 기초로 삼았다.

사도 시대 Apostolic era

교회의 시대다. 예수 그리스도의 부활(35경)에서 시작하여 마지막 사도의 죽음(90경)에 이르는 시대로서, 많은 이들이 결정적 의미를 지닌 시대로 여긴다. 많은 교회 집단이, 적어도 어떤 의미에서는 혹은 어느 정도는, 이 시대의 사상과 관습을 널리 규범으로 인정했다.

사마전차 四馬戰車, *Quadriga*

성경 해석의 '네 가지' 방법을 가리킬 때 쓰는 라틴어로, 성경 본문의 문자적, 풍유적, 도덕적, 신비적 의미에 따른 해석을 말한다.

사벨리우스주의 Sabellianism

삼위일체와 관련하여 나타났던 초기 기독교 시대 이단이다. 이들은 삼위일체의 삼위를 한 하나님이 역사 속에서 각기 다른 모습으로 나타났다고 주장한다. 보통 양태론의 한 유형으로 여긴다.

삼위일체 Trinity

하나님에 관한 기독교의 독특한 교리다. 이는 그리스도인이 겪은 하나님 체험이 복잡함을 보여준다. 이 교리는 보통 "한 하나님이 삼위이시다"라는 공리로 집약하여 표현한다.

성경 원리 Scripture Principle

특히 초기 개신교 신학자들과 관련된 이론으로서, 교회의 관습과 믿음은 성경에 근거해야지, 과거에서 내려온 관습을 근거로 삼아서는 안 된다는 주장이다. 성경에 근거하여 설명할 수 없는 것은 그 어떤 것도 신자에게 구속력을 가진다고 여기지 않았다. 이 원리를 집약하는 말로 '오직 성경'이라는 말을 자주 사용한다.

성례(성사) Sacrament

예수 그리스도가 직접 제정하셨다 하는 교회 의식이다. 로마가톨릭 신학과 교회는 일곱 성사(세례, 견진, 성체, 혼인, 성품, 고해, 병자)를 인정하지만, 개신교 신학자들은 보통 오로지 두 성례(세례와 성찬)만을 신약성경 자체에서 발견할 수 있다고 주장한다.

성육신 Incarnation

하나님이 예수 그리스도라는 인격체 안에서 인성을 취하셨음을 일컫는 말.

성찬 Eucharist

이 책에서 '미사', '주의 만찬', '거룩한 사귐'으로 다양하게 알려져 있는 성례를 가리키는 말로서 사용한 용어.

스콜라주의 Scholasticism

특히 중세와 관련된 기독교 신학의 한 접근법이다. 기독교 신학이 이성에 비춰 봐도 정당성을 가짐을 강조하면서, 이 신학을 체계 있게 제시하는 데 역점을 두었다.

신경(신앙고백) Creed

기독교 신앙을 공식 정의 혹은 공식 요약한 것으로 모든 그리스도인이 공유하는 것을 말한다. 가장 중요한 것이 보통 '사도신경'으로 알려져 있는 것과 '니케아 신경'으로 알려져 있는 것이다.

신앙고백(고백) Confession

이 말은 주로 죄를 인정함을 가리키는 말이지만, 16세기에는 이와 상당히 다른 전문적 의미를 갖게 되어, 개신교회 신앙 원리들을 담은 문서를 뜻하게 되었다. 루터파의 아우크스부르크 신앙고백(1530)은 초기 루터주의 상을 담고 있으며, 개혁파 신조는 1차 스위스 신앙고백(1536)에 들어 있다.

신인동형론 Anthropomorphism

인간의 형체(손이나 팔 같은 것)나 인간의 다른 특징을 하나님에게 적용하려는 경향.

신정론 Theodicy

독일 철학자 라이프니츠가 세상에 악이 현존할지라도 하나님은 선하시다는 것을 이론으로 정당화하고자 만들어낸 말이다.

신(新)정통 Neo-Orthodoxy

카를 바르트의 입장, 특히 그가 개혁파 정통 시대의 신학적 관심사를 원용하는 방식을 통틀어 가리키는 용어.

실제 임재(실재) Real Presence

나사렛 예수가 성찬의 빵과 포도주에 실제로 임재하신다는 믿음을 가리킬 때 쓰는 말이다. 기독교 신학자들은 이 임재의 본질을 오랜 세월에 걸쳐 각기 다른 식으로 해석해왔다.

아리우스주의 Arianism

초기 교회의 주요 이단으로서, 예수 그리스도를 하나님의 피조물 중 가장 높은 존재로 다루면서, 그리스도가 신의 지위에 있음을 부인했다. 아리우스 논쟁은 4세기 기독론 발전에서 아주 중요한 일이었다.

안디옥 학파 Antiochene School

초기 기독교의 사상 학파로서 특히 오늘날 터키의 안디옥과 관련이 있다. 기독론(그리스도의 인성을 강조했다)과 성경 해석 방법(문자 중심의 주해 방법을 채용했다)으로 유명하다. 이 두 영역에서 이 학파와 다른 접근법을 주장한 학파가 알렉산드리아 학파다.

알렉산드리아 학파 Alexandrian School

초기 기독교의 사상 학파로서 특히 이집트 알렉산드리아와 관련이 있다. 기독론(그리스도의 신성을 강조했다)과 성경 해석 방법(알레고리 주해 방법을 채용했다)으로 유명하다. 이 두 영역에서 이 학파와 다른 접근법을 주장한 학파가 안디옥 학파다.

양자론 Adoptionsim

예수가 그의 사역 기간 중 어느 시점에 하나님의 아들로 '입양'되었다는 이단 견해다(보통 그가 세례 받았을 때 입양되었다고 본다). 이와 반대로, 정통은 예수가 본디 잉태된 순간부터 이미 하나님의 아들이었다고 가르친다.

양태론 Modalism

삼위일체와 관련된 이단이다. 이 이단은 삼위일체의 삼위를 한 하나님이 각기 다른 '양태'로 나타난 것으로 본다. 양태론식 접근법의 전형은 하나님이 창조 때는 성부로, 구속에서는 성자로, 성화에서는 성령으로 활동하신다고 본다.

에비온주의 Ebionitism

초기 기독교의 한 이단. 예수 그리스도를 순전히 인간으로 다루되, 다만 예수가 다른 인간과 구별되는 특별한 영의 은사들을 가졌다고 인식했다.

역사적 예수 Historical Jesus

특별히 19세기에, 기독교가 특히 신약성경과 신경이 제시하는 내용을 따라 이 인물에 관하여 제시하는 해석에 맞서 나사렛 예수라는 역사 속 인물을 묘사할 때 사용한 용어.

요리문답 Catechism

기독교 교리를 담은 대중용 지침서이며, 보통 문답 형태로 되어 있고, 신앙 교육에 사용할 목적으로 만들었다.

은사 Charisma, **은사주의** charismatic

특히 성령의 은사와 관련된 용어들을 한데 묶어 일컫는 말이다. 중세 신학에서는 '은사'(카리스마)를 하나님의 은혜로 말미암아 개인에게 주어진 영의 은사를 가리키는 말로 사용한다. 20세기 초 이래, '은사주의'라는 말은 성령의 즉시 임재와 체험을 특히 강조하는 신학과 예배 스타일을 가리키게 되었다.

이신론 理神論, Deism

한 무리의 영국 저술가들, 특히 17세기의 영국 저술가들이 취했던 견해를 일컫는 말로서, 이 견해가 내세운 합리론은 계몽주의가 천명한 사상 중 많은 부분을 이미 앞서 제시했다. 이 말은 하나님이 창조주인 신이심을 인정하면서도 하나님이 세계에 계속 관여하신다는 생각은 받아들이지 않았던 견해를 일컫는 말로 자주 사용한다.

이신칭의 Doctrine of justification by faith

죄인이 어떻게 하나님과 사귐에 들어갈 수 있는가를 다루는 기독교 신학 분야. 이 교리는 종교개혁 시대에 대단히 중요한 의미를 갖게 된다.

인문주의 Humanism

엄밀한 의미에서 보면, 유럽 르네상스와 관련된 지적 운동을 가리킨다. 이 운동의 중심에는, (이 말의 현대적 의미가 시사할 법한) 세속 사상 혹은 세속주의로 흘러가는 사상이 아니라, 고대 문화가 이룬 성과에 보인 새로운 관심이 자리해 있었다. 르네상스 시대에는 고대 문화가 이룬 이런 성과를 유럽 문화와 기독교를 갱신하는 데 쓸 수 있는 주요 자원으로 보았다.

자유주의 개신교 Liberal Protestantism

특히 19세기 독일과 관련이 있는 운동으로서, 종교와 문화의 연속성을 강조했다. 슐라이어마허에서 파울 틸리히에 이르는 시대에 융성했다.

재세례파 Anabaptism

'다시 세례를 베푸는 자'를 가리키는 그리스어에서 나온 말로서 16세기 종교개혁의 급진파를 가리키는 말로 사용되었다. 재세례파는 메노 시몬스나 발타자르 후프마이어 같은 사상가가 그 근간이 되었다.

전례문 Liturgy
글로 기록해놓은 공예배용 텍스트로서, 특히 성찬에 쓰는 텍스트를 말한다.

정통(정교회) Orthodoxy
여러 의미로 쓰는 말인데, 그중 다음 의미가 중요하다. 1) '바른 믿음'이라는 의미로서 이단과 반대되는 뜻으로 쓰는 정통. 2) 러시아와 그리스에서 주로 볼 수 있는 기독교 형태를 가리키며, 이때는 '정교회'라 부른다. 3) 개신교 안에서, 특히 16세기 말과 17세기 초에 일어난 운동으로 일정한 교리만을 따라야 함을 강조했던 운동을 가리키는 정통.

존재론적 논증 Ontological argument
하나님이 존재하심을 제시한 논증의 한 유형으로 특히 스콜라 철학자인 캔터베리의 안셀무스와 관련이 있다.

종말론 Eschatology
'마지막에 일어날 일들'(그리스어로 *ta eschata*)을 다루는 기독교 신학 분야로서, 특히 부활, 지옥, 영생 개념을 다룬다.

주교 Bishop
예부터 '교구'로 알려진 일정 지역을 담당하는 교회의 고위 성직자. 이 말은 그리스어 *episkopos*('감독자' 혹은 '지켜보는 사람')에서 나왔으며, 그 지역의 성직자와 사람들을 돌봐야 할 주교의 임무를 가리킨다.

주해 Exegesis
본문 해석을 다루는 학문이며, 보통 특히 성경 본문 해석과 관련하여 사용한다. '성경 주해'라는 말은 본디 '성경 해석 과정'을 뜻한다. 성경 주해에 활용하는 특별한 기술을 보통 '해석학'이라 부른다.

츠빙글리주의 Zwinglianism
대개 울리히 츠빙글리의 사상을 가리키는 말로 사용하지만, 그가 성례와 관련하여, 그중에서도 특히 성찬 때 빵과 포도주에 그리스도가 '실제로 임재하시는가'를 놓고 천명한 견해를 가리키는 말로 자주 사용한다(츠빙글리는 '실제로 임재하시지 않는다'고 주장했다).

칼뱅주의 Calvinism

모호한 말이며, 서로 완전히 다른 두 의미로 사용한다. 첫째, 이는 장 칼뱅 혹은 장 칼뱅이 쓴 기록에서 깊은 영향을 받은 신앙 조직체(이를테면 개혁교회)와 개인들(가령 테오도르 드 베즈)의 종교 사상을 가리킨다. 둘째, 이 말은 장 칼뱅 자신의 종교 사상을 가리킨다. 첫째 의미가 훨씬 더 자주 사용하는 의미이나, 이 말이 오해를 불러올 수 있다는 인식이 점점 늘어나고 있다.

칼케돈 정의 Chalcedonian definition

예수 그리스도를 완전한 인성과 완전한 신성을 모두 가진 분으로 여겨야 한다는 칼케돈 공의회의 공식 선언.

테오토코스(하나님을 낳은 자) Theotokos

말 그대로 풀면, '하나님을 낳은 자'다. 예수 그리스도의 어머니 마리아를 가리키는 그리스어인데, 성육신 교리의 중요한 통찰을—즉, 예수 그리스도가 바로 하나님이심을— 다시금 강조할 목적으로 쓴 말이다. 동방교회의 저술가들, 특히 네스토리우스 논쟁이 벌어졌을 무렵의 저술가들이 그리스도의 신성과 성육신의 실재를 명확히 천명하고자 이 말을 널리 사용했다.

페미니즘 Feminism

1960년대 이래 서구 문화에서 일어난 운동으로서, 여성의 경험을 특히 강조하고, 기독교의 가부장주의를 비판했다.

펠라기우스주의 Pelagianism

인간이 자신의 공로로 구원을 얻을 수 있다고 보는 이해로서, 히포의 아우구스티누스가 천명한 견해와 정반대 입장이다. 이 견해는 인간의 행위가 하는 역할을 상당히 강조하고 하나님의 은혜라는 개념을 평가 절하한다.

포스트모더니즘 Postmodernism

특히 북아메리카에서 이루어진 문화 전반의 양상으로서, 계몽주의가 주창한 보편적 합리적 원리에 대한 확신이 널리 무너지면서 나타난 양상이다.

프락시스 Praxis

'행동'을 뜻하는 그리스어다. 카를 마르크스는 이 말을 사유와 관련하여 행동이 중요함을 강조할 때 사용했다. 기독교 신앙이 '프락시스'임을 강조한 이런 입장은 라틴아메리카의 해방신학에 상당한 영향을 미쳤다.

프로테스탄트주의(개신교) Protestantism

슈파이어 의회(1529) 이후에 로마가톨릭교회의 관습과 믿음에 '저항한' 이들을 가리키는 말로 쓴 용어다. 1529년 이전에는 이런 개인과 그룹들이 자신들을 '복음주의자'라 불렀다.

해방신학 Liberation Theology

이 용어는 해방을 안겨주는 복음의 영향력을 강조하는 모든 신학 운동을 가리키지만, 특히 1960년대 말 라틴아메리카에서 전개된 운동을 가리키는 말이 되었다. 이 운동은 정치 활동의 역할을 강조하고 정치적 방법을 통해 빈곤과 억압에서 해방을 얻으려는 목표를 지향했다.

해석학 Hermeneutics

본문, 특히 성경 본문의 해석 혹은 주해의 근간을 이루는 원리로서, 이런 본문을 현재에 어떻게 적용할 것인가와 특히 관련이 있다.

헤시카즘 Hesychasm

특히 동방교회와 관련된 전통으로서, 하나님을 보는 방법으로 '내면의 고요'(그리스어로 *hesychia*)라는 개념을 상당히 강조하는 전통이다. 이 전통은 특히 새 신학자 시메온(949-1022, 비잔티움의 기독교 수도사―옮긴이) 및 그레고리오스 팔라마스(1296-1359, 그리스의 수도사―옮긴이)와 관련이 있다.

호모우시온 *Homoousion*

'같은 본질(실체)'을 뜻하는 그리스어로서, 4세기에 예수 그리스도가 '하나님과 같은 본질'이시라는 기독교 주류의 기독론 신앙을 가리키는 말로 널리 사용하게 된 말이다. 이 말은 그리스도를 하나님과 '비슷한 본질(*homoiousios*)'이라고 보았던 아리우스파의 견해를 비판하고자 쓴 말이었다.

화체설 Transubstantiation

성찬 때 빵과 포도주가 그 겉모습은 그대로 유지하면서도 그리스도의 몸과 피로 변한다는 교리다.

링컨, 에이브러햄 Lincoln, Abraham 526, 527

ㅁ

마가(복음서 기자) Mark the Evangelist, St. 116, 269

마녀 witches 398, 454

마녀의 망치 Malleus Maleficarum 398

마누치오, 알도 Manuzio, Aldo 277

마르벡, 필그람 Marbeck, Pilgram 375

마르부르크 대화(1529) Marburg, Colloquy of 353

마르케트, 자크 Marquette, Jacques 559

마르크스, 카를 Marx, Karl 484-486, 497, 575-578, 591, 607, 627, 653, 654, 706

마르크스주의 Marxism 620, 651-653

마르키온, 시노페의 Marcion of Sinope 24, 46, 50, 57-60

마르티노 5세(교황) Martin V, Pope 256, 321

마리냐노 전투(1515) Marignano, Battle of 322, 358

마리아(예수의 모친) Mary (Jesus's mother) 145, 149, 267, 295, 296, 395, 396, 626, 706

마리아, 헨리에타(잉글랜드 왕비) Maria Henrietta 426, 520,

마스턴 무어 전투(1644) Marston Moor, Battle of 427

마오쩌둥 Mao Zedong 608, 674

마젤란, 페르디난드 Magellan, Ferdinand 302

마치니, 주세페 Mazzini, Giuseppe 497

마키아벨리, 니콜로 Machiavelli, Niccolo 312

마태복음 Matthew, gospel of 25, 30, 59, 145, 357, 361, 697

마틸다, 앙주의 Matilda of Anjou 220

막센티우스(로마 황제) Maxentius, Roman emperor 97

막시밀라 Maximilla 89

만지케르트 전투(1071) Manzikert, Battle of 205

만초니, 알레산드로 Manzoni, Alessandro 478

말씀 the 'word' 28, 78, 81, 129

매디슨, 제임스 Madison, James 512, 513

매카트니, 클래런스 에드워드 Macartney, Clarence Edward 586

맥코이, 아이작 McCoy, Isaac 560

맨발 운동 discalced movement 390

머리 사건(1963) Murray v. Curlett 636

메디시스, 카트린 드 Medici, Catherine de 396

메리(스코틀랜드 여왕) Mary Queen of Scots 396

메리 1세(잉글랜드 여왕) Mary I, queen of England 381, 385, 386, 396

메리 2세(잉글랜드, 스코틀랜드, 아일랜드 여왕) Mary II, queen of England, Scotland and Ireland, 437, 438

메릴랜드 Maryland 462, 520

메시아 Messiah: 의미 23

메이플라워호 Mayfower 407

메토디우스(성인) Methodius, St. 180

메흐메트 2세(오스만튀르크 술탄) Mehmed II, Ottoman sultan 271

메히트힐트, 마그데부르크의 Mechthild of Magdeburg 218

멕시코 Mexico 302, 589-591, 603

멜란히톤, 필리프 Melanchthon, Philip 342

멩켄, 헨리 루이스 Mencken, H. L. 588

면죄부 indulgences 269, 270, 311, 349, 356

명예혁명(1688) Glorious Revolution 438

명제집 The Four Books of the Sentences 198, 223

모 Meaux 266, 313

모니카 Monica 89

모더니즘 modernism 506-510

모라비아 Moravia 180, 181

모라비아인 Moravians 559

모로, 드와이트 휘트니 Morrow, Dwight Whitney 590